中國社會科學院老年學者文庫

漢傳佛文化演生史叢稿

張厤弓 著

社會科學文獻出版社
SOCIAL SCIENCES ACADEMIC PRESS (CHINA)

瑞典藏唐紙本水墨淡彩《仕女圖》

目　録

漢傳佛教：華梵文明的遇合與化新
——《漢唐佛寺文化史·自序》

　　兩漢之際佛教自天竺來華，是中華文明史上的一件大事。它是炎黃子胤世代創興、東亞風物滋育蔚成的古老的華夏文明，第一次受到外域異質文明的挑戰。佛教是古印度文明的載體。而南亞的古印文明與東亞的華夏文明，同是輝耀古代世界的兩大文明系。它們在中國的遇合，不啻星際兩個碩大天體的碰撞，因而又是世界文明史上的一件大事。在兩大文明長近千載的交融歷程中，華夏社會對佛爲媒介的古印文化因素，鑒別、揚棄、代換、滌新，藉取它山之石，攻鑄自家新玉，充分展示出中華文明長於消化吸納外來文化因素的特性。

　　釋迦牟尼的時代，印度奴隸制迅速發展，大批城鎮國家興起，古老的種姓制度出現分化。奴隸主階級以刹帝利爲代表，包括婆羅門和吠舍中的少數工商奴隸主；吠舍大眾及首陀羅種姓屬於奴隸階級，處在種姓制和奴隸制雙重壓迫之下，社會階級矛盾相當尖銳。釋迦牟尼創立的佛教，正是"從當時的現實生活關係中引出它的天國的形式"的[①]。它同其他宗教一樣，本質是階級壓迫造成的"現實的苦難的表現，又是對這種現實的苦難的抗議"。[②]

　　佛教帶來的天竺文化，包含許多新的思想觀念。如宇宙觀。佛學認爲，宇宙萬物由"四大"即"地、水、火、風"四種物質構成；宇宙萬物時刻在運動、變化，佛學稱之爲"無常"："無常"的世界是"成、住、壞、空"的

---

① 馬克思：《資本論》卷1，見《馬克思恩格斯全集》卷23 注 [89]，第410頁，人民出版社，1956。

② 馬克思：《〈黑格爾法哲學批判〉導言》，見《馬克思恩格斯全集》卷1，第453頁，人民出版社，1956。

過程，“無常”的萬物是“生、住、異、滅”的過程，“無常”的人生是“生、老、病、死”的過程；縱向看宇宙，有過去、現在、未來，佛學稱爲“三時”；橫面看宇宙，萬事萬物彼此依存，互爲因果，好像一個圓環，無頭無尾。這裏面有樸素的唯物論辯證法因素。所以恩格斯認爲，佛教徒處在人類思維的較高階段。又如等級圖式。佛學把有情識的生命體分爲“凡”“聖”兩個層級：佛、菩薩等是“聖”，在上層；人類、畜生、餓鬼等是“凡”，在下層。這種劃分雖然掩蓋了人間的階級差别，但它將貴族與賤民同視作“凡”，否定社會等級的永恒性，包含寶貴的“衆生平等”思想。因而毛澤東説：“釋迦牟尼主張普渡衆生，是代表當時在印度受壓迫的人講話。”[1] 佛典中的佛本生故事和神話傳説，以及佛教繪畫、音樂，展示著異域的文學風采和藝術魅力。包括醫藥學、語言文字學、邏輯學、工藝技術等天竺的“五明”知識系統，也同佛教相隨。這些精神文化與物質文化成果，是古印度人民智慧的結晶，也是人類的共同財富。它們寄附於佛教之中，成爲佛教在中國傳播的文化媒介。

佛文化向中國的滲融是艱難的。中國同天竺相比，畢竟有自己的許多特性。首先是社會經濟基礎不同。漢唐時代中國封建制生產方式正處在上升時期，生產力在發展，地主土地制下的階級矛盾還没有充分展開。其次是社會政治傳統不同。秦朝形成的中央集權的封建國家政治制度，漢唐越發完備，對廣大疆域實施著有效的治理；它同血緣宗法制相結合，以“禮治”爲精神支柱，使封建政體格外强固而穩定。再次是文化思想傳統不同。戰國百家爭鳴爲華夏思想文化體系奠基，此後形成儒學主體、諸學輔翼的多元格局，兩千年傳承不廢。漢代儒學雖然蜕向神學目的論，宣揚“道之大原出於天，天不變道亦不變”，被王者奉爲圭臬，却依然不掩先秦諸子的思想光輝。孔子的“禮”與“仁”，孟子的“民貴君輕”，荀子的自然“天道”觀，老莊的辯證法，墨子的“兼愛”論，《易傳》的“天行健，君子以自强不息”等出色的思想，已然成爲華夏民族理性精神的魂魄。最後是倫理道德傳統不同。漢唐時代以儒學“三綱”即“君爲臣綱”“父爲子綱”“夫爲妻綱”爲核心，形成系統的道德觀念、倫理規制、禮俗儀範和心理定勢，織爲籠罩全社會的無形的精神之網。天竺佛教要在中國生存，先須接受這個古老文明社會，對它全面

---

[1] 轉引自朱越利主編《今日中國宗教》，第 51 頁，今日中國出版社，1994。

的審視、鑒別和改造。

人類文化畢竟是相通的。華梵文明所含人類古文明的共性，又使它們的交融成爲可能。在同一的階級對立背景下，漢唐社會各階層，無論尊卑貴賤貧富，他們對佛教，都具有與天竺社會相似的政治需求和心理訴求，即相似的階級企盼和人生期待。這是佛教在中國傳播的社會基礎。古代中印兩國，同踞人類文明之巔，民族思維智慧和文化各領域的發展，大致處在同一水平而各有千秋，這是華夏接納天竺的文化基礎。

漢唐佛寺，是佛文化的載體和傳媒，本身又是融匯華梵的熔爐。考察佛文化的中國化進程以及漢傳佛教文化史，佛寺是一個更富具象的天然窗口。《漢唐佛寺文化史》特取漢唐間的佛寺，以及佛寺承載的諸元文化內涵爲自己的學術視角，原因也在這裏。

佛寺自身型制與佈局的演變，首先就是建築文化華梵融變、化梵爲華的過程。天竺佛寺主體的型制，是四方式的宮塔。中國早期佛寺型制模仿天竺。如史籍記載的東漢洛陽白馬寺，曹魏洛陽宮西寺，主體都是四方宮塔式。我國西陲 3~4 世紀的伊循米蘭古寺遺址，龜兹雀離大寺、阿奢理貳大寺遺址，晉高昌西克普古寺遺址，唐于闐丹丹烏里克小寺遺址等，主體也都是四方宮塔式。漢唐時代，葱嶺以東至敦煌以西地區，宮塔式始終是佛寺型制的主流，顯示天竺佛寺樣式對我國西陲的影響強於中原。

宮塔式出自天竺建築的傳統磚石結構。自從它在漢地同中夏建築的傳統木石（磚）結構遇合，即向中夏傳統趨近，導致寺塔型制、結構與功能的化新。先是演化出樓塔式佛寺。樓塔之內供養佛像，取代了宮塔外部的佛龕；樓內誦經取代了繞塔瞻禮。史籍記載的漢末徐州浮圖寺，前涼姑臧宏藏寺，東晉宣城寺，拓跋魏平城五級大寺、永寧寺等，主體都是樓塔。江寧出土的孫吳魂瓶上的佛塔，元魏洛陽永寧寺遺址，也是樓塔式。三國至南北朝時期，以樓塔爲主體的佛寺遍立南北各地。

木石傳統對磚石傳統的進一步揚棄，導致廊院式佛寺出現。廊院寺可以是一個院落，可以是多院組羣；殿塔、樓閣、亭臺、池沼等，更可任意組合；寺中佛塔的位置或前或後，或竟歸於消失。南北朝末年以後，廊院式佛寺盛行於中夏。以佛塔爲中心的一元主體時代，演變爲以佛殿爲中心的殿塔樓閣組羣式多元主體時代。中夏的木石（磚）建築傳統，使得漢唐佛寺的型制和佈局，巧變百出，異彩紛呈，營造了中國伽藍的民族風格和獨特的宗教文化氛圍。

伴隨佛寺民族風格的形成，出現中夏寺名文化。一類佛寺命名，以史傳傳說、佛寺地望、寺象風物、檀主名氏爲主要取向。取自史傳者如白馬、靈鷲、安樂、祇洹、孤園，取自地望者如彭城、鄴城、烏衣、北倉、虎丘、北邙、檀溪、合水，取自風物者如峰頂、林泉、竹澗、雲棲、石羊、瓦棺，取自名氏者如蕭寺、謝寺、裴寺、楊寺、胡公寺、賈和寺、劉騰寺等。這一類命名，將寺名所蘊含的史傳故事、地望特徵、風物景致、檀主家世等，附麗佛寺之上，賦中夏伽藍以多樣的文化色彩和厚重的斯土斯民情結。一類佛寺命名，寄託某種政治理念、治國企盼和靈佑祈願，如安國、興皇、宣武、制旨、定寇、永福、安寧、同泰、甘露、神龍、瑤光、靈曜等，融中夏政治理念與靈瑞觀念於寺名之中，使治國與禮佛耦合，突出了漢傳佛教依附皇權的政治特徵。佛經大量漢譯、佛教信仰普及的時代，許多佛寺取經法義理、釋門語彙命名，如法華、華嚴、淨名、蓮花、般若、十住等。

天竺僧團的僧伽制度，也在華夏佛寺僧團中起了變化。僧伽制度屬於道德文化範疇。漢地通行的天竺《僧祇》《四分》諸律，軌範僧尼行爲的律則與戒條詳密而瑣細，但與中國的風習傳統往往不合。沙門"袒服"即右袒著袈裟，違背中夏服章禮制；僧人"不拜君親"，違背"敬王孝親"之訓；僧衆行"偏食法"即蹲踞而食，不合中夏臨牀（食案）正坐而食的傳統等。東晉至唐，儒釋間的"袒服之辯""敬王之辯""偏食之辯"，爭論數百年，集中反映了華梵間道德倫理觀念的深刻衝突。在論辯的喧聲之中，值得注意的不是儒家堅持禮制，而是釋門極力向儒家趨近，力證異俗不違禮制。晉東林寺慧遠説，"袒服"可"辨貴賤"以"進德""尚賢"；沙門"不敬王者"，雖"內乖天屬之重而不違其孝，外闕奉主之恭而不失其敬"；宋建康祇洹寺慧義，則以中夏之道"和而不同"，爲"偏食"辯護①。中古漢地僧團的實際行事，也終於未能守持異俗，大都不著右袒（藏傳佛教仍右袒）、禮王倡孝、改偏從方，隨同華俗了。

華夏僧團根據僧伽實情，彌縫戒律之闕，隨宜制斷，自立僧尼條制，對

---

① 慧遠《沙門不敬王者論·出家第二》《沙門袒服論》，慧義《答范伯倫書》，見《弘明集》卷5、卷12，《大正新修大藏經》（下文簡稱《大正藏》）本，卷52。下引《弘明集》版本同。

釋門道德文化的重建，尤具重要意義。東晉道安在襄陽"三例命章"，爲華夏僧團首創"僧尼軌範"。他不借威勢而提倡自律，使數百人的僧團，"師徒肅肅，自相尊敬"。習鑿齒服膺道安僧團的道德風儀，贊嘆説"由來未見"。贊寧説襄陽僧團"以華情學梵事""半華半梵"。所謂"華情"，指華夏風習；"梵事"，指釋門行事；"半華半梵"，是説道安的"僧尼軌範"融攝華梵。贊寧的評騭，深刻地揭示了道安所創僧伽道德規範的文化内涵。

陳隋之際，智顗爲天臺僧團制定《寺制十條》，并聲稱視情況變化，日後"應須增損，衆共裁之"。唐朝初年，道宣根據中夏僧伽實情，對天竺《四分律》"删繁補闕"，制定《行事鈔》《教誡新學比丘行護律儀》等。《行護律儀》23 章 466 條，對僧尼"入寺""在寺""在房中住""二時食""洗鉢""布薩""上厠""入温室"等日常行事，詳定行爲規範；"事師法""敬重上座法"等，是維護僧伽間尊卑秩序的行爲準則。華夏重禮，"不學禮，無以立"。道安僧團"師徒肅肅，自相尊敬"；道宣僧團，"在師前不得與同類人相禮""向師前問訊當豫合掌曲躬""師語未了不得語""被呵罵當須自責"，弟子須爲師洗濯、縫補、掃除。禮儀充盈伽藍，顯示中夏禮教的深湛融入。道安、道宣重建釋門道德文化的實踐，貫穿著"以華變梵"的精神，中夏禮教是其核心。唐初完備的漢地釋門道德文化，以僧伽等級制爲原則，以束縛僧尼身心、戕伐五衆靈性爲代價，同中古華夏社會的封建道德精神，是一致的。

華梵文化的融熔出新，還爲傳統的人文學術、文學藝術，增添新内容，拓出新生面。新的學術和藝術門類出現了，如翻譯學和釋門聲業；新的學術分支誕生了，如釋門史學、梵語學；更多的情況是傳統文化各領域，因得異域文化因素的借鑒滋養，形式與内容變得更加豐富。因明研究促進邏輯學的成熟；漢譯佛經爲華夏文學釀造新的品類，帶來新的意境；佛教美術與樂舞，爲傳統繪畫、雕塑，傳統音樂、舞蹈，帶來新題材、新技法、新的形體語言、新的藝術美韻；釋僧意緒爲漢字書法拓出新境界；佛釋禪心玉成了中華茶道的品格；天竺醫方明和工巧明，有益於中夏醫藥學、天文曆算之學等術業的發展；佛教節俗豐富了華夏歲節文化。

值得注意的是，由佛文化引發的這些變化，總體上看儘管是"受動"性的嬗變，但文化新質在各領域裏的化生與創造，却是"能動"的，它始終以傳統文化爲本位；而新文化的萬千創造者，即漢唐間無數有名無名的僧俗學者、文學家、藝術家、工匠等，始終是這場"新文化運動"的主體力量。

把古印文化的結晶佛經，由梵文、西域文譯成漢文，實現其表述形式的轉換，是兩大文明的溝通工程。語言文字的差異、文化觀念的隔膜，使這種轉換形式的探索格外艱難。核心問題是漢譯文既不能失經意，又須規範曉暢。有多少譯者曾在兩難間徘徊尋覓！東漢支讖、西晉竺法護，篳路藍縷，初譯有功，前秦的鳩摩羅什卻批評兩人的譯經"多滯文格義"。羅什自己也未免被指摘。弟子僧叡説他的譯文"於秦（漢）語大格""猶隔而未通"。"滯文""大格"指譯文不暢，"格義"指不合經義。東晉道安讀經，"每至滯句，首尾隱没，釋卷深思，恨不見（法）護公、（無）叉羅等"，與之探討理論。道安總結前期譯經，倡"五失本"，指出原經本的五種表達方式，漢譯應予變通：梵式倒裝句改爲漢文句式；梵文樸質，漢譯須修飾；梵句繁縟，漢譯須删繁就簡；梵經的"義説"無涉宏旨，類似漢賦"亂辭"，可以不譯；梵經多重復前文，可以不譯。總之，以不失經義爲前提，充分尊重漢文規範與習慣，是"五失本"的大旨。隋代彦琮再做譯經總結，提出譯人"八備"，要求譯者"沉於道術，淡於名利""旁涉墳史，工綴典詞""薄閲《蒼雅》，粗諳篆隸"等，同樣提倡中華人文精神，強調傳統文化素養。大翻譯家玄奘號稱"兩全通達"，即學貫華梵、東西兼通。玄奘譯經，"意思獨斷，出語成章，詞人隨寫"。從中夏譯業發展歷程看，玄奘出現在唐初，也是兩大文明系的溝通轉換工程，二百年實踐的碩果。

將天竺"唄匿"轉化爲中夏"梵唄"，是中國釋門又一創造。"唄匿"是梵僧誦唱經文的聲律和曲調，又稱"梵聲"。由於"梵音重復，漢語單奇"，兩種文字的結構與發聲特點不同，"若用梵音以咏漢語，則聲繁而偈迫"，適於誦唱拼音式梵文佛經的"唄匿"，不能用來誦唱象形式漢文佛經，"是故金言有譯，梵響無授"。中夏釋門經師及文人樂工，以漢語聲律、漢樂曲調爲母體，借鑒"唄匿"的清静意蕴，創造華夏佛音——"梵唄"。

曹植爲漢譯《瑞應本起經》創《魚山梵》24契（曲調），是"梵唄"制聲之始。據説《魚山梵》的主旋律仿自魚山（在今山東東阿）天籟。我們知道，對自然音聲作音樂闡釋，須有作曲者的"樂心"感悟；而主體的"樂心"，爲包括音樂在内的傳統文化所淬造，主體對天籟的感悟因而無不受傳統制約。曹植的《魚山梵》，句含"轉讀七聲""升降曲折"，正是漢語聲律特點；復又“清揚哀婉”，融入了梵聲的意蘊。東晉擅長“清言”的名士許詢和高僧支遁，聯袂轉讀佛經，博得世人咏嘆。南朝經導名師的聲業技巧，被形容爲“象馬悲鳴”“飛聲高亮”“運轉無方”。名玄“清談”與釋門“轉讀”的内在聯係，以及名師技巧，同樣揭示著“轉讀”的漢式聲業特徵。梁慧皎爲轉經提出24字“至善要訣”：“壯而不猛，凝而不滯，弱而不野，剛而不鋭，清而不擾，濁而不蔽。”宋贊寧稱“梵唄”是“宫商佛法，金石天音”，指明“梵唄”可按宫商、可合鐘磬；又把“梵唄”樂聲意韻，概括爲“哀而不傷，樂而不佚”。慧皎與贊寧不約而同，都以華夏審美標準評騭“梵唄”；又都以爲“梵唄”樂聲達到了它的最高境界——“中和之美”。而“梵唄”展示的樂聲美，已然融入了“梵聲”的“清静佛性”。

隨漢傳佛教發展出現的釋門史學，以僧傳爲主，兼含行記、寺記、名山記等。僧傳體例脱胎自正史紀傳體①，學風亦沿承中國史學傳統，因而成爲傳統史學的一個分支。梁寶唱的《名僧傳》，將425名入傳僧分繫法師、律師、禪師、導師、經師等七科，開“分科總傳”體例，實爲取法《史記·列傳》設循吏、儒林、酷吏、貨殖等九科之例。寶唱自稱治學“豈敢謂僧之董狐，庶無曲筆”，奉前代“良史”爲圭臬。梁慧皎爲撰《高僧傳》，搜檢40餘家雜録，及晉、宋、齊、梁、秦、趙、燕、涼諸朝書史，并“博諮故老，廣訪先達”。道宣爲撰《續高僧傳》，廣羅南北國史、集傳、碑碣，“博諮先達”，“取訊行人”，并做實地查訪。這兩位《僧傳》要籍的作者，同奉司馬遷“畢集天下遺文古事”“網羅天下放失舊聞”爲宗範。

釋門《行記》則發揚了“行知”與“實録”的優秀學術傳統。東晉法顯《佛國記》記載他遊學天竺西域近30國的見聞。北魏惠生《使西域記》記述10餘國見聞。玄奘、辯機的巨著《大唐西域記》，所載近130個城邦、地區和國家，事涉方位、建置、幅員、山川、氣候、宗教、傳説、風俗、農商、貨幣、語言、文字等。它能够成爲後世研究印度史、宗教史、哲學史、文學史的瑰寶，得益於它所繼承的中夏史學的學術視野和“實録”傳統。法顯、玄奘、義淨等《行記》作者們捨命求法的實踐，不僅是釋門“精進”精神的發揚，更是華夏“自强不息”民族精神的光大。

---

① 宋以後的後期釋門史著，如《釋氏通鑑》《歷代佛祖通載》等，脱胎自正史編年體。

佛經漢譯，帶來許多新詞語和新概念，豐富了漢語和漢文。這一新的情況，推動語言文字學朝兩個方向拓展：梵文研究和經音義研究。梵文研究是新的學術分支。經音義研究，則一承傳統"小學"的學術範式，并以中夏傳統學術的豐厚積累爲基礎。難怪經音義研究成績卓著的大學者，都精通傳統學術。初唐玄應"明唐梵異語，識古今奇字"，撰《大唐衆經音》引書，有三家《詩》，鄭康成註《尚書》《論語》，賈逵、服虔《春秋傳》，李巡、孫炎《爾雅》等註；引字書有倉頡《三倉》、衛宏《古文》、葛洪《字苑》《字林》《聲類》、服虔《通俗文》《説文音隱》等。道宣評論玄應"字學之富，皂素所推"，其書"徵核本據，務存實録"，盛贊他學識淵博，學風嚴謹。中唐慧琳"精於支那音韻"，熟諳諸子百家書。他的《一切經音義》，集前人之大成，釋文含三藏 1300 部。慧琳治學之法是："七書不該，百氏咸討。""七書"指《玉篇》《説文》《字林》《字統》《古今正字》《文字典説》《開元文字音義》等七部字書；"百氏"指諸子百家。其實《一切經音義》徵引的字書不限於"七書"，其中僅已佚漢唐字書就有 19 種之多。慧琳的《音義》收入前人之作均具原作者名，同樣展示了優良的中夏學術道德傳統。

宗教信仰，本是人類智慧之樹的一朵無果之花。作爲現實社會虛幻的映象，宗教的全部精神活動，都要求信仰主體高翔冥想之翼。每位皈依者的信仰意識流，因而無不潛藏著文學藝術創造的因子。以文字出之，是爲文學；以丹青妙相出之，是爲繪畫雕塑；以音聲與形體的宮商律動出之，是爲樂舞。然而各民族宗教性文學作品與藝術具象的創造，又各以本民族的現實生活爲本源、文化傳統爲母體，它的具象形式縱使千姿百態、異彩紛呈，也無不滲透著本民族的人文精神和文化特性。中國佛教文學之形式與意蘊的營造，中國繪畫藉佛教而出新，即是立足傳統的借鑒。鑒賞古代宗教性文學藝術的琳琅遺珍，不難認知，華夏民族傳統的人文精神、審美觀念，沉潛噴礴於其中；那些傳統文學的基本體裁、藝術形式、表現手法，亦璧然不廢。

中古時代的釋門文學，主要是運用傳統文體進行創作，并隨傳統文體演進而發展。釋門筆體文先用駢體，又漸出離駢儷、亦駢亦散，後至散體盛興。其間義理的倡説、淨慧的張揚，無不在傳統文體的轉換演化中，探索調適著它的表述形式。劉宋建康龍光寺寶林，爲勸化信衆除愚執而皈三寶，寫《檄魔文》，賦佛教的抽象概念以具象：將"真""慧"人格化爲"法王"，

"愚""執"人格化爲"天魔"；將"神魔交戰"比喻心靈的"慧""執"互攖；法王用"禪弓""慧箭"，破天魔"無明之陣""矯慢之幢"。弘教的文學手法何其漂亮！而他的創作所使用的，却是駢散兼行的傳統文體。

釋門講唱文學源自佛經唱誦，算是與佛教行事直接相關的文體。然而無論講經文、押座文，還是變文、因緣，其文體結構大都是筆體文、韻文相間。筆體文則或駢或散，唱白相雜；韻文則七言爲主，或夾三、五、六言。或鋪叙，或咏唱，藝術手法也是傳統式的。

釋門韻文，舉凡僧詩、賦、銘、頌讚、唱讚、曲子等，都是在傳統韻文形式中，運用賦、比、興等傳統藝術手法，發攄信仰意緒，流淌人生感悟。即使某些禪詩，以禪悟方式體認大化，開拓虚静空靈的意境而標新詩壇，它的格律形式也依然是傳統的。"偈"，源自梵經偈陀（Gatha），是佛經直接演化的韻文體。"讚佛偈"反復咏嘆的形式也出自偈陀。然而"讚偈"整齊的句式，鋪叙、比喻的手法，則脱自傳統韻文。"禪偈"，其實是藉傳統的"銘"體發抒禪慧。"歌偈"，或五言，或七言，格律均似傳統詩。

佛教繪畫與雕塑，通過可視具象喚起信衆的宗教情緒，實現弘法功能。這要求作品體現"彼岸"與"此岸"的結合，既有"神性"，又有便於信衆認同的"人性"。"神界"本來就是"人界"的映象。每個民族都以自身爲"藍本"造神；而每一個具象神系，又反映著造神民族的生存狀況和文化傳統。隨佛教入華的佛教繪塑，是古印等民族文化傳統的産物。新疆古寺址出土一些佛教壁畫、絹畫和雕塑，包含古希臘、東羅馬、波斯以及犍陀羅等風格。作品中的釋迦、弟子、衆神形象，要麽高鼻大眼，要麽卷髮絡腮鬍，服飾也是外域的，一派異國情調。像這樣風格的作品，在中夏就缺乏可接受性。這類佛教具象要得到中夏信衆的認知，同樣須經中夏藝術、文化傳統的改造。

西方美術較重形似。中國傳統畫論則主張"以形寫神""形神兼備"，强調"傳神"，尤重"神似"。顧愷之説的"遷想妙得"，就體現對"神似"的追求。漢唐時期的中夏美術家，用傳統的美學觀和文化觀，對外來的多元佛教美術，進行長期細緻的審讀與鑒別，吸收有益的藝術技法，改造異域情韻，創造了具有民族風格的佛教美術大系。綜觀中夏追求"神似"的佛教美術新創造，可大致概括爲：聖化以營造莊嚴静穆美，詩化以營造典麗靈動美，誇飾以營造乖張獰厲美，史韻以營造逝鴻宛至美。

華夏"執厥中"的哲學，和"致中和"的觀念，是營造"聖化"美的理念本源。在古希臘風格的《釋迦與六弟子》(若羌米蘭古寺)畫面中，釋迦站在右前側，不居中，不突出，面相也與弟子們相同。而中夏的佛教繪畫與雕塑，自東漢起即形成了釋迦居中、菩薩脅侍的格局，釋迦的身量也更高大。西方對"形似"的追求，使得佛相每如常人。華夏"中和"觀念創造的佛相，則往往是"多義"的，每個瞻禮信衆都可由佛相得到自己的闡釋和啓悟。中夏創造的莊嚴靜穆之美的最佳代表作，便是伊水之濱的那尊盧舍那大佛。

典麗靈動之美的"詩化"創造，最得益於中夏美學的"遷想"(源於現實的藝術聯想)論和"傳神"論。在米蘭那幅同樣是古希臘風格的《天神乾闥婆》(即《有翼天使》)畫面上，年輕的天神雖生雙翼，却毫無飛翔在天的動勢。再看中國佛寺壁畫及雕塑中的無數飛天，雖然沒有雙翼，却藉著衣飾與背景的烘托，帔帶翻飛，天花漫舞，個個御風而行，靈動而飄逸。天竺風格的女性神像，往往裸體或半裸，豐乳細腰大臀，身姿作S形，以直露爲美。中夏的女性菩薩，豐乳化爲豐胸，華飾增其典雅，是摒棄直露的含蓄美。"傳神"論又促進菩薩形象的個性化塑造。或矜持端莊，或清麗俊雅，或嫵媚風流，或活潑瀟灑。"明睇將瞬"，"竊眸欲語"。對中華女性千姿百態的生動摹寫，創造了中國佛教藝術"典麗靈動"類型美的多彩畫廊。

"誇飾"與"史韻"，在佛教美術的創作手法中，分別是浪漫主義與現實主義的極端。唯"誇飾"導致"獰厲乖張"：鼻口償張的金剛，鳳眼蠶眉的天王，獸爪獠牙的夜叉，鼠身鳥喙的小鬼。它是"遷想妙得"的另一種類型美。唯"史韻"能給人間留真、爲歷史定格：中古的莊園，農奴的勞作，廟堂歌舞，民間嫁娶，帝王出征，商旅遠行。真實生動的畫面，重現著先民已然遠逝的歲月，透出歷史與人生的沉重，凝聚爲炎黃血胤的情結。

美國著名學者塞繆爾·亨廷頓的《文明的衝突與世界秩序的重建》一書寫道：

> 不同文明之間不乏相互影響和借鑒。……然而，世界上的偉大文明大多已存在了至少一千年，有的則已有了幾千年的歷史。這些文明都有一個爲加強自身生存機會而借鑒其它文明的記錄。學者們一致認爲，中

國人爲自己的目的和需要吸收印度的佛教，這並没有使中國"印度化"，相反倒造成了"佛教的中國化"。西方一直千方百計想使中國人基督教化，但迄今爲止中國人使它始終不能得逞。[①]

　塞繆爾·亨廷頓教授用"佛教中國化"的歷史事實，説明中華文明善擇衆長而又獨立不倚的特性。中華文明之所以具有無窮生命力和巨大魅力，正是出於這一文明特性的惠賜。

---

① 塞繆爾·亨廷頓:《文明的衝突與世界秩序的重建》，西蒙－舒斯特聯合出版公司，1996。這段文字見該書《西方文明：是特有的，不是普遍適用的》一節，譯文轉引自《參考消息》1996 年 12 月 2 日第 6 版。

晉—唐中葉：寺院地主的非自主發展

一 晉隋：常住經濟非自主發展前期

中夏佛寺的早期地産來自四種途徑：自墾、捨施、國賜和買佔。東晉十六國和南北朝時期，無論南方北方，在經濟中心區之外，都有許多未墾的土地山林，佛寺僧衆有可能開荒耕種。士族豪族和官吏佔有大量土地和佃客，同時有庶民地主和自耕農階層，他們有可能捐施田土給寺院。國家控制著廣大的荒地山澤，可以賜作佛寺"常住田"。佛寺還可以用購買和佔併的方式得到土地與勞力。同世俗社會一樣，早期寺田的經營方式有自耕，也有大地産的農奴式佃客耕作。興販、質舉、放貸等營利性經營，也在早期佛寺出現。

（一）寺院地産的形成

所謂"寺院地産"，是指佛寺"實際佔有"用作生産資料的土地。中古寺院的地産可分作性質不同的兩類：一類經"社會賦予實際佔有以法律的規定"，因而"具有合法佔有的性質"[①]，它是寺院地産的主體；一類是不被法律認可的"實際佔有"。在唐初國家規定寺院"常住田"和僧尼"口分田"限額以前，這兩類寺院地産的性質沒有明確的區分。但賜田、施田、墾荒田、買田，大都被國家與社會所認可；而用種種手段佔併的民田，則不被國家與社會認可。

最早的寺院地産是僧人自墾的。史籍記載北方寺僧墾田，始見於公元 4 世紀初。常山扶柳（今河北冀州）人道安（312~385），十二歲在原籍出家，

---

① 馬克思：《黑格爾法哲學批判》，見《馬克思恩格斯全集》第 1 卷，第 382 頁，人民出版社，1956。

先在當寺"驅役田舍，至於三年，執勤就勞"①。那時常山在後趙治下，雖然地屬平原，但由於晉末戰亂，這裏的人民大量死亡流移，土地大片抛荒②，扶柳的佛寺得以有地可種。北魏平陽郡（今山西臨汾）武陽人法顯（約337~約422），三歲即入寺做沙彌，"嘗與同學數十人於田中刈稻"③，種的是汾河谷中的水田。魏太武帝時，"長安沙門種麥寺内"④，佛寺種麥城内大約是喪亂形成的荒地。罽賓僧人曇摩蜜多，西涼（400~421）初年在敦煌建精舍，"植㮌，開園百畝"⑤，是西北佛寺墾田的早期事例。

晉釋道恒説沙門"墾殖田圃，與農夫齊流"⑥，東晉寺僧墾田自耕，已是常見的現象。史籍記載，南方寺僧墾田以慧遠爲早。據《廬山記》，慧遠於太元（376~396）初始居廬山香爐峰，隨侍稱"辟蛇行者""常耕於峰頂"，其田墾至宋代仍"仿佛可辨"⑦。陳朝末年智顗初至天台山，西北有地名陳田，據説"神人開田於此，供智者大師朝種暮收"⑧，可知智者早期也是自耕的。

國家賜田給寺院，南方始見於劉宋，北方始見於北魏，均稍晚於寺僧自耕。宋元嘉二年（425），文帝賜田鄮縣阿育王寺，田在寺東15里處，蕭梁時正式稱爲"塔墅常住田"⑨。齊建元二年（480），益州沙門玄暢建齊隆寺，高帝"敕蠲百户，用充資給"⑩。齊武帝在西蜀齊山立會州寺，同時"度僧給田業"⑪。梁天監十年（511）吳郡立慧聚寺，梁武帝"賜田二所，山一所，木千株"⑫。鐘山有王導賜田80餘頃，武帝從其六世孫王騫處強行買來，賜大愛敬寺⑬。南朝時，三吳地區的土地已被士族豪門佔併幾盡，未墾荒地多在三吳之

① 《高僧傳》卷5《道安傳》，見《大正藏》卷50，第351頁。下引《高僧傳》版本同，衹出頁碼。
② 參見唐長孺《魏晉南北朝隋唐史三論》，第120頁，武漢大學出版社，1992。
③ 《高僧傳》卷3《法顯傳》，第337頁。
④ 《魏書》卷114《釋老志》。
⑤ 《高僧傳》卷3《曇摩蜜多傳》，第342頁。
⑥ 道恒：《釋駁論》，見《弘明集》卷6。
⑦ ［宋］陳舜俞：《廬山記》卷1，見《大正藏》卷51，第1030頁。
⑧ ［唐］徐靈府：《天臺山記》，見《唐文拾遺》卷50，中華書局，1982。
⑨ 《阿育王寺常住田碑》，見《金石萃編》卷108，《石刻史料新編》本。
⑩ 《佛祖統紀》卷37《法運通塞四》，見《大正藏》卷49。
⑪ 《續高僧傳》卷27《法凝傳》，見《大正藏》卷50。下引《續高僧傳》版本同，衹出頁碼。
⑫ 金吳瀾等：《光緒崑新兩縣續修合志》卷11《寺觀》，中國方志叢書本，臺灣成文出版社，1966~1985。下引地方志版本同，不另註。
⑬ 《南史》卷22《王曇首附王騫傳》，中華書局，1984。

外①。所以蕭衍雖有帝王之尊，也要買田以賜愛敬寺。阿育王寺賜田在浙東，會州寺賜田在西蜀，大約都是未墾荒地；慧聚寺在今昆山縣，賜田大約是未墾的湖陂地。隋統一後，亦賜田給江南佛寺。開皇十二年（592）置宣州妙顯寺，"敕賜水田二頃五十畝，將充永業"，并在"近寺側封五十戶民"②。給當陽玉泉寺"常住膳僧田"，"永爲己業"。③

北方賜田以淨土宗祖庭玄中寺爲早。該寺北魏延興二年（472）初建，太和十八年（494）重修，次年將距寺150里的一處山地，"特賜寺莊"，名"夜飯莊子"④。北齊天保初，文宣帝在鄴縣天城寺受戒，賜額"合水寺"，賜以山林，"封方十里，禁人樵採射獵"⑤。隋清禪寺不僅有"國家供給"，晉王楊廣亦"前後送戶七十有餘，水磑及碾上下六具，永充基業"⑥。北魏太和時"取給公府"的少林寺，開皇中賜予"柏谷屯地一百頃"⑦。國家賜田給佛寺，兼有奉佛與開墾土地兩種意圖，南方北方皆然。

晉隋之間的官民施田，一般祇有供佛功德的性質，高官大族獨家施田鮮見。宋車騎將軍范泰立祇園寺，并施"果竹園六十畝"⑧。南朝高門何胤病危，遺囑"田疇館宇，悉奉眾僧"⑨。這是高門施田兩例。南方北方均以鄉里集眾施田爲多。東晉義熙（405~418）年間，慧遠弟子法安至新陽（今湖南寧鄉西），數百鄉民"留安立寺，左右田園，皆捨爲眾業"⑩。梁天監二年（503），赤城郡寧海縣民葛蘊德、敬德兄弟"捐田九頃餘"，施法海寺⑪。梁大通元年（527），昭明太子在晉安郡溫麻縣建昭明寺，"里人王迪捨山場寺田"⑫。始興郡曹溪寺田，梁陳隋代多有施入，"蓋始於曹叔良、陳亞

---

① 參見《魏晉南北朝隋唐史三論》，第106~107頁。
② 鄭辨志：《宣州稽高山妙顯寺碑銘》，見梅鼎祚《釋文紀》卷40。
③ 《玉泉寺志》卷1《公據志·田土公據》。
④ 《特賜寺莊山林地土四至記》，唐長慶三年（823）五月二十三日立，見《唐文續拾》卷10，中華書局，1982。
⑤ 《大唐鄴縣修定寺傳記》，見《唐文拾遺》卷50。
⑥ 《續高僧傳》卷17《曇崇傳》，第568頁。
⑦ 《皇唐嵩岳少林寺碑》，見《金石萃編》卷77，《石刻史料新編》本。
⑧ 《高僧傳》卷7《慧義傳》，第368頁。
⑨ 《南史》卷30《何尚之附何敬容傳》。
⑩ 《高僧傳》卷6《法安傳》，第362頁。
⑪ 王瑞成等：《光緒寧海縣志》卷22《流覽志》。
⑫ 朱圭等：《光緒福寧府志》卷35《雜志·寺觀》。

仙"①。北方鄉里有時是同宗合施。西魏大統三年（537）所立關中《中興寺石像碑》，記該寺所在地宗姓一族爲主的里人 14 户共同施地，多者 50 畝，少者 10 畝，共 284 畝；所施土地有宅田、園宅田、麻田、白田等。②

佛寺自買土地需要豐足的財力，買田方式的出現要晚些；有時佛寺營田往往是自墾、購買、强佔等各種方式併用。陳隋之際的曹溪寺，得"廣州馬氏、孫氏施錢三百萬，買得新會水口洲、小砂洲"，後由慧能所承③，算是正常的買地。北魏佛寺公開"侵奪細民，廣佔田宅"；同時又"翻改契券，侵盡貧下"，買而多佔④。北齊青州僧道携，"不修戒行，廣營田業"⑤。隋長安普救寺僧道積，十餘年營得附近大片"園磑田蔬"⑥。隋唐間長安清禪寺僧慧冑，經營 40 餘年，營得"水陸莊田"⑦。燕地之盤山感化寺，自北魏太和至唐朝咸通四百年間，"佔籍斯廣，野有良田百餘頃，園有甘栗萬餘株"⑧。這些寺院地産的取得，大約即是各種手段併用。隋文帝命河東樓巖寺主僧明達，"定其疆界四至，周圍約二十餘里"⑨，類似强行圍佔。隋鄭州會善寺僧明恭，"其力若神不可當"，"曾與超化寺爭地"；超化寺"多召無賴者百餘人"，去"奪會善寺秋苗"⑩。隋禪定寺直歲道英，"與俗爭地，遘鬥不息"⑪。兩起爭地事件，一起在鄭州，一起在京畿，都是人多地少的狹鄉。佛寺之間、僧俗之間爭奪土地的糾紛，隋唐之際多起來，顯示寺院地主勢力已經壯大。

在唐中葉以前，中夏的寺有土地，尤其是賜田的所有權，具有明顯的穩定性。雖因社會動蕩、改朝換代，賜田曾一度失去，但祇要佛寺不廢或廢後能復，以前賜田的所有權，一般均可得到新朝的確認；即使中唐以後，國家對土地佔有的干預能力削弱，許多傳統的寺田，在兼併大潮中易主，但是有

---

① 《重修曹溪通志》卷 1《附香火供奉》，見《中國佛寺史志匯刊》第 2 輯第 4 册，臺灣文明書局，1980。
② 羅振玉拓本，轉引自道端良秀《唐代佛教史研究》注[13]，第 499 頁，昭和 32 年（1957）版。
③ 《重修曹溪通志》卷 1《附香火供奉》。
④ 《魏書》卷 114《釋老志》，中華書局，1974。
⑤ 《釋門自鏡錄》卷上《忿恚貪鄙錄五》，見《大正藏》卷 51。
⑥ 《續高僧傳》卷 29《道積傳》，第 696 頁。
⑦ 《續高僧傳》卷 29《慧冑傳》，第 697 頁。
⑧ 南抃：《上方感化寺碑》，乾統七年（1107），見陳述《遼文匯》卷 8。
⑨ 《樓巖寺四至記》，咸平二年（999）立，見胡聘之《山右石刻叢編》卷 11。
⑩ 《續高僧傳》卷 25《道英傳》，第 654 頁。
⑪ 《續高僧傳》卷 27《明恭傳》，第 659 頁。

一些久存不廢的大寺名寺，以寺田勒石爲憑據，依然能够得到後朝的承認。對此，方志與寺志中的大量記載可以爲證。由晉至清千餘年間，前朝佛寺"常住田"尤其是賜田，不因王統改換輕易喪失，寺院地主地權的穩定性勝過一般世俗地主，在中國封建土地制度史上，是一個顯著的現象。

（二）寺莊與佃客制

5 世紀中葉以後，北方南方都出現寺莊。前揭玄中寺夜飯莊子、清禪寺莊田、少林寺柏谷屯莊、禪定寺莊、普濟寺莊，以及香林寺莊等，逕稱"莊"或"莊田"；益州齊隆寺、宣州妙顯寺、長安清禪寺等，大量人户與基業同賜，這基業其實也是寺莊。同世俗社會一樣，寺莊實行佃客耕作制。它與唐中葉以後實行佃農耕作制的寺莊不同，可稱前期寺莊。

前期寺莊佃客有各種特定的名稱。北魏沙門統曇曜在奏置僧祇户粟時，還奏請：

> 民犯重罪及官奴以爲"佛圖户"，以供諸寺掃灑，歲兼營田輸粟。高宗並許之。於是僧祇户粟及寺户，遍於州鎮矣。[①]

曇曜奏置的"佛圖户"與"僧祇户"性質不同。僧祇户雖來自平齊户和"役同厮養"的軍户等色賤民，但"僧祇户不得別屬一寺"，即不依附於特定寺院，他們的身份仍然屬於國家賤民。"僧祇户粟"的本意是"立課積粟"，即由僧祇户在鄉輸課，每户每年向國家的僧曹輸粟六十斛，輸額與當時"一夫歲責六十斛"正課，及屯民"歲責六十斛"，數額相同[②]。所謂"僧祇户粟"的實質，是在寺院經濟尚未充分發展的情况下，國家用讓渡部分賦課的方式扶持佛教。名爲"僧祇户"，實爲割賦不割民。祇有爲祀事與營田而設的"佛圖户"即"寺户"，纔是寺院依附人户。《魏書》説僧祇户"粟"與"寺户""遍於州鎮"，未含僧祇户；《佛祖統紀》祇説佛圖户是"佛寺之民"[③]，未及僧祇户，道理也在這裏。北魏佛寺普遍配置的寺户，一部分來自重罪犯，一部分來自官奴，是

---

① 《魏書》卷 114《釋老志》。
② 《魏書》卷 62《李彪傳》、卷 110《食貨志》。
③ 《佛祖統紀》卷 38《法運通塞五》註。

將國家賤口轉爲寺院賤口。其中用於營田的寺户，身份等同於世俗佃客。

南朝佛寺賤口依附人稱"白徒"，或使用内律名稱"淨人"。梁都建康有僧尼十餘萬，"道人（即僧人——筆者）又有白徒，尼則皆畜養女，皆不貫人籍，天下户口幾亡其半"①。大量"白徒"當會有一部分用於種田。陳隋之際的荆州河東寺"有淨人數千"②。按"淨人"得名源自所謂"不淨業"。内律把"田宅"視作"八不淨財"之首。《五分律》云："有人施僧田宅、店肆。佛言：'聽受，使淨人知。'"③ 施田可以接受，但要淨人去耕種。"爲僧作淨，免僧有過"④，是"淨人"的職責；代替僧人種田，可使他們免去殺生之過。河東寺的數千淨人之中，也當有代僧營田的。南朝的農作"白徒""淨人"，同北朝"寺户"一樣，身份也是佃客。中古時代的"佃客"是"蔭人"⑤，即地主階級的包蔭人户；東晉南朝"客皆註家籍"⑥，即佃客不在官籍而是附名地主家籍之中。"不貫人籍"的"白徒"及"淨人""寺户"，作爲"佛寺之民"注名寺籍之中，同世俗佃客"註家籍"也是相似的。唐代敦煌佛寺就有寺户名簿。自晉至唐，朝廷一再檢括佛寺依附人户，使之重注官籍，實質是國家與寺院地主之間對勞動人手的争奪。

（三）早期營利業

東晉時期佛寺已從事興販營利，但主要是在交通便利、商業繁榮的都會。晉釋道恒指責僧寺"營求孜汲，無暫寧息"，"商旅博易，與衆人競利"⑦，也説的是建康等都邑佛寺的情景。"商旅博易"泛指長途販運，惜無具體事例。

南朝時期的建康、吳縣、江陵、襄陽等大邑，多有佛寺以質舉致富。《南史》記載劉宋江陵長沙寺設質庫，江陵令甄法崇之孫彬：

> 嘗以一束苧就州長沙寺庫質錢，後贖苧還，於苧束中得五兩金，以手巾裹之，彬得，送還寺庫。⑧

---

① 《南史》卷70《郭祖深傳》。
② 《法苑珠林》卷52引《感應記》，見《大正藏》卷53。
③ 《四分律比丘尼鈔》卷4《第三篇尼薩耆簡要釋九·畜寶戒》，見《卍新纂續藏經》第40册。
④ 道誠:《釋氏要覽》卷下《住持》引《十誦律》，見《大正藏》卷54。
⑤ 《晉書》卷26《食貨志》，中華書局，1974。
⑥ 《隋書》卷24《食貨志》，中華書局，1997。
⑦ 道恒:《釋駁論》，見《弘明集》卷6。
⑧ 《南史》卷70《甄法崇傳》。

長沙寺庫以物質錢，藉錢生利，可以還贖，類似近代的典當業。《南齊書》記述長沙寺在永元（499~501）時代的情景：

> 僧業富，沃鑄黃金爲龍數千兩，埋土中，歷相傳付，稱爲下方黃鐵。①

數十年後的長沙寺，已經由質舉而成巨富了。《南齊書》又記載，齊武帝時侍中褚淵死，其弟澄：

> 以錢萬一千，就（建康）招提寺贖太祖所賜淵白貂坐褥，壞作裘及纓，又贖淵介幘犀導及淵常所乘黃牛，永明元年（483），爲御史中丞袁彖所奏，免官禁錮，見原。②

將皇帝賜物做質物是犯罪，故被奏劾。還贖錢 110 貫，相當於初舉的質金與質利之和。

南朝史籍有關寺僧巨富的記載甚多。如劉宋時：

> 吳郡西臺寺，多富沙門。（吳郡太守王）僧達求須不稱意，乃遣主簿顧曠，牽門義劫寺內沙門竺法瑤，得數百萬。③

蕭衍自雍州（今湖北襄陽）起兵東下時，用度不足，其侄南平王蕭偉"取襄陽寺銅佛，毀以爲錢"，"富僧藏鏹，多加毒害"④。郭祖深給梁武帝的著名奏文說："都下佛寺五百餘所，窮極宏麗，僧尼十餘萬，資產豐沃。"⑤ 建康、吳郡、江陵、襄陽，都是水陸都會。這裏僧寺的巨大財富，非興販質舉無以致之；南朝佛寺文物之盛，又正以此數都會的巨刹大寺，標領其幟。

---

① 《南齊書》卷 38《蕭赤斧附蕭潁冑傳》，中華書局，1972。
② 《南齊書》卷 23《褚淵附褚澄傳》。
③ 《宋書》卷 75《王僧達傳》，中華書局，1974。
④ 《南史》卷 52《蕭偉傳》。
⑤ 《南史》卷 70《郭祖深傳》。

北朝寺僧藉放貸以求利。蘇瓊任南清河郡太守時：

> 道人道研爲濟州沙門統，資産巨富，在郡多有出息，常得郡縣爲徵。及
> 欲求謁，度知其意，每見則談問玄理，應對肅敬，研雖爲債數來，無由啓口。
> 其弟子問其故，研曰："每見府君，徑將我入青雲間，何由得論地上事。"①

道研常欲藉郡縣官府爲其催債，放貸的範圍與數額不可知。北朝商品經
濟與商業資本的發展，不如南朝。史籍鮮見北朝佛寺興販、質舉，放貸記載
也不多。這個事實，同南北寺院經濟發展的這一差異相適應。

二 初唐盛唐：常住經濟非自主發展後期

我國封建地主制經濟唐初走向繁榮。唐朝實行護持佛教的政策，信衆廣
佈民間，宗派漸次形成，也推動中古寺院地主經濟發育成熟，成爲封建地主
制經濟之一翼。

唐前期，中夏佛寺普遍有了以寺田爲主的寺産。證據是唐代田令明確規
定僧尼得有"蔭田"、佛寺得有"常住田"。據《法苑珠林》記載，唐田令官
在貞觀二十年（646）奏稱：

> 依内律僧尼受戒，得蔭田，人各三十畝。②

學術界認爲這是唐《貞觀令》的佚文；並認爲此條令文的本意，不是官
府給僧尼受田，而是對以前僧尼佔田的法律認可，同時對僧尼"蔭田"的數
額加以限制③。《法苑珠林》又記載，唐高宗時期的"國家大寺"如慈恩、西
明等寺的僧尼，有"口分地"④。所謂"口分地"，即《貞觀令》中的"蔭

---

① 《北齊書》卷46《蘇瓊傳》。
② 《法苑珠林》卷69《捨邪歸正篇》。
③ 〔日〕森慶來：《關於唐均田法中的僧尼給田》，載《歷史學研究》第4卷第1期；〔日〕道
　端良秀：《唐代佛教史研究》，第500頁，昭和32年（1957）。
④ 《法苑珠林》卷77《祭祠篇·獻佛部》：慈恩、西明等"國家大寺"，"除口分地外，別有
　敕賜田莊"。

田”，確證僧尼“蔭田”的法令，至少在一部分大寺中實施了。據唐初田令，除給僧尼“口分地”之外，也給佛寺“常住田”，數額不詳。①

唐令關於“蔭田”“常住田”的規定有兩重性。它首先體現著限制寺田與僧田的立法意圖。這證實了東晉以來寺院和僧侶的土地佔有已有大的發展。它爲“蔭田”與“常住田”確定數額，又體現著保障寺僧領有一部分土地的立法意圖。武德九年（626）三月，唐高祖對太子李世民說：“僧尼入道，本斷俗緣，調課不輸，丁役具免。”② 證明唐初在規定“蔭田”“常住田”的同時，還曾給予寺田和僧丁免除賦課徭役的特權。封建王朝用國家法令的形式，保障寺院的經濟利益，唐朝實開其端。這同護持佛教的國策是一致的。

（一）寺莊的復蘇

在隋末農民戰爭中，寺院地主受到沉重打擊，一些地區的寺院莊園，莊客流散，甚至“通莊並潰”③。唐初，前代創置的寺莊或得以傳承；有些一度解體的也得以恢復。在長安，創自西魏的中興寺莊，創自北周的清禪寺莊，隋朝置的禪定寺莊等④；在北方，創自北魏的交城石壁寺夜飯莊⑤，漁陽感化寺田莊⑥，隋初置的蒲州普救寺園田⑦，開皇時所賜嵩岳少林寺柏谷莊⑧等；在南方，如劉宋所置鄮縣阿育王寺常住田莊⑨，隋所置當陽縣玉泉寺常住田莊⑩等：都傳承下來或得以恢復。隋賜少林寺的柏谷屯地一百頃，隋末“爲

---

① 《唐會要》卷 59“祠部員外郎”條：“開元十年（722）正月二十三日，敕祠部：‘天下寺觀田，宜准法據僧尼道士合給數外，一切官收，給貧下欠田丁；其寺觀常住田，聽以僧尼、道士、女冠退田充。一百人以上，不得過十頃；五十人已上，不得過七頃；五十人以下，不得過五頃。’”所謂“准（應爲準）法”，即以唐初均田令中給僧尼“蔭田”、給佛寺“常住田”的法律規定爲準。受田人死亡，口分田要退官另授，正是田令之義。唐初田令規定的佛寺“常住田”數額不詳。開元敕對僧尼“蔭田”和寺院“常住田”的新規定，是對唐初均田法令的補充與修正。
② 彥悰：《唐護法沙門法琳別傳》卷上，見《大正藏》卷 50。
③ 《續高僧傳》卷 22《慧璀傳》，第 615 頁。
④ 《續高僧傳》卷 23《道綽傳》、卷 29《慧胄傳》、卷 22《慧璀傳》。
⑤ 《唐文續拾》卷 10《特賜寺莊山林地土四至記》。
⑥ 南抃：《上方感化寺碑》，乾統七年（1107），見陳述《遼文彙》卷 8。
⑦ 《續高僧傳》卷 29《道積傳》，第 696 頁。
⑧ 《皇唐嵩岳少林寺碑》，見《金石萃編》卷 77。
⑨ 《阿育王寺常住田碑》，見《金石萃編》卷 108。
⑩ 《玉泉寺志》卷 1《公據志》。

山賊所劫"。因少林僧衆抗擊隋軍有功，李世民"賜地四十頃，即柏谷莊"①，莊田亦得恢復。

皇室"敕賜田莊"，大官施捨田莊，仍然是佛寺獲得莊田的重要途徑。貞觀三年（629），太宗超度戰亡者，詔建汾州弘濟、晉州慈雲、呂州普濟、洛州昭覺、名州昭福、鄭州等慈、幽州昭仁等七寺，"又給家人、車牛、田莊"②。貞觀二十二年（648），太子李治爲生母所造慈恩寺，獲賜同州莊園③。顯慶元年（656），高宗造長安西明寺，"賜田園百頃，淨人百房，車五十兩（輛），絹布二千匹"④。總章年間（668~670），宰相閻立本謫居信州玉山縣，"捨宅"并"捨南莊"立普寧寺普圓院⑤。洛京佛授記寺高僧德感，助義淨譯經有功，高宗授他昌平縣開國公，"累井田至三千戶"⑥，即賜他擁有3000戶莊客的莊田。景雲元年（710），唐睿宗在長安永興坊建荷恩寺，同時置普潤莊於麟游縣⑦。唐中宗女金仙長公主，將其食封之范陽縣上堡村"趙襄子澱中麥田莊，並果園一所及環山林麓"，施給雲居寺"永充供給"⑧。睿宗第四女李華，有食封1400戶，開元二十二年（734）公主亡故，"封分一半，施寺觀家"；公主府裏的奴婢"一切總放"，"不情願者，於諸莊安置"⑨，公主的食封田莊轉化爲寺莊。寶應元年（762）時，唐代宗敕將歧隴之間原屬官馬坊的腴田，"賜諸寺觀千餘頃"。⑩

這些皇帝敕賜、官貴施予的常住莊田，京畿爲多，散佈諸州，遠達江南。資料提供的信息表明，唐初賜莊沿承了前代的農奴式佃客耕作制。交兵處七寺"家人"，西明寺的"淨人百房"，德感所受的"三千戶"，都是原來依附在土地上的莊客人戶。七寺"家人"又稱"奴隸"（《續高僧傳·明瞻傳》），

---

① 裴漼：《少林寺碑》，見《全唐文》卷279，中華書局，1982。下引《全唐文》版本同。
② 《廣弘明集》卷28上《於行陣所立七寺詔》；《續高僧傳》卷24《明瞻傳》，第633頁。"家人"，《明瞻傳》作"奴隸"。
③ 懷信：《釋門自鏡錄》卷下"慳損僧物"條，見《大正藏》卷51。
④ 蘇頲：《唐長安西明寺塔碑》，見《文苑英華》卷855，中華書局，1966。
⑤ 黃壽祺修、吳華辰等纂《同治玉山縣志》卷2《建置志·寺觀》。
⑥ 《宋高僧傳》卷4《德感傳》，見《大正藏》卷50。下引《宋高僧傳》版本同。
⑦ 王世平、朱捷元：《西安東郊新發現的唐法律墓誌及塔銘》，見作者所贈複印本。
⑧ 王守泰：《記山頂石浮圖後》，見《金石萃編》卷83、《全唐文》353。
⑨ 《大唐故代國長公主碑》，見《金石萃編》卷78。
⑩ 《舊唐書》卷141《張孝忠附茂宗傳》。

可知是農奴身份。他們與莊園同賜之後，改爲佛寺農奴的專稱："家人""淨人"。公主的七百家封户以及田莊上安置的官奴婢，同田莊一起施給寺觀，也轉化爲寺莊農奴。

接受民間信衆的施地，是唐代寺院佔取土地的又一重要途徑，前期主要在南方盛行。如地方志記載貞觀年間，吉州陽城石泉寺得"里人龍孟常捐田"，良山院得"張學諭捐田"①；贛州贛縣妙明寺得"邑人蕭剛施田"②；衢州龍丘縣證果寺，得"縣人虞道延悉入陂田"③ 等。唐高宗時期，慧能南歸韶州曲江縣寶林寺，得里人陳某施地④；廣州寶莊嚴寺，得商人"多回淨施"，"鏹藏巨億，更入僧田"⑤ 等。唐初民間施地多見於江南佛寺，大約是由於江南地主的經濟勢力，受隋末戰爭衝擊稍弱。寺院經濟的迅速膨脹，到武則天時期形成"所在公私田宅，多爲僧有"⑥ 的局面，成爲嚴重的社會問題。朝廷被迫采取抑制之策。唐隆元年（710）的《誡勵風俗敕》稱：

> 寺觀廣佔田地及水碾磑，侵損百姓，宜令本州長官檢括。依《令式》以外，及官人、百姓將莊田、宅舍佈施者，在京並令司農卿即收，外州給貧下課户。⑦

先天二年（713）敕："王公以下，不得輒奏請將莊宅置寺觀。"開元十年（722）敕將僧尼"蔭田"之外多佔的土地官收，并按僧尼人數多寡，限定一寺佔"常住田"不得超過 10 頃、7 頃、5 頃三等數額⑧。這些政策都是在這樣的背景下出臺的。

散在南北的佛寺莊田，成爲寺院地主經濟發展的重要支柱。寺莊的發展推動全國性寺院經濟圈的形成。唐前期以京畿爲中心，包括關洛、山右、河

① 《吉安府志》卷9《建置志·寺觀·永豐縣》。
② 《贛州府志》卷16《建置志·寺觀·贛縣》。
③ 《龍江縣志》卷24《建置志·寺觀》。
④ 《韶州府志》卷26《古迹略》。
⑤ 王勃：《廣州寶莊嚴寺舍利塔碑》，見《全唐文》卷184。
⑥ 《資治通鑑》卷205"天册萬歲元年正月"，中華書局，1956。
⑦ 《誡勵風俗敕》"唐隆元年七月十九日"，見《文苑英華》卷465。
⑧ 《唐會要》卷50《雜記》，卷59"祠部員外郎"條，中華書局，1983。

西、河北、淮揚、江東、浙閩、巴蜀、荊湘、嶺南等廣大寺羣，都有寺産運營活動。

唐代寺院財産實行法緣傳承制，以寺莊爲主體的常住財産，都是教團共財。寺院三綱（上座、寺主、都維那）協管共財，並有生產運營的決策權，成爲寺財的"法人"。有的寺田距寺較遠，三綱委派直歲僧去管理。如長安慈恩寺僧玄辯，永昌（689）年間"曾爲衆差，充同州莊直歲"①。

同前期自營一樣，後期寺莊經營仍具有自然經濟特點。一般寺莊有農田、菜園、林果園；有的還有水渠、池塘、碾磑和各種手工作坊。長安清禪寺莊，"竹樹森繁，園圃周繞，水陸莊田，倉廩碾磑"②；昆池之南的中興寺莊，有百頃稻田和"望若雲合"的梨、棗、雜果樹③；慈恩寺同州莊的農作物包括胡麻、大豆④；河東普救寺莊，"園、磑、田、蔬，周環俯就"於"上坊下院"周圍⑤；蒲州普濟寺的三所寺莊，"麻、麥、粟田，皆在夏縣東山深隱之所"⑥；漁陽感化寺莊有良田、栗園，園內栗樹萬餘株⑦；范陽上垈村寺莊有麥田和果園⑧。據道宣《量處輕重儀本》記載，唐初一些寺院備有鐵作器、陶作器、皮作器、竹作器、木作器等各種"雜作器具"⑨，表明這些寺院有鐵、陶、皮、竹、木手工作坊，製造各種生產和生活用具。齊州靈巖寺有燭作坊，差僧爲"作人"⑩。各種手工作坊的存在，是唐代寺莊經濟自給自足的證明。

（二）營利業與"無盡藏"

鑒於前代僧寺逐利，唐令禁止僧尼"興販出息"⑪。唐初仍有寺僧熱衷經商，影響"農本"。他們"嗜慾無厭，營求不息，出入閭里，周旋闤闠，驅

---

① 懷信：《釋門自鏡錄》卷下"慳損僧物"條。
② 《續高僧傳》卷 29《慧冑傳》，第 697 頁。
③ 《續高僧傳》卷 23《道臻傳》，第 631 頁。
④ 懷信：《釋門自鏡錄》卷下"慳損僧物"條。
⑤ 蘇頲：《唐長安西明寺塔碑》。
⑥ 《續高僧傳》卷 25《道英傳》，第 654 頁。
⑦ 懷信：《釋門自鏡錄》卷下"慳損僧物"條。
⑧ 王守秦：《記山頂石浮圖後》。
⑨ 道宣：《量處輕重儀本》，見《大正藏》卷 45。
⑩ 道宣：《量處輕重儀本》，見《大正藏》卷 45。
⑪ 參井上光貞等《律令·僧尼令》第 18 條。

策田産，聚集貨物"，"估販成業"，導致高祖下詔沙汰釋門 [①]。高宗時，道宣一再引述内律規定，强調衹可佛寺爲供養三寶"周轉求利"；僧尼個人如有經營活動，則觸犯"一切墮中最重"的"販賣墮"罪 [②]。但官令和内律未能約制財利對佛寺的驅動。佛寺營利經營的形式，主要是碾磑和放貸。

佛寺碾磑經營糧食加工牟利，唐前期以北方爲多。許多京畿佛寺廣佔河渠碾磑。武則天女太平公主倚勢"與僧寺争碾磑"，"百司皆希其旨意"，雍州司户李元剛直不阿，將太平所佔碾磑"斷還僧寺" [③]。開元初，王公寺觀在三輔諸渠競立碾磑，僅白渠上就有 70 餘所。 [④]

佛寺貸借以生活貸借爲主。唐初鄴城戒德寺以積粟放貸：

> 貞觀中，洺州宋尚禮者，薄學有神明，好爲譎詐詩賦。罷縣還，貧無食，好乞貸。至鄴戒德寺貸粟，數與不還；又從重貸，不與之。 [⑤]

武則天時，天臺國清寺直歲智璪，用本寺財物放債，"將小布十端貸始豐縣丞李意及" [⑥]。東都太平寺將"寺中錢及油、麵"，貸給洛陽倉吏 [⑦]。開天之際，社會商品經濟大發展，寺僧"趨末忘本"的斂財風愈盛，"公私舉放，取利頗深"，私利達 40% 以上 [⑧]。《法苑珠林》記載，某寺實行質押借貸，一位經生用《法華經》"質二百錢"，"將四百錢贖得" [⑨]，質押利率高達 100%，這在唐前期是少見的。左拾遺辛替否驚呼："是十分天下之財，而佛有其七八。" [⑩] 高利貸成爲佛寺斂財的重要手段。

唐前期的"無盡藏"，是佛寺聚斂財富的又一重要形式。它起初用於"三寶"和"福田"，後來蛻變爲高利貸。隋唐之際的三階教開宗沙門信行，在京

---

① 唐高祖：《沙汰佛道詔》，見《全唐文》卷 3。
② 道宣：《〈四分律〉删繁補闕行事鈔》卷中二，見《大正藏》卷 40。
③ 《申勸禮俗敕》，見《文苑英華》卷 465；《舊唐書》卷 98《李元紘傳》。
④ 《唐會要》卷 89《碾磑》。
⑤ 《續高僧傳》卷 25《明解傳》，第 665 頁。
⑥ 懷信：《釋門自鏡録》卷下"慳損僧物"條。
⑦ 《宋高僧傳》卷 5《禮宗傳》，第 736 頁。
⑧ 《册府元龜》卷 159《帝王部·革弊》，中華書局，1960。
⑨ 《法苑珠林》卷 71。
⑩ 辛替否：《陳時政書》，見《舊唐書》卷 101《辛替否傳》。

師化度寺首創無盡藏院。根據信行的理論和實踐，僧徒、信衆可向無盡藏施捨財物爲功德；受施數額分"日別施錢四十分"和"日別施錢十六分"；施物有 16 種"相"，包括衣服、房舍、牀座、食器、炭火、飲食等，"施飲食"又含更（粳）米、糯米、麵、油脂、粟米、小豆、大豆、柴、作食人、鹽酢、蜜、薑、椒、胡麻、酪、瓜、菜、諸雜果等①。化度寺無盡藏，用途"分爲三分：一分供養天下伽藍增修之備，一分以施天下悲田之苦，一分以充供養無礙"②。該寺在"貞觀之後，錢帛、金繡，積聚不可勝計"，"藏內所供天下伽藍修理，燕、涼、蜀、趙，咸來取給，每日所出，亦不勝數；或有舉便，亦不作文約，但往，至期還送而已"③。至期歸還的舉便，大約還没有利息。北方各地皆可取做"伽藍修理"，可以想見唐初北方佛寺妙相之盛，當有得益於化度寺無盡藏者。後來武則天將化度寺無盡藏移往東都福先寺，並將"二親之所蓄用""咸充無盡之藏"④。唐初佛寺營無盡藏，不限於三階教，也不限於兩京。貞觀時，義淨之師齊州土窟寺高僧善遇，即"營無盡藏食，供養無礙"，"敬修寺宇，盛興福業"。⑤

武后、中宗時期，三階寺院以無盡藏名義，"多肆奸欺"聚斂財物，一再引起朝廷關注。武則天曾命高僧法藏，先後檢校福先寺與化度寺的無盡藏⑥。唐玄宗下詔揭露兩寺："每年正月四日，天下士女施錢，名爲'護法'，稱濟貧弱，多肆奸欺，事非真正。"⑦ 命將"化度寺無盡藏財物、田宅、六畜，并宜散施京城觀寺"⑧。化度寺無盡藏雖被毀禁，各地佛寺的無盡藏和無盡財仍然存在，唐後期還有所發展。

（三）佃客制的危機

唐初佛寺的勞動者，大致分良口和賤口兩個等級。各種傭工、匠人，

---

① 信行：《無盡藏法略説》《大乘法界無盡藏法釋》，見敦煌寫本 S.190 號，S.2139 號，S.721 號。
② 《太平廣記》卷 493《裴玄智》，中華書局，1960。
③ 韋述：《兩京新記》卷 3《義寧坊·化度寺》，粵雅堂叢書本。
④ 武則天：《〈方廣大莊嚴經〉序》，見《全唐文》卷 97。
⑤ 義淨原著、王邦維校註《南海寄歸内法傳校註》，第 227 頁，中華書局，1995。
⑥ 《大唐淨域寺故大德法藏禪師塔銘》，見《金石萃編》卷 71。
⑦ 唐玄宗：《開元九年四月壬寅詔》，見《册府元龜》卷 159《帝王部·革弊》。
⑧ 唐玄宗：《開元九年九月丁亥詔》，見《册府元龜》卷 159《帝王部·革弊》。

泛稱"施力供給"①，是名列官籍的良口；各種依附人户，是名附寺籍的
賤口。包含莊客在内的賤口依附人户，《唐律》稱之爲"寺部曲"②。吐魯
番出土的乾封至永淳間（666~683）文書《唐西州某縣事目》，有一條記
載稱："縣所管寺觀部曲，並十八中男，速點勘。"③ 官府徵發從役的寺
觀部曲，就是寺觀依附户。在唐代内典與史傳中，賤口依附人户的名稱，
除"淨人"之外，又有"家人""寺家人"。代僧種田的是"淨人"，"家
人""寺家人"一般祇執寺内勞務。唐代世俗佃客仍可以施受爲佛寺農奴。
唐高宗將"淨人百房"與"田園百頃"同賜西明寺，一户淨人合耕地一
頃，同民間一丁受地數額相同，表明這些淨人仍然是附著在這塊莊田上的
佃客。

　　寺莊的農奴式莊客耕作制，隋末已現弛解之象。當義軍"誅蕩"寺莊時，
包括莊客在内的依附人户亦散離。有的還參加義軍爲滅隋立功。唐高祖令
"諸部曲及徒隸征戰有功勛者，并從本色勛受"④，透露了這一歷史消息。唐初
寺莊復蘇，有的改行召佃制，將戰時"浮遊"之徒召爲寺莊佃農。如蒲州普
濟寺在夏縣東山"置莊三所"，"用接羈遠"⑤，就是召"浮遊"爲佃。召佃制
的剝削方式，多採用實物地租制。有的古寺莊也改行租佃經營。鄮縣阿育王
寺"常住田"，開元初由"知墅僧"督農而耕，其"課常贏"⑥。所謂"課"，
就是向佃農收取的實物地租。農奴式的佃客制不再適應經濟的發展，佃客制
向佃農制的轉換，唐初已經開始。

　　僧人不勞動的律戒也越發鬆動。沙彌與僧執勞作務每見於隋唐之際僧人
的傳記。如長安弘法寺静琳，"七歲出家，役以田疇"⑦。蒲州普濟寺道英，
"厲（勵）衆僧務，躬事擔運"⑧。道宣一再地申明"田園種植"之事，"俗鄙
儒士尚不窺臨，況復出世五衆"；指斥僧人勞作是"招譏、障道之元首"，罪

---

①　道宣：《量處輕重儀本》，見《大正藏》卷45。
②　《唐律疏議·名例六》，中華書局，1983。
③　《吐魯番出土文書》第7册，第345頁，文物出版社，1986。
④　《大唐創業起居注》卷2。
⑤　《續高僧傳》卷25《道英傳》，第654頁。
⑥　《阿育王寺常住田碑》，見《金石粹編》卷108。
⑦　《續高僧傳》卷20《静琳傳》，第590頁。
⑧　《續高僧傳》卷25《道英傳》，第654頁。

"入重攝"，僧衆"今親自執役，或教人栽種"，是"污家惡行"[①]。道宣的激憤，正是針對釋門僧衆普遍勞作的現實。他不會懂得，寺院經濟雖有自己的特點，但是作爲封建地主制經濟的一部分，它的發展也要受封建制生産方式自身規律的支配。華夏的國情比律條的訓誡更有力。禁僧作務的天竺戒律，在中國不能真正實行，根本原因在此。

---

① 道宣：《量處輕重儀末》，見《大正藏》卷 45。

中唐—五代：寺院地主的半自主發展

唐玄宗在位的 40 多年，不僅是唐朝，而且是整個中國封建時代的重要轉折時期。從社會經濟領域來看，以小農階層不斷分化爲補充的地主制經濟，在開元天寶之際，進入"恣人相吞，無復畔限"[1] 的自由生長時期。土地兼併加劇，均田制度終結，國家控制和干預地權的能力削弱。土地公開買賣，土地兼併合法化，有力地促進封建大土地制及與之相適應的租佃制迅速發育。寺田盈縮納入土地兼併與反兼併洪流，寺院經濟的消長受世俗經濟的影響，唐後期反更强化。以前的寺莊，或被兼併而消失，或實行變革而傳承；在地主經濟的夾縫之間，禪林經濟興起；寺院大地産出現，租佃制基本取代佃客農奴制；僧侶地主階層壯大。中古寺院經濟完成了生産方式的局部調整，同世俗地主制經濟更緊密地扭結在一起。中唐晚唐時期，寺院地主經濟步入半自主發展的軌道。

一　禪林經濟出現

（一）禪林體制的形成

南北朝時代，禪僧多爲頭陀行，"居無常處"[2]，他們或在住寺之側"別立禪室"[3]，或"變易儀相"[4]，隨緣而化。隋代禪僧創禪林定居者漸多[3]。唐武德初年，道信居止黃梅雙峰山，聚徒傳法，歷三十載，弘忍七歲即投門

---

① 《册府元龜》卷 495《田制》。
② 普濟著、蘇淵雷點校《五燈會元》卷 1《僧璨傳》，中華書局，1984。下引《五燈會元》版本同。
③ 《續高僧傳》卷 20《志超傳》《曇韻傳》。

下"役力"求法。貞觀間，弘忍在黃梅東山授徒，慧能亦曾"隨衆作務"①。道信、弘忍之徒習業兼作務，是禪林僧衆農禪結合的濫觴。

農禪結合形式的倡導者是道一。他對禪林制度的肇興有兩大貢獻：一是廣置禪林。在六十餘年間，他修禪弘教的足迹遍及今四川、湖南、湖北、江西、福建五省。筆者據方志和僧傳資料做不完全統計，與道一有關的寺院、禪林、道場至今尚可查知的有 28 處，分佈在唐代 12 個州近 20 個縣，其中 19 處禪林、寺院爲道一親建。二是始行農禪合一。懷海隨道一在泐潭山曾執役"牽車"②，慧藏隨道一在石鞏山曾"牧牛""作務"③，智常隨道一在龔公山曾"刈草""取菜"④。在道一的禪林中，各種生產勞動已是僧徒常課，農禪結合成爲固定的傳法形式。

禪林經濟成爲寺院經濟的亞種，是八世紀末葉至九世紀初葉由道一的一代法嗣確立的。道一的門徒散在各地山區，各自創建禪林，聚徒傳業，同時自耕自養。智藏在龔公山，慧藏在石鞏山，法會、惟建、常興在泐潭山，承繼了道一創建的禪林。懷海在洪州百丈山、普願在池州南泉山創建的禪林最著名。還有信州鵝湖山大義、洪州西山亮、廬山智常和法藏、袁州陽岐山甄叔、南源山道明、潭州三角山總印、石霜山大善、華林山善覺、澧州大同山廣澄、衡山曇藏、池州杉山智堅、魯祖山寶雲、常州芙蓉山太毓、明州大梅山法常、婺州五泄山靈默、幽州盤山寶積、磁州馬頭峰神藏、蒲州麻谷山寶徹等⑤。他們所在山區以贛、湘爲中心，北至幽州，東抵明州，分佈於今贛、湘、皖、蘇、浙、冀、晉七省。大致在唐憲宗時期，一個散置江河南北無數丘壑淺山中的禪宗叢林體系得以確立。在叢林勃興的歷史背景下，懷海制定了《百丈清規》，《百丈清規》的產生是禪林制度確立的標誌。

《百丈清規》原書已佚，有關初期叢林的行政管理和經濟運營情況已難詳知。在《景德傳燈録·懷海傳》中有這樣一段記載：

---

① 郭朋：《壇經校釋》三，中華書局，1983。
② 《五燈會元》卷 2《應真傳》。
③ 《五燈會元》卷 3《慧藏傳》。
④ 《五燈會元》卷 3《智常傳》。
⑤ 見《五燈會元》諸僧本傳。

齋粥隨宜二時均便者，務於節儉，表法、食雙運也。行普請法，上下均力也。

"二時"即"朝參夕聚"；"普請"即"集衆作務" [1]。所謂"凡安衆處，有合資衆力而辦者，……除守寮、直堂、老病外，并宜齊趣" [2]，就是"普請作務"制度在叢林的具體實行。在叢林初建時期，以"行普請法，上下均力"爲基本生產原則，以"齋食均遍，務於節儉"爲基本消費原則，大約是可信的。勞則"均力"，食則"均遍"，兩項原則體現了禪林的教派平等精神和勤苦儉約精神。懷海本人"凡作務執勞，必先於衆"，"一日不作，一日不食" [3]，表明他是嚴格遵行叢林制度的。

叢林生產的主要項目有種稻、種菜、採茶等，產品衹供叢林消費，沒有手工業生產，與市場聯繫少，衹有若干必需品如鐮刀 [4]、瓷器 [5]、食鹽 [6] 等，有時到市場去買。總之，整個禪林經濟的生產體制是封閉的，其生產規模狹小，生產力水平低下，處於簡單自然經濟的原始狀態。它的整體財力寡弱，運營機制簡拙，墾種所得，聊供果腹。這與唐前期兩京寺院的豪富、州縣寺宇的豐盈，形成鮮明的對照。但是它畢竟是適乎時代、繫乎法脈的新制度，因而又頗具生機。

禪林經濟興起於八世紀末，中心地在湘贛，又基本置於山區，凡此種種，係由三個因素所致。第一，時值均田制初廢，以往限制寺田發展的官府禁令亦告失效。南禪宗此間興起，禪林殖田無礙，正得其時。第二，湘贛是懷讓和行思兩支南宗主力的基地，法嗣多在這一地區，便於開闢禪林。第三，在唐初，長江中游地區海拔二百米以下的平原地區，已經渡過開發期，可墾的荒地甚少了；大的丘陵區和淺山區自然成爲禪林經濟活躍的舞臺。

---

① 《禪林象器箋》卷9《叢軌門》，明治四十二年（1909）刊行本。
② ［元］德輝重編《百丈清規·大衆章第七》，見頻伽精舍校刊大藏經，騰十。
③ 《五燈會元》卷3《懷海傳》。
④ 《五燈會元》卷3《普願傳》。
⑤ 《五燈會元》卷4《如敏傳》。
⑥ 《五燈會元》卷7《宣鑒傳》。

（二）禪林經濟的發展和蛻變

九世紀中葉，江南禪林經濟得到長足的發展，主要表現爲禪林增多和分佈地域擴大以及大地產制的發展，寺莊經營方式的出現。

在道一法嗣們（懷海等）奠定的基業上，懷海等的法嗣一面經營老禪林，一面開闢新禪林。其宏大規模可見於《五燈會元》所載南岳下三世、四世法嗣傳記。其中以靈祐、慧寂開闢潭州溈山、希運等開闢洪州黄檗山，最具代表性。靈祐原籍福州長溪。他在上百丈山參見懷海的次日，"即同百丈入山作務"，是開闢百丈叢林的功臣。當司馬頭陀向懷海報告"湖南尋得一山，名大溈"時，懷海連夜召見靈祐，"囑曰：'吾化緣在此，溈山勝境，汝當居之，嗣續吾宗，廣度後學。'"靈祐西至大溈山，"复無人烟"，"猿猱爲伍，橡栗爲食，經於五七載，絕無來者"，境況險惡。等懷海派上座大安等人西來支援，纔打開局面①。據燈録記載，僧大安及靈祐法嗣慧寂曾在溈山多年從事平整梯田、刈茅、耕地、採茶、牧牛勞動。尤其是慧寂，某年夏季每天在山下勞作，"鋤得一片畬，下得一籮種"，靈祐讚他"今夏不虛過"，又嗔怪道："寂子，何得自傷己命！"②溈山禪林開創的緣起歷程，充分體現了百丈叢林禪衆們的弘法熱誠與開拓進取精神。懷海另一法嗣希運，早年曾先隨懷海開發百丈叢林，又隨普願開發南泉叢林③。後返原籍黄檗山，聚徒自闢叢林，效百丈規制，行普請法。其法嗣義玄曾參加黄檗開發④。這裏在唐末發展爲一大禪林。

在南岳法嗣們開闢溈山、黄檗等禪林的同一時期，青原法嗣們以百丈禪林爲範本，也在湘、贛、閩山區興起開闢禪林的熱潮。青原下三世曇晟及其法嗣開闢衡州雲岩山、洪州洞山，義存後來開闢福州雪峰山，爲其代表。青原系的曇晟，出家後初參南岳系懷海門下，受業二十年之久⑤。由於他參加過百丈禪林的開發，對其規制是熟稔的。晚歲至衡州茶陵雲岩，便效法懷海，親率徒衆，創建禪林。其法嗣良價、僧密曾一起參加了雲岩禪林的開發⑥。

---

① 《五燈會元》卷4《涅槃傳》、卷9《靈祐傳》。
② 《五燈會元》卷4《大安傳》、卷9《慧寂傳》。
③ 《五燈會元》卷4《希運傳》。
④ 《五燈會元》卷4《希運傳》。
⑤ 《五燈會元》卷5《曇晟傳》。
⑥ 《五燈會元》卷5《僧密傳》、卷13《良價傳》。

唐懿宗初年，良價主持洞山如法仿效百丈規制，聚徒開山種稻，創建洞山禪林①。其法嗣道膺、師虔等參加了洞山禪林的開發②。德山宣鑑法嗣義存，係先至洞山禪林參學作務，當過洞山的飯頭③。他後來在雪峰山行普請法，率衆畬田④，正是行用洞山學來的百丈規制。雲巖、洞山、雪峰三處，輾轉仿效百丈禪林，表明南岳、青原兩系在創建禪林事業中是並肩共進的；四方禪林規制同出一源，更加顯示了懷海禪師的奠基之功。

叢林體系日漸弘廓，禪宗有了牢固的基盤，有的禪僧目光轉向業已衰敝的舊寺。致力於整頓改造，將其納入禪林體系，是九世紀中葉至唐末，禪林發展的又一新趨向。吉州孝義寺，中唐以後即衰廢。寶曆二年（826）青原下四世法嗣性空來此，創置禪山，整頓寺院，實行農禪合一，"太和中遂成叢林"。到北宋治平間，該寺禪山百餘畝，"視吉（州）之諸禪尤下"。可見在吉州還有其他舊寺改造的禪林，比孝義寺的規模還大⑤。明州鄞縣有晉建太白精舍，後世迭經廢興，唐乾元二年（759）賜額天童寺。禪師清閒、曇德、藏奐先後來此營葺改造，大中元年（847）"啓請"而爲十方禪林⑥。明州奉化縣瀑布院亦晉時興建，大中時毀於裘甫起義，景福元年（892），南岳下四世法嗣常通，來寺修葺整頓，改爲十方禪林⑦。方志中多此類例，皆舊寺改禪林之史影。大抵蘇浙地區，六朝古寺較多，唐前期轉而復盛。中期遭逢世事動蕩，某些寺院的田產或併於豪右，或全寺毀於兵火。遂有禪僧紛至沓來，用百丈規制將其改造，納入禪林體系。這既是禪林經濟擴大地域的途徑，也是大批舊寺向新式禪林轉換的重要歷程。

田莊大地產和租佃經營的出現是禪林經濟發展的必然結果。已知最早的禪林莊園，是普願的池州南泉莊。《五燈會元·普願傳》記載：

（普願）至莊所，莊主預備迎奉。師曰："老僧居常出入，不與人知，何得排辦如此？"莊主曰："昨夜土地報道和尚今日來。"

---

① 《五燈會元》卷13《良價傳》。
② 《五燈會元》卷13《道膺傳》、卷13《師虔傳》。
③ 《五燈會元》卷7《義存傳》。
④ 《五燈會元》卷7《師備傳》。
⑤ 《吉安府志》卷9《建置志》。
⑥ 《天童寺志》卷2。
⑦ 《奉化縣志》卷15。

這一處莊園大約建於元和至太和間（806~835），正值禪林經濟進入發展期。到唐末，禪林莊園漸多，如義存在福州建雪峰莊①，他的法嗣智孚在信州建鵝湖莊②，道膺在洪州雲居山置麥莊③ 等。禪林莊園的主事者是莊主，其主要職責爲“視田界至，修理莊舍，提督農務，撫安莊佃，此少事故，隨時消弭”④。“撫安莊佃”表明禪林莊園已行租佃經營；“視田界至”表明禪林與世俗的地產爭競已經開始。初期禪林“上下均力”的“普請”制度，即農禪合一的百丈規制，隨著莊佃出現於禪林，開始發生變化：一批禪僧不再勞動，他們成禪林或莊園中的上層僧侶。“均力”“均遍”的禪林經濟體系，由此逐漸向新式寺院地主經濟蛻變。靈祐創建的潙山禪林，自太和初年被李景讓奏爲同慶寺以後，很快發展爲大地產莊園。到唐末，“大潙同慶寺，僧多而地廣，佃户僅千餘家”⑤，成爲寺院大莊園的典型。寺院大地產的來源，當不會全由僧眾自墾，而是更多地來自兼併。南漢時韶州如敏禪師説“千年田，八百主”⑥，形容土地佔有權轉移之速，正是唐末五代時期土地兼併盛行的寫照。在這一時代風氣推動之下，整個禪林經濟體系都如同潙山禪林一樣，迅速向寺院大土地制經濟蛻變。這新式寺院莊園裏的“莊佃”，已不同於舊式寺田上的佃客。如大潙同慶寺“佃户胡氏之子，七歲與諸童子爲寺牧牛”⑦，後來居然能夠成長爲唐末著名的詩僧（齊己，詳見下文）。這一事實反映唐末莊佃對寺院地主的人身依附關係已相對地有所削弱。這是與唐前期佃客制寺院經濟相區別的重要標誌之一。

（三）禪林經濟的歷史作用

我們知道，隋和唐初扶持佛教的政策，曾爲我國的寺院經濟一度帶來畸形繁榮。然而好景不常，至唐末，祇有青原行思、南岳懷讓，兩系並峙，繁衍日滋。造成佛教發展史上這一特異局面的原因，一般地説，誠然是由於各

---

① 《五燈會元》卷15《文偃傳》。
② 《五燈會元》卷7《智孚傳》。
③ 《五燈會元》卷13《道簡傳》。
④ ［元］德輝重編《百丈清規·兩序章》。
⑤ 《五代史補》卷3《僧齊己》。
⑥ 《五燈會元》卷4《如敏傳》。
⑦ 《五代史補》卷3《僧齊己》。

宗派的教旨對社會需要（政治的和精神的需要）的適應力不同。特殊地說，在諸宗鼎盛的盛唐時代，恰值中國封建社會開始由前期向後期轉進，社會各領域無不在經歷變革大潮的衝擊。自北魏以來斷續頒行二百餘年的均田制度，在開元、天寶之際終告廢弛。土地兼併日烈，"有逾於漢成、哀之間"。"丁口轉死，非舊名矣；田畝移換，非舊額矣；貧富升降，非舊第矣。"① 佃客脫籍，浮客遍天下，魏晉以來通行的部曲佃客制，同這時代發生嚴重齟齬，不得不向人身依附稍爲寬鬆的佃農制過渡。這是一場對中國封建社會的發展影響深遠的歷史性變動。它不可避免地也波及佛教寺院，衝擊寺院經濟體系。當此之際的佛教各宗派，其賴以生存傳衍的經濟基礎，適應此番社會動盪的應變能力如何，便尤其成爲決定其能否生存發展下去的首位要素。適者生存，歷來如此。

唐前期舊的寺院經濟體系，乃是當時的佃客制封建地主土地制度的一翼。當時的寺院田產，有的係自南北朝時期傳承而來，也有許多來自唐皇室、貴族、官吏、鄉豪地主的捐賜。它仍然維持著舊時的生產關係，具有強烈的僧侶貴族經濟色彩。這種舊式寺院經濟對於皇權的依附性，又造成它的脆弱性。一方面，它受著封建政權的控制，唐朝廷可以通過田令和敕令來規範、限圍寺院經濟。如唐令規定僧尼口分田各爲三十畝和二十畝②，寺院常住田"百人已上不得過十頃，五十人已上不得過七頃，五十人已下不得過五頃"，如果佔田逾限，"一切官收"③。無盡藏違制，也可隨時查封取締。在封建皇權的制約之下，寺院地主大土地制難以發展。另一方面，它又經不起種種變故。如失寵於朝廷權貴，或主持大德亡故，或遇災荒戰亂，寺產往往會被"官收"，或被世俗地主兼併，甚至被自耕農蠶食。唐前期的天臺、法相、三論等諸宗所棲存的基礎，就是這種舊式寺院經濟體制；而舊式體制在中唐時期的坍壞，便成爲諸宗衰歇的一大原因。相比之下，禪宗則是"幸運"的，它勃興稍遲。當八世紀後半葉諸宗漸衰之際，禪宗南宗由道一倡導於前，懷海擘劃於後，開創"農禪合一"的禪林制度；南岳、青原兩系後嗣，又躬行實踐於江南廣大地區，使禪林體制蔚然成勢。在禪林經濟築成的嶄新基礎上，禪宗獨得休養生息，以後得歷千餘年而傳承不絕。

---

① 《舊唐書·楊炎傳》。
② 《大唐六典》卷 3 "户部郎中員外郎" 條，廣池千九郎本。
③ 《唐會要》卷 59 "祠部員外郎" 條。

如前所述，禪林體制爲已經坍壞的舊式寺院經濟體制，向著順應時代的新式寺院經濟體制的過渡，提供了適宜的形式。這是禪林經濟所起的又一重要的歷史作用。大潙同慶寺莊園的出現，表明這一過渡在唐末已經完成。先時的舊體制經由禪林制度，已順利地轉換爲自由兼併時代的、建立在佃農制寺院地主大土地制之上的新式寺院經濟體制。在新體制下，"恣人相吞，無復畔限"，寺院地主大土地制可以同世俗地主大土地制得到一樣的發展。這一寺院經濟的新體制，正是臨濟、潙仰、曹洞、雲門、法眼等五宗賴以孳乳發育的基礎，使禪宗的發展由此轉入新階段。到了宋明時代，寺院地主對王朝和官府雖然仍有一定的依附性，但是王朝官府對這支新崛起的寺院地主階層，已不再像唐王朝那樣隨意禁限、取締，而是多取順勢引導，將其納入同朝廷諧調互適的軌道，實行寺田課賦政策便是一例。寺院地主經濟與世俗地主經濟間的差異，此後日漸消縮。在此基礎上，佛教日益植根於中國封建社會的經濟、政治土壤之中，與中國的傳統文化融爲一體。

二　大土地制與寺莊興盛

禪林及寺院的地產，唐後期遍佈通都大邑以至窮鄉僻壤；寺領大地產的增殖，也出現前所未有的速度與規模。

新闢禪林演化爲大地產的典型是潙山。8 世紀末靈祐初至潙山開荒時，"猿猱爲伍，橡栗爲食，經於五七載，絕無來者"。靈祐的法嗣繼續經營潙山禪林數十年。大中（847~860）時，山南東道節度使李景讓，爲潙山禪林"奏號同慶寺"，距靈祐初闢已是半個多世紀以後 [1]。置寺之時的潙山禪林規模，見於《五代史補·僧齊己傳》：

> 長沙有大潙同慶寺，僧多而地廣，佃户僅千餘家。齊己（863~937），
> 則佃户胡氏之子也，七歲與諸童子爲寺司牧牛 [2]。

---

① 《五燈會元》卷 9《靈祐傳》。
② 《五代史補》卷 3《僧齊己傳》。

公元 870 年前後，潙山同慶寺已擁有千餘家佃户，這樣大的地産規模是當時罕見的。潙山從初闢到同慶寺大地産形成，經歷了大約 80 年。

皇室偶或"賜田"，仍是個別大寺地産增殖的方式，但"賜田"的性質已不同於唐初的"賜莊"。至德元載（756），太上皇李隆基給成都慈聖寺"賜田一千畝"①；寶應元年（762）時，"別敕賜諸寺觀凡千餘頃"②；唐昭宗重修五臺山壽寧寺，"撥州田百頃充常住"③。這些大額田地名爲"敕賜"，實爲州縣籍帳上的民田。朝廷將它撥充佛寺"常住"，繳納租税的編户變爲寺領的佃户，實質是寺院地主對小農土地的侵奪。

迅速壯大的世俗地主，捐施大額土地給佛寺，是唐後期常見的現象，也是寺院大地産增殖的重要途徑。尤其是江南地區，官僚地主與民間地主發展較快，名臣大族的巨額施地也多。唐代宗時，吳興張氏後人張宗達出家爲僧，爲蘇州法華道場"置常住莊二區"④。唐德宗時，宰相陸贄爲衢州鄭覺寺"捐助田千餘畝以飯僧"⑤。唐穆宗時，浙西觀察使李德裕施俸，爲潤州上元縣開善寺"置膏腴之田，以供香火之用"⑥。唐宣宗時，宰相裴休爲靈祐的大潙山密印寺，"置田三千七百畝"⑦。唐懿宗時，嶺南節度使韋宙"以俸錢買田園"，施給廣州清遠縣廣慶寺⑧。以上諸例，是朝廷重臣買田捐施的著名事件。唐昭宗時，明州刺史黃晟爲奉化縣瀑布寺"捨田三千三百畝以贍之"⑨。乾寧元年（894），上饒太守危昌"捨禄下水田莊一所，并火（伙）幕（即莊伙幕舍——筆者）、牛犢等"，潯陽太守陳單及楊吳撫州節度使李德誠，捨俸禄分別置莊兩所和一所，施給臨川縣疏山白雲禪院⑩。天復三年（903），吳將吕舟"捨俸置田"小洞莊，施給洪州分寧永安寺⑪。以上三例表明，唐季十國地方官

① 《佛祖統紀》卷 40《法運通塞七》。
② 《舊唐書》卷 141《張茂宗傳》。
③ 《山西通志》卷 171《寺觀》。
④ 清晝：《支硎山報恩寺大和尚碑》，見《全唐文》卷 918。
⑤ 《衢州府志》卷 26《寺觀》。
⑥ 《古今圖書集成·神異典》卷 114《上元縣開善寺修誌公和尚堂石柱記》。
⑦ 《長沙府志》卷 35《方外志》。
⑧ 《廣州府志》卷 89《古迹略》。
⑨ 《寧波府志》卷 33《寺觀》。
⑩ 澄玉：《疏山白雲禪院記》，見《全唐文》卷 920。
⑪ 《江西通志》卷 121《寺觀》。

將，捨俸禄買田施寺，是江南地區的風習。

更多的施田來自民間，施主有前資官、寄莊户、衣冠户、土著大户等，也有貧苦農民。貞元初，致仕太守台州寧海縣單道乾，將"所有田地盡捨"本縣圓通寺 ①，此施主是前資官户。天寶時，遇源人熊嗣興"施山田地"給吉州廬陵縣智林寺 ②。貞元時，袁州新喻人歐陽文長"捐近寺莊田，計租米一千餘碩"，給吉州新淦縣東平寺 ③。光啓二年（886），寄居弋陽的吳將劉汾創南山寺，佃山田八百畝捨於寺 ④。這三位施主是寄莊户。貞元時，"皆擢進士高第"的楊憑兄弟三人，爲長沙安國寺施建法華院，"加之以田産，因之以臧獲" ⑤，施主是一家衣冠户。建中時，九華山置化成寺，"傍邑豪右"皆"獻桑土" ⑥。天祐四年（907），撫州崇仁縣民鄧進兄弟"豪富特達"，施"緡數百萬"買地創建普安禪院，隨"捨附郭田三千把（把，稻穀計量名稱——筆者），入常住" ⑦。這兩例施主是土著富豪。以上熊嗣興、劉汾、楊憑兄弟、鄧進兄弟，都是先自建寺，再施田莊於寺。這是唐末五代盛行的一種功德方式。世俗大地主藉此既可置寺做自家功德院，又可將世俗田莊隱化爲寺莊以避税。後唐時，趙州大户竇行軍"捨果園一所"建真際禪院，"亦云竇家園" ⑧；後晉時，越州上虞民孫氏，爲家山請得"福祈禪院"之額，再將山田施入 ⑨，也是用同樣的方式。這種做法把經濟動機摻入宗教動機，世俗地主成了僞裝的寺院地主。僞寺院地主，是寺院經濟肌體上的寄附者。

下層農民被迫或主動施地入寺，施額不大，却相當普遍。大曆年間（766~779），簡州陽安縣民丁周七奴，有口分地在"弊崖側峻"，"不堪佃食"，施給無等道場充常住田 ⑩。元和年間（806~820），僧人"因山野立浮屠

---

① 《寧海縣志》卷 22《流覽志》。
② 《吉安府志》卷 9《建置志》。
③ 《江西通志》卷 122《寺觀》。
④ 劉汾：《大赦庵記》，見《全唐文》卷 793。
⑤ 于頔：《潭州法華院記》，《文苑英華》卷 817；《新唐書》卷 160《楊憑傳》。
⑥ 費冠卿：《九華山化成寺記》，見《文苑英華》卷 817。
⑦ 任光：《唐臨川府崇仁縣地藏普安禪院碑銘》，見《全唐文》卷 872。
⑧ 闕名：《趙州真際禪師行狀》，見《全唐文》卷 997。
⑨ 張孝友：《福祈禪院碑》，見《唐文拾遺》卷 47。
⑩ 《周七奴施山田碑記》，見《金石苑》卷 2。

像"，"誣乏漁利，奪編民之產"的現象，在洪州界內普遍出現①。光化三年（900），普州樂至縣三戶鄉民同時給招提淨院施田，一戶施自家的口糧田充"常住"；一戶施一塊山地；一戶施"口分田二十畝"②。天復初年至宋乾德四年（901~966）的66年間，衡山鄉民陸續施田橫龍寺，多者19畝，少者3畝，共55畝，"公私券約俱存"③。此寺田產幾乎完全由小農捐施積累而來。蠶食農民的小額耕地，既是地方小寺地產的主要來源，對寺院大地產的形成，也起著重要的作用（詳見下文洛陽昭成寺莊）。

財力雄厚的寺院用共財買田，是寺院大地產的又一重要來源。肅宗時，揚州六合縣靈居寺"崇常住業，置雞籠肥地莊，山原連延，亙數十頃"。此寺以後一度"隳廢"，"莊墅典賣"。元和八年（813），該寺僧正積資"收復常住舊典賃田三千餘頃"，寺莊恢復舊觀④。至德二載至大曆三年（757~768），杭州天竺寺"置田畝，歲收萬斛"⑤。貞元時，長安永壽寺在七百里之遙的金州，有張瀆蘭若田，也可能是買的。⑥

敦煌寫本中的《破歷》顯示，唐末五代的敦煌佛寺也盛行買田。如：

> 麥四石九斗，粟五石一斗，張留德買地價用。[《某寺斛斗破歷》（P.4906號）]

> 醜達都頭地價，粟三十石。[《庚寅年九月十一日至辛卯年某寺黃麻入破歷》（P.4907號）]

> 粟二十石，羅家地價用。麥二十石，買羅家地價用。[《某年淨土寺西倉斛斗破歷》（P.2032V）]

以上的佛寺斛斗支出，都是向世俗官民買地用的。

寺院買地的資金，有債息，也有募集之財。順宗朝宰相韋執誼，曾帖致官寺僧善見，囑其"所管施利銀錢到後"，"將錢三百貫內二百八十貫充買莊，

① 韓愈：《故江南西道觀察使贈左英騎常侍太原王公墓誌銘》，見《昌黎集》卷33。
② 《招提淨院施田記》，見《八瓊室金石補正》卷77。
③ 李元度：《南岳志》。
④ 叔孫矩：《大唐揚州六合縣靈居寺碑》，見《全唐文》卷745。
⑤ 《宋高僧傳》卷15《道標傳》。
⑥ 《宋高僧傳》卷20《義師傳附智證傳》。

餘者買取田園一所"①。這是用施利銀錢買莊。唐穆宗時，杭州龍興寺設"華嚴經社"，"衆中募財，置良田十頃，歲取其利"②。這是用募財買田。唐文宗時，天臺國清寺用金光明道場的清衆"供養"，"置寺莊田十二頃"③。這是用施供買田。"買莊田，修舍屋，賣（買）盡人家好林木。"④ 寺院講經文的唱詞，反映唐末的佛寺與民間盛行莊田買賣。

寺院佔地猛增，編户鋭減，是導致武宗廢佛的真正原因。這次廢佛"收膏腴上田數千、萬頃"⑤。如果把藩鎮轄區裏的未收寺田計算在內，總數還要多。建中（780~783）初年，朝廷曾"按比墾田田數"，全國"都得百十餘萬頃"⑥。兩相對比，萬餘頃寺田占總耕地不小比例。從地理分佈看，唐初還分作關洛、山右、河北、淮揚、江東、浙閩、湘贛、巴蜀等若干經濟圈。唐末各地的大小寺院地産，已經顯示出或疏或密的聯結，整合成爲寺院大地産的一統區羣。

許多佛寺地産，形成規模不等的寺莊，成爲寺院經濟的主干。洛陽昭成寺的河陰縣僧朗谷莊⑦，是大寺莊的典型。昭成寺原是唐中宗韋皇后置建的安樂寺，後爲睿宗昭成皇后追福改名。由於玄、肅、代、德四帝都是昭成皇后子孫，在8世紀初至9世紀初的百年之間，此寺備受尊崇。僧朗谷莊是昭成寺的産業之一。廣德二年（764）時，該莊僅有土地30畝，貞元二十一年（805，即永貞元年）發展到1791.5畝，40年間增加59倍。其中施地36起811.5畝，買地34起980畝。有的買地帶有强制性。如一位業主因"官事不辦"，1頃25畝地被主事僧强購；一位鄉民因負債，22畝地被迫賣給寺莊。在40餘年中，僧朗谷及其附近地區，原屬70餘户的1800畝谷內地、河曲地、山原地、渚田及荒地，被昭成寺莊兼併⑧。這是中晚唐寺院大地産形成過程的真實記錄。

---

① 韋執誼：《與善見禪師帖》，見《全唐文》卷455。
② 白居易：《華嚴經社石記》，見《文苑英華》卷819。
③ 《宋高僧傳》卷16《文舉傳》。
④ 王重民等：《敦煌變文集》下册卷5《無常經講經文》（P.2305號）。
⑤ 《舊唐書》卷18上《武宗紀》。
⑥ 《通典·食貨二·田制下》注。
⑦ 僧朗谷莊在今河南省榮陽縣廣武區桃花峪。
⑧ 荆三林：《〈唐昭成寺僧朗谷果園莊地畝幢〉所表現的晚唐寺院經濟情況》，《學術研究》1980年第3期。

唐後期南北各地佛寺普遍設置寺莊。在南方，前節所述的禪林系多已置莊。普願的池州南泉莊形成較早。稍後有義存的福州雪峰莊，智孚的信州鵝湖莊，道膺的洪州雲居山麥莊，以及潙山同慶寺莊等①，顯示了禪林莊園化的趨勢。北方可以日僧圓仁行途所見和敦煌寫本記載爲例。開成四年（839），圓仁自登州西赴長安，一路經過許多寺院都有田莊。第一處文登縣赤山村法華院，“長有莊田，仍充粥飯，其莊田一年得五百石米”。以畝租 5 斗計，大約有田千畝。第二處長山縣醴泉寺，寺北 15 里有“寺莊園十五所”。第三處太原府三交驛，有“定覺寺莊，見水碾”。第四處長安資聖寺有“諸莊”②。圓仁所見表明，唐文宗時，在今山東、河北、山西以至京畿地區，寺莊已隨處可見。敦煌寫本顯示，9 世紀至 10 世紀的敦煌佛寺有許多寺莊，如某寺陰婆莊、宜秋莊、孟受莊（P.1035 號），報恩寺南沙莊（S. 4116 號），某寺翁渠莊（S.4657 號），某寺張老宿莊（S.4782 號），某寺大瀼莊（S.5049 號），某寺千渠莊（S.5937 號），某寺北府莊（P.4907 號），某寺索胡莊、吳僧正莊（P.2032V），某寺索僧正莊（P.1519 號）等。河西其他地區的佛寺莊園發展，應同敦煌相似。會昌廢佛時“敕天下寺舍，不許置莊、圍莊”③，透露當時天下寺院以殖田“置莊”、射田“圍莊”爲時尚。晚唐五代時期，置莊經營成爲寺產運營的主要方式。

三 佃客制的終結與租佃制

通觀中古寺院內部生產關係的變化，大致以開元天寶時期（713~756）爲分界，呈現爲兩個階段。開元天寶以前，生產關係的主體，是農奴式的佃客耕作制；開元天寶以後，轉化爲半農奴式的佃戶耕作制。階級關係也有相應的變化。隨著寺院經濟的壯大，釋門五衆加速階級分化，統一的僧侶階層不再存在。在開天以前的非自主發展前期，擁有大寺產的佛寺三綱，作爲共財的“法人”，是寺院地主身份；從事耕作的五衆及一部分工匠，是良口勞動

---

① 《五燈會元》卷 3《普願傳》、卷 15《文偃傳》、卷 7《智孚傳》、卷 13《道膺傳》,《五代史補》卷 3《僧齊己》。

② 見圓仁著、白化文等校註《入唐求法巡禮行記校註》卷 2、卷 3，花山文藝出版社，1992。下引本書版本同。

③ “置莊、圍莊”，據 1936 年石印本《入唐求法巡禮行記》。白化文《校註》本作：“敕天下寺舍不許置莊園。”見第 458 頁。

者；包括佃客在内的"部曲""家人""淨人""常住奴"等，是賤口勞動者。在開天以後的非自主發展後期，階級關係的主要變化是，除寺院三綱仍爲人格化地主之外，私人佔有土地的僧侶地主大量出現（詳見下章）；浮遊入寺的佃户取代農奴式的莊客，成爲寺莊勞動者的主體。

武德初年（618）的"放賤爲良"令，本意是爲國家增加編户，客觀上促進了寺院賤口依附户階層的解放。唐後期實行"割附"政策，延續了這一進步的歷史進程。"割附"即"割賤爲良附官籍"之意。"割附"政策的實行，見於吐魯番出土文書《唐寶應元年（762）建午月四日西州節度使衙榜》。錄文於下：

> 使衙榜西州
> 諸寺觀應割附充百姓等。
> 右件人等，久在寺觀驅馳，矜其勤勞日久，遂與僧道商度，併放從良，充此百姓。割隸之日，一房盡來，不能有愧於僧徒。更乃無厭至甚，近日假託，妄有追呼，若信此流，擾亂頗甚。今日以後，更有此色者，當便決然，仍仰所由，分明曉喻，無使踵前。榜西州及西海縣。
>
> 以前件狀如前。
> 建午月四日
> 使、御史中丞　楊志烈 ①

此榜出自西州節度使府，顯然是執行朝廷的命令。"割隸之日，一房盡來"，是要求寺觀放免依附人户的全部家口，附入官籍，"充此百姓"。"無厭至甚""假託""追呼""擾亂頗甚"，顯示出"放賤從良"遇到了寺觀上層的阻力。"當便決然"則顯示了官府執行政策的斷然決心。此件榜文昭示了北魏"寺户"以來，中夏寺院實行數百年的農奴制度行將終結。寺田租佃制生產關係的確立，與之同時並進。

---

① 《唐寶應元年（762）建午月四日西州節度使衙榜》，見《吐魯番出土文書》第9册，第126頁，文物出版社，1990。

元·德輝的《敕修百丈清規》，反映了晚唐以迄宋元的寺莊運營管理體制。在寺莊中，包括"田園莊舍"在内的"一切作務"，屬於"直歲"職掌。直歲轄下設"莊主"，其職責是：

> 視田界至，修理莊舍，提督農務，撫安莊佃。些少事故，隨時消弭。事關大體，申寺定奪。

另設"甲幹"和臨時性的"監收""知事"僧：

> 耕種有佃，提督則有甲幹；收租之時，自有監收僧行。此外縱有輸納、修圩、表糧等項，只臨時分委勤舊知事，限期使辦，事畢旋歸。①

敦煌文書記載，佛寺直歲常住寺莊負責管理，稱"外莊直歲"，寺倉每月給他 5 斗白麵"充月糧"；另有"莊頭人"，即"莊佃頭人"，類似《清規》中的"甲幹"，負責"提督"莊佃，寺倉每年六月出 2 石 5 斗粟，十一月出 6 斗麵，"充莊頭人糧"②。"直歲"按月給白麵。"莊頭人"是佃農頭，半年農忙給粟，半年農閒給麵，帶有酬勞性。

開成（836~840）時的隴州大像寺，將寺莊"儲畜、車乘，生生之具，兼頃畝年代，并録之於寺記碑陰"③，顯示召佃方式之下，佃農耕作用具及畜力、車乘，都由寺莊提供。佃户向佛寺繳納地租。貞元時的吉州新淦縣東平寺莊，年收"租米一千餘石"④。光化時普州樂至縣招提院常住田的佃户"年納五百文"⑤，以貨幣計租。敦煌的佛寺《入歷》中也有佃人納租記録。如"麥一石，宜秋莊索通達厨田入"，"麥三斗，孟受莊馬清子厨田入"⑥，分別是兩處寺莊

① ［元］德輝：《敕修百丈清規》卷 3《兩序章》。
② 《某寺白麵穀麵破歷》（S.3074V）："十月三日，出白麵五斗，付惠炬，充十月糧，外莊直歲。""六月十六日，出粟兩石五斗，付惠炬，充莊頭人糧。""十一月二十四日，出麵陸斗，付荔藏，充莊頭人糧。"
③ 《重修大像寺記》，見《金石萃編》卷 113。
④ 《江西通志》卷 122《寺觀》。
⑤ 《招提淨院施田記》，見《八瓊室金石補正》卷 77。
⑥ 《某寺麥粟入歷》（P.4694 號）。

厨田的佃人向寺院納租的記録。晚唐五代的寺莊佃人，多是失去土地的編户，投附寺莊，對寺院地主有一定的依附性，處於半農奴地位。

四　活躍的營利業

8世紀中葉以後，唐朝社會的商業和高利貸業有明顯發展。各地寺院地主也憑借物力、財力的充足蓄積，進行營利性經營活動，寺院沽販業、貸借業、租賃業都十分活躍。

寺院興販的主要形式是積穀貴糶。唐順宗宰相韋執誼曾囑某官寺住持僧善見"至秋中，糶米收貯"[①]，要他趁秋收米賤時節買米貯藏，待初春高價出售牟利。臨濟開宗禪師義玄（？~867），曾與院主對話："甚處去來？""州中糶黄米來。""糶得盡麽？""糶得盡。"[②] 反映臨濟院在鎮州市上販米牟利。長慶、太和（821~835）間的《遣使宣撫諸道詔》稱：

> 又訪聞江淮諸道，富商大賈，並諸寺觀，廣佔良田，多滯積貯，坐求善價，莫救貧人，致令閭里之間，翔貴轉甚。……應旱欠處州縣，有富商大賈及諸寺觀貯蓄斛斗，委所在長吏切加曉喻，速令减價出糶……[③]

詔令裏指責的囤積居奇者，有江淮諸道的佛寺，揭示當時的佛寺普遍積穀營利。太和四年（830），祠部奏請朝廷對寺僧"興販經紀""切加禁斷"[④]，佛寺的興販營利活動，已經影響到社會的安定。

佛寺的交易活動，對自給自足相對封閉的寺院經濟，也是有益的補充。晚唐佛寺許多生産用具和生活用品，已經取自市場交換。池州南泉莊的"茆鐮子三十錢買得"[⑤]。日僧圓仁在行唐縣路遇五臺山金閣寺僧"往

① 韋執誼：《與善見禪師帖》，見《全唐文》卷445。
② 《五燈會元》卷11《義玄傳》。
③ 《遣使宣撫諸道詔》，見《唐大詔令集》卷117，商務印書館，1959。
④ 《請申禁僧尼奏》，見《全唐文》卷966。
⑤ 《五燈會元》卷3《普願傳》。

深州求油歸山，五十頭驢馱油麻油"①。韶州一尼將定州生產的瓷鉢送給如敏禪師②。敦煌寫本中諸寺買物記録有："買銀畫幡""買胡粉""買柴"（S.4662 號），"買甎"（S. 6781 號），"買木""買磚""買芘蘺""買鐵打釘"（S.6829V），"買菜子""買紙"（S.3165 號），"買生鐵""買梁子""買銅古路（軲轆）鍋"（S.3763 號），"買炭"（S.3875 號），"買灰""買白礬"（P.2032V），"買轉經犀皮綾""買轉經錦襪子""買瓜"（P.2040 號），"買胡餅"（P.2049 號），"買糞"（S.6452 號）等。購買的品種有生產資料、生活用品、食品以及宗教用品，種類繁多，反映敦煌寺院與市場的密切聯係。

唐後期的寺院貸借主要有生息貸便與質押貸借兩種形式。敦煌寫本中的大量《貸便歷》，披露了敦煌寺院放貸的巨大規模。敦煌佛寺實行實物貸便，貸出物爲兩大類：穀物（粟、麥、黃麻、豆）和織物（絹、布、褐等）。貸借性質分兩種：生產貸借與生活貸借。一件敦煌教團的《入破歷計會》有納入貸便利息賬，其中 8 人繳納借麥利息，126 人繳納借粟利息，10 人繳納借黃麻利息，134 人繳納借豆利息。債權人是敦煌教團；貸借人主要是當地百姓，也有官員和僧衆。利率一般是 50%，即春季借二秋季還三，也有高達 100% 的。《乙丑年十月索豬苟緩納欠麥據》（S.5811 號）記載："乙丑年二月五日，索豬苟爲少種子，遂於龍興寺張法律（邊），寄（借）將麥叁石，……至秋納麥陸石。"就是 100% 利率。唐前期"天下負舉，祇宜四分收利"③。太和八年（834），朝廷規定："其諸色私債，止於一倍，不得利上生利。"④ 敦煌佛寺貸借的利率，沒有超過太和限額，但比唐前期的 40% 高出了一倍半。

質押貸借又稱"質舉"，是以實物做抵押的貸借。質押物有動產，也有不動產。太和中，東洛處士姚坤"舊有莊，質於嵩嶺菩提寺，坤持其價贖之"⑤，是以田莊做質押向寺院貸借。貞元間，絳州聞喜縣福出寺建造"收質

---

① 《入唐求法巡禮行記校註》卷 2 "開成五年四月二十三日" 條。
② 《五燈會元》卷 4《如敏傳》。
③ 《唐會要》卷 88《雜錄》。
④ 《疾愈德音》，見《全唐文》卷 75。
⑤ 《太平廣記》卷 454《姚坤》。

錢舍屋"①，即造一所"質庫"，用於存放舉貸者的不動產質押物。"質庫"是後世當鋪的濫觴。

寺院租賃業經營舍宅、邸店、水磑等項租賃。舍宅租賃即旅舍經營。《太平廣記》記載：

> 元和十二年（817），上都永平里西南隅有一小宅……布施與羅漢寺，寺家賃之……有堂屋三間，甚庳，東西廂共五間，地約三畝，榆楮數百株，門有崇屏，高八尺，基厚一尺，皆炭灰泥焉。②

京師羅漢寺將長官佈施的一所小宅，用作租賃經營。日僧圓仁偕請益僧、留學僧等來到揚州開元寺，寺僧把他們安排在"第三廊中間房居住"：

> （請益僧）喚寺庫司令端，問寺僧數，都有一百僧。即沙金小二兩，充設供料；留學僧亦出二兩，總計小四兩，以送寺衙。綱維、監寺僧等，共集一處秤定，大一兩二分半。③

日僧付給開元寺庫司的沙金，名爲"供料"，實際是賃居的租金，所以庫司僧令端須同三綱、監寺僧一道，當面秤定。沙金小四兩合 1.25 大兩，折合銅錢 9 貫 400 文，當時可買粟米 31 石 3 斗，賃金可觀④。邸店租賃即店鋪出租，供客商居住、存放貨物，還可供客商開店經營。聞喜縣福田寺不僅經營"質舉"，還用轉經所得的施財，"與常住造立鋪店"，租給客商⑤。隴州大像寺有"東市善和坊店舍供間半"⑥，是供東市客商租賃的邸店。《會昌五年（845）正月三日南郊赦文》稱：

---

① 《福田寺置粥院碑》，見《山右石刻叢編》卷 9。
② 《太平廣記》卷 344《寇鄘》。
③ 《入唐求法巡禮行記校註》卷 1 "開成三年八月二十四日"條。
④ 據《入唐求法巡禮行記校註》卷 1 "開成三年十月十四日"條："一大兩七錢，七錢準當大二分半，價九貫四百文。"又據卷 2，開成五年三月登州東市"粟米一斗三十文"，9 貫 400 文可買粟米 31 石 3 斗。
⑤ 《福田寺置粥院碑》，見《山右石刻叢編》卷 9。
⑥ 《重修大像寺記》，見《金石萃編》卷 113。

京城諸市，亦不盡（藏）有產業，就中即有富寺。……委功德使檢責富寺邸店多處，除計料供常住外，剩者便勒（應爲勒）貨賣，不得廣佔求利，侵奪疲人。①

長安富寺在諸市開設邸店多處，朝廷下令除提供各寺常住費用者外，其餘强制出售。

晚唐五代敦煌寺院出租油樑、碾磑。據敦煌寫本《丁酉年二月一日某寺出租樑磑契稿》（P.3391V），兩户百姓因闕少田地，向寺院"珠（租）捉油樑、水磑，輪看一周年"，繳納樑課、磑課，并用"家資"做租課擔保。據計算，敦煌一家樑户，每年須向寺院繳納樑課油約二石；一家磑户年納磑課斛斗約98石②。向敦煌寺院租賃油樑、碾磑的主要是貧乏百姓。彼此通過契約確立租賃關係。

各種營利業將大量錢糧積聚佛寺，京寺尤多。興元元年（784），朱泚的叛軍在長安"索觀寺餘米萬斛"③。元和時，長安市上"布帛轉輕，見（現）錢漸少"，貨幣闕乏，迫使朝廷規定貯錢限額，命令佛寺等聚錢者"所有私貯見（現）錢，並不得過五千貫"④。唐後期長安佛寺文化的全面繁榮，無疑是同京寺積聚的巨額財富相聯係的。

① 《會昌五年正月三日南郊赦文》，見《文苑英華》卷429。
② 參見姜伯勤《敦煌寺院文書中梁户的性質》《敦煌寺院碾磑經營的兩種形式》，見何茲全主編《五十年來漢唐佛教寺院經濟研究》，北京師範大學出版社，1986。
③ 《新唐書》卷225中《朱泚傳》。
④ 《舊唐書》卷48《食貨志》。

南北朝隋唐的寺觀户階層述略

——兼論賤口依附制的演變

寺觀依附户是晉唐時期寺院和道觀的主要勞作人。成熟形態的寺觀户，一般有自營的個體經濟，其爲寺觀的勞作（包括生産性勞作和非生産性勞作）屬於勞役地租形態；他們通常"不貫民籍"，而是作爲賤口附籍於寺觀。同道徒僧衆、寺觀奴婢、佃種寺田的土著農户等色寺觀勞作人相比，寺觀户與寺觀之間的關係是當時比較典型的封建人身依附關係。因此，這種寺户階層的出現，可説是當時寺院經濟中封建制生産得以確立的必要條件和重要標誌。

國内學術界論及寺觀依附户始於二十世紀三十年代。儘管那時還没有把它看作寺院勞動者中的一個獨立階層，而往往是把它同道俗蔭客、濫度僧徒等共同看作大族和寺院的"領户"，然而對這種"領户"的身份實爲農奴，已有明確的認識 ① 。這對寺觀户的研究是有開拓之功的。幾十年來，敦煌、吐魯番出土文書中有關寺户的資料陸續揭之於世，迭經國内外學者悉心探討，我們現在對於南北朝隋唐時期，特别是唐五代西北地區寺觀依附人户的狀況，已有了比二十世紀三十年代更爲詳細的了解。

以寺觀户爲標誌的封建依附關係，其産生、發展和蜕變的全過程，是同世俗社會封建依附關係發展的總趨勢基本適應的；但兩者的榮枯又并非同步。因爲寺觀户的興衰不僅繫於封建王朝人丁政策的寬弛，而且繫於封建王朝對釋道兩教的崇禁。本文的目的，是想結合當時的社會背景，對寺觀户階層的歷史稍作縱的鳥瞰，俾能概見寺院封建依附關係演進的軌迹，并借以略窺整個封建依附關係發展的大勢。

---

① 何兹全：《中古大族寺院領户的研究》，見《食貨》三卷四期，上海新生命書局，1936。

一 唐以前的早期寺觀户

作爲"隸屬寺院（和道觀）從事勞動的賤民"[①]，寺觀依附户的産生是與佛道兩教的傳佈、寺院道觀的興盛和寺觀勞務的日增密切相關的。佛教自漢代傳入中國以後，最初祇是一種意識形態的存在。佛教寺院墾殖土地、兼射商利，從而形成經濟實體，大約在晉宋之際[②]。道觀經濟的出現則又稍晚些，約在陸修静（406~477）改革道教之後。寺院和道觀依附人户的出現是在寺觀經濟體系形成之前。它起初是隨著寺觀灑掃、齋祀等雜差事的需要，爲僧道上層服務的需要而産生；以後又伴隨寺觀經濟的發展而成長起來。從史籍記載看，從事寺觀灑掃、齋祀、農作等勞務的依附人户，主要來自官賜、官配、投附和施給等幾種途徑。

在魏晉時期，今陝西周至縣南有宗聖觀祀老子，"晉元康中（295~），重更修葺，蒔木萬株，連亙七里，給户三百供灑掃"[③]。這是一條年代較早的官府賜户材料。這種國家"給户"是賜給依附户，還是向寺觀讓渡編户租調而編户之籍不變，學術界有不同看法。從賜户材料稍多的唐代情況看，唐玄宗天寶七載（748）向全國每處宫觀賜户三十，其被賜編户的耕地狀況均載入道觀田界圖中，户口附於觀籍（詳下文），同唐代以編户分番爲陵户是不同的。所以將此種官賜之色釋爲官賜依附人户是適宜的。西晉朝廷賜給宗聖觀的三百户應屬於早期的觀户。晉代職官按官品高下"得蔭人以爲衣食客及佃客"[④]。晉官府更向道觀賜户，含有道觀地主例同職官，亦"得蔭人"充勞作之意。佛道兩教在南北朝時期均得到廣泛傳佈。南方自蕭齊北方自元魏文成帝以後，許多寺院和道觀在各處拔地而起，諸王朝隨之向寺觀賜户。在北

---

① 〔日〕竺沙雅章:《論敦煌寺户》，刊於〔日〕《史林》第四四卷第五號。以下引竺沙文均出此，不另註。

② 《高僧傳·晉釋道安傳》記載，道安十二歲出家，"不爲師之所重，驅役田舍，至於三年，執勤就勞，曾無怨色"。同書《宋釋法顯傳》記載，法顯"嘗與同學數十人，於田中刈稻"。《弘明集》卷6晉釋道恒《釋駁論》説當時的出家沙門"營求孜汲，無暫寧息，或墾殖田圃，與農夫齊流；或商旅博易，與衆人競利"。這是人們熟知的有關寺院經營的幾條較早的資料。

③ 《金石萃編》卷41《宗聖觀記》引《來齋金石刻考略》；同書卷96《叱干公三教道場文》。

④ 《隋書·食貨志》。

方，魏孝文帝太和十五年（491），朝廷以京城"人神猥湊，非所以祇崇至法，清敬神道"，命將城內崇虛寺"移於都南桑乾之陰、岳山之陽"，並"給戶五十，以供齋祀之用"①。在南方，齊高帝建元二年（480），益州沙門玄暢建齊隆寺，"敕蠲百戶，用充資給"②。梁武帝蕭衍一次向衡岳觀"賜莊田三百戶充基業"③。這三百戶同其附著的莊田一起賜給道觀，表明他們是專爲該觀耕田供粟的人戶。他們的本色身份不詳。據載，梁武帝曾强買王導子孫王騫田八十頃捐給愛敬寺④，所賜衡岳觀三百家會不會是蕭衍買得的莊田上附著的佃客呢？稍後，陳宣帝陳頊（569~582在位）曾"蠲兩戶民"給天臺國清寺"用供薪水"⑤。隋文帝承北周廢佛之弊重興佛教後，繼續向寺賜戶。開皇十二年（592），他爲天臺宗創始人國師智顗置妙顯寺，"敕賜水田二十頃五十畝，將充永業"，同時在"近寺側封五十戶民以充灑掃"⑥。總的看來，南北諸王朝是在兩教漸次興起、寺院經濟尚未充分發展的情況下，爲扶持兩教傳佈，向某些有代表性的寺觀賜戶。但也正由於此間佛教的發展，各地農民"假稱入道，以避輸課"的現象越發嚴重，迫使南北王朝爲保有編戶而對寺院的僧尼和依附者一再實行檢括，官賜人戶的次數和數量不能不受到很大制約。上述賜戶之舉僅帶有一定的象徵性，原因也在這裏。這些被賜民戶不知是否像後來的唐代觀戶那樣一經給賜便附籍於寺觀。但既然晉代世俗之客已"皆註家籍"⑦，賤口依附身份與世俗佃客相近的寺觀戶，其鄉籍亦改附寺觀之內也并非不可能。附籍寺觀體現著依附身份的世襲性；世襲爲寺觀戶必然導致原"良口"編戶向"賤口"依附戶的淪落。這是南北朝時期部分編戶農奴化歷程中的一幕。由於受到中央集權的封建王朝與寺院地主爭奪人口鬥爭的制約，這種轉良爲賤的規模是有限的。

官府發配罪犯和官奴給寺院充佛圖戶，是北魏寺院取得依附人戶的重要方式。《魏書·釋老志》記載：

---

① 《魏書·釋老志》。
② 《佛祖統紀》卷37《法運通塞四》。
③ 《南岳總勝集》中《衡岳觀》，見《大正藏》卷51。
④ 《南史·王騫傳》。
⑤ 《續高僧傳》卷21《釋智顗傳》。
⑥ 鄭辨志：《宣州稽亭山妙顯碑銘》，見梅鼎祚《釋文紀》卷40。
⑦ 《隋書·食貨志》。

　　和平初（460～），（道人統）師賢卒，曇曜代之，更名沙門
統。……曇曜奏：平齊户及諸民，有能歲輸穀六十斛入僧曹者，即爲
“僧祇户”，粟爲“僧祇粟”，至於儉歲，賑給飢民。又請民犯重罪及
官奴以爲“佛圖户”，以供諸寺掃灑，歲兼營田輸粟。高宗並許之。
於是僧祇户粟及寺户遍於州鎮矣。

　　曇曜奏置的兩種人户——僧祇户和佛圖户，性質并不相同。僧祇户雖來
自平齊户和“役同廝養”的軍户 ① 等色賤民，但“僧祇户不得別屬一寺” ②，
并未依附於特定的寺院，其身份仍然屬於國家賤民。“僧祇粟”是“立課積
粟” ③ 的性質，系由僧祇户在鄉輸課；每户每年向國家的僧曹輸粟六十斛，亦
正與當時屯民的“歲責六十斛” ④ 正課數額相同。可見所謂“僧祇粟”實際
是在寺院經濟尚未充分發展的情況下，國家用讓渡部分賦課的方式扶持佛教。
名爲“僧祇户”，實爲割賦不割民。祇有佛圖户纔是爲寺院的祀事和勞務的需
要而置的依附人户。《魏書》說“僧祇户粟及寺户遍於州鎮” ⑤，而不是“僧祇
户及寺户遍於州鎮”，有將兩種人户同寺院的不同關係加以區別之意。《佛祖
統紀》祇說佛圖户是“佛寺之民”而未涉及僧祇户 ⑥，道理也在這裏。北魏寺
户（佛圖户）一部分來自官奴，一部分來自重罪犯，身份接近寺奴婢，比當
時的官賜寺觀户及下面將要説到的梁代白徒、養女，唐代寺觀部曲，身份都
要低一些。出現這種現象，主要是由於拓跋氏社會當時還處在從奴隸制向封
建制過渡的階段，罰配官奴婢充寺户是尚未封建化的少數族政權特有的奉佛
之舉。北魏如此，唐代敦煌的吐蕃政權也是如此。這一事實反映寺觀依附人
户雖同屬賤口階層，但其來源身份確有高下之別，不是整齊劃一的。由於北
魏的寺户是在各州鎮寺院普遍配置了的，所以把北魏寺户的出現看作寺觀户
階層在北朝正式形成的標誌比較適宜。

---

① 《魏書·釋老志》。
② 《魏書·釋老志》。
③ 《魏書·釋老志》。
④ 《隋書·食貨志》。
⑤ 中華書局標點本《魏書·釋老志》爲：“僧祇户、粟及寺户，遍於州鎮”，斷句失當，“僧
　祇户粟”應連讀。
⑥ 《佛祖統紀》卷 38《法運通塞五》註。

南朝齊、梁以後，江南大土地所有制迅速發展，衆多農民破產，競相皈依正當盛期的寺院。投存寺院的百姓，許多人度爲僧尼，也有不少人淪爲依附人户。蕭衍時期的梁都建康，"僧尼十餘萬"，"道人又有白徒，尼則皆畜養女，皆不貫人籍。天下户口幾亡其半"[①]，致使朝廷賦入大減。郭祖深在奏請"檢括"僧尼"使還俗附農"的同時，也請"罷白徒、養女，聽畜奴婢"。這些白徒、養女，身份同寺奴婢有區別，應屬寺院依附人户。同半個世紀以前北魏置佛圖户一樣，蕭梁諸寺畜白徒養女之風顯然也帶有普遍性，至少在建康諸寺是如此，所以可把白徒養女的出現看作寺觀户階層在南朝正式形成的標誌。

佛教寺院何時開始接受信徒施入人户不詳。隋朝時，施主佈施已經是寺院取得依附人户的方式之一。開皇年間，晉王楊廣"降威爲寺檀越，前後送户七十有餘，水磑及碾上下六具，永充基業"[②]，就是以施主身份"送户"。其中"永充"二字值得注意。它表示楊廣施給的人户與碾磑一樣，是寺院的世襲"基業"，也就是説，楊廣所送人户的世襲身份從一開始就十分明確。這與南北朝官賜人户尚未明確規定世襲身份不同。

綜上所述，可獲得幾點基本認識。(1) 寺觀户階層是在北魏遍置佛圖户，梁朝僧尼廣畜白徒、養女的背景下形成的。(2) 在寺觀取得依附人户的四種方式中，官配者和施入者的世襲性質比較明確，由於世襲爲户，他們在配入或施入後即變成了寺觀賤口。(3) 官賜人户的實例較少，其世襲身份起初也不明確。這反映歷朝封建官府既要扶持佛道，又無不注重保有國家編户，嚴格控制編户的轉良爲賤。

魏晉南北朝是封建依附關係在民間有較大發展的時期[③]。寺觀的封建依附關係也同世俗社會的步調相適應，在此期間得以産生形成了寺觀户階層。同民間的封建依附關係不能無限發展一樣，寺觀依附關係的發展規模也受到制約，這主要是由於中央集權的封建國家與地主階級（包括寺院地主）之間勞動人手之爭始終存在。僅就寺觀而言，這種制約的社會效果是積極的，因爲部分良口編户逆化爲賤口寺觀户並不利於社會生産力的提高。在南北朝末

① 《南史·郭祖深傳》。
② 《續高僧傳》卷 17 《釋曇崇傳》。
③ 參見田餘慶《秦漢魏晉封建依附關係發展的歷程》，《中國史研究》1983 年第 3 期。

期、隋唐之際，我國封建社會内部的生産關係變動的總趨勢，是某些奴隸制生産關係的殘餘形態（它在周邊少數族地區還較多地存在）繼續向封建制生産關係的轉變，是封建的賤口依附關係向良口依附關係的變化。北魏的部分官奴婢之進轉爲寺院的賤口依附人户——佛圖户，南方寺觀中以白徒、養女爲象徵的賤口依附關係的難以發展，應該説都是順應當時社會生産關係變動這一總趨勢的。在唐朝寺觀户階層的演進歷程中，這個趨勢就看得更清楚了。

二　唐前期的觀寺部曲和官賜觀户

寺觀部曲的顯著存在是唐前期比較突出的一個社會現象。從歷史文獻看，"觀寺部曲"這一名稱首見於《唐律》。《唐律疏議·名例六》"稱道士女冠"條律文説："觀寺部曲、奴婢於三綱，與主之期親同"，"餘道士與主之緦麻同"。據楊廷福考證，傳世《唐律》即《永徽律》，《唐律疏議》"即爲永徽律疏"[①]。《永徽律》系高宗損益《武德律》《貞觀律》撰定的。《唐律疏議》不稱"寺觀部曲"，而是觀在寺前，稱"觀寺部曲"，正是李淵父子奉李耳爲先祖下令道先佛後的反映。"觀寺部曲"這一名稱很可能已見於《武德律》。我們知道，一個社會階層的法定名稱正式載諸國典，必在這個階層形成之後再經過一段時間。所以，"觀寺部曲"實際上就是指南北朝的觀寺户階層。

寺觀部曲階層在唐前期得到發展，同隋末唐初的大規模階級鬥爭和農民戰争導致的全社會階級關係和封建等級關係的局部調整有關。這種局部調整在被統治階級成員中的表現之一，是包括寺觀户在内的整個部曲階層在唐前期發生了分化和改組，即這個賤民階層的成員出現了或進或出、或升或降的流動變化。這是由南北朝時代的封建依附制和奴婢佔有制受到階級鬥争怒濤的劇烈衝擊而引起的。一方面，舊時部曲階層（包括寺觀部曲）的一部分成員分出去了。在隋末農民戰争風暴中，一些寺莊受到義軍"誅蕩"而"通莊并潰"[②]，寺部曲等依附人户和寺奴婢不免有所流散。當時投入反隋鬥争並立

---

① 楊廷福：《唐律初探》，天津人民出版社，1982。

② 《續高僧傳》卷28《釋慧璡傳》。

得戰功的舊時部曲頗多，故在李唐建國後，高祖下令"諸部曲及徒隸征戰有勳功者，並從本色勳授"①。這部分脱離了部曲階層的人，於是轉化爲新的自耕農民等色。另一方面又有一些原屬其他階層的人進到部曲階層中來。這主要是指一部分原來的奴婢得免爲部曲。《唐會要·奴婢》記載：②

    顯慶二年（657）十二月敕：放還奴婢爲良及部曲、客女者，聽之。皆由家長（給）手書，長子已下連署，仍經本屬申牒除附。

可以看出，這並不是一道下令"放還"的敕文，而是"聽"放還的敕文。它表明，一部分奴婢或成爲良人，或成爲部曲、客女，是顯慶年間的既成事實。敕文不具體規定奴婢放還的時間上限，當是包括隋末以來所有已經放還的奴婢在内。顯慶二年距唐朝開國不到四十年，距王薄首義也衹有四十六年。因此可以認爲，這道敕文並非唐初統治者對奴婢階層的寬宥和恩賜，而是唐朝廷對隋末以來激烈的階級鬥爭造成的奴婢放還的事實，用帝敕形式予以承認罷了。這樣做有利於社會經濟的恢復和發展，也有利於李唐統治的穩定。顯慶敕文所指的放還奴婢，是指世俗奴婢。由於《唐律》有關世俗部曲奴婢的法律規定均可援用於觀寺部曲奴婢，所以高宗的這道聽放還的敕文，對已經免爲觀寺部曲的原觀寺奴婢也是有效的。律宗創始人道宣（596~667）曾對寺部曲做解釋説："部曲者，謂本是賤品，賜姓從良，而未離本主。本主身死，可入常住。"③ 所謂"本是賤品"，即原爲寺奴婢；"賜姓從良"，即將奴婢放還爲良。道宣對寺部曲做這樣的解釋，反映太宗、高宗時期確實存在著寺奴婢放爲良人及部曲、客女的事實；同時揭示唐前期的寺院中，有一批"常住"依附人户來自没入的當寺部曲。

    觀户階層中的寺觀部曲在唐前期的顯著存在，在吐魯番出土文書中也有所反映。試看阿斯塔那出土的《唐西州某縣事目之（三）》（73TAM518：3/3~20，26）的如下記載：

---

① 《全唐文》卷 1《徒隸等準從本色授官教》。
② 《唐律疏議》卷 12《放部曲爲良》條 "疏議" 略同。
③ 道宣:《量處輕重儀》，見《大正藏》卷 45。

（前略）

[　　　]［當]縣百姓、部[　]［　]［　]［　]客等仰縣長官[　　　　]

[　　　]［縣]所管寺觀[部]［曲]並十八中男速點勘[　　　　]

[　　　]［今]［月]［十]［六]［日]［　　　]

（後缺）

　　這是一件乾封至永淳年間（666~682）的文書①。第一行"部"字後面當
是"曲"字，"客"字前面或是"家"字，係指當縣的世俗部曲和家客。第二
行"寺觀"後面的兩個字，文書原件筆書雖有殘，但可確認爲"部曲"二字
無疑，系指西州某縣管内的寺觀部曲。有關世俗部曲、家客的事由不明；寺
觀部曲則是要和中男一起點勘爲兵。世俗與寺觀兩種部曲同見於僻處西北的
西州某縣文書，寺觀部曲且可充供點勘，顯示了唐前期部曲階層尤其是寺觀
部曲顯著存在的情景。高宗時點發寺觀部曲爲兵，這和後來天寶時武陵觀的
官賜觀户要"守備山林"，以及吐蕃管轄時期敦煌寺户要"守囚"一樣，正是
魏晉南北朝部曲家兵的遺風。寺觀部曲在唐前期的顯著存在是《唐律》關於
"觀寺部曲"的法律規定的現實基礎。

　　關於唐前期的"觀寺部曲"在社會上的法律地位，據《唐律》"觀寺
部曲、奴婢於三綱，與主之期親同""餘道士與緦麻同"兩條律文的疏議可
知②，觀寺部曲同觀寺三綱的法律關係，相當於世俗部曲同主人之期親（祖父

---

① 此件文書無紀年。同墓所出有紀年的文書最早爲麟德三年（666），最晚爲神龍二年
（706）。此件"月日"未用武周新字，武周時期可排除。文書内容爲召兵點勘西州寺觀部
曲及中男事，應同安西四鎮地區與西突厥的戰事有關，中宗時期又可排除。據《資治通
鑑》卷203"唐高宗永淳元年四月"條，西突厥是月被王方翼平定。所以此件當是乾封至
永淳年間的文書。

② "疏議曰：觀有上座、觀主、監齋，寺有上座、寺主、都維那，是爲三綱，其當觀寺部曲、
奴婢於三綱有犯，與俗人期親部曲、奴婢同。依《鬥訟律》：'主毆殺部曲，徒一年。'又條：
'奴婢有犯，其主不請官司而殺者，杖一百。'註云：'期親殺者，與主同。下條部曲準此。'
又條：'部曲、奴婢毆主之期親者，絞；罵者，徒二年。若三綱毆殺觀寺部曲，合徒一年。
奴婢有罪不請官司而殺者，杖一百。其部曲、奴婢毆三綱者，絞；罵者，徒二年。'"
"疏議曰：《鬥訟律》：'部曲、奴婢毆主之緦麻親，徒一年；傷重者，各加凡人一等。'又
條：'毆緦麻部曲、奴婢，折傷以上，各減殺傷凡人部曲、奴婢二等。'又條：'毆傷、殺他
人部曲，減凡人一等，奴婢又減一等。'即是觀寺部曲毆當觀寺餘道士、女官、僧、尼等，
各合徒一年；傷重各加凡人一等。若毆道士等折一齒，即徒二年；奴婢毆，又加一等，徒
二年半。是名於餘道士與主之緦麻同。"

母、伯叔父母等）的法律關係。如果觀寺部曲詈罵或毆殺本觀寺的三綱，等
同於世俗部曲詈罵或毆殺主人之期親，要處以二年徒刑或絞刑。觀寺部曲同
本觀寺内除三綱以外的其餘道冠、僧尼的法律關係，相當於世俗部曲同主人
之緦麻親（高祖父母、曾伯叔祖父母、岳父母等）的法律關係。如果觀寺部
曲毆傷本觀寺道冠、僧尼徒衆，等同於世俗部曲毆傷主人的緦麻親，要判處
徒刑一年，打折牙齒徒刑二年，打斷肋骨徒刑三年，毆死者處絞刑。唐王朝
通過這種法律形式，把觀寺部曲在觀寺内的賤口依附地位細致明確地固定下
來了。這是迄今所知對寺觀賤口依附人户的階級地位做出的最早的法的規定。
這些法律規定表明，唐前期寺觀户階層在賤口等級中的地位稍高於寺觀奴婢，
與世俗部曲相似。

唐前期的寺觀户階層中也有朝廷賜户。唐朝出現賜户，同李唐王朝兩教
並用的思想統治方針有關。主要事件就是唐玄宗普遍向道觀賜户。玄宗佞道
超過了他的父祖。他在天寶七載（748）親受《三洞真經》，遥拜茅山紫陽觀
道士李含光爲度師。詔令 [1]：

> 天下有洞宫山，各置壇祠宇，每處度道士五人，並取近山三十户，
> 蠲免租税差科，永供灑掃。……其茅山紫陽觀，取側近（百姓） [2] 二百
> 户，太平、崇光（玄）二觀各一百户，並蠲免租税差科，長充修葺掃灑。

全國凡有道教洞、宫之山，"各置壇祠宇"，"每處"賜給三十户"永供
灑掃"，這是繼北魏用官配方式在全國遍置寺户以後，封建王朝又一次用官賜
方式在全國遍置觀户。開元時期"凡天下觀，總一千六百八十七所" [3]，天寶
時期的道觀不少於此。凡在山宫觀均賜三十户，賜户總數將是不小的。尤其
值得重視的是，這次被賜之百姓是明確地附籍於道觀了的。寫於唐文宗時的
《桃源觀山界記》關於武陵桃源觀賜户的記載確鑿地揭示了這一點。據該文，
桃源觀先"準天寶七年三月十三日制，取近山三十户蠲免租賦，永充灑掃，
守備山林"。到文宗開成五年（840），桃源觀"道士朱法虔以狀來曰：'有觀

① 《册府元龜》卷 54《尚黄老》；《茅山志》卷 2《楊勵俗等上表》同。
② 《唐大詔令集》卷 9 所載《天寶七載册尊號敕》，"側近"後有"百姓"二字。
③ 《唐六典·尚書禮部》"祠部郎中"條。

在山，有户在疆，圖籍一久，事不能辦。'"① 其所謂 "在疆" 之 "户"，顯然
包括天寶七年該觀準制所 "取近山三十户" 百姓在内；年久失實的該觀 "圖
籍"，是指 "東西闊七里，南北長九里，周回三（十）二里" 的 "山界" 圖
（山界内應含三十家賜户的耕地）和包括三十家賜户在内的該觀名籍。這條材
料有力地證明，天寶年間的遍賜觀户，實際是由縣衙官府爲每座道觀取三十
家編户，除其鄉籍改附觀籍，使之成爲道觀依附户；"永供灑掃" 表明這些觀
户屬世襲賤口。然而，唐朝自中期以後，封建商品經濟日趨活躍，租佃關係
得到發展，立足於自然經濟之上的民間舊有的世襲賤口依附關係已難照舊維
持下去。唐玄宗違背這一時代潮流，用官賜方式强使大批良口編户逆化爲道
觀的賤口依附户，顯系生產關係方面的倒退行爲，故難以持久。桃源觀的近
山觀户後來隱没莫辨，不僅意味著唐玄宗抑良爲賤的做法已行不通，而且宣
告我國封建社會前期綿延發展達千餘年的賤口依附制，因同變化了的社會情
况相齟齬，已經非變不可了。

三　唐朝後期的寺觀 "枝附" 人户

以世襲賤口爲基本成分的寺觀户階層在中唐以後衰落的原因，從根本上
説，固然是由於商品經濟和租佃關係的發展對舊有封建依附關係的衝擊；具
體地説，還有兩個實際的因素起了作用。第一個因素是，極端佞道的唐玄宗
死後，道教降在佛教之下②，道壇沉寂淒清，觀户因有隱没。武陵桃源觀天寶
時勘造的觀户名籍已與其 "在疆" 之户不能契合，正是一例。那些原賜觀户
的後人，到九十年後的開成年間不外有幾種境况：或仍然保留著對該觀的依
附關係；或已轉化爲自耕農、佃農；或已浮逃他鄉。安史之亂是唐朝統治由盛
而衰的轉折點，"田畝移换"，"貧富升降"，整個社會秩序此後非復舊觀。此間
和以後的一段長時期，不僅寺觀户階層經歷著深刻的社會變動，而且全社會的
賤口依附人户，作爲一個社會等級亦在漸趨消縮。"部曲" 和 "觀寺部曲" 的
名稱，在唐後期的官私文書中幾乎不再見到，正是當時社會現實的反映。

---

① 《全唐文》卷 761 狄中立《桃源觀山界記》。
② 《金石萃編》卷 41《宗聖觀記》引《來齋金石刻考略》；同書卷 96《叱干公三教道場文》。

第二個因素是，安史之亂、藩鎮割據和吐蕃、回紇貴族的進擾，使唐王朝直接控制的地域相對縮小，客觀上加劇了唐後期朝廷和寺觀的人户之爭。朝廷爲了增加課户，保障賦役來源，除在世俗括户外，還一再括檢逾濫僧尼，並令寺觀放賤爲良。阿斯塔那出土的文書《唐寶應元年（762）建午月四日西州使衙榜》[73TAM509：8/26（a）]揭示了與此有關的歷史事實。録文於下：

1. 使衙榜西州
2. 諸寺觀應割附充百姓等。
3. 右件人等，久在寺觀驅馳，矜其勤勞日久，遂與僧道
4. 商度，併放從良，充此百姓。割隸之日，一房盡来，不能有愧
5. 於僧徒。更乃無厭至甚，近日假託，妄有追呼。若信此流，
6. 擾亂頗甚。今日以後，更有此色者，當便決然，仍仰所由，
7. 分明曉諭，無使踵前。榜西州及西海縣。
8. 以前件狀如前。
9. 建午月四日
10. 使、御史中丞　楊志烈

此榜要求西州及西海縣管内"諸寺觀"將各自名籍所附的賤口"人等"，"割隸"州縣"充此百姓"。關於這件文書，唐長孺已經指出，此爲一通"解放寺觀依附人口"的榜文；楊志烈的"使"衙"即伊、西、庭節度使"；"榜文既稱'放良'，可知屬於賤口"，這些"西州寺觀依附者的身份大致和敦煌寺户相同"；"楊志烈解放西州寺觀依附人口當然是爲了擴大賦役對象，并非什麼出於仁慈"[1]。姜伯勤進而指出："伊、西、庭節度使衙於西州及西海縣發佈此項榜文，應與伊、西、庭三州對抗吐蕃軍隊的緊迫形勢有關。"[2] 這些重要的結論，清晰地勾畫了寶應元年在西州發生的、由節度使出榜將寺觀賤口依附人户放免爲良的事件的輪廓。值得注意的還有一點，這次割賤從良之舉，

---

① 唐長孺：《敦煌吐魯番史料中有關伊、西、北庭節度使命名留後問題》，《中國史研究》1980 年第 3 期。
② 姜伯勤：《唐西州寺院家人奴婢的放良》，《中國古代史論叢》1982 年第 3 輯。

是三州節度使楊志烈"與僧道商度"後實行的。這表明楊志烈雖是要西州及西海縣諸寺觀務必將其所屬賤口依附人户"併放從良",割隸國家,明顯地帶有强制檢括的性質,但在具體做法上又頗講策略,採取了與以後會昌時廢佛收户的强制方式不相同的協商方式。這樣做可能同樣是出於對抗吐蕃的考慮,大敵當前,以求緩和割隸過程中使衙與寺觀三綱的矛盾。榜文還提到"近日假託妄有追呼者""擾亂頗甚"。這情景同九十年以後張議潮在沙州放免寺户時,某些"倚形恃勢之人妄生侵奪"一樣(詳下文),都是指當地某些世俗强家妄造借口,企圖攫奪放良的寺觀賤口,干擾寺觀户的割隸工作。儘管我們不知道代宗初年是否還在西州以外的其他地區實行過寺觀賤口放免爲良之舉,然而西州諸寺觀賤口依附人户放爲百姓,畢竟證實了唐朝中後期朝廷與寺觀間的人户之爭的存在,揭示了安史亂後,以賤口依附者爲主體的舊時寺觀户階層向編户良民轉化的歷史進程的加速。誠然,歷史發展的道路是紆曲復雜的,寺觀賤口依附者的轉化并非徑情直遂。唐後期統治者佞佛崇道依舊,適宜於寺觀户滋長的土壤仍然存在。賤口寺觀户轉化爲編户的過程,並不排斥某些舊時寺觀户的繼續傳襲。唐穆宗時温造寫《瞿童述》[①],追述代宗大曆年間辰谿上清三洞法師黃洞源"即聲鐘集觀户"並驅遣役使他們的情景。上清三洞的這些觀户,可能就是由唐前期的觀户傳襲而來。同内地的舊時觀户續得傳承相呼應,八世紀末至九世紀前期,在吐蕃佔領的沙州、西州等地,寺院賤口依附者——寺户呈現出顯著的"回升"現象。但這同吐蕃族的佔領和統治有關,又屬另一種民族和社會背景了。

大批良口依附人户隨著賤口寺觀户的消縮而日漸充斥寺院,是晚唐寺院封建依附關係的新特點。唐朝後期,土地兼併加劇,破産農民愈多。肅宗至德元年(756)裴冕請鬻僧道度牒爲香水錢後,官府開始賣牒度人,寺觀越發成爲避役農民的逋逃藪。寺觀中的無牒投附者日多,"僧道"僞濫日益嚴重。憲宗元和時,"天下百姓或冒爲僧道士苟避徭役"[②],以至於"天下僧尼不可勝數"[③]。文宗太和四年(830)"祠部請令僧尼冒名非正度者,許具名申省給牒,

---

① 見《全唐文》卷730。據《舊唐書·温造傳》,此文當係温造長慶元年貶朗州刺史時所作。

② 《唐會要》卷50《雜記》。

③ 《白氏長慶集》卷48《議釋教》,上海古籍出版社,1994。

以憑入籍，時入申者七十萬人"①。元和、太和時這一大批投附寺觀的小農之所以被稱爲"假冒""非正度"，就因爲他們多是無牒投附，故不爲官府承認。他們投附以後，在寺觀"冒爲僧道"，實爲"枝附"人户。其中或有充作寺觀雜使者，便淪爲寺觀依附人户——"枝附良人"。唐後期的寺觀"枝附"人户與以前的賜户、佛圖户、觀寺部曲，以及同時並存的西州寺户、沙州寺户等，身份已有不同："枝附"人户雖同所投寺觀有一定的依附關係，但他們祇是脱籍去鄉避役，並未附籍寺觀；"枝附"人户仍屬良口而非賤口。這種寺觀"枝附"户是在晚唐社會的特殊條件下産生的又一種寺觀依附人户。

編户投充寺觀"枝附"的勢頭，自憲宗至武宗四十餘年未嘗稍衰。會昌五年（845）武宗廢佛時的檢括對象，除僧尼和寺院奴婢外，即包括寺院的"枝附"人户。此事僅見於杜牧《杭州新造南亭子記》②：

（會昌五年）凡除寺四千六百，僧尼笄冠二十六萬五百，其奴婢十五萬，良人枝附爲使令者，倍笄冠之數，良田數千萬頃。

所謂"良人枝附"即指編户投庇寺院轉化的依附户，"爲使令"即充作寺院雜使③。"良人枝附""倍笄冠之數"，其數應在五十萬人左右，再加上二十六萬僧尼笄冠，共七十餘萬人。這同太和四年到祠部請牒的七十萬名冒名"僧尼"數大致相當，可反證文宗時的冒名"僧尼"一多半是投庇寺院的"枝附"户。宣宗即位後，以爲會昌廢佛"釐革過當"④，恢復被廢寺院，"度僧幾復其舊"⑤。但宣宗朝重視農本，力保編户，寺院枝附户未必有會昌初年那樣多了。這也是下節所述敦煌地區在歸義軍時期放免寺户的時代總背景。

關於"會昌廢佛"的歷史記載此外尚多⑥。但所載收充兩税户的對象，

① 《大宋僧史略》中，見《大正藏》卷54。
② 《文苑英華》卷834，《樊川文集》卷10，《全唐文》卷753所載略同。
③ 李肇《翰林志》載翰林院置"内園官一户三人，以供使令"，可知"良人枝附爲使令"即充寺院雜使。《百川學海》本。
④ 《舊唐書·宣宗紀》。
⑤ 《孫樵集》卷6《復佛寺奏》，商務印書館，1936。
⑥ 如兩《唐書》武宗紀、李德裕傳，《新唐書·食貨志》，《唐會要》卷47，《資治通鑑》卷248，李德裕《會昌一品集》，圓仁《入唐求法巡禮行記》等。

均僅指僧尼和奴婢，没有提及枝附户。這不會是史籍編撰者的疏忽。諸籍失載原因乃是"良人枝附"均係投庇寺院未得度牒的原兩税户，即國家編户，他們雖然投充寺院"枝附"，但户籍仍在官府，故新括兩税户不計其額，以致諸史籍將此五十多萬人"失載"。這一事實頗爲重要。它表明唐後期由編户投庇寺院的"枝附"户，同以前的賤口寺觀户的根本區别就在於未除鄉籍。杜牧稱之爲"良人枝附"的原因也在這裏。總而言之，到良口"枝附"户大量涌現的晚唐時期，中古賤口寺觀階層的消蜕已是明顯的事實。以良口依附爲主體的新的封建依附制，標誌著我國封建依附關係進入新階段。它同先代以賤口依附爲主體的封建依附制性質雖然相同，但内涵已有變化：依附者的社會身份有所提高，他們所受超經濟强制的程度有所削弱。這是中國封建社會自進入中唐以後，隨著生產關係諸領域裏局部調整的出現，而在人身依附關係方面導致的新變化。以良口依附爲主體的封建依附制的確立，是我國封建制度的發展進到一個新時期的朕兆。在北宋開始的下一個歷史新時期裏，我國封建社會的經濟和文化，在封建制租佃關係和商品經濟發展的基礎上，出現了新的繁榮。

四　晚唐五代的敦煌寺户和"常住百姓"

晚唐時期的敦煌寺户與唐後期全國寺觀依附階層的關係，是局部與整體的關係。儘管從政治、歷史、地理、民族諸因素看，敦煌寺户有自己的某些特點，但它終究是寺觀依附階層的一部分。敦煌寺户與内地寺觀人户同源共流，不可分割。正因爲如此，借助豐富的文書資料進行的敦煌寺户的研究，便成了觀察晚唐後期乃至整個唐代寺觀依附階層的極好窗口。某些爲南北朝和隋唐寺觀户制度語焉不詳的問題，如寺户的階級地位、寺院對寺户的控制管理、寺户的勞務等問題，多可由此得到具體的了解。對晚唐五代的敦煌寺户制度，國内外學者已有詳細的研究 [①] 。本節僅對敦煌寺户的來源以及"常住

---

① 除前面提到的論文以外，具有代表性的論著還有〔日〕那波利貞《梁户考》，刊於〔日〕《支那佛教史學》第二卷第一四號；〔法〕謝和耐：《五至十世紀中國社會中的寺院經濟》，耿昇譯，甘肅人民出版社，1987；姜伯勤：《論敦煌寺院的"常住百姓"》，《敦煌研究》1981 年第 1 期。

百姓"的具體身份問題略談些看法。

　　竺沙雅章氏認爲吐蕃管轄時期的敦煌寺户以"來自檀越布施者較多"。從現有資料看，這是一個難以遽做論斷的問題。關於蕃管時期敦煌寺户的數量，據《吐蕃戌年（818）六月沙州諸寺丁壯車牛役簿》和同時的《諸寺寺户妻女放毛簿》（斯〇五四二號）[1]，共録寺户約三百人。按照佛寺慣例，世俗之部曲、家客施入，觀寺部曲没入，充常住人户；私奴婢施入，充常住奴婢。唐中期沙州居民僅有五六千户[2]，吐蕃管轄時期戰亂多，人户且有減少。其中佔有部曲、家客的民户就更少了。以池田温編《中國古代籍帳研究》所收十三件唐代敦煌的鄉籍、里籍、手實爲例，全部五十八户中，僅大曆四年（769）的《懸泉鄉宜禾里手實》（斯〇五一四號）内索思禮一户有奴三人、婢一人；未見一户擁有部曲、家客。可見如果主要靠本地檀越布施，敦煌寺户不可能這樣多。從實際情況考慮，蕃管時期的敦煌寺户可能來自三個途徑。

　　一是當地百姓投寄求庇而充寺户。如前所述，這是唐後期民間盛行的浮逃方式。武宗時各寺院裏的"枝附良人"就是投附者。敦煌寺院也不例外。斯〇五四二號文書有四個寺户這樣記載："（開元寺）張進朝安國收，看樑"，"（蓮臺寺）馬典倉金光明收"，"（乾元寺）旋進卿窟收"，"（普光寺）李俊俊未收"。四人名下的某寺"收"字樣，系"收留""收容"之意，正表明他們是投存而來、由寺收容的人。張進朝投在開元寺，配在安國寺看油樑；馬典倉投在蓮臺寺，配在金光明寺；旋進卿投在乾元寺，配在庫司；李俊俊投在普光寺，尚未配寺收容。所投爲一寺，配往另一寺充當寺户，顯示了蕃管時期敦煌都教授統管寺户的權力。這是該文書所含187名丁壯中少數可推知來歷者中的四人。他們當係投充未久，因爲其中兩人尚未供役，一個尚在收容。可以想見其餘未署來歷的寺户，屬當地或外地民户投附而來者當不在少。

　　二是吐蕃官司罰配俘口爲寺户。斯〇五四二號文書記載另一寺户説："（蓮臺寺）石溫漢老放肅州。"伯三九一八號文書《佛説金剛壇廣大清淨陀羅尼經》抄本有一段跋文寫道："癸酉歲十月十五日，西州没落官、甘州寺户、唐伊西節度留後使判官、朝散大夫、試太僕卿趙彦賓寫。"顯示這件抄本是趙彦

_____

[1]　池田温：《中國古代籍帳研究》第 523~538 頁，中華書局，1984。

[2]　《新唐書·地理志》記載爲四千三百户，一萬六千餘口；《元和郡縣圖志·隴右道》記載開元時沙州有户六四六六。這裏取其約數。

賓在貞元九年（793）寫的^①。可以看出，石温漢和趙彦賓兩人都可能是被吐蕃俘獲後配充寺户的；石温漢俘於肅州，罰配到敦煌爲寺户；趙彦賓俘於西州，罰配到甘州爲寺户。石温漢由於年老力衰不堪驅役被放還故里。唐代中後期，吐蕃貴族在西北地區進行戰爭的重要目的之一，就是驅掠唐人供奴役。《舊唐書·吐蕃傳》中此類掠人記載甚多。如貞元三年（787）九月，"吐蕃大掠汧陽……等界人庶男女萬餘口，悉送至安化峽西，將分隸羌渾等，乃曰："從爾輩東向哭辭鄉國。'衆遂大哭。"所謂"分隸"即罰配。太和年間，沈亞之也説^②：

> 臣嘗仕於邊，又嘗與戎降人言，自瀚海巳東，神鳥、敦煌、張掖、酒泉、東至於金城、會寧，東南至於上邽、清水，凡五十郡六鎮十五軍，皆唐人子孫，生爲戎奴婢，田牧種作，或聚居城落之間，或散處野澤之中，及霜露既降，以爲歲時，必東望啼噓，其感故國之思如此。

這些散處敦煌等地"田牧種作"的"唐人子孫"，沈亞之説他們"爲戎奴婢"係蓋而言之，其中當亦包括配給寺院的寺户。因吐蕃篤信佛教，以俘口配寺乃應有之義，且可能是蕃管時期敦煌寺户的重要來源。唐代中葉，吐蕃正處於奴隸制向封建制轉化時期，與北魏文成帝時的拓跋氏社會性質相近。所以北魏的配置佛圖户，或可看作是吐蕃在敦煌罰配寺户的濫觴。

三是蕃管以前或蕃管初期檀越施入的世襲寺户。歸義軍初期的《敦煌諸寺奉使衙帖牒處分事件文書》（伯二一八七號）^③中，提到"檀越""奉獻"的寺户可證。這類寺户原爲世俗人户的部曲、家客，屬賤口本色，故與前兩類投附、俘配的寺户相比，其身份最低，對寺院的依附性也最强烈。歸義軍時期的"常住百姓"，實際是對這類施入寺户的新名稱。爲便於説明這一點，謹將最早出現"常住百姓"的伯二一八七號文書録出加以分析：

---

① 按，開元二十一年（733）、貞元九年（793）、大中七年（853）均癸酉，趙彦賓自稱"西州没落官"，可知其時蕃佔未久，以貞元九年爲是。

② 《文苑英華》卷492《賢良方正直言極諫策》。此對策不知何時寫，然必在亞之元和登第後，且已數任官，疑即在文宗太和間。

③ 此件文書時期的推定從〔日〕藤枝晃説，爲公元八七二至八九四年間。據首都圖書館藏敦煌文書縮微膠卷録文。

1. 因兹管内清泰，遠人來暮（慕）於戟門。善能抑强，龍家披帶而生降，達訥似不呼

2. 而自至。昔者爲狼心敵國，今作百姓驅馳。故知三寶四王之力難可較量，陪（倍）更遵

3. 奉盈懷，晨昏豈能懈怠。今既二部大衆，於衙懇訴，告陳使主，具悉根源，

4. 敢不依從衆意。累使帖牒，處分事件，一一丁寧。押印指撝，連粘留符，合

5. 於萬固。應諸管内寺宇，蓋是先帝敕置，或是先哲修成；内外舍

6. 宅莊田，因乃信心施入，用爲僧飯資糧；應是户口家人，檀越將持奉獻。

7. 永充寺舍居業，世人共膺光揚。不合侵凌，就加添助，資益崇修，不陷不傾，

8. 號曰"常住"。事件一依舊例，如山更不改移：初先故太保諸使等世上給狀

9. 放出外，餘者人口在寺所管資莊、水磑、油樑，便同往日執掌任持；自

10. 今已後，凡是常住之物，上至一針，下至一草，兼及人户，老至已小，不許

11. 倚形恃勢之人妄生侵奪及知典賣，或有不依此式，仍仰所由具

12. 狀申官，其人重加形（刑）責，常住之物却入寺中，所出價值任主自折；其

13. 常住百姓親伍禮，則便任當部落結媾爲婚，不許共鄉司百姓

14. 相合，若也有違此格，常住丈夫私情共鄉司女人同流所生男女，

15. 收入常住永爲人户，驅馳世代，（不？）容出限；其餘男兒丁口，各須隨

16. 寺料役。自守舊例，不許（下缺）

此件文書中的"常住百姓"同蕃管時期的"寺户"存在承續關係，學術界已有定論。原"寺户"改稱"常住百姓"的原因，竺沙氏和姜伯勤剖析甚

詳，此不贅述。這裏的問題是：歸義軍時期的"常住百姓"所含人户是否包括蕃管時期的各類寺户，兩者的構成有無不同。一般的看法是：蕃管時期的敦煌寺户在歸義軍初期由張議潮放免了一部分，餘下寺户改稱"常住百姓"。這個解釋雖不錯，但筆者感尚欠確切。試從該文書的結構入手做補充説明。

從文書的全文看，"累使帖牒，處分事件，一一丁寧"是引起諸寺作此文書的契機。那麼，使衙一再"丁寧"諸寺妥予"處分"的"事件"指什麼呢？文書接下去以具有"押印指撝"、已被"連粘留符"的使衙帖牒爲依據，做出兩項申明。一是説明諸寺"常住"的來歷，重申其不可侵犯性：所有"管内寺宇"是"先帝敕置""先哲修成"的；"舍宅莊田"是"信心施入"的；"户口"（寺户）、"家人"（奴婢）是"檀越""奉獻"的。這三項都是不可"侵凌"的"常住"物。二是"依舊例"宣布幾條"處分"決定：（1）原先的寺户，除張議潮等在世時給狀放免者外，其餘仍然留在寺院管理田莊、水磑、油樑的寺户，其執掌如"同往日"；（2）警告世俗强家不許"倚形恃勢"侵奪典賣常住之物（包括人户），否則告官重責；（3）常住百姓祇能"當部落"爲婚，不許與鄉司女子通婚，否則將所生子女永充常住；（4）除執掌田莊、水磑、油樑的寺户以外，"其餘男兒丁口"按"舊例""隨寺料役"。

剖析這兩項申明的内容可以看出，此件文書所含的"寺户"有著不同的身份和職任：有的是"檀越"施入的寺户，屬於"常住"物，即"三寶物"，神聖不可"侵凌"，故不會在放免之列（如果張議潮放免的寺户中含有此類寺户，那麼，諸寺依據使衙帖牒發佈的這件文書，就是在指責"故太保"張議潮"侵凌"諸寺"常住"了。這當然是不可能的）；有的寺户不屬"常住"，因而可被張議潮放免；此外還有一類寺户是"隨寺料役"的"男兒丁口"。這類"丁口"被稱爲"常住百姓"之外的"其餘"，可見不屬"常住"，因而不是"檀越"施入的寺户；他們仍然在寺，又不同於可獲放免并已放免的寺户。如果與蕃管時期敦煌寺户的幾種來源綜合考慮，上述三類寺户的真面目就比較清楚了。第一類寺户來自蕃管以前本地施主的施給不用再説；第二類寺户當主要是投寄寺院求庇的附近農民。正是由於這兩類寺户都是土著，熟諳敦煌地區的生產技術，所以寺院分派他們經營管理莊田、水磑、油樑；又由於投附寺户多是敦煌一帶的原編户，可能保有自營土地，便於還鄉附籍，從事生產輸課，所以成爲張議潮放免的主要對象。另一件敦煌文書《唐咸通六年（865）百姓張祇三牒》（伯二二二二號）説："祇三等，司空準敕，矜判入鄉管"，表明敦煌鄉百姓張祇三等人，即屬張議潮放免後附入鄉籍的原投寄寺户。據竺沙氏考訂，張議潮放免寺户一事發生在宣宗大中六年（852），即在他"奉十一州圖籍入朝"[①] 的次年，在"會昌廢佛"以後七年。放免事又系"準敕"實行。因此可以認爲，張議潮放免敦煌寺户中的投附編户，實際上是會昌五年全國寺院大規模檢括"良人枝附"的繼續，是朝廷與寺觀人户之爭在沙州的餘波。不同之處是，沙州寺院的投附寺户屬於賤口，他們在吐蕃管轄的寺院内被農奴化了。從這一鬥爭的地域傳統看，張議潮放免敦煌寺户則同一百年前楊志烈命西州諸寺觀割賤從良充百姓的事件一脈相承。在這兩次人户之爭中，朝廷均向寺觀采取攻勢，使一批寺觀依附人户重新歸於國家控制。第三類寺户，即文書最後提到的"其餘男兒丁口"，當主要是被吐蕃俘配寺院之人。由於他們品色較雜（如含外地俘口及没落唐官等），與土著寺户不同，對敦煌地區的傳統生產技術未必熟習，所以主要用於"隨寺料役"，用充雜使。寺院特向此類人户強調"舊例"，向他們警告諸般"不許"，表明投附寺户的放免使得俘配寺户人心浮動，引起諸寺不安。當然，以上這些祇是基本的區分，獲放免者未必毫無俘配之人；隨寺料役者也未必没有投附的土著；執掌田莊、油樑者亦未必盡是施入或投附之户。

那麼，文書中的"常住百姓"是包含上述三類寺户呢，還是祇含其中一部分？在這裏，"常住百姓"身份的必要前提是明確的，即他們必須屬於當寺"常住"。根據以上分析，已獲放免的投附土著和被稱作"其餘男兒丁口"的俘配寺户不屬"常住"之列，也是清楚的。所以筆者認爲，把"常住百姓"釋爲歸義軍時期對原施入寺户（即"檀越奉獻"之人户）及其後人的專稱比較妥當。歸義軍時期的另件文書《某寺出貸歷》（伯二九五三號），將同屬寺户的人或稱"人户宋員住""人户張瘦兒"，或稱"常住游袖兒"。這反映了張議潮放免投寄寺户以後，在敦煌寺院仍存在著對原施入的和非施入的兩種不同寺户的區分：前者被稱爲"常住"（即"常住百姓"），後者被稱爲"人户"。《唐律·名例六》"諸官户部曲"條"疏議"説："部曲謂私家所有，妻通取良人、客女、奴婢爲之。"指出部曲可娶良人爲妻，這表明包括觀

---

① 《資治通鑑》卷 249 "唐宣宗大中五年"。

寺部曲在內的部曲之色，至少在唐前期并不嚴格限制必須當色爲婚。然而如伯二一八七號文書所示，敦煌寺院强調常住百姓"當部落"爲婚，禁與"鄉司女人"爲婚，表明歸義軍時期敦煌常住百姓的身份低於唐前期的部曲。强調常住百姓當色爲婚，顯示了在投附寺户多被放免以後，敦煌寺院對施入寺户——"常住百姓"控制的加强。敦煌文書《丙申年（876）十月沙州報恩寺常住百姓老小孫息名目》（伯三八五九號），共記載常住百姓八户，其人口却多至五十四口，其中張保山一户十口人，閻海泉一户十七口人。這一事實顯示出，作爲依附於敦煌寺院的個體經濟單位，常住百姓家庭在唐末還相當完整地存在著。但更重要的事實是，在賤口爲主體的人身依附制漸被良口爲主體的人身依附制取代的時代潮流中，晚唐至宋初敦煌寺院"常住百姓"的身份也已發生蛻變。敦煌文書《宋淳化二年（991）押衙韓願定賣女契》（斯一九四六號）有押衙韓願定因"家中用度不攅（接）"，把家妮子檻勝"出賣與常住百姓朱願松"的記載。常住百姓居然可與押衙立契，而且是低級地方官吏——押衙賣婢女給常住百姓。如果仍以唐代嚴格區分良賤的眼光來衡量，這誠然是極可詫異的事情。這個事實表明至遲到十世紀末葉，沙州寺院的常住百姓儘管還存在，但他們的賤口身份無疑已經改變。因爲在極重"尊卑、貴賤、良賤之辨"的時代，賤口依附者是不可能同地方官吏"和同立契"的。在沙州寺院存在數百年之久的賤口依附人户，這時可能已基本蛻變爲良口依附者。在大致同時的遼王朝，還有契丹貴族向寺院施給"户口百家"[1]"人五十户"[2]之類的事實。這同先代吐蕃貴族在敦煌配户給寺院充賤口勞作人一樣，系崇信佛教的周邊少數族統治者，僅實行於自己轄區之內的措施。

---

[1] 據《遼文匯》卷 8 即滿《妙行大師行狀碑》，遼道宗清寧五年（1059），聖宗次女秦越長公主在燕京捐宅爲大昊天寺，"大率宅司諸物罄竭，永爲常住；及稻畦百頃，户口百家，棗栗蔬園，井口器用等物，皆有施狀"。中國圖書發行公司，1953。

[2] 據《遼文匯》卷七耶律興公《創建静安寺碑銘》，遼道宗咸雍八年（1072），蘭陵郡夫人蕭氏在中京（今内蒙古寧城縣）創置静安寺，"遂施地三千頃，粟一萬石，錢二千貫，人五十户，牛五十頭，馬四十匹，以爲供億之本"。

唐代寺院奴婢階層略説

　　唐代寺奴婢階層的存在，已爲中外學界所公認。寺院奴婢是當時全社會奴婢階層的一部分。深入研究寺奴婢問題，不僅有助於寺院內部階級關係的探討，而且可以成爲觀察唐代整個奴婢階層的一個窗口。本文僅就唐代寺奴婢的來源，唐代前後期的幾種寺奴婢名稱以及寺奴婢的放還與檢括等問題，做一考察。

一　唐代寺奴婢的主要來源

　　唐初寺奴婢的數量不少，其主要來源，有以下幾種途徑。

　　一是前代傳承而來。自從北魏文成帝拓跋濬（452~465 在位）和梁武帝蕭衍（502~549 在位）分別在北方和南方相繼崇佛後，寺院經濟即隨著佛教的興盛而初獲發展，寺奴婢階層亦漸形成。六世紀初期，奴婢淨人階層在南北寺院均已存在。蕭梁時 "都下（建康）佛寺五百餘所"，實行 "聽畜奴婢" 之制 [①]。北魏宣武帝永平二年（509）沙門統惠深上言：："依律，車牛淨人，不淨之物，不得爲己私畜。"[②] 大約與此同時，西北地區的高昌官寺中也已有 "寺奴" 出現 [③]。其後，中國北部的寺院迭經巨變：先是北周武帝禁斷佛教，繼之楊堅代周重興佛教，再繼以隋末農民 "誅蕩" 寺莊。寺院奴婢階層在此期間也不免發生某些變化。據顯慶二年十二月的《聽放還奴婢敕》（詳下文），在

[①]《南史·郭祖深傳》。
[②]《魏書·釋老志》。
[③] 見《吐魯番出土文書》第 2 册《高昌□子等施僧尼財物疏》[七二 TM~ 七〇~〇／三（b）]。

隋末唐初，雖有些寺院奴婢或放爲良民，或放爲部曲客女，改變了奴婢身份，但也有寺奴婢隨寺傳襲至唐。《續高僧傳》卷三十五《曇倫傳》記載，曇倫曾當寺"知直歲，守護僧物。約勒家人曰：'犬有別食，莫與僧粥。'"曇倫是由隋入唐的和尚，因而與他同時的這個喂狗的寺"家人"也可能系由隋代寺奴婢傳承而來。

二是朝廷賜給而來。崇道奉佛尊儒是唐朝基本國策。朝廷不僅向廟觀班賜觀戶和田莊，而且向寺院送奴婢。貞觀三年（629）詔於"行陳之所皆置佛寺，登即一時，七處同建……并官給匠石，京送奴隸"[1]。十九年（645）玄奘自天竺返長安後，朝廷"遂賜田園百頃，淨人百房，車五十輛，絹布二千匹"給西明寺[2]。這是太宗賜給寺奴婢的兩例。但貞觀時太宗志在多置均田民以規復經濟，班賜寺奴婢畢竟爲數尚少。到唐朝中期，玄宗佞道愈甚，向道觀班賜奴婢的規模相當大。天寶二載（743），玄宗追尊老君爲大聖祖玄元皇帝，命"西京（玄元宮）宜改爲太清宮，東（都）宮改爲太微宮，天下諸郡改爲紫極宮"，"仍各賜近城莊園各一所，並量賜奴婢"[3]。此制一出，全國三百餘郡之紫極宮均得受賜，這批道觀奴婢就是一個較大的數量了。

三是典買而來。據天竺佛門内律規定，包括寺奴婢在内的"常住常住"物屬當寺僧衆共有，"但得受用，不通分、賣"，寺奴婢是禁止私分和買賣的。但中國的封建地主制經濟結構畢竟與古代天竺社會的經濟結構不同。關於唐代寺奴婢的買賣，吐魯番出土文書《唐西州高昌縣弘寶寺僧及奴婢名籍》（六四 TAM 一五：二一）有如下記載：

（前五行略）

6. ▢▢▢十五人　大奴買得　　　　奴祀得
7. ▢▢▢奴驢子　合大小奴六人　　大婢▢
8. ▢▢▢婢虎女　婢致是　　　　　婢▢▢

（後缺）

① 《續高僧傳》卷 24《護法篇下·唐釋明瞻傳》。
② 《全唐文》卷 257 蘇頲《唐長安西明寺塔碑》。
③ 《大唐詔令集》卷 117《追尊先天太皇德明興聖皇帝等制》，商務印書館，1959。

此名籍無紀年。同墓出有貞觀十四年（640）文書，此件年代或相當。名籍記載高昌弘寶寺有"大小奴六人"、大小婢若干人。有趣的是，"買得"和"祀（賜）得"兩個寺奴的名字，標識了他們二人的不同來歷：一個是"買得"的，一個是"賜得"的。另件敦煌出土的唐代《典婢契約》（殘件），又有如下記載 [①]：

1.　　　　　　　去

2.　　　　　□

3.　　身在自

4.　□仙

5.　□

6.　本寺常住其遺書見

7.　不維那僧大譬□本典婢契於

8.　中路遺失當恐

此契亦不詳紀年。其殘缺不全的文字大意是説，某寺典得一婢"□仙"充"本寺常住"，後"□仙"死，該寺都維那僧亦將"典婢契""中路遺失"。這也可證明寺奴婢的典賣交易在唐代是確實存在的。

四是佈施而來。唐代常有官僚地主爲祈福而佈施寺院，或以莊宅，或以農奴，或以奴婢。檀越佈施於是成爲寺奴婢的又一來源。前引敦煌出土的歸義軍時期《諸寺奉使衙帖處分事件文書》（伯二一八七號）[②] 曾説及，敦煌諸寺"應是户口、家人，檀越將持奉獻"，這裏的"户口"，系指檀越佈施部曲客女充寺户者；"家人"即指檀越佈施奴婢充寺奴婢者。這件文書表明，九世紀時的敦煌寺奴婢許多來自檀越佈施。

來自以上四種途徑的是本色奴婢。唐代又有非本色寺奴婢，即編户投充者。唐代百姓一向投寺避役，後期徭賦愈繁苛，編户投存寺院的現象越發嚴重，其最貧困者不免淪爲寺奴婢。武宗實行廢佛，被收充兩税户的寺奴婢竟多至十五萬人，他們當中相當大的一部分就是由投存入寺百姓淪落而成的

---

① 《唐寫本公矌契約考》，《東方雜誌》卷 8 第 2 號，1911。
② 見本書第 63 頁。

（詳見下文），他們是非本色寺奴婢。

此外，在安史之亂以後，吐蕃貴族進擾內地，俘掠唐人西去，罰配爲奴，奉事佛教的吐蕃貴族，將其中一部分俘口轉配寺院充奴婢也是完全可能的。不過，這是吐蕃管轄時期西北諸寺院的一種特殊現象。

二 唐代寺奴婢的名稱

唐寺奴婢名稱甚多。雖都是對寺奴婢階層的稱呼，但又各有來由，或身份略有高下，需要加以辨明。

一曰“淨人”。前文提到的北魏寺院淨人，唐初“寺足淨人”、太宗賜“淨人百房”等事例，表明“淨人”是南北朝至唐前期對寺奴婢的通稱。“淨人”之名系取自漢譯天竺佛律，是寺奴婢的梵名意譯。《釋氏要覽》卷下“住持·淨人”條引：

> 《毗柰耶》云：“由作淨業，故名淨人。若防護住處，名守園民。”或云“使人”，今京寺呼“家人”。緣起者，《十誦律》云，瓶沙王見大迦葉自踏泥修屋，王於後捕得五百賊人。王問：“汝能供給比丘，當赦汝命。”皆願。王遂遣住祇園，充淨人，謂：“爲僧作淨，免僧有過，故名淨人。”又，梵云“吃粟多”，唐言“賤人”。

這表明天竺佛門是從寺奴婢的職任——“爲僧作淨，免僧有過”著眼，爲之取名“淨人”的。唐寺淨人要爲僧做雜務。“（招福）寺奴朝來者，常續明、塗地，數十年不懈”[1]，“續明”是爲長明燈添油，“塗地”就是擦地搞衛生。淨人又要耕種寺田。太宗賜西明寺“田園百頃，淨人百房”，每房淨人恰合田園一頃，他們就是西明寺的耕作奴。淨人有時還充歌舞伎。唐初長安清禪寺“足淨人，無可役者，乃選取二十頭，令學鼓舞，每至節日，設樂像前，四遠同觀，以爲欣慶”[2]。正由於淨人差使繁多，所以道誠又説“淨人”“或云

---

[1] 《酉陽雜俎》續集卷6《寺塔記下》，中華書局，1981。
[2] 《續高僧傳》卷29《慧冑傳》。

'使人'"。這個名稱比較全面地概括了淨人的職任。

二曰"常住奴"。這也是唐朝前期使用的對寺奴婢的稱呼。《太平廣記》卷九十二《一行》記載:"一行心計渾天寺中工役數百,乃命空其室内,徙一大瓮於中央。密選常住奴二人,授以布囊,謂曰:某坊某角有廢園,汝向中潛伺。"這兩個"常住奴"就是渾天寺奴。"常住奴"一詞,同"淨人"相似,也取自漢譯天竺佛律。因爲《行事鈔》規定寺奴婢屬於"常住常住"物,所以唐初人們又把寺奴叫做"常住奴"。《宋高僧傳》卷五《一行》記述《太平廣記》所載的那件事説:"於是連算畢,(一行)召淨人戒之曰:汝曹挈布囊於某坊閑静地。"《太平廣記》稱渾天寺奴爲"常住奴",《宋高僧傳》則稱之爲"淨人"。可見這兩個外來名稱在唐前期是可以通用的。

三曰"家人"。唐代使用"家人"名稱的情況要複雜些。從文獻上看,"家人"一詞在唐代有兩種含義。一是泛指同載於一户之籍的"一家之人"。《唐律疏議》卷八《衛禁下》"若家人相冒"條"疏議"説:"家人不限良賤,但一家之人相冒而度者,杖八十。"這裏的"家人"就是指一户所有的良賤口。《舊唐書·郭子儀傳》説郭宅之内"家人三千,相出入者,不知其居",其"家人"也包括良賤兩色,含義與前條同。二是專指私奴。光啓進士蘇鶚所撰《演義》説:"俗呼奴爲邦,今人以奴爲家人也",這裏的"家人"便專指家奴了。唐代也有以"家人"專稱寺院奴婢的情況。前面提到的某寺喂狗"家人",敦煌寺院由施主奉獻的"家人",均爲專指寺院奴婢之例。另,憲宗、穆宗時人羅讓任福建觀察使,"有以女奴遺讓者,讓訪其所,自曰:'本某寺家人,兄姊九人,皆爲官所鬻,其留者唯老母耳。'讓慘然,焚其丹書,以歸其母。"這個被官府所賣的女奴原身份是寺家人,即寺奴婢。

唐代對人户的"良賤之禁"仍然比較嚴格。反映在婚制上,強調"當色爲婚",禁止"異色相娶",這在《唐律》中有明確規定①。這種"當色爲婚"制的法律規定,是爲了維護殘餘的世襲奴婢制。以《唐令》爲藍本制定的日本《養老令》規定:"凡家人所生子孫,相承爲家人,皆任本主驅使。唯不得盡頭驅使及賣買。"②從中可見唐代的"家人"奴婢當也是身份世襲并禁止

---

① 《唐律疏議·户婚下》。
② 《唐令拾遺·户令》,東京大學出版社,1964。

買賣的。由於唐代"家人"世襲，所以有時又把"家人"所生子女稱爲"家生奴"①"家生婢子"。敦煌文書《唐咸通六年（865）十月沙州尼靈惠遺書》（斯二一九九號）記載："靈惠祇有家生婢子一，名威娘，留與侄女潘娘。"該"家生婢子"威娘，當是尼靈惠的家奴（家人）所生之女，傳襲爲婢。這是唐代寺院也存在世襲"家人"的明證。敦煌寺院文書中還有叫做"寺厮兒"②的，其名稱爲"寺院厮養（即寺奴婢）所生小兒"之意，指"寺家人"未成年的後代。"家生奴""家生婢子""寺厮兒"等名稱，顯然都是從寺奴婢（或僧尼私奴婢）的世襲身份著眼起名的。由此也可看出，"家人""家生奴""家生婢子""寺厮兒"等名稱，與"淨人""常住奴"等名稱的來由不同，"家人"等名稱是從中國封建社會的世襲奴隸制殘餘的土壤中產生并約定俗成的，是帶有本民族色彩的奴婢名稱。

由於"家人"是世襲寺奴婢，地位低下，因而他們在寺內所承擔的都是最粗重的勞務。爲寺院種田澆園是"家人"最重要的一項勞務。據《舊唐書·鄧玄挺傳》，鄧於"則天臨朝，遷吏部侍郎"，始居顯位。其所見寺家人澆園或是武則天時代的事。值得注意的是，寺院對於世襲寺奴婢——"家人"的人身佔有和控制也顯得格外嚴格。試看敦煌文書《護國寺外巡僧帖爲家人刈草事》（斯五八六八號）：

1. 護國寺□□外巡僧大言
2. 先果□□多少等
3. 右帖至，所領前件家人刈草叁
4. 日。留一人澆田，餘人盡將去，不得
5. 妄作事。故違，必量科決。八月廿九
6. 日帖。
7. 　　都維那僧惠達（簽名）
8. 　　寺主僧惠雲（簽名）
9. 上座僧惠敬

---

① 《漢書·陳勝傳》[唐] 顏師古註"奴產子"。
② 《宋宅南宅官健、十寺厮兒用麵破歷》（斯五九四七號）。

此件具體表明唐代寺家人的勞務，須由當寺三綱連署下帖分派，工種、時間均有規定，嚴禁"家人"不按分派"妄作事"，違者"必量科決"，按内律科罰。它形象地描繪了唐代寺家人身負賤口桎梏，由三綱任意驅使，毫無人身自由的奴隸般處境，反映了唐代寺院對"家人"的嚴密控制。此外，由敦煌、吐魯番出土文書可以知道，唐代西北地區的沙州、西州等處寺院，還有一部分"牧羊人"，其身份是寺奴，他們主要爲寺院放羊，向寺院和僧衆提供肉食、乳酪等，是一種專職寺奴。[①]

唐代寺院爲了維持其奴婢家人的勞動能力，以及家人自身的再生産，也注意向他們提供必要的物質條件。一是供衣。吐魯番文書《唐天寶六載（747）四月交河郡佛寺給家人春衣曆》是一份交河某寺向家人供春衣的細賬[②]：

1. 天寶六載四月十四日給家人春衣曆
2. 常住 大及發子癸奴
3. 祀奴 末奴已上兩人，人各給一段充衫。祀奴給八尺充褲。
4. 可僧付緤一段充衫。胡尾子付緤一丈二尺充袴。
5. 右件緤玖段，每段用錢貳伯貳，買到，用給上件
6. 家人春衣。謹以爲案，請僧連署。僧無生（署）
7. 僧 僧玄藏（署）僧法藏（署）僧澄練（署）

由此件可知，唐代寺奴婢家人的春衣供給，一般爲每人每年一衫一裙（褌），也有的祇給一衫，或一裙，或一褲（袴）。春衣係供春、夏、秋三季穿用，三季僅給衫裙各一，實在是減至不能再減。唐代的官奴婢"春衣每歲一給，冬衣二歲一給"[③]，寺奴婢的冬衣可能也是兩歲一給。給衣歷須由全寺僧衆"連署"，是寺家人不屬僧徒個人而屬當寺"衆僧共財"的形象説明。二是供食。據吐魯番文書《奴婢月廩麥賬》（TOTKM 九一：一七號）[④]，西

① 詳見拙文《唐五代敦煌寺院的"牧羊人"》,《蘭州學刊》1984 年第 2 期。
② 金祖同:《流沙遺珍》14。
③《唐六典》卷 6 "都官郎中員外郎"條。
④《吐魯番出土文書》第 1 册，第 158 頁。

北地區早在西涼時就已采取按月計廩的方式向奴婢給食。由主人提供"月糧"是該地區僧、俗奴婢取得口糧的基本形式。另據敦煌、吐魯番文書，西北寺院向長工提供口糧的基本形式是發放"春、秋糧"，向傭工付給雇值的基本形式是給一次性雇價和逐日給食。這些不同身份的寺院勞動者，取得糧口、工酬的方式是不相同的。我們由此可知敦煌文書的許多"月糧"領取人，如《敦煌某寺諸色除破歷》（斯四六四二號）所載："麥伍斛，任婆月糧用"，"麥壹碩，董和通月糧用"，"粟兩碩捌斗，付員柱、再兒月糧用"，"粟參斗，付僧奴月糧用"等，這些領取"月糧"的男女的身份當是寺奴婢。不過，"月糧"雖係寺奴婢取食方式，但未必嚴格地每月發放一次，也未必寺奴婢取食均寫作"月糧"，此點在閱讀文書時應當注意。由於寺奴婢多有家庭，月糧的發放既不定時，每次又不定量，所以從文書的不完整記載難以知道每人的定額。唐代官奴婢給糧，丁口日給二升，中口一升五合，小口六合。寺奴婢的定額或與官奴婢相同。三是患病、生育時給予必要的治療或調理。如斯四六四二號文書記載："麵伍斗，員住妻將病用"，"油壹（升），員住將病用"。"將"爲"將息"之意，"將病"即"治療調理"。另《甲辰年（944？）淨土寺直歲惠安諸色入破歷計會》（伯二〇三二 V（b）號）記載："麵叁斗油壹升，義員新婦產子時用。"按，敦煌寺院的依附人戶——寺戶家庭是有自營經濟的個體生產單位，他們如缺少種食，須通過貸借方式向寺院求助，所以，寺戶及其妻室患病或生育，寺院並不對他們承擔經濟責任。唯有身屬"常住"的寺奴婢患病或生育，寺院纔會予以關注。因此可知該員柱夫妻和義員夫妻的身份都是寺奴婢。員柱夫妻患病，寺院給油、給麵促其康復，表明這對奴婢或是該寺的重要勞動力。寺院供給義員妻以麵和油，有利於寺奴婢的蕃息。另在伯二〇四九（a、b）號文書中，還分別有後唐同光三年（925）和長興二年（931）時，義員爲淨土寺取乳酪、出糞、掃羊糞、壘界墙的記載。這是上件義員妻產子之前近二十年的事。可知寺奴義員自少年時期即在該寺供役使，其"新婦產子"時，他已供役二十年之久了。可料想若至老年，其役期更將長達四五十年。

在唐代的西北地區，寺院有時要爲寺家人向官府納稅。此事不見於史籍記載，于闐文書《唐（開元九年？）于闐某寺支出簿（I、II、III）》有揭示①。該文書件I記載："出錢壹阡伯叁拾文，付市城政聲坊叱半勃曜諾，充還家人悉末止稅併草兩絡子價。出錢貳伯文，付同坊叱半可你娑，充還家人盆仁挽稅併草兩絡子價。"件II："出錢貳伯文，付市城安仁坊叱半慶密，充還家人勿悉滿稅草兩絡子價。""出錢伍伯伍拾文，付市城安仁坊叱半慶密，充還家人勿悉滿又科著稅。"件III："出錢捌伯文，付西河勃寧野鄉厥彌拱村叱半薩董，充家人悉囵吉良又科著稅併草兩絡子價。"這三件文書末尾均有"直歲僧法寶，都維那僧名圓，寺主僧日清，上座僧法海"四人的署名。這是該寺爲其四名家人納稅及草的支出賬。負責收稅的"叱半"未知是否爲坊、村小吏的名稱。四人所納稅額不一，稅的科目也不明。但一寺家人的幾筆稅錢却要交納到不同的坊、村，這種稅或有可能是代替某種官府差科的稅錢。

四曰"音聲"。敦煌出土的十世紀文書《某寺斛斗破歷》(伯四五四二號)有："廿三日出麥貳斗、粟叁斛，充與音聲"，"廿九日出粟肆酙(斛)充與音聲，卅日出粟伍斗充與音聲，二月一日出麥伍斗、粟伍斗充音聲"等數條記載。"音聲"是什麽人？按，太宗子承乾曾"使户奴數十百人習音聲"②。玄宗某次給安禄山"賜賚"，曾包括"音聲人兩部"③。穆宗、敬宗時期諸道要向朝廷"進音聲女人"④。這些"音聲""音聲人""音聲女人"的身份也都是奴婢。據《唐令》規定，太常音聲人"婚同百姓"⑤，顯示其身份要比"當色爲婚"的官奴婢爲高。敦煌寺院的"音聲"同太常音聲人的職任相似，則他們的身份應當也高於"家人"。前面説到唐初清禪寺曾專取"淨人""令學鼓舞"，充寺院"音聲人"。這一事實又表明某些較有文化素養的"淨人"，其身份也應比僅能充作雜使的"淨人"和"家人"要高。大體言之，在唐代寺院奴婢階層中，"音聲"的身份較高；可充"音聲"的"淨人"次之；專供"爲僧作淨"的"淨人"身份較低；世襲寺婢——家人、家生奴、家生婢子等，身份最低。

---

① 《中國古代籍帳研究》，第348~349頁。
② 《新唐書·太宗諸子傳》。
③ 《酉陽雜俎·忠志》。
④ 《册府元龜》卷160《革弊二》。
⑤ 《唐律疏議》卷14《户婚下》。

三 關於寺奴婢的"聽放還"和"括充稅户"

封建時代的奴婢勞動形態既然是前代生産關係的孑遺，那麼在隋唐時期的社會生産關係中，奴婢勞動就衹能是農奴和佃農勞動的一種補充形式。同租佃制下的佃農勞動以及傭工勞動相比，奴婢勞動的生産效率甚低自不待言；廣大奴婢階層棲伏在社會賤口的最下層，所受剥削和壓迫也最重。在隋末農民大起義中，奴軍成爲推翻楊隋的一支力量[①]，原因也在這裏。在唐朝前期，由隋末戰争引發的奴婢放免之風仍未衰歇，它帶有封建生産關係局部調整的性質。一部分奴婢轉化爲小農，這對唐初社會經濟的恢復和發展，對於唐朝財政狀况的改善，也是有利的。所以唐朝廷對待這一社會變動，並不是率意阻禁，而是"聽"任其變，且制定政策積極地加以疏理，即高宗初年的"聽放還"制。《唐會要》卷八六《奴婢》記載[②]：

> 顯慶二年（657）十二月敕：放還奴婢爲良及部曲客女者，聽之。皆由家長手書，長子已下連署，仍經本屬申牒除附。諸官奴婢年六十已上及廢疾者，並免賤。

既然是"聽放還"奴婢的敕令，可見奴婢的放還在高宗初年是已經發生並仍在繼續發生的、普遍存在著的社會現實。此敕所及雖然僅限於世俗奴婢（包括私奴婢和官奴婢），但寺院奴婢的放還活動，當時（整個唐前期）也同放還世俗奴婢一樣，在不間斷地進行著。吐魯番阿斯塔那出土的文書《唐開元四年（716）玄覺寺婢三勝除附牒》（七二 TAM 一八八：五八一一；五七）揭示了這個史籍未載的重要事實。將該牒録文於下：

（一）

1.　　　　婢三勝
2. 牒前件婢昨　日　　　□□□□

---

① 姜伯勤：《唐代奴軍起義初探》，《歷史研究》1963 年第 4 期。
② 《唐律疏議・户婚》"放部曲爲良"條"疏議"略同。

3. 除附謹牒

4.　　開元四　　[　　　　]

5.　　付　　　　[　　　　]

6. 安西坊

7. 玄覺寺婢三勝

8.　　右依檢上件寺 [　　　　]

9. 牒件狀如前謹牒

10.　　　　　　　　[　　　　]

（二）

1.　玄覺寺

2. 牒件狀如 [　　　　]

3. 尉睦（簽名）

4. 牒寺爲婢三勝　　[　　　　]

（後缺）

　　儘管此牒殘缺過甚，但對照上引顯慶二年敕，此牒所呈事由及處理過程仍然是清楚的。這是開元初年西州某縣玄覺寺爲放還寺婢三勝而向所屬縣司申請除附之牒。縣司檢核屬實後，負責户口之事的縣尉親署，准玄覺寺將該婢除附。該婢除附後，放爲何等色類，殘牒未詳；但從此牒須轉致"安西坊"來看，原寺婢三勝當是注籍本縣安西坊放爲良人了。此牒表明，直到"聽放還"的敕令下達六十年以後，奴婢放良之風仍在僻遠的西州勁吹，寺奴婢也未例外。這一事實昭示著唐前期社會階級關係和良賤關係的局部調整，體現在時間、地域和教俗對象上的深廣程度。可以説，這場由唐王朝主動推進的、歷時既久範圍且廣的、社會生産關係方面的較大變動，是史家艷稱的"開元之治"得以出現的真正契機。這一點頗值得唐史研究者深思。

　　天寶末年，因"兼併之弊"，朝廷所能控制的編户鋭減，貢賦日削。安史之亂期間，戰事多需財費，而江淮漕路阻絶，加劇了朝廷的財政困難。在這種情勢下，爲了增加賦役剝削的對象，朝廷在繼續檢括逃户 [①] 的同時，也要

---

① 《全唐文》卷42唐肅宗《推恩祈澤詔》。

寺觀放還賤口——寺觀奴婢和依附人戶——從良，改附官籍充百姓。吐魯番文書《唐寶應元年（762）建午月四日西州使衙榜》[73 TAM 509：8 / 26（a）]揭示了這一史實：

1. 使衙　榜西州
2. 諸寺觀應割附充百姓等。
3. 右件人等，久在寺觀驅馳。矜其勤勞日久，遂與僧道
4. 商度，併放從良，充此百姓。割隸之日，一房盡來，不能有愧
5. 於僧徒。更乃無厭至甚，近日假託，妄有追呼。若信此流，
6. 擾亂頗甚。今日以後，更有此色者，當便決然。仍仰所由，
7. 分明曉諭，無使踵前。榜西州及西海縣。
8. 以前件狀如前。
9. 建午月四日
10. 使、御史中丞　楊志烈

　　從榜文看，該使楊志烈要西州及西海縣管內諸寺觀"割隸"官籍"充百姓"的對象，是當寺觀的"賤口"。這些寺觀賤口，當主要是指寺觀奴婢和寺觀依附人戶兩類。我們不知道肅、代之交的這一次割除寺觀賤口充編戶的措施，實行的範圍有多大。僅就西州和西海縣的寺觀奴婢來說，官府經"與僧道商度"將他們"放從良"，無疑可以認爲是唐前期盛行的"放還奴婢爲良"之歷史潮流，在安史之亂造成的新的政治經濟形勢下的繼續。這個事實再一次顯示，唐王朝持續采取的"放賤爲良"的政策和措施，對於我國封建時代奴隸制殘餘形態的消退和封建人身依附關係趨於鬆弛這一重要的歷史進程，在客觀上是起了促進作用的。

　　誠然還應當看到，唐前期一部分奴婢得到放還的歷史過程，又始終伴隨著對另一部分奴婢控制的強化。在奴婢放還的潮流中，封建主（包括寺院三綱）對那些未被放還的奴婢（包括寺院奴婢）將更會千方百計地重設"堤防"，加強羈縻，這是無須贅言的。官府和法律也必然要反映地主階級的這一意志，上引顯慶二年敕文就強調說，奴婢除附須由家長手寫文書，長子以下連署，并向官府申牒獲准，方屬有效；若不具備這些條件，奴婢身份就不

得改變。《唐律疏議》卷二十四"部曲奴婢告主"條説，"奴婢訴良妄稱主壓者""徒三年"，則用法律形式規定了對那些"妄稱"放良、誣告主人的奴婢的懲罰。所以，唐前期的這場奴婢放還潮流，畢竟祇是封建生產關係裏面的局部調整，它不是一場奴婢階層的解放運動。

唐王朝准允"申牒"放還的奴婢，係指本色奴婢，如原屬寺院所有的"家人"或"淨人"。由於本色寺奴婢或來自傳承、官賜，或來自典賣、佈施，原即附籍在寺，所以放還他們時需要"申牒除附"。至於國家編户投存寺院充當"奴婢"者，唐王朝同前代的態度一樣，是一向視之爲非法而嚴加檢括的。我們應當注意區別唐王朝對本色與非本色這兩種寺奴婢所採取的不同政策。

在唐代不同時期，投存寺院"踰濫"人口的基本身份有變化。唐前期的投寄者，或謂"苟避徭役，妄爲剃度"①，或謂"逃丁避罪"做"無名之僧"②，或謂"富户强丁"度爲"僧徒"③，基本上都是充做僧衆，未見逃充寺户或淪爲寺奴婢的記載。這是因爲唐王朝關於禁止"壓良爲賤"的法律規定，在唐前期還被佛門嚴格執行。到唐後期，土地兼併愈烈，賦税征徭愈苛，投存寺院者日多，"壓良爲賤"的禁令難以執行了。一部分品類"猥賤"的投存者於是淪落爲寺院枝附户或寺奴婢。投存編户大批淪爲寺奴婢，使全國寺奴婢的數量一時回升，是在長慶四年（824）王智興設壇度人以後。

長慶四年十二月，"徐州節度使王智興聚貨無厭，以敬宗誕月，請於泗州置僧壇，度人資福，以邀厚利"，以致"江淮之民，皆羣黨渡淮"受戒④，引起了官府的嚴重關切。這些"江淮之民"雖稱度爲僧尼，但他們之中的許多人實際上淪爲寺奴婢了。二十年以後（845）中書門下的一份奏文説："天下諸寺奴婢，江淮人數至多，其間有寺已破廢，全無僧衆，奴婢既無衣食，皆自營生"⑤，揭示了江淮受度百姓淪爲寺奴婢的這一遭遇。

由於武宗時"天下諸寺奴婢"的基本成分顯著蜕變——"家人""厮兒"

---

① 《全唐文》卷 3 唐高祖《沙汰僧道詔》。
② 《舊唐書·狄仁杰傳》。
③ 《舊唐書·姚崇傳》。
④ 《舊唐書·李德裕傳》。
⑤ 《唐會要》卷 86《奴婢》。

等本色奴婢比例下降，投充"奴婢"的編户比例上升，所以全國寺院的奴婢在武宗廢佛時便和僧尼、枝附户一起，成了朝廷檢括的主要對象。當時入唐的日本學問僧圓仁生動記述了會昌時寺奴婢被强行檢括的情景 [1]：

> [會昌五年（845）三月] 又令勘檢天下寺舍奴婢多少，兼錢物、斛斗、匹緞，一一詣實，具録，令聞奏。城中諸寺仰兩軍中尉勘檢，諸州府寺舍委中書門下檢勘。……奴婢憂哭，父南子北，今時是也。功德使帖諸寺：奴婢五人爲一保，保中走失一人者，罰三千貫錢。

奴婢檢勘的强制性躍然紙上，同顯慶時對本色奴婢的"聽放還"已不可同日而語。這次共括得本色、非本色"奴婢十五萬"，同時括得"僧尼笄冠二十六萬五百"，"良人枝附爲使令者（即寺户）倍笄冠之數"，"良田數千、萬頃"。十五萬"奴婢，口率與百畝，編入農籍" [2]，"爲兩税户"。[3]

唐代寺奴婢階層的構成，由來自傳襲、賜、買、佈施的"淨人""家人"爲基本成分，蜕變爲晚唐以投存編户爲基本成分，顯然意味著寺院賤口階層之一寺奴婢階層實際上的趨於消縮；武宗會昌時期將全國十五萬奴婢化賤爲户，一舉收充爲兩税户，則是唐朝時期寺院奴婢制度所遭受的最沉重的一次打擊。宣宗即位後又下詔説會昌廢佛"釐革過當"，准允各地"修創""所廢寺宇" [4]，寺奴婢階層在宣宗以後，當依舊存在。前揭敦煌出土的九世紀後期的《敦煌諸寺奉使衙帖處分事件文書》（伯二一八七號）中，針對寺奴婢和常住百姓問題聲明説，在張議潮放免部分敦煌寺户以後，"凡是常住之物，上至一針，下至一草，兼及人、户，老至已小，不許倚形恃勢之人，妄生侵奪，及知典賣。或有不依此式，仍仰所由，具狀申官。"[5] 其所謂"人、户"，即指當時敦煌寺院仍然保有的、多屬檀越"奉獻"的"家

---

① 《入唐求法巡禮行記》卷4。
② 《文苑英華》卷834 杜牧《杭州新造南亭子記》。
③ 《新唐書·食貨二》。
④ 《舊唐書·宣宗傳》。
⑤ 見前文《南北朝隋唐的寺觀户階層述略——兼論賤口依附制的演變》。

人"和"寺户"。敦煌諸寺院如此鄭重地聲明，保護包括家人在内的常住物，反映了晚唐寺院封建主在官府檢括和豪强（"倚形恃勢之人"）侵噬的"逆境"中，百般維護其包括奴隸制殘餘形態在内的種種封建特權的努力；而對於確系來自"檀越奉獻"的諸寺本色奴婢，官府"所由"仍在保障著寺院的合法權益。

唐代的內道場和內道場僧團

中古皇室的"內道場"是設置在宮禁之內的經、教行事場所。皇室主要在這裏舉行譯經、受戒、念誦、齋會以及接待高僧，《大宋僧史略》概括地稱之爲"內中僧事"。[①]

內道場的出現同中古時期佛教的普傳有關。它是佛教信仰深入宮禁、帝后朝貴的皈依心理大大强化的産物。中古內道場的每一次興盛，又同各個歷史時期的政治背景相關，反映著皇權政治對佛教的某種需要。見於史籍的內道場記載，以《晉書·孝武帝紀》爲最早：

（太元）六年（381）春正月，帝初奉佛法，立精舍於殿內，引諸沙門以居之。[②]

東晉這處內道場采用了內殿立精舍的形式，大約是在殿內設立佛龕奉佛。其時，東晉內則連年水旱，"比歲荒儉"，外則苻秦强兵東下進逼。內外交困，國祚危急，是晉孝武帝立精舍奉佛的政治背景。將近兩個世紀之後，北周宣帝在大成元年（579）亦詔置內道場：

令舊沙門有德行者，於政成殿西，安居行道。[③]

"政成"殿或爲"正武"殿之誤，"成""武"形近而誤。正武殿是北周

---

① 《大宋僧史略》卷中《內道場》，見《大正藏》卷54。下文簡稱《僧史略》。
② 《佛祖統紀》卷36作："六年，帝於內殿立精舍奉佛，召沙門名德者居中行道。"
③ 《佛祖統紀》卷39《法運通塞六》。

皇帝行大醮禮的内殿，亦宜沙門行道。驕妄的周宣帝在傳位太子自稱"天元"之前，於殿西設内道場，令大德行道，意在自求福祐。"内道場"這一名稱出現於隋大業年間。《續高僧傳·道莊傳》記載，僧道莊師從興皇法師，聽酌四論而神悟。隋煬帝請道莊入京師，住日嚴寺，"後入内道場，時聲法鼓，一寺榮望，無不預筵"，煬帝將之"引入宮闈，令其講授"。《僧史略》説内道場"得名在乎隋朝"，大約即是就此而言的。

一　内道場

唐承周隋之後，佛教勢力繼續浸淫宮禁，内道場行事趨於興盛。自太宗迄於武宗，唐代諸帝在長安大内或東都大内（武周、中宗時期），相繼設置各種功能的内道場。

貞觀十八年（644）玄奘自天竺歸國，唐太宗"敕所司於北闕紫微殿西，別營一所，號弘法院"，安置玄奘，"晝則帝留談説，夜乃還院翻經"[1]。這所弘法院即是内道場，它位於長安宮城玄武門内之紫微殿西[2]。大慈恩寺建成後，玄奘就是從弘法院移住該寺的。顯慶初，唐高宗在長安禁苑置内道場，名鶴林寺。當時宮中有一位唐高祖的婕妤，是隋薛道衡之女，李治幼年曾從她受學，高宗嗣位後，封之爲河東郡夫人。内鶴林寺乃爲她受戒而置。《三藏傳》卷八記載其事曰：

> [顯慶元年（656）二月]夫人情慕出家，帝從其志，爲禁中別造鶴林寺而處之，并建碑述德。又度侍者數十人，並四事公給。將進具戒，至二月十日，敕迎法師并將大德九人，各一侍者，赴鶴林寺，爲河東郡夫人薛尼受戒。又敕莊校寶車十乘、音聲車十乘，待於景曜門内。先將馬就寺迎接，入城門已，方乃登車發引。……受戒已，復命巧工吳智敏圖十師形，留之供養。鶴林寺側，先有德業寺，尼衆數百，又奏請法師受菩薩戒。於是復往德業。事託辭還，賙施隆重。……鶴林後改爲隆國寺焉。

---

[1] 《大慈恩寺三藏法師傳》卷7，見《大正藏》卷50。下文簡稱《三藏傳》。

[2] 紫微殿在西内的位置不可確指：《唐兩京城坊考》卷1："臨湖殿下有紫微殿。"臨湖殿是建成、元吉覺變之處，可知紫微殿亦近玄武門。

此鶴林寺在禁苑内，臨近禁苑南門——景曜門。《三藏傳》描寫鶴林寺旁"景物妍華，柳綠桃紅，松青霧碧"，正是仲春三月的禁苑秀色。另一處禁苑内寺德業寺，不知建於何時，爲數百尼受戒道場，其規模當比鶴林寺要大。

武周、中宗時期的内道場設在東都大内，行事越發頻繁。武則天崇重《華嚴經》，發使求得于闐梵本，遂在大内設翻經道場：

> 證聖元年（695）乙未，於東都大内大遍空寺翻譯。天后親臨法座，煥發《序》文，自運仙毫，首題名品。南印度沙門菩提流志、沙門義淨同宣梵本。後付沙門復禮、法藏等於佛授記寺譯成八十卷，聖曆二年（699）功畢。①

武則天時，遍空寺設翻經内道場之外，禁中還設念誦、供僧的内道場。《舊唐書·武承嗣傳附薛懷義傳》記載，薛懷義與洛陽大德僧法明等曾"在内道場念誦"。久視（700）時，武則天詔神秀自當陽山赴都，"内道場豐其供施，時時問道"②。此道場在東都大内的確址不明。

唐中宗仍以大遍空寺爲翻經内道場。神龍元年（705），僧義淨"於東洛内道場譯《孔雀王經》"③，即是在大遍空寺。唐中宗時的另一所内道場在東都大内林光宮（殿），見於多處記載：

> [神龍三年（707）]詔律師道岸入宮，爲妃主授歸戒。……命圖形於林光宮。④
>
> [神龍四年（708，即景龍二年）]菩提流志進新譯經，帝於林光殿賜齋，觀沙門議論。⑤
>
> [景龍三年（709）]（僧恒景）奏乞歸山。敕允其請。詔中書、門下及學士於林光宮，觀内道場設齋。⑥

---

① 《宋高僧傳》卷2《實叉難陀傳》。
② 《宋高僧傳》卷8《神秀傳》。
③ 《宋高僧傳》卷1《義淨傳》。
④ 《佛祖統紀》卷40《法運通塞七》。
⑤ 《佛祖統紀》卷40《法運通塞七》。
⑥ 《宋高僧傳》卷5《恒景傳》。

林光宮在東都大內的位置不明。這是一處專行齋戒與會見的內道場 ①，與大遍空寺內道場之專作翻經，功能有別。武則天時，懷義與諸大德念誦以及供養神秀的內道場，不知是否已設在林光宮。

唐睿宗景雲初（710），東都內道場的譯事移回長安北苑。《宋高僧傳·菩提流志傳》記載：

> 屬孝和厭代，睿宗登極，敕於北苑白蓮池、甘露亭，續其譯事。

北苑即長安西內苑，"以在太極宮之北，亦曰北苑"②。設在北苑白蓮池、甘露亭的新譯場，成爲弘法院之後長安的又一處翻經內道場。開元初，唐玄宗"飾內道場，尊（善無畏）爲教主"③，此處長安內道場的功能，相當於東都的林光宮。玄宗重道，佛事不多，內道場行事較沉寂。

安史亂後，唐朝轉衰。諸帝崇佛以救弊，或受戒皈依，或翻譯新經，或誕日自禱，各種道場頻起於大內。至德二載（757）二月，初即位的唐肅宗意欲平叛，自靈武至鳳翔，權置內道場，召"供奉僧在內道場晨夜念佛，動數百人，聲聞禁外"④。收復長安後，當年十二月"詔迎鳳翔法門寺佛骨入禁中，立道場，命沙門朝夕贊禮"⑤。乾元元年（758）自韶州迎慧能衣鉢入內道場供養⑥。乾元中延請胡僧不空"入內建道場"，爲肅宗受菩薩戒⑦。唐肅宗時期的內道場行事，明顯地轉趨活躍。

吐蕃在廣德年間屢犯京師。唐代宗佞信《仁王經》可以退敵，永泰元年（765）"敕不空三藏、沙門飛錫、良賁等，於大明宮南桃園重譯"《仁王經》⑧。《宋高僧傳·飛錫傳》記載此事稱：

---

① 《宋高僧傳》卷18《僧伽傳》稱，景龍二年，遣使詔僧伽"赴內道場，帝御法筵言談"，亦林光宮內道場。
② 《唐兩京城坊考》卷1引程大昌説，商務印書館，1936。
③ 《宋高僧傳》卷2《善無畏傳》。
④ 《舊唐書·張鎬傳》。
⑤ 《佛祖統紀》卷40《法運通塞七》。
⑥ 《宋高僧傳》卷8《慧能傳》。
⑦ 《宋高僧傳》卷1《不空傳》。
⑧ 《全唐文》卷49唐代宗《新翻護國仁王般若經序》。

代宗永泰元年（765）四月十五日，奉詔於大明宮內道場，同義學沙
門良賁等十六人參譯《仁王護國般若經》并《密嚴經》。

可知不空主持的大明宮南桃園譯場，又稱大明宮內道場。此譯場也許是
大明宮（東內）置內道場的最早記載。
代宗起初不重禮佛行事。《新唐書・王縉傳》記載：

縉與元載盛陳福業報應，帝意向之。繇是禁中祀佛、諷唄、齋薰，
號內道場。

《佛祖統紀》卷四一系此事在永泰元年。唐代宗的祀佛內道場是同南桃園
的翻經道場同一年設置的。此處祀佛內道場的前身是廣德元年（763）不空所
置灌頂道場[①]，當時不空還選派覺超、惠海等充灌頂道場念誦僧。此道場以灌
頂爲名，可能設在東內長生殿（即寢殿[②]）中，所以永泰元年改爲祀佛道場以
後，便逕稱長生殿道場了。覺超、惠海等僧一直在此道場念誦，直至大曆末，
歷時十五年。代宗時的內道場行事尚有供盂蘭盆、聖誕內齋、感應佛瑞等。
供盆行事始於大曆元年（766）：

（大曆元年）七月望日，於內道場造盂蘭盆，……又設高祖已下七聖
神座，……各書尊號於幡上以識之。异出內庭，陳於寺觀。……歲以爲
常。[③]

造盆供僧，設座祀祖，成爲每歲七月十五日內道場的常規行事。《大宋僧
史略・內齋》記載：

唐自代宗，置內道場，每年降聖節召名僧，入飯噉，謂之內齋。

---

① 《不空表制集》卷1《請爲國置灌頂道場奏》，同書卷5《請辭內道場陳情表》，見《大正藏》
　　卷50。
② 《唐兩京城坊考・西京大明宮》"長生殿"條引閻若璩云："大明宮寢也。……不知其處。"
③ 《太平御覽》卷32《時序部》引《唐書》。

代宗誕日在十二月十三日。内道場設齋慶誕的儀制，亦爲代宗以後諸帝沿用 ①。《佛祖統紀》卷四一有感應佛瑞記載：

> （大曆）四年（769），帝於大明宫建道場，感佛光現，諸王、公主、近侍諸臣，并睹光相，自子夜至鷄鳴。宰相裴冕上表稱賀。

此道場功能奇特，似專爲帝主侍臣感應佛瑞而設。大曆内道場之興盛爲唐代僅見，反映唐代宗皇室佞佛之甚。

代宗創始的供盆道場持續了十四年。建中元年（780）七月，唐德宗初即位，停“罷内出盂蘭盆”②，“廣德、永泰以來，聚僧於禁中，嚴設道場，并令撤去”③。建中、貞元之際，内亂與邊患交熾，階級矛盾、民族矛盾同時加劇，朝廷危急。唐德宗被迫重開内道場。貞元六年（790）正月，德宗命迎鳳翔法門寺佛骨，“置於禁中精舍”供養④。同年四月，敕令僧惠果等入宫，“於長生殿爲國持念，在内七十餘日放歸，每人賜絹三十匹，茶二十串。後乃分番上下”⑤。貞元十二年（796），立神會爲禪宗第七祖，德宗親製七祖神會贊文，鐫於内神龍寺碑⑥。神龍寺位於西内神龍殿西，又名佛光寺⑦。供養釋迦“真身”的“禁中精舍”或亦指此寺。惠果等大德的持念道場，即代宗所創長生殿内道場。

唐憲宗元和元年（806），敕沙門端甫“掌内殿法儀”⑧，即掌長生殿道場。十四年（819），“詔甫率緇屬迎真骨於靈山，開法場於秘殿”⑨，再次於長生殿道場供奉佛骨。此後經穆宗、文宗兩朝，至太和九年（835），端甫一直主持東内長生殿道場，長達20年⑩。太和九年四月，翰林學士李訓“請罷

---

① 《大宋僧史略》卷中《内道場》。
② 《舊唐書·德宗紀》。
③ 《大宋僧史略》卷中《内道場》。
④ 《佛祖統紀》卷41《法運通塞八》，《册府元龜》卷52《帝王部·崇釋氏》。
⑤ 《大唐青龍寺三朝供奉大德行狀》，見《大正藏》卷50。
⑥ 《圓覺經大疏抄》卷3下《禪門師資承襲圖》，見《續藏經》第14册（新文豐本）。
⑦ 《唐兩京城坊考·西京宫城》“佛光寺”條引《長安志》。
⑧ 《佛祖統紀》卷41《法運通塞八》。
⑨ 《宋高僧傳》卷6《端甫傳》。
⑩ 《大宋僧史略》卷中《内道場》。

長生殿内道場"①。會昌初年（841~），唐武宗生日德陽節（六月十二日），重置"内長生殿道場，及設内齋，僧道獻壽"②。自廣德元年（763）起斷續行事近 80 年的長生殿内道場在"會昌禁佛"高潮中停廢；自太宗以來的宮禁内道場也從此結束。據《宋高僧傳·澄楚傳》記載：澄楚熟諳新章律部，時號"律虎"，"（後）晉高祖聞而欽仰，詔入内道場，賜紫袈裟"。同書《緣德傳》記載："江南（南唐）國主李氏召（緣德）入内道場安置，慮其不羣，別構羅漢院處之。"可知在五代十國一些王朝的宮禁中，又重新設置了内道場。

二　内道場僧團

唐初在内道場供奉經、教行事的大德僧，系臨時召請而來，不是常設僧職，還沒有專用名稱。如顯慶元年（656）在内鶴林寺爲薛尼授戒的十位大德，都是長安僧人，由宮廷派馬接他們入禁苑授戒，"事訖辭還，贓施隆重"，酬謝還寺。高宗末年，武后"常詔（僧萬迴）入内道場，賜錦繡衣裳，宮人供事"③，可知唐初内道場的日常供事者是宮人。武周、中宗時期，"召天下高僧兼義行者二十餘人，常於内殿修福"④，内道場出現了專職供奉僧。至德元載（756），唐肅宗在鳳翔命僧元皎主持藥師道場，敕稱元皎爲"内供奉僧"⑤，從此内道場僧始有專稱。貞元六年（790），德宗命長生殿内道場的供奉僧實行"分番上下"制。自武周時起，一些内供奉僧由於長期在禁内供職，與帝室相處日久，來往漸多，遂成親倖。他們往往在道場經、教活動之外，還積極參與政務乃至朝政，爲帝室所倚重，成爲宮禁内的特殊羣體——内道場僧團。它的頭面人物或主要成員，多獲封爵官秩，蓄積土地財產，在政治上和經濟上都受到帝室的優遇，成爲僧侶中的貴勢階層。貴勢僧侶是唐代貴族大地主階級的一部分。它既是帝室崇佛的產物，也是唐廷政爭的產物。貴勢僧侶的出現標誌著釋門内部階級分化的新發展。唐皇室建立内道場僧團，

① 《佛祖統紀》卷 42《法運通塞十》。
② 《大宋僧史略》卷中《内道場》。
③ 《宋高僧傳》卷 18《萬迴傳》。
④ 《宋高僧傳》卷 5《恒景傳》。
⑤ 《大宋僧史略》卷下《内供奉并引駕》。

鮮明呈示了中古時期教門對封建皇權的强烈依附性，唐代僧侶地主與世俗地主、農民階級的矛盾，也集中地反映在内道場僧團的頭面人物和大德高僧兼併土地、聚斂財富的經濟活動中。

在武則天、唐中宗和唐代宗時期，陸續出現過三個著名的内道場僧團。

武周載初天授之際（690），唐代第一個内道場僧團出現於東都大内。它的主要成員有薛懷義及僧德感、法明、處一、慧儼、稜行、感知、静軌、宣政等。德感等八人是"洛陽大德僧"，垂拱初年同時應召入宮，"在内道場念誦"①。僧德感，太原人，"儀容瓖麗，學業精贍，衆典服勤，於《瑜伽論》特振聲彩"，先曾被唐高宗"征爲翻經大德"。永昌元年（689），于闐僧天智携《華嚴經法界無差别論》等經論至洛陽，武則天召德感、處一、慧儼、法明等，同到魏國東寺參與譯呈，德感得武則天賞識②。薛懷義，鄠縣人，本姓馮，名小寶，賣藥洛陽市，"得恩於千金公主侍兒"。光宅垂拱之際（684~685），公主薦之於武則天：

> 因得召見，恩遇日深。則天欲隱其迹，便於出入禁中，乃度爲僧。又以懷義非士族，乃改姓薛，令與太平公主婿薛紹合族，令紹以季父事之。③

垂拱元年（685）修白馬寺，武則天命僧懷義爲寺主；又托言懷義"有巧思"，命"入禁中營造"。補闕王求禮上表"請閹之"而後再入宮，表奏被扣④。懷義入宮後，便混在德感等八僧之間，"在内道場念誦"⑤。薛懷義雖隱身緇流，混迹内道場，實爲假僧侶，真男寵。"出入乘御馬，宦者十餘人侍從"⑥，懷義這種威風標識著他的特殊身份。天授元年（690）秋七月，發生了著名的《大雲經》事件：

> 懷義與法明等造《大雲經》，陳符命，言則天是彌勒下生，作閻浮

---

① 《舊唐書·外戚·武承嗣傳附薛懷義傳》。
② 《宋高僧傳》卷 4《德感傳》、卷 3《天智傳》。
③ 《舊唐書·外戚·武承嗣傳附薛懷義傳》。
④ 《資治通鑑》卷 203"垂拱二年二月"。
⑤ 《舊唐書·外戚·武承嗣傳附薛懷義傳》。
⑥ 《資治通鑑》卷 203"垂拱元年十一月""垂拱二年二月"。

提主，唐氏合微。①

九月，武則天"革命稱周"，改元天授，懷義與法明等九人以陳說符命之功，"並封縣公"②。自垂拱初懷義隨法明等八僧在內道場念誦，到天授初懷義同八僧造《大雲經疏》，前後歷時四年。這四年如果說是東都內道場僧團的發育期，那麼九人共獻《大雲經疏》③則是這個僧團形成的標誌。懷義是偽僧，本無能力造佛經疏④，却位居造經疏九人之首。這是由於造經疏之事乃武則天授命於他組織羣僧而行⑤。由於這個緣故，懷義實際上也就成了這個僧團的頭面人物。在獻疏封爵之前，薛懷義先於垂拱四年（688）以督作明堂之功封梁國公，復於載初元年（689）封鄂國公⑥。唐田令規定：

> 國公若職事官正二品，各四十頃；郡公若職事官從二品，各三十五頃；縣公若職事官正三品，各二十五頃。⑦

據此，兩封國公一封縣公的薛懷義，得食封田至少四十頃，法明等八僧封縣公，各得田二十五頃。東都內道場僧團的主要成員都成了佔有大量土地的僧侶地主。以後十餘年間，他們當中有人繼續得到封賜，新增田產隨著新授封爵而來。如長安二年（702），僧德感因奏呈五臺山頂五色雲中出現佛手相圖，又封"昌平縣開國公，食邑一千戶"⑧。神龍元年（705），因在義淨譯場參譯《孔雀王經》《一切莊嚴王經》，德感再得封賜，"累井田至三千戶"⑨。武周、中宗之際的東都地區，"所在公私田宅，多爲僧有"，唐代寺院地主和

---

① 《舊唐書·外戚·武承嗣傳附薛懷義傳》。
② 《舊唐書·外戚·武承嗣傳附薛懷義傳》。
③ 《舊唐書·則天皇后本紀》作："沙門十人偽撰《大雲經》。"按，所撰應爲《大雲經疏》。
④ 《資治通鑑》卷204"天授元年七月"載："東魏國寺僧法明等撰《大雲經》四卷，表上之。"不署懷義。
⑤ 《新唐書·則天皇后傳》稱，武則天"令（薛懷義）與羣浮屠作《大雲經》，言神皇受命事"。
⑥ 《資治通鑑》卷204"永昌元年""載初元年"。
⑦ 《通典》卷2《食貨·田制下》。
⑧ 《廣清涼傳》上。據《舊唐書·職官一》，開國縣公爲從二品。
⑨ 《宋高僧傳·德感傳》"累井田至三千戶"，似每次封爵皆再給田。

僧侶地主的大土地佔有開始成爲嚴重社會問題。東都內道場僧團的懷義、德感，是當時最大的僧侶地主。懷義其時"頗厭入宫，多居白馬寺，所度力士爲僧者滿千人"①，顯示了這個貴勢僧侶的煊赫威勢。

唐中宗神龍年間（705~707），東都出現第二個內道場僧團。它的主要成員有僧慧範、法藏、慧珍、萬歲、廣清等十一人。慧範是"以妖妄遊權貴之門"的胡僧②，他"矯託佛教詭惑后妃，故得出入禁闈"③。康居人法藏則是一位名僧大德，後被尊爲華嚴宗三祖。自高宗時代經武周至中宗，法藏先後參加過玄奘譯場譯事、實叉難陀所挾《華嚴經》譯事、義淨譯場譯事；又曾爲武則天講新《華嚴經》④。神龍二年（706），唐中宗敕命慧範、法藏、慧珍等人造聖善寺，寺成封爵加階。據《大宋僧史略》記載：

> 唐中宗神龍二年，造聖善寺成，慧範、慧珍、法藏、大行、會寂、元璧、仁方、崇先、進國九人，加五品，並朝散大夫、縣公，房室、器用、料物，一如正員官給，以修大像之功也。尋加慧範正儀大夫、上庸郡公、聖善寺主，至銀青光禄大夫，俸料、房閣，一事已上，同職官給。又安樂寺主僧萬歲加朝散大夫，封縣公、聖善寺都維那，俸禄亦同職官給，以營像成也。⑤

這次集體封爵加階成爲該僧團正式形成的標誌。僅僅由於監造佛像，竟對這麼多僧人如此厚封，並給予正員官俸禄待遇，且是大德僧與妖妄僧同封，實屬反常現象。然而稍作尋究又不難發現，爲造像行封不過是個由頭，唐中宗實際是爲幫助他誅張返政的功臣行賞。試看《資治通鑑》關於這次受封的記載：

---

① 《資治通鑑》卷205"天册萬歲元年正月"。
② 《資治通鑑》卷208"神龍元年"。
③ 《舊唐書·桓彦範傳》。
④ 《宋高僧傳》卷20《法藏傳》、卷2《實叉難陀傳》、卷1《義淨傳》。
⑤ 《大宋僧史略》卷下《封授官秩》。《佛祖統紀》卷40記載："二月，敕造聖善寺。沙門慧範補正儀大夫，封上庸郡公；法藏、慧珍九人并朝（散）大夫，封縣公，官給奉（俸）禄，一同正員。聖善寺成，敕上庸公慧範加銀青光禄大夫充寺主；沙門萬歲加朝散大夫，封縣公，充都維那；沙門廣清檢校殿中監，充功德使。"

先是，胡僧慧範以妖妄遊權貴之門，與張易之兄弟善，韋后亦重之。及易之誅，復稱慧範預其謀，以功加銀青光禄大夫，賜爵上庸縣公……①

《通鑑》記載慧範的加階（銀青光禄大夫）與《大宋僧史略》《佛祖統紀》記載相同，所載慧範的賜爵（上庸縣公）與《僧史略》（上庸郡公）《佛祖統紀》（上庸公）稍異，但地望皆爲上庸，反而可證諸書記載是同一次封事。《通鑑》記載慧範受封的原因，是他參與了誅張之謀，可以説透露了個中的真實消息。對此，《法藏和尚傳》亦有揭示：

屬神龍初，張柬（易）之叛逆。藏乃内弘法力，外贊皇猷。妖孽既殄，策勳斯及，賞以三品。②

可見法藏也參與了誅除張易之之事，中宗"賞以三品"。賜慧範以縣公，也相當於三品。這一事實，揭示了慧範、法藏僧團是以誅張扶唐爲其政治基礎的，這同懷義、法明僧團以陳説女主符命爲其政治基礎，如出一轍。

根據唐代官制，朝散大夫（從五品下）、正儀大夫（正四品上）、銀青光禄大夫（從三品）等，是授給諸僧的散位；加上"俸禄同職官給"等補充給授，諸僧得以享受與其封爵同品之職官的俸禄；同時據田令分得食封田，縣公給田二十五頃，郡公給田三十五頃。這個僧團的主要成員因而也成爲佔有大量土地的僧侶地主。尤其是僧慧範，以後"怙太平公主勢，奪民邸肆，官不能直"，以至"畜貲千萬"③，成爲中宗、睿宗兩朝的著名豪富。因他參與"謀廢太子（李隆基）"的陰謀終致敗亡。

唐代宗廣德永泰之際（763~766），長安出現了以天竺僧不空爲首的内道場僧團。不空同帝室的交往同樣帶有強烈的政治色彩。至德初肅宗駐在靈武、鳳翔時，不空即常密使人問道，奉表起居，又頻論克服之策。肅宗皇帝亦頻密諜使者到大師處，求秘密"法"。乾元中，肅宗召不空入大内，"建立道場，

① 《資治通鑑》卷208"神龍元年"。
② 《法藏和尚傳》，見《大正藏》卷50。
③ 《新唐書·薛登傳》，同書《太平公主傳》。

及護摩法"，爲肅宗灌頂授戒 ① 。廣德元年（763），不空疏奏代宗，請爲國家設置灌頂道場於大內。親擇靈感寺沙門覺超及惠海等爲內道場大德，每年夏季及三長齋月爲國念誦。此道場後稱長生殿道場，自廣德元年至大曆十二年（763~777），覺超、惠海等在此道場裏做了十五年內供奉僧 ② 。永泰元年（765），不空又奏請在"內道場所翻譯"《仁王經》。代宗詔令不空召集京城義學沙門和翰林學士，於大明宮南桃園道場重譯《密嚴經》和《仁王經》。參與二經譯事的翻經大德有懷感、飛賜、子鄰、建宗、歸性、義嵩、道液、良賁、潛真、慧靈、法崇、超悟、慧静、圓寂、道林等，共十五人。 ③

廣德元年置長生殿內道場，永泰元年置南桃園內道場，是不空爲首的內道場僧團形成的標誌。長生殿道場的覺超、惠海等，南桃園譯場諸翻經大德，是這一僧團的主要成員。唐代給予這一僧團優遇，特別是給不空的封賜極其優厚。覺超、惠海等人的《陳情表》稱，長生殿道場念誦沙門，十多年間"食分御膳，服減天衣，厩馬公車，往來乘駕"，"賜賚殊私，丘山已積" ④ 。不空譯《仁王》《密嚴》二經有功，制授特進、試鴻臚卿。據趙遷《不空三藏行狀》記載，自大曆三年至九年（768~774），唐代宗給不空及其興善寺教團的賜賚，僅絹物就多達 1330 匹，正庫財物三千萬數。大曆九年六月不空臨終前，"有詔加開府儀同三司，封肅國公，食邑三千户。餘如故"。在短短數年間，不空先後在鄠縣置得浛南莊並新買地、車牛，在京郊置得祥谷紫莊，貼得御宿川稻地、街南菜園，還爲東京金剛智塔院置得院舍莊園 ⑤ 。不空臨終前對這些財産，不論重物輕物，逐一囑授，顯露出他的另一重社會身份——僧侣大地主兼興善寺寺院大地主法人。《新唐書·王縉傳》綜述不空及其僧團教團曰：

> 胡人官至卿監、封國公者，著籍禁省，勢傾公王，羣居賴寵，更相凌奪。凡京畿上田美産，多歸浮屠。雖藏奸宿，亂踵相逸，而帝終不悟。

① 《不空行狀》，見《大正藏》卷 50。
② 《不空表制集》卷 1《請爲國置灌頂道場奏》、卷 5《請辭內道場陳情表》，見《大正藏》卷 52。
③ 《不空表制集》卷 1《請再譯仁王經奏》，《全唐文》卷 49 唐代宗《新翻護國仁王般若經序》《密嚴經序》，《佛祖統紀》卷 41。
④ 見《不空表制集》卷 5。《新唐書·王縉傳》稱："饌供珍滋，出入乘馬，度支具廩給。"
⑤ 《不空表制集》卷 3《三藏和尚遺書》。

以不空爲首的長安貴勢僧侶階層，得到唐代宗的寵護，"著籍禁省，勢傾王公"，政治上炙手可熱；廣佔京畿上田美產，經濟上富甲京師。它的政治勢力和經濟勢力均超過了武周中宗時代的洛陽兩僧團。大曆時期長安內道場僧團與諸寺教團恣行兼併聚斂，大大加劇了唐代寺院地主、僧侶地主，同世俗地主、農民階級的矛盾。唐德宗初年一度實行限抑僧寺之策，實受此種情勢所迫。

在唐後期的政爭中，宦官與藩鎮兩大勢力的挾制削弱了皇權，甚至管理僧事的兩街功德使職，也把持在宦官之手。儘管內道場一直存在到會昌年間，然而依附於皇室的內道場僧却在唐順宗以後逐漸轉化爲宦官集團的附庸，也就失去往日的富貴與威勢了。

唐五代的僧侣地主和僧尼私財的傳承

我國中古時期寺院經濟的發展，可區分爲兩大部分：寺院地主經濟和僧侶地主經濟。寺院地主經濟，即以"三綱爲'法人'的常住經濟"。天竺佛教內律本來是不允許僧侶個人蓄財的。釋道宣引述《四分律》説："制不聽畜。如田園、奴婢、牲畜、金寶、穀米、船乘等，妨道中最，不許自營。"① 中國的封建王朝律令也有過與內律相似的規定②。然而，在中國封建地主制之下，佛教五衆不屬於同一個階級。在世俗與寺院地主經濟發展的過程中，許多下層僧衆成爲寺院勞動者；一部分上層僧侶逐漸積蓄個人產業，成爲僧侶地主。佛教內律與朝廷律令對僧尼個人蓄財的限制，在漢傳佛教的實際生活中已被衝破了。這樣形成的僧侶地主與寺院地主有聯繫又有區別。作爲土地等生產資料的個體私有者，僧侶地主的身份與世俗地主屬於同一類型，而與教團"常住"所有形式下的寺院地主不同。但有的僧侶地主個人，又往往以其宗派領袖、教團首領或寺院三綱的身份，成爲該教團"常住"、寺院共財的法人代表，同時具有人格化寺院地主的身份。

一　僧侶地主階層的産生

僧侶地主階層在南北朝時期已經出現。唐初朝廷崇佛奢僧、實行封賜的政策，增强了一部分僧侶貴族的經濟實力。唐高宗、武則天、唐中宗都曾向高級僧侶賜爵食實封，使他們得到巨額田租或土地。高宗初年，僧德感被

---

① 道宣：《〈四分律〉删繁補闕行事鈔》卷下一《二衣總別篇》，見《大正藏》卷40。以下簡稱《行事鈔》。
② 如仿自《唐令》的日本《養老令》有"凡僧尼不得私蓄園宅財物"的規定。

征爲翻經大德，隨義淨翻譯佛經有功，"授封昌平縣開國公，累井田至三千戶"①。神龍元年（705），以胡僧慧範預謀誅討張易之有功，"加銀青光禄大夫，賜爵上庸縣公"②。神龍二年（706），聖善寺落成，"以修大像之功"，"慧範、慧珍、法藏、大行、會寂、元璧、仁方、崇先、進國九人，加五品并朝散大夫、縣公，房寶、器用、料物，一如正員給"；"尋加慧範正儀大夫、上庸郡公"③。據唐代田令"官人授永業田"規定："郡公若職事官從二品，各三十五頃；縣公若職事官正三品，各二十五頃。"④根據這一標準，慧範封郡公應受田三十五頃；封縣公應受田二十五頃。這樣，以食封僧侶爲核心，逐漸形成唐代新的僧侶地主階層。有的食封僧侶并不以食封田租爲滿足，繼續擴佔土地。西明寺僧慧範"恃太平公主勢，逼奪民産"⑤，以侵奪百姓的方式，擴大自己的産業。武則天的嬖倖僧懷義，倚仗他與皇室的特殊關係，爲自己和同教團僧侶攫取園田産業，以致七世紀末葉，京畿地區"所在公私田宅，多爲僧有"⑥。佔得田宅的僧侶多成爲僧侶地主。

也有從世俗地主轉化的僧侶地主。某些世俗地主爲逃避國家賦課而出家爲僧。出家以後，他們的田産改以寺田名義繼續經營。如芮城縣法昌寺主圓濟，原爲當地民戶，約在武則天時期，經當寺和尚勸化出家。後遊兩京，"十餘霜露，杖錫歸來，充本律師"；繼而僧衆"抑進綱維"。圓濟寺主仍然擁有自己的田産經營。爲答謝本寺徒衆的信戴，圓濟"乃日捨粟麥十萬圭，用補常住"⑦。

唐初僧侶地主雖然遁入空門，却像世俗地主一樣，往往過著富足安適的生活。武周時藍谷的僧侶地主懷信，有這樣的自述：

---

① 《宋高僧傳·德感傳》。另，《廣清涼傳》卷上記載，長安二年（702），感法師謁五臺山，"見五色雲中現佛手記"，"復見菩薩身帶瓔珞，乃圖畫聞奏"，封法師"昌平縣開國公，食邑一千户"。略有不同。
② 《資治通鑑》卷208"神龍元年"。
③ 《大宋僧史略》卷下《封授官秩》。
④ 《通典·食貨二·田制下》。
⑤ 《資治通鑑》卷210"景雲二年五月"。
⑥ 《資治通鑑》卷205"天册萬歲元年"。
⑦ 《山右石刻叢編》卷7《圓濟和尚塔銘》。據《後漢書·律曆志上》注引《説苑》曰："十粟重一圭，十圭重一銖，二十四銖重一兩，十六兩重一斤，三十斤重一鈞，四鈞重一石。"

余九歲出家，於今過六十矣。至於逍遙廣廈，顧步芳蔭，體安輕軟，身居閒逸。星光未旦，十利之精饌已陳；日彩方中，三德之珍羞總萃。不知耕獲之頓弊，不識鼎飪之劬勞。……余且約計五十之年，朝中飲食蓋費三百餘碩矣，寒暑衣藥蓋費二十餘萬矣。爾其高門邃宇、碧砌丹楹，軒乘僕豎之流，機案牀褥之類，所費又無涯矣。或復無明暗起，邪見橫生，非法棄用，非時飲啖，所費又難量矣。此皆出自他力，資成我用。與夫汲汲之位，豈得同年而較其苦樂哉！

由於唐前期實行均田制，官府禁止民間土地買賣，對耕地佔有和使用的管理甚嚴，不僅一般僧侶的私產難以增殖，而且除朝廷封賜之外，僧侶個人也鮮能得到來自民間的巨額捐施。所以，唐初僧侶地主的人數及其經濟實力，均還受到很大制約。他們主要是在京畿地區，地方上還不多。這與唐初寺院地主的發展所受的制約相類似。

二　僧侶地主階層的發展

僧侶地主階層的迅速發展是在唐朝後期。開元天寶之際，已相繼實行近三百年的均田制終告廢弛。此後，"王公百官及富豪之家，比置莊田，恣行吞并，莫懼章程"[1]。原來受到均田制嚴格控制的民間田地，"恣人相吞，無復畔限"。土地買賣的弛禁，爲寺院地主和僧侶地主產業的增殖，提供了歷史的機緣。

在代宗、德宗時期對高僧依然有巨額的封賜。大曆九年（774）六月，"三代帝師"不空告病，"詔加開府儀同三司，封肅國公，食邑三千戶"；建中元年（780），僧圓照"進新定《四分律疏》，敕賜紫衣，……食邑三百戶"[2]。這是其中兩個著名的賜例。僧不空在獲得這次封賜之前，因在宮廷中名高望重，屢蒙優渥，已積得大量資財。永泰元年（765）六月，鄜州刺史兼御史中丞鄭國公杜冕，奏請將其宣州一百戶實封，"回寶應元年（762）已後

---

① 《冊府元龜》卷 495《邦計部·田制》。
② 《佛祖統紀》卷 41《法運通塞八》。

至永泰元年已前封，約計錢一萬餘貫"，"爲國回造功德。其寶應元年封，先請得二千五百餘貫，到京分付興善寺不空三藏，助翻譯佛經"①。大曆五年（770）七月五日敕："宜於太原設一萬人齋。取太原府諸色官錢，准數祇供，勿使闕少，仍令不空三藏檢校。"② 不空在數年間，先後置得鄠縣洨南莊並新買地、車牛，京郊祥谷紫莊，貼得御宿川稻地、街南菜園，還爲東京金剛智塔院置得院舍莊園，成爲當時首屈一指的僧侶貴族大地主③。一個胡僧能夠置買、典貼這麼多產業，其資財主要來自朝廷的封賜和大小信眾的回施。

在唐後期民間大地產發展的背景下，信眾給僧侶個人的一次性捐施，也出現了巨量田產。咸通八年（867），某地檀越翁主使，將"莊十二區、田五百"，"暨臧獲本籍"，施給新羅僧人金智銑④。一次施僧莊田如此之多，前所罕見。這種景象在施行均田制的唐前期，殊難想象。開元天寶間田地買賣弛禁以後，不僅出現了大量買田的世俗大地主，如天寶時號稱"地癖"的李憕，也產生了大量買田的僧侶地主。大曆時，洛陽慧林寺僧圓觀，"好治生，獲田園之利，時謂之空門猗頓"。這位"空門猗頓"又恰與"地癖"李憕之子"李源爲忘形之友"。後來，李源索性"將家業捨入洛城北慧林寺"⑤。代宗時期法、俗二界的兩個大地主居然"合而爲一"了。長安興國寺僧憲超，大曆八年（773）隸名該寺，長慶三年（823）升爲上座。憲超卒時，已置得私產金泉磑、梨園鋪各一處，顯示了這個僧侶地主在50年間的慘淡經營⑥。後唐同光間（923~926）宰相豆盧革，有一件《田園帖》寫道：

> 大德欲要一居處，畿甸間舊無田園。鄜州雖有三兩處莊子，緣百姓租佃多年，累有令公大王書，請卻給還人戶。蓋不欲侵奪疲民，兼慮無知之輩，妄有影庇包役云云。⑦

---

① 《不空表制集》卷1《杜中丞請回封入翻譯》，見《大正藏》卷52。
② 《不空表制集》卷2《設萬人齋制》。
③ 《不空表制集》卷3《三藏和上遺書》。
④ 《唐文拾遺》卷44崔致遠《大唐新羅國故鳳岩山寺教謚智證大師寂照之塔碑銘並序》。
⑤ 《宋高僧傳·圓觀傳》。
⑥ 《全唐文》卷919元應《興國寺故大德上座號憲超塔銘並序》。
⑦ 《全唐文》卷844。

可知唐末五代名僧大德，竟可公然致書宰相，直言索要"畿甸間田園"以爲"居處"。這畢竟還是合法的請射。更有僧侶肆無忌憚地利用權力，侵損常住，增殖私産。如廬山東林寺，在會昌時"寺中莊田、錢物，各自主持，率多欺隱"[1]。五臺山北臺黑山寺，"僧法愛充監院，以常住財置田"[2]。鑒於僧侶地主經濟勢力日盛影響國賦，會昌二年（842）十月，朝廷在毀佛之前，先曾敕命"僧尼有錢物及穀斗、田地、莊園，收納官"；同時聲稱，"如惜錢財，情願還俗去，亦任勒還俗，宛（'充'之誤）入兩税徭役"。此敕一出，左右兩街功德使奏報的"愛惜資財自還俗（僧）尼"多達3451人[3]。這3451人，應是武宗初年全國僧侶地主階層的主體骨幹。也還有一類半途出家的僧侶，他們雖身著緇衣，却俗緣未斷，在出家後繼續經營自己的俗間産業。如"河南龍門寺僧法長者，鄭州原武人。寶曆中，嘗自龍門歸原武。家有田數頃，稔而未刈。一夕，因乘馬行田間"[4]。這個法長，原爲原武縣有田數頃的地主，雖已出家却仍然經營著俗田。這類僧侶的緇衣，不過是僞裝自己以免賦課的。他們實際上仍然是世俗地主，不是僧侶地主。這種半途出家的世俗地主，在唐末五代敦煌地區有很多。

三　僧尼私財法緣傳承制的確立

佛教僧侶幼齡出家，自諸般有待解脱，終生不得婚配，没有子嗣後人。他們一旦成爲僧侶地主，其田業資産的身後繼承，便自然成爲寺院地主制經濟中的一個重要問題。佛教内律對亡僧尼私財的處理原則是"依法斷還法門"，"制入僧，餘處不得"[5]，即將亡僧尼私財轉化爲常住僧財。南北朝時期的佛門對於亡僧私財的處理，便已執行了這個原則。唐朝初年，隨著新的僧侶地主階層的産生，僧尼私財繼承問題再度突出，推動了以上述内律原則爲基礎的僧尼私財法緣傳承制的確立。釋道宣所撰《〈四分律〉删繁補闕行事

---

① 《全唐文》卷757崔黯《乞敕降東林寺處分住持牒》。

② 《山西通志》卷171。

③ 《入唐求法巡禮行記》卷3。

④ 《宣室志補遺》，中華書局，1983。

⑤ 《行事鈔》卷下一《二衣總別篇》引《僧祇律》。

鈔》和《量處輕重儀》，對亡僧尼私人財產的處理做了詳密的縷述，是關於法緣傳承制的權威性著作。後世釋子所著各種《資持記》《戒本疏》等，均以此書爲圭臬。所以，道宣這兩部著作的問世，可以視爲漢傳佛教之僧尼私財法緣傳承制確立的標誌。對於這兩部著作中有關處理僧尼私財的規定，何茲全有專文詳細介紹[①]。茲結合有關史實，對僧尼私財傳承制的確立和實行的情況，加以考察。

唐代教團處理亡僧尼財產時，首先考慮的是維護與亡僧尼同活者的權益。這是佛門内部相沿已久的傳統。《高僧傳》卷八《釋慧基傳》記載：

> 基師慧義，既德居物宗，道王荆土，士庶歸依，利養（原注：“養”爲“食”）紛集。以基懿德可稱，乃携共同活。及義之亡後，資生雜物，近盈百萬。基法應獲半，悉捨以爲福。唯取粗故衣鉢，協以東歸，還止錢塘顯明寺。

釋慧基是宋文帝時代的人。亡歿師僧的財物，同活門徒“法應獲半”，可見在晉宋之際，佛門内已經產生了同活者取亡僧財物之半的傳承之“法”。道宣《行事鈔》規定：“若師徒共契，財物共有，各別當分，且在一處；別活、反道，悉共半分。是名共活。”[②] 不過是重申前代之法。然而關於同活共財者參與取分，唐代又有進一步的規定：“若分其物，準俗制道：己著之衣服，己用之器物，各屬隨身，并未須分；餘有長財，依式分半。”將亡僧隨身穿用的衣物歸於當分財物之外，同活者分半，僅限於亡僧的身外未用財產。關於同活共財者取分亡僧財物的規定，反映出唐前期僧伽仍然較多地保存著教團平等精神。這種精神在唐後期的禪林中依然存在。

僧伽處理亡僧尼私財，確立“斷還法門”轉化爲常住僧物的原則，用意在於不使僧尼財物外流民間。與此同時，傳承制又明確承認并規定了僧尼本人對處理自己財產的囑授權：

---

① 何茲全：《佛教經律關於僧尼私有財產的規定》，《北京師範大學學報》1982 年第 6 期。
② 《行事鈔》卷下一《二衣總別篇》引《僧祇律》。

一、人、物俱在，是囑是授。奴婢、田宅、車、牛、莊園等重物，及輕物不可轉者（如氍毹、布帛之例），名囑。

二、可付與，如絹匹、衣服、寶物等，是授。

三、人、物互現，或俱不現，是囑，非授。

這些規定的含意是：祇有僧尼實有的僕畜財物，始可囑授；其中，重物及不可移動的輕物是囑，可以移動付與的輕物是授；僧尼實有的人（如奴婢）和財物，祇有一種現在或都不現在，祇能囑不能授。也就是說，僧尼個人全部現在實有的財產，本人均有權直接做出給授決定；僧尼個人所有但現未實有的財產（如僧尼所有、被人借而未還的財產），他也有權立囑，表達給授意願。流傳至今的唐代僧尼遺書證明，那時的教團、寺院十分尊重僧尼本人的囑授權；僧尼本人一般也都能按照傳承制關於重物和輕物、囑和授的具體的規定，行使自己的囑授權。如胡僧不空在大曆九年（774）五月病重時，作遺書對自己的財物囑授如下：

1. 吾受持金剛杵並銀盤子、菩提子念珠、水精念珠並盒子，併進奉聖人，請入內。……

2. 吾銀道具五股，金剛杵三股，獨股鈴，併留與（俗弟子、功德使李）開府。……

3. 吾銀羯磨、金剛杵四個，並輪，留與（監使李憲誠）。……

4. 寶金剛事吾日深，小心孝順，至於念誦，倍更精勤。留在院中，同住供養。

5. 院內行者、童子，上從賢德，下至汝奴、汝仕，大夫爲奏，與度。

6. 其蘇但那、野奢，併放爲良，任從所適，樂在院中，亦任本意。其庭秀，爲老親見在南海，欲得奉付，亦語開府，放去養親。

7. 令喬爲是家人，久以邱承，隨吾入內，聖人亦識。每遍驅使，辛勤最多，使李大夫與奏出家。莊上有牛兩頭，可準錢物拾餘貫，將陪常住，用充價值，收贖令喬。

8. 內應緣道場所有幡花、幀像、諸功德等，氈席、毯褥、銅器、瓷器、蠡杯，一切併捨入文殊閣下道場，永爲供養。

9. 有金八十兩，銀二百二十兩半，併將施入五臺山金閣、玉華兩寺，裝修功德。

10. 所有家俱、什物、漆器、鐵器、瓦器、牀席、氈褥、牀子、褥子，及諸雜一切物等，吾併捨與當院受用。

11. 其車牛、鄠縣淚南莊並新買地，及御宿川貼得稻地、街南菜園，吾併捨留當院文殊閣下道場。

12. 其祥谷紫莊，將倍常住，其莊文契，併付寺家。①

《量處輕重儀本》第十一條規定："資道要緣，理須入輕。"② 上列第 1、2、3 項涉及的金剛杵、念珠、銀道具、獨股鈴、銀羯磨等資道法器，均屬輕物，又皆現在，所以這 3 條是"授"。據《量處輕重儀本》第九條："多有守僧伽藍人，律斷入重。"又將"守僧伽藍人"分爲"施力""部曲客女""奴婢賤隸"三類。"施力"爲良口，"部曲客女"系"賤品從良，未離本主"，"奴婢賤隸"爲賤口。第 4、5、6、7 項涉及的諸色人，均屬"守僧伽藍人"，入重，所以這四項是"囑"。其中，行者、童子似爲"施力"；寶金剛似爲部曲；蘇但那、野奢、庭秀三人均"放良"，令喬以牛贖身，奏其出家，顯然都屬於"奴婢賤隸"。據《量處輕重儀本》第六條、第七條，不空遺書中第 8、9、10 三項涉及的銅器、瓷器、漆器、鐵器、瓦器，以及氈席、毯褥等，屬"諸雜重物"；金、銀屬"重寶"。所以這三項也是"囑"。《量處輕重儀本》第二條、第九條："屬僧伽藍園田、果樹，律斷入重"，"諸家畜""律斷入重"，可知第 11、12 項也是"囑"。"囑"和"授"在《不空遺書》中連續寫出，沒有明顯地加以標識；"囑""授"的區別衹在實施遺書時纔顯示出來："授"給之物可直接付與應受者；"囑"給之物則不能直接付與應受者。兩者並沒有實質的區別。長慶（821~824）間，長安興國寺上座憲超遺言："吾今色身，應將謝矣。……金泉磑及梨園鋪，吾之衣鉢，將入常住，以爲永業。"咸通（860~874）時，新羅僧金智銑遺言："我家匱貧，親黨皆没。與落路人之手，寧充門弟子之腹"，遂"捨莊十二區、田五百，結隸寺焉"。此二僧遺磑、鋪、莊、田等，均屬重物，所以他們的遺言是"囑"不是"授"。大中（847~860）

---

① 《不空表制集》卷 3《三藏和上遺書》。

② 《量處輕重儀本》，見《大正藏》卷 45。

時，長安報聖寺尼正言："請將自出錢買得廢安國寺所在萬年縣滻川鄉並先莊、並院内家俱什物，典莊内若外，若輕若重，併囑授内供奉報聖寺三教談論首座。"①　正言此疏雖然説明其財産有輕有重，她有囑有授，但都是施捨於報聖寺，沒有分別。

根據囑授和内律處理亡僧尼財産的執行人，是他們的法嗣門人。《不空遺書》在對其財産的處置做出囑授之後，又對執行人做了一番告誡：

　　吾重告諸弟子，汝等須知：……師資之道，以法義情親，不同骨肉，與俗全別。汝等若依吾語，是吾法子；若違吾命，則非法緣。

不空把囑授的執行，鄭重地委託給門徒法子。興國寺憲超囑遺言，亦"命入室門人上座子良、都維那智誠"聆受，却没有把磑、鋪傳給他的侄兒王鏤。可見僧侶地主執行法緣傳承制是認真的。

法緣傳承制度規定僧尼囑授權，體現了教團對僧侶本人土地財産所有權的充分尊重。在寺院經濟發展過程中，由當初執行内律禁止僧尼蓄私財，到允許僧尼通過"説淨"儀式而蓄私財，這是一個歷史的進步；由允許僧尼蓄財，到允許僧尼運用囑授權來預先處置自己身後的遺産，這是更大的歷史進步，昭示了僧侶地主階層主體意識的覺醒，以及教團對其作爲土地所有者的獨立品格的確認。對土地所有權的這種新確認，能够刺激土地所有者更加關注所有權的經濟實現。

四　禪林對僧尼私財法緣傳承制的發展

大約在玄宗時期，由於周邊多戰事，國庫財賦支絀，朝廷官府也覬覦亡僧財産。朝廷下令"五衆身亡，衣資什俱悉入官庫"，强制中止了僧尼私財的法緣傳承制。後"歷累朝，曷由釐革"，這個括收亡僧衣物的政策，一直實行到代宗初年。大曆初，京兆安國寺僧乘如，對收括之策表示異議："如仍援引諸律：'出家比丘生隨得利，死利歸僧。'……今若歸官，例同籍没"，"乞循

---

①　《比丘尼正言疏》，見《金石萃編》卷114。

律法，斷其輕重"，要求恢復僧尼財産的法緣傳承制。"大曆二年（767）十一月廿一日敕下：'今後僧亡，物隨入僧。'"朝廷祇好取消對亡僧衣物的收括之策，使仍歸爲常住僧物 ①。時過不久，"四王二帝"之亂爆發，西北的吐蕃擾掠加劇，各方軍事需費甚急，德宗朝廷再令收括亡僧私財。這當然又招致佛門的怨懟。興元元年（784），待内亂平定、邊境稍安之後，朝廷又敕：

> 亡僧尼資財，舊系寺中檢收，送終之餘，分及一衆。比來因事官收，並緣擾害。今並停納，仰三綱通知，一依律文分財法。②

朝廷承認官收僧財，擾害佛門，所以再次恢復法緣傳承制。這一段有關亡僧私財處理的歷史反覆，仍然是封建朝廷同寺院地主和僧侶地主爭奪人口財富矛盾的反映。

8世紀中後期，當北方政局混亂、周邊未靖之際，南禪宗及禪林經濟在江南的丘壑淺山間悄然興起 ③。江西百丈懷海禪師制定的《百丈清規》，便是禪林制度確立的標誌。將《百丈清規》中有關處理亡僧私財的規定，同道宣《行事鈔》和《量處輕重儀本》中的有關概述做一對照，雖禪和律宗派有别，内律不行於叢林，但從僧財處理來看，亦可見其間損益。

在禪林發展初期，草萊初闢，共同作務，"一日不作，一日不食"，勤苦儉約和五衆平等的精神，充盈於叢林禪衆中。那時的叢林，還没有大地産，也没有禪僧的個人地産。所以《百丈清規》有關亡僧財産的處理規定，没有涉及田莊、園地、車牛、家畜等産業。唐前期律宗所奉行的《四分》《僧祇》諸内律中，有關財物輕重的詳密剖解，在禪林的《百丈清規》中也不再提到。《百丈清規》處理亡僧私財，實際祇涉及亡僧衣物。與律僧病危時須遺書囑授不同，禪僧患病則須做"念誦"。誦詞格式如下：

> 抱病僧某。右某，本貫某州某姓，幾歲給到某處度牒爲僧。某年到某寺挂褡。今來抱病，恐風火不定。所有隨身行李，合煩公界抄割。死

---

① 《宋高僧傳·乘如傳》。
② 《佛祖統紀》卷41《法運通塞八》。
③ 參見前文"禪林經濟出現"。

後，望依叢林清規津送。年月日，抱病僧某甲口詞。[①]

　　禪林爲病僧安排這種誦詞，日夕念誦，實際是要他預做承諾：身後的衣物請由禪林承取（"公界抄劄"）。禪林如此規定的動機，與其説是要控制本教團的一切僧財，不使外流，不如説是在原始的簡單再生産的條件下，諸禪林力圖實現亡僧財物的完整繼承，以增强本教團禪衆的生息能力。基於同樣的動機，禪林對病僧自立遺囑處置身後衣物，控制甚嚴："亡僧非生前預聞住持、兩序勤舊，及無親書（屬），不可擅自遺囑衣物。"就是説，亡僧如有親屬須囑授接濟，生前須向禪林住持僧等預作申報，方可留下遺囑，否則無效。這一條嚴屬的規定，意味著禪衆除肉身之外的一切物品，都歸住持僧掌握，屬整個禪林所有。它表明初期的禪林，通行著徹底的教團共産主義制度。

　　禪林處理亡僧衣物的過程是饒有趣味的，共有三道程序：抄劄衣鉢、估衣、唱衣。茲將《清規》的有關規定録於下：

　　　　抄劄衣鉢——凡有僧病革，直病者即白延壽堂主，禀維那請封行李。堂司行者覆首座、頭首、知事、侍者，同到病人前抄寫口詞。直病者同執事人，收拾經櫃、函櫃衣物，抄劄具單，見數一一封鎖外，須留裝亡衣服[原註：直綴、挂絡、内外衣裳、數珠、香合、脚絣、鞋韈（韈）、淨髮巾、收骨綿子等]合用之物，并作一處包留，延壽堂主同直病者收掌。……單帳、鎖匙封押，納首座處；所封行李，首座、維那、知客、侍者四寮人力，抬歸堂司。若單寮勤舊[②]　行李多者，封起，祇留本房、庫司差人看守。

　　　　估衣——維那分付堂司行者，請住持、兩序侍者就堂司，或就照堂對衆，呈過包籠，開封，出衣物，排地上蓆内。逐件提起，呈過維那估值，首座折中。知客、侍者上單，排字號就記價值在下。依號寫標，貼衣物上，入籠。仍隨號依價，逐件別寫長標，以備唱衣時用。方丈、兩序、諸寮舍，並不許以公用爲名，分去物件。常住果有必得用者，依價於抽分錢内準。或亡僧衣鉢稍豐，當放低估價，利衆以薦冥福。

① 《敕修百丈清規》卷6《大衆章》。下文引此章，不另註。
② "單寮勤舊"指居住單間僧寮的老僧亡故。

　　唱衣——茶毗後（即亡僧焚後），堂司行者覆住持、兩序侍者。齋罷，僧堂前唱衣。仍報衆，挂唱衣牌。候齋下堂，排辦僧堂前。住持、前座分手位兩序對坐。入門向裏橫安卓（桌）凳，卓上仍按筆、硯、磬、剪、挂絡，合用什物。地上鋪蓆俱畢，堂司行者覆住持、兩序侍者，鳴鐘集鐘（後"鐘"爲"衆"之誤）。維那、知客侍者同入堂，歸位向裏列坐。堂司行者、供頭、喝食衆行者一行排列，向住持、兩序問訊，轉身向維那、知客侍者問訊。畢，扛包籠（於）住持、兩序前，巡呈封記於首座處，請鎖匙呈過，開取衣物，照字號次第排蓆上，空籠向内側安。維那起身，鳴磬一下，念誦。……十號畢，鳴磬一下，云："夫唱衣之法，蓋稟常規，新舊短長，自宜照顧。磬聲斷後，不許翻悔。謹白。"再鳴磬一下，拈度牒，於亡僧名字上橫剪破，云："亡僧本名度牒一道，對衆剪破。"鳴磬一下，付與行者，捧呈兩序。維那解袈裟，安磬中，却換挂絡。堂司行者依次第拈衣物，呈過遞與；維那提起，云："某號某物，一唱若干。"如估一貫，則從一百唱起。堂司行者接唱。衆中應聲。次第唱到一貫，維那即鳴磬一下，云："打與一貫。"餘號併同。或同聲應同價者，行者喝住，云："雙破！"再唱起。鳴磬爲度。堂司行者問定某人名字，知客寫名上單，侍者照名發標，付貼供行者，遞與唱得人。供頭行者仍收衣物入籠。一一唱畢，鳴磬一下，回向。……衣物過三日不取者，照價出賣。

　　大致過程是：凡有僧病故，先清點其衣物，登記造單封存；新舊長短搭配分組並編號；維那估價，首座定價，依號製作標簽；僧堂當衆唱衣，由估價的 10% 起唱，有衆應價則再唱，可一直唱到預估之價，鳴磬爲定；如唱至估價仍有兩人以上應價，可加價再唱，上不封頂；將唱得者之名寫於衣物單，按物單號發標簽，給唱得人；三天之内，唱得人憑標簽買回唱得衣物。整個過程頗似近代拍賣。據《百丈清規》卷下《大衆章》，每次亡僧衣物唱付畢，均須造收支板賬申報住持僧。"板帳式"爲："今具估唱亡僧某甲（稱呼）衣鉢鈔收支（於）下項"，下分"收鈔""支鈔"兩大項。"收鈔"爲該亡僧衣物全部唱賣所得；"支鈔"包括該僧送亡及茶毗等喪葬活動的全部物力和人力支出。"板帳支行外，三七抽分歸常住"，即喪葬支出以外的餘額，30% 歸禪林常住，70% 作爲酬勞，分給參加佛事、唱衣等勞作的三綱、知事僧、知客僧、行者等人。值得注意的是，《百丈清規》明文規定，方丈等住持僧"不許以公用爲名，分去物件"，即不得以權謀私；"常住果有必得用者，依價於抽分錢內準"，即亡僧衣物，理應屬於僧衆，如常住須用，要依價付錢；要"放低估價"以"利衆"。這幾個方面都體現著唐五代以迄宋元時期，各地叢林所充盈的教團平等精神和利養五衆精神。

漢唐佛寺主體建築之型制演變

　　自兩漢之際佛教傳入中國以後，佛寺建築便在中國各地陸續興起。它既是佛教信仰的載體，也集中展示著具象的佛教文化。從承擔主要宗教功能的佛寺主體建築之沿革考察，自漢至唐近千年間，大致經歷了宮塔式—樓塔式—廊院殿閣式三類型制。中國前期佛寺主體建築的三式交錯遞嬗，是傳統的磚木組合文化借鑒與改造磚石組合的天竺精舍與天竺伽藍，創生新型中華佛寺羣系的過程，即華梵融變、化梵爲華的過程。由於世代遷替、人天摧剝，漢唐佛寺的完整建構已不存人間。由文獻記載與考古遺迹、敦煌壁畫互參，漢唐佛寺主體三式遞嬗之迹約略可見。

一　宮塔式

圖一　印度鹿野苑伽藍

　　漢代"唯聽西域人得立寺都邑以奉其神，其漢人不得出家。魏承漢制，亦循前規"[1]。可知東漢三國時期的都城大邑，祇許天竺和西域僧立寺，也意味著早期佛寺主體建築的型制是天竺西域僧侶們熟習的式樣。關於早期佛寺，《魏書·釋老志》稱：

　　　自洛中構白馬寺，盛飾佛圖，畫迹

<hr />

[1]　《高僧傳》卷9《佛圖澄傳》引後趙中書著作郎王度奏；《晉書》卷95《佛圖澄傳》同。

甚妙，爲四方式。凡宮塔制度，猶依天竺舊狀而重構之，從一級至三、
五、七、九。世人相承，謂之"浮圖"，或云"佛圖"。

這段記載揭示了我國早期佛寺主體建
築的樣式——天竺宮塔式[①]。《魏書》撰者
北齊魏收認爲，自東漢永平時在洛陽雍門
西建内地第一座佛寺起，我國佛寺即依天
竺宮塔制度營構；宮塔即"佛圖"爲單數
層級；白馬寺的主體是一座平面呈"四方
式"的佛圖。關於這種宮塔式佛圖，近世
隨著考古工作的進展和早期寺址的發現，
我們有了多一些的了解。

圖二　庫車蘇巴什東塔

1957 年，我國學者在新疆庫車縣西北確爾山南麓蘇巴什古城址發現幾
座佛塔。其中一塔（簡稱 A 塔）在古城東南臺地上，塔基爲"四方式"，一
面開券形門；塔身爲圓柱形，約與塔基等高，周身佛龕密佈。另一塔（簡
稱 B 塔）在古城西北臺地上，基座、塔身皆方形，約等高；基座一面開券
形門，門旁爲犍陀羅式龕柱；塔體自下而上有明顯收分，呈矩柱形；塔前一
段殘墻似周垣，墻外臨陡崖[②]。兩塔址中的木質經碳十四年代測定，A 塔爲

圖三　庫車蘇巴什西塔

圖四　庫車雀離大寺塔

---

① "宮塔"可解作"梵宮之塔"。
② 黄文弼:《新疆考古的新發現》,《考古》1959 年第 2 期。

1780±75，相當於公元 200 年前後，樹輪校正年代爲 1730±80，相當於公元
250 年前後，大致在東漢末至三國時期。B 塔爲 1570±80，相當於公元 410
年前後，樹輪校正爲 1505±85，相當於公元 475 年前後，大致在十六國末期
至北朝前期①。這是我國已知的最早的兩座現存佛塔。考其型制淵源，當與天
竺的大菩提寺和鹿野伽藍之塔有關。據玄奘《大唐西域記》，在釋迦牟尼得道
成佛處菩提伽耶（今印度比哈爾邦伽耶城南約 10 公里處），有"菩提樹伽藍"
或稱"菩提樹垣"②。此寺"周垣壘磚，崇峻險固，東西長，南北狹，周五百
餘步"③。傳爲阿育王（Asoka，前 268 至前 232 在位）創建。此伽藍之宮塔至
今猶存，高約 50 米，基座平面爲"四方式"，邊長各 15 米，塔身七級，逐級
收分，呈矩柱形，每級四面，佛龕密佈④。鹿野苑（今印度北方邦貝拿勒斯西
北約 7 公里處）傳爲釋迦牟尼成佛後第一次講法處。玄奘親見的鹿野伽藍始
建於孔雀王朝（前 321 至前 187）時期，笈多王朝（4~6 世紀）時重修。《大
唐西域記》"鹿野伽藍"條記載：

> 波羅痆河東北行十餘里，至鹿野伽藍。區界八分，連垣周堵，層軒
> 重閣，麗窮規矩。……大垣中有精舍，高二百餘尺，上以黃金隱起，作
> 庵没羅果。石爲基階，磚作層龕，翕匝四周，節級百數，皆有隱起黃金
> 佛像。精舍之中有鍮石佛像，量等如來身，作轉法輪勢。⑤

　　7 世紀初的鹿野精舍基座爲石構，中有佛像；身爲磚構，層龕數百，均
塑佛像；頂部爲芒果（庵没羅果）形；精舍外有周垣。將這兩座天竺精舍同
《釋老志》所載天竺"宮塔制度"相對照，型制合若符契。再將天竺兩精舍
同蘇巴什兩塔對照，A 塔基爲"四方式"，塔身有"蜂巢"狀層龕，塔頂類
似鹿野精舍的芒果形；B 塔基與塔身均爲"四方式"，類似菩提樹伽藍，塔
身雖蝕，塔面層龕仍隱約可辨，塔外周垣類似鹿野伽藍。由此可證東漢末

---

①　文保所碳十四實驗室：《碳十四年代測定報告（二）》，《文物》1980 年第 3 期。
②　玄奘、辯機等撰，季羨林等校註《大唐西域記校註》，第 308、668 頁，中華書局，1985。
③　同上。
④　《中國大百科全書》宗教卷"菩提伽耶"條。
⑤　《大唐西域記校註》卷 7 "鹿野伽藍"條。註文稱該精舍"鹿野伽藍中之一寺"，"十三世紀
　　時爲侵入該地的伊斯蘭教徒所摧毀"。

至北朝初的蘇巴什兩塔，實爲兩處宮塔式佛寺遺址。天竺佛教以繞塔禮佛爲主要功德行事，天竺宮塔周身置"千佛"，正是爲信衆右旋瞻禮。魏晉北朝時期佛教義解尚不發達，偏重禮佛行事，層龕千佛的天竺式宮塔盛行原因在此。[1]

1979年，在新疆和田南25公里的買力克阿瓦提漢代遺址掘出一處廢寺。寺址出土範制白石膏質小立佛像、範制紅陶質殘坐佛像等，還出土西漢五銖錢五公斤。論者據窖藏錢幣認爲此寺"至遲西漢末年已經存在"[2]。這裏出土的立佛像和坐佛像既然都是大批量範制，顯然是爲嵌置宮塔層龕及基座柱龕（參下文若羌米蘭寺）所用。不言而喻，這座和田古寺也應是宮塔式。如果西漢已置的論斷可信，它該是迄今已知的我國最早的寺院遺址了。東晉隆安五年（401）法顯至于闐國（即今和田），見"國中有十四大僧伽藍"。其中王新寺"作來八十年經三王方成，可高二十五丈，雕文刻鏤，金銀覆上，衆寶合成"，"塔後作佛堂，莊嚴妙好"[3]，正是一座以巨型宮塔爲主體的寺院。買力克阿瓦提古漢寺是否爲當年于闐十四大伽藍之一呢？

1906年，斯坦因在新疆若羌東北80公里處的米蘭見到三座古寺址，廢圮年代不晚於公元三世紀，即西晉時期或更早[4]。其中一號寺基尚清晰，乃是一座宮塔的方形基座。在基座上面的塔身殘壁上，發掘者曾見到"幾尊嵌在壁龕中大同人身的雕像殘迹"；基座四周由犍陀羅式立柱分隔的柱龕中"排列了六尊趺坐無頭的大像"，"從膝以上約高七英尺[5]強"；基座周圍的過道上發現了坐像上的大佛頭。綜觀此塔，下爲"四方式"

圖五　鄯善米蘭1號古寺塔（1908年攝）

---

① 天竺"支提"（chaitya）式有中心塔柱，柱四面鐫佛龕，實際是宮塔式精舍的摹寫。在新疆克孜爾、大同雲岡、甘肅文殊山、磁縣響堂山等處的北朝石窟中，這種"支提"式窟甚多，亦右旋禮佛習尚使然。
② 見黃盛璋《關於佛教佛像傳入中國南方路綫及其相關問題的考察》（未刊稿）。
③ 《法顯傳》，見《大正藏》卷51。
④ 斯坦因著、向達譯《西域考古記》第7章第51圖，中華書局，1946年8月再版。
⑤ 7英尺相當於2.17米。

基座，基座柱龕置坐佛大像；上爲層龕塔身，龕中亦置佛像；基座四周有過道。這顯然也是一座供繞行瞻禮的宮塔。其層龕中的佛像"大同人身"，柱龕坐佛高約 2.5 米，可以想見這座宮塔的身量曾是何等高峻。

　　新疆吐魯番東有西克普（Sierkip）古塔，置年不詳。從二十世紀初拍攝的照片① 觀察，該塔系磚構，平面"四方式"；基座四面均有柱龕，龕高約 2 米，其中一面隔爲六龕，與米蘭一號寺基正面柱龕數相同，規模略小；方形塔身殘存 6 級，塔壁上佛龕密佈，其中一面每級各有 6 龕，龕中置坐佛像。此寺同鹿野精舍"磚作層龕"的古制正合，當是又一座宮塔式寺院。米蘭一號寺的原貌可能與西克普寺近似。

圖六　鄯善米蘭 1 號古寺塔（1993 年攝）

圖七　回鶻高昌古寺塔遺址

圖八　于闐小寺像塔

　　據《漢法本內傳》記載，漢明帝遣使往天竺求佛法"備獲經像及僧二人，爲立佛寺畫壁，千乘萬騎繞塔三匝"②。《漢法本內傳》系僞書，但它描述東漢白馬寺壁所繪騎乘繞塔禮佛的場面，似可反映我國早期曾盛行天竺宮塔。唐代新疆地區仍多見塔式精舍。《釋迦方志》記載唐初屈支國（即龜茲，今庫車）"王城民宅，多樹像塔，不可勝紀"③。"像

---

① 《西域考古記》第 1、7 章第 119 圖。
② 《廣弘明集》卷 1《漢顯宗開佛化法本內傳》，見《大正藏》卷 52。
③ 道宣：《釋迦方志》卷上，見《大正藏》卷 51。

塔"即是天竺式宮塔。1907 年，斯坦因在和田東北 90 公里處的丹丹烏里克見到一處小寺遺址，"是一座小方室，四面圍以相等距離的墙垣"；方室中央有一方形基座，"以前上面當立有一尊大佛像，佛像足部現具存在"；基座四周"成一四角形過道，這是爲繞行之用"[1]。這座小寺仿佛是宮塔式精舍的變型：同是"四方式"基座，却以一尊立佛像代替了早期的"千佛層龕"。據碳十四測定，此寺年代屬唐朝中葉 [2]，當時這裏是唐朝坎城守捉所在地。

二　樓塔式

磚石結構的天竺宮塔樣式傳入中國内地，同傳統的磚木結構遇合，勢必要向中國傳統趨近，從而導致其型制、結構與功能方面的變化。《後漢書》《三國志》中有關徐州浮屠寺的記載，爲天竺宮塔制式入華初期的嬗變提供了早期實例。

東漢末年笮融建在徐州的浮屠寺，"上累金盤，下爲重樓，又堂閣周回，可容三千許人"[3]。日本學者鐮田茂雄以此爲中國建寺之始。此寺的樓塔[4] 體量崔嵬，結構繁複，其型制應在此前已經歷一段發展過程，即漢地樓闕殿閣與

圖九　畫像磚上的木構樓塔（東漢）

圖十　青瓷魂瓶上的樓塔（東吳）

---

① 《西域考古記》第 4 章第 28 圖。

② 據文保所碳十四實驗室《碳十四年代測定報告（二）》，丹丹頭出土木炭年代測定爲 1220 ±80，即公元 760 年前後；樹輪校正爲 1155±85，即公元 825 年前後。

③ 《後漢書》卷 73《陶謙傳》。《三國志》卷 49《劉繇傳》作："大起浮圖祠，以銅爲人，黄金塗身，衣以錦綵。垂銅盤九重，下爲重樓閣道，可容三千餘人，悉讀佛經。"

④ 因"重樓"上竪有"九重銅盤"爲相輪，可知它名爲樓實爲塔。姑以樓塔稱之。

天竺宮塔互相融攝的過程（此一過程之史影，詳下文東吳魂瓶）。徐州浮屠寺以偉碩的樓塔爲佛寺主體，是它脫胎自天竺宮塔式的證明。隨著漢地寺院誦經行事的興起取代繞塔瞻禮，徐州樓塔外身已消失千層佛龕；便於信衆聚集誦經的堂、閣環塔新置，分擔著樓塔的宗教功能。梵宮諸佛走下逼仄的雲中層龕，進入了巍峨寬敞的殿閣。宮塔式精舍由此變爲新型的樓塔式寺院。華梵互融、變梵爲華，徐州寺作爲它的早期結晶，顯示了華夏磚木傳統在建構組合上的靈活性，堪稱見於中國史籍的樓塔式第一寺。

圖十一　黑瓷魂瓶上的樓塔

（六朝）

　　類似徐州寺的變型之風，六朝時期亦盛吹於江南。至遲在東吳時代，樓塔式佛寺已在南方出現。近年江南出土的魂瓶堆塑留下了樓塔佛寺的種種形象。一隻出土於江寧上坊村的東吳青瓷魂瓶上堆塑一座四層塔樓[①]，樓平面呈四方式，自下而上逐層收分，樓頂是一隻展翼瑞鳥。每層四面開門，門內塑一坐佛像。塔樓第一層的兩側聳立著傳統的漢式雙闕。一隻出土於南京甘家巷高場一號墓的六朝黑瓷魂瓶，堆塑一座三層樓塔[②]，下層爲基座，壁上塑坐佛像；中層正面開一門，內塑一坐佛像，門前兩旁聳立漢式雙闕，向四面展出的盤形座上塑八佛環坐；上層塑爲四面坡頂方屋，四壁開門，內塑坐佛，四周展出的盤座上七佛環坐。這分明是兩座樓塔式佛寺的模型。樓頂應有塔刹，周迴應有堂閣、廊院，可能因爲不便堆塑而略去。樓塔門內置坐佛，使之具有可供瞻禮的宮塔式韻味；雙闕并聳又是它華夏品格的標記。這兩座樓塔式魂瓶明顯展示著六朝時代見之於江南佛寺的華梵融變之軌迹。唐朝杜牧《題宣州開元寺（原註：寺置於東晉時）》[③] 詩描述了東晉時代的樓塔式佛寺。

　　　南朝謝脁城，東吳最深處。亡國去如鴻，遺寺藏煙塢。

---

① 魂瓶現藏南京市博物館，圖版見該館編《中國早期佛教藝術展》。

② 金琦：《南京甘家巷和童家山六朝墓》，《考古》1963 年第 6 期。

③ 《全唐詩》卷 520，中華書局，1960。

樓飛九十尺，廊環四百柱。高高下下中，風繞松桂樹。

春苔照朱閣，白鳥兩相語。溪聲入僧夢，月色暉粉堵。

　　主體是九丈高樓，配以殿閣僧房，寺周環以廊墻，完整地勾勒出樓塔式寺院的格局。它可能是六朝時期江南比較常見的佛寺型制。

　　北魏佛寺的建構大致也承襲漢末徐州寺的樓塔式傳統。天興元年（398）太祖拓跋珪在京城始"建圖宇，招延僧眾"，"作五級浮圖、耆闍崛山及須彌山殿，加以繪飾；別構講堂、禪堂及沙門座"[①]。這座平城第一寺，主要建築是塔、殿，主體是塔；別構講堂、禪堂供講經坐禪。皇興二年（468）獻文帝拓跋弘在平城起永寧寺，"構七級浮圖，高三百餘尺，基架博敞，爲天下第一"[②]。寺院主體是建在木構基架上、高三百餘尺的樓塔，比太祖時代的寺院主體——五級浮圖更爲突出。熙平元年（516）靈太后在洛陽仿皇家宮院再造永寧寺，佈局仍以樓塔爲中心："中有九層浮屠一所，架木爲之，舉高九十丈。有剎復高十丈，合去地一千尺。"[③] 近年發掘這座樓塔基址，發現它建在"高出地面五米許的土臺"上，"基座呈方形，有上下兩層"，下層"東西廣約101 米，南北寬約 98 米"[④]。由此可想見永寧寺樓塔聳出雲表的身姿，難怪當年"離京百里即遥見之"。樓塔之後"有佛殿一所，形如太極殿，中有丈八金像一軀，中長金像十軀，繡珠像三軀，金織成像五軀，玉像二軀"。永寧佛殿承擔的宗教功能也許已超過佛塔了。寺内另有僧房樓觀一千餘間。寺周院墻四面開門，南門樓三重，東、西門樓兩重，北門"上不施屋，似烏頭門"[⑤]。據《洛陽伽藍記》

圖十二　北魏洛陽永寧寺塔基址

① 《魏書》卷 114《釋老志》。
② 《魏書》卷 114《釋老志》。
③ 楊勇：《洛陽伽藍記校箋》卷 1，臺北正文書局，1982。
④ 中國社會科學院考古研究所洛陽工作隊：《北魏永寧寺塔基發掘簡報》，《考古》1981 年第 3 期。
⑤ 《洛陽伽藍記校箋》卷 1。

記載，當時洛京瑤光寺“有五層浮圖一所”，另造“講殿、尼房五百餘間，綺疏連亘，戶牖相通”。胡統寺“寶塔五重，金剎高聳”，另有“洞房周匝，對戶交窗”。秦太上君寺“有五層浮圖一所，修剎入雲”，另有“誦室、禪室，周流重疊”。它們的佈局結構皆似永寧寺，以樓塔佛殿爲主體，輔以講殿、堂室。洛京諸寺體現了磚木組合結構在院落佈局和單體造型方面的優長，成爲中古時期樓塔式佛寺的代表性組羣。

三國至南北朝時代，結構與造型近似樓閣的佛塔同時在北國江南出現，顯示著傳統樓閣在漢地佛寺營構中的勃興，并昭示著廊院殿閣這一傳統建築樣式終將揚棄天竺宮塔式精舍，化生爲新式漢地佛寺型制的發展趨勢。北魏洛陽諸寺的佛塔中已罕見佛像之置；永寧寺塔後的佛殿裏則薈萃有二十一軀各式佛像。以往主要由宮塔承擔的宗教功能，在樓塔式佛寺中已向佛殿轉移。《洛陽伽藍記》所載北魏洛陽五十餘寺，僅永寧、瑤光、胡統、秦太上公等四五個寺院有塔；祇有殿閣而無塔者多達三十餘寺。事實表明到南北朝末年，以佛塔爲寺院中心的一元主體的時代，已逐漸向殿、塔、樓、閣共處一院的組羣式多元主體時代過渡。其間變易的因緣，固然由於定慧雙弘的習尚已漸在南北釋門普興，佛寺功能趨向多樣，同時又是華夏磚木組合熔融外域磚石組合的必然結果。

三　殿閣廊院式

用院落形式把若干單體建築組合爲各種類型風格的組羣，是木構建築體系在總體佈局上的基本特點。佛塔或樓塔的一元主體地位在寺院消失以後，以殿、塔、樓、閣等共爲主體的寺內院落組合便獲得自由，顯示出巧變百出的造化之妙。

中古時代常見的殿閣式佛寺有兩種基本類型：單院寺和多院寺。單院寺以一殿或一組殿閣爲主體，環建廊廡或廊房。多院寺分主院、旁院：主院多以殿閣組羣爲主體，旁院自有主殿或樓閣，主院旁院相連通，合成一大寺。公元六世紀初，北魏文獻王元懌建洛陽景樂寺，“佛殿一所”，“堂廡周環，曲房連接，輕條拂戶，花蕊被庭”[1]，是一座庭院式單院寺。大約同一時期，梁

---

① 楊勇：《洛陽伽藍記校箋》卷1。

武帝在鐘山北澗爲亡父建大愛敬寺，"中院正殿，有栴檀像，舉高丈八"，"中院之去門，延袤七里，廊廡相架，檐霤臨屬，旁置三十六院，皆設池臺，周宇環繞"，"經營雕麗，奄若天宫"①。寺之中院縱深七里，旁置三十六院，合成規模宏大的多院寺。

仁壽三年（603）隋文帝在京城西南隅爲獨孤皇后建禪定寺［武德元年（618）改名莊嚴寺］，"複殿重廊，連甍比棟，幽房秘宇，窈窕疏通"②。宇文愷後在寺內增"建木浮圖，崇三百三十尺，周迴一百二十步"，"天下伽藍之盛，莫與爲比"③。大業三年（607）隋煬帝在禪定寺西爲文帝立大禪定寺（武德元年改總持寺）：

起如意之臺，列神通之室，仁祠切漢，靈剎干霄。寶樹八行，和鈴四角。龍嶷三層之格（閣），懸自響之鐘；佈護千葉之蓮，捧飛來之座。④

高臺佛殿、方形佛塔、三重閣樓，組成全寺總體建築羣。韋述説兩所禪定寺"寺內制度"相同⑤，即同是以殿、塔、樓閣組羣爲主體的規制宏麗的單院寺。

隋代崇佛，造寺"但相仿傚，虛費財物，競心精妙，力志勝他，房、廊、臺、觀，務令高顯"，唐初釋道宣斥之爲"末法造寺"。爲匡正亡隋失度，道宣一度主張循天竺"祇洹（舍衛城祇園精舍）圖樣"造寺，認爲"祇洹圖中，凡立木石土宇，并有所表，令天人識相，知釋門多法"⑥。他還繪制推出一幅標準寺樣——《戒壇圖經》⑦。圖中是一所橫聯四院式寺院。中部爲主院，又由三條橫廊將中院分隔爲縱聯四院式。再在中院的中軸綫上，依次建前佛殿、七重塔、後佛殿、三重樓、三重閣，形成主體組羣。在三條橫廊上和中院後廊內，依次有左右三重樓、左右五重樓和東西佛庫，皆對稱而立。中院左側

① 《續高僧傳》卷1《寶唱傳》、卷20《志超傳》。
② 《宋高僧傳》卷16《慧靈傳》《貞峻傳》。
③ 韋述：《兩京新記》，叢書集成本。
④ 《辯正論》卷3《十代奉佛》，見《大正藏》卷52。
⑤ 韋述：《兩京新記》。
⑥ 道宣：《〈四分律〉删繁補闕行事鈔》卷下三《僧像致敬篇》，見《大正藏》卷40。
⑦ 道宣：《關中創立戒壇圖經》，見《大正藏》卷45。

橫聯兩院，右側橫聯一院，三旁院內又各被廊墙隔爲五十餘個小院，每小院中央各建一殿（或亭）。《戒壇圖經》的多院式佈局是現實的反映。它有助於揭示史籍記載的某些京都大寺的狀貌。如隋文帝所置遵善寺（唐名鄞國寺、大興善寺），廊院之外復有廊院，"寺院崇廣爲京師之最"①。唐貞觀時營建的大慈恩寺"凡十餘院，總一千八百九十七間"②。顯慶初唐高宗建西明寺，"寺面三百五十步，周圍數里"，"廊、殿、樓、臺，飛瓊接漢，金鋪藻棟，炫目暉霞。凡有十院，屋四千餘間。莊嚴之盛，雖梁之同泰、魏之永寧，所不能及"③。至德初唐玄宗在成都建大聖慈寺"凡四十六院，八千五百區"④。大曆初"作章敬寺於長安之東門，總四千一百三十餘間，四十八院"⑤。這些國家大寺都是多院式，其佈局規制由《戒壇圖經》可見仿佛。《廣清涼傳》的僧道義入化故事，記述道義在五臺山中臺見到金閣寺的幻象，中院的三門（山門）樓閣耀金奪目，大閣三層上下九間，大食堂前僧侶盈萬，堂殿廊廡皆金寶裝飾；東廊六院、西廊六院，各有院名。大曆初唐代宗命依道義所"見"建造了金閣寺⑥。此寺佈局是縱列三院式：中院山門爲樓閣式，中院主體爲三層佛閣，後有大食堂。與中院兩廊連通的東院和西院又各爲橫聯六院。此佈局與《戒壇圖經》爲同一範式。

　　唐朝州縣之寺規模小於京都名山大寺，也多屬佛殿或殿堂組羣爲主體的單院式或多院式型制。武德五年（622）汾州介休縣立光嚴寺，"殿宇房廊，赫然宏壯"⑦，是座小型單院寺。叔孫矩《大唐揚州六合縣靈居寺碑》⑧記述元和年間靈居寺的佈局：

　　　　高殿巖巖，列三尊而儼若；端門奕奕，容雙駕而谺然。……入自門右，開淨土坊、芬華臺，敷葉座，捭九品聖、禮無量尊。……入自門左，

① 段成式：《酉陽雜俎續集》卷5《寺塔記上》。
② 韋述：《兩京新記》。
③ 《大唐大慈恩寺三藏法師傳》卷10。
④ 《佛祖統紀》卷40《法運通塞七》。
⑤ 宋敏求：《長安志》卷10《郭外》，畢沅校刻本。
⑥ 《廣清涼傳》卷中《道義和尚入化金閣寺》，見《大正藏》卷51。
⑦ 《續高僧傳》卷1《寶唱傳》、卷20《志超傳》。
⑧ 《全唐文》卷745、卷757。

闢僧伽院，從頗黎地，湧窣堵波。……當大殿後，厥構講堂，森浮柱以星懸，抗雄梁而虹蕣，層覆雲勃，重檐翼張。……次講堂後，式建天厨。……厨西序列賓客省，厨東序列陳香積庫。厨乾維，啓倉廩地；厨艮背，廣藏獲院。次淨土坊後，式創律堂。下壓放生之池，坐觀水族；上臨篡業之閣，時聽風鏞。

這一佈局也是橫聯三院式。中院爲三進：入端門至佛殿爲一進，端門之寬可容兩車并行，正殿内供奉三世佛；佛殿後至講堂爲二進，講堂重檐飛聳；講堂後至天厨爲三進。天厨院前的東西兩序，香積庫、賓客省對稱而立；天厨後面兩側，倉廩、藏獲院對稱而立。西院兩進：前爲淨土坊，供奉無量壽佛；後爲律堂，有放生池。東院是僧伽院，内有窣堵波。中院三進未見橫廊分隔；天厨前後均有對稱建築。這表明盛行後世的寺院佈局——中軸式對稱結構已然形成。

敬宗寶曆元年（825）至文宗太和元年（827），徐州節度使王智興與三州僧正釋明遠重建泗州開元寺，“自殿、閣、堂、亭、廊庖、廩藏，洎僧徒、臧獲、傭保、馬牛之舍，凡二千若干百十間”，“侖奐莊嚴，星環棋佈，如自地湧，若從天降”[1]。對照《戒壇圖經》和六合縣靈居寺的規制，大致可以推知此寺也是多院式：中院中軸綫上的建築羣有佛殿、重閣、講堂，可能還有天厨。天厨之後，倉、庫對稱。中院周側，僧伽院、藏獲院、傭保舍、牛馬舍等“星環棋佈”。

宣宗大中五年（851）重建青原山行思道場——安隱寺（後改名淨居寺）。“山寺規制，入寺門九楹，兩廊二十四楹，池中爲大雄殿，三橋拱之後爲毗盧閣……又後爲七祖（行思）歸真塔。”[2] 此寺以大雄殿爲主殿，殿後隔三座並列的單拱橋有毗盧閣，寺門九楹（不含南廊牆），東西廊牆各十二楹，全寺平面略成正方形。崔黯《東林寺碑（大中六年二月）》[3] 記述當年重建的東林寺狀貌：

若殿若厢，若門之三，若闕之左右爲塔。若講若食，若客之館，若

① 《白氏長慶集》卷60《大唐泗州開元寺臨壇律德徐泗濠三州僧正明遠大師塔碑銘並序》。
② ［清］定祥修、劉澤撰《吉安府志》卷8《建置·寺觀》。
③ 《全唐文》卷745、卷757。

庫若樓，若厨激飛泉而注於鶯錚之間，若梁蜺於武，若亭臨於白蓮。若僧之房，若聖之室。……則爲間三百一十三，爲架一千八百七十六。

這段文字反映的寺院佈局大致是：闕式雙塔立於三門兩側；院內正殿兩厢有配殿；還有客館、庫藏、天厨、樓閣、僧房等。其大約是前後縱列的多院式佛寺。

唐昭宗大順二年（891）汴州相國寺火災，"重樓三門、七寶佛殿、排雲寶閣、文殊殿、裏廊，計四百餘間，都爲煨盡"[①]。被焚的重樓式三門、佛殿、排雲閣、文殊殿是依次建在中軸綫上的主要建築，裏廊即寺院廊墙。可知唐相國寺爲單院式廊院寺。

敦煌石窟壁畫中那一座座梵宮聖殿，實際是人間建築（包括寺院）的藝術再現，對寺院建築史的研究具有珍貴的參考價值。繪有建築畫面的敦煌壁畫，基本上是隋、唐、宋三個時代的作品，因而可以認爲這些宮殿圖像，具象地反映著隋、唐、宋時期人間佛寺建築在整體佈局與單體結構方面的某些特點，尤其是廊院式佛寺的特點。蕭默先生所著《敦煌建築研究》一書[②] 設"佛寺"專章對此做了詳細深入的探討，是有重要學術價值的研究成果。

蕭默先生認爲敦煌壁畫所見隋代廊院寺主體建築的"最普遍的形式是正中一座五間大殿，單檐歇山或廡殿頂，大殿左右各立一座三層或四層的樓

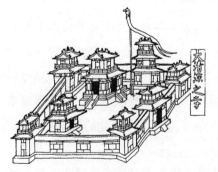

圖十三　單院殿閣式佛寺（1）（敦煌第六一窟）　圖十四　單院殿閣式佛寺（2）（敦煌第六一窟）

① 《宋高僧傳》卷 16《慧靈傳》《貞峻傳》。
② 蕭默：《敦煌建築研究》，文物出版社，1989。下文引此書不另註。

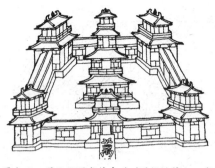 

圖十五　單院殿閣式佛寺（3）（敦煌第六一窟）　圖十六　單院殿閣式佛寺（4）（敦煌第六一窟）

閣”。《戒壇圖經》所繪中院中門內爲前佛殿，左、右各有三層樓，“恰與隋代壁畫相合”。盛唐至宋初的壁畫所繪寺院，“依其結合又可分爲三種類型，即單院、前後縱列的二院和左右橫聯的三院”。第六一窟西壁《五臺山圖》所繪是單院寺的典型：“院落都由回廊圍成方形”，在院落正面“正中設三層門樓，院四角多有二層的角樓，院中多爲一到三座單層的或三層的建築”。《五臺山圖》中“大法華之寺”左側的一個寺，中心建一座單層六角塔，反映唐宋之際“中心建塔的佛寺佈局并沒有全部消失”。圖中的“萬菩薩樓”寺院，正中是四層樓閣，“也可以認爲是塔”；“大佛光之寺”院中是一座二層樓閣。這兩座佛寺均屬樓塔式型制。盛唐第一七二窟北壁所繪單院佛寺是一方形大院，“院落後部沿中軸順置三座大殿”，前殿單層廡殿頂，中殿兩層樓閣，後殿亦單層。中唐第三六一窟北壁所繪單院佛寺“以一座六角二層塔爲中心”，左右配殿均是兩層三間歇山樓閣，前角樓爲六角亭，後角樓爲圓形小亭，山門爲兩層樓閣，三開間廡殿頂。

　　蕭默指出，敦煌壁畫所見前後縱列的三院式佈局，

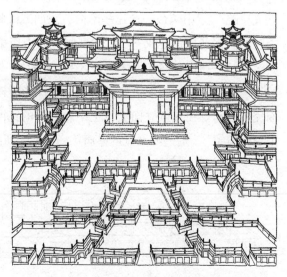

圖十七　前後縱列三院（敦煌第八五窟）

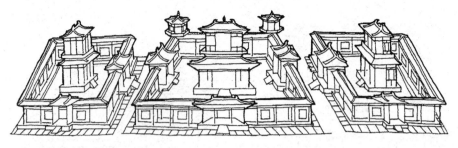

圖十八　互不連接的橫列三院（1）（敦煌第二三一窟）

"相當於在上述單院後又接出一進後院"。如晚唐第八五窟所繪佛寺，中有橫
廊把全寺隔爲雙院，後院正中"似乎是並列的三座二層樓閣，樓閣上層以飛
橋連通。在後院的左右部，又各立一六角形雙層樓閣"。

圖十九　互不連接的橫列三院（2）（敦煌第八五窟）

　　敦煌壁畫所見橫列三院式有兩種型制："一種是橫列三院互不連接各自獨
立成單院"，"中院最大，建築南向；東西二院較小，方向各朝向中院，並與
中院相對開門以通往來"。這種型制見於中唐第二一三窟、晚唐第一三八窟
所繪。"另一種方式是三院接連"，"中院最大，左右二院南北向寬度小於中院
的進深，即中院的佛殿恰好坐落在一個凹形空間裏，並使側院朝向中院的立
面完整顯露。在這個立面上，正中設側院的正門，南北端設角樓。三院全部
由迴廊環繞"。這一型制見於盛唐第一四八窟所繪。

圖二十　相連接的橫列三院（敦煌第一四八窟）

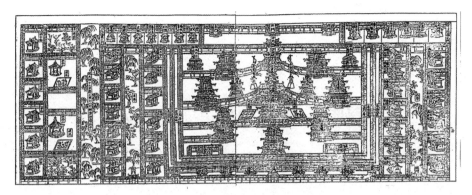

圖二一　道宣:《關中戒壇圖經》附圖

　　敦煌壁畫中展示的式樣繁多的廊院佛寺佈局和千姿百態的殿閣樓塔造型,形象地證明: 在中古時代, 傳統的磚木結構長於建築組合與單體造型的優異功能, 推動了華梵融變、化梵爲華的歷史演變, 營造了民族風格濃鬱、妙變百出的中華佛寺羣系。

晉唐佛寺營造的施主層羣及發願

　　漢唐間營造佛寺有兩個途徑：檀越施營和釋門自營。主要途徑是檀越施營。因爲真正（不是靠募化）的釋門自營，必須有寺院經濟做基礎；祇有到了南北朝隋唐時期，釋門纔具備這樣的條件。對釋門的自營，這裏不擬論列。

　　世俗檀越施財營寺，無不有特定的動機和願望。檀越們的營寺發願，真實地表達著歷史時期各社會階級和階層，種種的人生期待。營寺施願，是一面能够映現他們的人生企願和生存心態的視鏡。

　　世俗營寺檀越，又可大別爲兩類：官廷和私家。官廷營寺，有朝廷詔建，和地方請建；私家營寺，有皇族、貴宦、官衆，有庶民中的地主、農民、商人、處士等階層。由於中古社會結構的變動，以及佛教傳播的漸進發展，漢唐各時期的檀越身份及營事，往往會有變化。反言之，考察漢唐官廷和社會各階層，在不同時期的營造狀況，有助於了解漢唐間，國家政權興佛方式的演變；并可窺見佛教信仰，在各階層中的浸潤演進過程。

一　營造：施主層羣

（一）官廷：隨機與有序

　　官營佛寺，指皇帝爲弘教容僧而下詔，由國家或地方官府出資營寺。漢唐間的官方造寺，從總的趨勢看，先是隨機營造，即沒有地理佈局預想、隨僧人行止或某種機緣而造；以後發展爲有序營造，與隨機營造併存。所謂"有序"，是指國家預先有佈局設想，中央和地方官府用行政手段，在境內各地普興佛寺。有序式營造的出現，意味著統治階級對佛教認識的深化，即由個人和羣體的信向，進到對普遍教化功能的重視和推行。有序營造的出現，最早在北魏文成帝時，隋唐時期推向全國。

1. 隨機營造

漢地建寺的歷史，始於朝廷的隨機營造。東漢初爲西域僧建白馬寺，孫吳爲康僧會置建初寺，都帶有隨機性。晉武帝"廣建伽藍"，其實因爲長安、洛陽的外來僧人較多，主要是在兩京爲他們造寺。

唐釋法琳回顧兩晉營寺，衹列舉諸帝功德性造寺，没有提到官寺①。東晉 1700 多所佛寺，建康幾乎占了一半，另一半在各地。其中多少官方建寺，没有具體記載。京師的佛寺那麽多，是爲了容納在此雲集的萬餘中外僧人，也反映了京師君臣民的奉佛熱忱。無論建寺的多少，也無論在京師還是在地方，東晉的官方營造，都還處在隨機而建的階段。宋齊梁陳的佛寺兩三千所，官廷各有營造，也不脱這種隨機性②。宋大明元年（457），在新亭造中興寺；齊永明七年（489），爲一枚有天然思維佛像的白珠而造禪靈寺；蕭梁初年在鐘山造大愛敬寺、在青溪造智度寺；後梁在鑾輿所駐的荆州，建"四望等寺""五山寺"③。以上都屬於隨機營造。南朝没有普建佛寺的詔令。齊武帝反而有一道《公私不得起立塔寺詔》④。既然下詔不許官方起寺，可見官方營造已屬常見，也可見官方營造的隨機性。

在佛教盛傳的背景下，東晉南朝的官方建寺，也有值得注意的現象，即除京師之外，還注重在要鎮置寺。東晉孝武帝（372~396）時，兖、青二州刺史王恭，鎮守京口，"修營佛寺"；安帝（397~418）時，江州刺史桓伊在廬山造東林寺⑤。宋元嘉九年（432），鎮北將軍王懿，鎮守彭城，"立佛寺"⑥。齊建武年間（494~497），明帝詔命郢州刺史，重建江夏頭陀寺⑦。梁天監十三年（514），河南王伏連籌表請益州建九層寺，得武帝"詔許"⑧。梁元帝

---

① 法琳：《辯正論·十代奉佛》，見《大正藏》卷 52。
② 同上。
③ 《魏書》卷 97《島夷劉裕傳》；《南齊書》卷 18《祥瑞志》；《梁書》卷 3《武帝紀下》；《辯正論·十代奉佛》。四望等寺是：天皇、陟屺、大明、寶光；五山寺是：青溪、鹿苑、覆船、龍山、韭山。
④ 《南齊書》卷 3《武帝紀》。
⑤ 《晉書》卷 80《王恭傳》；法琳《辯正論·十代奉佛》卷 3。
⑥ 《宋書》卷 46《王懿傳》。
⑦ 王巾：《頭陀寺碑文》，見《全梁文》卷 54。
⑧ 《梁書》卷 54《諸夷·河南王傳》。

（552~554）時，郢州刺史陸法和，在百里洲建壽王寺 ① 。這些營寺的詔令和表請，都有個案性，是隨機的；營寺之地都是南朝臨邊重鎮，又顯示了某種特殊需要。這似乎是向有序過渡端倪。

十六國時期，以崇佛著稱的北方諸朝，也沒有普置佛寺詔。姚興禮待鳩摩羅什，在長安永貴里爲他造寺；石季龍禮待佛圖澄，在鄴城爲他造寺；慕容皝以神龍現於龍城山，命造龍翔寺 ② 。諸如此類的營造，無疑也是隨機的。北魏自天興元年（398）"始作佛圖"，經太武帝廢佛，再到文成帝重興佛教，官方建寺也處在隨機階段。

2. 有序與隨機兼行

北魏興光元年（454），文成帝命"諸州郡縣""建佛圖一區"，首次按行政區劃營寺，是漢地有序建寺的先聲。此後諸"刺史臨州""多構圖寺" ③ 。青、定二州刺史元鸞，率當地百姓起寺 ④ ；秦州刺史張彝，爲國造興皇寺 ⑤ 。史籍僅見的這兩條記載，證明普置詔在下面得到遵行。自興光元年至太和元年（477），代京佛寺百所，四方六千多所，州縣普置佛寺的目標，基本實現。南朝齊梁在重鎮建寺，同北魏諸州普建大致同時。藉佛教保境安民，南北同一舉措，或有某種關聯。

北朝皇室帝后，熱衷隨機營寺。北朝大寺的興造，大都緣起帝后的旨意。然而造寺的資費出自官庫，不來自捐施。如洛陽永寧寺，就是"減食禄官十分之一"營造的 ⑥ 。所以嚴格説來，這些寺是國寺，不算皇族功德寺。北朝隨機營造，仍集中在京畿地區。北魏前期，武州山、方山及平城内外，五級、永寧、建明、思遠等大寺，分別是獻文、孝文所營。遷都後著名的洛陽羣藍，形成於宣武帝時。景明、瑤光寄名宣武；景樂寄名宣武之弟文獻王元懌；永寧寄名宣武皇后（靈太后）胡氏；胡統寄名胡后之從姑。此外在京師附近，孝文爲西域沙門跋陀，營少林於少室山陰；宣武爲迎珉玉瑞像，造報德於洛濱。西魏有陟岵、般若，北周有追遠、陟岵、大乘、魏國、安定、中興、天

---

① 《北齊書》卷 32《陸法和傳》。
② 《舊唐書》卷 96《姚崇傳》；《晉書》卷 95《佛圖澄傳》，卷 109《慕容皝傳》。
③ 《魏書》卷 114《釋老志》。下引文不出註者，出處同此。《北史》卷 44《崔光傳》。
④ 《魏書》卷 19 下《元鸞傳》。
⑤ 《北史》卷 43《張彝傳》。
⑥ 《周書》卷 37《寇俊傳》。

保等“七大寺”，都在長安；又在與陳對峙的安州，建壽山、梵雲。高齊有大
莊嚴^①、大總持、興聖^②，在鄴城；尚書省改大基聖，晉祠改大崇皇^③，在北
都并州。

隋唐時代，有序與隨機的官方營造，同時推向全國，顯示著一統之主，
君臨天下的視野，及對佛陀教化的更高期待。隋文帝“詔州縣各立僧、尼二
寺”^④，命在“龍潛”時行迹所至四十五州，“皆造大興國寺”，又在四十州
“各造寶塔”供養舍利。“道化天下，三分其二”，空前地展示了一統王朝，以
君權弘教的威力。

李唐富有四海。前期幾位皇帝，把有序營造與德業炫耀結合，給弘教事
業加上了鮮明的個人印記。武德五年（622），李世民平竇建德凱旋，廣武天
際現觀音金身，秦王大喜說：“天授神佑，厥功溥哉！”命在廣武山上立觀音
寺^⑤。貞觀三年（629），唐太宗更命在起義以來各戰場立寺，“以紀功業”^⑥。
永徽三年（652），在昭陵立寺爲太宗追福，“催迫發遣”幽州以北歧州以西
百姓“皆來赴作”^⑦。乾封元年（666），唐高宗封禪泰山，告成上天歸來，推
功於佛陀，發詔“天下諸州，各營一寺”^⑧。載初元年（689）七月，武則天
應《大雲經》“女主當國”的預言即將稱帝，“頒制於天下，令諸州各置大
雲寺”^⑨ 以示感戴。遠在西陲的安西四鎮，也遵制建造了大雲寺。神龍元年
（705）二月，唐中宗以爲李唐中興得佛助，令“諸州置寺、觀一所，以‘中
興’爲名”；後以爲“中興”之號對母皇不敬，再改“中興”爲“龍興”^⑩，
遍置天下。開元二十六年（738），盛世之君唐玄宗自紀功德，敕“天下諸郡
立開元寺”^⑪。一個朝代的佛寺營造，搞得像唐朝這樣雷厲風行而又秩序井然，

---

① 《北齊書》卷 4《文宣帝紀》。
② 《北齊書》卷 7《武成帝紀》。
③ 《北齊書》卷 8《後主紀》。
④ 闕名:《建安公等造尼寺碑》，見《全隋文》卷 30。
⑤ 陸元朗:《敕建廣武山觀音寺碣》，見《全唐文》卷 146。
⑥ 《舊唐書》卷 2《太宗上》。
⑦ 《唐會要》卷 48《寺》。
⑧ 《法苑珠林》卷 100《興福部第五》，見《大正藏》卷 53。
⑨ 《舊唐書》卷 6《則天皇后紀》。
⑩ 《舊唐書》卷 7《中宗紀》。
⑪ 《佛祖統記》卷 40《法運通塞七》。

是空前絕後的。

唐代地方的佛寺營造，由地方官府運作。從散見於《方志》的記載，可想見它的宏大規模。列表於下。[①]

《方志》所見唐地方官府置寺表

時間	地望	寺名	置寺官	出處
開元 27	易州易縣	開元	刺史盧暉	《弘治易州志》5
至德 2	益州成都	菩提	長史盧元裕	《四川通志》48
乾元 3	巴州化城	光福	度支判官嚴武	《巴州古佛龕記》
大曆 4	鄂州武昌	寧國	刺史旦直節	《光緒武昌縣志》6
大曆中	滁州清流	開化	刺史李幼卿	《安徽通志》8
元和 1	杭州錢塘	定山	刺史裴常棣	《杭州府志》35
元和	柳州馬平	大雲	刺史柳宗元	《乾隆柳州縣志》3
寶曆中	潤州丹徒	甘露	節度使李德裕	《光緒丹徒縣志》6
會昌 1	湖州烏程	寧化	刺史張文規	《光緒歸安縣志》10
會昌	明州慈溪	瑞岩	刺史黃晟	《光緒慈溪縣志》41
大中 3	宣州宣城	廣教	刺史裴休	《嘉慶寧國府志》14
大中 11	福州侯官	報恩	觀察史楊發	《閩侯縣志》22
乾符 6	泉州晉江	水陸	刺史林戶廣	《乾隆晉江縣志》15
光啓中	湖州烏程	郡安	刺史李師悅	《光緒歸安縣志》10
乾寧中	明州象山	常樂	刺史黃晟	《象山縣志》20
天復 2	福州長樂	巖泉	監軍李柔	《福州府志》16
天祐 2	常州江陰	感化	鎮遏使秦誠	《江南通志》45
天祐中	泉州晉江	樓隱	刺史王廷彬	《乾隆晉江縣志》15
天祐中	泉州晉江	招慶	刺史王廷彬	《乾隆晉江縣志》15
天祐	常州江陰	永壽	縣令張可琮	《江南通志》45
天祐	黃州黃岡	永興	刺史孫彥思	《黃州府志》38
唐	洪州建昌	長興	縣令元道	《南康府志》7
唐	江州都昌	常樂	刺史王叔英	《南康府志》7
唐	江州彭澤	清隱	縣令奉敕	《南康府志》7
唐	姚州大理	華藏	節度使高駢	《道光趙州志》2
唐	姚州大理	遍知	節度使高駢	《道光趙州志》2
唐末	歙州歙縣	寶相	刺史陶雅	《乾隆歙縣志》19
唐末	潭州長沙	同慶	連帥李景讓	《光緒長沙府志》35

---

① 據筆者輯《方志所見漢唐佛寺志稿》（未刊）。

這 28 條資料中，有 27 條是唐後期的，唐前期僅一例。置寺地望所在，包括江南東西道、山南西道、淮南道、劍南道、嶺南道、河北道等。置寺官主要是刺史，共 16 例，還有節度使、觀察使、鎮遏使、度支判官、監軍、連帥、長史、縣令等。刺史、長史、縣令是州縣官；連帥是地方軍事長官；其餘都是朝廷的使職官。除連帥置寺帶有隨機性，其餘都可能是奉命營造的。

（二）皇家：四朝爲盛

皇家造寺，同官方營寺有區别。它由皇族與外戚，自心發願、捨宅捐資營造，屬於皇家功德寺性質。法琳《辯正論》記述歷代造寺，對這兩種營造有明確的區分：著於正文的是官廷營寺；著於夾註文的是皇家功德寺。縱觀漢唐間的皇家造寺，以東晉、蕭梁、隋、唐四朝爲盛。

1. 南朝盛於北朝

東漢初年，楚王劉英在彭城造浮圖祠，是皇族造寺的濫觴。但他既學釋門齋戒，又誦黄老微言，信向還不明確。三世紀中葉，孫吳會稽王亮的潘氏夫人，在武昌發心建寺，後稱惠寶寺 [1]，算是較早的皇族功德寺。

皇族發心立寺成爲風氣，自晉司馬氏始。惠帝衷“於洛下造興聖寺，供養百僧”；愍帝鄴“於長安造通靈、白馬二寺”；元帝睿在建康造瓦官、龍宮；明帝紹建皇興、道場；成帝衍造中興、鹿野等，俱見於法琳著録。此外，康帝皇后褚氏，在秣陵東南的運溝西岸，自立延興寺；穆帝爲皇后何氏，在縣東大道北側立寺；簡文帝即位，自立波提寺 [2]；會稽王司馬道子自立中寺 [3] 等，也都是皇家功德。

南朝各皇室仿傚司馬氏，以自立功德爲時尚。宋武帝劉裕營造靈根、法王，文帝義隆營造禪雲，明帝或營造普弘、中寺；齊高帝蕭道成營造陟屺、正觀，武帝賾營造招賢、遊玄等，亦見於法琳著録。元嘉四年（427），梁王妃司馬氏捨中興里邸，爲晉陵公主造南林寺 [4]。殷貴妃死，宋孝武帝爲寵妃立

---

① 《光緒武昌縣志》卷 6。
② 許嵩撰、張忱石點校《建康實録》卷 8，中華書局，1986。
③ 王僧儒：《中寺碑》，見《全梁文》卷 52。
④ 《建康實録》卷 12。

寺追福，取妃子新安王號作寺名^①；又自起莊嚴寺。齊豫章王蕭嶷死，武帝命賣"雜物服飾，得數百萬"，爲他造集善寺^②。齊明帝要超過宋孝武帝七層莊嚴寺，捨故宅造十層湘宮寺，未能成功^③。梁武帝蕭衍方登極，捨秣陵縣同夏里三橋故居，爲光宅寺。爲亡父蕭順之追福，在縣西南造大愛敬寺（與鐘山一寺同名）。梁簡文帝蕭綱皇太子蕭緯，捨故邸爲相宮寺。貴妃穆氏立善覺寺於太清里。皇弟南平襄王蕭偉，在秣陵縣西北立永明寺。第六子邵王蕭綸，先立慈恩寺於縣東南，再立一乘寺於縣西北。女永康公主蕭玉立幽嚴寺。孫蕭詧在荆州，爲兄河東王蕭譽立河東寺追福。甚至皇家奴婢——"宮獲"，也在縣郊自立儀香尼寺^④。簡文帝營建資敬、報恩，元帝營建天居、天宮，見於法琳著錄。陳朝僅見武帝皇后章氏，捨烏程故宅立龍興寺^⑤。東晉以來的皇室造寺風，至陳朝方漸消歇。

北朝與南朝風習不同，皇族以國寺爲家寺，鮮見捐施自營。魏孝文帝初即位，文成帝后馮氏臨朝，以兄馮熙做侍中：

> （熙）爲政不能仁厚，而信佛法，自出家財，在諸州鎮建佛圖精舍，合七十二處，寫一十六部一切經。延致名德沙門，日與講論，精勤不倦，所費亦不貲。而在諸州營塔寺多在高山秀阜，殺傷人牛。有沙門勸止之，熙曰："成就後，人唯見佛圖，焉知殺人牛也。"^⑥

北魏皇族外戚自營功德寺，馮熙是僅見的一例。但他自立佛圖精舍多達72處（著名的北邙寺是其中之一），在佛寺史上極爲罕見。而置人牛傷亡於不顧，則其願可疑，其心可誅。北齊時，後主所寵彭夫人死在晉陽，爲她造寺"與總持相埒"；幼主爲胡昭儀起大慈寺，未成，又改爲穆皇后大

---

① 《宋書》卷97《夷蠻傳》。
② 《南齊書》卷22《蕭嶷傳》。
③ 《南齊書》卷53《虞願傳》。
④ 《建康實錄》卷17；沈約《光宅寺刹下銘並序》，《全梁文》卷30；梁簡文帝《相宮寺碑》《善覺寺碑》，《全梁文》卷14；《新唐書》卷103《蘇良嗣傳》。
⑤ 《光緒歸安縣志》卷10。
⑥ 《魏書》卷83上《馮熙傳》。

寶林寺。①

2. 隋、唐皆盛於初期

楊隋、李唐皇家，承襲前代風習，熱衷功德寺的營造，以隋之文帝、唐之高祖太宗高宗最盛；兩朝的功德寺，又集中在京師諸坊。列表於下。②

隋唐京師皇家功德寺表

時間	寺名	營寺緣起	坊名	出處
開皇初	遵善	文帝移都爲收人望	靖善	7
開皇2	大覺	文帝爲醫人周子臻	崇賢	10
開皇2	妙勝尼	平原公主（周靜帝皇后）立	醴泉	10
開皇3	清禪	帝命唐公李淵施宅	興寧	9
開皇3	普耀	獨孤后爲外祖	青龍	8
開皇3	趙景公	獨孤后爲父	常樂	9
開皇3	萬善尼	爲度周氏皇后嬪御千餘人	休祥	10
開皇5	淨域	竇氏（唐高祖皇后）捨宅	宣陽	7
開皇5	功德尼	細腰公主（周宣帝皇后）立	懷遠	10
開皇5	宣化尼	周昌樂公主及駙馬王安捨宅	永平	8
開皇6	福田	漢王楊雄立	敦義	10
開皇6	紀國	獨孤皇后爲母崔氏	延福	10
開皇8	真心尼	宦者宋祥捨宅	羣賢	10
開皇10	辨才	李神通（唐淮安王）捨宅	懷德	10
開皇中	崇聖	秦孝王楊俊捨宅	崇德	9
開皇中	明覺尼	河間王楊宏立	布政	10
開皇中	開善尼	宮人陳宣華蔡容華立	金城	10
仁壽1	日嚴	晉王楊廣施營第材木	青龍	8
仁壽3	禪定	文帝爲獨孤皇后立	永陽	10
文帝時	資善	蘭陵公主捨宅	安業	9
大業3	大禪定	帝爲父追福	永陽	10
武德2	崇義	桂陽公主爲駙馬趙慈景	長壽	10
武德2	靈安	高祖爲衛懷王李霸	嘉會	10
武德間	楚國	第五子死追封楚哀王	進昌	8
貞觀1	興聖	太宗捨舊宅	通義	9
貞觀5	普光	太子李承乾立	頒政	10

---

① 《北史》卷14《后妃下》；《北齊書》卷8《幼主紀》。

② 資料見《長安志》，"出處"爲卷數。

續表

時間	寺名	營寺緣起	坊名	出處
貞觀 8	弘福	太宗爲母追福	修德	9
貞觀 12	大慈恩	太子李治爲母后	進昌	8
貞觀末	靈寶尼	改隋濟度寺盡度太宗嬪御	崇德	9
顯慶 1	西明	爲孝敬太子病愈	延康	10
龍朔 2	崇敬尼	爲安定公主死	靖安	7
龍朔 3	資聖尼	高宗爲母追福	崇德	9
龍朔 3	建福	爲新成公主	曲池	8
乾封 2	招福	英王李旦改隋正覺	崇義	7
乾封 2	崇福	武后爲姊	敦義	10
咸亨 1	太原	武后捨外氏宅	休祥	10
咸亨 4	千福	章懷太子李賢捨宅	安定	10
文明 1	大獻福	原英王宅爲高宗崩百日齋	開化	7
神龍 1	罔極	太平公主爲武太后	進昌	8
神龍 1	懿德	爲懿德太子追福	延壽	10
神龍中	鄿國	原隋遵善韋后爲父鄿王貞改	靖善	7
神龍中	永泰	爲永泰公主追福	長壽	10
景龍 1	溫國	爲殤帝（溫王）追福	太平	9
景龍 3	永壽	爲永壽公主	永樂	7
景龍中	薦福浮圖院	宮人率錢立	開化	7
景龍中	報恩	虢王邕娶韋后妹捨宅	崇德	9
中宗時	新都	新都公主捨宅	延福	10
景雲 1	大安國	相王李旦捨宅	長樂	8
先天 2	昭成尼	玄宗爲母昭成后	休祥	10
開元 22	興唐	改原罔極置玄宗御容	進昌	8
天寶 9	保壽	高力士捨宅	翊善	8
大曆 1	章敬	魚朝恩爲章敬后捨莊	通化門外	10
大曆初	奉慈	太后吳氏爲升平公主追福	宣陽	8

《長安志》顯示，自隋文帝至唐代宗 180 餘年間，隋唐兩代皇家，在京師共立功德寺 53 所。其中隋 21 所，唐 32 所；隋文帝和唐之高宗、中宗三朝最盛，分別爲 20 所、8 所、10 所。檀主身份爲皇帝 8 人：隋文帝、煬帝，唐高祖、太宗、高宗、中宗、睿宗、玄宗；皇后 5 人：文帝獨孤后、高祖竇后、高宗武后、中宗韋后、肅宗吳后；太子 3 人：李承乾、李治、李賢；親王 7 人：漢王楊雄、秦孝王楊俊、河間王楊宏、晉王楊廣，淮安王李神通、英王

（相王）李旦、號王李邕；公主 7 人：周昌樂公主，隋平原、細腰、蘭陵公主，唐桂陽、太平、新都公主；宦者 3 人：開皇宋祥、天寶高力士、大曆魚朝恩；還有開皇、神龍宮人。

唐中宗時，"貴戚爭營佛寺"，幼女安樂公主，"營第及安樂佛廬，皆憲寫宮省，而工緻過之"；唐睿宗景雲二年（711），"敕貴妃公主家始建功德院"，次年爲金仙、玉真二公主造功德寺①。由於不大崇佛的唐玄宗很快即位，未能興起更大的皇家營寺熱潮。

（三）高門：代襲與罔替

1. 士族家寺有代襲

對東晉南朝上層社會的營造風習，蕭梁劉孝綽評論説："公卿貴士，賢哲偉人，莫不嚴事招提，歸仰慧覺，欲使法燈永傳，勝因長久。"② 江南士族，代襲其裘，他們營造的功德寺，也成爲法燈久傳的家寺。在南渡的僑姓高門中，這種現象比較明顯。

追溯士族功德寺淵源，與琅琊王氏似乎勝緣尤深。"七賢"之一王戎的從弟王衍，西晉末世做懷帝宰相。《光緒歸安縣志》記載，烏程的無爲古寺，傳是"王衍捨宅"所建。此條如可信，當是中古士族置功德寺的最早行事。與王衍情誼甚篤的王導，獻策司馬睿南渡，輔佐三代帝業，是東晉第一高門。王導第五子吳國内史王劭，在其父的湘州清廟之北"造枳園精舍"。王導孫司徒王謐"感瑞呈真，造東安寺"；另一孫左僕射王珣營造石澗寺。齊武帝時，王劭玄孫任湘州刺史王奐，以枳園寺"瓊刹未樹"，自割藩俸立五層佛塔③。自王劭初立功德，到王奐補作寺塔，枳園作爲王氏家寺，傳襲五世，歷百餘年。

何氏也以多營功德寺著稱。廬江世族何氏，"自晉司空充、宋司空尚之，世奉佛法，并建立塔寺"④。何充是王導妻姊之子，妻是晉明帝皇后庾氏之妹。

---

① 《新唐書》卷 83《安樂公主》；《資治通鑑》卷 211 "開元二年" 條；《佛祖統紀》卷 40《法運通塞七》；《舊唐書》卷 100《裴漼傳》。
② 劉孝綽：《棲隱寺碑》，見《全梁文》卷 60。
③ 沈約：《湘州枳園寺刹下石記》，見《全梁文》卷 30。
④ 《梁書》卷 37《何敬容傳》。

建康建福寺爲何充所立①。尚之宅居南澗寺側，子何劭是宋文帝女南郡公主駙馬；二女嫁彭城王劉義康、巴陵哀王劉休若。至梁侍中何敬容：

> 又捨宅東爲伽藍，趨勢者因助財構造，敬容並不拒，故此寺堂宇校飾，頗爲宏麗，時輕薄者因呼爲"衆造寺"焉。②

敬容是齊武帝女長城公主駙馬。何充、尚之、敬容，貴爲晉、宋、齊三朝國戚。廬江何氏營寺京師之盛，前後長達二百年。系出東海何氏的晉安帝輔國將軍何無忌，"崇信克終，造枳園寺"，見於《辯正論》著錄。

晉穆帝時的尚書僕射江虨，世出陳留江氏，父爲國子博士江統。他莅官會稽時，"卜居山陰都陽里"。其子宋尚書右僕射江斆，於元嘉二十四年（447），在山居舊基置龍華寺。侯景之亂陷京師，江斆六世孫梁太常卿江總，避難"憩於龍華寺"。山陰這一處江氏家寺，至此已延續百年。③

蘭溪（今浙江蘭溪）胡氏，晉安帝時有太傅安定公胡鳳，義熙二年（406）捨居宅爲和安寺，夫人捨西莊置五福寺。胡氏"後嗣蕃衍，不可勝言"。和安以後更名靈曜，五福舊額移至東山。兩寺作爲胡氏家寺，世代承襲不輟。唐武宗廢佛，"和安、靈曜並隨而廢"；唐宣宗興佛，胡鳳二十三世孫僧清瑗重建。蘭溪胡氏兩所家寺的法燈，竟長燃五百年而未熄，爲佛寺史所罕見。④

南朝的大臣高門競置家寺之風，蕭梁最盛。吳縣鄧尉山有光福寺，"梁九真太守顧氏家山也"⑤。這一所顧氏家寺，自蕭梁傳至唐懿宗咸通時，長達三百餘年。吳會四大世族顧、陸、朱、張，顧氏爲首。據《吳縣志》（民國11）卷三六，吳縣永定、法水二寺，亦天監時顧氏捨宅所置；重雲寺是陸氏捨宅所建。梁武帝時，"世居江陵"的江夏太守樂法才，"至家割宅爲寺"；蔣山有延賢寺，是侍中到漑"家世創立，故生平公俸，咸以供焉"；光禄大夫濟陽江倩，

① 《建康實錄》卷8。
② 劉孝綽：《棲隱寺碑》，見《全梁文》卷60。
③ 《陳書》卷27《江總傳》。
④ 邵朗：《兜率寺記》，見《全唐文》卷806。
⑤ 崔鵬：《吳縣鄧尉山光福寺舍利塔記》，見《全唐文》卷804。

"捨同夏縣界牛屯里舍爲寺"，敕賜"以慧眼爲名"；山陰賀革，"在荊州歷爲郡縣，所得俸秩，不及妻孥，專擬還鄉造寺，以申感思"[①]。天監時的寧蜀太守庾域，世出新野庾氏，卒於官。其子庾子輿，在故里嶺南原"爲父立佛寺"。[②]

士族家寺傳襲亦見於北朝。北魏黃門侍郎尚書令李裔，世出趙郡李氏。他在元氏縣故里，"捨山第"立隱覺寺。"自魏歷齊，僧徒彌廣"，而毀於周末芟夷像教。李裔嫡孫李祖元，隋時"捨舊居"恢復家寺，改額"開業"，旋又遭遇隋末戰亂。武德初（618~），祖元子李維摩入唐爲官，"貞觀四年（630），還賜舊額，爲開業寺"。至唐高宗開耀（681~682）年間，李裔曾孫李緯、李俊，玄孫李崇耊等，都在唐朝爲官，仍在承續家寺香火。這所李氏家寺，經歷了二百年風雨[③]。北魏張元高世出南陽張氏，寓居弘農。"千金之族見徙五陵，大姓之氏移家六都"，他的五個兒子立五張寺於弘農，借向後人標示閥閱。東魏太原公楊愔，出弘農楊氏，世居磽磝城（今山東東阿西）。父楊津，魏司空侍中贈太傅。楊愔任聘梁使者，"至磽磝戍，州内有愔家舊佛寺，入精廬禮拜，見太傅容像"[④]。關於敦煌家寺，史葦湘先生指出：

> 敦煌的世家豪族已經把佛教石窟作爲"家廟"，一家一窟，一族一窟。爲了造窟，父子相繼，祖創孫修，是屢見不鮮的。而且在造窟銘記中用大量篇幅陳叙家譜，矜示閥閱。由於寺院有財産、土地，敦煌的世家豪族幾乎家家有出家的僧尼。……在莫高窟的供養人行列中，畫在最前列導領禮佛的僧尼，大多數是同一家族的成員，就是這一關係最具體的反映。[⑤]

敦煌寺窟的營造狀況，具體揭示了北朝士族競立家寺的風習。

2. 勳貴營寺多罔替

隋朝初年，受皇家的影響與帶動，貴戚勳臣也競相營造佛寺，而且同樣集中在京師諸坊。唐初大臣鮮在京師營寺。據《長安志》記載列表於下。

---

① 《梁書》卷19《樂諤附法才傳》，卷40《到漑傳》，卷48《江紑傳》《賀瑒傳》。
② 《南史》卷56《庾域傳》。
③ 《常山貞石志》卷4《大唐開業寺李公之碑》，見《石刻史料新編》第18册。
④ 庾信：《陝州弘農郡五張寺經藏碑》，見《全後周文》卷12；《北齊書》卷34《楊愔傳》。
⑤ 史葦湘：《世族與石窟》，見《敦煌研究文集》，甘肅人民出版社，1982。

隋唐京師貴戚功臣功德寺表

時間	寺名	營寺緣起	坊名	出處
開皇 3	資敬尼	太保薛國公長孫覽爲父	永樂	7
開皇 3	真寂	齊國公高熲捨宅	義寧	10
開皇 4	海覺	淮南公元偉捨宅	崇賢	10
開皇 6	大慈	大司馬竇毅捨宅	常樂	9
開皇 6	樂善尼	尉遲太師爲祖父尉遲迥	金城	10
開皇 6	羅漢	雍州牧豆盧勣立	懷德	10
開皇 6	慈門	刑部尚書李圓通立	延壽	10
開皇 7	普集	突厥開府儀同三司鮮于遵義捨宅	居德	10
開皇 9	法海	江陵總管賀跋業捨宅	布政	10
開皇 9	積善尼	高熲妻賀跋氏捨別宅	義寧	10
開皇 10	真化尼	冀州刺史馮臘捨宅	羣賢	10
開皇 10	靜法	左武侯大將軍竇抗立	延康	10
開皇間	修善	太師李穆妻元氏捨別宅	安業	9
開皇間	實際	長孫覽妻鄭氏捨宅	太平	9
開皇間	妙象	蜀公尉遲迥立	故都城	10
開皇間	定水	上明公荆州總管楊紀捨宅	太平	9
隋	空觀	駙馬都尉元孝恭捨宅	興化	9
隋	褒義	太保尉遲剛捨宅	嘉會	10
武德中	大法	光禄大夫李遠立	長壽	10

這 19 條資料，隋初 18 條，唐初僅 1 例。與南北朝時期的士族家寺，多見世代承襲的現象相反，即使隋初功臣貴戚的京師功德寺，也很少後代傳承。這些隋初的功德寺，有的到唐代廢毀了，有的被李唐皇家改造易名了。兩個時代的功德寺，光景迥然不同，固然同隋祚短促有關；盛極一時的中古士族，在隋唐以後歸於消亡，纔是最根本的原因。

唐初大臣營寺，見於京畿及外地。如武德四年（621），右僕射蕭瑀在藍田造津梁寺 [1]。貞觀時，杜如晦在衢州龍丘"捨宅爲寺"；褚亮在華山"創立僧宇" [2]。唐高宗總章時，宰相閻立本在信州玉山捨宅爲普寧寺，南莊爲普圓

---

[1] 《續高僧傳》卷 19《法喜傳》。
[2] 余紹宋纂修《龍游縣志》卷 24《叢載·寺觀》，民國 14 年（1925）；褚亮：《與暹律師等書》，見《全唐文》卷 147。

院，讀書處爲智門院 ① 等。唐代宗大曆二年（767），"詔輔相大臣始建功德院"②，提倡重臣營寺爲自家功德。這些重臣功德寺也不在京城，如汾陽王郭子儀妻霍國夫人王氏，乃是"捨京城西別業，奏置法雄寺"③。佞佛的宰相王縉，"捨財造寺無限極"④，亦不見於京師。同隋朝相比，唐朝大臣營功德寺不多。這一現象，同李唐自命李耳之後，强調道教的背景有關。

唐後期大臣，往往依托大寺名山，建寺院做自家功德。如唐德宗時的御史中丞楊憑，爲潭州安國寺添置法華院，供老母誦《法華經》⑤。唐宣宗時的御史中丞韋宙，在衡岳施營兜率寺⑥。這些功德寺院不見代襲。唐武宗宰相李德裕，捨故里贊皇之平泉莊爲玉泉寺，化莊爲寺，或有隱匿莊產的意圖。⑦

貴臣入據原有的僧寺，其後人遂佔爲家寺，成爲代襲"功德"的一種新形式。如唐武宗時的宰相李紳，幼年家寓無錫縣，曾"肄業於慧山寺"；晚歲"退歸慧山寺僧房"。紳之曾祖李敬玄，世出趙郡李氏南祖房，儀鳳年間任武周宰相；李紳在宣武節度使任上，置有利潤樓店。可知他爲官而兼商。李紳死後，其子李浚視該寺如家寺，稱"慧山寺，浚家山也"⑧。這種"家山"，不出自祖上功德，帶有强佔意味，同前代家寺的性質迥然有別。後來南宋朝廷，允許勳臣貴戚"指射"小佛寺，爲自家"守墳"功德院；有的權臣公然指射國家有額大寺爲功德院⑨。晚唐李氏之佔據慧山寺，可以説是其濫觴。

---

① 《同治玉山縣志》卷 2《寺觀》。
② 《佛祖統紀》卷 41《法運通塞八》。
③ 楊綰：《汾陽王妻霍國夫人王氏神道碑》，見《全唐文》卷 331。
④ 《舊唐書》卷 118《王縉傳》。
⑤ 于頔：《潭州法華院記》，見《全唐文》卷 544。
⑥ 陳田夫：《南岳總勝集》卷中《兜率寺》。
⑦ 《畿輔通志》卷 181《寺觀·贊皇·玉泉寺》。
⑧ 李浚：《慧山寺家山記》，見《全唐文》卷 816。
⑨ 《佛祖統紀》卷 47《法運通塞十四》："紹興七年（1137），左司諫陳公輔上疏：'乞照祖宗成法，不許執政指射有額寺院，應臣僚前會，陳乞有額寺院充墳寺功德者，并令改正；許與無額小院。'詔'可'。"卷 48《法運通塞十五》："淳祐十年（1250），臣僚上言：'國家優禮元勳近臣貴戚里，聽陳乞守墳寺額，蓋謂自造屋宇、自置田產，欲以資薦祖公，因與之額。故大觀降旨，不許近臣指射有額寺院，……著在令甲。……邇來士夫，一登政府，便萌規利，指射名刹，改充功德，侵奪田產，如置一莊。……欲望睿旨，申嚴舊制，應指佔敕額寺院，并與追正。……'制'可'。"

（四）官眾：兩見波峰

所謂"官眾"，是指中朝侍郎和地方節度使以下的中下級官員。中下官員捨施造寺，晉朝鮮見；南北朝時期，蕭梁最多；唐代盛於後期。資料匯計所得，列表於下。

南北朝隋唐中下官員功德寺表

時間	地望	寺名	營寺人	出處
晉咸和中	丹陽	靈應	丹陽尹高悝感靈	《辯正論》3
宋元嘉4	吳興烏程	鳳山	遂昌縣令潘琮捨宅	《光緒歸安縣志》10
宋大明	秣陵南岡	禪岡	中庶子蕭惠開爲父	《宋書》87
同上	曲阿	禪鄉	同上	同上
同上	京口	禪亭	同上	同上
同上	封陽	禪封	同上	同上
齊永明	潯陽柴桑	樓賢	諮議張希之捨宅	《樓賢寺碑》
梁天監	豫章臨汝	廣壽	内史殷均	《光緒撫州府志》20
同上	秣陵	敬業	禮部侍郎盧法震	《建康實錄》17
同上	秣陵北	淨居	潁州刺史劉威	同上
同上	秣陵	明慶	後閣舍人王曇明	同上
天監12	江夏	緣果	長史劉瑞捨宅	《緣果道場舍利銘》
梁普通	秣陵西南	果願尼	東陽太守王均	同上
同上	同上	猛信尼	後閣主書高僧猛	同上
同上	秣陵西北	衆造	後閣舍人吳慶之	同上
梁大通	秣陵北	園居尼	舍人袁	同上
梁大同	秣陵	本願尼	湘州刺史蕭環	同上
同上	秣陵東南	普光	安豐縣令張延	同上
同上	秣陵東北	化成	江寧縣令陶道宗	同上
同上	秣陵西北	寒林	常侍陳景	同上
同上	同上	履道	後閣舍人章法護	同上
同上	晉陵暨陽	興建	渤海太守費衡捨別館	《江陰興建寺碑銘序》
梁元帝	江夏百里洲	壽王	都督	《北齊書》32
陳永定	吳興烏程	精舍	青州刺史館聚捨宅	《光緒歸安縣志》10
魏太和	南青州	寺塔	將軍奚康生捨居宅	《魏書》73

時間	地望	寺名	營寺人	出處
魏太和	華州	寺塔	同上	同上
同上	涇州	寺塔	同上	同上
同上	相州	寺塔	同上	同上
隋大業	梓州元武	福慧寺閣	縣令柳邊	《元武縣福慧寺碑》
開元初	京兆藍田	輞川	庫部郎中王維捨別業	《光緒藍田縣志》8
元和中	蘇州常熟	勝法	閻將軍捨宅	《蘇州府志》43
長慶1	平州盧龍	報恩	盧龍節度使劉總捨第	《資治通鑑》241
長慶初	幽州新平	懷恩	幽寧節度使高霞寓捨宅	《舊唐書》162
太和1	撫州宜黃	觀音	潭州通判李玉甫施田	《道光宜黃縣志》30
大中12	蘇州吳縣	棲心	幽寧節度使任景求捨宅	《心境大師碑》
咸通中	蘇州華亭	方廣	蔡侍郎功德院	《嘉慶松江府志》75
咸通14	湖州烏程	覺觀	金州刺史劉某捨宅	《光緒歸安縣志》10
文德1	饒州弋陽	南山	兵部員外郎劉汾施山	《大赦庵記》
大順1	泉州莆田	上生	校書郎黃樸捨地	《光緒莆田縣志》4
天祐1	宣州宣城	保壽	刺史臺蒙捨宅	《嘉慶寧國府志》14
天祐1	同上	永慶	同上	同上
天祐3	蘇州昆山	資福	鎮遏使劉璠捨宅	《蘇州府志》43
天祐中	撫州宜黃	藥師	節度使羅賢施田	《宜黃縣志》30
天祐中	常州江陰	重光	縣令張蘊捨宅	《江南通志》45
唐末	升州溧陽	資聖	金吾長史倪雲捨宅	《江南通志》45
唐末	滁州永陽	寺	淮南節度使劉長慶捨宅	《安徽通志》8
唐末	汴州尉氏	香火	安撫使任瓌功德院	《嘉靖尉氏縣志》4
唐末	京兆醴泉	忠永	廣州總管劉世讓	《續修醴泉縣志稿》4
唐末	利州綿谷	廣福	戎帥張處釗創	《太平廣記》96《嘉州僧》

　　這一份資料共49例。其中，東晉1例；南朝23例，主要在蕭梁時期；北魏4例；隋1例；唐20例，19例在後期。從官衆的身份看，中朝有侍郎、常侍、中庶子、内史、諮議、舍人、金吾長史、校書郎、安撫使等；地方有太守、刺史、通判、縣令、鎮遏使等。中下官衆營寺的兩個高潮，出現在蕭梁與唐後期，應該同梁之武帝、唐之憲懿僖諸宗佞佛有關，也同唐之將亡時期的官衆心態有關。

唐前期罕見而集中在後期,還有兩個原因。一是中下官衆不像皇族貴戚有特權,他們營寺須自捐田產做功德。然而唐前期實行均田令,禁止土地買賣。大土地佔有被遏制,也就限制了官衆家產的增殖。另一個原因是,唐前期寺額有"定數",對官員營寺起限制作用。唐中宗提倡功德院祇及"輔相大臣",不及中下官衆。王維是以追福亡母爲由,先上《請施莊爲寺表》,獲准方建的 ① 。這兩個因素在唐後期都有了變化。均田令在開元天寶時廢弛,中下官吏同地主階級一樣,得用各種合法或非法的方式聚集財產。後期官衆普遍富於前期的同級職官,有了營寺財力。中下官員營寺,集中在元和以後尤其是唐末,恰與唐代大土地制發展同步,並非偶然。後期也不再強調寺額之限。除官寺定數外,私家皆可營功德。杜牧説,唐後期"捐己奉佛"最力的人,有一類是"刑法錢穀小胥",他們"出入人性命,顛倒埋没","得財買大第,豪奴如公侯家";還有一類是"大吏",他們"有權力,能開庫取公錢,緣意恣爲"。這些人"心自知其罪,皆捐己奉佛以求救" ② 。杜牧的指摘,揭示了中下官吏熱衷營寺的背景。

(五)庶民:城鄉共襄

晉唐間營寺的庶民檀主,包含不同階級和階層的人。史籍與地方志所謂"坊人""郡人""州民",多指城邑住民;"士人""處士""大夫",屬中下級讀書人;所謂"鄉人""里人""鄉豪""村豪""里老""農家",有地主,也有農民;"大賈""估客"及某些"坊人",屬商人階層。所謂"邑人",有的在鄉里,有的在縣邑,包括士、農、商等各階層的人。每種稱謂的內涵,往往多義,有交叉,不易分清,這裏將其大致區分爲邑民、鄉民、商民三類,以便於庶民檀主階層的剖析。

1.邑民

中古民間造寺,從發展過程看,城邑早於鄉村;而邑民營寺,顯然也是到唐後期,纔盛行起來的。資料匯計所得,列如下表。

① 王維:《請施莊爲寺表》,見《全唐文》卷324。
② 杜牧:《杭州新造南亭子記》,見《樊川文集》卷10。

晉唐間邑民立功德寺表

時間	地望	寺名	營寺人	出處
晉永嘉 1	吳興烏程	開化	孫德宗捨宅	《光緒歸安縣志》10
東晉初	吳興錢唐	慈嚴	葛稚川捨宅	《杭州府志》34
梁大同 1	吳興烏程	鹿苑	處士夏玢	《光緒歸安縣志》10
大同 2	吳興錢唐	發心	鮑侃捨宅	《杭州府志》34
隋開皇 3	長安頒政坊	建法尼	坊人田通捨宅	《長安志》10
仁壽 4	東郡白馬	明福	邑人杜明福捨宅	《民國滑縣志》4
隋	江都江陰	悟空	林王氏捨宅	《江南通志》45
唐武德 2	恩州陽江	光孝	民何悌創	《肇慶府志》8
武德 4	宣州當塗	麓心	龍鐵牛建	《康熙太平志》25
武德 5	恩州陽江	寧國	民徐玉鑒創	《肇慶府志》8
貞觀 4	虔州贛縣	妙明	邑人蕭剛建	《同治贛州府志》16
貞觀 19	益州綿竹	淨慧寺佛堂	前資官楊某	《武都山淨慧寺碑》
貞觀 23	杭州錢唐	實際	郡人施光慶捨宅	《杭州府志》34
貞觀中	黃州黃岡	報恩	郡人曹仁濟捐建	《光緒黃州府志》40
顯慶中	黃州黃岡	安國	郡人張大用捐建	《光緒黃州府志》40
儀鳳 3	明州慈溪	大寶	邑大夫呂珂捨宅	《寧波府志》33
高宗時	虔州贛縣	光孝	邱誠建	《贛州府志》16
長安 2	杭州餘杭	龍華	邑人徐璉捨宅	《咸淳臨安志》83
景龍 1	襄州襄陽	遍學	陳留阮氏捨財建	《湖北通志》88
大曆 2	杭州鹽官	龍山	邑人俱胝道者捨宅	《咸淳臨安志》85
貞元	衡州衡陽	能仁	襄陽龐蘊捨宅	《同治衡陽縣志》9
元和	杭州鹽官	廣福	邑人宋垣捨宅	《杭州府志》37
元和	宣州南陵	爐峰	京兆處士杜氏子建	《爐峰院鐘記》
太和	揚州六合	靈居	邑客趙曾邑人呂鑒重建	《靈居寺碑》
會昌中	蘇州長洲	白鶴	丁氏施宅	《蘇州府志》41
大中 9	福州梅溪	天王	楊訥捨宅	《民國閩清縣志》2
大中 10	越州上虞	義讓	民周元度昆弟捨宅	《光緒上虞縣志》39
大中 12	蘇州華亭	觀音	吳人陸素	《松江府志》76
大中	蘇州吳縣	西竺	郡人司馬原	《民國吳縣志》36
大中	杭州餘杭	吳清	邑人阮章捨宅	《咸淳臨安志》83
大中	蘇州華亭	法雲	處士吾仁約楊仲敏買地	《江蘇通志稿·金石》6
咸通 1	蘇州吳縣	般若	州民盛楚	《蘇州府志》42
咸通 6	湖州烏程	孝義	姚恩捨宅	《光緒歸安縣志》10
咸通 15	湖州烏程	大乘	沈恩立	《光緒歸安縣志》10
乾符 1	明州鄮縣	報恩	楊德順捨居	《民國鄞縣通志》
乾符 1	婺州金華	出俗	陳使君捨宅	《光緒金華縣志》5
乾符 3	湖州烏程	含山	沈從捨宅	《光緒歸安縣志》10

續表

時間	地望	寺名	營寺人	出處
乾符5	湖州烏程	興福	蔣子友捨宅	《光緒歸安縣志》10
乾符中	泉州晉江	東禪	郡人郭皎卓懌建	《乾隆晉江縣志》15
乾符	常州江陰	崇聖	邑人周奉思捨宅	《江南通志》45
廣明1	蘇州長洲	義安	陳坦捨宅	《蘇州府志》41
中和2	湖州烏程	景清	郡人吳言	《光緒歸安縣志》10
中和	衡州酃縣	青林	邑人陳僉判建	《同治酃縣志》19
光化3	宣州旌德	多寶	邑人王嗣建	《嘉慶旌德縣志》4
光化	明州慈溪	壽聖	邑人楊魯捨基	《寧波府志》33
天祐2	常州義興	保安	周承佑捨宅	《宜興縣志》卷末
天祐	常州江陰	迎福	邑人陶靜捨宅	《江南通志》45
天祐中	宣州太平	安仁	李鐸施宅	《寧國府志》14
唐	虔州贛縣	舍利	邑人謝懷德建	《贛州府志》16
唐	湖州烏程	無爲	士人馮倫沈演復建	《光緒歸安縣志》10
唐末	魏州元城	觀音	戴張郭三家建	《宋高僧傳》7《智佺》

表列51例，唐占44例，且多在後期。這樣的比例，亦大致反映唐後期佛教信仰的傳播，在社會基層的深入；同時反映唐後期的城邑住民，身份構成的多樣化，以及他們經濟力量的增強。邑民檀主中，當地土著，即所謂"郡人""邑人""州民""土人"等，佔大多數。

還有兩類人在唐代檀主中較突出。一類是讀書人，包括"士人""處士""邑大夫""前資"等。"前資"是以前做過官的人。營寺檀主多士人，一則反映唐代行科舉，民間讀書人多；再則表明佛教信向，在唐代民間士人羣體中影響增強。另一類是寄住當地的外地人。如表中所見陳留阮氏，大約武周時期"寓居襄陽"，景龍元年（707）捨財造遍學寺佛堂[1]。處士杜有正自京兆寓居南陵，元和時有正已亡，他的夫人徐氏，"命其子著、藹、蕃、芘等，追成先考之志"，創爐峰院[2]。"邑客趙曾"是"前徐州蘄縣丞"，太和時寓居揚州六合縣[3]。唐代社會自武周時期，"其有諸州人，或先緣饑歲，流宕忘歸；或父兄去官，因循寄住"[4]，脫籍流寓者漸多，形成寄住戶階層。民間

---

① 陳詩：《湖北通志》卷88《金石一》引《興業寺碑》。
② 師用：《爐峰院鐘記並銘》，見《全唐文》卷919。
③ 叔孫矩：《揚州六合縣靈居寺碑》，見《全唐文》卷745。
④ 《唐大詔令集》卷99《置鴻宜鼎稷等州制》。

營寺檀主多寄住户，反映這個寓居外鄉的羣體，對自家命運的關注。

2. 鄉民

中古鄉間營寺，以後期的非身份性地主和經濟條件較好的農民爲主體。資料匯計所得，列如下表。

南北朝隋唐鄉民立功德寺表

時間	地望	寺名	營寺人	出處
梁天監 2	揚州寧海	法海	葛藴德兄弟同捐田	《光緒寧海縣志》22
梁	鄞州某山	招提	鄉人某甲	《廣弘明集》35《爲人作造寺疏》
齊皇建 1	兗州洙源	寺	鄉舉孝義雋修羅捨田	《北齊文》10《雋修羅碑》
開皇 18	上谷淶水	華嚴	鄉人孫寶山	《弘治保定郡志》21
大業 9	江夏	緣果塔	三鄉仕民共施	《全隋文》29《緣果道場塔銘》
唐高宗	梓州郪縣	靈瑞	鄉望共建	王勃《靈瑞寺浮圖碑》
永隆 1	密州呂縣	省堂	慕賢里老五家捨財	《省堂寺殘碑》
垂拱中	五臺西臺	秘密巖	雁門清信士	《廣清涼傳》卷上
開元 2	衢州子湖巖	子湖	邑人翁延貴施山	《五燈會元》4《利踪》
天寶	絳州曲沃	普救	土人建	《山西通志》168
天寶	吉州永豐	智林	婺源熊嗣興施山	《吉安府志》9
至德	汾州西河	佛堂	社邑百姓	《不空表制集》3《賜寺額制》
寶應 1	鄂州永興	重巖	邑人葉望等施地	《湖北金石志·重巖寺記》
長慶 3	杭州錢唐	報恩	本鄉馮氏	《杭州府志》34
長慶	越州呂后山	道場	村豪里宿	《宋高僧傳》29《寧賁》
寶曆 2	隋州隋縣	靈峰	鄉民張武陵建	《德安府志》5
太和 4	懷州河内	功德	金城村稅户	《唐文拾遺》61《創修功德院記》
開成 3	福州長溪	龜山	處士楊俞等施山	《光緒福安縣志》32
會昌 1	蘇州常熟	法解	里人陸殊	《光緒重修常昭合志》16
大中 7	蘇州吳縣	應天	里人沈撲	《蘇州府志》44
大中 7	福州長樂	靈峰	里人施志爲創	《福州府志》16
咸通 2	常州義興	大爐靈峰	里人張氏捨宅	《嘉慶宜興縣志》卷末
咸通 5	宣州旌德	孔子	呂康捨地	《嘉慶旌德縣志》4
咸通 7	越州上虞	西資聖	姜思進捨地	《光緒上虞縣志》39
中和 1	福州連江	石門	謝胥募地	《民國連江縣志》7
文德 1	建州松政	雲峰	護田鄉民遊文建	《民國政和縣志》7
天祐 4	撫州臨川	普安	豪富鄧氏兄弟捨田	《全唐文》872《普安院碑銘》
天祐 4	和州烏江	湯泉	鄉人秦氏兄弟等	《全唐文》877《湯泉院碑》
唐末	饒州餘干	地藏	農家張姓芟地	《同治萬年縣志》3
唐末	趙州真定	真際	實行軍捨果園	《全唐文》997《真際行狀》

表中所列 30 例，時代分佈同官衆營寺一樣，集中在唐代，尤其在唐後期。這反映了漢地佛教在社會基層逐漸普及的過程。與中下官員多是獨家營寺不同，鄉民營寺的特點是多用合作的方式。合作形式多樣：或兄弟，或數家，或一村，或數鄉；或"清信士"，或"稅户"，或"社邑"。《大宋僧史略》説：

> 歷代以來，成就僧寺，爲法會社也。社之法，以衆輕成一重。濟事成功，莫近於社。今之結社，共作福因，條約嚴明，愈於公法。行人互相激勵，勤於修證。則社有生善之功大矣。①

如汾州西河那樣，鄉里農民結爲社邑，一起造寺做佛事，在唐後期頗常見。敦煌唐五代寫本中大量的社邑文書，就有佛事社邑留下的。與貴臣官員化産爲寺一樣，鄉民營寺，也往往有蔭庇産業的動機。松政鄉民游文捨産建雲峰寺，旌德邑人王嗣捨地建多寶寺，真定寶行軍捨果園建真際禪院，都有這樣的動機。下文對此還要説到。

3. 商民

《長安志》記載，崇賢坊西門之南的法明尼寺，系"開皇八年（588），長安富商王道賓捨宅所立"②。這是商民以檀主身份營寺的早期事例。

盛唐以後，商業發展，商民營造頗見於史籍。李浦《通泉縣靈鷲佛宇記》稱：

> 出梓城百三十里，山開而川長，……其初有頭陀僧選而居焉。……蜀民爲商者，行及太原，北上五臺山，求見大菩薩。衆堅（?）莫能致。有老人出，曰："菩薩在蜀，爾弗見耶? 奚遠迹吾山焉!"就窮所隱，指是頭陀即其人。還蜀而望拜，且深訴其辭。爲商者因大佈所聞。

開元二年（714），這些蜀商遂在頭陀隱居的通泉縣西山，"宇巖而爲之廟，廟其名曰'靈鷲'"③。皇甫湜《護國寺威師碣》稱：

---

① 《大宋僧史略》卷下《結社法集》。
② 《長安志》卷10《崇賢坊》。
③ 李浦：《通泉縣靈鷲佛宇記》[光啓二年（886）]，見《全唐文》卷818。

（天寶）十三載（754），詔置護國寺於河陰。御題雖掛，一簀未覆，蒼然古原，架構無時。於是千僧百貫相聚謀，……周鄭士庶翕然依之。……靡然而財贍，雅然而院列。[1]

唐代宗時，成都創置菩提寺，蜀商"以財發身，捐捨寶貨"；唐德宗時，九華山化城寺舊額另置，"江西估客"捐施"匹帛錢緡"；前蜀時，成都重建昭覺寺，"有舟航大賈，輸流水之錢"[2]。商民檀施營寺的史實，多見於唐後期，這表明中古商人階層之於佛教，其主體信仰意識的形成，大致也在這個時期。杜牧指摘的"奉佛以求救"者，還有一類是"爲工商者"，説他們"雜良以苦，僞內而華外，納以大秤斛，以小出之，欺奪村里憨民，銖積粒聚，以至於富"[3]，所以要捐施求救，揭示了唐後期商民營造的社會背景。

二　施願：企待的視鏡

晉唐間的各色檀主，有不同的階級地位、社會身份、經濟狀況和文化素養，他們表達營寺願心的方式，有很大的區別。但從宗教信仰心理上看，無論漢唐檀主的身份地位如何，他們的施願可以大致概括爲五種期冀：闢厄滌罪，護產保業，福祚固宗，憩隱放佚和歸依寄終。這五種信仰期冀，折射著中古時代的人生基本願望。五大施願大致相應地處在如馬斯洛所説的，自低而高、由粗至精的各級心理訴求上，即分別折射著人們要生存（無橫死）、要安全（身家財產）、有歸屬依托（家族與宗族）、能情遂自得（身心自適）、能完滿自生（神寄終極）等。五級心理訴求的內涵有重疊，高層訴求涵蓋著低層訴求。

（一）闢厄滌罪

爲自己或親人的平安祈佑，爲故世的親人追福，在各色檀越功德行事中，

---

[1]　皇甫湜：《護國寺威師碣》，見《全唐文》卷 687。
[2]　《四川通志》卷 38《輿地志·寺觀》"成都菩提寺""昭覺寺"；費冠卿：《九華山化城寺記》，見《全唐文》卷 694。
[3]　杜牧：《杭州新造南亭子記》，見《樊川文集》卷 10。

是最普遍而常見的願心初衷，是最初級的信向心理訴求。然而營寺功德的需費甚多，非財力寡弱的貧下庶民及中小吏胥所能承受。晉唐間爲闚厄而營寺者，大致限於皇族貴冑和勳臣貴戚階層，又以東晉、蕭梁、楊隋、李唐皇族最盛。

江南大興佛寺始於東晉；初開闚厄營寺風氣的，也是東晉皇族。康帝皇后褚氏自立延興，穆帝爲皇后何氏立寺，簡文帝自立波提，會稽王道子自立中寺，顯示司馬氏一族，首先是在提供生存保障方面，認同佛陀法力的。南朝皇族承續司馬氏風氣，營寺亦多爲闚厄求福。宋孝武爲亡妃立新安並自起莊嚴；齊武帝爲亡弟造集善；梁武帝爲亡父造大愛敬，穆貴妃自起善覺，皇弟蕭偉自起永明，皇子蕭綸自起慈恩、一乘，皇孫蕭緯捨宅爲相宮；陳武帝皇后章氏自起龍興等。這都出自同樣的心理訴求。

北朝皇族爲至親闚厄，與南朝的表現形式不同，主要是出度先皇的后妃做寺尼，藉以追薦亡人。魏宣武死，皇后高氏爲尼入瑤光寺；魏孝明死，皇后胡氏爲尼亦入瑤光。齊文宣皇后李氏爲尼，是遭武成帝淫暴撾撻之後，"犢車載送妙勝尼寺"[1]，適足是褻瀆先帝。以配偶爲尼的薦亡形式，有先古人殉制演化的意味，釋門闚厄功德與鮮卑族俗遺風融合了。

隋唐皇族營寺闚厄的觀念展示，既有南朝的自福和追亡，也有北朝的度尼薦亡。楊李兩家的帝后太子親王公主，競相自宅立寺，展示著自福的期冀。獨孤皇后爲外祖起普耀、爲父起趙景公、爲母起紀國，文帝爲獻后起禪定，煬帝爲父起大禪定；唐高祖爲子起靈安、楚國；太宗在終南山爲父起龍田，爲母起弘福、慈德[2]；太子李治爲母病立大慈恩，高宗爲亡父起寺於昭陵，爲亡母起資聖，爲太子病愈起西明，爲亡女起崇敬；武后爲姊起崇福；中宗爲亡子起懿德、溫國，爲亡女起永泰、永壽；玄宗爲母起昭成等。一併展示著爲至親祈福的期冀。隋文帝起萬善出度周室后妃，唐高宗改靈寶盡度太宗嬪御，放先帝武才人入感業爲尼，映射著北朝薦亡的遺風。隋唐皇族營寺闚厄的訴求心理，已然顯示出南方和北方祈禱觀念的共融。

希圖以營寺的功德滌罪，出於惡業負罪感及對六道輪回的恐懼。它的釋

---

① 《北齊書》卷 9《文宣李皇后傳》。
② 《辯正論》卷 4《十代奉佛下》。

典依據，是殺父篡位的阿闍王，後來事佛，得生爲天人。在中古時代，負罪者欲以功德解脫的心理訴求，多出自北方武人，還帶有明顯的地域性。魏孝文的舅父馮熙，"爲政不能仁厚"，於諸州鎮自造佛圖精舍七十二處；北魏武將奚康生"臨州尹，多所殺戮"，"及信向佛道，數捨其居宅以立寺塔，凡歷四州"①；"昏邪殘暴，近世未有"的齊文宣帝，登位受菩薩戒，"放捨鷹鷂"，"斷天下屠殺"，"廢鷹師曹爲報德寺"②等。一併是自譴行事。《太平廣記》有一則元魏時的故事說，隴西太守某，自造靈覺寺，棄官而入佛門：

　　閻羅王曰："卿作太守之日，曲理枉法，劫奪民財。假作此寺，非卿之力……"亦付青衣，送入黑門。③

這則貪官營寺自渡故事，反映了北朝官吏的貪黷，也反映了酷虐者欲以功德滌罪的普遍心理。

唐代營寺滌罪的觀念，仍然偏在北方。貞觀三年（629），太宗命在北方各交兵之處，爲亡靈建寺④，既是以功德渡亡，也是功德自譴。長慶元年（821），盧龍節度使劉總，"殺其父兄，心常自疑，數見父兄爲祟"，捨私第爲報恩寺⑤。長慶時的幽寧節度使高霞寓，"言多不遜，朝廷知之"，"頗懷憂恐"，捨私第爲懷恩寺⑥。這兩位以功德自譴者，也是北方重鎮大臣。

（二）保產護業

對於中古農業社會來說，保田產家業不失，是土地佔有者的普遍願望。如果說，施營功德以闢厄滌罪，屬於生存需要的心理訴求，那麼，以施營保產護業，該是屬於安全需要的心理訴求。家產的安全傳承，是家族生存的條件。

① 《魏書》卷73《奚康生傳》。
② 《北齊書》卷4《文宣帝紀·論曰》；《辯正論》卷3《十代奉佛上》。
③ 《太平廣記》卷99《惠凝》。
④ 《舊唐書》卷2《太宗上》。
⑤ 《資治通鑑》卷241"長慶元年二月"。
⑥ 《舊唐書》卷162《高霞寓傳》。

　　中古時代的貴臣高門，捨宅立寺，移產入釋，名爲無上功德，實則含有藉釋蔭產的明顯動機。晉護軍將軍江彪，在山陰都陽里營得"左江右湖，面山背墅"的家業，立意"貽厥子孫"。其子宋州陵侯江斅承業以後，便捨"其宅之舊基"建龍華寺。這份江氏家業，由於名義上成爲"寺域"，後世子孫得以安然傳承。六世以後的陳朝宰相江總，仍得憩養其中①。晉太傅胡鳳，捨蘭溪居宅立和安寺，夫人呂氏同時捨西莊置五福寺。唐有胡氏子孫爲僧，家寺法燈燃至唐末。因祖業得到釋門蔭覆，胡姓"後嗣蕃衍，不可勝言"。唐宣宗時和安寺僧清瑗，已是胡鳳的二十三世孫。清瑗爲寺勒銘曰："美宅名園，鬱爲梵宮；億萬子孫，福壽永隆。"②短短十六字，把祖先捨宅園爲寺，同子孫隆昌的因果關係，說得十分清楚。

　　世家大族借營寺以蔭產的活動，時貫中古時期，地兼南方北方。如在江南的吳縣，東晉朱氏置朱明寺，蕭梁顧氏置永定寺、光福寺，陸氏置重雲、法水寺。吳地三大姓這些蔭於家寺的家業，後人均得傳承，至唐不衰③。又如趙郡李氏。北魏尚書令李裔，在元氏縣置隱覺寺，"前臨漳水""後却常山"，是"全趙之勝地"。這一份家業賴有寺院庇護，輾轉傳承至唐高宗時期④。另一房後人李德裕，以贊皇平泉莊爲玉泉寺，蔭覆傳承，前已述及。

　　唐中宗時的王公貴戚競置佛寺，睿宗時的妃主競置功德院，也有蔭覆自家莊宅的明顯動機。寺觀經濟勢力，中宗時大爲膨脹。唐玄宗理政欲有作爲，初即位便令"王公以下，不得輒奏請將莊宅置寺觀"⑤，意在糾除時弊。

　　中唐以後，大批脫籍寓居外鄉的寄住戶，在當地置得產業，成爲新的地主階層寄莊户。在土著地主的包圍之下，他們爲免遭兼併，以寺蔭產更迫切。前文說到的吉州永豐縣婺源熊氏，寄住始於祖輩務本，大約時在武周末年。開天時的孫輩熊嗣興，已然置得"山田"家業。嗣興起智林寺佛殿，葬祖父於寺後，更"施山田地贍寺僧"。至明初永樂年間，熊氏後人熊汝益，仍有財力重修智林。可見熊氏家業世代傳襲六百餘年，同智林寺的蔭覆有關。宣

---

① 《陳書》卷 27《江總傳》。
② 邵朗：《兜率寺記》，見《全唐文》卷 806。
③ 《民國吳縣志》卷 36《輿地考·寺觀》；崔鵬：《吳縣鄧尉山光福講寺舍利塔記》，見《全唐文》卷 804。
④ 《常山貞石志》卷 4《大唐開業寺李公之碑》[開耀二年（682）]。
⑤ 《唐會要》卷 50《雜記》。

州南陵縣的京兆杜氏，唐德宗時已置得家業，在"老山之艮方"。到唐憲宗時，杜氏諸子"追成先考之志"，置爐峰院於家山 ①。大約憲、穆之際，蕪湖縣春谷鄉北山一座名園，爲原籍樂安的吏部常選蔣誦所得。

> 未遑經始，而傳於故明州司功參軍蔣公諱埕。司功之季年，顧命其子係曰："是地也，鄰接靈境，不樹藝桑麻，可請名僧，崇建蘭若。依託寺宇而根固焉。"②

太和七年（833），蔣係遵父之命，將這所名園建爲石壁院。"依託寺宇而根固"，説出了寄住户蔣氏，想憑藉寺院固護自家根基的動機。唐末在宣州旌德縣，有原籍爲苦竹（今江西豐城）的王嗣，光化三年（900）施建一寺；北宋時，王嗣五世孫奏請賜寺額"多寶"；元代時，"其孫又捨田入寺"③。王氏家業的寺蔭傳襲，已在三百年以上。

唐末的土著地主階層，同樣營寺蔭産。關於建州松政民游文公施營雲峰寺，他的明朝後人游應運有《碑記》稱：

> 越邑四十里許，有鄉曰護田，乃我鼻祖立基處也。遙瞻彼岸，蒼松濃鬱，修竹葱青。林麓下有雕墙彩橡者，我族家廟也。……行數百步，……有厥寺焉，名曰"雲峰"。……因尋我家世系與舊碑文，而後知唐文德元年立此寺者，乃我祖諱文公是也。我祖晚年最尊玄教，建家廟於護田案山下，塑鼻祖像。……又每與高僧盤桓於鄰近巔澗間。一日，比丘慧足指其地曰："此處枕山面水，以之爲禪堂，則溪聲山色，堪佐禪機。"我祖遂燔除淄翳，營構殿宇，落落告成。盡環寺之田與山，概捐之，爲桑林伊蒲之資。據舊碑所載，其糧蓋有七石五升一勺也。厥後，歷五代以及宋元，修葺之數凡九。④

① 《吉安府志》卷9《建置志·寺觀·永豐縣》；師用：《爐峰院鐘記並銘》，見《全唐文》卷919。
② 蔣攓：《石壁院記》，見《全唐文》卷761。
③ 《嘉慶旌德縣志》卷4《典禮·寺》。
④ 《民國政和縣志》卷7《名勝志·寺觀》。

護田鄉乃游氏族產所在。游文公在家廟旁建雲峰寺，時在文德元年（888）。他捐七石半租穀的"環寺之田與山"給寺，亦有藉佛寺蔭護族產的動機。游氏的家廟族業，得能代襲六百餘年不廢，就是證明。

如晉唐之際的錢唐胡氏那樣，度本族子孫為僧住持家寺，確保家業代襲不墮，大約到中古後期成為風氣。南宋《慶元條法事類》有這樣的規定：

> 諸非十方寺觀，主首身死或有故不應住持者，聽充（兄）弟；無兄弟，以所度及兄弟所度之人繼紹。①

家寺屬於非十方寺院。南宋法律規定，非十方寺院的住持，祇許兄弟或兄弟所度之人相承，正是為了保證寺蔭產業的家族傳承。另一條文稱：

> 諸色人告獲僧道，私以本寺觀人承續，並系戶絕而擅住持者，（賞）錢五十貫。②

家寺住持人的承續，不經主人而私相授受，或主人戶絕不報，仍然擅自住持，均屬違法，人得告發，同樣是保障家族傳承。

（三）福祚固宗

中古的營寺禱祝，超越自闢禍厄、自保家業的初級訴求，進到福佑皇祚、維固宗族訴求，並成為普遍而明確的社會信向心理，大約在五六世紀之交。這種社會心理的形成，表明漢地對佛陀的信仰期待已然深化。

為國家營寺，祈願先皇冥佑國祚，是中古皇室福祚訴求的重要表達形式。這種功德形式，融合了宗廟祭享的傳統內涵。北魏興光元年（454），文成帝命在五級大寺內，"為太祖已下五帝，鑄釋迦立像五"，敬佛與享先合一，始將護國延祚的祈願，共訴之於佛陀和先帝。景明、永平（500~512）間，"於洛南伊闕山，為高祖、文昭皇太后營石窟二所"，"為世宗復造石窟一，凡為

---

① 《慶元條法事類》卷50《道釋門·住持》"道釋令"，常熟瞿氏本，燕京大學圖書館，1948。
② 同上書卷，"賞格"。

三所"^①，即今日龍門的"賓陽三洞"。爲先皇營寺祈求冥佑，此爲發端。與此同時，江南的梁武帝"造光宅、同泰等五寺"，"頻代二皇（考妣）捨身，以祈冥佑"^②。五世紀初，南方蕭梁與北方元魏，營寺祈告先皇的心理訴求，竟是如此相似。在此以後，周明帝感念先父宇文泰締創之艱，"欲使功侔天地"，令造大陟岵、大陟屺^③；梁明帝以"復梁社稷""中興大寶"自命，在荆州造大明、寶光等；陳武帝以"運膺寶曆"造東安，"復爲家國羣生"造興皇、天居；陳宣帝以"域中無事，天下咸康"自慰，在禁中造太皇寺等^④。這些營造，也都是爲自家皇朝祈福。

營寺享先爲國祈福的心理訴求，在一統之世的隋與唐，大爲强化了。開皇元年（581），楊堅念父楊忠"開炎德之紀"，"造我帝基"，欲藉"經始伽藍，增長福因"，下詔在楊忠所到處襄陽、隋郡、江陵、晉陽等地，各"立寺一所，建碑頌德"^⑤。又自在"經行處四十五州，皆造大興國寺"。煬帝"嗣膺寶曆，興建彌多"，還特在"藩邸立四道場"^⑥。唐高宗封禪歸來，命天下諸州營寺；武則天自以爲應佛讖稱帝，命天下立大雲寺；唐中宗復興李唐，命天下立中興寺；唐玄宗開創盛世，命天下立開元寺。四位皇帝直訴心曲於海內，同在宣示著對佛的感戴和期盼；隋唐諸帝，凡此行事，都深懷著祈佑聖祚的訴求。

普遍存在血緣宗法關係，是中古社會結構的基本特徵，是封建制度的命脈。鞏固家族和宗族，維繫宗法秩序，也是檀越營施的普遍心理訴求。皇祚祈福，世族蔭産，鄉族營施，其實在這些經濟和政治動機之外，營寺也兼有宗法功利的訴求。劉宋司徒右長史湛茂之，捨無錫西山別墅爲歷山寺。唐貞元六年（790），士人丘丹來此，"遽訪湛氏後裔，山下猶有一二十族，得十三代孫。略觀其譜書，箋墨塵蠧，年世雖邈，塋壟尚存"^⑦。湛氏一族，傍山而居，綿延十數代，此寺有蔭覆之功。前文所引陳朝江總的《修心賦》，也是對

---

① 《魏書》卷114《釋老志》。
② 法琳：《辯正論》卷3《十代奉佛上》，見《大正藏》卷52。
③ 周明帝：《修起寺詔》，見《全後周文》卷1。
④ 《辯正論》卷3《十代奉佛上》。
⑤ 李德林：《爲文帝襄陽等四郡立佛寺詔》，見《全隋文》卷17。
⑥ 《辯正論》卷3《十代奉佛上》
⑦ 丘丹：《經湛長史草堂序》，見《全唐詩》卷307。

七世祖山陰卜居、六世祖締構伽藍功德的追頌。

隋唐時代，士族衰落。藉營寺追述族系，成爲士族後人懷念先世榮耀的新形式。大業時，梓州元武縣令柳邊，以"河東令族"名分，建福會寺重閣；唐總章時，該寺的三綱再以"州閭盛族"的名分，捐施功德①。北魏趙郡李氏的後裔，唐開耀時立元氏縣開業寺碑，感嘆家廟屢劫猶存，贊念"祖德唯真"，"庶使家風入碣"②。中古士族唐已没落。做了唐代高官的士族後人，不忘先世譜系，每藉營寺標示閥閱。出自弘農楊氏的唐御史中丞楊憑，及弟兵部郎中凝、大理評事凌，德宗時爲太夫人滎陽鄭氏，共建潭州法華院，贊頌母親的"穆伯之器""教誨"之恩③。唐武宗宰相李紳，雖出趙郡李氏南祖房，但自先祖武周宰相敬玄已徙譙縣，父李晤再遷無錫。慧山寺爲李紳所佔，其子李浚寫《家山記》："我家之盛，嘗二爲相，三爲史官。"④仍以家世自矜。族權藉佛釋以强化，同釋門輔助皇權一樣，宣示著漢地佛陀信仰的加深。

（四）憩隱放佚

中古士人貴胄營寺，有的爲憩隱其中，有的爲佚樂其中。雖遭際各有逆順，心路各有歧異，境界各有高下，但畢竟都屬於精神訴求。

會稽都陽里湖山美景，使東晉江霦頓生"終焉之志"而卜居；五世孫江蔩更以湖山爲寺域；六世孫江總，在侯景陷城之後，"避難崎嶇"，"憩於龍華"。江氏數代爲憩息而修營家寺的心態，在中古士人中，頗有代表性。江總自述憩隱家寺的生活説：

> 聊與苦節名僧，同銷日用。曉修經戒，夕覽圖書；寢處風雲，憑棲水月。……面曾阜之超忽，遍平湖之迴深。山條偃蹇，水葉侵淫；掛猿朝落，飢鼯夜吟。果叢藥苑，桃蹊橘林；梢雲拂日，結暗生陰。保自然

① 王勃：《梓州元武縣福會寺碑》，見《全唐文》卷185。
② 《常山貞石志》卷4《大唐開業寺李公之碑》［開耀二年（682）］。
③ 于頔：《潭州法華院記》，見《全唐文》卷544。
④ 李浚：《慧山寺家山記》，見《全唐文》卷816。

之雅趣，鄙人間之荒雜。①

北魏南陽張氏遠徙弘農，瀕黃河立五張寺，日夕"坐堂伏檻"：

> 高掌西望，長河北臨。鼎氣常浮，爐煙咸起。戶牖寥廓，吹萬龍門之風；梁棟峥嵘，落客河源之樹。②

南陽張氏與會稽江氏，南北相和，遠紹魏晉離塵囂而任自然的情懷。蕭梁居士傅弘，捨義烏鄉居爲雙林寺，日修"三善"，"棲止終身"。致書稱武帝"救世菩薩"，而以"雙林樹下解脱善慧大士"自命③，標榜揮塵談空的人生。魏宣武時的逸士馮亮，"雅愛山水"，"視嵩高形勝處，造閑居佛寺"，"曲盡山居之妙"④。唐德宗時的處士杜有正，"樂天養素而隱於邱園"，以南陵爐峰勝地，"氣爽而泉甘，木秀而草蕃，雖在人境，勝勢特異"，建爐峰院，做家山而"棲真徒"⑤。元和十年（815），白居易謫遷江州司馬，來到潯陽：

> 常以忘懷處順爲事，都不以遷謫介意。在湓城，立隱舍於廬山遺愛寺。嘗與人書言之曰："予去年秋始遊廬山，到東西二林間香爐峰下，見雲木泉石，勝絕第一。愛不能捨，因立草堂。前有喬松十數株，修竹千餘竿；青蘿爲墙援，白石爲橋道。流水周於舍下，飛泉落於檐間。紅榴白蓮，羅生池砌。"居易與凑、滿、朗、晦四禪師，追永、遠、宗、雷之迹，爲人外之交。每相携遊咏，躋危登險，極林泉之幽邃。至於儵然順適之際，幾欲忘其形骸，或經時不歸，或逾月而返。⑥

---

① 《陳書》卷 27《江總傳》。
② 庾信：《陝州弘農郡五張寺經藏碑》，見《全後周文》卷 12。
③ 傅弘：《致武帝書》，見《全梁文》卷 67。其《書》稱："今欲修上中下三善，希能受持。其上善，略以虛懷爲本，不著爲宗，亡相爲因，涅槃爲果；其中善，略以治身爲本，治國爲宗，天上人間，果報安樂；其下善，略以護養衆生，勝殘去殺，普令百姓，俱禀六齊。"
④ 《魏書》卷 90《馮亮傳》。
⑤ 蔣捍：《石壁院記》，見《全唐文》卷 761。
⑥ 《舊唐書》卷 166《白居易傳》。

此類營寺初衷每見典籍，發散著高蹈出世的意緒。

中古士人的營寺憩隱，有真隱士如梁之傅大士，更多是假隱士。所謂假隱，或是由於身當亂世如梁末江總，或是由於官場失意如白居易。人生苦旅造成的一時惶遽，須爲悲涼的靈臺，尋找暫棲的家園。清靜的佛地梵宮，是理想的精神避難所。元和時，一度棲隱廬山東林寺的觀察使韋丹，與僧靈澈爲"忘形之契"，贈以《思歸》詩云：

> 王事紛紛無暇日，浮生冉冉祇如雲。
> 已爲平子歸休計，五老巖前必共聞。

靈澈酬詩曰：

> 年老身閑無外事，麻衣草坐亦容身。
> 相逢盡道休官去，林下何曾見一人！ ①

來自官場的"隱士"們，假稱歸山實戀宦海的機杼，被靈澈真正看透了。

（五）歸依寄終

歸依寄終，指一心供養三寶，爲佛、法、僧營寺。此種檀施的動機，出離或暫時出離世間種種情染拘牽，把佛國當作心靈的最終寄托，精神的最後家園。它在宗教信仰的心理訴求中，屬於最高層級。

東漢楚王英"學浮屠齋戒"，還是出於對外來"方術"的好奇，算不上歸依信仰。晉代對佛教義理的悟解尚膚淺，但佛法弘傳有年，帝王貴士的歸依信向，已是相當真誠而強烈了。法琳注意到這一變化。《辯正論》記述"君王三公宰輔通儒"營寺，始自晉代；凡發願未及世俗功利，而爲虔心三寶者，法琳又特用夾文形式，記其願心行事。如晉惠帝"契意玄宗""歸心妙道"，造興聖，養百僧。晉愍帝造通靈、白馬，求與冥靈感通。晉孝武帝"精心奉法，志念冥符"，造皇泰、本起。梁武帝"遊心七覺，陶思八禪"，造五寺。

---

① 計有功：《唐詩紀事》卷 45《韋丹》，上海古籍出版社，1986。

梁簡文帝"委心妙法",造資敬、報恩。晉明帝造皇興、道場,集義學百僧;晉成帝造中興、鹿野,集翻經義學千僧;宋武帝造靈根、法王,供遍學千僧;宋文帝欽仰求那跋陀羅,造禪雲,供養千僧;齊武帝造招賢、游玄,集義學翻經三百僧;梁元帝造天居、天宮,召高名高行千僧,自講《法花》《成實》。均願出弘揚大法。再如晉豫章太守雷次宗,"精心慕法,造棲靈寺";輔國將軍何無忌,"崇信克終,造枳園寺";太僕卿王珣,"克意令終,造石澗寺";江州刺史桓伊,"忘己濟物,造東林寺"等。法琳認爲,此等營施供養佛、法、僧,有別於官廷造寺,而是展示著檀越向往心靈彼岸、尋覓精神家園的訴求。

如前所述,隋唐皇族興寺,無不伴隨著各類世間功利訴求。然而兩朝以情附三寶、神寄淨園作營施發願者,却鮮見皇族。這是由於隋文帝銳意治國淡於彼岸,李唐則李耳爲祖道教甚尊,抑制著皇族中的涅槃歸依。倒是在士人民庶階層中,隨著佛典義理濡染漸深,多有爲情附三寶、神寄淨園營施者。如唐高宗上元年間,孫思邈"篤志佛典",隱居終南山,"前後寫《華嚴經》七百五十部","捨其華原縣舊居玉山宅爲佛寺"[1]。唐憲宗元和初年,著名信士韋丹,爲廬山東林寺施建多羅藏一所,"土木丹漆之外,飾以多寶,相好嚴麗,鄰諸鬼功,雖兩都四方,或前未見。一切經典,盡在於内,蓋釋宮之天禄、石渠"[2],用護法寶,寄歸依心。

唐後期禪宗盛起。爲十方禪衆營寺以護持僧寶,成爲民間士庶歸依大願的重要表達方式。如唐文宗太和初,著名信士元積發心,爲遊方至剡縣沃洲山的僧寂然營寺,"三年而禪院成,五年而佛事立。正殿若干間,齋堂若干間,僧舍若干間"。諸信士"日與寂然討論心要,振起禪風,白黑之徒附而化者甚衆"[3]。僧藏奐,蘇州華亭人,受戒嵩山,唐宣宗大中年間"歸於故林"。邑人幽寧節度使任景求,情契淨園,示歸依心,"捨宅爲禪院,迎大師居之"[4]。前文說到的梓州通泉縣"商民",唐時發心建西山靈鷲寺,

① 《佛祖統紀》卷 39《法運通塞之六》。
② 白居易:《東林寺經藏西廊記》,見《全唐文》卷 676。
③ 白居易:《沃洲山禪院記》,見同上。
④ 崔琪:《心鏡大師碑》,見《全唐文》卷 804。

是爲安置"選居"於此的遊方頭陀僧[①]；蘇州處士吾仁約、楊仲敏，大中時
買地建華亭法雲禪院，是因感於"此市信人極衆僧徒頗多"，須"瞻禮之
所"而發心[②]。唐末撫州崇仁縣"豪富"鄧氏兄弟，建地藏普安禪院，同樣
爲感於"邑中無禪刹，或毳侣經遊則投足無地，往往止於白衣之家"而發
心[③]。《太平廣記》引《野人閒話》故事，説唐末利州戎帥張處釗，爲來自
嘉州的禪僧建廣福禪院，真實地反映了唐後期民間衆庶心繫淨土、競營禪
寺功德的現實。

---

① 李浦:《通泉縣靈鷲佛宇記》，見《全唐文》卷818。
② 《大唐蘇州華亭顧亭林市新創法雲禪院記》，見《江蘇通志稿·金石六》。
③ 任光:《唐臨川府崇仁縣地藏普安禪院碑銘》，見《全唐文》卷872。

唐代佛寺羣系的形成及佈局特點

　　宋元以迄民國時期纂修的數千部地方志中，一般都有佛寺建置及其沿革的載記。這本來是研究古代宗教地理和宗教文化的珍貴資料，但由於我國方志多晚出，通常以爲方志所載史事，尤其唐以前史事，年隔懸遠，魯魚亥豕，舛誤必多，不宜遽信，所以一般不大承認近代方志文獻對中古史研究的價值。

　　筆者探討漢傳佛教寺院地理分佈之發展沿革，資料來源起初主要是靠佛教史傳、漢唐碑刻及正史，先後積得漢唐所置佛寺千餘所，僅及《唐六典》所載唐代佛寺數（五千餘所）的1/5。據此做出的漢唐佛寺分佈沿革圖，顯然去歷史真實甚遠，不足信。於是改從方志入手，多方搜求，經眼兩千餘部，積得漢唐所置佛寺五千餘所，居然同《唐六典》所載唐代寺數大致相近。在此番披檢過程中，我對近代方志所載漢唐佛寺史事的文獻價值，也有了更多的了解。

　　概括來説，漢唐佛寺在千餘年間疊經興廢，近代方志編纂又出衆手，有關載記，問題不少。主要有：（1）寺廢無聞，方志失載；（2）典籍有寺，方志未録；（3）後代建寺，誤植前朝；（4）一寺異名，誤作多寺；（5）同一寺院，見於兩縣；等等。檢録時必須仔細鑒別校正。然而從方志整體上看，其佛寺著録又有可信性：（1）方志修撰是我國古今相承的優良文化傳統之一，編纂者多是文化素養較高的學者聞人，又是協作編纂，學風比較嚴謹，普遍注重方志的信史性，從諸志對佛寺載記的文字斟酌中，可以窺見此種學風。（2）唐代“按州置寺”，“官寺入籍”，開元定數之五千餘寺係指州級官寺，一寺之置，非同小可，是該治州政人文的一件大事，地方史乘必傳載相承，寺舍寺碑亦耐久不泯。累積方志所載漢唐佛寺數與開元定數大致相近，雖有一定偶然性，未必每寺載記皆不誤，却又是獨特的中華方志史學傳統的一種反映，有其整體可信性。基於這一認識，筆者編了《方志所見漢唐寺觀志稿》（未刊）以期對自漢至唐佛教寺院發展軌迹的整體考察有所裨益。本文即以《志稿》所揭示的資料作爲考察的依據。

一 漢至唐：從星式散置到網式普置

中國佛寺羣系的發育經歷了漫長的歷史過程。從漢明帝在洛陽雍門西建立漢地第一座精舍，到唐代形成佛寺一統羣系，在六百多年間大致經歷了三個階段：東漢三國時期的星式散置，兩晉南北朝時期的綫式輻射，隋唐時期的網式普置。

關於東漢三國佛寺建置的情況，史籍缺乏記載。道宣説"漢魏以往，固無得而聞"（《釋迦方志》卷下），可見唐初的佛教史學者對此已不甚了了。東漢時期"唯聽西域人得立寺都邑，以奉其神，其漢人不得出家。魏承漢制，亦循前規"[①]。漢魏官府祇許西域僧立寺的規定制約佛教傳播，漢地佛寺的早期發展方式，主要是隨西域僧行止而設置。累積方志中有關早期寺院建置的記載，在總計5343所漢唐寺院中，東漢建寺62所[②]，分別散建於12刺史部所轄36郡（國）的52個屬縣[③]。三國時期，吳建寺54所，蜀、魏各建2所，共58所，分別散建於13郡29個屬縣。東漢三國時期全國的佛寺誠然不會祇有這120所。從分佈情況看，這百餘所寺院零星設置在46郡80縣[④]，大致可以顯示早期佛寺星式散置的特點。

晉武帝司馬炎"大弘佛事，廣樹伽藍"[⑤]，改變了漢魏唯西域僧得立寺的政策。據方志記載彙計，在短短51年間，西晉19州至少有12州出現了新建佛寺。《魏書·釋老志》稱："西晉二京合寺一百八十所。""合"即"合計"，

---

① 《高僧傳》卷9《佛圖澄傳》引後趙中書著作郎王度奏，見《大正藏》卷50，第385頁。《晉書·佛圖澄傳》同。下引諸《高僧傳》版本同，祇出頁碼。
② 張弢弓編《方志所見漢唐寺觀志稿》（手稿）。下文出自此稿者不另註。
③ 據《後漢書·郡國志》，東漢爲13刺史部105郡（國）1180縣（邑、道、侯國）。
④ 丹陽、豫章、會稽三郡，章安（今浙江黃岩）一縣，東漢、東吳皆有置寺，不重計。
⑤ 《辯正論·十代奉佛》，見《大正藏》卷52。

包含前代建寺。唯兩京多佛寺，表明司馬氏"廣樹伽藍"是以長安和洛陽爲中樞展開的。這同兩京在政治和文化上的地位恰相適應。這種輻射狀格局，是以星式散置爲基礎的寺系格局的新發展。

東晉十六國南北朝分裂時期，諸朝先後以建康、長安、姑臧、平城、洛陽、鄴城爲都。漢地佛寺建置，也相應地以這幾個都城爲重心而展開。在南方，《辯正論》記載東晉 104 年間"合寺一千七百六十八所"，這是最早的朝代佛寺總計。由方志所見漢晉佛寺彙計還可看出，東晉時的寺系佈局以建康爲中樞，形成兩條明顯的輻射綫，一條沿東海南下，一條溯長江西上。方志彙計在 3 寺以上的較大的佛寺聚落，沿海綫有吳縣（今江蘇蘇州）、錢唐（今浙江杭州）、山陰（今浙江紹興）、剡縣（今浙江嵊縣）、章安（今浙江黃岩）等；沿江綫有徐州（今江蘇揚州）、建康（今江蘇南京）、溢城（今江西九江）、巴陵（今湖南岳陽）、武昌（今湖北鄂城）、江安（今湖北公安）等。這些城市多是郡治所在，較大寺落在這裏形成以後，它們便兼爲當地佛教中心了。

南朝四代寺系再以東晉寺系爲基礎而得增益。梁朝"合寺二千八百四十六所"（《辯正論・十代奉佛》），是南方寺系規模的高峰。方志顯示東漢至梁南方佛寺累計爲 636 所，相當於法琳統計梁寺的 22.35%。考察 636 所寺院的地理分佈狀況，可以看出東晉寺系的綫式輻射狀佈局有了新的發展。一是沿海與沿江兩條綫上，在東晉已有的寺落之外，又形成了新的佛寺聚落。方志累計在 4 寺以上的佛寺聚落，沿海又有海虞（今江蘇常熟）、婁縣（今上海嘉定）、嘉興（今浙江嘉興）、海鹽（今浙江海鹽）、寧海（今浙江寧海）、侯官（今福建福州）、番禺（今广東廣州）等；沿江又有京口（今江蘇鎮江）、姑熟（今安徽當塗）、江陵（今湖北江陵）等。二是在沿海腹裏地區也出現了新的佛寺聚落。如義興（今江蘇宜興）、烏程（今浙江湖州）、武康（今浙江武康、德清）、諸暨（今浙江諸暨）、長山（今浙江金華）、太末（今浙江龍游）、松陽（今浙江松陽）等地，均有新寺落出現。三是長江中游諸水系兩岸也出現了佛寺聚落。如鄱水畔的鄱陽（今江西鄱陽），餘水畔的餘干（今江西餘干），贛水畔的南昌（今江西南昌）、贛縣（今江西贛縣），湘水畔的湘潭（今湖南衡山）、臨烝（今湖南衡陽），沅水畔的武陵（今湖南常德）等地，均有新寺落出現。方志彙計還顯示，在天監時期，梁朝 23 州境内疏密相間地都已有了佛寺；東部地區和北部地區佛寺分佈比較密集，西部地區和南部地區佛寺分佈比較稀疏，已構成疏密不均的網絡模樣。

北方在十六國時期尚無佛寺總計。方志彙計十六國建寺僅 27 所，散佈在西起涼州、東至青州、北至幽州共 12 州所轄之 16 郡 23 縣，朦朧顯示出以長安、姑臧、鄴城爲中樞的輻射狀佈局。北魏興安初（452~），文成帝下詔"諸州郡縣，於衆居之所，各聽建佛圖一區"（《魏書·釋老志》，下同）。這是按國家行政區劃普建佛寺的先聲。但北魏前期官私自發造寺成風，没有嚴格循此規定。太和初（477~），國都平城（今山西大同）已有佛寺近百所，全境佛寺達 6478 所（北魏以及下引北齊的佛寺總計均含大量私家小寺）。孝文帝遷都後，欲改變代北時期濫建之風，立《都城制》規定，洛陽城内建一永寧寺，郭内建一尼寺，餘寺悉建城郭之外；又令外州造寺須"本州表列，昭玄量審，奏聽乃立"。這後面一項規定，是國家對佛寺營造實行預申奏准制的發端，它標誌著漢地佛寺興置在國家干預下，已從無序狀態開始向有序狀態過渡。但北魏後期并未遏止濫建風，延昌時（512~515），全境官私佛寺達到 13727 所，魏末增至三萬餘所，北齊再增至四萬餘所（《辯正論·十代奉佛》）。魏都洛陽内外，有寺一千餘所[①]；齊都鄴下"大寺略計四千"[②]。兩個都城發展爲兩大道場。魏齊造寺之風，先後以平城、洛陽、鄴城巨大的佛寺聚落爲中心，向郡縣鄉里推開，前代佛寺分佈的綫式輻射狀格局，已在向網絡式格局演變了。

隋承周武廢佛之後，開皇初（581~）一度奉行"有僧行處，皆爲立寺"[③] 的政策。隋文帝下令修復北周廢寺，在"五岳及諸州名山之下各置僧寺"（《辯正論·十代奉佛》）；又"出寺額一百二十枚於朝堂，下制云：'有能修造，便任取之。'"[④] 仁壽以後，文帝取法北魏，改行按州立寺的方針。起初他曾在所經行 45 州置大興國寺[⑤]；仁壽間，又先後命 50 多州和 30 州起舍

① 《洛陽伽藍記序》。
② 《續高僧傳》卷 10 《靖嵩傳》。
③ 《續高僧傳》卷 15 《〈義解篇〉論》。
④ 《長安志》卷 10 "頒政坊·建法尼寺"條。
⑤ 《續高僧傳》卷 26 《道密傳》。

利塔。到仁壽大業之際，隋境190州已有130州先後建寺起塔^①，全境有佛寺3792所（不含私家小寺），大業末年增至3985所^②。道宣説隋文帝"道化天下，三分其二"^③，即指隋所置州的三分之二已建寺起塔，爲佛法所化。隋朝重建寺系的意義在於，隋文帝將魏文成帝開創的郡縣置寺之制，分期分批地從北方推向全國。它標誌著以州（郡）縣網絡式有序佈局爲特徵的中華佛寺羣系基本形成。

唐初佛寺羣系的發展一仍隋制，州縣的網絡式佈局基本確立。隋朝寺系雖"遭隋季凋殘"，但唐初並没有出現如魏、齊、隋初那樣的濫建之風。武德貞觀之際，"州別一寺，但三十僧"^④，可見是依循每州一寺的原則重建寺系的。貞觀二十二年（648），"海内寺三千七百一十六所"^⑤。其時全國358州^⑥，平均每州10.4寺。唐高宗封禪泰山，爲表示"推功大聖"，詔"天下諸州各營一寺"，全國佛寺增至四千餘所^⑦，比貞觀增加的寺數與全國州數相當，確是"州別一寺"的原則。開元末，全國佛寺再增至5358所^⑧。其時唐朝國勢亦臻鼎盛，設郡（州）府328，縣1573^⑨，每州平均16寺，每縣3.4寺，寺系網絡益見緻密。全國佛寺的這一基本數額（5358），成爲以後唐朝寺系規模的"定數"^⑩。各地置寺實行定數内的預申請額制。祇有請得勅額的寺院，方可列入官籍，無額寺不在"定數"内，不被認可。

9世紀中葉的會昌禁佛，史稱檢括天下寺院四千六百所（另有蘭若四萬，

---

① 《續高僧傳》卷18《曇遷傳》。據《通典》卷171"州郡一"，大業五年以後，隋有190郡（州）1255縣。
② 《辯正論·十代奉佛》。
③ 《續高僧傳》卷15《〈義解篇〉論》。
④ 《續高僧傳》卷25《慧因傳》。
⑤ 《三藏法師傳》卷7，見《大正藏》卷50。
⑥ 《舊唐書·地理志》。
⑦ 《法苑珠林》卷100《興福部》第五，見《大正藏》卷53。
⑧ 《唐六典》卷4"尚書禮部·祠部郎中員外郎"條。《舊唐書·職官二》、《唐會要》卷49《僧籍》同。
⑨ 杜佑《通典》卷172"州郡二"引開元二十八年（740）户部計賬。中華書局，1988。
⑩ 《舊唐書·職官二》"祠部郎中員外郎"條在"凡天下寺有定數"之後夾註："諸州寺總五千三百五十八所，三千二百二十五所僧，二千一百二十二（三）所尼。"可證此數即是定數。

僧尼二十六萬五百）；加上未拆佛寺的河北三鎮和澤潞的寺數 [1]，其時寺系仍大致是開元定數的規模，百年之間沒有大的變化。唐宣宗恢復會昌廢寺，命"諸管內州未置寺處，宜各置寺二所"[2]，又命"大縣遠於州府者，聽置一寺"[3]，但須"於州下抽三五人住持"[4]。基本沿行唐初以來"按州置寺"的原則，縣寺不另度僧。全國五千餘寺，二十餘萬僧尼，大約是唐王朝的社會生產力所能供養之佛寺僧尼的臨界數。超過這個定數，生產秩序就可能失衡，導致社會動蕩。唐王朝確定這個定數，用以控制全國寺系的規模，協調社會物質生產系統與精神生活系統兩個方面。佛寺定數制的出現，標誌著天竺佛教自傳入漢地以後，迭經興廢，漢化漸深，到隋唐時期已基本納入中華帝國經濟、政治和精神生活的有序軌道，成爲中華社會精神文化領域裏普遍而穩定的存在。

二 唐：佛寺分佈的五個層區

《方志》彙計顯示的漢唐 5335 所佛寺，分佈在唐代 246 州 797 縣，佔唐州（371）的 66.31%，唐縣（1601）的 49.78%。從這個寺系的網絡佈局看，諸地域間有明顯的疏密之別。如果以開元十五道及南詔國爲區劃，以近千個置寺縣爲絡結，大致顯示爲五個疏密層區。分述如下。[5]

（一）京畿、都畿、江南東三道爲至密區

京畿道 5 州（府）45 縣之 40 縣有置寺記載，都畿道 6 州（府）50 縣之

---

[1] 《入唐求法巡禮行記》卷 4："唯黃河已北鎮、幽、魏、路（潞）等四節度，元來敬重佛法，不拆舍，不條流僧尼。佛法之事，一切不動之。"
[2] 《全唐文》卷 82《受尊號敕文》。
[3] 《資治通鑑》卷 249《唐宣宗大中五年秋七月》。
[4] 《唐會要》卷 48《議釋教下》"大中六年十二月祠部奏"。
[5] 諸道沒有置寺顯示的 714 縣，或因建制在唐以後廢去，或原縣治遷廢，置寺情況失載。根據唐寺系東密西疏的格局和諸道不同的情況，在做佛寺彙計時，凡河北、河南、山南東（含此三道）以東，及京畿、都畿、劍南道中部 20 州府（成都、彭、蜀、漢、嘉、眉、邛、簡、資、雅、梓、遂、綿、渝、昌、瀘、宕、普、陵、榮）地域內的佛寺失載縣，作有寺縣計；三道以西、以南及劍南北部西部地域內的佛寺失載縣，作無寺縣計。

40 縣有置寺記載。京畿道有 5 縣、都畿道有 10 縣建制後廢[①]，佛寺失載。據此，兩道 11 州 95 縣均有置寺記載（或有寺失載）。

江南東道（20 州 109 縣）：108 縣有佛寺記載，僅 1 縣（潤州延陵）建制後廢失載。

（二）河北、河南、淮南、江南西等四道爲次密區

河北道（28 州 166 縣）：121 縣有置寺記載；38 縣後廢；7 縣無佛寺著録。38 廢縣中，7 縣因瀕河而廢[②]，1 縣（莫州莫縣）湮於白洋淀，30 縣或治所後遷，或建制後廢，佛寺均失載。據此，河北道 28 州之全部、166 縣之 159 縣有寺（或失載），佔總縣數的 95.78%。

河南道（26 州 155 縣）：95 縣有置寺記載；54 縣因瀕臨黃河、汴水、淮水及入淮諸河（潁、汝、溳、洧、大溵、渦、渙、睢、馬頰、泗、菏水等），或瀕臨洪澤、巨野、孟諸、女兒諸湖，或原治遷廢湮徙，佛寺失載；兗州 3 縣（曲阜、泗水、龔丘）地當孔子故里，未載佛寺；僅宋州單父、海州懷仁、密州輔唐 3 縣無佛寺著録。據此，河南道 26 州之 24 州、155 縣之 149 縣有寺（或失載），佔總縣數的 96.13%。

淮南道（12 州 54 縣）：42 縣有置寺記載；5 縣（和州烏江，安州孝昌、吉陽，廬州慎縣，光州仙居）建制後廢，2 縣（壽州霍丘、安豐）瀕湖與芍陂湮廢，佛寺均失載；5 縣（光州定城、固始，安州應城，申州鐘山、羅山）無佛寺著録。據此，淮南道 12 州之全部、54 縣之 49 縣有寺（或失載），佔總縣數的 90.74%。

江南西道（18 州 96 縣）：85 縣有置寺記載；2 縣（道州大歷，郴州高亭）建制後廢，佛寺失載；9 縣（池州至德，鄂州永興，永州祁陽、湘源，道州弘道，郴州郴縣、義章、資興、臨武）無佛寺著録。據此，江南西道 18 州之全部、96 縣之 87 縣有寺（或失載），佔總縣數的 90.63%。

---

① 京畿道後廢的 5 縣是：京兆府之好畤，華州之下邽、櫟陽，同州之夏陽，鳳翔府之普潤。都畿道後廢的 10 縣是：河南府之陽城、陸渾、福昌、長水、河清、潁陽、王屋，陝州之硤石，孟州之河陰，懷州之武德。
② 瀕河而廢的 7 縣是：魏州之朝城、臨河，博州之聊城、武水，澶州之觀城、臨黃，德州之安德。

（三）河東、山南東兩道，劍南道中部，南詔國中部，爲間密區

河東道（21 州 109 縣）：64 縣有置寺記載；22 縣無佛寺著録。據此，河東道 21 州之 18 州、109 縣之 64 縣有寺（或失載），佔總縣數的 58.72%。

山南東道（18 州 82 縣）：40 縣有置寺記載；23 縣建制後廢，佛寺失載；21 縣無佛寺著録。據此，該道 18 州之 17 州、82 縣之 63 縣有寺（或失載），佔總縣數的 76.83%。

劍南道中部［20 州（府）118 縣］：57 縣有置寺記載；21 縣建制後廢，佛寺失載；20 縣無佛寺著録。據此，該地區 20 州（府）之 98 縣有寺（或失載），佔總縣數的 74.58%。

南詔國中部（陽咀咩及柘東、弄棟二節度所轄 21 州郡）：14 州郡有置寺記載，佔總州郡數的 66.67%。

（四）關内、隴右、山南西三道，爲次疏區

關内道：28 州（府）之 11 州（府）、97 縣之 22 縣有置寺記載，佔總縣數的 22.68%。56 縣建制後廢，17 縣無佛寺著録。

隴右道：21 州（府）之 11 州（府）、61 縣之 13 縣有置寺記載，佔總縣數的 21.31%。27 縣建制後廢，21 縣無佛寺著録。

山南西道：17 州（府）之 12 州（府）、86 縣之 24 縣有置寺記載，佔總縣數的 27.91%。47 縣建制後廢，15 縣無佛寺著録。

（五）嶺南、黔中兩道，劍南道北部和西部，爲最疏區

嶺南道：74 州（府）（12 州 59 縣在今越南境内，不計）之 21 州（府）、256 縣之 37 縣有置寺記載，占總縣數的 14.45%。173 縣建制後廢，46 縣無佛寺著録。

黔中道：18 州之 5 州、54 縣之 4 縣有置寺記載，佔總縣數的 7.41%。35 縣建制後廢，15 縣無佛寺著録。

劍南道北部和西部：18 州之 4 州、63 縣之 5 縣有置寺記載，佔總縣數的 7.94%。52 縣建制後廢，6 縣無佛寺著録。

以上五個層區見下表。

《方志》累積所見唐朝州縣佛寺區羣

層區	道或地區	州數	有寺州數	縣數	有寺縣數	有寺失載縣數	後廢無寺縣數	著錄無寺縣數	有寺縣數占總縣數%
至密區	京畿	5	5	45	40	5		—	100
	都畿	6	6	50	40	10		—	100
	江南東	20	20	109	108	1		1	100
次密區	河北	28	28	166	121	38		7	95.78
	河南	26	24	155	95	54		6	96.13
	淮南	12	12	54	42	7		5	90.74
	江南西	18	18	96	85	2		9	90.63
間密區	河東	21	18	109	64			22	58.72
	山南東	18	17	82	40	23		21	76.83
	劍南中	20	20	118	57	21		20	74.58
	南詔中	21	14						
次疏區	關內	28	11	97	22		56	17	22.68
	隴右	21	11	61	13		27	21	21.31
	山南西	17	12	86	24		47	15	27.91
最疏區	嶺南	74	21	256	37		173	46	14.45
	黔中	18	5	54	4		35	15	7.41
	劍南北部和西部	18	4	63	5		52	6	7.94
合計		371	246	1601	797	161	390	211	

　　唐代佛寺羣系五層區的整體特徵是東密西疏；五個層區又分別呈示出不同的特點。鳥瞰唐代佛寺羣系全景，至密區爲西部京畿、都畿之兩"飛地"與東南沿海之"短豎帶"遙相呼應；次密區自北部沿海經黃河中下游、淮水流域至長江中游南腹地，作"長豎帶"狀；間密區之晉中、鄂岳、蜀中、滇中，作四"盆塊"相峙狀；次疏區自隴右經關內，向山南西，呈"斜帶"狀；最疏區自交廣，經黔中，向滇南滇西、川西川北，大致呈"橫折帶"狀，與次疏區"斜帶"交接。

　　唐代佛寺羣系的這一整體特徵與五個層區的形成，既同唐代各地區政治、經濟、文化的發展狀況相適應，又同唐代河、淮、江三大水系交通路綫及漢地佛教傳播路綫密切相關。

　　至密區的兩畿地區是全國的政治、文化中心；東南沿海地區是唐後期的經濟重心，又是佛教自海路來華的主要登陸區。次密區"長豎帶"內的河南、淮南道諸州，及河北、江南西部分州縣，農業、商業發展較早，素來是重要的經濟區，水路交通便利，佛教傳入亦較早。間密區之晉中近兩畿，屬農業發展區，但與境外交通不便，有一定封閉性；鄂岳處華中腹地，水陸交通稱便，經濟發展稍遲於蘇湖，佛教傳入亦早；滇中之滇池、洱海區宜農，地當佛教入華之滇緬古道，蜀中經濟富庶，處在佛教入華的南北陸路之間，均屬佛教傳入最早的地區。次疏區之隴右與關內道北部，是佛教入華的北路，但多爲沙磧荒漠，又是戰爭多發區；山南西爲中華腹地，經濟文化發展遲緩。最疏區之嶺南大部（除番禺等地）、黔中、滇南滇西、川西川北，多崇山峻嶺，交通閉塞，遠離政治經濟中心區，是唐代最落後的地區。在葱嶺以東、大漠以南之東西大陸廣袤地域內，複雜多樣的自然環境與千差萬別的人文歷史環境，造就了唐代佛教發展與佛寺羣系地理分佈的這種獨特格局。

北朝儒釋道論議與北方學風流變

　　論議，即講論和對議，在我國中古時代是朝野商略政務、權量學術的一種形式。漢唐時期常有論議發於朝堂之上、庠序之中、學人之間。宋代學者王欽若、楊億等編《册府元龜》的《總録部·論議序》概述古代論議的政治功能與學術宗旨是："考古今之得失，評理道之臧否。稽合衆説，以歸於至當；發明大訓，用垂於可久。"提出從論議的形式評量論議高下的二十字標準："文質兼備，綱條不紊，遣辭本乎閎達，析理暢乎精微。"還綜括古代論議内容，將之大别爲學術、時議、俗尚和政事四類；又將古代論議從形式上歸納爲講論（"品題""揚榷""詮述""講求"屬之）和對議〔即辯對，"譏（擊）短""駁難"屬之〕兩類。

　　魏晉時代，論議大盛，以辯對爲特徵的清談是它的基本形式。其間倡玄名士們執著義理，循名責實，辯對往復，重演了先秦名辯之術。可以説，用自然之道對名教做論證，實現儒學與老莊的和合調適是魏晉清談的理論果實。晉室播遷後，名理清談亦隨士人南渡。

　　無論儒學還是佛學，北朝的學風均不同於南朝，是學術界共識。然而南朝的名理清談對北朝政治與學術的發展并非毫無影響。對南朝思辨式學風的認同，是鮮卑族王朝"漢化"歷程的一個側面。在北朝（以至隋唐時期）的社會思潮中，不僅湧動著儒釋講論、義理辯對之風，而且它的發展同樣推進著北朝儒釋道的靜競和合，參與著北國意識形態主體結構的選擇與調適。北朝諸國朝野的儒釋道論議，因而也在一定程度上反映著北朝的學風流變。由於北國諸朝在民族、宗教、文化諸方面的特殊背景，及其"漢化"發展的階段性，北朝的儒釋道論議也顯示出一定的階段性並各有特點。

一 初期：近時務，遠思辨

北魏道武帝至獻文帝時期（386~470）是拓跋氏國家由部落聯盟社會向封建社會過渡的前期。同這時期社會經濟形態與社會政治結構的發展具有不確定性一樣，北魏官方意識形態主體結構的形式，也具有儒釋道多元組合的不確定性，即意識形態的多元選擇性。之所以如此，又同北魏王朝身處的歷史文化生態環境密切相關。

北魏前期的中心區域包括燕、趙、齊、魯（今河北、山東）。儒、道、釋在這一地區各有傳統淵源。漢儒鄭玄、服虔、何休的諸經傳註曾"大行於河北"（《北史·儒林傳序》）。燕齊是秦漢方仙道與東漢太平道發源地。齊魯南界之徐、彭及北魏後期中樞伊洛，又是東漢兩大佛教中心地。當四世紀末拓跋氏初入中原之時，以儒學爲主幹，儒釋道在這裏共生並長，已歷二百餘年。拓跋部落正是在北中國多元共生文化的濡染下，進入封建化進程的。這種獨特的文化生態，使得北魏前期幾代君主對其意識形態主體結構形式的探索與抉擇，呈現出或此或彼、多元併舉的特徵。他們初從北方草原南下，懷著新奇的景仰，吸吮接納著一切儒釋道學說與行事。道武帝拓跋珪（386~409在位）初定中原，"以經術爲先"（《魏書·儒林傳序》），兼"好黃老，頗覽佛經"（《魏書·釋老志》）。明元帝拓跋嗣（409~423在位）開始設置教授博士，弘揚儒學，"亦好黃老，崇信佛法"（同上）。太武帝拓跋燾（424~452在位）創立太學後，"儒林轉興"（《魏書·儒林傳序》）；徙來北涼的"沙門佛事"使國内"像教彌增"；又以道教"清淨無爲，有仙化之徵"，崇奉天師寇謙之，"信行其術"（《魏書·釋老志》）。他後來發動滅佛，並不是反對佛釋義理，而是感於寺院地主勢力的威脅。獻文帝拓跋弘（465~471在位）"詔立鄉學，郡置博士"（《北史·儒林傳序》），開始普及儒學教育於地方；同時"敦信"佛、道，"覽諸經論，好老莊"（《魏書·釋老志》）。尤其是太武帝與獻文帝，在兼學博納的同時，又以對談講論的形式，同高僧、儒士、朝臣們就諸經教的政治内涵與學術内涵，進行研討與鑒別。太延（435~440）年間涼州僧東遷以後，太武帝"每引高德沙門與談玄理"[1]（《集古今佛道論衡》卷甲），

---

[1] "與談玄理"，《魏書·釋老志》作"與共談論"。

還經常同漢學根柢深厚的清河高門——侍中崔浩對談。浩“每與帝言”必排
毀佛教，“以佛法無益於政，有傷民利，勸令廢之”（同上），竟然促成廢
佛之策。獻文帝做太子時，由“專典秘閣”的秘書郎高謐“侍講讀”，誦
習漢籍（《魏書·高湖傳附高謐傳》）；即位後效法曾祖“每引諸沙門及能談
玄之士，與論理要”，共相對談（《魏書·釋老志》）。太武、獻文創造的内
殿講談之風波湧朝野，太武以後在朝臣之間、儒道之間的論議漸開風氣。
其中最以談論知名的是崔浩。他“少好文學，博覽經史，玄象陰陽，百家
之方，無不關綜，研精義理，時人莫及”。關於崔浩論議，《魏書》本傳有
這樣的記載：

> [泰常八年（423）四月]浩從太宗幸西河、太原。登憩高陵之上，
> 下臨河流，傍覽川域，慨然有感，遂與同行論五等郡縣之是非，考秦始
> 皇、漢武帝之違失。好古識治，時伏其言。天師寇謙之每與浩言，聞其
> 論古治亂之迹，常自夜達旦，竦意斂容，無有懈倦。

無論同僚還是與道士談論，崔浩均以古制是非、古代治亂爲論旨，不悖
名教經世爲務之道，不拘經傳章句。神䴥二年（429），朝堂有北擊蠕蠕之議，
反對此議的尚書令劉潔、左僕射安原等，指使被俘的大夏太史張淵、徐辯宣
說“三陰之歲”“不可舉兵”，以阻其事。太武帝“召浩令與淵等辯之”。崔
浩以“陽德陰刑”說難張淵，說“三陰用兵，蓋得其類，修刑之義也”，“不
妨北伐”，挫退張淵“天時”論。張淵又倡“荒外無用”論：“得其地不可耕
而食，得其民不可臣而使，輕疾無常，難得而制，有何汲汲而苦勞士馬也？”
崔浩將之比方漢代的諫阻抗匈之議，斥其爲“漢世舊説常談”，舉史實而辯
曰：“自太宗之世，迄於今日，無歲不驚，豈不汲汲乎哉！”進而反詰道：“世
人皆謂淵、辯通解術數，明決成敗。臣請試之，問其西國（筆者按：指大夏）
未滅之前有何亡徵？知而不言，是其不忠；若實不知，是其無術。”張淵、徐
辯“慚赧而不能對”。北擊蠕蠕之議遂定（《魏書·崔浩傳》）。這本是一場政
務辯論，非關儒釋經教，但崔浩“關綜百家”熟諳故實的儒臣學養及嚴謹犀
利的辯對風格，堪稱北朝論議史的精彩一頁。《魏書·毛脩之傳》又有崔浩與
毛脩之論説《三國志》的記述：

浩以其中國舊門，雖學不博洽，而猶涉獵書傳，每推重之，與共論說。言次，遂及陳壽《三國志》有古良史之風，其所著述，文義典正，皆揚於王廷之言，微而顯，婉而成章，班史以來無及壽者。

崔浩以陳壽爲典範發論，謂良史著述應當"文義典正"，"婉而成章"，可"言於王廷"，仍然本以名教經世的宗旨。

太武帝時的秘書監游雅與河北經學家陳奇曾"論《典》《誥》及《詩》《書》"：

雅贊扶馬鄭。至於《易·頌卦》"天與水違行"，雅曰："自葱嶺以西，水皆西流，推此而言，《易》之所及，自葱嶺以東耳。"奇曰："《易》理綿廣，包含宇宙，若如公言，自葱嶺以西，豈東迴望究哉？①"奇執義非雅，每如此類，終不苟從。(《册府元龜》卷八三〇)

陳奇"愛玩經典，博通文籍"，"常非馬融、鄭玄解經失旨"(《魏書·陳奇傳》)，游雅則"贊扶馬鄭"。《易》之所及，自葱嶺以東耳"，游雅這一論點有地理學事實爲據。陳奇不察，拘泥經文，徒詰空言，暴露了河北儒士迂拙滯重的傳統學術性格。

獻文帝時發生過儒臣間的"名字論議"：

中書博士袁敬與侍郎傅默、梁祚論名字貴賤，著議紛紜。允遂著《名字論》，以釋其惑，其有典證。(《册府元龜》卷八三〇)

名字論議的詳情及高允《名字論》均已不傳。質之論題，其論旨大約同閥閱政治的背景相關。

綜上可知，北魏前期的朝野論議，較少談玄、辯經，而多説史、論政。除皇帝與高僧對談玄理，其餘論題的共同點是近時務而遠思辨，顯示著經世爲本的儒家理念在意識形態主體結構中的優勢。形式上以對談講論爲主，鮮見激揚

---

① "東迴望究"，《魏書·陳奇傳》作"東向望天"，均喻水西流而復迴於東。

往復的辯對。崔浩與張淵等人的北擊之議，由“天時”之辯轉到“形勢”之辯，是一個例外。論難辯對不發達，是由於前期意識形態領域裏，經教致用爲主流，義理思辨尚未開發，一如湯用彤先生論佛學所說：“北方義學沉寂於魏初。”[①] 不僅諸帝流覽儒釋以尋覓治道，甚至天師寇謙之也要“兼修儒教，輔助太平真君”（《魏書·崔浩傳》）。佛理與老玄的純思論辯不像南朝那樣發展，制約著儒與釋在哲學更高層次上的契合與融通。是爲北朝論議發展的初期階段。

二　中期：義理辯對，南風北漸

孝文帝時期封建化改革完成，經濟發展，國家強盛，帶動經學和義學的興盛，朝野論議趨於活躍。孝文帝元宏“雅好讀書，手不釋卷。《五經》之義，覽之便講，學不師受，探其精奧。史傳百家，無不該涉。善談老莊，尤精釋義”（《魏書·高祖紀》）。他不僅是一位取法漢制變革魏制的杰出政治家，也算得上是一位精通儒釋道經典的學者。他於釋學最擅《成實論》，得鳩摩羅什三傳弟子道登法師親授（《魏書·釋老志》）。太和二十二年（498）孝文帝選命“世以儒學相傳”並通佛經的河北名儒孫惠蔚“侍讀東宮”，爲太子元恪之師。元恪即位後，孫“仍在左右敷訓經典”，“侍講禁内，夜論佛經”（《魏書·儒林·孫惠蔚傳》）。所以，宣武帝亦“雅愛經典，尤長釋氏之義”（《魏書·世宗紀》），同他的父親一樣是一位“孔釋兼存”（《魏書·裴延儁傳》）的學者。

元宏、元恪父子相繼，實行興儒弘佛方針。孝文、宣武時期，尤其太和十七年（493）遷都洛邑後，“天下承平，學業大盛”，“經術彌顯”，“比隆周、漢”（《魏書·儒林傳序》）；“招提櫛比，寶塔駢羅”，“篤信彌繁，法教愈盛”（楊勇《洛陽伽藍記校箋序》）。儒釋并興，備載於史籍。值得注意的是，孝文宣武的“孔釋兼弘”方針，造設爲良好的學術環境，養成了一個出色的學者羣體。它由兩種類型的學者組成——釋門義學僧和兼通釋義的儒士。據《魏書·釋老志》：

　　高祖（孝文帝）時，沙門道順、惠覺、僧意、惠紀、僧範、道弁

---

① 湯用彤：《漢魏兩晉南北朝佛教史》（下），第 362 頁，中華書局，1983。

（辯）、惠度、智誕、僧顯、僧義、僧利，並以義行知重。

這十一位義學僧代表人物，僅僧意、道辯有傳。僧意"貞確思力"（《續高僧傳》卷二五），道辯註《維摩》等經，"剖定邪正，正釋封滯，是所長也"（同上書卷六），均是義學素質。"惠紀"即"慧紀"，也是義學名僧。關於北魏的義學，湯用彤先生指出：

> 自孝文帝後，佛教義學始漸興盛。當時徐州名僧聚居。前有僧淵、僧嵩，後有道登、慧紀、曇度，均傳《成實》《涅槃》之學。而約在同時，僧人智遊兼擅《毗曇》《成實》。[①]

僧嵩"受《成實論》於羅什"；嵩又"授淵法師，淵法師授（道）登、（慧）紀二法師"（《魏書·釋老志》）。鳩摩羅什的《成實》之學至徐州三傳而光大，徐州成爲北魏義學研究之重鎮。孝文帝説："朕每玩《成實論》，可以釋人染情。"（同上）《成實》之學實已成爲北魏官方的顯學。所以湯用彤先生又説："蓋魏之義學如《成實》《涅槃》《毗曇》均導源於孝文帝之世。北方義學沉寂於魏初者，至此孝文之誘挹，而漸光大也。"[②]

歷來燕趙經生謹遵漢儒傳註，鮮有旁騖。北魏士子兼習儒釋，大約始於文成帝以後。渤海高門"歷事五帝"的高允，"博通經史"，"又雅信佛道"（《魏書·高允傳》），是最早習釋的儒臣，在同儕中尚屬罕見。誦儒經兼玩釋義的士子大量湧現在孝文、宣武之世。前已説到儒釋兼弘的元恪師孫惠蔚。另如"海内文宗"饒陽劉獻之，"善《春秋》《毛詩》"，又"註《涅槃經》"（《魏書·劉獻之傳》）。清河崔僧淵"有文學，又問佛經，善談論"（《魏書·崔玄伯傳附僧淵傳》）。東清河崔光，爲太和時期"文宗"，拜中書博士，又"崇信佛法"；光弟敬友"精心佛道，晝夜誦經"（《魏書·崔光傳》）；另一弟僧慧順，"少愛儒宗"，後投寺出家（《續高僧傳》卷八）。太和末自壽春降魏的裴植，"綜覽經史，尤長釋典，善談義理"。（《魏書·裴叔業傳附

---

① 湯用彤：《漢魏兩晉南北朝佛教史》（下），第 377 頁。
② 同上，第 362 頁。

植傳》）義陽之役降魏的南陽馮亮，"博覽羣書，又篤好佛理"（《魏書·馮亮傳》）。樂安徐紇"少好學，有名理"，又通釋義（《魏書·徐紇傳》），等等。這一儒釋雙弘的學者羣體的湧現，應當視爲孝文、宣武"孔釋兼存""道、教互彰"[1] 之政策的產物。

義學研究的興盛與雙修學者的湧現，促進了儒釋和合的進程，並給孝文宣武時期的學術論議帶來新的氣象。同前期相比，内殿論議的哲學思辨色彩明顯加强。太和元年（477）三月，孝文帝在永寧寺設會行道，"命中、秘二省與僧徒討論佛義"（《魏書·釋老志》），由中書、秘書兩省儒臣與釋僧首次舉行御前義學研討會。崔僧淵在永樂經武殿講佛經，孝文帝親臨聆聽（《魏書·崔玄伯傳附僧淵傳》）。長於"開釋封滯"的僧道辯，在御前作義學答辯，"對孝文，不爽帝旨"（《續高僧傳》卷六）。遷都以後，孝文帝特在洛陽西城北端開新門，通城外王南寺，"數詣寺沙門論議"（《洛陽伽藍記序》）。孝文帝"每與名德沙門談論往復"，儒士韋纘常"掌綴録"（《魏書·韋纘傳》）。孝文宣武時期的"文宗"崔光，屢應"沙門、朝貴請"，講論《維摩》《十地》經，"聽者常數百人"（《魏書·崔光傳》）。長於釋義的宣武帝，"每年常於禁中親講經論，廣集名僧，標明義旨"（《魏書·釋老志》）。他對於義學講論的熱衷，招來正統儒臣的反對。侍御史陽固表諫宣武帝，請"絕談虛窮微之論"（《魏書·陽尼傳附陽固傳》）。所謂"談虛窮微"，是正統儒士們對時興的義學思辨習尚的貶稱。

誠然，從二帝與沙門、儒臣論議的形式看，還衹是主客相與探討，不帶有論難辯對色彩。然而更有意義的事實是，執著名理論難的江南論議形式，正是在孝文帝時期，以北來的蕭齊士人爲媒介，正式傳示於北魏。試看《魏書·裴宣傳》的記述：

> 高祖初，徵（宣）爲尚書主客郎，與蕭賾使顏幼明、劉思效、蕭琛、范雲等對接。……高祖曾集沙門講佛經，因命宣論難，甚有理詣，高祖稱善。

裴宣，河東聞喜人，"通辯博物，早有聲譽"，後舉爲秀才。這段傳文揭

---

[1] 《魏書·釋老志》引永平元年（508）詔："道、教彰於互顯，禁勸各有所宜。""道"指儒學，"教"指佛釋。

示了北朝學術史上的兩件重要史事：（1）裴宣曾以尚書主客郎身份與齊武帝蕭賾的使者對談應接；（2）裴宣受孝文帝之命與衆沙門論難。兩件史事似有某種內在聯係。南齊與北魏這次通使，時在永明九年（491，即太和十五年）；雙方相會地點在桑乾（今山西山陰東）①。南齊使者蕭琛是范縝的表弟，"有縱橫才辯，起家齊太學博士"（《梁書·蕭琛傳》），後舉爲南徐州秀才。范雲是范縝的堂弟，曾領州大中正，後爲國子博士。兩人都是思想史上的著名人物。南齊初，建康雞籠山之竟陵王蕭子良西邸，高僧薈萃，名士雲集，是南朝第一學術"沙龍"，又是清談辯對的淵藪。蕭琛、范雲咏味熏陶其間，名列"西邸八友"。尤其蕭琛，曾著《難范縝神滅論》，剖擘強辯，頗有影響，是圍攻范縝的主將。這次"桑乾對接"適在《神滅論》大論戰兩年之後。"桑乾對接"的內容不詳。但桑乾之會的真正意義不在對接內容，而在南北辯給名士正式對接的實現；它不啻爲一次南朝辯對之術的現場演示。桑乾對接不久，裴宣即受命與講經沙門論難。這是北朝儒釋御前"論難"的最早記載，是論辯之風初現北國的劃時代標誌。南北學者對接與北方首場論難，兩事前後相繼，又有同一位主角——裴宣。這就凸顯出了五世紀末葉義理辯對南風北漸的淵源脈絡。

三　後期：講風儀，多往復，重機辯

自孝昌（525~528）以後，北魏社會階級矛盾、民族矛盾急劇激化，鎮兵起義和各地人民起義相繼爆發。在統治階級內部，強大的寺院地主勢力與皇室、世俗地主的矛盾也越發加劇。這後一種矛盾的表現形式之一，便是儒釋、道釋鬥爭。魏齊之際的朝野論議反映了這一鬥爭。周陳之際，南方士人北來更多，學術交流越發頻繁。南朝學風北漸愈深，北朝上層士人之對接風儀及其辯對風格，逐漸與南朝趨同。

魏末齊周之際的朝野論議，其內容與形式明顯地區別爲三種類型：道釋之間的較勝鬥法；儒釋道優劣廢立之議；儒釋之間或儒臣之間的義理之辯。

正光元年（520）發生第一次內殿僧道論戰。論對賓主是清通觀道士姜斌與融覺寺僧曇模最。時年十歲的孝明帝向雙方提出的論題是："佛與老子同

---

① 《梁書·蕭琛傳》："永明九年，魏始通好，琛再銜命至桑乾。"

時以不？"在佛道鬥争史上，這是一個相當古老的題目。從西晉道士王浮造
《老子化胡經》起，雙方已争吵二百餘年。由於此題涉及兩教的先後，所以每
論及此，總會唤起雙方最强烈的護教感情。在這次論辯中，姜斌援引《老子
開天經》證明"老子西入化胡"，曇模最援引《周書異記》《漢法本内傳》説
明佛出生比老子要早。孝明帝派魏收等取來《老子開天經》查對，命諸臣評
議。太尉丹陽王蕭綜等 170 人奏稱，"老子祇著五千文，更無言説"，"姜斌罪
當惑衆"。孝明帝欲"加斌極刑"，經名僧菩提流支諫止，改爲流放馬邑。幼
帝的命題没有任何義理色彩。論對中，道士引用的是僞書，僧人引用的也是
僞書。這場毫無學術性的内殿論辯，比較客觀地顯示了當時的佛道論争還帶
有角力較勝性質。朝臣名士共同斥道袒僧，欲將道士論死，又顯出佛教大盛
背景下的君臣們，普遍懷著强烈的政治心結，黨佛惡道。

　　梁武帝天監三年（504）下《捨事道法詔》以後，有南朝道士"亡命叛入
北齊"，在鄴都"傾散金玉，贈諸貴遊，托以襈期，冀興道法"（《廣弘明集》
卷四）。文宣帝高洋"以佛、道二教不同，欲去其一"，於天保六年（555）
九月"集二家論難於前"①。這次所謂"論難"没有論題，不過是又一場佛道
鬥法，既暴露了北朝道門粗劣的文化品格，同時暴露了一部分上層人物，亦
不免愚闇偏狹的素質。這類"論難"的文化品位，與同時期南朝的士子高僧
們清談論對時的明達、灑脱與理趣，適成對照。

　　儒釋道優劣廢立之議是周武帝時期展開的。這場論議的實質，是儒釋道
學説在經歷了北朝近二百年共生並長，並經諸朝審視鑒别之後，由周武帝宇
文邕（560~578 在位）來對官方意識形態主體結構的形式，即儒、釋、道"三
教"秩序，做最後的調適與抉擇。周武帝是一位有較高文化素養的完全"漢
化"了的皇帝。他有"雄圖遠略"，以"蹈隆（姬）周之叡典"（《周書·武帝
紀》）爲志業，不僅致力於國家的政治統一，而且追求意識形態的多元一統。
在儒釋道多元一統結構的探索過程中，周武帝充分利用了講論和論議的形式。
起初，他"常思復禮殷周之年，遷化唐虞之世"，"欲定劃一之天，思杜二家
之説"（《致梁沈重書》，《全後周文》卷三）。然而他又明智地懂得，在釋道

————————————

① 《資治通鑑》卷 166 "梁敬帝紹泰元年八月"、《廣弘明集》卷 4、《集古今佛道論衡》卷甲
　　均作九月，從之。

信仰大盛的北朝社會，强行"杜二家説"，獨尊儒經，并非易行。他對此採取了極慎重的方針。自天和三年（568）至建德二年（573），六年之間，周武帝通過内殿講論和論議，多次邀集儒釋道人物及百官，宣講儒經，探討三教① 義，共同評估三教功用，共同斟酌官方意識形態結構中的三教秩序。

天和三年（568）八月十一日，周武帝"御大德殿，集百僚及沙門、道士等，親講《禮記》"。次年二月八日，再"御大德殿，集百僚、道士、沙門等，討論釋教義"（《周書·武帝紀》）；復命"當世儒宗"沈重"於紫極殿講三教義，朝士、儒生、桑門、道士至者二千餘人"（《北史·沈重傳》）。或親講儒經，或請大儒講三教義，表明周武帝尊崇儒學；所有講論一律召集儒釋道百官聆聽，顯示他商略三教非由宸衷獨斷，而是朝野道俗同參酌、共和合。内殿講經之後，又連續組織四場論議。天和四年（569）三月十三日，"敕召有德衆僧、名儒、道士、文武百官二千餘人升正殿，帝御座，量述三教優劣廢立"。由於"衆議紛紜"，這次集議"不定而散"。三月二十日，"依前集，論是非。更廣莫簡，帝心索然。又散"。四月初，"又依前集，令極言陳理；又敕司隸大夫甄鸞，詳佛道二教，定其深淺。鸞乃上《笑道論》三卷"。五月十五日，"帝大集羣臣，詳鸞上《論》，以爲傷蠹道法，即於殿庭焚之"；經過諸常侍"對揚"辯論，"僉議攸同：三教齊立"（《集古今佛道論衡》卷乙）。"天和論議"的主題本是評量三教優劣。其時寺院地主與朝廷及世俗地主的矛盾已十分尖鋭。天和論議之初，"心忌釋門"的周武帝欲有"廢立"。然而經過兩個月的内殿論議，各方"極言陳理"，諸常侍却最後一致議定：以"三教齊立"爲宗旨。周武帝遂將廢佛的初衷暫時擱置，接受了"三教齊立"宗旨。天和五年（570）五月，周武帝撰《二教鐘銘並序》寫道："二教並興，雙鑾同振"，"弘宣兩教，同歸一揆"（《廣弘明集》卷二八上）。"兩教"者，佛、道也。"一揆"者，儒經也。這樣，周武帝初步確定了官方意識形態結構的基本形式：儒學爲主體，佛道爲兩翼。建德二年（573）十二月二日，周武帝再"集羣臣及沙門、道士等"，"辯釋三教先後，以儒教爲先，道教爲次，佛教爲後"（《周書·武帝紀》），進而規定了道在佛前的秩序。以周武帝主持的天和論議、建德論議爲標誌，儒爲主體、道次佛後、三教齊立的官方意識形態主

---

① 中古時期用"三教"一詞並稱儒釋道，始見於周武帝時。例見下面引文。

體結構，在北中國得以確立。

建德三年（574）以後，周武帝理政的重心由教化轉向政務。革除寺觀耗民蠹國之弊刻不容緩。即使如此，就在頒佈禁斷佛道敕前一天，即建德三年五月十四日，周武帝仍然"集諸僧、道士"對論太極殿，"試取優長者留，庸淺者廢"，意欲選揀僧道中的真才實學者。僧智炫此日與道士張賓辯論，頻爲設難，應對機敏，舉事得當，邏輯嚴整。在敕斷二教以後，武帝對他"仍相器重"，"期以共政"（《續高僧傳》卷二三）。可見周武帝是把觀念形態與社會行爲相區別、把兩教髦俊與寺觀弊蠹相區別的。承光元年（577）平定高齊以後，爲在齊境廢佛，武帝亦先召大德僧殿集商議，詢問道："朕意如此，諸大德謂理何如？"（《叙廢立義》，《全後周文》卷三）同樣顯示了政治家的氣度。

魏齊之際具有鮮明學術色彩的論議，則主要在儒釋之間、名士之間、君臣之間展開。其中以擅長辯對之高謙之、盧景裕、李同軌、杜弼等魏齊四博士的論辯行事最著名。

魏孝明帝時的國子博士、渤海蓨人高謙之，修《涼書》十卷。他以"涼國盛事佛道，爲論貶之，因稱佛是九流之一家。當世名士競以佛理來難，謙之還以佛義對之，竟不能屈"（《魏書·高崇傳附高謙之傳》）。這是儒學博士與崇佛名士之間的一場釋典義理之辯。高謙之能"以佛義對"而"不能屈"，可見是一位兼通佛義的學者。前廢帝時的國子博士范陽涿人盧景裕，"經明行著"，"又好釋氏，通其大義"，也是一位博通儒釋的大師：

> 齊文襄王入相[1]，於第開講，招延時儁，令景裕解所註《易》。景裕理義精微，吐發閒雅。時有問難，或相詆訶，大聲屬色，言至不遜，而景裕神彩儼然，風調如一，從容往復，無際可尋。由是士君子嗟美之。（《魏書·盧景裕傳》）

《易》是儒經，又是三玄（《老》《莊》《易》）之一，爲儒道共治。這場相府論難，以《易》爲題，竟如此激烈，當亦有學派交靜的學術背景。魏孝武

---

[1] 據《北齊書·文襄帝紀》，高澄加侍中、開府儀同三司入相，時在後廢帝中興二年（532）。

帝時的國子博士李同軌，"學綜諸經，多所治誦，兼讀釋氏"，也是兼治儒釋。永熙二年（533），孝武帝元脩至平等寺，"僧徒講法，敕同軌論難，音韻嫻朗，往復可觀"。東魏興和（539~542）年間，孝靜帝元善見派李同軌以通直散騎常侍身份出使梁朝。釋學大師梁武帝蕭衍知同軌通儒釋，擅論辯，特邀其出席國寺論難：

> 遂集名僧於其愛敬、同泰二寺，講《涅槃大品經》，引同軌預席。衍兼遣其臣並共觀聽。同軌論難久之，道俗咸以爲善。（《魏書·李同軌傳》）

這是北朝學者應南朝皇帝之請首次登上建康論壇。這一事實表明，東魏博辯名士的義理與論對，已經得到南朝君臣高僧的認可和稱許。

孝明帝時的太學博士杜弼"息棲儒門，馳騁玄肆，既啓專家之學，且暢釋老之言"，又是一位賅博"三教"的學者。他的學術論議活動經歷魏齊南朝，論對亦精彩，在四博士中爲最有名。東魏武定元年（543），孝靜帝在九龍殿就"佛性、法性爲一爲異"詢之杜弼：

> 弼對曰："佛性、法性，止是一理。"詔又問曰："佛性既非法性，何得爲一？"對曰："性無不在，故不說二。"詔又問曰："說者皆言法性寬，佛性狹，寬狹既別，非二如何？"弼又對曰："在寬成寬，在狹成狹，若論性體，非寬非狹。"詔問曰："既言成寬成狹，何得非寬非狹？若定是狹，亦不能成寬。"對曰："以非寬（非）狹，故能成寬成狹。寬狹所成雖異，能成恒一。"上悅稱善。（《北齊書·杜弼傳》）

在這次內殿問對中，杜弼針對孝靜帝"佛性狹不成寬"的滯礙，提出"性體"的哲學概念，詳予闡釋。他認爲佛性"無不在"，"非寬非狹"，"恒一"不變；唯其"非寬（非）狹"，故能"成寬成狹"、外現無盡。這是關於佛教哲學本體論和變化論的問對。唐李百藥在《北齊書》裏留下的這段文字，是有關北朝內殿義理之辯的哲學內容記述最詳明的一篇。五年以後，杜弼又以主方身份參加另一場內殿論辯：

（武定）六年（548）四月八日，魏帝集名僧於顯陽殿講説佛理。弼與吏部尚書楊愔、中書令邢邵、秘書監魏收等，并侍法筵。敕弼升師子座，當衆敷演。昭玄都僧達及僧道順，並緇林之英，問難鋒至，往復數十番，莫有能屈。帝曰："此賢若生孔門，則何如也！"（同上）

這是一次儒釋論難，賓主各爲太學博士與緇林高僧。由於開筵在"四八"佛誕日，論議帶有紀念性，君臣、儒釋間氣氛均和諧。"問難鋒至，往復數十番"，雙方的論辯又是激烈的。北齊天保（550~559）年間，在文宣帝高洋的東山別墅，杜弼與中書令邢邵就神滅、神不滅，又有一場論戰。邢邵認爲"人死還生，恐爲蛇足"，借漢桓譚"以燭火喻形神"説："神之在人，猶光之在燭，燭盡則光窮，人死則神滅。"杜弼反駁道，"人死亦有識"，"骨肉下歸於土，魂氣則無不之，此乃形墜魂遊，往而非盡"。他以國、君喻形、神説："神之於形，亦猶君之有國。國實君之所統，君非國之所生。不與同生，孰云俱滅？"杜弼在此以不可比的異質事象强爲之説。邢邵不察，竟也列舉"鷹化爲鳩，鼠變爲駕，黃母爲鱉"等虛妄事象爲喻，引申説道："類化而相生，猶光去此燭，復然（燃）彼燭。"認爲光可以離開燭。這就背離了他當初的"燭盡光窮"觀點。杜弼立即抓住邢邵這一失誤推論説："光去此燭，得燃彼燭；神去此形，亦託彼形。又何惑哉！"最後導向對"人死神滅"論的否定（同上）。這場東山論戰和七十年前南朝圍攻范縝那場論戰的題目一樣。這次雖祇有兩人各爲賓主，卻同樣是一次唯物論與唯心論的短兵相接。儘管邢邵的論點缺乏范縝那樣的鮮明性和堅定性，但這場交鋒畢竟標誌著魏齊之際北方義理之學的深化。

同孝明帝以前相比，魏齊之際的朝野論議，賓主講風儀，論對多往復，問難重機辯，在辯對的形式上，風格特色已更加鮮明。關於這一點，謹再略作申述。

北魏前期品題名士已甚重口辯與風節。游雅品評高允説：

高子內文明而外柔弱，其言呐呐不能出口，余常呼爲"文子"。崔公謂余云："高生豐才博學，一代佳士，所乏者矯矯風節耳。"（《魏書·高允傳》）

　　游雅和崔浩都以高允出言木訥、缺乏風節爲憾。太和末年來魏的南齊士人裴植在洛陽講釋學，“雖持義未精，而風韻可重”（《魏書・裴叔業傳附裴植傳》），不失南士本色，魏收特爲載入傳文。盧景裕論對，“吐發嫻雅”，“神彩儼然，風調如一，從容往復，無際可尋”，爲“士君子嗟美”。李同軌論難，“音韻嫻朗，往復可觀”。杜弼講論，“問難鋒至”，弼“往復數十番，莫有能屈”；弼與邢邵辯形神亦“往復再三”。建德二年（573）太極殿論對，道士張賓貶佛，座首等行禪師憤起欲駁，諸僧制止説：“應對之間，復須機辯。”共推善辯的僧智炫登座“對揚”（《續高僧傳》卷二三）。諸如此類，多不勝舉。用宋人品評論議的四項標準“文質”“綱條”“遣辭”“析理”來衡量，孝明帝以後的朝野論議同以前相比，精粗、文野、高下，可謂劃然有別。魏齊之際北方論議風格的形成，表明北朝的學術論對，在形式上亦趨成熟。

　　在南北學風趨同的總潮流中，漢以降形成的比較拘謹的北方經學傳統，儘管還在官方意識形態中居主導地位，但我們畢竟在北朝的儒釋論議中，不僅看到儒學政治哲學對釋門義理的優容，而且看到儒臣、道士與沙門共講《周禮》於廟堂，看到學綜儒釋的博士們對釋典義理的孜矻究求，看到新一代儒生在時代潮流感召下，不拘陳説，追求新旨的時尚。這是儒釋道靜競和合的時代足音。既然南北學風至魏齊而趨同，儒釋道融合發展的歷史進程，便可繼續倚借朝野學術論議的形式，向隋唐時代跨進，而臻於新的境界。

隋唐儒釋道論議與學風流變

　　魏晉隋唐時期的朝野儒釋道論議，是促進三家爭競趨融、推動政治哲學和思辨哲學發展的一種學術形式；對官方而言，儒釋道論議的展開與深化，又是選擇與確定意識形態多元一統結構之具體形式的調適過程。因此，這種朝野論議便從一個特定角度，生動地反映了這一時期社會意識形態結構由多元並立走向多元一統的發展軌迹，以及其間的學風流變。

　　南朝名理清談的發展，導致玄學與佛義在名教爲本、共致教化基礎上的相互認知。北方在魏孝文帝以後，釋教義學興起，南朝的義理辯對之風亦北漸愈深，衝擊著承自漢儒的拙滯封閉的傳統學風。儒爲主體、道次佛後、三教齊立這一官方意識形態的基本結構，在魏末齊周之際得以確立。與此同時，北方朝臣、名儒、高僧之間的義理辯對也漸成時尚，與南方學風趨同。如果說傳統儒學衰落、釋道並興，是國家分裂時期南朝士族與北方少數族貴族多元政治的產物，那麽，南方玄學與佛義的相互認識，以及北方儒爲主體、多元一統的確立，則爲新的國家統一時代準備了恰適其需的官方意識形態基本結構。

　　隋唐兩朝不僅承續發展著北朝基本的政治、經濟制度，而且承續發展著北朝末期形成的意識形態格局，即儒爲主體、三教齊立。隋唐時代的儒釋道論議，反映了這種多元一統格局的新發展，以及三教爭競和合的新歷程。三百年間大致可以分爲三個發展階段。

一　隋文帝至唐太宗時期：“華教爲本，釋教示存”

　　隋王朝結束了長達兩個半世紀的南北分裂局面。國家的統一要求並推動了意識形態領域多元一統的發展。這一時期的四代君主，視儒學爲經世治國之本而多方崇獎。儒學的勃興强化了它在意識形態多元結構中的主體地位。唐太宗的"諸華主體"觀念推動"儒學爲本、道釋爲輔"的官方意識形態結構發展并進而演變爲"華教爲本，異（釋）教示存"。這時期的廟堂論議，以儒門自家講論爲基本形式，參以"儒辯三教"以及儒爲主、道釋爲賓的"三教論對"，反映了華教爲本、多元一統的格局。

開皇初，隋文帝楊堅承北周"儒學爲本"宗旨，"征山東義學之士"①，"超擢奇俊，厚賞諸儒，京邑達乎四方，皆啓黌校"，大力開掘北方傳統經學。"齊、魯、趙、魏，學者尤多，負笈追師，不遠千里，講誦之聲，道路不絶。"②北方經學於是復興。北齊儒宗阜城人熊安生的門徒馬榮伯、張黑奴、竇士榮、孔籠及儒士張仲讓、劉祖仁，"并授太學博士，時人號爲六儒"③。開皇間，"中州儒雅之盛，自漢魏以來，一時而已"④。隋煬帝楊廣"征闢儒生，遠近畢至，使相與講論得失於東都之下"⑤。大業間開科舉以經取士，讀經成爲士子進身之階，北朝的寒儒之學從此變爲教養儒臣的鴻儒功名之學。

隋朝又以崇佛著稱，不像北周置佛於三教之末。但楊隋奉佛類似北魏，重功德而輕義理，齊周之際義學勃興的勢頭反而沉寂。這是由於戰亂之後，道俗均要造功德祈福，未暇佛典之學。所以，但見名儒會聚論難，鮮有釋僧義學問對，這成爲隋代廟堂議論的特色。河北大儒信都人劉焯開皇初入京，與左僕射楊素、吏部尚書牛弘，國子祭酒蘇威、元善，國子博士蕭該、何妥，太學博士房暉遠、崔崇德等人，"於國子共論古今滯義、前賢所不通者。焯每升座，論難鋒起，皆不能屈，楊素等莫不服其精博"。隋文帝至國學釋奠，太學博士三禮大師馬榮伯"升座講禮，啓發章門"，"諸儒生以次論難者十餘人，皆當時碩學"。隋煬帝"徵天下儒術之士，悉集内史省，相次講論"，江南三禮大師吳郡人褚輝應召"博辯，無能屈者"⑥。楊隋這些廟堂論對，實際都是儒學專題研討會，且重在社會政治理論，多以三禮爲題，不具有三教論

① 《隋書·馬光傳》。
② 《隋書·儒林傳序》。
③ 《隋書·馬光傳》。
④ 《隋書·儒林傳序》。
⑤ 《隋書·儒林傳序》。
⑥ 以上見《隋書·儒林傳》之《劉焯傳》《馬光傳》《褚輝傳》。

對意味。類似的儒門論議亦見於地方士林。開皇間，定州刺史竇抗"嘗廣集儒生，令相問難"，大儒劉焯、劉軌思、孔穎達、劉焯的門徒蓋文達在座。蓋文達"論難，皆出諸儒意表"，竇抗大奇問道："蓋生就誰受學?"劉焯詼諧答對："此生岐嶷，出自天然；以多問寡，焯爲師首。"① 使府遠離皇宸，又是河北羣儒自家問難，氣氛寬鬆活潑。這種學術氛圍有利於經學傳承發展，孔穎達等一代經學大師於此後脫穎而出。

唐初兼容三教，儒道釋的並存關係覆及全國。但唐高祖與唐太宗對儒學的態度有所不同。唐高祖的儒學觀具有兩重性。一方面，他把儒學當作經國治世之道，廣置國子、太學生員以培育"儒臣"；另一方面，他又把儒學看作與"老教""釋教"並列的"孔教"。他的武德八年（625）詔重新爲三教排定序位：

> 老教、孔教，此土元基，釋教後興，宜崇客禮。可令老先、次孔、末後釋宗。②

雖以道教爲首，但在整個意識形態方面，唐高祖仍採取儒學爲主、釋道並重的方針，不甚貶抑釋教。他在國學組織的幾次釋奠論對反映了這一方針。一次釋奠禮上，他命國子博士徐文遠"發《春秋》題，諸儒設難蜂起，隨方占對，皆莫能屈"③。這同開皇論對一樣是一次儒門的專題答辯。另一次釋奠禮上，高祖召徐文遠講《孝經》，沙門惠乘講《波若經》，道士劉進喜講《老子》；再命儒學大師陸德明"難此三人，各因宗指，隨端立義"④。儒釋道同堂講論，大儒依方問難，這種"儒辯三教"的新形式，形象地展示了唐初官方教育和意識形態領域裏，儒學主導、三教共濟的格局。武德八年（625）釋奠，則以國子祭酒和國子博士爲主，僧惠乘、道士李仲卿、潘誕爲賓，"堂列三座，擬叙三宗"⑤。此爲唐王朝首次舉行三教同堂論對，仍然是儒學主導、

① 《舊唐書·蓋文達傳》。
② 《集古今佛道論衡》卷丙，見《大正藏》卷 52。
③ 《舊唐書·徐文遠傳》。
④ 《舊唐書·陸德明傳》。
⑤ 《集古今佛道論衡》卷丙。

三教共濟。

唐太宗更加重視儒學的輔政作用。他推尊孔子爲"先聖"，掀起空前的崇儒熱潮：

> 貞觀二年（628），停以周公爲先聖，始立孔子廟堂於國學，以宣父爲先聖，顏子爲先師。大徵天下儒士，以爲學官。數幸國學，令祭酒、博士講論，畢，賜以束帛。學生能通一大經已上，咸得署吏。……有能通經者，聽之貢舉。是時四方儒士，多抱負典籍，雲會京師。……儒學之盛，古昔未之有也。①

貞觀時的國學講論祇是儒門自講，沒有問難論對。但貞觀的內殿論議，往往將研討墳典與商略政事相結合，顯示了大政治家唐太宗務求治道、不尚空談的學風。《貞觀政要》卷七記載：

> 太宗初踐祚，即於正殿之左，置弘文館，精選天下文儒，令以本官兼署學士，給以五品珍膳，更日宿直，聽朝之隙，引入內殿，討論墳典，商略政事，或至夜分乃罷。

唐太宗融問學理政於一體的學風治術，爲唐代諸帝僅見。他對佛道兩教，尤其是對佛教的態度，更顯示出這位大政治家的韜略。他本人並不崇信道教，卻同唐高祖一樣，以"國家本系出自柱下"而"令道士等處僧尼之上"②。他對蕭瑀說："佛教非意所遵。"③ 卻又爲安撫百姓而給陣亡者置寺祈福。他對佛道信仰的教化功能與僧寺道觀蠹國害民的弊端，區別得比周武帝更清楚，舉措也就更穩慎。針對佛教社會作用的兩面性，他採取了利用與限制相結合的政策。他爲玄奘譯經親撰《大唐三藏聖教序》以弘宣釋典；又制令對度僧和僧尼給田做出限制性規定。對唐太宗宗教政策的兩重性，長孫皇后看得真切，

---

① 《舊唐書·儒學傳》。
② 《唐護法沙門法琳別傳》卷中，見《大正藏》卷50。
③ 《舊唐書·蕭瑀傳》。

她説：“佛道者，示存異方之教耳，非唯政體靡敝，又是上所不爲。”[①] “示存”二字揭明了唐太宗佛教政策的本旨。即使弘宣釋典，唐太宗也有一定的原則，即不可使“殊俗之典鬱爲衆妙之先，諸華之教翻爲一乘之後”[②]，這正是“華教爲本，釋教示存”的原則。可以説，這一原則是唐太宗“諸華主體”觀念的體現。唐太宗之所以没有像唐高祖那樣將義學高僧迎入内殿放談義理，正是出於這一觀念。貞觀十二年（638）在弘文殿曾有過一次僧唱主角的三教論議，但那是太子李承乾召集的。總而言之，北周武帝確定的“儒學爲本、道釋爲輔”這一官方意識形態基本結構，至唐太宗而演爲“華教爲本、釋教示存”。所謂“華教爲本”實即“儒學爲本”。這一變化的意義在於，它在儒道釋齊立共濟的意識形態結構中，突出了“諸華之教”的主體地位。可以説，“諸華主體”觀念在意識形態領域的確立，是隋文帝至唐太宗半個多世紀之間，儒釋道共生競長的最大成果。以後直至中國封建社會末期，諸華主體觀念成爲“諸華之教”與“異方之教”爭競和合所一直遵循的基本指歸，即以歷史時期的現實需要爲依據，立足於儒學主體的哲學揚棄。

二　唐高宗至唐玄宗時期：“三教”融通，共助王道

唐高宗以後，士族地主衰落，寒門地主興起，人身依附削弱。以社會階級關係的調整爲契機，思想領域出現嶄新氣象。佛玄義理論戰取代儒學獨盛局面，廟堂辯對空前活躍。佛道兩家使用相同的哲學概念，遵行相同的思維邏輯，將哲學思辨的發展導向深層次，顯示佛道異質宗教在哲學觀念上的深刻契合，代表了唐代哲學的高水平。學術論難在形式上更趨完善精致，析義綿密，邏輯嚴整，展示出封建社會上升時代嚴謹而活潑的清新學風。唐玄宗親註儒釋道三家經本頒示天下，更爲華教爲本、三教共佐王化的格局做了形象的註解，顯示了中華主體文化强大的自我調適機制及包容改鑄異域文化的優良品格。

---

① 《舊唐書·文德皇后傳》。“佛道”即“佛教”。《資治通鑑》卷194“貞觀十年”作：“道釋異端之教，蠹國病民，皆上素所不爲。”含道教，意略不同。
② 《集古今佛道論衡》卷丙引貞觀十一年敕。

唐高宗李治的崇儒不同於父祖。他"薄於儒術"^①而"歸心佛、道，崇尚義理"^②，是一位耽於釋老思辨的學者型皇帝。自顯慶三年至龍朔三年（658~663），他在兩京內殿先後七次召集僧道對論。尤其是顯慶中四次對論，與前代論議相比，論題要旨深化，辯術越發精緻，除繼承南朝與北朝學術論辯傳統外，在論題與辯對形式方面又有新的發展。顯慶論議是在貞觀以後華教主體特立的背景下舉行的。論對之間，臣工羣儒拱默厭中，佛道兩方辯難爭勝，互不相讓。但在縝密往復的剖擘問對之中，佛玄要旨反得顯豁呈示。據《集古今佛道論衡》卷丙、卷丁記載，自顯慶三年（658）四月至龍朔三年（663）六月，在長安大內百福殿、中殿，蓬萊宮的蓬萊殿、碧宇殿、月陂北亭，以及東都洛宮，唐高宗七次主持辯論會，僧道互承主賓，皆就釋典道經豎義，如"道生萬物義""老子名義""說因緣義""六洞義""本際義"等，先後成爲辯論主題。

綜觀七次內殿論對，諸項豎義問難多已關涉佛道哲學的本體論、發生論和認識論；某些辯對過程頗含精緻的內在邏輯。如顯慶三年四月論對，道士李榮立"道生萬物"義。僧慧立問："未知此道爲是有知，爲是無知？"質難《老子》的最高理念——道，是有意識還是無意識。李榮答："《道經》云：'人法地，地法天，天法道。'既爲天地之法，豈曰無知！"認爲道有意識。慧立更難道："今度萬物不由道生。何者？若使道是有知，則唯生於善，何故亦生於惡？"認爲"道則無知"，即道無意識，因爲它既生善，又生惡。慧立用歸謬法否定李榮的"道有知"，進而否定"道生萬物"義。"道有知"與"有知唯生於善"，誠然都屬於宗教唯心論命題。慧立"有知唯生於善"的論點尤其武斷，他將哲學範疇的概念（知、無知）與社會倫理範疇的概念（善、惡）混在一起，進行主觀推理。高宗聽不明白，批評說："兩家論義，宗旨未甚分明立。"

同年十一月論對，李榮立"本際"義。際，際會，遇合；本際，可釋爲始合。李榮、義褒的問對據此而展開：

① 《舊唐書·儒學傳序》。
② 《續古今佛道論衡》卷丁。

（僧義褒）問云："既義標本際，爲道本於際（道本根於始合），名爲本際？爲際本於道（始合本根於道），名爲本際？"

（李榮）答云："互得進（交互演進）。"

難云："道本於際，際爲道本（道本根於始合，始合是道的本源）；亦可際本於道，道爲際元（也可認爲始合的本根在於道，道是始合的本源）？"

答云："何往不通（這樣認識有何不通）。"

再難曰："若使道將本際互得相通，返亦可自然與道互得相法（如果道與始合可爲本源，自然與道亦應互相爲法了）？"

答曰："道但法自然，自然不法道（祇有道以自然爲法，自然不以道爲法）。"

更難曰："若使道法於自然，自然不法道，亦可道本於本際，本際不本道（如果祇是道以自然爲法，自然不以道爲法，那麼也可以説，道本源於始合，始合不源於道了）？"

於是，道士著難，恐墜厥宗，但存緘默，不能加報。

此論題亦觸及《老子》本體論要旨。老子視"自然"爲最高存在，"道"是"自然"的内在規律，"本際"則是二儀"始合"，"自然"與"道""際"的關係，是本與末的關係。所以，道士李榮認爲"道但法自然，自然不法道"，不可以逆解；"道"與"際"具爲末，故可以交互演進。在存在與意識的關係問題上，李榮的觀點具有唯物論傾向。僧義褒在論難中，一再偷換概念，隨意轉換判斷，將"自然"與"道"、"道"與"本際"這兩對性質不同的概念關係等同、混淆起來，迹近於詭辯，李榮祇有"緘默"。這場論戰表面看僧勝道敗，然而義褒祇是利口辭辯之勝，不是義理之勝。這個事實説明，僅僅通過辯對方式探討義理，往往會炫於辭而蔽於實，不一定能辨明真理。

龍朔三年六月十二日論議，道士李榮開《升玄經》題目："道玄不可以言象詮"，又引發一場關於"玄"的性質的辯論：

僧靈辯質問："妙道既寂言辭，若爲得啓題目（妙道既然不可言説，爲什麼能開這個題目）？"又説："求魚兔者必借於筌蹄，尋玄旨者要資於言象（玄旨必借語言事象來表達）。"

李榮反問："玄理是可詮，可使以言詮；玄理體是不可詮，如何得詮（玄理能詮解，可以使用語言詮解；玄理本體不可詮解，又如何詮解呢）？"

靈辯答："曉悟物情，假以言詮，玄亦可詮（祇要洞察事物情況，借用言語以作詮解，玄也是可以說明的）。"

李榮難："玄體不可詮。假言以詮玄，玄遂可詮者；空剌不可拔，強以手來拔，空剌應可拔（玄體是不可詮解的。如果借用語言，玄就可詮解的話，那麼猶如空剌不可拔，強用手來拔，空剌亦應可拔了）！"

僧反問："空是玄不？"

道反答："非是玄。"

僧反難："是玄可並玄，非玄若爲得並玄（空如果是玄，可用它比喻玄；空不是玄，你爲何以空喻玄）？"

道正難："空既不並玄，空體非是玄。言既可詮玄、可並玄，非玄若爲得並玄（空既然不可比喻玄，空體又不是玄；你却說言語既可詮釋玄，又可比喻玄。請問語言非玄又爲何能比喻玄呢）？"

道又難："空既不並玄，空體非是玄。言既可詮玄，言應得是玄？言雖不是玄，言亦可詮玄；空雖不是玄，何妨空並玄（空既然不可比喻玄，空體又不是玄。那麼如你所說，言語既可詮釋玄，難道它就應是玄了？語言雖然不是玄，却可用語言詮釋玄；那麼，空雖然不是玄，用空喻玄又何妨呢）？"

僧答："玄是微妙，如何以空來並（玄是微妙的東西，如何用空來比喻）？"

道難："玄是微妙，如何以言來詮（玄是微妙的東西，又如何用語言來詮釋）？"

僧答："汝玄理不可詮，玄理亦可詮；空雖不可並，空亦應可並。空體不可並，非並不得並；玄體不可詮，非詮不得詮（你說玄理不可詮釋，其實玄理也可詮釋；空雖然不可喻玄，其實空也應可用作比喻。空的本體不可用作比喻，比喻不當自然不可比喻；玄的本體不可詮釋，詮釋不當自然不可詮釋）。"

　　在這場論辯中，道士與僧均使用了"玄""玄體"（"玄理""玄理體"）以及"空""空體"的概念。道士李榮開題，他的基本觀點先表述爲：道玄不能用言語事象詮釋。旋即修正爲：玄理或可使用語言詮釋；玄理的本體則不可詮釋。道家所謂"玄體""空體"，都是指超言象、超感知的自在物；"玄理"與"空"是其本體的外化，也是超言象的。這個命題反映了道玄哲學的客觀唯心主義實質。從學術發展史來看，這場論辯有兩點很值得注意。第一，靈辯與李榮，分別是僧人、道士，然而在辯對過程中，兩人卻使用著一套相同的哲學語言，共同遵行相同的思辨邏輯，彼此的思維交流，行雲流水，了無窒礙。這一事實，顯示著佛道二家異質宗教長期的爭競趨融，至7世紀中葉在哲學思辨方面所達到的深度。第二，李榮與靈辯這場論辯，始終圍繞"道玄可否言詮"這一命題進行，由此及彼，由淺而深，交互問難，輪番答對，淋漓盡意，爲以往論對所鮮見。它在一定程度上可以代表"名辯"式學術在唐代的新水平，也表明以往南方和北方的不同學風，至此已消泯差異、契合爲一了。

　　顯慶三年四月，在"道生萬物"義論對之後，僧神泰又在殿上爲高宗演說佛法因緣義：

　　　　未曾有一法不從因緣生。且如眼見殿柱，須具五緣：一、識心不亂，二、眼根不壞，三、藉以光明，四、有境現前，五、中間無障。必具此緣，方得見柱。若使義光已沒，龍燭未明，縱有朱楹，何由可見。又如季穀子，陽和之月，遇水土人工，則能生芽。夏盛甕裏，冬委地中，緣不具故，畢竟不生。人亦如是：內則業惑爲因，外則父母爲緣，身方得生。父母乖各，終不得生。如是，禽魚鳥獸萬物皆爾。

　　這是一篇分析感知實現的條件、生命發生的條件的精彩演講。所謂"因緣"，即條件或根據。神泰用三個例子來通俗地說明"因緣義"。眼觀殿柱須具五緣，是說認知主體對客體的認識，須具備五個條件。"識心不亂""眼根不壞"，是認知主體應具備的條件；有光明映柱、有柱存在的現實環境、眼與柱間無障礙，是客體須具備的條件。"因緣義"認爲，祇有主體具備認知能力，客體具備被認知的可能，認識纔能實現。穀芽的萌生，須具備季節、水土、人工等外部條件。人的出生則本之佛教的業報觀念，以業惑爲因，父母爲緣。這篇演說的內容表明，在天竺佛經傳譯漢地歷 500 餘年之後，佛釋哲學已成爲中華傳統文化的一部分，并由譯經僧和義學僧羣體依循法緣關係世代傳承。神泰表述的認識論與發生論觀點，具有樸素唯物論因素，代表著當時中國哲學的高水平。這樣通俗易懂而又內涵深刻的思辨篇章，在唐代儒學與道教中是少見的。神泰演講之後，唐高宗命敕使傳旨："師等'因緣義'大好，何不早論！"內給使王羣德亦傳敕語："道士等何不學佛經！"耽義理喜思辨的唐高宗由贊賞"因緣義"，進而提倡道士學佛經，顯示出融通兩教以求真知的精神。

顯慶龍朔論對顯示的佛道兩教關係，仍然是共戴王道基礎上的對立競爭關係。但在高級僧道之間，彼此的對立心理已比唐太宗時大爲緩解。在貞觀十二年（638）弘文殿論對時，僧慧淨與道士蔡晃各爲賓主，問難之間，尚是敵意甚熾。慧淨以蔡晃未懂他的答詞却"謬陳後難"，當場嘲諷蔡晃耳聾眼瞎、智力低下（"豈直形骸聾瞽，其智抑亦有之"）。"心在道黨"的國子祭酒孔穎達聞之不平，起而助道難僧，形成儒道聯合對抗釋僧的局面 ①。在佛道雙弘的唐高宗時代，此種局面不復存在。顯慶三年六月百福殿論對，李榮開"六洞"義，認爲老君是上聖，於物無不洞曉。僧慧立引《道經》："天下大患莫若有身，使我無身，吾何患也"，證明"老君於身尚礙，何能洞於萬物"。李榮理屈，請慧立手下留情，說："師緩！莫過相凌轢。……共師俱是出家人，莫苦相非駁。"慧立答："觀先生此語，似索姑息。古人云：'黃塵之下，不許借稍。'乍可出外別叙暄涼，此席終須定其邪正！"將內殿論席喻爲沙場戰陣，不容"借稍"姑息；論罷出得內殿，儘可"別叙暄涼"。這一段對話生動反映了僧道理性相待情景。同年十一月中殿論對，道士張惠元等一度"扭怩無對，麈尾頓垂，聲氣俱下"。論畢，僧與道"相從還棲公館"。僧義褒對道士說："往不可咎，來猶可追。請廣義方，統詳名理，豈非釋李高軌，不墜風流，勝負兩亡，情理雙遣者也！"雙方在論對之後，又融洽相從，同返公館；僧義褒一番話也甚帶感情，他鼓勵道士博涉立義之法，詳熟名理，以期日後

---

① 《集古今佛道論衡》卷丙系此事於貞觀十二年，《續高僧傳》卷 3《慧淨傳》系此事於貞觀十三年。從《論衡》。

論對，佛道兩教同標高軌，共得風流，不再計較勝負，既可探討名理，又可交流情誼。可見唐高宗時，佛道雙方內殿論對的觀念已有改變，開始跳出兩教角力的傳統模式的窠臼。北朝以來向爲佛道較勝之擂臺的內殿論對，已向著兩教（或三教）共求名理的學術"沙龍"演變了。這種論對觀念的深刻變化，導致唐後期內殿論對風格根本改觀（見後文）。

內殿論對至唐高宗時期，之所以能夠在觀念與風格方面出現深刻的變化，重要原因在於唐高宗李治本人和合兩教、優容諸説的政策，以及鼓勵論諍、提倡辯對的學術方針。顯慶三年六月論對，唐高宗在百福殿首先致辭説：

> 佛道二教，同歸一善。然則梵境虛寂，爲於無爲；玄門深奧，德於不德。師等棲誠碧落，學照古今，志契寶坊，業光空有。可共談名理，以相啓沃。

"佛道二教，同歸一善"，"共談名理，以相啓沃"，這十六個字全面而簡要地概括了高宗的兩教政策和學術方針。高宗主持的蓬萊殿論對曾有這樣一段輕鬆幽默的開場花絮：

> ［龍朔三年（663）］六月十二日，於蓬萊宮蓬萊殿論義。靈辯與道士李榮同奉見。上謂榮曰："襄陽道人[①]有精神，好交言，無令墮其圍中！"榮奏曰："孔子尚畏後生，況榮不如前哲。"辯奏曰："靈辯誠爲後生，李榮故當是老。"上大笑曰："榮已被逼！"

在歷次論對現場，唐高宗或評論，或調侃，時而"怡然大笑""解頤大笑"，以躬自參與來引導論對始終在激烈與理智、嚴肅與輕鬆交織的氛圍中進行。

內殿論對在學風方面發生深刻變化，還同當時的佛教學術背景有關。在國家重歸統一的歷史條件下，隋唐之際，江南義學傳統迅速成爲南北僧衆競騖同趨的學術時尚。爲説明這一時尚的存在，謹結合釋道宣《續高僧傳》收

---

① 僧靈辯，姓安氏，襄陽人，所以唐高宗以"襄陽道人"稱之。

載高僧的情況加以分析。據統計，《續傳》全書所收南北朝末至唐初高僧，正傳有 498 人，附見 229 人，共計 727 人，分列爲 10 篇[①]。10 篇之中，義解僧最多，共 249 人（含附見），佔全書載僧總數的 34.25%，即三分之一強。這表明，在南北朝後期至唐初，釋典義理的疏解與研究，已成爲南北高僧們首要的信向行事。在 249 名義解僧中，南朝僧 71 人，北朝僧 27 人，隋僧 62 人，唐僧 89 人。從中可以看出，南朝義解僧多於北朝；隋唐初義解僧已超過南北朝；唐初義解僧又超過隋朝。這些僧數的比例關係，真實地反映了義理之風的流佈自南朝興起，由南而北，至唐愈盛的歷史軌迹。再從籍貫分佈來看，隋與唐初的 151 名義學僧，籍貫可知者 108 人，其中南方[②] 35 人，佔 32.4%，北方 73 人，佔 67.6%。這表明隋唐之際北方所出義解高僧，在人數上也已超過南方所出；以京畿爲核心的關洛地區，已成爲研究釋典義理的中心區。

載初元年（689），武則天"御明堂，大開三教，內史邢文偉講《孝經》，命侍臣及僧、道士等以次論議"[③]。武周標榜釋教開"革命"之端，却命儒臣講《孝經》，僧、道、臣工論議。這種形式類似武德時期的"儒辯三教"，是體現儒學爲本、三教和合宗旨的另一方式。

唐玄宗時期（712~756），社會相對安定，學術文化昌明，意識形態領域的儒、釋、道三家關係基本處於良性調諧狀態，罕見廟堂諍對。開元十八年（730），玄宗召僧道氙與道士尹謙在興慶宮花萼樓論對，以"定二教優劣"，似爲僅見的一次。史載"（道）氙雄論奮發"，"尹謙答對失次"[④]，玄宗"詔賜"而已，并未遽判優劣。這一時期，唐玄宗以親註頒佈儒、釋、道三家經典的方式，鞏固和發展儒學爲本、和合三教的格局，更加令人矚目。

唐玄宗歷鑒前史，認識到"重學尊儒，興賢造士，故能美風俗，成教化，蓋先王之所由"，得出"弘我王化，在乎儒術"的結論，確定興儒爲王化之本。這就撥正了他的祖父"薄於儒術"的偏頗。他認爲《孝經》爲"德教所先"[⑤]，於開元十年（722）將親註《孝經》"頒於天下"，令弘文館學士元行

---

① 十篇目是：譯經、義解、習禪、明律、護法、感通、遺身、誦經、興福、雜科。
② 這裏的"南""北"地理分界，大致以秦嶺—淮河一綫爲界。
③ 《舊唐書·禮儀志》。
④ 《宋高僧傳》卷 5《道氙傳》。
⑤ 上引見《册府元龜》卷 50《帝王部·崇儒術》引開元五年九月詔、開元二十七年八月制、開元七年三月詔。

沖撰《御註孝經疏》"列於學官"；天寶三載（744）"詔天下民間家藏《孝經》一本" ① 。大力推行"孝化天下"，成爲唐玄宗崇重儒本的一大特色。對於佛道二教，他既恪守高祖、太宗"道先佛後"的成規，也有自己的特色。在諸多崇道舉措中，玄宗特重弘傳《道德經》。開元十年（722）和開元二十九年（741），玄宗兩頒詔、制，命兩京諸州置崇玄學，"其僧（生）徒令習《道德經》及《莊》《列》《文子》等"。開元二十年頒制："老子《道德經》宜令士庶家藏一本。"開元二十三年"親註《老子》并修《疏義》八卷"。天寶十四載（755）"頒《御註老子並義疏》於天下" ② 。對佛教，玄宗仿效太宗的兩手政策，將約勒僧寺與弘宣釋典相結合。開元二十四年（736），唐玄宗"親註《金剛般若經》，詔頒天下，普令宣講" ③ 。這樣，唐玄宗就成了儒、釋、道三家經本均有親註頒佈天下的皇帝。他用自己獨特的方式促進儒、釋、道和合融通，共助王道。中華主體文化强大的自我調適機制及長於包容改鑄異域文化的品格，通過唐玄宗並註三教經典普頒民間，再次得到鮮明的體現。

三　唐肅宗至唐昭宗時期：儒學爲本，"三教和合"

唐朝在安史亂後轉向衰落。唐皇帝希圖倚重意識形態的多元因素，參綜諸教，覓求治道。隨著儒釋道契合日深，傳統的内殿三教論議轉化爲皇帝誕節的三教問答（或緇黃問答）儀式；往日廟堂上對揚激越的問難論辯，蛻變爲三家互標義旨、斯文酬對的程式。意識形態領域裏儒爲主體、三教和合的官方機制已調適有序，魏晉以來的中古名辨之風徹底偃息。500年間作爲融通三教、標領思潮之獨特學術形式的儒釋道論議，完成了它的歷史使命。

上元二年（761）七月，自靈武駕返劫後長安的唐肅宗，"於景龍觀設高座講論釋道二教"，又"遣公卿百僚悉就觀設醮講論" ④ ，是爲恢復中斷已久的三教論議的先聲。永泰二年（766）二月一日，唐代宗臨國學釋奠，"集諸

---

① 《舊唐書·玄宗紀》《舊唐書·元行沖傳》《新唐書·藝文志》。
② 《册府元龜》卷54《帝王部·尚黃老》。
③ 《宋高僧傳》卷14《玄儼傳》。
④ 《册府元龜》卷54《帝王部·尚黃老》。

儒、道、僧，質問竟日。此禮久廢，一朝能舉"①，正式恢復三教論議。此前，國子祭酒蕭昕諫言："崇儒尚學，以正風教，乃王化之本。"唐代宗辯白稱："朕志求理道，尤重儒術，先王設教，敢不底行。"② 遂有這次釋奠。唐代宗雖口稱"重儒術"，尚學崇儒却無補於衰敝局勢。在三教中，他實際是更多地偏向於佛教。大曆年間的《資州刺史叱干公三教道場文》，聲稱三教"殊途同歸"，却以佛先、道次、儒末爲秩序③，標明"三教同歸佛法"的旨趣，顯示當時某些地方官府也遵行著唐代宗以佛爲先的權宜之策。

唐德宗是玄宗之後又一位學者型皇帝。他崇重儒學，禮敬孔子④，兼以"釋道二教，福利羣生"⑤，復歸於儒學爲本、和合三教的格局。他將傳統的内殿三教論議，演化爲誕節三教講論。《舊唐書·韋渠牟傳》記載：

貞元十二年（796）四月，德宗誕日，御麟德殿，召給事中徐岱、兵部郎中趙需、禮部郎中許孟容與渠牟⑥ 及道士萬（葛）參成、沙門譚（覃）⑦ 延等十二人，講論儒、道、釋三教。

這次三教講論是當時轟動朝野的大事。《唐語林》卷六《補遺》對此事也有記述：

德宗降誕日，内殿三教講論，以僧鑒虛對韋渠牟，以許孟容對趙需，以僧覃延對道士郗惟素。諸人皆談畢，鑒虛曰："諸奏事云：'元（玄）元皇帝，天下之聖人；文宣王，古今之聖人；釋迦如來，西方之聖人；今皇帝陛下，是南贍部洲之聖人。'臣請講御製《賜新羅銘》。"講罷，德宗有喜色。

① 《舊唐書·禮儀志》。
② 《册府元龜》卷50《帝王部·崇儒術》。按《舊唐書·禮儀志》，"理道"作"理本"，"設教"作"大教"。
③ 《金石萃編》卷96《資州刺史叱干公三教道場文》。
④ 《唐會要》卷35《釋奠》。
⑤ 《佛祖統紀》卷41引貞元五年敕。
⑥ 據《舊唐書》本傳，韋渠牟時爲四門博士。又《唐語林·補遺》："韋渠牟曾爲道士及僧。"
⑦ 據《佛祖統紀》卷41，"萬參成"作"葛參成"，"譚延"作"覃延"，是。

三對講論賓主爲三儒二僧一道，有一對兩儒對論，體現了儒爲主體①；奏事者將李耳、孔丘、釋迦牟尼、唐德宗并稱四“聖人”。僧人不再以“方外”自矜，自稱爲“臣”。貞元論議和合三教、共戴王道之基調越發鮮明。次年（797），德宗“敕沙門端甫入内殿，與儒、道論議，賜紫方袍，令侍皇太子（李誦）於東朝”②。是爲貞元論議之尾聲。

元和長慶時期（806~824），内殿三教論議一度沉寂，江南禪林興起，佛教大盛。寶曆二年（826），唐敬宗“敕沙門、道士四百餘人，於大明宮談論設齋”，未召儒臣參加，重現顯慶龍朔時期緇黄論議的情景③。後來，緇黄論議成爲唐武宗至昭宗時期誕節論議的通式。緇黄論議取代三教論議，反映了傳統儒學衰落的趨勢。

太和元年（827）和七年（833）的誕節（十月十日），唐文宗兩次舉行三教論議。尤其元年誕節，具有“聖唐御區宇二百年，皇帝承祖宗十四葉”的雙重紀念意義，又值“戎夏乂安，朝野無事”，所以特別隆重。“序慶誕，贊休明”的三教論議，成爲這次誕節盛會的序幕。其論題之切要，問對之典雅，氣氛之祥和，遠在貞元論議之上。論議在麟德殿内道場舉行，唐文宗親臨聆聽。全場分列數座，每座儒、釋、道各一人，逐座以次問對。第一座論者是秘書監白居易、安國寺引駕大師義林、上清宮道士楊宏元④。據白居易《三教論衡》記載，第一座問難及答對順序依次是：僧儒、儒僧，儒道、道儒，道僧、僧道，輪回問對，共三個回合。第一回合由“明大小乘，通内外學”的“靈山嶺岫”僧義休問難儒臣白居易開篇。問、難如次：

僧問（儒）：《毛詩》稱“六義”，《論語》列“四科”，何者爲“四科”？何者爲“六義”？其名與數，請爲備陳者。

（“答”略。下同）

難：十哲四科，先標德行。然則曾參至孝，孝者百行之先，何故曾

---

① 《唐語林·補遺》謂：“三教講論，儒者第一趙需，第二許孟容，第三韋渠牟，與僧覃延嘲謔，因此承恩也。”亦顯示以儒爲主之旨。

② 《佛祖統紀》卷41《法運通塞八》。

③ 《佛祖統紀》卷42《法運通塞九》。

④ 《佛祖統紀》卷42《法運通塞九》。

參獨不列於四科者？

（儒）問僧：儒書奧義，既已討論，釋典微言，亦宜發問。

問：《維摩經·不可思議品》中云："芥子納須彌。"須彌至大至高，芥子至微至小，豈可芥子之內入得須彌山乎？假如入得，云何見得？假如却出，云何得知？其義難明，請言要旨。

難：法師所云，芥子納須彌是諸佛菩薩解脫神通之力所致也。敢問諸佛菩薩以何因緣證此解脫，修何智力得此神通？

第二回合是儒、道互爲問、難：

（儒）問道士：儒典、佛經，討論既畢，請回餘論，移問道門。臣居易言，我太和皇帝，祖元（玄）元之教，挹清淨之風，儒素緇黃，鼎足列座。若不講論元（玄）義，將何啓迪皇情？道門楊宏元法師，道心精微，真學奧秘，爲仙列上首，與儒爭衡。居易竊覽道經，粗知元（玄）理，欲有所問，冀垂發蒙。

問：《黃庭經》中有養氣存神、長生久視之道。常聞此語，未究其由。其義如何？請陳大略。

難：法師所答養氣存神、長生久視之大略，則聞命矣。敢問"黃"者何義？"庭"者何物？"氣"養何氣？"神"存何神？誰爲此經？誰得此道？將明事驗，幸爲指陳。

道士問（儒）：《孝經》云："敬一人則千萬人悦。"其義如何者？

難：凡敬一人則合一人悦，敬二人則合二人悦。何故"敬一人則千萬人悦"？所"悦"者何義？所"敬"者何人？

（道、僧互爲問難，闕）[1]

《三教論衡》稱第二回儒與道的問難爲"餘論"，不言而喻，第一回合僧與儒的問難當爲"主論"。每回合之內的賓主易位以及諸回合之間的啓承轉

---

[1] 《全唐文》卷 677 白居易《三教論衡》。

換，均由儒臣白居易穿插接引①。這樣的場面表明，内殿三教論議至唐文宗太和時代，已經蜕變爲程式化的庭節儀式。這次論議的儒釋道登場者都是熟諳三教經典的學者。白居易旁通釋典、道經，義休、楊宏元旁通儒經。在唐朝後期的儒、釋、道門中，湧現出一批兼通三教學説的學問家、思想家，以釋門尤多，備載於史傳。這是唐後期思想文化領域的重要現象。這批賅博三教的學者雖彪炳於唐後期思想界，但他們却是南北朝隋唐以來，儒釋道競生併長、交融互補之文化傳統的產兒，尤其是唐高宗以來三教融通向著政治哲學和思辨哲學的深層長期潛進的產兒。可以説，没有數百年間三教的諍競融通，便不會有太和論議。

太和七年（833）誕節三教論議，由承旨學士王源中等與僧道講論於麟德殿。由於僧尼僞濫成爲當時嚴重的社會問題，祠部已於太和四年實行整頓。七年論議因而無復元年盛況。唐文宗祇在王源中等與僧道問對時“暫入殿，至僧、道講論，都不臨聽”。文宗對宰臣説：“降誕日設齋，起自近代。朕緣相承已久，未可便革。”②連皇帝本人也將誕節設齋論議視爲應革之制了。總括言之，太和論議雖一仍顯慶龍朔論議，高揚義理之辯，但由於三教契合日深，三教學者的門墙界圉與諍競之心已然淡化，往昔殿堂上的三宗論辯已演化爲儒釋道互標義旨的程式，先代内殿裏激揚辯對的場面已被斯文酬答取代。義理辯對之風徹底偃息，意味著中古官方意識形態領域的儒學爲本、三教和合機制已調適有序。

武、宣、懿、昭四朝，僅宣宗誕節論議召至三教，武宗、懿宗、昭宗俱循敬宗寶曆緇黄論議之制。會昌二年（842）、三年唐武宗誕節（六月十一日德陽節），均召“兩街大德對道士御前論議”；兩次論議之後，“道士二人敕賜紫衣，而大德總不得著紫”③。武宗一再損辱高僧，成爲禁佛風暴的先兆。大中元年（847）唐宣宗誕節（六月二十二日壽昌節）三教論議，僧知玄應詔講贊，“賜紫袈裟，署爲三教首座。帝以舊藩邸造法乾寺，詔玄居寺之玉虛亭”；大中三年誕節，復“詔諫議李貽孫、給事中楊漢公，緇黄鼎列論議”，

① 據《三教論衡》，“舊例：朝臣（即儒臣）因對敎之次，多自叙纔能及平生志業”而後退場。僧道退場則無須“自叙”。論對由儒臣承前啓後、穿插接引，是因爲他具有朝臣身份。
②《舊唐書·文宗紀》。
③《入唐求法巡禮行記校註》卷3、卷4。

後 "命畫工圖形（知玄）於禁中"[1]。"會昌法難"後的這兩次三教論議，釋門備獲帝室信重。咸通十一年（870）唐懿宗誕節（十一月十四日延慶節），"麟（德）殿召京城僧道赴内講論"，以"釋門爲主論"，僧徹"述皇猷，辭辯瀏亮，帝深稱許"[2]。龍紀元年（889）唐昭宗誕節（二月二十二日嘉會節），"詔兩街僧道講論至暮，各賜分物銀器"[3]。經黄巢義軍打擊之後，李唐統治已將崩解，儒釋道論議作爲五百年間和合三教、標領思潮的獨特學術形式，已完成了它的歷史使命，成爲虚應故事了。

---

① 《宋高僧傳》卷6《知玄傳》。
② 《宋高僧傳》卷6《僧徹傳》，《唐摭言》卷9《四凶》。
③ 《大宋僧史略》卷下《德號附》。

漢唐間天臺釋道人文演化軌迹

一 漢晉之際：洞仙文化，初染天臺

葛洪（283~363）《抱樸子·內篇》卷四"金丹"曰："按《仙經》，可以精思合作仙藥者，有華山、泰山……大小天臺山，……此皆是正神在其山中，其中或有地仙之人。上皆生芝草，可以避大兵大難，不但於中以合藥也。若有道者登之，則此山神必助之爲福。"《內篇》又曰："凡諸小山，不堪作神丹金液，皆有木石之精、千年老魅，能壞人藥，唯嵩鎮少室、緒雲羅浮、大小（天）臺，比諸山正神居處，助人爲福，可以修真，煉藥臺矣。"抱樸本古《仙經》的成書年代，當在神仙道教盛行的漢末魏晉之際。可知早在西晉以前，大小天臺初爲"正神所居"的"福地"，被納入道教洞仙文化體系。

二 東晉：佛釋初化，寄附洞仙

東晉初，支遁（314~366）撰《天臺山銘》，可視爲天臺"釋山人文"開篇（其文不傳）。其序文徵引《內經·山記》似道家書，表明早期高僧策杖感受天臺，尚不免洞仙人文的熏染。

與支遁同時的孫綽（興公，314~371）撰《遊天臺山賦》。賦曰："天臺山者，蓋山岳之神秀也。涉海則有方丈蓬萊，登陸則有四明天臺，皆玄聖之所遊化，靈仙之所窟宅。""睹靈驗而遂徂，忽乎吾之將行。仍羽人之丹丘，尋不死之福庭。"不啻爲一曲"洞仙天臺"的頌歌。孫《賦》進且抒發胸臆："散以象外之説，暢以無生之篇。悟遣有之不盡，覺涉無之有間。泯色空以合迹，忽即有而得玄。釋二名之同出，消一無於三幡。""象外"即"道"，"無生"即"釋"，釋道皆以"無"爲宗。悟"有"爲非而遣之，遣之不能盡；覺"無"爲是而涉之，涉之而有間，既明"有"不可滯，釋則泯合"色""空"，道則忽"有"得"玄"。"有名物始，無名物母"，是爲"二名"，同出於道；"色""色空""觀"，是爲"三幡"，消之同歸於"無"。在孫綽的心海中，天臺畢竟還是座仙山而不是釋山。他感喟"無生"，泯合"色空"，衹是間雜在"洞仙"咏誦之中的輕嘆。寄附於洞仙人文，揭示了天臺佛釋人文早期的生存狀態。

三　南朝：釋道人文，共生共榮

原始道教勢微，正統道教形成；佛性、頓悟、成實、十地諸派蜂起；佛與道同得皇家信向，三教合一大倡。藉此因緣，天臺釋道人文呈現共生共榮景象。

道門：

附會景觀，壘造傳說，以迎合當紅的上清派及丹鼎道派。《仙經》云，天姥峰有石橋，"即靈仙橋也"，"多散仙人遇得橋即與相見"。舊《圖經》稱，吳主孫權爲葛仙公創天臺觀。陶弘景（456~536）《真誥》云："（天臺）金庭洞天，是桐柏真人之所治。"又云："吳句曲之金陵，越桐柏之金庭，成真之靈墟，養神之福境。"《名山福地記》云："經丹水南行，有洞交會，從中過，即赤城丹山之洞，上玉清平之天……即十六洞天第六洞也，即茆司命所治也。"《天臺山記》云："丹霞洞有葛仙公煉丹之初所也，宅中多植靈苑翠樫修笙，其卉曲池環沼，藥院丹爐，斯亦煉化之奇景也。"

釋門：

僧人迭至，立精舍建寺院。宋元嘉（424~453）中，沙門法順在天臺觀西一里建瀑布寺。劉宋末，僧普遼在天臺觀西十五里立精舍。赤城山半腰有飛霞寺，蕭梁岳王之母曾居此寺。西域高僧白道猷在赤城山腳建白岩寺。

四　陳隋之際：智顗來化，釋門獨盛

陳宣帝太建七年（575），智者大師自金陵入天臺，至陳後主至德三年

（585）奉詔赴金陵，在天臺弘法十年。陳亡，赴荆湘。隋文帝開皇十六年（596），再還天臺，次年在天臺大石像前圓寂。開皇十八年（598），晉王楊廣爲智者大師創天臺寺，大業元年（605）改名國清寺。據灌頂《智者大師別傳》云："智者弘法三十餘年，不畜章疏，安無礙辯，契理符文。挺生天智，世間所伏，有大機感，乃爲著文。"《續高僧傳·智顗傳》贊大師"東西垂範，化通千里"，"聲光溢於宇宙，威相被於當今"，親手度僧四千餘人，五十餘州無數道俗從受菩薩戒，"傳業學士三十二人，習禪學士散流江漢，莫限其數"。智者大師由此開啓了天臺人文歷史之釋門獨盛時期。

五　隋唐時期：天臺釋門人文精神——定慧雙修，僧伽紀律，教　團平等，科學理性

（一）"定慧雙弘"的理論獨創。此前百餘年間的漢地佛教，南方重義理，北方重禪定。智顗"破斥南北，定慧雙修"，獨樹一幟，自成一派，爲漢傳佛教創一新生面。智者的教行不僅澤被域中，亦且惠及東瀛。國清寺成爲中國和日本天臺宗共尊的祖庭。環顧公元七至九世紀的世界，東方智者大師的理論創造，堪稱當時人類的思維智慧所能獲致的偉大結晶之一。現藏日本延曆寺的《唐貞元二十年（804）明州給日僧最澄公驗》《唐貞元二十一年（805）臺州給日僧最澄公驗》，現藏日本東京博物館的《唐大中七年（853）福州都督府給日僧圓珍過所》，載明二日僧偕衆"巡禮天臺山"，透露著當時日僧西渡趨拜祖庭的盛況。

（二）僧伽紀律與平等精神。爲完善天臺的僧伽制度，智者大師特爲教團制定《寺制十條》。他的《立制法序》稱："前入天臺，諸來法徒，各集道業，尚不須軟語勸進，況立制肅之。後入天臺，觀乎晚學，如心猿意馬，若不控鎖，日甚月增。爲成就故，失二治一，蒲鞭示恥，非吾苦之。今訓諸學者，略示《十條》。後若妨起，應須增損，衆共裁之。"天臺初期，法徒勤學自勵。後來學徒心志荒怠。爲遏止不良山風，智者制定《寺制十條》，對違紀者，用"蒲鞭示恥"等措施啓迪覺性，喚其自省；日後以"僧衆共裁"爲原則，《寺制》可視情增損。《寺制》體現的以道德自覺爲本的紀律文明和"僧衆共裁"的平等精神，對以後漢地教團的僧伽建設影響很大。

（三）天臺教團的籌算之學。智者大師又是一位傑出的建築家。他晚年親自設計寺院藍圖。《智者大師別傳》記載智者“標杙山下，處擬殿堂；又畫作寺圖，以爲寺樣。誠囑僧衆：‘如此基陛，儼我目前；棟宇成就，在我死後。……後若造寺，一依此法。’”除設計國清寺樣，他還曾在法足經行之匡廬、當陽各處，先後“造大寺三十五所”。建築設計與算學測量在天竺“五明”體系中併屬“工巧明”。天臺法侶遠紹西竺，近承智者，倡揚籌算之學。唐·鄭處誨《明皇雜録補遺》記載，僧一行（673~727）在早年研究曆算的學術生涯中，問學國清寺的情景：“至天臺國清寺，見一院，古松數十步，門有流水。……行立於門屏，間聞院中僧於庭布算，其聲簌簌。既而謂其徒曰：‘今日當有弟子求吾算法，已合到門，豈無人導達耶？’”僧一行乃是中古世界偉大的天文曆象學家，日後《大衍曆》的創制，當包含天臺算學的科學理性精神給予他幫助。

六　唐朝：天臺道門的衰落

同天臺宗相比，唐朝天臺的道門，既缺乏理論思維的創新，又缺乏科學的理性精神。其代表人物司馬承禎和柳泌，一個熱衷於攀附朝廷，吹噓神仙，廣立真君祠；另一個迷戀做官，煉進丹藥，導致唐憲宗遭弑。

《舊唐書·司馬承禎傳》：“道士司馬承禎，字紫微，河內溫人。（武）周晉州刺史、琅琊公裔玄孫。……事潘師正，傳其符籙及辟穀導引之術。師正特賞異之，謂曰：‘我自陶隱居傳正一之法，至汝四葉矣。’承禎嘗遍遊名山，乃止於天臺山。則天聞其名，召至都，降手敕以贊美之。”“景雲二年（711）睿宗令其兄承褘就天臺山迎之至京，引入宮中，問以陰陽術數之事。承禎對曰：‘無爲之道，理國之道也。’睿宗嘆息曰：‘廣成之言，即斯是也。’承禎固辭還山，仍賜寶琴一張及霞紋帔而遣之。”“開元九年（721），玄宗又遣使迎入京，親受法籙，前後賞賜甚厚。……承禎因上言：‘今五嶽神祠，皆是山林之神，非正真之神也。五嶽皆有洞府，各有上清真人降任其職，山川風雨，陰陽氣序，是所理焉。冠冕章服，佐從神仙，皆有名數。請別立齋祠之所。’玄宗從其言，因敕五嶽各置真君祠一所，其形像制度，皆令承禎推按道經，創意爲之。”

　　唐·徐靈府《天臺山記》:"白雲先生(即司馬承禎)初入天臺後,睿宗皇帝詔復桐柏觀舊額,請先生居之。其降敕書曰:'吳朝葛仙公廢桐柏觀在天臺山。如聞始豐縣人,斫伐松竹,毀廢壇場,多有穢觸,頻致死已。仰州縣官與司馬練師相知,於天臺山中闢方封取四十里,以爲禽獸草木生長之福地,置一觀仍還舊額。'"

　　《舊唐書·皇甫鎛傳》:"柳泌本曰楊仁力,少習醫術,言多誕妄。李道古奸回巧宦,與泌密謀求進,言之於皇甫鎛,因徵入禁中。自云能致靈藥,言:'天臺山多靈草,羣仙所會,臣嘗知之,而力不能致。願爲天臺長吏,因以求之。'起徒步爲臺州刺史,仍賜金紫。諫官論曰:'列聖亦有好方士者,亦與官號,未嘗令賦政臨民。'憲宗曰:'煩一郡之力而致神仙長年,臣子於君父何愛焉!'由此莫敢有言者。裴潾以極言被黜。泌到天臺,驅役吏民於山谷間,聲言採藥,鞭笞躁急。歲餘一無所得,懼詐發獲罪,舉家入山谷。浙東觀察使追捕,送於京師。鎛與李道古懇保證之,必能可致靈藥。乃待詔翰林院。憲宗服泌藥,日益煩躁,喜怒不常,內官懼非罪見戮,遂爲弑逆。"

　　李唐尊奉老君李耼爲先祖,崇信道教。唐·徐靈府《天臺山記》稱,天臺山"亦是國家投龍璧、醮祭祈福之所。高宗永淳二年(683)投龍於此;玄宗開元二十五年(737)詔令太常卿修禮儀使韋韜,賫金龍白璧投於井"。天臺的投龍醮祭之儀,雖是國家大典,但其事近巫,人文衰落,意涵寡淡,與當時天臺宗門的盛大氣象,自不可同日而語。

唐代士人的"始儒終佛"

唐大曆士人許登的《福興寺碑序》説:"物本於道,道行於人,人資於教。"又説:"夫教,始於儒,中於道,終於釋。"① 這裏所謂"道",是指社會通行、衆所認知的處世之道,亦即所謂"立身行道,揚名於後"(獨孤及語,見後文)之"道"。所謂"教",既指社會推行的教化,又指個人的學養。許登的意思是,通觀當時的社會教化、士人學行,大都始於習儒,繼以仕途,終於參佛。許登此論實乃揭示了唐代士人一種普遍的人生軌迹或人生趨向,即"始儒—中道—終佛"。檢索唐代知名、不知名士人的一生,可發現許多士人,無論騰達蹇窮,其人生歷程或心路歷程,大抵遵循著這樣一條軌迹——"始儒終佛"。

自孔子以來,中國士人傳統的處世之道,是"達則兼濟天下,窮則獨善其身"。"獨善",或乘桴浮海,或高蹈歸隱,或退耕壟畝,雖然形式多樣,無非在朝在野,獨善者的身與心,大抵仍繫"此岸"。"終佛"則不同。"會理知無我,觀空厭有形","願聞第一義,回向心地初",那是抛却"此岸"而以佛説"彼岸"爲心靈歸宿的。唐代士人人生取向的這一新結構,源於他們的多元學養;這新的學養成分,無疑來自佛學。

唐士人這種人生取向的發育和成熟,以佛説浸潤朝野、佛信普及民間、漢傳佛教形成的歷程爲背景。大致説來,初唐盛唐是它的發育期,中唐晚唐是它的成熟期。

---

① 許登:《潤州上元縣福興寺碑序》[大曆五年(770)六月],見《江蘇通志稿·金石四》。許登時爲尚書工部的金部郎中。

初 唐

漢地佛教經數百年傳衍至隋代，以至"民間佛經，多於六經數十百倍"①，已然匯入社會文化的主流。隋唐之際江南義學北上，唐初兩京，高僧雲集，廣開譯場，貴臣學士，受詔參譯，三教論難，儒釋互攝。不少上層士人，薰此時代風潮，兼習儒學和佛義。多元的學養，融入人生的紛紜遭際，釀造著出離傳統的處世哲學。唐初的廟堂貴臣，已有了初露"外儒內佛"品格者，如褚亮、虞世南、杜正倫輩，也有了"始儒終佛"趨向的趑趄初張，如蕭瑀。

褚亮（560~648）②，杭州錢塘人。早年"好學善屬文，博覽無所不至"，習儒經兼讀佛經③，"經目必記於心"。他先後出任隋開皇東宮學士，大業太常博士，唐武德文學館學士，貞觀弘文館學士，是兩朝著名儒臣。大業末，因"坐與楊玄感有舊"，由太常博士貶西海郡司戶。另一位博士潘徽貶威定縣主簿，兩人同行西赴貶所。其時"寇盜縱橫，六親不能相保"，潘徽中途病死隴山，褚亮親手瘞之路旁，賦詩哭之：

> 隴底嗟長別，流襟一慟君。何言幽咽所，更作死生分。
> 轉蓬飛不息，悲松斷更聞。誰能駐征馬，回首望孤墳。④

此番重大變故，對褚亮的人生觀念與處世趨向產生嚴重影響。儘管入唐以後他備受高祖太宗禮遇，身後且得陪葬昭陵，但晚年却已皈向佛信。他效法東晉王珣自立精舍，參味佛説，廣交僧友。友人庾初孫註《金剛般若經》，褚亮爲之序曰：

> 照慧炬以出重昏，拔愛河而升彼岸，與夫輪轉萬劫，蓋染六塵，流

---

① 《隋書》卷35《經籍四》。
② 褚亮本傳見《舊唐書》卷72，《新唐書》卷102。本文凡引本傳均不出註。
③ 褚亮《與遲律師書》自稱"弟子植生多幸，早預法緣"，知其早歲即學佛。見《廣弘明集》卷28；《全唐文》卷147同。
④ 《在隴頭哭潘學（一作博）士》，見《全唐文》卷32。

遁以循無涯，踖馳而趨捷徑，豈同日而言也。[①]

視人世如"重昏"，期般若爲"彼岸"，昭示著外儒而内佛的本質。

虞世南（558~638）[②]，餘姚人。"性沈静寡欲，篤志勤學。"師從儒學大師顧野王（519~581），十餘年"精思不倦"；兼師王羲之七世孫僧智永，書法"妙得其體"。他先後出任秦王府記室參軍，弘文館學士，太子（李世民）中舍人，太子（李治）右庶子，秘書少監。唐太宗"重其博識，每機務之隙，引之談論，共觀經史"，引爲近臣。唐太宗曾手敕魏王李泰稱："虞世南於我，猶一體也。"身後亦得陪葬昭陵。

虞世南的文化品格，具有"和合儒釋"的特徵。在武德年間的反佛與護法論爭中，他給法琳的《破邪論》作序，清晰顯示這一品格。其時太史令傅奕上《廢佛法事十一條》，指摘佛教"損國破家"，請求朝廷廢佛。法琳寫《破邪論》不是像一般護法者那樣"引廢證成"（引用傅奕議廢的佛經，證明佛教合理性）去反駁傅奕，而是避佛說，按漢籍，考儒經，引老莊，一則說明儒學并不涉及因果義理，再則說明佛學的"究竟之旨""解脫之言"，可"冥衛國家，福蔭皇基"，爲官府未宣，儒經未述[③]。虞世南的《〈破邪論〉序》寫道，法琳乃晉司空陳羣後人，"世傳簪纓"，"累葉儒宗"；琳雖削髮爲僧，而其"操類山濤，神侔庾亮"，實同名士；《破邪論》"引文證理，非道則儒，曲致深情，指的周密"，將"傳寫不窮，流佈長世"；他同法琳之誼，"情敦淡水，義等金蘭，雖服制異儀，而風期是篤"[④]。虞《序》強調法琳的儒學家世，名士風節，儒道學養，以及彼此的手足之情。他以文館學士、東宮官屬的身份，爲法琳辯，爲佛學辯；這同時也是"外儒内佛"的自詡，"和合儒釋"的自期。

宰相房玄齡心契佛學，共學問僧慧淨"求爲法友，義結俗兄"[⑤]。太子庶子、崇賢館學士杜正倫"深明釋典"[⑥]。貞觀年間，在天竺高僧波頗的大興善

---

① 褚亮：《金剛般若經註序》，見《大正藏》卷52，第259頁。"踖馳"，原作"踖駁"，註作"踖馳"，從註。
② 虞世南本傳見《舊唐書》卷72，《新唐書》卷102。
③ 法琳：《破邪論》，見《大正藏》卷52，第160頁。
④ 虞世南：《〈破邪論〉序》，見《全唐文》卷138。
⑤ 《續高僧傳》卷3《慧淨傳》。慧淨："房氏，真定人，家世儒宗，鄉邦稱美，隋朝國子博士房徽遠之猶子。"
⑥ 《舊唐書》卷70《杜正倫傳》。

寺譯場中，房玄齡、杜正倫“參助勘定”，還有太府卿蕭瑀“總知監護”，太子庶子李百藥爲譯經製序 [1]。大致可以説，“和合儒釋”乃是貞觀朝臣們共同的理性追求。

唐代朝臣中，一生顯示“始儒終佛”處世趨向者，最早是蕭瑀（575～648）[2]。瑀乃蕭梁皇室之後，著名“佛弟子”梁武帝蕭衍是他的高祖。瑀承乃祖家風，“好釋氏，常修梵行”。但在蕭瑀的多元學養結構中，又是儒先佛後。他早年反對過分張揚苦空，強調關注人事。梁劉孝標著《辯命論》，説“命也者，自天之命也，定於冥兆，終然不變，鬼神莫能預，聖哲不能謀”云云 [3]，消極地闡發釋家性命説。蕭瑀“惡其傷先王之教，迷性命之理”，作《非辯命論》駁之，認爲“人稟天地以生”，“吉凶禍福，亦因人而有，若一之於命，其蔽已甚”，闡揚孔子的“窮之有命，通之有時”，反對宿命論。

蕭瑀積極處世的態度晚年發生變化，導因是在貞觀朝廷之上，他這個先朝貴胤同新朝君臣，多次齟齬交惡。第一次，左僕射蕭瑀同右僕射封倫不協，當權宰相房玄齡、杜如晦疏瑀親倫。瑀心不能平，上封事理論，“辭旨寥落”，“由是忤旨廢於家”。第二次，瑀同侍中陳叔達在太宗面前忿諍，聲色俱厲，“坐以不敬免”。第三次，瑀參與議政多辭辯，房玄齡等不用其言，瑀怏怏自失，伺玄齡等“微過”而劾之。太宗不僅不罪宰相，反“由是罷（瑀）御史大夫”，“不復預聞朝政”。第四次，蕭瑀誣稱玄齡爲首諸宰相“悉皆朋黨比周”，“有同膠漆”，“但未反耳”。太宗回答説，“人不可求備”，“公言不亦甚乎”。“瑀既不自得，而太宗積久銜之。”蕭瑀也積久怨望，於是“請出家”。太宗曰：“甚知公素愛桑門，今者不能違意。”出家之請，意在試探，本非真心，未料即予准允，“瑀旋踵奏曰：‘臣頃思量，不能出家。’”蕭瑀出爾反爾，太宗“心不能平”。瑀“尋稱足疾，時詣朝堂，又不入見”。龍顔終於大怒，頒下著名的“抑佛斥瑀”手詔：

> 太子太保、宋國公瑀，踐覆車之餘軌，襲亡國之遺風。棄公就私，未明隱顯之際；身俗口道，莫辯邪正之心。修累葉之殃源，祈一躬之福

---

① 《續高僧傳》卷3《波頗傳》。

② 蕭瑀本傳見《舊唐書》卷63，《新唐書》卷101。

③ 劉孝標：《辯命論》，見《文選》卷54。

本。上以違忤君主，下則扇習浮華。往前朕謂張亮云："卿既事佛，何不出家？"瑀乃端然自應，請先入道，朕即許之，尋復不用。一回一惑，在於瞬息之間；自可自否，變於帷扆之所。秉棟梁之大體，豈具瞻之量乎？朕猶隱忍至今，瑀尚全無悛改。宜即去茲朝闕，出牧小藩，可商州刺史，仍除其封。①

"踐覆車之餘軌"，"襲亡國之遺風"，罪名不輕。蕭瑀在大怨望之下，要挾出家，卻又逡巡趑趄。可見貞觀時代的貴臣，一旦面對棄榮華而皈釋門的抉擇，又往往會猶豫，會退卻。儒家入世和佛家出世，兩種人生哲學的天淵，畢竟太深。讓世代奉"修齊治平"爲圭臬的中華士人，在相反的人生哲學間遊走無礙，畢竟需要過程。初唐的士人還礙難超越這個過程。蕭瑀的三女兒（法名法願）和孫女（法名惠源），倒是相繼入濟度寺爲尼，真正遁入空門了②。她們畢竟不是士人。

詩人陳子昂（661~702）③，梓州射洪縣富家子，早歲苦讀，有"抗衡當代之士"大志，却懷才不遇。"朝廷子入，林嶺吾樓"，"青霞路絕，朱紱途遙"④，在摯友僧暉房中，對入京升官的朋友，他擻發著仕途難期的牢騷。寫於僧暉處的另一篇詩序，則展示了初唐下層士人，對人生哲學的求索：

思道林而不見，悵若有亡；詣祇樹而從遊，□然舊款。高僧展袂，大士臨筵。披□路之天書，坐琉璃之寶地。簾帷後闢，拂鸚鵡之香林；欄檻前開，照芙蓉之綠水。討論儒墨，探覽真玄。覺周孔之猶述（一作迷），知老莊之未晤（一作悟）。遂欲高攀寶座，伏奏金仙。開不二之法門，觀大千之世界。……嗟乎！色爲何色，悲樂忽而因生；誰去誰來，離會紛而妄作。俗之迷也，不亦煩乎。⑤

---

① 《舊唐書》卷63《蕭瑀傳》。
② 《大唐濟度寺大比丘尼法願墓誌銘》，見《金石萃編》卷54;《大唐濟度寺故大德比丘尼惠源和上神空誌銘》，見《金石萃編》卷82。
③ 陳子昂本傳與行事，見《舊唐書》卷190中，《新唐書》卷107，《唐才子傳》卷1。
④ 陳子昂:《暉上人餞齊少府使入京府序》，見《全唐文》卷214。
⑤ 陳子昂:《夏日暉上人房別李參軍崇嗣并序》，見《全唐詩》卷83。

"討論儒墨，探覽真玄"；"覺周孔猶迷"，"老莊未悟"。蜀地民間士子們對心靈哲學的思考，是在否定儒學道學之後，轉向佛學的。一生灑脫的東晉高僧支遁，是他們的人生偶像。陳子昂却并未高蹈出世。他文明元年（684）舉進士，爲命運迎來轉機。但他性情"偏躁"，舉止"無威儀"，却影響了仕途。初拜麟臺正字，再轉左拾遺，萬歲通天元年（696）做到武攸宜軍幕書記，再未升遷。他修書友人韋虛己，宣泄失落的心靈：

> 命之不來也，聖人猶無可奈何，况於賢者哉。僕嘗竊不自量，謂以爲得失在人，欲揭聞見，抗衡當代之士。不知事有大謬，異於此望者，乃令人慚愧悔報不自知，大笑顛躓，怪其所以者爾。虛己足下，何可言邪！大道之將行也，命也；道之將廢也，命也。子昂其如命何！雄筆雄筆，棄爾歸吾東山，無汩我思，無亂我心，從此遁矣！①

據說子昂因老父在鄉受辱倉促歸里，縣令將他下獄，"憂憤而卒"。若非早逝，他會怎樣實踐自己的人生選擇呢？

盛 唐

盛唐時代，庠序遍興，教化大行，致君堯舜、奉儒報國的理念，充盈士林。漢地佛教，亦得開明時代之惠，滋衍發榮，諸宗蔚成。從漢傳佛教發展史看，佛教中國化完成於盛唐時期，漢地八宗尤以禪宗南北宗的形成爲其標誌。盛唐京師官置"佛書之閣"，士人任便取讀②。佛説之於士人，浸潤愈深。每有怨望失意之士，已不囿初唐以僧爲友，互通心靈；甚者如裴寬、孟浩然、李華輩，更求名僧爲師，參禪學，問心要，向著更深的層次，尋味棲心出世的新境界。

裴寬（681~755）③，聞喜人。通敏善文辭，應書判拔萃舉官；又"崇信釋典，常與僧徒往來"。開元末，神秀弟子普寂在洛。時任河南尹的裴寬"日夕造謁，執弟子禮，曾無差脱"，"得心印，歸向越深"。遂因"冠裳在御，

① 陳子昂：《與韋五虛己書》，見《全唐文》卷214。
② 《舊唐書》卷190下《李華傳》。
③ 裴寬本傳見《舊唐書》卷100，《新唐書》卷130。

職事在躬，不避密行，顯掇時謗"①。天寶三載（744）在户部尚書兼御史大夫任上，再遭李林甫、裴敦復誣陷，貶睢陽太守；又坐韋堅之禍，貶安陸别駕員外。李林甫指使酷吏羅希奭過安陸，以死恐嚇，"寬又懼死，上表請爲僧，詔不許"。裴寬遭此變故，後雖官至禮部尚書，却心已出世，歸向愈深，"焚香禮懺，老而彌篤"。

王維（699~761）②於開元九年（721）舉進士，在朝爲官，同時以虔心奉佛知名。"居常蔬食，不茹葷血，晚年常齋，不衣紋彩"；"在京師日飯十數名僧，以玄談爲樂"；"齋中無所有，唯茶鐺、藥臼、經案、繩牀而已"；"退朝之後，焚香獨坐，以禪誦爲事"，"妻亡不再娶，三十年孤居一室，屏絶塵累"。堪稱蕭瑀之後唐代又一位居士型朝官，禪誦奉佛猶過之。安史叛軍陷長安時，維任給事中，未及跟隨唐玄宗西逃，爲安禄山所俘，做了僞官。平叛後，朝廷將治其罪。弟王縉請贖兄罪，朝廷特宥之，降職使用。王維大節有虧，雖身在廟堂，却心常自譴。他上表唐肅宗，剖白心曲：

> 久竊天官，每慚尸素。又没於逆賊，不能殺身，負國偷生，以至今日。……昔在賊地，泣血自思：一日得見聖朝，即願出家修道。及奉明主，伏戀仁恩，貪冒官榮，荏苒歲月，不知止足，尚忝簪裾。始願屢違，私心自咎。……伏乞盡削臣官，放歸田里。……臣當苦行齋心。……葵藿之心，庶知向日。③

出家之請未蒙准允。但他暮年的心靈，已然盡皈釋門：

> 心舍於有無，眼界於色空，皆幻也；離亦幻也。至人者，不捨幻，而過於色空、有無之際。故目可塵也，而心未始同；心不（出）世也，而身未嘗（接）物。物方酌我於無垠之域，亦已殆矣。④
>
> 無有可捨，是達有源；無空可住，是知空本。……忍者無生，方得

① 《宋高僧傳》卷9《普寂傳》。
② 王維本傳見《舊唐書》卷190下，《新唐書》卷202。
③ 王維：《責躬薦弟表》，見《全唐文》卷324。
④ 王維：《薦福寺光師房花藥詩序》，見《全唐文》卷325。

無我。……無心捨有，何處依空？①

　　整天想著"有無""色空"，是"幻"；不去想它，也是"幻"。祇有"至人"能出離幻心，超脱有無、色空。所以他目觀塵世而心在無垠，心不出世而身未接物。如能置我身心於無垠之域，也就滿足了。"忍者無生，方得無我"；"無心捨有，何處依空？"王維自視爲忍辱偷生的罪人。他用佛説編織"依空""無我"的"偷生哲學"，作爲心靈的逋逃藪。他贈詩璿上人表白心迹：

> 少年不足言，識道年已長。事往安可悔，餘生幸能養。
> 誓從斷葷血，不復嬰世網。浮名寄纓佩，空性無羈鞅。
> ……一心在法要，願以無生獎。②

　　臨終之際，王維索筆作訣別書，"多敦属（勵）朋友奉佛修心之旨，捨筆而絶"，虔懷佛子至誠以終。"儒墨兼宗道（'道'指佛法）"，"内學（即佛學）銷多累"，大曆詩人耿湋題王維故居的詩句③，總結了王維"始儒終佛"的一生。

　　詩人孟浩然（689~740）④，襄陽人，早年隱鹿門山，儒佛兼習。40歲赴京應進士舉落第，對朝廷不無怨望。據傳説：

> 明皇以張説之薦召浩然，令誦所作。乃誦："北闕休上書，南山歸弊廬。不才明主棄，多病故人疏。白髮催年老，青陽逼歲除。永懷愁不寐，松月夜窗虚。"帝曰："卿不求仕，豈朕棄卿？何不云'氣蒸雲夢澤，波動岳陽城'？"因是故棄。⑤

---

① 王維：《六祖能禪師碑銘》，見《全唐文》卷 327。
② 王維：《謁璿上人》，見《全唐詩》卷 125。
③ 耿湋：《題清源寺〈即王右丞故居〉》，見《全唐詩》卷 269。
④ 孟浩然本傳與行事，見《舊唐書》卷 190 下，《新唐書》卷 203，《唐才子傳》卷 2。
⑤ 《唐詩紀事》卷 23。《新唐書》本傳載此事曰："（王）維私邀入内署，俄而玄宗至，浩然匿牀下，維以實對，帝喜曰：'朕聞其人而未見也，何懼而匿！'詔浩然出。帝問其詩。浩然再拜，自誦所爲，至'不才名主棄'之句，帝曰：'卿不求仕，而朕未嘗棄卿，奈何誣我！'因放還。"《唐摭言》卷 11《無官受黜》條略同。

浩然求仕不得，返還舊山，結僧友，參頓教，"會理知無我，觀空厭有形" ①，失望人間，心出塵世。他贈詩（天台宗九祖）荊溪湛然（711~782），自述一生心路：

幼聞無生理，常欲觀此身。心迹罕兼逐，崎嶇多在塵。
晚途歸舊壑，偶與支公鄰。導以微妙法，結為清静因。
煩惱業頓捨，山林情轉殷。②

《舊唐書》本傳説他"不達而卒"，但他晚年以僧為友，拋却塵累，寄情山林，畢竟為心靈覓得歸宿。

大詩人杜甫（712~770）③的祖父杜審言、外祖父崔融，併為初唐"文章四友"④。杜甫自父母兩系所承，不袛有詩文傳統，還有"儒素傳家""奉儒守官"的傳統。杜甫自矜家世稱，"吾祖……遠自周室，迄於聖代，傳之以仁義禮智信，列之以公侯伯子男"⑤；"自先君恕、預以降，奉儒守官，未墜素業"⑥。承此家風，他在成為詩人之前，是先已懷抱"許身契稷，致君堯舜"大志的。他在青年和中年時代，一直熱衷於仕進。天寶初應進士不第，他滯留長安，"朝扣富兒門，暮隨肥馬塵"，干請汲引，營求官職。直到天寶十載（751）三十九歲那年，再投延恩匭獻上《三大禮賦》，纔引起唐玄宗的注意，得授小官京兆府兵曹參軍。安史之亂中，謁肅宗拜右拾遺。旋因上疏為敗軍之將房琯辯護，貶華州司功參軍，寓居成州同谷縣，"自負薪採茋，兒女餓殍者數人"。回顧頻年累遭落第之失，干謁之辱，喪亂之痛，唐祚之衰，終致理想破滅，失望於朝廷，意冷於仕途：

久遭詩酒污，何事忝簪裾。王侯與螻蟻，同盡隨丘墟。

---

① 孟浩然：《陪姚使君題惠上人房》，見《全唐詩》卷160。
② 孟浩然：《還山貽湛法師》，見《全唐詩》卷159。
③ 杜甫本傳見《舊唐書》卷190下，《新唐書》卷201。
④ 初唐"文章四友"：李嶠、崔融、杜審言、蘇味道。
⑤ 杜甫：《唐故萬年縣君京兆杜氏墓碑》，見《全唐文》卷360。
⑥ 杜甫：《進雕賦表》，見《全唐文》卷359。

願聞第一義，回向心地初。……無生有汲引，茲理儻吹噓。①

一生追求"奉儒守官"的杜甫，晚年謂得"王侯螻蟻"之悟，"永願坐長夏，將衰棲大乘"②，自稱將心棲釋門。其間雖應好友東西川節度使嚴武之請，一度充節度參謀，但他對此有分解："稍（一作暫）酬知己分，還入故林棲。"③

文章大家李華（約715~774）④，早歲"修君子儒"，同時瀏覽於京師"佛書之閣"。開元二十三年（735）舉進士，復中博學宏辭科。天寶間任監察御史，按劾楊國忠姻親遭嫉，貶徙右補闕。安史亂起，自京赴鄴迎母，爲賊所俘，被迫做了僞官，亂平後貶杭州司户參軍。自譴失節，屏居江南。他的江州贈友詩序自白：

老夫甘心貧賤，得非人生窮達，固有分耶！……憔悴之中，齊榮辱，一視聽，是非哀樂，無自入矣。⑤

上元二年（761），朝廷召其入京，李華喟然嘆曰："烏有隳節危親，欲荷天子寵乎？"稱疾不赴，再藉贈友詩序自述心曲：

華與二賢早相得，偕修君子之儒而獨無成，偕勵人臣之道而獨失節。……天下衣冠謂華爲相府故人，詔書屢下，促華赴職，稽首震惶。……况服勤西方之教，久齊生死之域。言其外者，則儒不成矣，與匹夫同；敗名節矣，與墨翟同；既衰病矣，與廢疾同。……適爲朝廷之穢、相府之羞也，又安得恃爲"故人"哉。其内者，則大師（指湛然——筆者）微旨，幸遊其藩。甘露灌注於心源，寶月照明於眼界，無得之分，可與進矣。⑥

---

① 杜甫：《謁文公上方》，見《全唐詩》卷220。
② 杜甫：《陪章留後惠義寺餞嘉州崔都督赴州》，見同上。
③ 杜甫：《到村》，見《全唐詩》卷228。
④ 李華本傳見《舊唐書》卷190下，《新唐書》卷203。
⑤ 李華：《江州臥疾贈李侍御詩序》，見《全唐文》卷315。
⑥ 李華：《臥疾舟中相里、范二侍御先行贈別序》，見同上。

齊生死，覓心源，同王維一樣，背名教而失節的負罪感，是他藉佛道以求解脱的導因。廣德初年（763~），唐太宗第三子吳王恪之孫李峴任吏部尚書，領選江南，置銓洪州（今江西南昌），擢李華檢校吏部員外郎。李華礙於帝胤之尊，入其幕府。不久即以風痺辭官，隱居山陽（今江蘇淮安）。此間訪湛然禪師，"從荊溪學《止觀》，荊溪爲述《止觀》大意"。與李華同訪湛然的士人，還有散騎常侍崔恭，諫議大夫田敦[①]。李華爲湛然之師左溪玄朗撰碑文稱："左溪所傳，《止觀》爲本，……定慧雙修，空有皆捨。"[②] 頗得《止觀》三昧。李華"晚事浮屠法"以終。

盛唐末世，普寂薪傳北宗漸教於北，湛然重振天臺止觀於南，各領本宗。皈佛士人多師從這兩位名僧，反映宗派升降的大勢。

中唐前期

安史之亂以後，朝綱不振，唐祚轉衰，士林不復有盛唐氣象。士人們或孜矻科場、蠅營仕途，或浪迹江湖、參佛問道。多元人生觀、處世觀浸潤士林，奉儒報國的理念趨於淡化。以禪宗大盛爲標誌，漢傳佛教臻於成熟。神秀一系普寂、義福諸法嗣，"或化嵩洛，或之荊吳"；慧能一系馬祖道一法嗣——南岳懷讓和青原行思諸支弟子，散佈於湘贛爲中心的南北各地，"農禪合一"，在民間普傳心印，最得士人信向。邊做官邊習禪，或去官問禪學道，成爲中唐一代風氣。

八世紀中葉至九世紀中葉的百年間，學禪皈佛之士極多。據檢索所得，主要活動於中唐時代、一生顯現"始儒終佛"趨向的著名士人約25位，相當於初盛唐時代（10人）的兩倍半。大曆許登說的"始儒中道終佛"，正是對中唐士林這一人生景觀的生動概括。中唐士人的趨佛，各具不同的特點。在中唐前期（唐肅宗至唐德宗時期），有外儒內佛者如劉長卿、李翱輩；兼問佛道者如獨孤及、盧綸、吉中孚、李端輩；參訪名禪、執著心法者更多，如梁

---

① 《佛祖統紀》卷41《法運通塞志第八》，見《大正藏》卷49。按，《統紀》系此事於興元三年［即貞元二年（786）］，誤。其年湛然已卒。又，文稱"吏部郎中（員外郎之誤）李華"，當在入李峴幕府後。

② 李華：《故左溪大師碑》，見《全唐文》卷320。

蕭、崔渙、劉晏、第五琦、陳少遊輩。其間，盧綸等"大曆十才子"，是三教學養兼備的著名士人羣體；獨孤及、梁肅等，以佛學湛深知名當世。尤其中唐後期，柳宗元、劉禹錫、白居易諸公，同時而起，以儒爲本，援佛入儒，攝釋門心學與儒家政治學統合互補，確定儒學與佛學各自適用的界域，協力扭轉著儒之入世觀與佛之出世觀冰炭不容的局面。

首先考察中唐前期。

詩人劉長卿（約714~790）^①，宣州人。少時居嵩山讀書。開元二十一年（733）舉進士，比李華還早兩年。早歲身置禪宗祖庭而心鶩仕途，育成他儒釋相融的品格。其詩作展示的"外儒內佛"心路，幾乎貫穿一生。他的《早春贈別趙居士還江左，時長卿下第歸嵩陽舊居》，回顧嵩山親佛歲月，訴說落第心緒：

> 深居鳳城曲，日預龍華會。果得僧家緣，能遺俗人態。
> 一身今已適，萬物知何愛。悟法電已空，看心水無礙。
> 且將窮妙理，兼欲尋勝概。何獨謝客遊，當爲遠公輩。……
> 素願徒自勤，清機本難逮。累幸忝賓薦，末路逢沙汰。
> 濩落名不成，裴回意空大。逢時雖貴達，守道甘易退。……
> 予亦返柴荊，山田事耕耒。^②

不似尋常落第者的悲愴怨望，他藉佛信以自適，心態還是平靜的。長卿"清才冠世，頗凌浮俗"。入仕以後，"性剛，多忤權門"。大曆年間任轉運使判官知淮西鄂岳轉運留後時，郭子儀的女婿、鄂岳觀察使吳仲孺，向長卿強索租庸充軍費被拒絕，吳某誣奏長卿貪污二十萬貫，囚之於姑蘇監獄；後來再貶潘州南巴（今廣東電白東）縣尉。"兩逢遷斥，人悉冤之"，但在贈僧俗友人詩中，卻不見他悲苦的冤訴：

---

① 劉長卿兩《唐書》無傳。生平行事見兩《唐書》陳少遊傳、趙涓傳；元·辛文房《唐才子傳》卷2《劉長卿》。典籍僅記載長卿肅宗以後的仕途經歷，反映他趨佛心路的詩篇也多爲中後期作品，故本文視之爲中唐士人。

② 劉長卿：《早春贈別趙居士還江左，時長卿下第歸嵩陽舊居》，見《全唐詩》卷150。

流水從他事，孤雲在此心。不能捐斗粟，終日愧瑤琴。

　　　《秋夜雨中諸公過靈光寺所居》①

留連南臺客，想象西方内。因逐溪水還，觀心兩無礙。

　　　《陪元侍御遊支硎山寺》②

久迷空寂理，多爲繁華故。永欲投生死，餘生豈能誤。

　　　《題虎丘寺》③

禪客知何在，春山到處同。……請近東林寺，常年事遠公。

　　　《雲門寺訪靈一上人》④

儻許棲林下，甘成白頭翁。

　　　《登思禪寺上方題修竹茂松》⑤

　厭倦官場，心羨空門。温婉敦厚的詩心，依舊是平静的。

　如果説孟浩然與青年湛然爲友，李華與壯年湛然爲友，那麼獨孤及則與老年湛然亦師亦友，他的弟子梁肅又是晚年湛然的俗弟子。

　獨孤及（725~777）⑥，洛陽人，七歲誦《孝經》，其父問志向，答曰"立身行道，揚名於後"。及長博究儒家五經，皆舉大略而不爲章句之學。天寶時，黄老列於學官，獨孤及以洞曉玄經對策高第。他的《對曉玄經策》，并非揮塵談玄，而是解釋"無爲"哲學如何"施之於教"，旨在王政。他説"尚賢者，國家之所當先"，玄經不尚賢（"不尚賢，使民不争"），本義并非"廢股肱之任，絶匡輔之力"，而是主張"因時致功，功成則遣而遺之；因義立事，事遂則有而無之"⑦。可見他習玄學乃是以國家政治爲鵠的。天寶解褐之初，他應御史中丞房琯之請，論三代之質文，六經之指歸，王政之根源，房中丞讚嘆爲"非常之才"。唐代宗時，他在常州刺史任上，開庠序"鼓之以經書，潤之以仁義"，爲政一年，"儒術大行"。梁肅《行狀》總結獨孤及爲官行事：

① 劉長卿：《秋夜雨中諸公過靈光寺所居》，見《全唐詩》卷148。
② 劉長卿：《陪元侍御遊支硎山寺》，見《全唐詩》卷149。
③ 劉長卿：《題虎丘寺》，見《全唐詩》卷150。
④ 劉長卿：《雲門寺訪靈一上人》，見《全唐詩》卷148。
⑤ 劉長卿：《登思禪寺上方題修竹茂松》，見《全唐詩》卷147。
⑥ 獨孤及本傳與行事，見《新唐書》卷162，《全唐文》卷522梁肅《金魚袋獨孤公行狀》。
⑦ 獨孤及：《對曉玄經策》，見《全唐文》卷384。

"唯公體黃老之清静，包大雅之明哲；尊賢容衆而交不諂瀆，本仁祖義而文以禮樂。"可謂概括了獨孤及政治哲學雜糅儒道的特點。

獨孤及晚年交湛然大師，問開悟禪師心法，虔信"三祖微言"。他的《題思禪寺上方》詩曰：

> 目極道何在，境照心亦冥。騒然諸根空，破結如破瓶。
> 下視三界狹，但聞五濁腥。山中有良藥，吾欲隳天形。①

又有《詣開悟禪師問心法次第寄韓（翃）郎中》詩：

> 障深聞道晚，根鈍出塵難。濁劫相從慣，迷途自謂安。
> 得知身垢妄，始喜額珠完。欲識真如理，君嘗法味看。②

塵世多"濁腥"，自身陷"迷途"，因冀"隳天形"而"識真如"。大曆七年（772）應湛然之請，他與僧璨七葉法嗣開悟、惠融共聚舒州山谷寺，親撰《隋故智鏡禪師（璨）碑銘並序》。這是一篇禪學史，又是他的禪信自白。《序》文概括三祖教義曰：

> 以一相不在内外、不在其中間，故足言不以文字。其教大略以寂照妙用攝羣品，流注生滅。觀四維上下，不見法，不見身，不見心。乃至心離名字，身等空界，法同夢幻，亦無得無證，然後謂之"解脱"。禪門率是道也。③

《序》稱，梁武帝以前，"天下感於報應而人未知禪，世與道，交相喪"；菩提達摩"始示人以諸佛心要，人疑而未思"；慧可"傳而持之，人思而未修"；"殆禪師（僧璨）三葉（道信、弘忍、神秀），其風浸廣，真如法味，日漸月漬"，"然後空王之密藏，三祖之微言，始燦然行於世間，浹於人心"；

---

① 獨孤及:《題思禪寺上方》，見《全唐詩》卷246。
② 獨孤及:《詣開悟禪師問心法次第寄韓（翃）郎中》，見《全唐詩》卷247。
③ 獨孤及:《舒州山谷寺覺寂塔隋故智鏡禪師（僧璨）碑銘并序》，見《全唐文》卷390。

普寂以後，"心教之被於世也，與六籍侔盛"。《序》文末尾感嘆道："嗚呼，微禪師，吾其二乘矣！"獨孤及尊奉漸教心法。《序》稱："能公退而老曹溪，其嗣無聞焉；秀公傳普寂，寂公之門徒萬人，升堂者六十有三。"由此可知，荷澤神會（668或686~760）立南宗宗旨的滑臺大會（開元十二年，724），雖已過去48年，舒州釋門卻依然遵從武周"兩京皆宗神秀"的傳統，視南宗"其嗣無聞"。淮海北宗盛於南宗，是大曆禪宗史值得注意的現象。

梁肅（753~793）[①]，隋刑部尚書梁毗五世孫，世居陸渾。建中初登文辭清麗科，歷任淮南掌書記，翰林學士，皇太子諸王侍讀。享年僅四十歲，一生未做大官，但和合儒釋，佛學湛深。建中三年（782）即湛然辭世當年，梁肅從其問學，"深得心要"。感於《止觀》文義宏博，學者不便，"刪定爲六卷，行於世"[②]。他的《止觀統例議》釋"止觀"義：

> 夫"止觀"何爲也？導萬法之理，而復於實際者也。"實際"者何也？性之本也。物之所以不能復者，昏與動使之然也。照昏者謂之明，駐動者謂之靜。"明"與"靜"，止觀之體也。

他認爲"止觀""辨異同而究聖神，使羣生正性而順理"，乃是"救世明道之書"[③]。身爲朝官的梁肅，還介入釋門諸宗之爭。他的《天臺法門議》張揚天臺宗義，指斥諸宗"分路併作""去聖滋遠"，尤斥"無佛無法"的禪僧，"與夫衆魔外道，爲害一揆"。[④]

梁肅廣結高僧，與靈沼、鑒虛、普門、元浩等爲契心摯友。他的《送靈沼上人遊壽陽序》稱：

> 辱與僕遊殆三十年矣。初用文合，晚以道交；淡而文，文而敬。他人未之知也。[⑤]

---

① 梁肅本傳見《舊唐書》卷190下，《新唐書》卷202。
②《佛祖統紀》卷41《法運通塞志第八》，見《大正藏》卷49。
③ 梁肅：《止觀統例議》，見《全唐文》卷517。
④ 梁肅：《天台法門議》，見同上。
⑤ 梁肅：《送靈沼上人遊壽陽序》，見《全唐文》卷518。

《送沙門鑒虛上人歸越序》稱：

> 東南高僧有普門、元浩，予甚深之友也。相遇之際，幸説鄙夫（梁肅自稱）擾擾俗狀，且當澡灌心垢，再期於無何之鄉。[①]

梁肅的精神世界，已然遊走於官場與林野之間，徜徉於儒學與釋教之門，翱翔於入世與出世之際。像梁肅這樣具有和合儒釋之多元素養的士人羣體的出現，反映了傳統的人文精神，已實現新的演化。

蕭、代、德宗之際，法欽禪師（714~792）駐錫杭州徑山。法欽出自昆山朱氏望族，"門第儒雅，祖考皆達玄儒"，本人"雅好高尚，服勤經史"，是位儒雅高僧。代宗召至長安"咨問法要"，賜號"國一"禪師。當代士林仰慕風從，天寶末年曾爲宰相的崔涣，長於聚賦斂財的大臣——第五琦、劉晏、陳少遊，迭經宦海沉浮之後，在各自生涯的後期，相繼成爲法欽的俗弟子；後來（元和時）的名相裴度，在他步入仕途之初，亦問道於法欽。[②]

崔涣[③]，武周宰相玄暐之孫，博綜經術，長論議。因不附楊國忠，由司門員外郎貶爲巴西太守；又拜相於玄宗西逃途中。肅宗初年任江淮宣諭選補使，以選人不精罷爲餘杭太守。據記載，崔涣曾問法欽："弟子可出家否？"法欽曰："出家是大丈夫事，豈將相之所能爲！"徑山在杭州，崔涣見法欽，詢以出家之事，當在貶餘杭時。他雖不久再遷朝官，未能出家，却已"簡淡自處"，心向釋門了。

第五琦（712~782）[④]，長安人，以富國強兵之術自任。天寶初坐韋堅之禍一度貶官，後歷任江淮租庸使、轉運租庸鹽鐵鑄錢使，創立鹽法，"上用以饒"。乾元二年（759）升爲宰相，其時與長安僧抱玉往還。旋因受賄貶忠州

---

① 梁肅：《送沙門鑒虛上人歸越序》，見《全唐文》卷518。
② 《宋高僧傳》卷9《法欽傳》："欽之在京及回浙，令僕公王、節制州邑，名賢執弟子禮者：相國崔涣，裴晉公度，第五琦，陳少遊等。"《佛祖統紀》卷41《法運通塞八》："平章崔涣問（法欽）曰：'弟子可出家否？'師曰：'出家是大丈夫事，豈將相之所能爲！'晉公裴度三十餘人，皆問道，行門人禮。"按，兩事非一時。崔涣之問，在大曆三年，"平章"係天寶末年官職。裴度問道，在貞元初。
③ 《新唐書》卷120《崔玄暐傳附崔涣傳》。
④ 第五琦本傳見《舊唐書》卷123，《新唐書》卷149。

長史，再配流夷州。唐代宗初年，應郭子儀之請召琦還京師，"前後領財賦十餘年"。晚年再坐魚朝恩之誅，貶任處、饒、湖州刺史。貶官江南期間，他向法欽執弟子禮問心要。

劉晏（715~780）①，曹州南華人，七歲舉神童。寶應二年（763）爲宰相，領度支鹽鐵轉運租庸使，坐結交程元振罷相。唐代宗以其榷鹽充賦有功再予重用。大曆元年（766）在兵部尚書任上，與開州刺史陸向、侍御史王圓、殿中侍御史陸迅、大理評事張象、州將韋元甫等，共從蘇州報恩寺道遵學《法華經》②。大曆十二年（777），奉詔訊鞫宰相元載誅之。大曆十三年升宰相。唐德宗嗣位（780），楊炎爲相，替元載復仇誣劉晏，貶之爲忠州刺史。《太平廣記·釋法欽》記載：

> 釋道（法）欽住徑山，有問道者，率爾而對，皆造宗極。劉忠州晏常乞心偈，令執爐而聽，再三稱："諸惡莫作，衆善奉行。"③

拜訪法欽之年，劉晏已六十四歲。他顯然是負載著一生爲宦之累，去爲心靈尋覓歸宿。而法欽誡以去惡，又顯然特指元載之獄。法欽的心偈未能解救劉晏。楊炎隨即使人誣陷他勾結朱泚，"炎又證成其事"，劉晏被誅。

陳少遊（724~785）④，博州人，初習莊、列、老子，爲崇文館生，後擢進士第。在永泰至大曆十餘年間，歷任宣州、越州、揚州刺史，"皆天下殷厚處"。他"徵求貿易，且無虛日，斂積財寶，累鉅億萬，多賂遺權貴"。建中四年（783）李希烈叛唐稱帝，陳少遊"上表歸順"。叛平之後劣迹敗露，惶恐而卒。如此貪贓枉法、被《新唐書》入"叛臣傳"之人，在"三總大藩"時，也向法欽"執弟子禮"問心要。是受到良心的譴責，還是貪緣時風、示僞於世？

裴度（765~839）⑤，聞喜人，貞元五年（789）舉進士，兩登博學宏辭科

---

① 劉晏本傳見《舊唐書》卷123，《新唐書》卷149。
② 清晝：《蘇州支硎山報恩寺大和尚碑》，見《全唐文》卷918。
③ 《太平廣記》卷96《釋道（法之誤）欽》。
④ 陳少遊本傳見《舊唐書》卷126，《新唐書》卷224。
⑤ 裴度本傳見《舊唐書》卷170，《新唐書》卷173。

及賢良方正、直言極諫科。這位典型的年輕儒臣，亦向法欽問道，反映了儒釋和合的時代風氣。裴度擢第後三年（28 歲）法欽即辭世，問道應在此前。他大約是最年輕的法欽俗弟子。

號稱“大曆十才子”的詩人羣體 ①，同劉長卿、獨孤及、梁肅一樣，親歷了安史之亂引發的社會動盪。他們在大唐帝國從鼎盛轉向衰落的過程中，度過了青少年時期。重大社會變故戕斫青少年的心靈，影響其一生，以至於每當人生落寞、仕途失意之際，往往會激活一縷趨佛向道的心緒，藉詩咏以宣泄。有的激越一些，有的幽婉一些；有人趨佛，有人近道。

盧綸（約 737~798），河中蒲人。大曆初數舉進士不第，藉行卷元載得一小官。又坐與王縉交好，久不得升遷。可謂舉場、官場兩不得意。綸有一詩，長題似序：《綸與吉侍郎中孚、司空郎中曙、苗員外發、崔補闕峒、耿拾遺湋、李校書端，風塵追遊向三十載。數公皆負當時，盛稱榮耀；未幾，俱沉下泉。暢博士當，感懷前踪，有五十韻見寄。則有所酬，以申悲舊；兼寄夏侯侍御審、侯倉曹釗》。詩題之中，十才子有其八。由“盛稱榮耀”到“俱沉下泉”，是他們的共同遭際。詩有句：“稟命孤且賤，少爲病所嬰。八歲始讀書，四方遂有兵。童心幸不羈，此去負平生。是月胡入洛，明年天隕星。……方逢粟比金，未識公與卿。十上不可待，三年竟無成。”諸友的生平當大致類此。從連篇詩咏 ② 來看，在盧綸這位儒士失落的精神世界裏，佛與道相雜糅：

　　羣生一何負，多病禮醫王。

　　　　《送惟良上人歸江南》

　　深契何相秘，儒宗本不殊。

　　　　《送契玄法師赴内道場》

　　復來擁膝説無住，知向人天何處期。

　　　　《送曇延法師講罷赴上都》

　　團團花錦結，乃是前溪蒲。擁坐稱儒褐，倚眠宜病夫。

---

① 《新唐書》卷 203《盧綸傳》：“綸與吉中孚、韓翃、錢起、司空曙、苗發、崔峒、耿湋、夏侯審、李端皆能詩齊名，號‘大曆十才子’。”綸傳後有其他九人傳。“十才子”行事見《唐才子傳》卷 4。崔峒、夏侯審的趨佛信向不明。

② 引盧綸詩見《全唐詩》卷 276~279。

唯當學禪寂，終老與之俱。

《同暢當咏蒲團》

仿佛是一顆佛信浸潤的詩心在跳動。

煩君遠示青囊錄，願得相從一問師。

《酬暢當尋嵩岳麻道士見寄》

習静通仙事，書空閲篆文。劍飛終上漢，鶴夢不離雲。

無限烟霄路，何嗟迹未分。

《和王倉少尹暇日言懷》

羈遊不定同雲聚，薄宦相縈若綱牽。

他日吴公（指道士吴筠——筆者）如問句，願將黄籙比青氈。

《寄鄭七綱》

學道功難就，爲儒事本遲。惟當與漁者，終老遂其私。

《留别耿湋侯釗馮著》

又仿佛是一顆符籙包潤的詩心。

吉中孚，楚州人。早年出家做道士，不耐"山阿寂寥"而還俗，來長安謁宰相元載，想做官。元載薦爲校書郎。後登書判拔萃科，爲翰林學士。李端詩："聞有華陽客，儒裳謁紫微。"（《聞吉道士還俗因而有贈》）寫他還俗以後入京跑官。盧綸詩："青袍雲閣郎，談笑挹侯王。舊籙藏雲穴，新詩滿帝鄉。"（《送吉中孚校書歸楚州舊山》）寫他得官後的得意情狀。一襲儒裳，不掩其道士本色。

韓翃，南陽人，早歲逐功名，天寶十三載（754）舉進士。先佐淄青幕府，府罷十年賦閒，再佐宣武幕府，終做中書舍人，一生未任顯官。"薄宦深知誤此身，回心願學雷居士。"（《題玉山觀禪師蘭若》）以誤入仕途自悔，心羨劉宋皈佛的名士雷次宗。"記取無生理，歸來問此身。"（《題龍興寺澹師房》）[1] 返身自悟，以"無生"觀爲心靈歸宿。

---

① 引韓翃詩見《全唐詩》卷243、卷244。

耿湋，河東人。早歲逐功名，寶應二年（763）舉進士。一生未至顯要。晚年由朝中拾遺貶謫許州司法參軍。"少年嘗昧道，無事日悠悠。及至悟生死，尋僧已白頭。"（《尋覺公因寄李二端司空十四曙》）自悔少年茫昧，參悟遲晚。"是非齊已久，夏臘比應難。更悟真如性，塵心稍自寬。"（《題惟幹上人房》）心間是非久已消弭，世間俗情難免拘牽。一旦參悟真如至性，一顆塵心稍得舒寬。"浮世今何事，空門此諦真。死生俱是夢，哀樂詎關身。"（《春日遊慈恩寺寄暢當》）[1] 世事無非虛妄，惟有空諦是真。既然死生皆夢，哀樂於我何干。耿湋自空門覓得精神解脫。

錢起（710~780），天寶九載（750）舉進士，已經四十歲。十才子中他的詩名最大，時稱"前有沈（佺期）、宋（之問），後有錢（起）、郎（士元）"。但他官只做到考功郎中。"入仕無知言，遊方隨世道。平生願開濟，遇物干懷抱。已阻青雲期，甘同散樗老。"（《南中春意》）這是壯志不申的無奈，得過且過的自棄。"不作解縲客，寧知捨筏喻。身世已悟空，歸途復何去？"（《歸義寺題震上人壁》）"庶將鏡中象，盡作無生觀。"（《東城初陷與薛員外王補闕暝投南山佛寺》）[2] 人生如鏡中幻象，既乘筏至彼岸，當捨則捨，何須執著。司空曙有《過錢員外》詩：

　　爲郎頭已白，迹向市朝稀。移病居荒宅，安貧著敗衣。
　　野園隨客靜，雪寺伴僧歸。自説東峰下，松蘿滿故扉。[3]

晚年的錢起，已然將僧寺作爲精神家園。

司空曙（?~790），廣平（今河北鷄澤東南）人。大曆初年任洛陽主簿，後爲左拾遺，德宗建中年間貶爲長林縣丞，晚年在劍南西川節度使韋皋幕，官終虞部郎中，一生未能顯達。"欲就東林寄一身，尚憐兒女未成人。"（《閒園即事寄陳公》）這是他早年心期佛門的寫照。"白髮今催老，清琴但起悲。唯應逐宗炳，内學願爲師。"（《贈庾侍御》）"一願持如意，長來事遠公。"（《同苗員外宿薦福常師房》）"心歸俗塵外，道勝有無間。仍憶東林友，相期

---

① 引耿湋詩見《全唐詩》卷 268。
② 引錢起詩見《全唐詩》卷 236。
③ 司空曙：《過錢員外》，見《全唐詩》卷 292。

久不還。"(《深上人見訪憶李端》)① 效法宗炳居士，以佛爲師，以僧爲伴，悠遊林下，解脱俗累，是他晚年的心靈追求。

苗發，潞州人，肅宗宰相苗晉卿長子。據傅璇琮考證，苗發三任（都官、駕部、兵部）員外郎，其間一度貶樂平縣令，一生未顯達。"名齒才子，少見詩篇"，詩作傳世也不多。"爲郎日賦詩，小謝少年時。業繼儒門後，心多道者期。"（《贈苗員外》）② 耿湋此詩刻劃出貴臣後人苗發瀟灑人生的特點：業儒而向道。

李端，趙州人。少時居廬山，依詩僧皎然讀書。"家貧求禄早，身賤報恩遲"（《下第上薛侍御》），其時雖"酷慕禪侣"，仍寄意功名。大曆五年（770）舉進士，授秘書省校書郎，一度多病辭官居終南山草堂寺，終官杭州司馬。《書志暢當並序》自述一生心路：

> 余少尚神仙，且未能去。友人暢當以禪門見導，余心知必是，未得其門。因寄詩以咨焉。
> 少喜神仙術，未去已蹉跎。壯志一爲累，浮生事漸多。
> 衰顔不相識，歲暮定相過。請問宗居士，君其奈老何！

他一生心靈逡巡於儒道釋之間，又有詩句爲證：

> 髮鬢將回色，簪纓未到身。
> 《歸山居寄錢起》
> 因病求歸易，沾恩更隱難。
> 《送吉中孚拜官歸業》

這是對仕途的眷戀。

> 風塵甘獨老，山水但相思。願得燒丹訣，流沙永待師。
> 《遊終南山因寄蘇奉禮士尊師苗員外》

---

① 引司空曙詩見《全唐詩》卷292、卷293。
② 耿湋：《贈苗員外》，見《全唐詩》卷268。

勿以朱顏好，而忘白髮侵。終期入靈洞，相與煉黃金。

      《長安書事寄盧綸》

這是對燒丹煉金的企願。

年華驚已擲，志業颯然空。何必龍鐘後，方期事遠公。

      《山中期吉中孚》

壞宅終須去，空門不易還。支公有方便，一願啓玄關。

      《宿雲際寺贈深上人》

適來人間豈緣名，適去人間豈爲情。……

法主欲歸須有說，門人流淚厭浮生。

      《送皎然上人歸山》

願得遠山知姓字，焚香洗鉢過餘生。

      《夜投豐德寺謁海上人》①

更多是寄情空門，期爲心靈的終極歸宿。

貞元、元和之際，問禪之風上漸，遍拂於廟堂。以禪信知名的朝臣大吏，除前述裴度外，尚有韋皋、韋丹、崔羣輩。

韋皋（745~805）②，京兆人。久在宦途曾不聞佛信之事。貞元元年（785）拜劍南西川節度使後，"在蜀二十年，重賦斂以事月進，卒致蜀土虛竭，時論非之"。當西蜀凋殘之季，韋皋終於求禪了：

南康③在任二十一年，末途甚崇釋氏。恒持數珠誦佛名，所養鸚鵡教令念經。……皋又歸心南宗禪道，學心法於淨衆寺神會禪師。④

南康王韋公皋，最歸心於（神）會。及卒，哀咽追仰。蓋粗入會之

---

① 引李端詩見《全唐詩》卷 284~286。
② 韋皋本傳見《舊唐書》卷 140，《新唐書》卷 158。
③ 唐德宗貞元十七年（801），封韋皋南康郡王。
④ 《宋高僧傳》卷 19《西域亡名傳》。

門，得其禪要。^①

　　神會禪師（720~794）自無相大師"冥契心印"，是西蜀南宗龍象。韋皋晚年向佛，從神會學心法，或是出於酷虐黎民的罪感，妄藉心禪自求逃罪。

　　韋丹（753~810）^②，京兆萬年人。早孤，從學於外祖父顏眞卿。擢明經，復擧五經高第。爲官數十年，宵旰勤政，政績卓著，後來唐宣宗君臣稱他"元和時治民第一"。晚年在洪州刺史任上，與東林寺詩僧靈澈"爲忘形之契"。靈澈寄以《匡廬七咏》，韋丹答以《思歸寄東林澈上人並序》：

　　　　澈公近以《匡廬七咏》見寄。及吟咏之，皆麗絶於文圃也。此《七咏》者，俾予益發歸歟之興！且芳時勝侶，卜遊於三二道人，必當攀躋千仞之峰，觀九江之派。其時也，飄然而去，不希京口之顧；默然而遊，不假東門之送。天地爲一朝，萬物任陶鑄。夫二林翼翼，松徑幽邃，則何必措足於丹霄，馳心於太古矣。偶爲思歸絶句詩一首，以寄上人法友，幸先達其深趣矣。

　　　　王事紛紛無暇日，浮生冉冉祇如雲。
　　　　已爲平子歸休計，五老巖前必共聞。^③

　　靈澈再答以《東林寺酬韋丹刺史》：

　　　　年老心閑無外事，麻衣草座亦容身。
　　　　相逢盡道休官好，林下何曾見一人？^④

　　范攄評此往還詩說："韋亞臺歸意未堅，果爲高僧所誚。"^⑤心期釋門，口說"歸休"，又不忍離政，是儒臣韋丹不解的心結。

---

① 《宋高僧傳》卷9《成都府淨衆寺神會傳》。
② 韋丹本傳見《新唐書》卷197。
③ 韋丹：《思歸寄東林澈上人並序》，見《全唐詩》卷158。
④ 靈澈：《東林寺酬韋丹刺史》，見《全唐詩》卷810。
⑤ 范攄：《雲溪友議》卷中《思歸隱》。

中唐後期

元和十一年（816），沈亞之論及儒學與佛學在華夏士林消長大勢：

> 自佛行中國以來，國人爲緇衣之學多幾於儒等。然其師弟子之禮，傳爲專嚴，到於今世，則儒道少衰，不能與之等矣。[①]

士人爲學，由佛與儒等，到佛爲儒師。這一佛長儒消的過程，實爲儒佛兩學，各爲適應朝野士人不同境遇下的需要，自然調適的過程。儒釋調適、互補有序的局面，在貞元元和之際端倪初露，中唐後期（唐憲宗至唐文宗時期）已然篤定。此間名士柳宗元、劉禹錫、白居易諸位“和合儒釋”的理論與實踐，可視作其標誌。

柳宗元（773~819）[②] 起初同韓愈一樣志宏儒教，自稱“好求堯舜孔子之志，唯恐不得”，“遇行堯舜孔子之道，唯恐不慊”[③]；“唯以忠正信義爲志，以興堯舜孔子之道，利安元元爲務”[④]。德宗貞元九年（793）舉進士，十二年（796）登博學宏辭科。永貞元年（805），三十二歲，官至禮部員外郎；當年參與王叔文改革失敗，先貶邵州（今湖南邵陽）刺史，再貶永州（今湖南零陵）司馬。“就廢逐，居窮隘”，“乖謬於時，離散擯抑，而無所施用，長爲孤囚”，“懼老死瘴土，而他人無以辨其志”[⑤]。柳宗元在貶地遇到嚴重的心靈危機。他渴盼“萬萬有一可冀，復得處人間”。此一心理摧折，成爲他人生的分水嶺，也是他人生觀演變的轉折點。他在貶永以後自白：

> 吾自幼好佛，求其道，積三十年。世之言者，罕能通其說。於零陵，吾獨有得焉。[⑥]

---

① 沈亞之：《送洪遜師序》，見《全唐文》卷 735。
② 柳宗元本傳見《舊唐書》卷 160，《新唐書》卷 168。
③ 柳宗元：《送婁圖南秀才遊淮將入道序》，見《全唐文》卷 579。
④ 柳宗元：《寄許京兆孟容書》，見《全唐文》卷 573。
⑤ 柳宗元：《與顧十郎書》，見《全唐文》卷 574。
⑥ 柳宗元：《送巽上人應中丞叔父召序》，見《全唐文》卷 579。

“獨有得”，指對佛學之心靈哲學的感悟。他又這樣表達自己的領悟：

> 佛之道，大而多容。凡有志乎物外而耻制於世者，則思入也。①

“耻制於世者”“思入”，指出佛教心靈哲學的出世性，也確定了它的社會適用界域。貞元十九年（803），即宗元遭貶前兩年，好友僧文暢自編詩集，託他向韓愈求序。韓愈爲此説教宗元：

> 如吾徒者，宜當告之以二帝三王之道，日月星辰之所以行，天地之所以著，鬼神之所以幽，人物之所以蕃，江河之所以流，而語之。不當又爲浮屠之説，而瀆告之也。②

韓愈其實未懂柳宗元。宗元寫《送僧浩初序》回答韓愈的責難，並詳述佛學乃“性情”之學、與孔學不相悖的道理：

> 儒者韓退之與予善，嘗病予嗜浮屠言，訾予與浮屠遊。……又寓書罪予，且曰：“見送元生序，不斥浮屠。”浮屠誠有不可斥者，往往與《易》《論語》合，誠樂之。其於性情，奭然不與孔子異道。……不信道而斥焉以“夷”，……非所謂“去名求實”者矣。吾之所取者，與《易》《論語》合，雖聖人復生，不可得而斥也。退之所罪者，其迹也，曰“髡而緇”，“無夫婦父子”，“不爲耕農蠶桑而活乎人”。若是，雖吾亦不樂也。退之忿其外而遺其中，是知石而不知韞玉也。吾之所以嗜浮屠之言以此。
>
> 與其人遊者，未必能通其言也。且凡爲其道者，不愛官，不爭能，樂山水而嗜閒安者爲多。吾病世之逐逐者，唯印組爲務以相軋也，則捨是其焉從。吾之好與浮屠遊以此。③

---

① 柳宗元：《送元暠歸幽泉寺序》，見《全唐文》卷 579。
② 韓愈：《送浮屠文暢師序》，見《全唐文》卷 555。
③ 柳宗元：《送僧浩初序》，見《全唐文》卷 579。

柳宗元從 "釋合於儒" 的獨特視角，盛贊諸僧友。贊僧文暢秉承支遁、道安以來 "真乘法印與儒典並用" 的傳統，有 "統合儒釋" 之志①；贊僧文鬱 "讀孔氏書" "有意乎文儒事"②；贊僧方及 "處其伍，介然不逾節，交於物，衝然不苟狎"③；贊僧浩初 "閒其性，安其情，讀其書，通《易》《論語》"，"又父子咸爲其道以養而居，泊焉而無求"④；贊僧元暠 "衣粗而食菲，病心而墨貌，以其先人之葬未返其土，無族屬以移其哀，行求仁者以冀終其心"，重孝以求仁⑤。强調僧友們的立身與行事，於儒 "見其不違，且與儒合"。

柳宗元當初在京，少年得意，"超取顯美"，親歷了 "世之求進者怪怒媢嫉"⑥；目睹了 "當世以文儒取名聲爲顯官，入朝受憎媢、訕黜、摧伏，不得守其土者，十恒八九"⑦；遠貶南荒後，更騰遭 "謗語轉侈，囂囂嗷嗷"，"飾智求仕者，更嘗僕以悦仇人之心，日以新奇，務相喜可，自以速援引之路"⑧。人生遭際，人情冷暖，世態炎涼，使他痛感 "不愛官，不爭能，樂山水" 之僧友的可敬，越發虔信出世而 "不違仁" 的佛教心靈哲學。他引用唐肅宗一句話，表達自己對佛學的評價："慈仁怡愉，洽於生人，惟浮圖道允迪。"⑨

劉禹錫（772~842）⑩ "世爲儒而仕"，年長柳宗元一歲，經歷與遭際亦極相似：貞元九年（793）舉進士，與宗元同科；貞元十一年（795）登博學宏辭，早宗元三年；同年坐王伾、王叔文事遭貶，時稱 "二王劉柳"。禹錫先貶連州（今廣西連縣）刺史，途中改貶朗州（今湖南常德）司馬。在京師，"重屯累厄" "人或加訕"；在朗州，"土風僻陋，舉目殊俗，無可與言者"，心情 "鬱悒不怡"。無論京師的嫉忌訕謗，還是湘澧的寂寥無告，劉禹錫的生存狀

---

① 柳宗元：《送文暢上人登五臺遂遊河朔序》，見《全唐文》卷579。
② 柳宗元：《送文鬱師序》，見《全唐文》卷579。
③ 柳宗元：《送方及師序》，見《全唐文》卷579。
④ 柳宗元：《送僧浩初序》，見《全唐文》卷579。
⑤ 柳宗元：《送元暠師序》，見《全唐文》卷579。
⑥ 柳宗元：《與蕭翰林俛書》，見《全唐文》卷573。
⑦ 柳宗元：《送文鬱師序》，見《全唐文》卷579。
⑧ 柳宗元：《與蕭翰林俛書》，見《全唐文》卷573。
⑨ 柳宗元：《南岳雲峰寺和尚碑》，見《全唐文》卷587。
⑩ 劉禹錫本傳見《舊唐書》卷160，《新唐書》卷168；並見《子劉子自傳》（《全唐文》卷610）。

態與心理危機同柳宗元無異。所不同者，是劉禹錫 "恃才偏心" 的性格，使他在元和十年（815）、太和二年（828），又兩次起復，兩度遭貶，比柳宗元經歷了更多的人生磨難。

湘澧謫居期間，劉禹錫自稱 "事佛而佞"[1]，不唯表明他愈趨篤佛，亦是對儒釋兩學關係、對佛教心學價值，在做深入的整合性思考。此間的贈僧友元暠詩序坦述他的人生感慨：

> 予策名二十年，百慮而無一得。然後知世所謂 "道"，無非畏途。唯 "出世間法"，可盡心耳。[2]

所謂 "道"，指奉儒求仕之途；"出世間法"，指佛法。積二十年宦海浮沉，他深感仕途凶險可畏，唯於佛法可得心靈歸宿。贈僧友君素詩引，叙述他早歲學儒、晚歲學佛的獨到感悟：

> 懌然知聖人之德，學以至於無學。然而，斯言也，猶示行者以室廬之奧耳，求其徑術而布武，未易得也。晚讀佛書，見大雄，念佛之普級寶山而梯之，高揭慧火，巧熔惡見，廣疏便門，旁束邪徑。其所證入，如舟沿川，未始念於前而日遠矣。夫何 "勉而思之" 也？是余知突奧於《中庸》，啟鍵關於內典，會而歸之，猶初心也。不知余者，誚余困而後援佛。[3]

《中庸》的 "不勉而中" "不思而得"，誠然顯示了聖人的智慧，但對困頓心靈的訴求而言，它不給行路人指示方向，却爲他展示寬闊的廳堂，該向何處邁步呢？仍然不易得知。讀內典而登寶山之梯，心靈則如河中行舟，不覺間愈行愈遠，還哪裏需要 "不勉而思"！《中庸》示我此岸的廳堂之奧，內典啟我彼岸的心靈之竅（鍵關），兩者會合歸一，正是我初心的追求啊。笑我困厄無奈纔援佛自救，實在不了解我。《謁柱山會禪師》又用詩的語言表達他

---

① 劉禹錫：《送僧元暠東遊並序》，見《全唐詩》卷 359。
② 劉禹錫：《送僧元暠東遊並序》，見《全唐詩》卷 359。
③ 劉禹錫：《贈別君素上人詩並引》，見《全唐詩》卷 357。

出儒入釋、覓得初心的喜悅：

> 吾師得真如，寄在人寰内。哀我墮名網，有如翾飛鞏。
> 瞳瞳揭智燭，照使出昏昧。静見玄關啓，歆然初心會。[1]

他的《袁州萍鄉縣楊歧山故廣禪師碑》，進而將儒釋互補的領悟升至理性認知：

> 天生人而不能使情欲有節，君牧人而不能去威勢以理，至有乘天工之隙以補其化，釋王者之位以遷其人。則素王立中樞之教，懸建大中；慈氏起西方之教，習登正覺。[2]

節制情慾，屬於精神心理學範疇；以理牧人，屬於社會政治學範疇。在劉禹錫看來，孔子（素王）和釋迦牟尼（慈氏）這兩位不居王位（釋王者之位）的人，前者創立綱常名教（中樞之教），爲社會確立了政治秩序（懸建大中）；後者創立佛教（西方之教），爲衆生指明了心靈歸宿（習登正覺）。一個管此岸，一個管彼岸。劉禹錫的“統合儒釋”觀，因而具有了較强的理論色彩。

白居易（772~846）[3] 的一生同柳、劉一樣，顯示出一條“始儒終佛”的清晰軌迹。如果説柳、劉之“統合儒釋”主要以理論創揚爲功，白居易則主要以躬行實踐著稱。居易父祖皆明經出身，“世敦儒業”。他貞元十四年（798）二十八歲舉進士，晚於柳、劉五年。元和元年（806）登才識兼茂、明於體用，年三十四歲，其時柳、劉新遭貶謫，已然離京。

“儒學之外，尤通釋典”的白居易，早年鋭意仕進，尚以經世治國的眼光評量佛教。元和元年他將應制舉，偕同元稹躲進華陽觀中，“閉户累月，揣摩當代之事”，撰成《策林》。其中《議釋教僧尼》一篇寫道：

---

① 劉禹錫：《謁柱山會禪師》，見《全唐詩》卷355。
② 劉禹錫：《袁州萍鄉縣楊歧山故廣禪師碑》，見《全唐文》卷610。
③ 白居易本傳見《舊唐書》卷166，《新唐書》卷119。

臣伏睹其教，大抵以禪定爲根，以慈忍爲本，以報應爲枝，以齋戒爲葉。夫然，亦可誘掖人心，輔助王化。然臣以爲不可者，有以也。臣聞：天子者，奉天之教令；兆人者，奉天子之教令。令一則理，二則亂，若參以外教，二三孰甚焉。況國家以武定禍亂，以文理華夏。執此二柄，足以經緯其人矣。而又區區西方之教，與天子抗衡，臣恐乖古先唯一無二之化也。然則根、本、枝、葉，王化備焉，何必使人異此取彼。若欲以禪定復人性，則先王有恭默無爲之道在；若欲以慈忍厚人德，則先王有忠恕惻隱之訓在；若欲以報應禁人僻，則先王有懲惡勸善之刑在；若欲以齋戒抑人淫，則先王有防欲閑邪之禮在。雖臻其極則同歸，或能助於王化；然於異名則殊俗，足以貳乎人心。故臣以爲不可者，以此也。①

此議自相矛盾之處在於：一方面説儒釋二學"臻其極則同歸"，佛教心靈學説"亦可誘掖人心，輔助王化"，另一方面却又強調教令一統，硬説儒教政學已包容佛教心學，以"貳乎人心"爲由，力主排佛。這一矛盾，反映了青年居易尚溺於王政，"唯思粉身以答殊寵"的儒臣本色。

白居易始終没有放棄奉儒治國、不參外教的政治主張。但他本人一生，無論遭際窮通，又始終實踐著上朝爲臣下則居士、外儒内佛的二元人生哲學。他元和初榮登制舉，官拜"清班"左拾遺，"中厩之馬代其勞，内厨之膳給其食"。每當"視草之暇"，則又與禁中同僚"匡牀接枕，言不及他，常以南宗心要法堂，每來垂一問，寬答如流"②。元和十年（815）貶江州（今江西九江）司馬，"志未就而悔已生，言未聞而謗已成"③。悔嫉之餘，他適時調整心態，"常以忘懷處順爲事，都不以遷謫爲意"。在廬山立隱舍，厚結凑、滿、朗、晦四位禪師，"追（慧）永、（慧）遠、宗（炳）、雷（次宗）之迹，爲人外之交"，"倏然順適之際，幾欲忘其形骸"。其《與元九書》自述心志：

微之！古人云："窮則獨善其身，達則兼濟天下。"僕雖不肖，常師

---

① 白居易：《策林》，見《全唐文》卷671。
② 《宋高僧傳》卷10《惟寬傳》。
③ 白居易：《與元九書》，見《全唐文》卷675。

此語。大丈夫所守者道，所待者時。時之來也，爲雲龍，爲風鵬，勃然突然，陳力以出；時之不來也，爲霧豹，爲冥鴻，寂兮寥兮，奉身而退。進退出處，何往而不自得哉！故僕志在兼濟，行在獨善，奉而始終之，則爲道。

白居易依然秉持傳統的“兼濟”與“獨善”之道。但其放言發揮，則已多少出離傳統，蘊入了道家、佛學意味。

自元和末年他被召還京，又官歷穆、敬、文三朝。二十餘年間，要麽“多爲排擯”，求外任而官杭州（長慶時）、出蘇州（寶曆時）；要麽“懼以黨人見斥，乃求致身散地，冀於遠害”，“凡所居官，未嘗終秩，率以病免，固求分務”（太和時）。甘露事變以後，“衣冠塗地，士林傷感”，白居易“愈無宦情”。開成元年（836）婉拒刺史之任而接受閑官太子少傅。與香山僧結香火社，自稱“香山居士”。宰相牛僧孺“三表乞退，有詔不許”，贈居易詩云：“唯羨東都白居士，月明香積問禪師。”白居易戲詩酬答：“君匡聖主方行道，我事空王正坐禪。支許徒思遊白月，夔龍未放下青天。”① 劉禹錫復將少傅白公喻爲東晉佞佛宰相何充，戲詩描寫他居家參佛的情景：

> 五月長齋戒，深居絕送迎。不離通德里，便是法王城。
> 舉目皆僧事，全家少俗情。精修無上道，結念未來生。
> 賓閣緇衣占，書堂信鼓鳴。戲童爲塔象，啼鳥學經聲。
> ……不知何次道，作佛幾時成。②

白居易晚年苦風痹，畫《西方幀》爲功德，作偈贊：

> 極樂世界清淨土，無諸惡道及諸苦。願如我身老病者，
> 同生無量壽佛所。③

---

① 白居易：《宿香山寺酬廣陵牛相公見寄》，見《全唐詩》卷456。
② 劉禹錫：《樂天少傅五月長齋，廣延緇徒，謝絕文友，坐成睽間，因以戲之》，見《全唐詩》卷362。
③ 白居易：《畫西方幀記》，見《全唐文》卷676。

偈辭寄託了香山老人對心靈歸宿的無尚嚮往。死後，家屬從其遺願，葬之於僧友香山如滿禪師墓塔之側。

崔羣與韋處厚，是中唐後期兩位以好佛知名的宰相。崔羣（772~832）①貞元十九年（790）舉進士，元和初爲翰林學士，十二年（817）拜相。爲官"常以讜言正論聞於時"，時稱"賢相"。度支使皇甫鏄"陰結權倖以求宰相"，崔羣"累疏其奸邪"，"鏄深恨之，而憲宗終用鏄爲宰相"。崔羣又反對唐憲宗加"孝德"尊號，"憲宗不樂"。皇甫鏄乘機誣崔羣，貶爲湖南觀察都團練使。其時道一法嗣如會（744~823），居長沙東寺，洪宗禪窟"法門鼎盛，時無可敵"。崔羣"慕會之風，來謁於門"，"爲師友之契"②。唐穆宗李恒起用崔羣，授檢校兵部尚書兼徐州刺史、武寧軍節度使。副使王智興兵反驅逐崔羣。朝廷責徐州失守，出羣爲宣州刺史。其時另一位道一法嗣太毓（747~826）居常州芙蓉山，江南道俗相趨赴，"動盈萬數"。崔羣聞而傾慕，寶曆元年（825）請太毓至宣州禪定寺安置，禮詢心法③。在京則理政，外放則問禪，特信洪州宗，是親佛宰臣崔羣的特點。

如果説崔羣止於親佛，韋處厚（773~828）④則堪稱佞佛。處厚通五經，元和初舉進士。元和中考功員外郎任上，坐與韋貫之友善出爲開州刺史。唐穆宗以處厚學有師法，召入翰林，爲侍講學士。穆宗年幼荒怠，不理政務，處厚銓擇經義爲《六經法言》，啓導穆宗。唐文宗李昂即位，韋處厚以佐命之功拜相，"當國柄二周歲"而卒。《舊唐書》本傳説他"雅信釋氏因果，晚年尤甚"。白居易的《祭中書韋相公文》載其詳情：

公佩服世（釋）教，棲心空門，外爲君子儒，內修菩薩行。常接餘論，許追高踪。元和中出守開、忠二郡日，公先以《喻金礦偈》相問，往復再三。繇是，法要心期，始相會合。長慶初，俱爲中書舍人日，尋詣普濟寺宗律師所，同受八戒，各持十齋。繇是，香火因緣，漸相親近。及公居相位，走在班行，公府私家，時一相見。佛乘之外，言不他及，

① 崔羣本傳見《舊唐書》卷 159，《新唐書》卷 165。
②《宋高僧傳》卷 11《如會傳》。
③《宋高僧傳》卷 11《太毓傳》。
④ 韋處厚本傳見《舊唐書》卷 159，《新唐書》卷 142。

誓趨菩提，交相度脱。①

“外爲君子儒，内修菩薩行”，在朝理政，在家敬佛。“法要心期，始相會合”，達到心禪合一境界，年方三十餘歲；“佛乘之外，言不他及”，心入菩提，是最後兩年的境况。除元和坐貶，韋處厚一生大致順遂，却又一生佞佛，此前儒臣罕見。

元和太和之際，官員士人參訪高僧、拜師問禪之風，《僧傳》記載甚多。如懷海法嗣圓修（735~833）住秦望山，傳百丈心要，杭州刺史裴常棣“酷重其道”，數次親往參請，建招賢寺安置②。道一法嗣明覺（?~831）結庵杭州湖畔青山頂，盧中丞“向風躬謁”，請至城内大雲寺傳法③。道一法嗣無等（749~830）結茅武昌黄鵠山，相國牛僧孺當時出鎮三江，參訪問法④。道一法嗣普願（748~834）住錫池陽南泉山，“爲四方法眼”，宣慰使陸亘“迎請下山，北面申禮”⑤。這類事實反映了禪盛儒衰的時風，適爲沈下賢論斷的佐證。

晚　唐

公元841年唐武宗李炎即位時，佛寺數千，蘭若數萬，正度僞度的僧尼數十萬，寺院莊田遍海内，佛教東傳千餘年，於兹達至極盛。武宗爲固祚安唐而廢佛，毀寺、遣僧、籍産，可稱酷烈決絶；但浸潤人心的佛法信仰，已根柢深植，礙難除去。無怪其叔李忱（唐宣宗）甫即位，便盡革會昌之政。不唯如此，中唐以來，宦官擅權，朋黨紛競，愈演愈烈，忠鯁之臣奉儒爲政，已越發艱難。會昌大中兩朝臣工士子，仍多視心禪爲抒困遠禍之逃藪。咸通時五雲溪人范攄説：“達人崇佛奉僧，近亦衆矣。若留守王僕射逢，裴相公休，鳳翔白中令敏中，夏侯相孜，崔僕射安潛，皆嚴飾道場，躬自焚香執錢，老而無倦焉。”⑥

---

① 白居易：《祭中書韋相公文［太和三年（829）］》，見《全唐文》卷681。
② 《宋高僧傳》卷11《圓修傳》。
③ 《宋高僧傳》卷11《明覺傳》。
④ 《宋高僧傳》卷11《無等傳》。
⑤ 《宋高僧傳》卷11《普願傳》。
⑥ 范攄：《雲溪友議》卷下《金仙指》。

　　王逢生平行事不詳。白敏中爲會昌、大中、咸通三朝宰相，裴休爲大中宰相，夏侯孜爲咸通宰相，崔安潛爲乾符宰相。他們都是中朝貴臣（"達人"）。在范攄看來，貴臣崇佛乃晚唐特點。所舉崇佛諸相，以白、裴爲著名，還有范攄未提的會昌宰相李紳。

　　無錫李紳（?~846）[①]，元和初舉進士，長慶初爲翰林學士，得李黨首領李德裕恩顧。敬宗李湛即位，權宦王守澄誣稱李紳曾反對李湛爲儲貳，敬宗欲殺李紳，賴有韋處厚申辯，遠貶端州（今廣東肇慶）司馬。太和會昌年間，李紳屢受黨爭連累：李德裕爲相，擢紳越州刺史；牛黨李宗閔爲相，逐紳分司東都；德裕再入相，紳任揚州大都督府長史、知淮南節度大使事。會昌四年（844），再擢紳守僕射、平章事，爲宰相，出任淮南節度使。一生仕途的風波詭譎，使儒臣李紳晚年歸信釋門。壽州法華院建石經堂，李紳爲撰碑文曰：

　　　是經之要妙，諸佛之心印，卷舒萬法，彰示凡聖。信解得入，入爲真諦。……諸佛如來，以一切衆生煩惱苦海，無明罪垢，爲解脫方便。……離煩惱即諸佛，有煩惱即衆生。[②]

　　自心解脫，出離煩惱，即得成佛，當是他修學心法的心理體驗。揚州附近都梁山有崇演禪師。李紳"偏輕釋子，少所接輿"，不大見他；"或允相見，必問難鋒起"，且"祗應不供"，"多咄叱而出"，甚爲無禮。後爲崇演的嵩陽心法打動，派衙吏邀至使府。崇演"酬對詣理，談論鏗然"，紳"不測其畛域，特加歸信"，請他居慧照寺傳法[③]。在揚州做挂名宰相僅一年多，李紳便辭世了。

　　白居易的堂弟白敏中（?~約863）[④]，長慶初舉進士。會昌初，唐武宗欲徵用白居易，李德裕説他衰病難以上朝，以"敏中辭藝類居易"，擢爲翰林學士。會昌末升至宰相。宣宗大中五年（851），德裕貶嶺南，敏中時"居四輔

---

①　李紳本傳見《舊唐書》卷 173，《新唐書》卷 185。
②　李紳：《壽州法華院石經堂記［太和六年（832）］》，見《全唐文》卷 694。
③　《宋高僧傳》卷 11《崇演傳》。
④　白敏中本傳見《舊唐書》卷 166，《新唐書》卷 119。

之首",對有恩於己的德裕却"無一言伸理,物論罪之",罷相。大中十一年(857),挂名宰相出任荆南節度使。懿宗即位,再度入朝輔政;咸通三年(862)又罷相,出爲河中尹。陟黜無常的遭際,使敏中處世同乃兄一樣,外儒而内佛。關於佛教心學,他一面説"足以誘掖人心,輔助王化",又説"分其教而則殊,歸於禮而何異"[1],認爲孔學已包括佛學。效舌其兄,了無新意,連語言也和白居易相同。雖禮佛"老而無倦",畢竟是一介儒臣。

裴休[2],濟源人,"家世奉佛"。長慶中舉進士,登賢良方正甲科。一生奉儒守官,仕途順遂,晚歲任宣宗朝宰相五年[大中六年至十年(852~856)],宣宗贊之爲"真儒者"。又一生"嗜浮屠法","尤深於釋典","講求其説,演繹附著數萬言",是義理精深的佛學家。裴休兼討華嚴、禪二宗。後世尊爲華嚴五祖的宗密(780~841),開成時在終南圭峰蘭若誦經傳法。裴休受宗密教旨,得入堂奧,自謂"嘗遊禪師之閫域,受禪師之顯訣"。他指斥禪宗之荷澤、洪州、牛頭及天臺之湛然等,"諸宗門下,通少侷多","以承禀爲户牖,各自開張;以經論爲干戈,互相攻擊";盛贊宗密"以如來三種教義,印禪宗三種法門,融瓶盤釵釧爲一金,攪酥酪醍醐爲一味"[3]。贊寧盛稱宗密與裴休的法誼曰:

(宗)密知心者多矣,無如升平相國之深者,蓋同氣相求耳。

又曰:

影待形起,響隨聲來。有宗密公,則有裴相國。非相國何能知密公!相續如環,未嘗告盡。[4]

裴休又多迎禪宗名師參學。會昌二年(842)任洪州刺史時,禮迎黃檗希運法嗣斷際,"憩龍興寺,旦夕問道";大中二年(848)遷宣州刺史,復迎斷

---

① 白敏中:《滑州明福寺新修浮圖記[寶曆二年(826)]》,見《全唐文》卷739。
② 裴休本傳見《舊唐書》卷177,《新唐書》卷182。
③ 裴休:《釋宗密禪源諸詮序》,見《全唐文》卷743。
④ 《宋高僧傳》卷6《宗密傳》。

際“至所部，安居開元寺，旦夕受法”。斷際“唯傳一心，更無別法”，裴休“退而記之，十得一二，不敢發揚”[1]。唐宣宗重振佛教，召名僧知玄入京，爲“三教首座”，玄“與相國裴公休友善，同激揚中興教法事”[2]。懷海法嗣靈祐（771~853），住潙山同慶寺傳百丈法，裴休與之“相親道合”[3]。大中十年（856）任汴州刺史時，荷澤神會五葉法嗣圓紹住封禪寺，裴休與之“同氣相求，一言道合”[4]。在唐代，裴休入世並出世，理政兼理心，奉儒亦究佛，統合儒釋，相得益彰，是最爲成功的宰相，又是比較完滿地實現了二元人生的士人。

懿、僖二宗之世，季唐已將衰亡。當此亂局，身心不堪而皈佛的士人本應更多。但放眼懿僖朝野士林，却鮮見入儒出佛者之踪迹。對此一奇怪的現象，宋人葉適有説：

> 唐自懿僖後，人才日削，至於五代，謂之空國無人可也。雖其變亂在黃巢等，然吾顧浮屠中，乃有雲門、臨濟、德山、趙州，數十輩人，卓然超世。……然後知其散而橫潰，又有在此者也。賢能之無有，尚何怪哉！[5]

在朝政凶險、亂象迭起、民不聊生的惡劣環境中，民間士人生且不易，遑論仕途。許多“超然卓世”的精英之士，未待奉儒求仕，先已遁入空門了。此類熟諳儒學的高僧，充盈唐末的釋門，《僧傳》記載連篇累牘。他們對出世人生的羣體選擇，宣告了中古一代士人“始儒終佛”風氣的終結。

① 裴休：《黃檗山斷際禪師傳心法要序［大中十一年（857）］》，見《全唐文》卷743。
② 《宋高僧傳》卷6《知玄傳》。
③ 《宋高僧傳》卷11《靈祐傳》。
④ 《宋高僧傳》卷13《圓紹傳》。
⑤ 《宋高僧傳》卷6《知玄傳》。

中古佛教節日意涵的演化

——中古佛節主旨同傳統理念的和合

中古的釋門節日發展到唐代，既有除日（除夕）、元日（大歲日）、上元日（燃燈節，正月十五）、寒食日（清明節前一兩天）、冬至日（十一月二十日前後）等中華傳統節日，又有佛誕日（浴佛節，四月八日）、盂蘭盆齋（中元節，七月十五日）、佛成道日（臘八節，十二月八日）等佛教節日（按：《妙法蓮華經·普門品》以《觀音經》單行，在唐代還不像後世那樣普及，當時民間尚未盛行觀音信仰，唐籍亦鮮見爲觀音菩薩慶誕記載）。

考察中古釋門各節祝的主旨意涵，有兩個方面值得關注：一是對中華傳統節日原有意涵的迎合容受；二是幾個佛門"自家"節日，各自對中華傳統理念的接納融合，或稱中華傳統理念對佛教節日原初意涵的浸潤深化。尤其是後一方面，可以從節俗文化的角度，展示佛教原生形態（天竺佛教）主動向次生形態（漢傳佛教）演化的機制，展示中華文化包容善處異質文化、佛文化與華文化和合諧適的特質。

中古時期（公元三至九世紀）釋門的佛誕日、盂蘭盆齋、佛成道日等祝節活動，既秉持倡揚恭賀佛誕、救拔宗親、賀佛成道的原初意涵，又接納某些傳統的理念，讓它同原初意涵悄然溶融、自然匯通。至唐代，這幾個佛教節日遂漸次演化爲華式佛節。

首先來看佛誕日。

三世紀初葉，徐州有浮圖祠："每浴佛，多設酒飯，佈席於路，經數十里，民人來觀及就食且萬人，費以鉅億計。"（《三國志》卷49《劉繇傳》）是操辦"流水席"以賀佛誕。佛寺佈席招徠民眾，乃遵行六波羅蜜"佈施"之意，體現佛陀慈悲的原初意涵。又過了一百多年，四世紀，信佛的後趙皇帝石勒，將他的稚子送進鄴都佛寺撫養："每至四月八日，勒躬自詣寺，灌佛爲兒發願。"（《高僧傳》卷9《佛圖澄傳》）再至公元五世紀初，徐州有信佛的劉敬宣，因幼年喪母："四月八日，敬宣見衆人灌佛，乃下頭上金鏡，以爲母灌。"（《宋書》卷47《劉敬宣傳》）一個爲小兒發願，一個爲亡母發願。兩人的灌佛賀誕願行，已同時含帶祈禳祀親之義。華夏的"祈禳""祀親"，融入釋門的佛誕節祝，賀佛同華俗契合了。

再來看盂蘭盆會。

這是晉·竺法護漢譯《佛説盂蘭盆經》後，晉宋之際新出現的佛教齋會。盆齋的原初意涵，緣自目連遵佛囑供養十方大德僧救母的《盆經》故事。故事主旨是"救拔宗親"，而且一下子"救拔"七代先祖。這個主旨在崇重"孝道"、信奉"百善孝爲先"的中古社會，極易引起共鳴。於是，釋門盂蘭盆齋首先風行民間。蕭梁宗懍記述當時的盂蘭盆節俗説："七月十五日，僧尼道俗悉營盆，供諸佛。按，《盂蘭盆經》有'七葉功德，并幡花、歌鼓、果實送之'，蓋由此也。"（宗懍《荆楚歲時記》，涵芬樓《説郛》本）"道俗悉營盆"，意思就是佛寺和民間都辦盆齋。隨後盂蘭盆齋又進入宮廷的廟堂。大同四年（538），梁武帝親至同泰寺設盂蘭盆齋，并"每於七月十五日，普寺送盆供養"（《義楚六帖》卷22《貯積秤量部》第45《瓮盆門·武帝送盆》引《弘明集》）。從此以後，經唐宋至明清，盂蘭盆齋會在歷代朝廷中盛行千餘年。

中古宮廷盂蘭盆齋升爲國家級的"頌孝"盛節，是在盛唐時代。唐高宗向"國家大寺，如長安西明、慈恩等寺，……每年送盆，獻供種種雜物，及興盆、音樂人等，并有送盆官人"（《法苑珠林》卷62《祠祭篇》）。武則天制定繁縟禮儀，再將皇家盂蘭盆盛會推向極致。唐初詩人楊炯《盂蘭盆賦》，描寫如意元年（692）武則天偕百官，在長安朱雀門廣場舉行盂蘭盆大法會的盛況："陳法供，飾盂蘭""明列部伍"；女皇登朱雀門樓，"南面而觀"；樂九韶、舞八佾迎神；學士、公卿相繼演講，爭頌"孝爲聖人大德"："聖人之德，無以加於孝"——"揚先皇之大烈，孝之始"；"配天而祝文考，配地而祝高皇，孝之中"；"行於四海，加於百姓，孝之終"（《文苑英華》卷125）。唐玄宗以後，"頌孝"盆齋再度復興宮廷。大曆七年（772）"七月望日，唐代宗於内道場造盂蘭盆，飾以金翠，所費百萬。又設高祖已下（至唐肅宗）七聖神座，……各書尊號於幡上以識之，舁出宮廷，陳於寺觀"（《太平御覽》卷22

《時序部》引《唐書》)。倡揚"慎終追遠""懷恩孝親"，已然成爲李唐皇家盆節的主旨。

自唐至清及於今日，同時還盛行以"救拔宗親"爲主旨的"中元節"。這裏應當指出，道教所謂"中元節"，是取法佛教盂蘭盆齋衍生的。"中元節"的經典依據《太上洞玄靈寶中元玉京玄都大獻經》(見《道藏》第六册)，係抄自竺法護譯《佛説盂蘭盆經》。由於李唐時代道教位在佛教之上，"中元"一詞又來自中古時代"三元配三官""中元赦罪"的傳統説法，比譯自梵音的"盂蘭盆"，較易被中國人接受，所以自唐至今，"中元節"名氣反而蓋過"盂蘭盆會"。如今似乎祇有日本還使用"盂蘭盆節"名稱。不過無論如何，孟秋望日獻供救拔的節俗，畢竟源自《佛説盂蘭盆經》。

最後來看佛成道日。

先秦時代有所謂"蠟祭"——每年十二月祭祀百神，是傳統祭典之一。秦惠文君十二年(前236)改"蠟祭"爲"臘祭"，後又確定冬至後第三個戌日爲"臘日"，舉行"臘祭"。這個"臘日"究竟在十二月初幾，起初並不一定。大約在漢晉之際，傳統臘日始同釋門的佛成道日(十二月八日)附會一起，以"初八爲臘"。從此以後，佛成道日和傳統臘日兩節便在同一天了。

宗懍《荆楚歲時記》記載吳楚地區臘月初八節俗，既有"豚酒祭竈神"的傳統行事，又有"村人併擊細腰鼓、戴胡頭，及作金剛力士"之類頗具佛教色彩的行事。臘日裏的村民們，一邊設豚酒祭祀竈神，一邊戴著胡人假面具，扮作金剛力士，高興地敲擊著細腰鼓遊耍——這正是將傳統臘祭同佛陀成道一起慶賀的歡樂場面！

唐·張守節《史記正義》釋"初臘"又有"歲終祭先祖"之義。"歲終祭祖"的傳統，孕育自中華農業文明，即在秋穫冬藏之後"告成享先"；"歲終祭祖"行事體現著"懷恩報德""慎終追遠"的傳統觀念。由於傳統臘祭同慶佛成道兩節合一，唐以後"臘八"節祝的"歲終祭先"意涵，便有了越發豐富的行事。

晚唐五代敦煌《某寺油麵破歷》(即油麵支出賬)記載："十二月八日，麵五升，油半升，祭拜吳和尚及煮藥食用"(S.1519.1)，"油半升，酥半升，八日煮藥食用"(S.1519.2)，"油半升，臘月八日炒藥食用"(P.2040V)。這些記載顯示，敦煌寺院的臘八賀節行事有二：祭亡僧和煮(炒)藥食。祭亡是臘祭本義。"煮（炒）藥食"來自佛成道傳說：悉達太子多年苦行，形體羸弱不堪，後來吃了兩位牧女供獻的"和蜜乳糜"，身體康復，得於十二月八日在菩提樹下成道。敦煌寺院的臘日"藥食"，用油、酥、麵粉製作，意在象徵"乳糜"；稱其爲"藥食"，則蘊含著對天竺姑娘供佛的乳糜，奇效如神藥的贊美。臘日"煮藥食"的行事，坦示著華夏釋子同天竺姑娘相似的敬佛情結。

晚唐五代佛寺的臘日藥食，至宋代演變爲"臘八粥"。孟元老《東京夢華錄》記載北宋末年京城臘日的節俗："（諸大寺）併送七寶五味粥與門徒，謂之'臘八粥'。都人是日各家亦以果子雜料煮而食之也。"吳自牧《夢粱錄》則記述南宋臨安的臘日節俗："此月八日，寺院謂之'臘八'。大刹等寺，俱設五味粥，名曰'臘八粥'。"宋代臘八粥的原料，同天竺"乳糜"、敦煌"藥食"的原料，已有很大區別。周密《乾淳歲時記》稱："（南宋）寺院及人家，用胡桃、松子、乳蕈、柿子、栗之類做粥，謂之'臘八粥'。"從"乳糜"到"藥食"，再到"果子雜料粥"，臘八食料的變化，蘊含著節日意涵的深刻演化。它喻示著華夏臘日節祝的意涵，已經從晚唐五代將臘祭同賀佛合一，演化爲"歲終告成"。在這裏，佛教的"敬佛"情結淡化，中夏的"告成享先""重農祈豐"情結越發強化。它符合外來節日意涵民族化演變的規律。

如上所述，本屬佛門節日的原初意涵，經演化與深化而獲得新生面：這些節日變成既是佛教的又是中國的了。節祝意涵演化的深層意義還在於：經此演化過程，漢傳佛教同本土民衆越發溶融無間；同時也鋪展佛教根脈，越發深植華夏大地。再思量那些融入三大佛節之傳統觀念——慎終追遠、報德孝親、告成享先、重農祈豐等，蓋屬華夏傳統理念的精核。一邊定心守持佛說正法，一邊誠心容受中華傳統理念的浸潤而開新，兩邊和諧無礙。中華兩千年漢傳佛教，雖經幾多風雨，依然法燈長明，慧命長續，妙諦在這裏。

中古盂蘭盆節的民族化衍變

　　中古時期（這裏指東晉至兩宋）的漢傳佛教寺院以及宫廷、民間，每年孟秋望日（七月十五日）有盂蘭盆齋會，又稱盂蘭盆節。"盂蘭盆"三字取自西晉竺法護譯《佛説盂蘭盆經》，它是梵語 vllambana（"烏藍婆拏"，意爲"倒懸"）的音譯①。竺法護當初將 bana 譯爲"盆"，不祇取字音近似，而且取其作爲容器的字義②。後世人們將盛放盂蘭盆齋會供養的容器稱作"佛盆"，將齋會結束時供給僧衆的食物統稱"破盆"，使用了"盆"字的漢語本義，是符合竺法護的初衷的。

　　盂蘭盆節緣自漢譯《佛説盂蘭盆經》，初行於漢傳佛教寺院。古天竺没有盂蘭盆齋節，它是在天竺的《盂蘭盆經》譯爲漢文以後，由譯經派生的漢地齋節。《佛説盂蘭盆經》講的是目乾連救母的故事：

　　　　大目乾連始得六通，欲度父母，報乳哺之恩。即以道眼觀視世間，見其亡母生餓鬼中，不見飲食，皮骨連立。目連悲哀。即鉢盛飯，往飼其母。母得鉢飯，便以左手障鉢，右手搏食。食未入口，化成火炭，遂不得食。目連大叫，悲號啼泣。馳還，白佛，具陳如此。佛言："汝母罪根深結，非汝一人力所奈何。……當須十方衆僧威神之力，乃得解脱。……"佛告目連，十方衆僧於七月十五日僧自恣時，當爲七世父母及現在父母厄難中者，具飯百味五果，……以

---

① ［唐］釋元應：《一切經音義》卷 13《盂蘭盆經》，見《大正藏》卷 54。
② 論者或以爲"盂蘭盆"三字純爲譯音，釋"盆"爲容器是誤釋。按，《佛説盂蘭盆經》譯文："以百味飯食，安盂蘭盆中，施十方自恣僧。"證明竺法護澤 bana 爲"盆"，當初就有兼取字義的意圖。

著盆中，供養十方大德僧。……其有供養此等自恣僧者，現世父母、七世父母、六親眷屬，得出三途之苦，應時解脫，……時，佛敕十方衆僧，皆爲施主祝願七世父母，行禪定意，然後受食。……目連比丘及大菩薩衆，皆大歡喜。……目連其母，即於是日得脫一劫餓鬼之苦。

目連復白佛言："弟子所生母，得蒙三寶功德之力、衆僧威神之力故。若未來世一切佛弟子行孝順者，亦應奉盂蘭盆，救度現在父母，乃至七世父母，爲可爾否？"佛言："大善!……"①

這個故事的主題是昭告佛弟子們"行孝順"，與"出家釋子不拜父母"的天竺佛門傳統頗相齟齬，但同"孝悌爲本"的中國儒家倫理却甚契合。於是，《佛說盂蘭盆經》目乾連故事便成爲僧侶在忠孝觀念根深蒂固的漢地民間，爲佛教招徠信衆的宣傳工具。七月十五日講誦《盂蘭盆經》的齋會，首先在漢傳佛教寺院中應運而生。

盂蘭盆齋會初起於何時何地，史無明文。竺法護"世居敦煌郡"，後"隨師至西域"，"大賫胡本，還歸中夏"，長期在長安地區從事譯經。"後值（晉）惠帝西幸長安，關中蕭條，百姓流移。護與門徒避地東下"，病逝於澠池②。不久晉室南渡，大批僧侶亦至江東。竺法護譯的《盂蘭盆經》，大約即在東晉初年由南渡僧傳至建康及三吳地區。最早的盂蘭盆齋會亦始於兩晉之際，流行在西北地區和東南地區的一些寺院中。由於其倡孝的主旨同中國的倫理傳統契合，盂蘭盆齋節遂從寺院進入宮廷，傳佈民間，近千年而不衰。自東晉以迄南宋的九百年間，在中國的古老文化和民俗傳統的不斷浸潤熏陶下，盂蘭盆齋節原有的外域宗教色彩漸趨淡化，中土民俗氣息愈見濃鬱。其間發展衍變大致經歷了兩個階段：

（一）東晉至唐末五代（4世紀初葉至10世紀中葉）：盂蘭盆齋（以下簡稱"盆齋"或"盆節"）由佛寺進入民間、宮廷；傳統的民俗行事開始融入佛門盆齋法會；道教中元節吸收盆節主旨，以盆節爲主，兩節併行於寺觀和上

① 見《大正藏》卷16。
② 《出三藏記集》卷13《竺法護傳》，見《大正藏》卷55。

層社會；宮廷盆齋演化爲傳統的皇室節儀。

（二）北宋南宋時期（10 世紀中葉至 13 世紀末葉）：盆節、中元節普行於寺觀、民間；具有傳統文化内涵的“中元”節稱，取代外來的“盂蘭盆”，成爲孟秋望日的專用節稱；傳統的民間節祀禮俗大量融進供盆行事，使之更具民族氣派。此節的外域色彩淡化，中土風格形成，民族化歷程基本完成。

一 晉唐五代：盆齋演化爲盆節，盆節衍生出中元節

大約在晉末南朝之際，盂蘭盆齋首先在三吴荆楚地區由寺院推至民間，約定俗成爲歲時法會。盆節行事的最早記載見於梁朝宗懔的《荆楚歲時記》。它記述荆楚地區當時的孟秋望日節俗説：

> 七月十五日，僧尼道俗悉營盆，供諸佛。按，《盂蘭盆經》有：“七葉功德，并幡花、歌鼓、果實送之。”蓋由此也。
>
> （下引《佛説盂蘭盆經》目連故事，略）

這段文字有三點值得注意。其一，蕭梁時，荆楚地區七月十五日營盆供佛，已是僧俗兩界共同參與的節俗，已由佛寺推向民間。其二，“道俗悉營盆，供諸佛”，“營盆”之外未載其他行事，“諸佛”之外未載其他神主。其三，用幡花、果實營盆的行事，由《盂蘭盆經》而來。它清晰地顯示出盆節緣起的單一性，表明盆節起初同中國的傳統節祀無甚瓜葛。其中又隱約透露出一些歷史痕迹：盆節在走向中國民間之初，便開始受到固有風習的附麗浸潤。證據是文中所引《盂蘭盆經》中的“歌鼓”二字。在竺法護譯《佛説盂蘭盆經》文中，并無“歌鼓”送盆字樣。用歌鼓祝節，恰是中國民間節慶習見的形式，是中華民俗文化特有的愉悦逸興質素的反映（見下文）。此處所引《盆經》中的“歌鼓”二字，可能是中國僧侶所羼入。將“歌鼓”字樣增入佛經，正是傳統民俗風習融入新起的佛門齋會之史影。這一歌鼓送盆行事，到唐初的皇室盆齋，又發展爲樂人送盆（詳下文）。

盆齋由佛殿進入宮廷始於梁武帝蕭衍：“（大同）四年（538），帝幸

同泰寺，設盂蘭盆齋。"① 此後，"每於七月十五日普寺送盆供養"②。學術界一般把此事當作中國盂蘭盆齋會之始。這是不準確的。因爲《荆楚歲時記》的記述表明，蕭梁時代盆齋已經歷了從佛寺到民間的傳佈過程，並已形成"道俗悉營盆"的情況；梁武帝時盆齋進入廟堂，衹是盆齋傳佈的深化。源自天竺佛經故事的盆齋，天然地帶有異質文化的内涵和氣息，同中國固有的思想文化傳統、道德價值觀念以及風習心理特徵還有一定差距。盆齋要在神州各地民間被普遍接受，須經中國民俗文化傳統的陶冶滌新，須待歷史的不斷調適。

南北朝時期與盆齋有關的又一事件，是中國傳統的道教將佛門盆齋"救拔宗親"的主旨，引入地官中元節，呈現出佛門之盆節與道教之中元節同日併行的景象。這景象經隋唐至北宋，持續了六百餘年。這是盆節民族化演進的重要一步。

中國道教崇奉天官、地官、水官三神祇，至遲在東漢末期已存在③。相傳天官賜福，地官赦罪，水官解厄。但道門在何日供奉三官，起初並無明確日期。北魏時有所謂"三元"説出現，"以正月、七月、十月之望爲三元日"④。後來，道教將三官神祇與三元日相配："正月十五日天官爲上元，七月十五日地官爲中元，十月十五日水官爲下元。"⑤ 七月十五中元日便成爲地官赦罪日。所謂地官神赦罪，起初也是泛指，并不專指某種罪愆。道教借鑒盆節"救拔餓鬼"的主旨以後，地官赦罪遂有了赦免餓鬼的特定含義。

道經引入盆經救拔餓鬼之旨，最早見於古靈寶經之一種——《玄都大獻經》：

> 道君稽首又問天尊："作何因緣，得離衆苦？行何福業，得還人中？"
> 天尊告曰："斯等罪人，造罪既多，非是一類。若欲救拔，亦難可周，非一人力，得以濟免。當依玄都大獻法：七月十五日，中元之辰，地官校

① 《佛祖統紀》卷3，見《大正藏》卷49，第351頁。
② 《義楚六帖》卷22《貯積秤量部》第45《瓷盆門·武帝送盆》引《弘明集》，日本朋友書店，1979。
③ 《後漢書》卷42《劉焉傳》註引書有張角《天官書》。
④ 趙翼：《陔餘叢考》卷34，河北人民出版社，1990。
⑤ 《大唐六典》卷4《祠部郎中員外郎》。

戒，擢選衆人，分別善惡。諸天大聖，普詣宮中，簡定劫數。人鬼簿録，餓鬼囚徒，一時俱集。以其日夜，燒香燃燈，……作玄都大獻，仿玉京山，採諸花果，依以五色世間，所有衆奇異物、道具名珍……餚饍飲食，百味芬芳，獻諸衆聖及道士等。於其日夜，講説是經，十方大聖，齊咏靈篇。囚徒餓鬼，當得解脱，一俱飽滿，免於衆苦，得還人中。自非如斯，難可拔贖。"①

將此道經與《佛説盂蘭盆經》加以對照，不難看出：此經正是由《盆經》脱胎而來。秖是目連換成了道君，佛祖換成了元始天尊，供養諸菩薩換成了供養諸大聖，七月十五日誦經救拔餓鬼的主旨完全相同。這種兩經暗合、道教中元節向佛門盆節趨同的現象，是中古宗教史上，道與佛兩大宗教既互相鬥爭，又互相滲透的反映。這一現象，揭示了缺乏神學思辨的傳統道教，希圖通過對佛門經典的借鑒，在饑苦的民間大衆中同興盛的佛教爭奪信衆的努力。

《大獻經》借鑒《盆經》，中元節向盆節趨同，這一重要事件具體發生於何時，由於不知《大獻經》的編撰年代，迄難做出準確回答。近世發現的敦煌文書中，有一部《大獻經》古抄本殘卷②，爲考察此經提供了珍貴的綫索。在這部殘卷中，前文引用的《道藏》本那一段經文基本完整，但文字略有出入。最重要的一處文字差異是關於"地官校勾"的日期。敦煌本是："當依玄都舊法：正月十五日、七月十五日、十月十五日，三元之晨，地官校勾，搜選衆民，分別善惡。"《道藏》本作："當依玄都大獻法，七月十五日，中元之辰，地官校戒，擢選衆人，分別善惡。"前者是"三元之晨"，後者是"中元之辰"；前者"搜選衆民"，不避唐太宗諱，後者避太宗諱，改"民"爲"人"。這表明敦煌本《大獻經》撰於"三元"説出現之後、"三官"配"三元"之前，《道藏》本《大獻經》則撰於"三官"配"三元"之後。敦煌本早於《道藏》本。又唐武德七年（624）歐陽詢所撰《藝文類聚·歲時中·七月十五日》引《大獻經》作："七月十五日，中元之日，地官校勾，搜選人間。"與《道藏》本接近。這表明唐初所見《大獻經》已經是"三官"配"三元"

---

① 《太上洞玄靈寶三元玉京玄都大獻經》，見《道藏》第6册第271頁，文物出版社、上海書店、天津古籍出版社，1987。
② 英國不列顛圖書館藏敦煌寫本 S.3061 號《太上洞玄靈寶中元玉京玄都大獻經》。

之後的本子；道門將"三官"配"三元"，最遲不晚於隋。綜合三個本子的異同，可以得出初步結論：敦煌本《大獻經》最古，當出於南北朝中期；《藝文類聚》本稍晚，當出於南北朝後期；《道藏》本更晚，當出於唐太宗以後。有了這樣的認識，便可作進一步的考察。

南朝著名道士陶弘景（456~536），曾自稱"夢佛授其《菩提記》"，將他命名爲"勝力菩薩"，他於是去"鄮縣阿育王塔自誓，受五大戒"，又成爲佛教徒。陶弘景以援佛入道、融合兩教的方式發展道教，"道人（指僧侶）、道士並列門中，道人左，道士右"①。這一主張和實踐，對南朝道教的發展產生了很大影響。可以說，陶弘景從事宗教活動的主要時期，即梁武帝時期，是道教徒仿照《盆經》編撰《大獻經》的最適宜的時代。如果這一判斷可以成立，那麼，敦煌古本《大獻經》的編撰年代當可能是在梁武帝初年；道門中元節向佛門盆節的趨同，可能也開始於這個時代。

盂蘭盆和中元兩節並行，以唐代爲最盛。唐朝因此成爲盆節漢化衍變的最重要時期。李唐崇佛兼尊道，盂蘭盆節和中元節均爲朝野所重。

唐朝宮廷的盆齋法會規模之盛大，空前絕後。唐高宗時，"國家大寺，如長安西明、慈恩等寺，……（皇室）每年送盆，獻供種種雜物，及興盆、音樂人等，並有送盆官人，來者非一"②，禮儀甚爲隆重。到武則天時代，宮廷的盆齋法會已形成一整套繁縟的禮儀，演化爲符合儒家傳統禮則的皇室頌孝節儀。楊炯《盂蘭盆賦》描寫了如意元年（692）武則天在洛陽南門舉行盆齋的全部過程。這次法會大致爲六項儀程：

（1）"陳法供，飾盂蘭"："映以甘泉之玉樹，冠以承露之金盤"，"上妙之座取於燈王之國，大悲之飯出於香積之天"，"麪爲山兮酪爲沼，花作雨兮香作烟"。

（2）"明列部伍：前朱雀，後玄武，左蒼龍，右白虎。環圍匝羽林，周雷鼓八面。龍旗九斿，星弋耀日，霜戟含秋。三公以位，百寮乃入。"

（3）皇帝出場："聖神皇帝乃冠通天，佩玉璽，冕旒垂目，紞纊塞耳。前後正臣，左右直史"，"穆穆然南面而觀"。

---

① 《南史·陶弘景傳》。
② 《法苑珠林》卷62《祭祠篇》。

（4）樂舞迎神："鏗九韶，撞六律，歌千人，舞八佾"，"天神下降，地祇咸出"。

（5）朝臣致頌："上公列卿、大夫學士，再拜稽首而言曰：'聖人之德，無以加於孝乎：……斷鰲足，受龍圖，定天寶，建皇都，至如立宗廟，平圭泉，……以覬嚴祖之耿光，以揚先皇之大烈，孝之始也。考辰耀，制明堂，……佈時令，合蒸嘗，配天而祝文考，配地而祝高皇，孝之中也。宣大乘，昭羣聖，光祖考，登靈慶，發深心，展誠敬，形於四海，加於百姓，孝之終也。孝，始於顯親，中於禮神，終於法輪。武盡美矣，周命維新！"

（6）禮畢："聖神皇帝，……唯寂唯静，無營無慾。……太陽夕，乘輿歸。"①

這次盆齋法會以彰示"天子之孝"爲主題，聖神皇帝武則天率滿朝文武百官出席，法供奢華，儀衛隆重，是一次高規格的皇家節祀大禮。設"上妙之座"，備"大悲之飯"，"宣大乘"，"展誠敬"，宗教氣氛濃鬱，但整個法會的主旨內涵則是彰孝和倡孝。武則天供養盂蘭盆，敬佛發心，是爲了"覬嚴祖"，"揚先皇"，把對佛的虔誠完全融入固有的儒家孝道之中；最終的希冀是"武盡美矣，周命維新"，祈願先皇祖考同佛祖一起護祐武周王朝。顯而易見，佛門盆齋"救拔宗親"之旨，在皇家法會中，已基本被中國傳統的"敬天法祖"觀念和强化皇權的政治目的所改造替代。

唐玄宗崇道抑佛，皇室盆節一度冷寂。但掌管皇室"歲時乘輿器玩"的中尚署，在開元年間仍照例每歲七月十五日進盂蘭盆給皇室②，以供獻諸寺。唐代宗佞佛，皇室盆節復盛：

[大曆元年（766）]七月望日，於内道場造盂蘭盆，飾以金翠，所費百萬。又設高祖巳下七聖神座，備幡節、龍傘、衣裳之制，各書尊號於幡上以識之。舁出内庭，陳於寺觀。是日，排儀仗，百寮序立於光順門以俟之。幡花、鼓舞，迎呼道路。歲以爲常。③

---

① 見《文苑英華》卷 125。
② 《大唐六典》卷 22《中尚署令》。
③ 《太平御覽》卷 32《時序部》引《唐書》，中華書局，1963。

大曆時期的盆節特設高祖至肅宗七代皇帝的神座，"各書尊號於幡上"，固然是繼承前代"觀嚴祖""揚先皇"的彰孝傳統；然而，"飾以金翠，所費百萬"造盂蘭盆，又是經歷了動搖朝廷的安史之亂以後，維護皇權的特殊需要。將皇室的盆供抬出大內，不僅陳列於佛寺，而且陳列於道觀，正反映著兩節併行的社會背景。

唐末皇權衰落，皇室停罷盆節供養。但盆節行事在長安及各地民間已更爲普及。日僧圓仁記述了唐武宗會昌四年（844）在長安親睹的諸寺盆節盛況：

> 城中諸寺七月十五日供養，諸寺作花蠟花餅、假花果樹等，各競奇妙。常例，皆於佛殿前鋪設供養，傾城巡寺隨喜。甚是盛會。今年諸寺鋪設供養，勝於常年。①

諸寺各有盆節法會，"傾城巡寺隨喜"，可見這一時期的長安盆節，已經成爲各階層人們共同參與的盛節。

敦煌文書資料揭示了唐末五代時期，敦煌諸僧寺與民間盆節行事的生動場景。敦煌寺院的盆節行事主要有三項：（1）造佛盆供養。由"煮盆博士"用白麵和蘇油，或炸（即"煮"）或烤，製成各種麵點食品，裝飾爲供養佛盆。（2）講唱《盂蘭盆經》。寺院備有專爲民間大衆編寫的《盂蘭盆經講經文》②，講辭韻白相間，文字通俗易懂，宣傳"救拔世間苦難"的主題。（3）節畢"破盆"。敦煌以七月十七日、十八日兩天爲"供養僧破盆日"（S.3074V），即在盆節過後，酒食犒勞爲盆節出力的僧俗人等。值得注意的是，敦煌每年的盆節活動，是由地方官府或都僧統司統一安排佈置的：各寺照例"七月奉處分，當寺置道場"[P.2040V（3）]，作爲盆節期間接待信衆、供養、講經的場所；造佛盆用的白麵蘇油以及破盆日酒食，也有部司參與備辦。同官方參與燃燈節（正月十五日）和行像日（二月八日）的籌備一樣，多少顯示了政權對民間節祀活動的干預，這是中古時代的中華節祀特有的運作機制。唐末五代的敦煌盆節已經納入了這一機制。

---

① 《入唐求法巡禮行記》卷4。
② 見周紹良等編《敦煌變文集補編》，北京大學出版社。

　　唐朝道觀的中元齋醮，雖然不如佛門盆節行事那樣繁縟興盛，也不像盆節在民間那樣普及，但其時也有禮儀行事。它與同日的盆節相映成趣，自備一格。唐憲宗時的宰相令狐楚詩《中元日贈張尊師》寫道："偶來人世值中元，不獻玄都永日閒。寂寂焚香在仙觀，知師遙禮玉京山。"① 張道士離觀在外，恰值中元節，不能參加節日的玄都大獻，祇能向玉京仙山焚香致禮。這首詩反映當時的中元齋醮，具有靜穆幽遠的氛圍，與佛寺的興盆往來、歌鼓喧闐，頗異其趣，體現著兩種宗教文化的不同風格。王建（約767~約830）的一首《宮詞》描寫了同樣的意境："燈前飛入玉階蟲，未臥常聞夜半鐘。看著中元齋日到，自盤金綫繡真容。"② 萬籟俱靜，鐘聲遠聞，中元齋日漸近，宮女夜半趕繡元始天尊金像。"七月十五日，乃太上老君與元始天尊會，集福世界。"③ 宮廷的中元齋日要供養元始天尊。兩節行事，一個熱烈，一個肅穆，交織一起，融合爲奇特的節俗文化景觀。

　　唐武宗尊道抑佛。會昌四年七月十五日，長安"諸寺鋪設供養，勝於常年"，朝廷却"敕令諸寺佛殿供養花藥等，盡搬到興唐觀祭天尊。十五日，天子駕幸觀裏，召百姓令看。百姓罵云：'奪佛供養祭鬼神，誰肯觀看！'天子怪百姓不來。諸寺被奪供養物，淒惶甚也。"④ 這場"奪佛供養入道觀"事件，是會昌毀佛的前奏。它生動地顯示了此日佛道同祀、兩節彼此相通的情景。此舉招致百姓詈罵，表明在當時的民間，盆節影響大於中元節，這同當時佛教在民間的影響遠勝於道教相一致。

　　盆節、中元併行，盆節居主的格局，終唐之世，沒有根本變化。唐朝及宋初編的幾部書關於盆節、中元節的記載，基本反映著這種格局。唐初的《藝文類聚》先引《盂蘭盆經》介紹盆節，再引《大獻經》介紹中元節，先佛後道，兩節併列。中唐的《初學記》和宋初的《太平御覽》介紹七月十五日節俗，先盆節後中元，格式與《藝文類聚》相同⑤。三書纂輯均是奉皇帝之命，書中併列兩節，先盆節、後中元的安排，該同當時社會節俗生活的實情大體相符。

---

① 《全唐詩》卷334。
② 《全唐詩》卷302。
③ 《古今圖書集成》卷68《歲功典·中元部外編》。
④ 《入唐求法巡禮行記》卷4。
⑤ 《初學記·歲時部》，中華書局，1985；《太平御覽·時序部》。

二 兩宋：漢式 "中元節" 取代外來 "盂蘭盆"

兩節併行的格局在宋代發生了變化。首先是通行的節日名稱有了變化。由於 "中元" 是中國本土的時序節稱，具有傳統文化内涵，"盂蘭盆" 則來自天竺經名，在兩個節名併行傳佈過程中，前者顯示出優勢，"中元" 逐漸取代 "盂蘭盆"，成爲社會通用的孟秋望日節稱。其次是節日行事有了變化。在節祀傳續的長期實踐中，出自中華農本文明的 "告成"，和出自 "敬天法祖" 觀念的 "祭先" 等中國式民間禮俗，更多地融進供盆行事。

"中元" 對 "盂蘭盆" 的優勢，唐朝中後期已露端倪。唐朝韓鄂的《歲華紀麗》卷三《中元》説："孟秋之望，中氣之辰。道門寶蓋，獻在中元；釋氏蘭盆，盛於此日。" 雖然仍是兩節併述，但他突出中國的傳統時序，將道門中元置於釋氏蘭盆之前，表露了一定的民族性心態。北宋初年，皇室孟秋望日的慶宴，是正式作爲中元節慶典舉行的："太平興國二年（977）七月，中元節，御東角樓觀燈，賜從官宴飲。"① 遼國耶律皇室也以中元節爲慶："（七月）十五日，中元，動漢樂大宴。"② 北宋南渡士人孟元老的《東京夢華錄》，特列《中元節》專題，回首故都孟秋望日的行事。南宋後期文人周密（1232~1298）的《乾淳歲時記》，亦以《中元》爲目，記述臨安中元節行事。兩宋時期，"盂蘭盆齋" 或 "盂蘭盆會" 的名稱仍然行用，但已多是在僧寺和部分佛教信衆中使用了③。這種狀況，一直持續到元代和明代④。

與節稱歸一於 "中元" 相反，北宋以後中元節增益之有關 "告成" "祭先" 行事（詳下文），却仍以盆供形式爲基礎。因爲盆供雖出自佛經，但畢竟是在中國土地上發育起來的。它格制不拘，變通性強，供物可以根據節祀主題、地方習慣和主人身份增損變換。比起單調凄清的道門齋醮來，熾熱多彩而又易於變通的盆供形式，顯然更適合 "告成" "祭先" 的需要。

---

① 《宋史》卷 113《禮志·嘉禮四·游觀》。

② 《遼史》卷 53《禮志》。

③ 見高承《事物紀原》卷 8《歲時風俗·盂蘭》，四庫珍本；吳自牧：《夢粱錄》卷 4《解制日·中元附》，説郛本；周密《乾淳歲時記·中元》，《説郛》本。

④ ［元］費著：《歲華紀麗譜》；《古今圖書集成·歲功典》卷 68《中元部》引《浙江志書·烏程縣》。

中元節在宋代，比節稱歸一、行事增益更爲深刻的變化，是此節由佛、道齋會向民間常節轉型的完成。北宋時期，經濟高度繁榮，促進了各地區、階層之間的人際交往，加速了民俗文化的發展。中元節跨出寺觀和宮廷，風靡鄉里，植根民間。各地民衆，每逢中元日，便依循傳統，自爲享祀，并不斷增益各種具有民族特色和鄉土氣息的節祀活動。中元節成了真正意義的民間節俗。在宋室南渡前後，這一緣起佛經的節日，基本完成了由佛門法事和道門齋醮向民間常節的轉變。六朝以來附麗其上的宗教文化印痕逐漸淡化，作爲中華歲節的民族風情和鄉土韻緻日趨醇厚。

北宋元豐（1078~1085）年間，中元節已更爲民間普遍重視，盆供行事花樣翻新，前所未聞。當時人們製盂蘭盆"廣爲華飾，乃至割木，割竹，極工巧也"；有人"第以竹爲圓架，加其首以荷葉，中貯雜饌，陳具其救母畫像致之，祭祀之"①。以竹和木爲材料製作盂蘭盆，其法承自六朝②。竹製盂盆上鋪荷葉，陳設餉饌，供奉目連救母畫像，雖然頗有新意，但以目連爲神主，畢竟表明此節緣始的宗教印痕尚在。北宋末年汴京中元節却已另是一番情景了：

> 七月十五日，中元節。先數日，市井賣冥器、靴鞋、幞頭、帽子、金犀假帶、五綵衣服，以紙糊架子，盤遊出賣。潘樓並州東西瓦子亦如七夕，要鬧處亦賣果食、種生、花果之類，及印賣《尊勝目連經》。又以竹竿斫成三脚，高三五尺，上織燈窩之狀，謂之"盂蘭盆"，掛搭衣服、冥錢，在上焚之。構肆樂人自過七夕，便搬《目連救母》雜劇，直至十五日止，觀者增倍。中元前一日，即賣楝葉，享祀時鋪襯桌面；又賣麻穀窠兒，亦是繫在桌子脚上，乃告祖先秋成之意。又賣鷄冠花，謂之"洗手花"。十五日供養祖先素食。才明，即賣穄米飯。巡門叫賣，亦告成意也。又賣轉明菜花花、油餅、餕餬、沙餬之類。③

此時，中元節確已成爲盛大的民間節日。節祀活動自七夕始，至十五日止，爲期九天。元豐年間曾充當中元神主的"目連救母畫像"，已被請下都城

---

① 《事物紀原》卷8《歲時風俗》。
② 宗懍：《荆楚歲時記》，《說郛》本。
③ 《東京夢華錄》卷8《中元節》，上海古典文學出版社，1956。

的祭壇。市井中賣的《目連經》、瓦子裏演的《目連救母》，祇作爲一種讀物、一齣雜劇，提示人們知道節日的來歷。整個節日行事完全以"祀先""告成"爲主題：節前數日，置備紙糊的冥器及食品花果；中元前夕，備好鋪襯祀桌的楝葉、洗手用的鷄冠花；將小捆麻粿穀穗繫在祀桌脚上，寓以"報告夏熟"之意；十五日黎明，鷄冠花洗手，用新蒸稆米飯、轉明菜花花、油餅、餕餬、沙餬等，配成素饌，供於祀桌，告成並祭享先人；焚化竹製盂蘭盆及各種冥物祭先。

　　循著中華民俗傳統的軌迹，考察宋代東京與臨安中元節行事可以看出，它是以古代的"嘗祭"爲範式、融入盆齋法事演化而來的。古"嘗祭"原爲秋祭①，秋收後新熟祭祖，請先人共享。孟秋望日，時當夏收之後，新熟告成，與"秋祭"同義。東京主要用麻穀窠兒、稆米飯及諸冥物。臨安"例用新米、新醬、冥衣、時果、賽段、面棋，而茹素者幾十八九"②。中元日的焚盆行事，南宋時又被"俚俗老嫗"附以占卜氣候的功能："織竹作盆盎狀，承以一竹焚之。視盆倒所向，以占氣候：謂向北則冬寒，向南則冬温，向東西則寒温得中，謂之盂蘭盆。"③ 在佛經中目連用來供養菩薩的盂蘭盆，經過中國民間近千年的傳習改鑄，居然衍變爲占卜氣候的工具。這個奇異的事例，典型地顯示了我國古老的農本文化包容與改造異域文化因素的巨大能力。

　　綜上所述，自六朝到兩宋，由"具盆救拔"到"告成享先"，千年之間，盂蘭盆節迭經演變，其立節之初因由於齋節轉型而趨於淡化。佛門盂盆與道門中元，兩節行事也交錯雜糅，融於"告成享先"的繁縟儀節之中：節日名稱歸一於"中元"，同時保留盆供形式；追仿古代"嘗祭"遺制，同時印賣《尊勝目連經》；獻十方的盂蘭盆，幻變爲竹製的焚化爐；佛殿講説的目連故事，演變爲瓦子裏的樂人雜劇。兩宋時期，中元節諸行事所包蘊的中華節俗文化的内涵，就像中古時代的大歲日、燃燈節、行像日、寒食日一樣，其核心仍是引導千百萬人祝節心帆的三大情結：勸農、求憩、祈福。這情結集中體現了中古時代人們普遍的人生期待。但人們的中元祝節意緒，同春月諸節各有側重：大歲日與燈節重在求憩，行像日重在爲生人祈福，寒食日重在勸

---

① 《詩經·小雅·天保》："禴祠烝嘗。"孔穎達疏："嘗，嚐新穀。"
② 《乾淳歲時記·中元》。
③ 陸游：《老學庵筆記》卷7，上海古籍出版社，1993。

農與祭先，中元節則重在告成以勸農、享先以祈福。緣起天竺佛經的盂蘭盆齋，幾經衍變，已經自然地納入中國歲節的體系中。

三　餘論

從節俗的美學類型上考察，中古盂蘭盆節的民族化衍變在節俗文化史上的意義還在於，它提供了具有異域美學品格的節俗向中華民俗的美學品格認同轉型的事例。

中古時代前期漢譯引進的《盂蘭盆經》目連救母故事，渲染人生劫難，積澱著天竺佛教文化沉重的悲苦質素。中古的盂盆法會脫胎於此經，自然地帶有此經造設的悲苦基調和悲凄氛圍，盆齋道場往往彌漫著悲涼之霧。隨著盆齋向中國式歲節的衍化，它那悲苦的異域美學品格，也逐漸接受中華民俗固有的歡愉品格的熏陶、浸潤、滌新和代換。

唐朝時期，盆節的美學品格已明顯呈現出向中華民俗傳統的樂感品格認同的趨勢。唐高宗每年向國家大寺"送盆"，同時獻"音樂人"歌鼓相隨。楊炯《盂蘭盆賦》不僅摹寫如意元年盆齋法會之繁縟奢華，而且用華麗的詞藻，極狀其喧騰歡悅的熱烈氣氛：

> 少君王子，掣曳曳兮若來；玉女瑤姬，蹁躚兮必至。鳴鸓鶘與鷲鷟，舞鸑鷟與翡翠。毒龍怒兮赫然，狂象奔兮沉醉。……鏗九韶，撞六律，歌千人，舞八佾。
>
> 孤竹之管，雲和之瑟。麒麟在郊，鳳凰蔽日。

唐代宗大曆元年內道場的盂蘭盆會，"幡花鼓舞，迎呼道路"，也是歡騰熱烈的氛圍。這些都是唐代盆節美學品格的寫照。北宋東京每年自七夕以後，小販便開始巡遊市井，叫賣冥物、食品，潘樓和東西瓦子更是"要鬧處"。人們聚集而來，採買供品，焚化冥盆，觀賞雜劇演出。熱鬧的祝節活動，至七月十五日達到高潮。六朝時期往往彌漫著凝重凄清氛圍的盂蘭盆齋，到兩宋之際，終於轉型為洋溢著樂觀質素與淳樸情趣的歡悅性歲節——中元節。

中國節俗文化的美學基調，屬於內向的愉悅逸興型。以唐宋時代為例，歲除元日驅儺賽神，正月十五日影燈互鬥，二月八日行像巡城、踏歌、賽天王，寒食設樂踏歌、跳蘇摩遮，以及七月十五日的歡樂盛會，無不反映中國中古時代節俗愉悅逸興的特性。這一節俗的基調，既是中華民族勤勞、勇敢、樂觀、淳樸的民族性格的彌散，又是儒學爲本、雜以釋道的封建文化傳統及與其相應的倫理道德、價值觀念、心理特徵的折光。這種内向的愉悅逸興的基調，既有別於古天竺節俗的内向的沉鬱悲苦，也有別於古印加節俗的外向的雄張狂放。它是世界節俗百花苑中的一叢奇葩。所謂“愉悅逸興”，歸根結底，對棲伏在封建剝削制度重軛下的先民而言，畢竟祇能是他們“無窮勞碌的間歇，沉重跋涉的小憩，過量付出的些許補償”[①]；節祀之際的騰歡，祇不過是爲疲憊的身心造設一片僅供暫棲的綠蔭而已。

---

① 見《唐末五代敦煌釋門春月節俗探論》。

唐末五代敦煌釋門春月節俗探論

中古時期的河西走廊及迤西的新疆地區，是古代世界兩大文明系統——東亞農業文明區與中亞遊牧文明區的接合部。公元前二世紀張騫鑿空、西域開通，引發了以河渭江淮爲母體的東亞農業文明同中亞遊牧文明（及其中介的南亞農牧文明）之間，長達千年的接觸、摩擦、撞擊以至戰爭。而異質文明間多向的互補與交融，也在頻繁的接觸中得以實現。公元八世紀中葉，唐朝與大食在中亞的怛羅斯之戰，是兩種異質文明最猛烈的一次撞擊；它閃射的文化交融之光，也因而格外明耀。唐朝在這場戰爭中失敗了，它在中亞地區的軍事存在從此消失。而此前及隨後，人類異質文明互補與交融所結蒂的文化之果，則成爲新誕寧馨兒，生長於帕米爾周邊的廣袤接合部。

敦煌地區在這接合部的東鄙。本文試圖探尋這裏節俗文化的史影，并追索中西文明的撞擊與交融，在敦煌節俗中留存的痕跡。節俗，即節祀行事，是民俗文化的重要內容。一個國家、民族或地區住民的節俗習尚，坦示著人們經濟生活和精神文化生活的生動場景，掃描著人們社會心態的律動，表達著各種人生期待與企望，展示出各樣衆生相，因而多維地折射著那社會和那時代。

在公元八至十世紀，敦煌地區春月（正月至三月）主要有四個節日：孟春的大歲日（正月初一）、燃燈節（正月十五日），仲春的行像日（二月八日）和寒食節。其中，大歲日、燃燈節和寒食節是中國自古相傳的傳統節日，行像日則爲紀念釋迦牟尼，伴隨佛教傳來，被中國社會接受，成爲中古時期中國民間的重要節日之一。當時中亞和南亞節俗文化對中國的影響，不僅體現爲域外節俗如行像日、盂蘭盆節（七月十五日）等的移入，也體現爲在中國傳統節日中或多或少地融進"胡俗"行事。這是異質的民俗文化與中國傳統民俗文化交融的兩種方式。

一

首先考察敦煌春月四節的行事特點。

大歲日即元日節。元日標誌著新年的開始，是中國最重要的傳統節日。關於大歲日休暇制，唐文宗開成四年（839）住在揚州的日僧圓仁記載："正月一日，是年日也，官俗三日休暇。"[1] 官府民間歲節均休暇三天。這是唐朝的官方規定。唐末五代時期，敦煌地區的元日節同內地一樣，也實行三日休暇制。敦煌文書 P.2032 號記載某寺大歲日的用糧賬："麵叄斗，大歲日解齋用。麵壹石五斗，歲三日……眾僧解齋用。"寺院在大歲日供給眾僧的齋糧也是以三日計的。開成六年（即會昌元年，841）元日節，長安資聖寺"寺中三日有飯供僧"[2]，和敦煌的寺院相同。這表明唐五代時期寺院，歲節三日齋飯是一個常規，各地相同。然而實行"歲節三日"制的地域的西界，並不僅在敦煌。請看于闐出土的一件唐代文書，它是當地一所寺院某年十二月卅日的用錢賬：

　1. 出錢柒伯伍文：沽酢陸斗，斗別五十文；糴豉陸升，升別一十文；柘留叄顆，顆別十五文；胡餅兩碩，麵脚

　2. 每斗十五文。供眾歲節三日用。直歲僧法空，都維那僧名圓，寺主僧日清，上座僧法乘。

　3. 同日，出錢貳阡肆伯捌拾肆文：糴乾葡萄壹碩叄升，升別伍文；綠豆壹斗捌升，升別一十五文；糴

　4. 油麻壹石伍斗壹升，升別九文；小豆叄斗肆升，升別一十文。併供眾用。直歲僧法空，

　5. 都維那僧名圓，寺主僧日清，上座僧法乘。[3]

在每項支出之後，有當寺直歲和三綱署押，這是唐代寺院文書的慣例。此文書不僅證明于闐寺院亦實行與內地寺院相同的管理體制，而且證明唐代

---

[1] 《入唐求法巡禮行記校註》卷1。
[2] 《入唐求法巡禮行記校註》卷3。
[3] 《某年十月至次年正月某寺破錢歷》，引自沙畹《中國文獻》，NO971，FEUILLE Ⅲ，牛津大學出版社，1913。

安西四鎮地區也是"歲節三日"制。

大歲日的主要傳統行事是臥酒造食與賽神。從敦煌寺院的破歷記載來看，大歲日是斛斗支出最多的節日。"油半升，大歲日解齋用"，"麵貳斗，大歲日解齋用"（P.3490 號，801）；"麵叁斗，歲日解齋用"，"油半升，歲日行解齋用"（P.3234V，823）；"麵柒斗，油壹升，酒半瓮，大歲日拜節及齋戒用"（S.1519 號，823）；"油半升，大歲日解齋用"，"麵貳斗，大歲日解齋用"〔P.2049（1）號，925〕；"麥玖斗，歲臥酒，僧官節料及衆僧等用"，"粟玖斗，臥酒，歲增官節料，衆僧拜用"，"油半升，大歲日解齋用"，"麵貳斗，大歲日解齋用"〔P.2049（2）號，931〕；"麵貳斗伍升，油半升，歲日解齋用"〔P.2032（2）號，939〕；"麵貳斗伍升，油半（升），大歲日解齋用"〔P.2032（13）號，紀年不詳〕；等等。這七條大歲日斛斗支出賬，時間跨度達 120 多年。從數額上看，每寺在每個歲日一般用麵僅二三斗，用油僅半升，數量不大，大約祇供應當寺僧衆一二十人大歲日中食（即午餐）一頓齋飯。這種較低的歲日齋食標準，同敦煌寺院的經濟能力和消費水平有關，也大致反映了九至十世紀敦煌民間大歲日的酒食消費水平。圓仁記述長安資聖寺歲節情景說："入新年，衆僧上堂，吃粥、餛飩、雜果子"；"僧俗拜年寺中，三日有飯供僧"；"六日立春節，賜胡餅、寺粥。時行胡餅，俗家皆然"[1]。儘管資聖寺不是長安的一等大寺，它的歲節飲食標準還是比敦煌的寺院高一些，也大致反映了長安"俗家"的歲節消費水平。于闐寺院過歲節，主要飯食也是胡餅和酒，另有柘留、乾葡萄、綠豆、小豆，品種比敦煌多一些。大體說來，從長安（及廣大腹地）以迄于闐，唐五代時期歲節飲饌的水平，甚至主要食物品種，都沒有多大差別。關於歲節飲饌習俗的歷史記載甚多。"歲暮，家家具肴蔌，詣宿歲之位，以迎新年，相聚酺飯"[2]，這是南朝時期荊楚一帶的風俗。"續明催畫燭，守歲接長筵"[3]，歲暮酺飲通宵達旦，是孟浩然描寫除夜的詩句。敦煌及西北地區歲節飲饌風習是與之相通的。

敦煌歲節的另一項行事是賽神。某寺的斛斗破歷有這樣一條記載："酒一

① 《入唐求法巡禮行記校註》卷 3。

② 宗懍：《荊楚歲時記》，《說郛》本。

③ 孟浩然：《除夜有懷》，見《全唐詩》卷 160。

斗，馬家莊上應祥將，賽神用。"［S.1915（2）號，832］馬家莊是該寺的一處田莊。"將"是"取去"之意。從寺院取酒用於賽神的應祥，可能是管理田莊事務的一位知事僧，他是賽神的組織者。賽神不知如何進行，當係招神驅鬼的性質。在我國節俗史上，驅鬼行事有久遠的傳統。"前歲一日，擊鼓驅疫屬之鬼，謂之逐除，亦曰儺。"[1] 有趣的是，敦煌某寺破歷有一條大歲日用糧賬："粟貳斗，迎弄鈸大師用。"（P.4642V，紀年不詳）歲節之時，迎請弄鈸大師來，不正是爲了"擊鈸驅疫屬之鬼"麼? 唐代薛能有一句詩："祝壽思明聖，驅儺看鬼神。"[2] 敦煌馬家莊的歲日賽神及某寺弄鈸驅鬼，可能與薛能描寫的以鬼神驅儺的行事相似。在南朝蕭梁時代，"梁主常遣傳詔童，賜羣臣歲旦酒、闢惡散、却鬼丸三種"[3]。這三種賜物均同大歲日的傳統行事相關，表明唐五代時期敦煌的歲節行事，在我國早已成爲穩定的習俗了。

敦煌寺院文書中同燃燈節有關的記載同樣很多。摘錄數條爲例："油貳升半，正月十五日僧官往東窟兼燃燈用"，"麵叁斗，正月十五日大衆上窟用"（P.3490號，801）；"油貳升半，正月十五日燃燈用"［P.3234V（6），823前後］；"正月十五日燈油叁升"［P.3234V（2），823前後］；"油貳升半，充十五（日）夜點影燈用"（S.1316號，紀年不詳）；"粟貳斗，沽酒，正月十五日窟上用"，"麵肆斗五升，正月十五日窟上造食用"，"油貳升，正月十五夜燃燈用"（S.4642號，紀年不詳）；"麥壹斗，卧酒，正月十五日窟上燃燈頓定用"，"粟肆斗，正月十五日路上迎上窟僧官頓用，粟壹斗，正月十五日上窟寺主納官用"，"油叁升，正月十五日夜燃燈用"，"麵貳斗伍升，正月十五日上窟燃燈僧食用"［P.2049（2），931］；等等。由支出糧油的用途顯示，燈節的主要行事是在寺窟燃燈，有專設燃燈僧，寺主、僧官都上窟來賀節。爲此，寺窟上備有大量酒食。在敦煌遺書中還保存多篇《燃燈文》，是供官民、僧俗們祝節誦讀的，反映了各階層人們對燈節的重視。據傳，上元（正月十五日）燃燈的習俗，起源於漢代祠祀太一神[4]。由於太一之祀"自昏至晝"進行，祠內需要燃燈，後來演變爲燈節。燃燈節成爲重要的春月節俗行事，是在唐玄

---

① 徐堅等：《初學記》卷4《歲除》引《吕氏春秋》季冬紅註。
② 薛能：《除夜作》，見《全唐詩》卷558。
③ 段成式：《酉陽雜俎》卷1《禮異》。
④ 宋敏求：《春明退朝錄》，中華書局，1980。

宗時期。"開元二十八年（704），（唐玄宗）以正月望日御勤政樓，讌羣臣，連夜燃燈。會大雪而罷。因命自今常以二月望日爲之。"天寶三載十一月敕："每載依舊正月十四、十五、十六日開坊市燃燈，永爲常式。"[①] 所以明朝人正確地指出："上元三夜，燈之始盛，唐之明皇。"[②] 圓仁描述開成四年揚州燃燈節盛況寫道："十五日夜，東西街中，人宅燃燈"；"當寺佛殿前建燈樓。砌下、庭中及行廊側皆燃油（燈），其盞數不遑計知"；"並從此夜至十七日夜，三夜爲明"[③]。揚州仍遵行天寶年間的"三日燈節"制，而將十四日始改爲十五日始。敦煌祇在正月十五一夜燃燈，規模自然與揚州不可比。每寺窟的燈油爲半至三升，僅供點燃數盞燈之用。天復二年（902）沙州節度使特意下令："從今已往，每月朔日前夜、十五日夜，大僧寺及尼僧寺燃一盞燈。"（S.1604 號）可見通常的十五日和卅日連每寺一盞也難以保證，這同敦煌節日飲饌的粗陋一樣，是受本地經濟落後所限。爲緩解財力不足，敦煌的燈節籌備別有新法，便是運用傳統的民間社邑形式，組成燃燈社，由社衆捐助，支援燈節。請看一份燃燈社社司轉帖（P.3434 號，紀年不詳）：

　　社司轉帖
　　右緣年支正月燃燈，人各油半升，幸請諸公等，帖至，限今月二十日卯時，於官樓蘭若門前取齊。捉二人後到者，罰酒一角；全不來者，罰酒一瓮。共帖速遞相符。（下缺）

另件敦煌文書裏有燃燈社向寺院捐入的記載："麥叁斗，正月燃燈社入"，"粟叁斗，正月燃燈社入"［P.2049（2），931］。這種燃燈社有幾個特點：（1）由相鄰的各家信衆結成，每社規模不大，約一二十家；（2）社衆有義務捐助糧油等物支援燈節，此項義務對社衆有一定的强制性；（3）捐助的對象是附近的寺院、蘭若。信衆結社的心理契機，是播種"福田"功德，以祈來日果報。

由 S.1316 號文書記載可知，唐朝時敦煌燈節已有"影燈"。所謂影燈，

① 《唐會要》卷 49《燃燈》。
② 劉侗、于奕正：《帝京景物略》，上海古典文學出版社，1957。
③ 《入唐求法巡禮行記校註》卷 1。

是在紙燈籠上繪出各種圖像，燈籠燃亮時，燈面上的圖像便清晰地顯示出來，產生一種美好的藝術效果，實際上是一種工藝燈具。唐朝"洛陽人家，上元以影燈多者爲上。其相勝之辭曰'千影''萬影'"①，出現了以影燈較勝的民間風俗。唐玄宗"在東都，遇正月望夜，移仗上陽宮，大陳燈影，設庭燎：自禁中至於殿廷，皆設蠟炬，連屬不絕"②，燈節大陳影燈也成了宮廷的時尚。唐五代河西及新疆地區，燈節通行紙燈籠③。"影燈"出現在這個地區，反映了製燈工藝的高水平及其傳佈之廣。圓仁記述揚州"無量義寺設匙燈、竹燈，計此千燈。其匙、竹之燈樹，構作之貌如塔也，結絡之樣，極是精妙"④。這是唐代的又一種製燈工藝。包括影燈在内的唐五代時期各種工藝燈具，是民俗文化中光彩的一頁。

按照傳統説法，寒食節在冬至之後 105 天、106 天，或在清明前一兩天，曆日不固定，但不出仲春季春之際。敦煌文書中有關寒食節的記載也很多，如："二月十九日，造寒食油五升塪藺"（P.3578 號，793）；"油貳升，寒食（祭）拜及塪藺用"，"麵叁斗五升，寒食祭（拜）及塪藺等用"（P.3490 號，801）；"大蕃歲次辛巳閏二月十五日，因寒食，在城官寮百姓，就龍興寺設樂"（S.2181 號，801）；"寒食，寺主取油一升"（P.3175 號，803）；"麵五斗五升，油三升一秒，粗麵三斗，粟七斗，臥酒，寒食祭拜，又第二日藺内造作衆僧食用"（P.2032V，819）；"麵九斗五升，造寒食祭拜盤，及第二日看衆僧沙彌等用"［P.3234V（7），823］；"粟七斗，寒食臥酒榮（營）拜用"，"油貳升捌合，造寒食祭拜盤用"［P.2040V（3），824~825］；"粟壹石肆斗。臥酒，寒食祭拜及修藺用"，"麵柒斗，寒食祭拜和尚，及第二日修藺衆僧用"［P.2049（1），925］，"油叁升，寒食祭拜（用）"，"麵捌斗伍升，寒食祭拜（用）"［P.2049（2），931］；等等。在全年諸節中，寺院爲寒食節的斛斗開支之多，僅次於大歲日和行像日。關於寒食節的來源，説法不一，通常認爲

---

① 馮贄：《雲仙雜記》卷 4《上元影燈》，《四部叢刊續編》本。《影燈記·上元影燈》條同。
② 闕名：《影燈記·建燈樓》，《説郛》本。
③ 于闐文書 971 號："(正月）十四日，山錢壹伯文，買白紙兩帖，帖別五十文，糊燈籠卅八個，并補貼燈面用。"
　　敦煌文書 S.4642 號："粟一斗，大歲日買紙用"，"粟一斗，寒食買紙用"。亦用於糊燈籠。
④ 《入唐求法巡禮行記校註》卷 1。

與紀念春秋晉文公時抱木焚死的介子推有關；或云"禁火蓋周之舊制"①。無論如何，寒食節是行之已久的傳統節日。在晉朝時，黃河下游地區的寒食節俗是："三日，醴酪，又煮粳米及麥爲酪，持杏仁煮作粥。"② 南朝時，長江中游地區的寒食節俗是："禁火三日，造餳、大麥粥、鬥雞、鏤雞、鬥雞子、打毬、鞦韆。"③ 北方與南方的主要行事大同小異，均爲禁火三日，并根據當地食俗製作適宜寒食的粥、酪及乾糧。這表明我國寒食節俗，南北朝時期基本上已趨一致。唐朝的寒食節假日，先後有過變化。開元年間（713~741）"寒食、清明四日爲假"，各爲兩日；大曆年間（766~779）"寒食、清明休假五日"；貞元六年（790）改爲"寒食、清明宜準元日節，前後各給三日"④，纔確定爲三日假制。但各地的寒食假日并不統一。揚州與敦煌就不相同。揚州是三日假制。"〔開成四年（839）二月〕十四、十五、十六日，此三個日是寒食日。此三日，天下不出烟，總吃寒食。"⑤ 敦煌的寒食假則好像衹有兩天。P.3763 號文書有"第二寒食日"用"粟一斗"的字樣；S.6233 號記載某寺寒食用糧："（二月）二十三日出白麵肆斗，小食；又肆斗，中食。二十四日出白麵肆斗，小食；又肆斗，中食。……已上寒食用。"寒食安排都是兩天，沒有"第三寒食日"。這表明敦煌的寒食假仍在實行開元之制。更值得注意的是，寒食節行事在唐代有新發展，即寒食與祭拜相結合。在前面録引的敦煌文書中，幾乎一律是"寒食祭拜"連稱，已經合并爲同一的行事。寒食兼行祭掃，大約興起在隋唐之際。開元二十年（732）四月二十四日敕謂："寒食上墓，禮經無文，近世相傳，浸以成俗。"指出寒食上墓乃"近世相傳"之俗，本不見於經傳。龍朔二年（662）四月十五日詔謂："寒食上墓，復爲歡樂，對坐松檟，曾無戚容。"⑥ 説明唐高宗時已經出現"寒食上墓"之俗。"〔會昌二年（842）二月〕十七日，寒食節，前後加一日，都三日暇，家家拜墓。"⑦ 這是圓仁在長安所見。可知到唐朝末年，寒食祭拜之俗已經遍及民間。

① 《初學記》卷 4《寒食》。
② 《初學記》卷 4《寒食》引陸翽《鄴中記》。
③ 宗懷：《荊楚歲時記》。
④ 《唐會要》卷 82《休假》。
⑤ 《入唐求法巡禮行記校註》卷 1。
⑥ 《唐會要》卷 23《寒食拜掃》。
⑦ 《入唐求法巡禮行記校註》卷 3。

晚唐的敦煌，"因寒食，在城官寮百姓，就龍興寺設樂"，又可見"祭拜"與
"設樂"併行。這和龍朔年間"寒食上墓，復爲歡樂"的風習相通，似乎顯示
出某種民俗文化的傳佈特點：凡是新奇行事，容易相扇成俗。

車載佛像巡行街衢以紀念佛祖的行像日，是敦煌春月四節中唯一由外域
傳來的節日。"行像者，自佛泥洹，王臣多恨不親睹佛，由是立佛降生相，或
作太子巡城相。"① 釋贊寧對古印度行像節產生原因的這一說明，合乎邏輯，
是可信的。東晉高僧法顯，在古印度摩竭提國巴連弗邑村，見當地"年年常
以建卯月（二月）八日行像，作四輪車，縛竹作五層，有承櫨揠戟，高二丈
許，其狀如塔。以白氎纏上，然後彩畫，作諸天形象，以金銀琉璃莊嚴。其
上懸繒幡蓋，四邊作龕，皆有坐佛，菩薩立侍，可有二十車，車車莊嚴各異。
當此日，境内道俗皆集，作倡伎樂，華香供養。婆羅門子來請佛，佛次第入
城。入城内再宿，通夜燃燈，伎樂供養"② 。這一古印度的行像節俗，先傳入
西域地區。法顯在赴印度途中，路過于闐，便看見那裏十四所大寺院的行像
儀式，其裝飾像車、入城巡行的做法，同他後來在摩竭提國所見如出一轍。
祇是與古印度以二月八日爲行像日不同，于闐"四月一日爲始，至十四日行
像乃訖"③ 。大約在公元五世紀初葉，行像節俗自西域傳至中國北方。北魏太
武帝拓跋燾，"每引高德沙門，與共談論。於四月八日，輿諸佛像，行於廣
衢，帝親御門樓，臨觀散花，以致禮敬"④ ，其儀式和印度、于闐相仿；而行
像日確定爲四月八日，則受于闐的影響。

有趣的是，同于闐、北魏四月行像的傳統不同，唐五代時期的敦煌，却
遠紹古天竺遺制，以二月八日爲行像日；出土文書所反映的行像儀式，則與
法顯在摩竭提、于闐所見相似，共屬天竺節俗系統。敦煌行像日的種種行事
大致分三個階段。（1）準備。從正月中下旬起，敦煌都僧統司下轄的營設司
和諸寺，便忙於雇請博士修治佛的塑像和畫像［見 P.3490、P.2040V（3）、
P.2049（1）］，請工匠造作菩薩頭冠，召集女人縫製幢傘［見 P.2049（2）］；
與此同時，民間信衆組織的行像社也開展活動，在社衆和信衆中選拔確定

① 贊寧:《僧史略·創造伽藍》。
② 《大正藏》卷 51《高僧法顯傳》。
③ 《大正藏》卷 51《高僧法顯傳》。
④ 《魏書·釋老志》。

擔佛、拽佛、擎像、助佛等人夫〔見 P.2032V（4）、P.2040V（2）（3）、P.2049（2）、P.3763、S.4642V〕；二月六日起，各寺燃燈，揭開節日序幕〔見 P.3490、P.2040V（2）〕；二月七日，僧官巡視道場，最後檢查行像準備情況；營設司造帖，爲行像日通告各界〔見 P.2032V（4）、P.2040V（3）〕。（2）行像。二月八日，僧俗官員齊集道場行法事；各色侍佛人抬著釋迦牟尼和菩薩塑像，擎舉絹畫佛像，自北門出發，巡行街衢；百姓臨街瞻仰，至道場散施祈福；當日，敦煌官署踏歌助興，寺院舉行賽天王法事；事畢，備酒飯勞問行像社衆及侍佛人〔見 P.2032V（1）（2）（4）、P.2040V（1）（2）、P.2049（1）（2）、P.1053V、P.3490〕。（3）善後。二月九日，收拾佛像、佛衣等儀仗，賞賚出力師僧，飲饌慰勞諸色侍佛人〔見 P.2049（2）、P.2638、P.3234V（6）、P.3763〕。這些文書記載，使中國民間湮没已久且爲史籍不傳的行像節俗，具體生動、栩栩如生地展示出來，是研究節俗文化極其寶貴的文獻。

還有一個與行像日相關的問題需要辨明。衆所周知，關於釋迦牟尼的誕日有兩種説法。一説誕於四月八日，踰城出家爲二月八日；一説誕於二月八日，而在前一年四月八日降胎。"東夏尚臘八，或二月、四月八日，乃是爲佛生也。"[1] 宋僧贊寧已指出了佛誕日兩説併存。史籍記載表明，我國東晉、劉宋，以及後趙、北魏、隋等諸朝，官方大致以四月八日爲佛誕，二月八日爲悉達太子踰城出家日。遼及趙宋則以二月八日爲佛誕日。唯有唐及五代，官方以何日爲佛誕日不明；至於民間，則兩説都有信奉者。顧況詩"四月八日明星出，摩耶夫人降前佛"[2]，是"四月八日佛誕"説；"（玄）琬以二月八日大聖誕沐之辰"[3]，是"二月八日佛誕"説。二月八日行像，對"二月八日佛誕"説是"佛降生相"巡行，對"四月八日佛誕"説是"太子出家相"巡行。那麼，敦煌的二月八日是作爲佛誕日行像，還是作爲出家日行像呢？換句話説，唐五代時期，敦煌信奉哪個佛誕日呢？筆者認爲，唐五代的敦煌地區，是將二月八日當作佛誕日行像紀念的。證據是 P.3765 號文書中供行像日念誦的一篇《二月八日文》。此文第一句是"法王降誕，爲拯生

---

① 贊寧:《大宋僧史略·創造伽藍》。
② 顧況:《八月五日歌》，見《全唐詩》卷265。
③《續高僧傳》卷22《唐釋玄琬傳》。

靈。八相獲（歡）宜（怡），三身利樂"，分明是將二月八日當作"法王降誕"日祝禱的，可證敦煌地區信奉"二月八日佛誕"。在幾十件敦煌寺院破歷中，找不到一條營辦四月八日行事的記載，對此，"四月八日佛誕"說也無法解釋。因爲敦煌如以"四月八日"爲佛誕，敦煌寺院文書中就不會毫無反映。這是有力的反證。誠然，敦煌文書中也有一些屬於"四月八日佛誕"說的雜文，如 P.2040 號《齋琬文》，其中記述廣爲流傳的佛誕故事。因爲這類故事原本就是"四月八日王宮誕質""二月八日踰城出家""二月十五日現歸寂滅"的套子，所以和敦煌本地奉信的佛誕没有直接關係。這類雜文在奉信"二月八日佛誕"的敦煌傳佈，看似悖理，實則正常。歷史上一定的民俗風習，儘管在民間被世代傳續著，然而發生這民俗的初因，却往往可能在民間漸被淡化。民俗史上不乏此例，端午粽子與屈原沉江關係的淡化、寒食禁火與介某自焚關係的淡化便是；行像以追懷佛祖，而行像與佛誕的特定關係却漸趨淡化，也並不奇怪。這或許是民俗文化發展的一條規律，儘管不必是普遍規律。姑稱之爲"初因淡化"律吧。

二

進而再就傳統節俗與外域節俗交融互補的機制與方式，作一考察。

敦煌春月的傳統三節之中，固然相對穩定地繼承著中華民俗的基本傳統行事，但同時又有外域的節俗或習俗經篩選之後的自然融入；而遠紹天竺的行像節，固然噴發著異域俗文化的濃烈風采，却也歷經嫁接改鑄，屬入了某些具有東土特性的質素，從而使之同時具備了華夏民俗的氣派。

傳統三節中的外域節俗（及習俗）見於敦煌文獻者，有踏歌、賽天王和散施。

踏歌，又稱踏蘇摩遮，是一種源自天竺的樂舞。"粟□斗，寒食踏歌（用）"（S.4705 號，紀年不詳）。寺院破歷上這一行殘缺的賬目，揭示了敦煌寒食節踏歌作樂的史影。"粟三斗，二月八日郎君踏悉磨遮用"（P.1053V，847~848），則證明行像日也要踏歌。所謂"郎君"是對敦煌縣令的尊稱① 。

---

① P.2032V〈40〉第 6 行有"縣令、孔目"稱謂，P.3234V〈7〉第 9 行則改稱"郎君、孔目"，可見"郎君"即指"縣令"，是民間對縣令的尊稱，尤如尊稱節度使張議潮爲"阿郎"。

"悉磨遮"即"蘇摩遮"，係古印度語音譯，是渾脫舞伴歌的曲調名，這裏用爲渾脫舞代稱。在唐代教坊中，渾脫舞與劍器、胡旋、胡騰等同屬健舞類，而與霓裳羽衣等軟舞類相對應 [1] 。詞興起以後，《蘇幕遮》又演變爲詞牌。張說詩《蘇摩遮五首》[2] 寫道："摩遮本出海西胡，琉璃寶服紫髯鬍"，"繡裝帕額寶花冠，夷歌騎舞借人看"。詩句説到蘇摩遮（即渾脫舞）自"（青）海西"東傳長安；描寫了紫髯男子，著琉璃寶服，飾帕額，戴寶花冠，夷歌伴唱，表演騎舞的場面。同佛教東傳一樣，印度渾脫舞亦先是傳入西域等地。據記載："焉者國元日、二月八日婆摩遮。"[3] "婆摩遮"即蘇摩遮。可知焉者先已有了在元日、行像日踏歌助興的風俗。這一踏歌的節俗，大約在隋唐之際傳入内地。唐中宗神龍二年（706）三月，并州清源縣尉吕元泰上疏説："比見都邑城市，相率爲渾脫，駿馬胡服，名爲蘇莫遮。旗鼓相當，軍陣之勢也；騰逐喧噪，戰爭之象也；……胡服相效，非雅樂也；渾脫爲號，非美名也。安可以禮儀之朝，法戎虜之俗。"[4] 吕元泰是位反對"戎虜之俗"内傳的保守官員。他的疏文透露在唐中宗時，西域渾脫已風靡内地的都邑城市；"駿馬胡服""騰逐喧噪"，他對蘇摩遮粗獷雄健舞風的描述，同張説的描述相似。唐末五代的敦煌地區，每值仲春的行像節與寒食節，官署、民間競唱蘇莫遮，跳起渾脫舞，倍增節日的歡樂。敦煌人們喜愛蘇摩遮，或許與渾脫的剛健舞風有關，由此且可窺見：與西域人雜處的敦煌居民，其性格當亦屬雄張豪放一類。

賽天王是一種法事。"油一升一秒，酒半甕，（正月）十五日東窟燃燈及賽天王（用）"［S.1519（2），約九世紀初］；"麥叁斗，善發西窟正月十五日賽天王法事，齋時衆僧用"［P.2049（1），925］。可知賽天王是燈節的重要行事之一，在寺窟裏舉行。"麥玖斗，油升，叁年賽天王用。"（S.1053 V，846~848）這一條接寫在"二月八日郎君踏悉磨遮"之後，破用的時間也是二月八日。又可知在每年的行像日，賽天王也是必行的法事。所謂"天王"當指四大天王，四天王出自《長阿含經》："東方天王，名多羅吒，領乾闥婆及

---

① 參見《全唐詩中的樂舞資料》二"舞蹈"。

② 《全唐詩》卷 89。

③ 《酉陽雜俎》卷 4《境異》。

④ 《唐會要》卷 34《論樂》。

毗舍闍將，護弗婆提人。南方天王，名毗琉璃，領鳩槃茶及薜荔神，護閻浮提人。西方天王，名毗留博叉，領一切諸龍及富單那，護瞿耶尼人。北方天王，名毗沙門，領夜叉羅剎將，護鬱單人。”[1] 據佛教傳説，四大天王分別是四方天下守護神，是武神。四大天王中，以北方毗沙門天王最有名。據傳天寶時僧不空，曾作法請求毗沙門援兵，退石國康居諸國對安西城之圍。然而有一種意見認爲，唐玄宗天寶以後，敦煌行像日和寒食節賽天王的主角僅指毗沙門天王。此説缺乏有力的證據。敦煌文獻中有不少資料證明，當時敦煌信奉的是四天王，不是一個天王。《龍興寺卿趙佛老腳下佛像、經卷、常住什物案》（P.3432）是一件九至十世紀時的寺院物賬，其中一筆賬寫道：“四天王絹像肆，色絹裏，長壹箭半，闊貳尺，故。”四幅四天王絹像，當然是龍興寺的供養像。另一件寺院斛斗破用歷記載：“八月一日，出白麵叁斗，付金某，充供養四天王。”（S.3074V）該寺院支出白麵三斗，交付知事人金某，作供養四天王之用，證明敦煌是四天王合供。《敦煌都司倉諸色入破歷計會》（P.3763）還有“南城上造天王堂”的記載，同上件文書的“供養四天王”聯系起來看，敦煌南城上這座天王堂的神主，理應是南方天王毗琉璃。敦煌合供四天王，而不是單供北天王，還與民間所傳四天王職司的演變有關，對此下文還將述及。總之，敦煌春月諸節的“賽天王”，是源自印度佛經的四天王相賽法事。

散施本是佛教信衆向三寶（佛、法、僧）施物祈福的個人法事，原不屬我國傳統節日行事。佛教信仰既然已成爲敦煌居民的主要信仰，且有十餘所寺院，官民、僧俗的散施便自然而然地成爲歲節、燈節等傳統節日裏的常見行事了。敦煌文書中保存有不少官民僧俗各色人等的散施疏、迴向疏。僅從春月諸節的散施情況分析，歲節、燈節等傳統節日裏的施主，多是有身份的高級官員或有地位的富裕的僧尼，行像日的施主，窮人百姓較多。兩種人施物的數量和質量也有不少差別。擇要列表如下。（表見下頁）

由表可知，在正月施入的4人中，2人是較富裕的女尼，2人是節度使；在二月八日施入的11人，是清貧的男女百姓。節度使的施入帶有例行公事的性質，其他均是個人或親屬發願的施捨。儘管貧苦百姓們的施物微不足道，

---

① 轉引自宗力、劉羣《中國民間諸神》癸編《四天王》，河北人民出版社，1987。

他們却仍然願意在追念佛祖的行像日，獻上自己僅有的物品，直接向佛祖發願傾訴。

時間·施主	施物	願由	卷號
申年正月三日尼明謙	紫絹袈裟一條，絹裙一腰，絹偏衫一	患病，久在牀枕，依遲不痊	P.2583
申年正月十五日尼慈心	襌綀被一張，綠綀襖子一，黃裙衫一對，紫官綀襠襠一，紫絹衫子一，九綜布袈裟覆膊一對，九綜布裙子一對，細布衫子一，針氈子一，布一匹，麥五石，花槃子二，花椀五，花疊子五，花鉢子一，細布手巾一	火風不適，地水乖違，瘦疾數旬，纏疴累月	同上
開寶七年正月節度使曹元忠	（布若干匹），紙一帖	當今皇帝納福祐而咸亨，願豐登於稼穡	S.5973
開寶八年正月節度使曹延恭	庭子布兩匹，紙一帖	國界清平，法輪常轉	同上
辰年二月八日十二娘	胡粉半兩，鏡一面	爲亡母	P.2837V
辰年二月八日康爲	白楊樹一根	願亡母神生淨土	同上
辰年二月八日杜善和	杷豆三顆，龍骨少多，併雜藥	願報平安	同上
辰年二月八日女弟子無名	布八尺	願合家平安	同上
辰年二月八日弟子無名	米一盤	願合家平安	同上
辰年二月八日女弟子無名	髮五剪	爲弟西行，願無災難，早得回還	同上
辰年二月八日李小胡	緋絹五尺	爲慈母屬疾痊平	同上
辰年二月八日宋氏	白綾頭綉襪，草綠衫子	爲亡父	同上
辰年二月八日張意子	蘿蘿五扇	爲慈母染疾未痊	同上
辰年二月八日無名	麥一石，粟一石	願亡母神生淨土，爲慈父目疾	同上
辰年二月八日雷志德	橡五根	爲慈母染疾	同上

行像節一旦從天竺、西域移來敦煌地區，它原來藉以立足並作爲全部行像活動依托的社會環境和民族環境，便完全改變了。能使它與這個陌生世界相溝通的祇有對佛的信仰。它要在這陌生的民族中重展生機，它在故國形成的那一套行事機制和内容，就須做必要的變革，以求適應新的社會和人羣。經歷了變革調整的九至十世紀的敦煌行像活動，儘管保留著它的

天竺本色風采，却也已經含有某些中國式的東西，這主要表現爲行像活動的官方營設和具有邑社後援。前文揭示的史實已經顯示了行像運作機制上的這兩個特點。

行像節（以及燃燈節）與歲節、寒食節不同。後者可由官民或僧俗自去鋪排，是真正意義上的民間節俗。行像和燃燈行事，都需要公共性開支，所以其運作需要官方和社會介入。官方是通過敦煌都僧統司下屬的營設司負責二節備辦；民間社會是組織行像社、燃燈社，給予物力人力的支援。營設司的運作，可以《丁未年（827）正月至三月營設司領油抄》（S.5486V〈4〉）爲例。這是營設司爲籌辦行像、燃燈二節向都司倉領取節日用油的記錄："正月十五日燃燈，領得油一升"，"二月八日，營設司所由就闍梨手上……領得油五斗五升"。行像日領得油遠多於燃燈節領得油，是因爲行像活動的籌辦規模要大得多，複雜得多。從宏觀上分析，二節官方營設機制的存在，又與中國的社會權力結構以及政、教二權的關係等方面的特性有關。中古時期中國社會的權力結構是中央集權制，它以直接和間接兩種方式控制著宗教。國家專設僧官系統管理佛教。都僧統由朝廷任命，同時又受制於地方節度使。中國的教權依附於中央和地方政權。印歐式的，凌駕於政權之上、與政權對立的教權，在中國不能存在。官方營設行像活動，是行政權力參與并控制宗教活動的一種方式。筆者説它是帶有中國色彩的東西，道理也在這裏。

如前所述，行像社對行像活動主要給予人力支援：由社衆充當擔佛、拽佛、擎佛等各種人夫。這與燃燈社主要以物力支援燈節不同。民間邑社形式早在先秦時代已經出現，起初與宗族祭祀有關，血緣色彩强於地緣色彩；以後地緣色彩增强，血緣色彩減弱。職能由祭祀逐漸擴大爲各類民間自助活動。敦煌的行像社（以及燃燈社）是採用中國傳統的民間邑社形式結成的專門性邑社，因而也是名副其實的中國式的東西。

八至十世紀之間，東起近海的揚州，南達荆楚江湖，北抵并州塞北，中經都城長安，西至崑崙山下，如此廣袤土地上的衆多市鎮和千百個居民點，每年春月有著共同的歲節、燈節、寒食節，以及北方通行的行像節，而且具有相同或相似的節日行事，清晰地顯示了獨具特色的中華俗文化界圈。文獻材料證明，這個節俗文化圈，秦漢時期始具雛形，南北朝時期便已形成，唐五代是它進一步發展的時期。這時期春月節俗文化的嶄新特色，正如敦煌節俗顯示的那樣，既保留了源遠流長的傳統內容，同時經過篩選和改鑄，吸收了若干外域節俗文化成分。傳統的與外域的節俗風習，通過多種形式的交融互補，相輔相成，中華民俗文化的品類與形式因而更加豐富，文化內蘊也愈見深緻。這是中華民俗文化的重大發展。它標誌著伴同封建經濟的高度繁榮，封建政治制度的趨於完備，和以唐代詩畫樂舞爲代表的封建文化的異彩紛呈，我國中古時代的具有民族和地域共性的中華民俗文化主體，已臻於成熟。這時期對外域節俗文化的雖然有限但却成功的吸收與借鑒，是我國中古民俗文化發展史上的一大創造。它展示了中華民俗文化體系博大的包容精神和靈活的變通機制：既能繼承上古民俗文化的傳統，又能對異域民俗文化採取寬容蓄納而不是禁限排拒的態度。中華民俗文化的發展便由此得以進入更高的境界。重溫民俗史上這逝去的一頁，對創造和發展具有中國特色的社會主義新文化，也會不無啓示。

三

最後想在以上論述的基礎上，對春月四節的行事中包含的深層文化內蘊，略作探論。

歲節爲一歲之始，燈節源自太一之祀，寒食繫乎介之推故事，行像意在追懷佛祖。這些，不過是春月四節的緣起。它們既然在中華大地上成爲多民族的共同節俗，具備同一的行事，年年歲歲被人們迎習不輟，那麼，這四節包含的知性內蘊，也必已實現對其緣始涵義的超越，并已釀成可被四節奉行者一致認同的某種至思情結。這種至思情結，應能從總體上順應并統攝人們的社會意態，導引他們祝節的心帆，恬然駛入同一航灣，共同實現心理自足。在八至十世紀敦煌的春月中，人們心底的至思情結是什麼呢？概括地説，便是求憩、勸農、祈福。

這種情結有著濃重的歷史傳統背景。中國作爲東亞文明區的主體，自三代以迄唐五代，數千年間，雖朝代更迭，社會制度數變，却始終以農業立國，“以農爲本”，未曾移易。自戰國秦漢以降，無數分散的個體農户，各作爲一個生產單位，構成社會的細胞。在自然經濟的龐大而單純的體系中，個體農民猶如口袋裏一個個馬鈴薯，互不相關。他們生產能力低下，抗御災害的能力很弱。在剥削制度的重軛下，他們謀生艱難，經常面對生存危機。在階級矛盾的非激化時期，生存與安全，是中國農民最大的人生期待，是民間最普遍而執著的社會心態。具體地説，就是希望年年風調雨順收成好，希望能吃飽穿暖無災無病，希望活得不那麼艱難。這些民間的泛意識，便是孕育三大情結的基鉢。我們仍然結合敦煌釋門春月節俗來考察。

四節均重視飲饌。世界各族的節俗大致如此。儘管敦煌地區物産不豐，每臨節日，人們照例傾其所有，備辦飲饌。這裏當然不會出現美食文化的篇章。食料是單調的：麥、粟、麵、豆、麻油、乳制品等。羊肉不多，蔬菜甚少。然而，身份卑微的敦煌"造食女人"們的烹飪纔能却是驚人的。麵食類分爲"餅作"和"蒸作"（S.800V）。麵食的品種，僅破歷中所見，便有爐餅、胡餅、蒸餅、菜餅、小胡餅、餎餅、沙餅、軟餅、燒餅、油餅、油胡餅、水餅、乾餅、餺飪、鈈飥等。酒的消費量很大，據寺院破歷記載，大歲日卧酒用粟最多一次爲四石二斗［P.2032（2）］，燈節卧酒用粟最多一次爲六石五斗［P.2032（2）］，行像日卧酒用粟最多一次爲二石一斗［P.2049（2）］，寒食卧酒用粟最多一次爲一石四斗［P.2049（2）］。有禁酒之戒的佛門尚且如此，民間可想而知。對於官員、富豪、上層僧尼來説，節日飲饌的享樂意緒也許比較濃烈；對於敦煌的百姓、工匠、寺户、婢僕來説，節日飲饌與其説是享樂，不如説是他們無窮勞碌的間歇，沉重跋涉的小憩，過量付出的些許補償。"節日求憩"，是他們千百人充塞於心的碩大情結。無論爲了勞作者體能的恢復，還是爲了勞動力自身的再生産，"節日憩息"是必要的。

勸農，是春月慶節中溝通千萬人心橋的又一個碩大情結。開寶七年（974）正月沙州節度使曹元忠表白"願豐登於稼穡"的施意，不衹是他這個地方大員的個人企願，還是上自皇帝下至民庶的通國期待，儘管各有目的。"是月（指孟春之月——筆者）也，天子乃以元日祈穀於上帝"，"是月也，天氣下降，地氣上騰，天地和同，草木繁動。王佈農事，命田舍東郊，皆修封疆"[①]。這是自周秦以降的歲節傳統和孟春農事。從敦煌寺院文書中，我們驚奇地發現，九世紀、十世紀敦煌地區的人們，依舊恪守著自古的節令傳統，總是在迎賀燈節、寒食節的同時，開始一年一度"修封疆"的春月農事。

---

① 陳奇猷：《吕氏春秋校釋》卷1《孟春紀》，學林出版社，1984。

"正月十五日，……油壹升，塸薗日用"，"油二升，寒食拜及塸薗用"，"正月十五日，……麵壹石五升，塸薗日齋時用"（P.3490 號，801）；"麵五斗五升，油三升一杪，粗麵三斗，粟七斗，卧酒，寒食祭拜，又第二日薗內造作衆僧食用"［P.3032V（4），819］；"麥四斗，粟六斗五升，卧酒，正月十五日窟上及塸薗，下蕃竿，兼杆索及撩治行像工匠諸雜吃用"［P.2032V（2），約939］。所謂"塸薗"，是爲菜園、果園整修土地、園埂，即《吕氏春秋》所謂"修封疆"。"農本"之國，農作以時，竟然如此精確。這裏又要再次説及春月諸節的"賽天王"。敦煌信奉的四大天王，原是四方的守護神。然而，在"賽天王"的行事傳入中國之後，四大天王的職司却發生變化。他們先有了中國式的稱謂："東方持國天王，南方增長天王，西方廣目天王，北方多聞天王。"[①] 四天王的職司也變爲分掌風、調、雨、順。明·許仲琳編《封神演義》第九十九回"姜子牙歸國封神"中，姜子牙向魔禮青兄弟傳宣元始天尊敕命："今特敕封爾爲四大天王之職，輔弼西方教典，立地、水、火、風之相，護國安民，掌風、調、雨、順之權。……增長天王魔禮青，掌青光寶劍一口，職風。廣目天王魔禮紅，掌碧玉琵琶一面，職調。多聞天王魔禮海，掌管混元珍珠傘，職雨。持國天王魔禮壽，掌紫金龍花狐貂，職順。"

這樣，天竺佛經裏的四方守護神變成了中國的農業守護神；釋迦牟尼的門徒，變成了中國道教傳説中元始天尊的麾下。四大天王職司在中國發生變化的確切時間不詳[②]。九至十世紀之間，敦煌修建天王堂，供奉四天王，"賽天王"法事頻興，不知是否與四大天王改爲農業守護神有關。重要的是，天竺四大天王的職能，終於爲適應中華農本的古老傳統而改變了。中國化了的四大天王，至今仍然懷抱各自的法器，侍立在中國各地佛殿的兩側。這個事實，不能不説是中華民俗文化包容改鑄異域俗文化巨大能力的又一個典型例證。

祈福，在春月節慶時，是敦煌僧俗人等心曲之中第三個碩大的情結。節祀祈拜，祛病消災，保佑平安，在馬斯洛的社會心理學層次中屬於"安全需要"。它僅次於"生存需要"。在人生艱難的地方和時代，這一祈願更會得

---

① 《中國民間諸神》引《鑄鼎餘聞》。

② 如《封神》故事所示，將四大天王由佛教神變成道教神，這種變化應當與佛道兩教鬥爭有關。佛道之爭的高潮正在唐朝時期。據此，四天王職司的演變，是否啓端於唐朝呢？

到强烈的表達。在春月節慶期間的僧俗施物疏中，施主們吐露衷腸，坦率發願，把他們最大的痛苦和期待向佛祖傾訴。他們發願爲活著的人、爲死去的人、爲染病的慈母、爲病目的慈父、爲遠行兄弟、也爲自己的宿病，還爲僧統、爲"太保阿郎"、爲"當今皇帝"。無數的發願，無盡的企盼，佛祖却永遠不會回答，更不會濟拔困頓，拯救亡靈往生淨土。然而發願者們的施捨也不白費。一年一度的諸節行事，畢竟使人們疲憊的心靈，覓得一片可供暫棲的綠蔭，心田的悒鬱畢竟獲得了宣泄。整個社會的騷動心緒，也於是暫得平靜。無序復歸有序。爲一定的社會秩序充當調節器，也算是節俗文化的一種社會功能吧。

唐末五代敦煌釋門秋冬節俗初探

唐五代敦煌地區秋月和冬月的主要節日有七月十五日盂蘭盆節、十一月冬至節、十二月八日臘八節以及歲末除日。除日與大歲日（元日）相連接，《唐末五代敦煌釋門春月節俗探論》已述及。

一　盂蘭盆節

盂蘭盆節又稱盂蘭盆齋（下文簡稱盆節或盆齋）。盆齋緣起自《佛説盂蘭盆經》。此經在兩晉之際始由竺法護漢譯傳佈，所以中國的漢傳佛教寺院中出現盆齋法事，應不早於兩晉之際。竺法護，"其先月支人也，世居敦煌郡"[①]。他本人曾在敦煌傳譯佛經，號稱敦煌菩薩。《佛説盂蘭盆經》是否竺法護在敦煌所譯不詳；敦煌屬此經的初傳地區，盆齋較早出現在敦煌的寺院是可能的。

敦煌寫本中有關盆節的記載多見於寺院文書。每年盆節，都僧統司和諸寺都要置道場，造佛盆供養佛，講唱《盂蘭盆經》和《目連救母變》，最後造破盆供養僧衆。這些記載勾畫出唐末五代敦煌盆節的情景。

（1）置盆齋道場

敦煌都僧統司與管內諸寺，每歲七月照例設置道場。S.2575號寫本是天成三年（928）七月十二日都僧統海晏爲七月十五日莊嚴道場向諸寺配借幢傘的一通帖文。此帖開頭寫道："如常例，七月十五日應官巡寺，和須併借幢傘，莊嚴道場。"下面分列諸寺名目及配借物色："金光明寺：故小娘子新見要傘拾副。龍興：叁副，官綉傘參副，普傘壹副，幅伍拾口，經巾壹

[①]《出三藏記集》卷 13，見《大正藏》卷 55。

條，額壹條。安國：大銀幡貳拾口，經巾壹條，額兩片。"以下還有開元、靈
修、乾元等十寺及配借物色。帖尾稱："右上件所配幢傘，便須準此支付，不
得妄有交互者。"末爲"應管内外都僧統海晏"署名。帖上鈐"河西都僧統
印"兩方[①]。除都司置盆齋道場外，諸寺亦同時"奉處分，當寺置道場"[見
P.2040V（3）《乙巳年敦煌都司倉破歷》]。這些盆齋道場主要是爲大小官員們
"巡寺"供養盂蘭盆而設的，故稱"應官巡寺"。

唐朝皇室百官赴盆齋道場獻盂蘭盆供，始於唐高宗和武周時代，後一度
停罷；唐代宗復行，沿至唐末[②]。敦煌諸寺爲當地官員置盆齋道場，顯示唐
末五代時期，中央和地方的盆節行事具有同一的規制。敦煌都司爲莊嚴道場，
要向諸寺配借幢傘，顯示出當時敦煌釋門物質條件的拮据。

（2）造佛盆供養佛祖

都司與諸寺道場除支應官員巡寺獻盆之外，自己也造盂蘭盆供養佛
祖。這是大量造佛盆的記載揭示的史事。如《都司倉諸色斛斗入破計會》
（S.4642V）："麵柒碩玖斗五升，七月十五日造食用。油五斗三升半，十五
日造佛盆用。"《同光三年（925）正月沙州淨土寺諸色入破歷計會》
[P.2049V（1）]："油貳斗三升，七月十五日煮佛盆用。"所謂佛盆，即供
養佛祖的盂蘭盆。據《佛説盂蘭盆經》，目連之母得脱餓鬼苦，乃是"得
蒙三寶功德之力、衆僧威神之力故"[③]，所以要分別造盆供養佛祖和僧衆。
在敦煌寺院文書中，供養佛的稱佛盆，供養僧的稱破盆（詳下文）。據大
量破歷記載顯示，自842年至945年，敦煌都司及管内諸寺爲盆節普造佛
盆，具有相當的連續性。這表明在九至十世紀之間，盆節造盆供養佛祖的行
事，在河西地區已植根甚深。

與盆節道場之簡樸相適應，敦煌寺院的佛盆供品也相當菲薄。它們每歲
祇能照例拿出少量白麵和蘇油來造佛盆。據P.2838、3490、2049V（1）、2032（4）
諸號的破歷記載，每寺用造佛盆的麵油數量，每歲也大致相同：多是白麵兩
石三斗配以麻油二斗一升（或二斗三升）。負責盆供製作者一般是造佛盆僧
[P.2040V（1~2行）]。製作方法有烤製和油炸（即"煮佛盆"）。炸製技術較

---

① 筆者據大英國書館藏寫本原件量得此印爲4.8平方釐米。
② 參見《中古時期盂蘭盆節的民族化衍變》。
③ 《佛説盂蘭盆經》，見《大正藏》卷16。

專業，往往須請煮盆博士（S.3074V）操作，有煮佛盆人夫 [P.2040V（1）、3490] 協助。這樣製作的麵點食品便可成爲供養佛盆。盆節時值初秋解夏，寺院往往還買瓜供養（S.366、1053V）。如意元年（692）洛陽盆節時，楊炯曾用"麵爲山兮酪爲沼"的詩句形容皇家的盂蘭盆①。會昌四年（844）長安的盆節，"諸寺作花蠟花餅、假花果樹等"裝飾盂蘭盆②。相比之下，唐末五代時敦煌佛寺的佛盆供品就粗陋多了。

（3）講唱《盂蘭盆經》《目連變》

寺院裏的盆節活動除僧俗各自獻盆供養外，還有一項重要内容是講唱《盆經》和《目連變》。講唱《盆經》是法事之一，聽衆主要是釋門五衆；演唱《目連變》是宗教宣傳活動，聽衆主要是"巡寺隨喜"③ 而來的官民俗人。

《盆經》一般由學養較高的上座僧等來講。因爲僧尼多無文化，講者便把《佛説盂蘭盆經》改編爲韻白相間的《講經文》來講唱。現藏臺北的《盂蘭盆經講經文》殘卷，可能是當時使用的一種講唱《盆經》的手本④。此卷首尾雖殘，但可看出大致的内容。它開頭先講唱《佛説盂蘭盆經》"救拔世間苦難"的宗旨；然後把經文分爲序分、正宗、流通分三大段，從第一句經文（"聞如是：一時，佛在舍衛國祇樹給孤獨園，大目犍連始得六通"是爲序分）起，逐句作講唱式解説。在這篇講經文中，聽衆屢被喚作佛子，可見他們是釋門五衆。

敦煌寫本《大目乾連冥間救母變文並圖一卷》（S.2614），則可能是當時演唱《目連變》的一種手本。此卷序文説："夫爲七月十五日者，天堂啓户，地獄門開……承供養者，現世福資，爲亡者終生於勝處。"⑤ 這表明它的聽衆是盆節時的供養人。配著圖畫演唱，增强直觀性，是爲求得更好的宣傳效果。

（4）造破盆供養僧衆

唐五代的盆節持續幾日，史無明文。元代費著記述當時成都的盆節説："（七月）十八日，大慈寺散盂蘭盆宴於寺之設廳。宴已，就華嚴閣下散。"⑥

① 楊炯：《盂蘭盆賦》，見《文苑英華》卷 125。
② 《入唐求法巡禮行記校註》卷 4。
③ 同上。
④ 周紹良、白化文、李鼎霞：《敦煌變文集補編》。
⑤ 王重民等：《敦煌變文集》卷 6，人民文學出版社，1957。
⑥ 費著：《歲華紀麗譜》，《説郛》本。

可知元代的盆節從十五日至十七日供養佛盆，十八日以散盆宴結束，持續四天。元代的散盂蘭盆相當於唐末五代敦煌的破盆。在敦煌，供養僧衆的盂蘭盆是給僧衆食用的，有別於祇設供不食用的佛盆，故稱破盆，意爲"供破用的盂蘭盆"；破盆日因而又稱供養僧破盆日（S.3074V），以區別於供養佛盆日。試看如下有關破盆和破盆日的記載：

P. 2049V（1）："粟壹石肆斗，馬家及寒苦卧酒，十七日破盆用。""油肆升，造破盆用。""麵壹石陸斗，造破盆用。""豆壹斗，破盆買瓜用。"

P. 2049V（2）："粟肆斗，破盆第二日沽酒，衆僧用。""豆貳斗，七月十五日買瓜，破盆用。"

P. 2040V（3）："油肆升，煮餬餺及抄艫，十七日造破盆用。油壹杪，抄艫，造小破盆子用。"

由這些記載不難看出，七月十七日是敦煌的破盆日，十五日和十六日是供養佛盆日，也就不言自明了。破盆日供養僧衆製作的破盆，食料主要是粟、麵、豆、油，比製作佛盆的食料品種多一些。製成的破盆食品種類有煮餬餺、抄艫、爐餅、菜餅、瓜果等。餬餺即餶餺[①]，煮餬餺即用麻油炸餬餺，現稱炸餅。抄艫爲肉羹，即羊（牛）肉湯，爐餅用火爐烤製[②]，現稱燒餅。所謂小破盆，是指小批量製作的食物，如用油一杪炒艫，用油半升做菜餅，用麵二斗做食品等。小破盆亦供衆僧吃［P.2032V（4~33行、41行）］。十八日（即破盆第二日）盆節結束。

在唐朝，孟秋望日這一天，佛門的盆節與道教的中元節始終併行於朝野。唐末五代時期，敦煌不僅有佛寺，也有道觀；吸收《佛説盂蘭盆經》的"救拔"之旨、成爲道教中元節經典的六朝古道經《太上洞玄靈寶中元玉京玄都大獻經》抄本，唐五代時流行於敦煌[③]。每歲七月十五日，敦煌道觀是否舉行中元齋醮，有待進一步探討。

---

① 《正字通》："餬餺，起麵也。發酵使類幅高浮起，炊之爲餅，……今之炊餅也。"中國工人出版社，1996。

② P.2032V（4.13）："滓四餅，七月十五日燒焙用。"P.2032V（4.42行）："麵壹斗，七月十五日造爐餅定焙用。""焙"即"坯"，指爐膛。

③ P.3468寫本有"神泉觀道士王道深敬寫"字樣。S.3601有《太上洞玄靈寶中元玉京玄都大獻經》抄本。

二 冬至節

冬至是中國的二十四節候之一。每年農曆十一月二十日前後，太陽到達黃經 270 度冬至點，即南極點，"終藏之氣，至此而極"[①]。這天日影最長，日照最短，從此"陰極而陽始至"[②]，陽氣漸起，即所謂"氣始於冬至，周而復生"[③]。由於冬至在季候上具有一元更始的意義，所以我們這個農業文明古國歷來重視冬至。"周以冬日至，命大司樂奏六變之樂於圓丘，而降天神。"[④] 每歲冬至祭天的習俗，大約始於西周王朝。

唐代冬至節儀有新發展。不僅冬至祭天成為每歲二十二常祀之首，是最高規格的"大祀"[⑤]，從開元八年（720）以後，冬至日又成為皇帝臨朝受賀的兩朝會之一[⑥]，在一年節祀中具有了僅次於大歲日（元日）的"亞歲"地位[⑦]。唐玄宗時期冬至朝賀在大內太極殿[⑧]，唐代宗時改在含元殿[⑨]，還要在南郊祭天。唐朝冬至節如此隆重，同"陽生祚興"的感應觀念密切相關。

史籍中有關唐代民間冬至節俗的記載甚少，敦煌寫本有關冬至的資料格外珍貴。據《某寺斛斗破歷》（S.5008）："油貳勝，冬至三日解齋而用。"可知敦煌的冬至節為三天，與唐代元日的三日節制相同。敦煌冬至節的主要行事有：

（1）祭拜

這一行事也見於破歷記載。如："麵五斗，造食：冬至祭拜用。"（P.4642V）"粟貳斗，沽酒，冬至祭拜用。"（S.4899）寺院冬至節祭拜亡僧尼，世俗冬至節拜先人。祭拜對象不同，但都是冬至祭天傳統的衍化。

（2）賀官

如《同光三年（925）正月淨土寺諸色入破歷計會》的一項支出："麥兩

---

① 朕澄：《月令七十二候集解》。
② 《通緯·孝經授神契》，《緯書集成》本，上海古籍出版社，1994。
③ 《史記·律書》。
④ 《古今圖書集成·歲功典》卷 87《冬至部彙考》。
⑤ 《新唐書·禮樂二》："凡歲之常祀二十有二：冬至、正月上辛、祈穀……""大祀：天、地、宗廟、五帝及追尊之帝后。"
⑥ 《新唐書·禮樂九》："皇帝元正、冬至受羣臣朝賀而會。"
⑦ 呂原明《歲時雜記》："冬至既號亞歲，俗人遂以冬至前之夜為冬除。"《説郛》本。
⑧ 《新唐書·禮樂九》。
⑨ 《唐會要》卷 24《受朝賀》。

碩五斗，卧酒，冬至歲僧門造設納官用。”〔P.2049V（1）〕它揭示冬至歲節時，敦煌僧門要造酒設餉，送納地方官府賀節。這也是中國傳統的冬至節俗的餘緒。崔寔《四民月令》記載東漢民間的冬至節説：“冬至之日……其進酒餉及謁賀君師、耆老，如正日。”① 敦煌僧俗於冬至造設納官，猶如百官在冬至朝賀皇帝，也是“謁賀君師”的一種方式。這一古老行事，寓有一陽初始之際，預祝公私和洽、朝野順遂之意，頗有我國古老農業文明的古風。

（3）相拜賀

敦煌教團并諸寺僧衆冬至日例行互拜賀節，寺院供給節料。如《己亥年（879）都司倉諸色破歷》〔P.3032V（4）〕：“麥玖斗，粟壹碩貳斗，冬至節料及衆僧等用。”《長興二年（931）正月淨土寺諸色入破歷計會》〔P.2049V（2）〕：“粟玖斗，冬至卧酒，僧官節料、衆僧慶賀等用。”《丙午年（886）十一月就庫納油付都師抄》（S.6275）：“十八日，就庫納油壹斗，付都師，冬至節料用。十九日，就庫納油叁升，付都師，亦冬至節料用。”所付節料品種主要是麥、粟，也有白麵和油。因係供給僧官僧衆以及寺院雇傭工匠在冬至節吃用②，所以支出斛斗數量比齋供用糧（詳下條）要多，少則九斗，多達三石。又以節值隆冬，故多有卧酒。衆僧相拜賀有一定的儀式。據圓仁記述，唐文宗開成五年（840）十一月二十六日冬至節，長安寺院“僧中拜賀云：‘伏惟和尚，久住世間，廣和衆生。’臘下及沙彌對上座説，一依書儀之制；沙彌對僧，右膝著地，説賀節之詞。吃粥時，行餛飩菓子”③。可知冬至互拜時，在沙彌、僧衆、上座等不同身份、不同夏臘的五衆之間，各有相應的賀詞，形成特定的書儀之制。敦煌寺院裏的冬至拜賀儀式大約與長安相似。長安吃粥、吃餛飩，敦煌多卧酒，同是爲了暖腹驅寒。

（4）解齋

敦煌寺院的這一項冬至行事，記載甚多。如：“麵貳斗五勝，油半勝，冬至造胡餅，解齋用。”〔P.2032V（4）〕“麵叁斗，冬至解齋用。”〔P.2040V（1）〕“油半勝，冬至解齋炒䴸用。”“麵貳斗伍升，冬至解齋用。”“油半勝，冬至日

---

① 《四民月令·薦黍糕》，石聲漢校註，中華書局，1961。
② S.6275 “納油付都師” 之 “都師” 是寺内造作事項及雇工、博士的管理人。都師至寺庫領油，是做工匠節料用的。
③ 《入唐求法巡禮行記校註》卷3。

造解齋用。"［P.2049V（1）（2）］"油半勝，冬至解齋用。"［P.3234V（2）、P.3490］"油壹勝。冬至及第二日解齋調䭀用，油貳勝，冬至三日解齋用。"（S.5008）

所謂"齋"本是表示時間的，釋門以午時爲齋，所以稱午食爲吃齋。後來，禁葷成爲齋的引申義。所謂解齋，即解除常日齋忌：不限午食，不禁葷膻，以示賀節。由上引破歷可見，敦煌寺院的冬至解齋食物主要是胡餅、肉制品（炒䭀、調䭀）等，無酒。敦煌諸寺不僅在冬至日設解齋，還設第二日解齋、三日解齋。值得注意的是，上文所引破歷記載，均不説解齋供僧食；解齋糧油用量每一份也大體相同：麵二斗五升（或三斗），油半升（或兩日一升，或三日二升）。可見解齋食品是爲冬至節三日供養佛祖的，不是供僧衆吃的。不設酒醪的原因也在此。

（3）聚糞

《同光三年（925）正月淨土寺破歷》［P.2049V（1）］有一條記載："粟肆碩貳斗……卧酒，冬至歲聚糞西窟……等用。"這條材料揭示敦煌地區有冬至聚糞的習俗。特在冬至日積聚糞肥，備來春施用，恐怕不僅寺院如此，更是民間習俗。冬至日聚糞，同敦煌的寒食日堆園、中原的中元日告成一樣，顯示了中古時代敦煌歲節行事所包孕的祈農情結，展現著中華民俗文化深深浸潤的古老農本文明的風采。這種農本文明的特質，不僅顯示在中原、三吳、關中、荆楚、巴蜀、幽燕等地區的節俗中，也同樣顯示在河西地區的節俗中。這個事實，意味著統一的中華古民俗文化圈已經發育成熟。

三 臘八節

在敦煌寫本中還有關於臘八節（十二月八日）行事的記載：

《某寺油麵破歷》［S.1519（1）］："十二月八日，麵五升，油半升，祭拜吳和尚及煮藥食用。"

《辛亥年至壬子年（831~832）某寺油麵破歷》［S.1519（2）］："油半升，蘇（酥）半升，八日煮藥食用。"

《丁卯年（847）至戊辰年（848）某寺斛斗破歷》（S.1053V）："蘇一升，

臘月八日用。"

《敦煌都司倉諸色破歷》〔P.2040V（3、5）〕："油半升，臘月八日抄藥食用。"

《敦煌都司油入破歷》〔P.3234V（2）〕："十二月八日抄藥食，油半升。"

《某寺斛斗破歷》（S.5008）："油壹升，臘月八日抄藥食用。"

這是有關唐五代臘八節行事的珍貴史料。臘八節的形成，既同我國傳統的臘祭有關，又以釋迦牟尼十二月八日成道故事爲直接緣起。臘八節同中古時代的行像節（二月八日）、盂蘭盆節（中元節）一樣，是中華與天竺兩大古老文明匯聚交融，在節俗文化領域的結晶。爲便於探討唐五代敦煌臘八節的歷史文化背景，須對傳統的臘祭略作説明。

臘祭由先秦時代的蠟祭演變而來。先秦蠟祭是在十二月祭祀百神。秦惠文君十二年（前326）改蠟爲臘，史稱初臘[1]。這是臘祭的開始。關於臘祭之日（臘日），自秦漢起，一直在冬至日後的第三個戌日[2]。三戌爲臘制至少到南宋時仍在行用。大約在漢晉之際，已出現初八爲臘制。此制同釋迦牟尼十二月八日成道的佛教傳説有關（見下文），所以是記載這一傳説的佛經漢譯以後的事。初八爲臘起初主要在漢傳佛教寺院及其周近的民間實行。這同盂蘭盆節緣起《佛説盂蘭盆經》、初行於漢傳佛教寺院的情況相似。梁朝宗懍《荆楚歲時記》曰："十二月八日爲臘日。"這是初八爲臘的最早記載。因爲初八爲臘具有外域文化背景，所以它起初同傳統的三戌爲臘併行，兩臘併行的格局也至少延續到南宋時期。[3]

在臘八節俗的長期傳習過程中，它的祭祀對象及相關行事也經歷了民族化衍變的過程。如前所説臘八同佛祖成道日有關。寺院起初的臘八祭享，自然以佛門亡僧爲對象。但它要在中國民間扎根，又須順應傳統的臘日百神之祭。因而早期的初八臘祭和三戌臘祭一樣，承先秦蠟祭遺意也要祭神。六朝荆楚地區的民間，"其日（十二月八日）并以豚酒祭竈神"[4]。其後，臘八之祭逐漸又同祭先的傳統結合，由祭神轉向祭祖，在臘八之祭民族化的方向上走出了決定性的一步。隋代《玉燭寶典》説："臘者祭先祖，蠟者報百神。"將

---

[1] 《史記·秦本紀第五》："惠文君十二年，初臘。"

[2] 《説文解字·肉部》釋"臘"："冬至後三戌，臘祭百神。"

[3] 《夢粱録》卷6《十二月》並列記述"三戌臘日"和"臘八"，證明南宋時代仍兩臘日並行。

[4] 宗懍：《荆楚歲時記》。

臘、蠟二祭明確加以區分，是六朝末期民間臘日實行祭祖的反映。唐代張守節《史記正義》釋初臘曰："獵禽獸，以歲終祭先祖。"雖是釋先秦初臘，也反映了唐代"畋獵祭祖"的臘日風俗，同《玉燭寶典》相吻合。

值得注意的是，六朝荊楚地區的臘八節，又有擊鼓逐疫行事："村人並擊細腰鼓，戴胡頭，及作金剛力士以逐疫。"[①] 戴胡人面具，扮金剛力士，分明帶有濃鬱的天竺佛教文化色彩，正是早期臘八節的時代印記。這是一個重要的提示。不知敦煌地區的臘八節是否也有類似的習俗，有待進一步研究。

根據前文所引有限的敦煌文獻資料，唐五代時期敦煌的臘八節行事，除祭亡［S.1519（1）："祭拜吳和尚"］之外，主要是煮（炒）藥食。敦煌寺院的臘八藥食，用油、酥、麵煮（炒）製而成[②]，是一種半流質的粥狀食物。這就提出了一個問題：爲什麼把這種由麵粉和乳品、麻油製成的普通食物稱作藥食？原來，這仍然同悉達太子成道的佛經故事有關。

據佛經記載，悉達太子經過多年粗食苦行，形體羸瘦，難以堅持；後來吃了天竺二女供獻的乳糜，得以恢復健康，於十二月八日成道。二女獻食的故事見於多部漢譯佛經。東漢竺大力、康孟祥譯《修行本起經》説是天帝囑"斯那二女""取五百牛乳，至於一牛。構一牛䡾，持用作糜，供太子"[③]。西晉·竺法護譯《普曜經》説是"長者女"做乳糜供太子[④]。隋闍那崛多譯《佛本行集經》記述較詳，説是天子囑"善生村主二女"養牛取乳，做成"十六分妙好乳糜"供養太子恢復健康：

> 是時善生村主之女，見於菩薩在其門邊默然求食。見已，即便取一金鉢，盛貯安置和蜜乳糜，滿其鉢中，自手執持，向菩薩前……（曰）："唯願尊者，受我此鉢和蜜乳糜，憐愍我故。"……菩薩噉食彼乳糜已，緣過去世行檀福，報業力熏故，身體相好，平復如舊，端正可喜，圓滿具足，無有缺憾。[⑤]

---

① 宗懍:《荊楚歲時記》。
② 在敦煌寫本中"炒"與"煮"二字同義，炒即煮，如炒䐬即肉羹。
③ 竺大力、康孟祥譯《修行本起經》卷下《出家品第五》，見《大正藏》卷3。
④ 竺法護譯《普曜經》卷5、卷6《六年勤苦行品第十五》，見《大正藏》卷3。
⑤ 闍那崛多譯《佛本行集經》卷25《向菩提樹品第三十上》，見《大正藏》卷3。

斯那二女是用牛䍴即牛乳 ① 做糜；善生村主二女是用牛乳、粳米和蜜做乳糜。可見佛經中的糜或乳糜，同敦煌寺院用油、酥、麵煮製的藥食原料相似，製法亦同。從而可以得出結論：敦煌的臘八藥食，就是漢譯佛經中的乳糜，即乳粥；敦煌臘八煮藥食之俗，緣起自佛經中天竺姑娘乳糜供佛助其成道的故事。

還有一個問題：顯然藥食來源於佛經故事，何不逕稱乳糜，却要稱爲藥食呢？我認爲，這一名稱別有用意，它蘊含著對天竺姑娘供佛乳糜那神藥般奇效的贊美，也正是它緣起自佛本行故事的證明。

對於敦煌寺院臘八藥食行事的宗教心理内涵須再稍作説明。這裏有兩個細節值得注意：一是敦煌都司和諸寺每歲臘八煮藥食，原料用量大致相同，照例各用油半升（或一升）、酥油半升（或一升）、麵若干；另一細節是有關記載祇説煮藥食，未説供僧衆吃用。這兩個事實表明，各寺歷年煮製的藥食大致是等量的；臘八藥食同冬至解齋食品一樣，是用來供養佛祖的，不是給僧衆吃的。由此可以看出，敦煌的臘八藥食行事，灼然坦示著中國釋子們同天竺姑娘相似的敬佛情結。這一行事的來歷及其包蘊的宗教心理内涵一旦大白，中國臘八節起初包含的外域文化背景也就昭然若揭了。

唐末五代的臘八藥食，到宋代衍變爲臘八粥，并作爲臘八節的主要行事，由寺院進一步普及民間，至今盛行不衰。兹略述其事，藉見唐五代臘八藥食的濫觴之功。《東京夢華録》記述北宋末年都城臘八，諸大寺"併送七寶五味粥與門徒，謂之臘八粥。都人是日各家亦以菓子雜料煮而食也"② 。不僅寺院的臘八粥已給僧吃，民間也"煮粥而食"。南宋臨安寺院又稱臘八粥作五味粥。"此月八日，寺院謂之臘八。大刹等寺，俱設五味粥，名曰臘八粥。"③ 兩宋時的粥料已比唐五代的敦煌豐富得多。孟元老説有"菓子雜料"。周密説："寺院及人家用胡桃、松子、乳蕈、柿子、栗之類作粥，謂之臘八粥。"④ 這些食料做的臘八粥雖仍然具有"十六分妙好"的風味，畢竟已不同於天竺乳糜和敦煌藥食——它不再含有乳品食料。食料的變化包含著節俗文化觀念内涵

---

① 《中文大辭典》引《集韻》："䍴：竹用切。乳汁也。"牛䍴即牛乳。
② 《東京夢華録》卷10《十二月》。
③ 《夢粱録》卷6《十二月》。
④ 《乾淳歲時記·晚年節物》。

的變化。唐五代的"供養功德"已衍化爲兩宋的"歲末慶豐"觀念;"敬佛情結"衍化爲"祈農情結"。這是中華農本文明包融改鑄外域文明的又一例證。宋代人煮食臘八粥時,已未必了然這一行事的本初緣起,未必知道天竺女乳糜供佛的故事。這是民俗文化史上的"初因淡化"規律的又一體現。

最後還要説到臘八浴佛行事。敦煌寫本《辛未年(911)正月六日淨土寺常住什物案》(P.3638)記載:"沙彌善勝於前都師慈恩手上見領得""浴佛槐子壹"。善勝領取這一顆浴佛槐子雖未必能確證當時敦煌有臘八浴佛行事,至少提示了它有存在的可能。到北宋時,臘八浴佛行事已經普行於民間:

> 初八日,街巷中有僧尼三五人作隊念佛。以銀銅沙籮作好盆器,坐一金銅或木佛像,浸以香水,楊杖灑浴,排門教化,諸寺大作浴佛會。[1]

北宋高承認爲:"設浴之事,西域舊俗也。亦今臘月灌佛之始。"[2] 唐末五代時敦煌的浴佛槐子,同西域的浴佛風俗是什麼關係?北宋汴京的臘八浴佛風俗,是否唐朝時自西域内傳?都是仍待研究的問題。

---

[1] 《東京夢華録》卷10《十二月》。另,《月令通考》:"南京專用臘月八日灌佛。宋朝東京於此月,都城諸大寺作浴佛會。"似乎南宋以後臘八浴佛主要實行於南京。

[2] 《事物紀原》。

佛典新譯與漢傳佛藏之形成

——論玄奘對漢譯佛典的貢獻

關於漢傳佛經翻譯的歷史，學術界一般分作三个時期：（1）古譯時期——鳩摩羅什（343~413）以前；（2）舊譯時期——鳩摩羅什到玄奘（600~664）以前；（3）新譯時期——玄奘及其以後。唐高宗《顯慶元年（656）正月戊子敕》稱："大慈恩寺僧玄奘，所翻經論，既是新譯，文義須精。"[①] 可知玄奘在世時，他翻譯的佛典已稱"新譯"，無論其中是否有過"古譯"本或"舊譯"本，統稱"新譯"。玄奘之譯使用"新譯"兩字，明顯具有同以前翻譯的佛典相區隔的意思。

玄奘譯典有充分的理由統稱"新譯"。在漢傳佛經翻譯史上，他的確是一位劃時代的偉大人物。如果説，"古譯"是漢傳佛典譯經事業的"童年期"，"舊譯"是它的"青年期"，那么，"新譯"就是它的"成年期""成熟期"了。玄奘貢獻的75部、1335卷、共計大約1300萬字的新譯佛典，基本確立了印度佛教原典由梵文西域文表述，改換爲漢文表述的最佳形式，爲營造中國化佛典大藏奠定了基礎；玄奘的新譯佛典體系，因而也就成爲漢傳佛教形成的標誌之一。關於奘師的偉大精神與卓越貢獻，學術界的論著甚多。本文謹就奘師營造漢傳佛藏所展示的創造才華，略抒淺見；此一重大成就的取得，根源於奘師早歲的發願，故先對他青壯歲月之願行略作概述。

一 "經來未盡"的大悟與"孤征求法"的願行

玄奘的佛典新譯工作，從貞觀十九年（645）五月二日翻譯《大菩薩藏

[①] 慧立撰、彦悰箋《大唐大慈恩寺三藏法師傳》（以下简稱《慈恩傳》），見《大正藏》卷50。下引此文不另註。

經》開始，到麟德元年（664）正月一日翻譯《呪首五經》爲止，不間斷地走過了二十個年頭。其實爲佛典新譯事業，玄奘的準備時期更長。據《慈恩傳》記載，隋大業八年（612），十二歲的陳祎去洛陽求度，主持官鄭善果問："出家意何爲？"少年回答："意欲遠紹如來，近光遺法。"所謂"遺法"，自然是指佛典所傳佛陀遺教。此後，玄奘四方雲遊，拜訪名師，參學衆典——實際上開始了佛經翻譯事業的最初準備。在成都，他從空師、慧景、寶暹、道基、道振，聽講《攝論》《毘曇》等。"二三年間，究通諸部"，"益部經論，研綜既窮"，"乃私自惟曰：'學貴精遠，義重疏通，鑽仰一方，未成探賾。'"認爲求法不拘一方，遂沿江至荊州北上。相繼從相州慧休聽講《雜心》《攝論》，從趙州道深學《成實論》；最後到長安，從法常學《攝論》，從僧辯、道岳學《俱捨》，從玄會學《涅槃》。河洛、吳蜀、趙魏、周秦，十六年法履所至，多是前代佛學重鎮；長安尤爲竺法護、鳩摩羅什譯場所在。求法問典於四方，玄奘對各地"古譯"和"舊譯"所出漢譯佛典之概況，有了清楚的認識。一個將會使中國佛典翻譯學進入新階段、使漢傳佛藏面目一新的重大決定，在他的心中湧動。且看《慈恩傳》卷一對奘師早年"遊學問典"歲月的學術總結：

> 法師既遍謁衆師，備飡其說，詳考其義，各擅宗途，驗之聖典，亦隱顯有異。如耶律是報非報，化人有心無心，和合怖數之徒，聞熏滅不滅等，百有餘條；並三藏四捨之盤根，大小兩宗之鉗鍵，先賢之所不決，今哲之所共疑。法師亦躊躇此文，怏怏斯旨。自惟曰："余周流吳蜀，爰逮趙魏，末及周秦。預有講筵，率皆登踐，已佈之言令，雖蘊胸襟，未吐之詞宗，解簽無地。若不輕生殉命，誓往華胥，何能具覿成文，用通神解。一覿明法，了義真文，要返東華，傳揚聖化，則先賢高聖，豈決疑於彌勒，後進鋒穎，寧輟想於瑜伽耶？"又興言曰："佛興西域，遺教東傳，勝典雖來，圓宗尚缺，片言支說，未足師決，固是經來未盡，吾當求所未聞。俾跛眇兒視履，必使解行如函蓋，始可謂具人矣。且法顯、知嚴何人也，猶能孤遊天竺，而我安能坐致耶？"自此立志誓遊西方，以問所惑，並取十七地論，以釋衆疑。

在“遊學問典”中玄奘得知，各地所奉佛典“隱顯有異”。有關典文的疑問，他已累積“百有餘條”。心中的懸疑，雖遍參講筵仍“解簽無地”。玄奘已然明白：隨佛教東傳，天竺“聖典雖來”，不過“片言支說”，“固是經來未盡”，佛說正典仍在天竺！應仿效先賢，親往天竺“求所未聞”，“釋疑解惑”，再回返華夏，傳揚正法。玄奘一生之最大發願、最大志業，於茲底定。

自貞觀三年（629）“乘危遠邁，杖策孤征”，冒死西行，到貞觀十九年（645）學成，携帶六百多卷佛典歸國，這十七個年頭，可以說是奘師爲實現營造漢傳佛藏大願，做學養準備和原典準備的時期。原典的收集不是很難，主要是學養準備。爲此，他泡在那爛陀寺五年，從戒賢師深入研究天竺“五明”大系之内明、因明、聲明之學。戒賢因玄奘對佛學（内明）正理多有澈悟，囑他爲寺眾開講《攝論》《惟識抉擇論》。他從勝軍等大師專攻邏輯學（因明），糾正勝軍所建的一個因明比量，並發展了三種比量理論；在戒日王召集的無遮大會上，他運用因明理論提出“真惟識量”命題，十八天無人能破。他從護法師專攻印度語言音韻學（聲明），深入探討梵文的語言特點和文理結構；又遊歷五天竺，得以通曉各地方言。奘師所獲以佛學、邏輯學、語言音韻學爲主體的印度文化學養，已然俱足，得到天竺僧俗一致公認。在廣泛收集佛藏原典的同時，奘師也圓滿完成營造漢傳佛藏的學養準備。中國自有佛典譯事以來，還從未有過學養如奘師這樣優秀的譯人。《宋高僧傳》作者釋贊寧，曾經從佛學修養、華梵雙語水平兩個方面，綜評東漢至南宋千年間的譯人。他說道：

> 如西域“尼拘律陀”樹，即東夏之楊柳。名雖不同，樹體是一。自漢至今皇宋，翻譯之人多矣。晉魏之際，惟西竺人來，止稱“尼拘”耳。此方參譯之士，因西僧指楊柳，始體言意。其後東僧往彼，識“尼拘”是東夏之柳，兩土方言，一時洞了焉。唯西、唯東，二類之人，未爲盡善；東僧往西，學盡梵書，盡解佛意，始可稱善。傳譯者，宋齊已還，不無去彼回者。若入境觀風、必聞其政者，奘師、（義淨）法師，爲得其實。此二師者，兩全通達。①

---

① 《宋高僧傳》卷1《義淨傳》，見《大正藏》卷50。下引版本同，不另註。

贊寧認爲，祇懂中華或祇懂天竺都不行；唯有華梵學養"兩全通達"的奘師、淨師，纔能爲翻譯學開創全新境界。永徽三年（652），奘師全力譯經進入第七個年頭。年初，大慈恩寺爲奘師營建的藏經塔開工：

> 基塔之日，三藏自述誠願，略曰："……所以歷遵師授，博問先達。……故有專門競執，多滯二常之宗；黨同嫉異，致乖一乘之旨。遂令後學相顧，靡識所歸。（以上概述 13 歲至 29 歲求師問典的經歷——筆者）……是以……決志出一生之域，投身入萬死之地。經是聖地之處，備謁遺靈；但有弘法之人，遍尋正説。（以上概述 29 歲至 46 歲赴天竺問學求法的經歷——筆者）……既遂誠願，言歸本朝。幸屬休明，詔許翻譯。"（《慈恩傳》卷六）

奘師的話題本是譯經，却很自然地從"遊學問典""西行求法"説起。由此可洞見奘師心海一認知：今朝得能奉詔譯經，實現營造佛藏之大願，離不開早年問典求法的願行；那歲月給一生的弘法志業，奠定了牢固的基石！

二　佛典翻譯學：奘師的創造性貢獻

奘師的佛典新譯事業，是對"古譯"和"舊譯"時代譯師們翻譯經驗的總結、繼承與發展。在先賢譯業的基礎上，奘師於漢傳佛藏之營造，可以舉出四大貢獻：完善了國家級譯場的譯人位序；創立了適合於梵文漢譯的譯作流程；提出了準確而周到的梵譯漢方法；創造了華梵結合的新漢文表述形式。下文謹予分項申説。

（一）完善了國家級譯場的譯人位序

中國中古時期的譯場，從譯事運營性質的演變來區分："古譯"時期的譯場大致爲"民營"性質；"舊譯"時期有了"半官營"性質的譯場；"新譯"時期出現"官營"性質的譯場（即"國家譯場"）。中古譯場性質的演變，反映了佛典翻譯規模和質量的提升。由下文引例可見，祇就譯場譯人的構成狀況看，三個時期有明顯的變化。

1. "古譯" 時期

譯事始開，最初由民間自發運作，參譯者數人而已。

漢靈帝光和二年（179），洛陽的《般舟三昧經》"譯場"，譯人四位：竺朔佛 "口授"，支婁迦讖 "傳言"，"授予" 孟元士，張少安 "筆受"①。四人分任三職："口授" ——誦出梵本；"傳言" ——譯爲漢語；"筆受" ——記爲漢文文本。

西晉長安白馬寺《須真天子經》譯場：竺法護 "宣譯"，安文惠、帛元信 "傳言"，聶承遠 "筆受"；《正法華經》譯場：竺法護 "宣譯"，聶承遠 "筆受"，帛元信、竺力 "參校"②。洛陽白馬寺《淨律經》譯場：寂志 "口誦"，竺法護 "宣譯"，聶道真 "筆受"；《魔逆經》譯場：竺法護 "宣譯"，聶道真 "筆受"③。竺法護早年 "博覽《六經》，遊心七籍"④，有漢文化基礎；後又掌握多種西域語言文字。在他的譯場中，以 "宣譯" 和 "筆受" 兩職爲重。安、帛職爲 "傳言"，實爲 "參譯"；寂志 "口誦"，是因爲《淨律經》記在他的頭腦裏，没有文本。

西晉元康元年（291），陳留郡倉垣水南寺《放光經》譯場：無叉羅執梵本 "誦出"，竺叔蘭 "口傳"，祝太玄、周玄明 "筆受"⑤。竺叔蘭 "善於梵漢語"⑥，"口傳" 即 "宣譯" ——將無叉羅所誦，譯爲漢語。

2. "舊譯" 時期

在北方，後秦長安渭水之濱的逍遥園，鳩摩羅什譯場得到姚興的直接資助和支持，具有半官營性質。譯場規模大，參譯僧宿多，但譯場所設位職並不多，譯人位列仍甚簡要。如《大品般若經》譯場，羅什 "口宣秦言"，秦王姚興驗 "覽舊經"，慧恭、僧叡 "書之" 即筆受⑦。《十誦律》譯場，弗若多

---

① 僧佑：《出三藏記集》卷 7《般舟三昧經記》，見《宋磧砂藏》第 29 册。下引此書，版本、册數同。《高僧傳》卷 1《支婁迦讖傳》作："朔又以光和二年，於洛陽出《般舟三昧》，讖爲 '傳言'，河南洛陽孟福、張蓮 '筆受'。" 孟、張的名字、位職與《記集》稍異。

② 《出三藏記集》卷 7《須真天子經記》，卷 8《正法華經記》。

③ 《出三藏記集》卷 8《淨律經記》《魔逆經記》。

④ 《高僧傳》卷 1《竺曇摩羅刹（法護）傳》。

⑤ 《出三藏記集》卷 7《放光經記》。

⑥ 《高僧傳》卷 4《朱士行傳附竺叔蘭傳》。

⑦ 《出三藏記集》卷 8 僧叡《大品經序》。

羅 "口誦梵本",羅什譯爲晉言,三百多位義學僧筆受。①

在南方,東晉太元十六年（391），廬山慧遠邀請僧伽提婆至般若臺,開《阿毗曇心》譯場:"提婆自執梵經,先誦文本,然後乃譯爲晉語,比丘道慈筆受。"② 提婆兼任 "誦梵文" 與 "宣譯",僅另置 "筆受"。晉宋之際,建康朝廷大興譯業。在道場寺《方等大般泥洹經》譯場,譯主佛馱跋陀羅誦梵本,寶雲 "傳譯",另有250人 "參譯"③;在龍光寺《五分律》譯場,譯主佛馱什誦梵本,智勝 "傳譯",道生、慧嚴 "執筆參正"④;在長干寺《雜心》譯場,譯主僧伽跋摩口誦,寶雲譯語,慧觀筆受⑤。幾處南方譯場置職的名稱略有不同,實際上仍是三個職位:"口誦""宣譯""筆受"（又稱 "參譯""執筆參正"）。

從上述引例可以得知,在 "舊譯" 時期的南北方譯場,譯人位序之設置與 "古譯" 時期基本相同,祇是在官方支持下,譯場規模更大,參譯人員更多。

3."新譯" 時期

貞觀十九年（645）正月二十四日玄奘甫抵洛陽,即蒙唐太宗 "別敕引入深宮之內殿" 召見。唐太宗同意奘師翻譯佛經,奘師當即請求配備助手。《續高僧傳·玄奘傳》記載其事曰:

> 既見洛宮,深沃虛想,即陳翻譯,搜擢賢明。上曰:"法師唐梵俱贍,詞理通敏。將恐徒揚仄陋,終虧聖典。"奘曰:"昔者二秦之譯,門徒三千,雖復翻傳,猶恐後代無聞,懷疑乖信。若不搜舉,同奉玄規,豈以偏能,妄參朝委!"頻又固請,乃蒙降許。帝曰:"自法師行後造弘福寺,其處雖小,禪院虛靜,可爲翻譯。所須人、物、吏力,並與玄齡商量,務令優給。"

---

① 《高僧傳》卷2《弗若多羅傳》。
② 闕名:《〈阿毗曇心〉序》,見《全晉文》卷162。
③ 闕名:《六卷泥洹記》,見《全晉文》卷166。
④ 《高僧傳》卷3《佛馱什傳》。
⑤ 《高僧傳》卷3《僧伽跋摩傳》。

太宗説奘師 "唐梵俱瞻"，如果助手水平低下，反而會壞事，不同意給他配助手。奘師援引前秦道安譯場、後秦羅什譯場之例，反對個人自矜偏能，強調學者羣體譯經之重要，方蒙准允；太宗將選擇助手等事，一委宰相房玄齡。再看《慈恩傳》卷六的記載：

> 三月己巳，法師自洛陽還至長安，即居弘福寺將事翻譯。乃條疏所須：證義、綴文、筆受、書手等數，以申留守司空、梁國公（房）玄齡。玄齡遣所司發使定州啓奏。令旨："依所需供給，務使周備。"夏六月戊戌，證義大德、諳解大小乘經論爲時輩所推者一十二人至，即：京弘福寺沙門靈潤、沙門文備，羅漢寺沙門慧貴，實際寺沙門明琰，寶昌寺沙門法祥，靜法寺沙門普賢，法海寺沙門神昉；廓州法講寺沙門道深，汴州演覺寺沙門玄忠，蒲州普救寺沙門神泰，綿州振響寺沙門敬明，益州多寶寺沙門道因等。又有綴文大德九人至，即：京師普光寺沙門棲玄，弘福寺沙門明璿，會昌寺沙門辯機，終南山豐德寺沙門道宣；簡州福聚寺沙門靜邁，蒲州普救寺沙門行友，棲巖寺沙門道岸，豳州昭仁寺沙門慧立，洛州天宮寺沙門玄德等。又有字學大德一人至，即：京師總持寺沙門玄應。又有證梵語梵文大德一人至，即：京大興善寺沙門玄謩。自餘：筆受、書手，所司供料等，併至。

奘師還京後之第一件事，是將所需譯經助手的職任與數目，寫成《條疏》，交予宰相。宰相爲此，特遣使向遼東前綫的太宗請示。三個月以後，應太宗皇帝之詔，來自京師、諸州各寺的 23 位大德，集合奘師麾下。他們都是按照奘師所擬要求精選的高僧。在《搜擢賢明條疏》中，奘師將擬選大德分作六類（依《慈恩傳》排序）：證義、綴文、字學、證梵語梵文、筆受、書手。含奘師自任譯主，弘福寺譯場共設七個職位。同 "古譯" "舊譯" 時期的譯場設職相比較，奘師譯場將前代的 "誦梵本" "口傳" "宣譯" 等職合併爲 "譯主"；保留 "筆受"；"證義" "綴文" "字學" "證梵語梵文" "書手" 等五職，皆新增（這些新增職位在奘師翻譯事業中的作用，下文將會説明）。顯慶元年（656），唐高宗應奘師之請，爲奘師之慈恩寺譯場增設 "潤色（文）" 一

職 ① 。贊寧《宋高僧傳》卷三《譯經論》，記載唐宋"譯場經館設官分職"爲九類："譯主""筆受"（又稱"綴文"）、"度語"（又稱"譯語""傳語"）、"證梵本"（又復立"證梵義""證禪義"）、"潤文"、"證義"、"梵唄"、"校勘"、"監護大使"等。其中唯有"梵唄"一職，系永泰（765）間爲譯場每晨誦唱"梵唄前興"而置；其餘種種，奘師譯場之設位模式，均已涵括其職能了。此後直至近現代，中國各種翻譯場館設職之大體模式，仍然源自七世紀的玄奘譯場。

（二）創立了適合於外文漢譯的運作流程

前述"古譯""舊譯"時期的一般譯場，要職祇有三項：誦梵文、譯漢文、筆受。職任配置，決定譯場運作流程。因而那時由梵（胡）譯漢的譯事流程，顯得簡約粗放，帶有一定隨意性。若是主譯祇懂梵語，他就祇能誦梵文，由"傳言"譯爲漢文，再由"筆受"寫成文本；若是主譯兼通梵漢，"誦梵"和"譯漢"兩步，就可二合一（如竺法護"執胡本、宣漢言"）。同一職任在不同譯場，有時職責又會不同。如在《般舟三昧經》譯場，"傳言"支讖的職責，是將竺朔佛口授的經文譯爲漢文；在《須真天子經》譯場，"傳言"安文惠、帛元信的職責，則是將竺法護的漢文"宣譯"轉達給"筆受"者。這些都是因人設程、不够規範的情況，反映了早期譯場流程的隨意性。

在著名翻譯家主持的譯場裏，譯事流程有時會細一些。如前秦道安主持的《阿毗曇毗婆沙》譯場，僧伽跋澄"口誦經本"，曇摩難提"筆受爲梵文"，佛圖羅什"宣譯"，敏智"筆受爲漢文"，趙整"正義"，道安"校對"，共有六道流程 ② ；《婆須密論》譯場，由僧伽跋澄、曇摩難提、僧伽提婆三人"共執梵本"。竺佛念"傳譯"，慧嵩"筆受"，道安與法和"對校修飾"，趙整"稍加潤色"，共有五道流程 ③ 。又如羅什的《大品般若經》譯場，羅什"手執梵本，口宣秦言，兩釋異音，交辯文旨"；秦王姚興親覽舊經，驗其得失；慧恭、僧叡等五百學僧"詳其義旨，審其文中，然後書之"；歷時

① 《續高僧傳》卷 4《玄奘傳》。
② 《出三藏記集》卷 10《鞞婆沙序》。
③ 《出三藏記集》卷 10《婆須密集序》。

四個月，"校正檢括乃訖"；與《大智度釋論》對照，仍多不當，又"隨出其《論》，隨而正之"，《釋論》譯畢，方告定稿[1]。像這樣翻譯流程細密周延的經品，翻譯的質量就會好，這是"舊譯"時期留下的寶貴經驗。

將天竺佛典之整體，從梵（胡）文表述轉換爲漢文表述，是一項巨大的文化系統工程。在每部佛典的翻譯過程中，每一位參譯者都承擔著一份責任。無論是主譯、傳譯、筆受，還是別的職任，在事業精神和道德修養的要求之外，每位參譯人各自的佛學義理修養、梵語梵文水平、中華文化修養、漢語言文字水平、文本表述能力等，其水平之高下、能力之優劣，都會對譯典質量產生直接影響。然而在前期尚不規範的流程中，對這些可能影響翻譯質量的種種因素，還沒有相應流程的設定給予制約，缺乏必要的質量保障措施。這樣一來，像鳩摩羅什大師的譯典，亦不免被詬病。如弟子們指摘說，《大智度論》譯文"於秦語大格"[2]，《百論》譯文"方言未融"[3]，《法華經》譯文"曲從方言"[4]等，這是由於羅什學西北方言，不懂規範漢語，又缺乏傳統小學素養，把方言用於譯文。又說《中論》譯文"乖闕繁重者，皆截而裨之"[5]，《大智度論》譯文以"秦人好簡，裁而略之"[6]等，是對刪削原典的批評。又說在翻譯《大智度論》時，羅什與弟子"苟言不相喻，則情無由此。……進欲停筆爭是，則校競終日，卒無所成；退欲簡而便之，則負傷手穿鑿之譏"[7]。顯示師徒爭論之激烈，進退取捨之失據；亦暴露《大智度論》譯場流程設計方面——"證義""證梵文梵語""綴文""字學"等環節不夠完善——的缺失。儘管羅什本人傑出，又有幾百名學養不錯的助手，但由於種種負面因素（包括羅什本人專業上的弱點），未能從譯事流程的設定以及相關人員配備上，先期給予預防、制約或彌補，因而影響到譯典質量。這是"舊譯"時期留下的寶貴教訓。

奘師入住弘福寺伊始，即通過《搜擢賢明條疏》，爲譯場之流程，初步

① 《出三藏記集》卷8僧叡《大品經序》。下出諸《序》皆見《記集》。
② 僧叡《〈大智度釋論〉序》。
③ 僧肇《〈百論〉序》。
④ 慧觀《〈法華宗要〉序》。
⑤ 僧叡《〈中論〉序》。
⑥ 僧叡《〈大智度釋論〉序》。
⑦ 僧叡《〈大智度釋論〉序》。

確定七個環環相扣的位序：奘師爲首，含證義、筆受、綴文、字學、證梵語梵文、書手等（後增"潤色"）。這表明奘師充分重視前代經驗教訓，對譯場流程位序之設計、專才譯人之精擇，都做了周到安排。應該説，這是一個適合"由梵（胡）譯漢"之特定要求的譯場流程設計。試看奘師譯場各職在譯事中承擔的責任。

譯主——負責事務：確定諸典啓譯之先後、擬同時啓譯之大小經的搭配、譯事進度（程課）表；主持譯務：勘定佛典版本，校定佛典原文，辨析名相，證解微義，解析疑義。

證義——協助譯主校原文、辨名相、解微義、析疑義，擬爲"義疏"，供奘師參考。①

筆受——將譯主對佛典梵（胡）文語彙的漢語翻譯，逐一筆録爲漢文文本。

綴文——將譯主據梵（胡）文本直譯、意譯的漢文章句，聯綴爲篇章文本。

字學——刊定漢文本譯稿之字、詞、句，辨章學術，考鏡源流，詳做訓詁，務求正解，務得正義。

證梵語梵文——使用回譯方式，將筆録之漢文稿口譯爲梵語、筆譯爲梵文，校其正誤，務求正譯。

潤色——在不傷原意的前提下，從文字方面對漢文譯稿做潤色加工，使譯文優美流麗。

書手——將漢譯佛典之定稿，用正楷謄録爲正本，校正無誤。

譯場流程之周密設計既定，參譯者道德學養之高下，便對譯事具有決定性作用。弘福寺奘師麾下各位高僧，皆一時之選。如"正義"第一人選靈潤法師（571~649），"晝夜策勤，弘道爲任"，"四方慕義，歸者雲屯"；"凡講《涅槃》八十七遍"，"《涅槃》正義，唯此一人"②。"綴文"第二人選明浚法師、第八人選慧立法師，都是文章大手筆。在捍衛《因明論》的著名論戰

① 吕才《〈因明批註立破義圖〉序》："此《因明論》者，即是三藏所獲梵本之内之一部也。……以其衆妙之門，是以先事翻譯。其有神泰法師、靖邁法師、明覺法師等，并以神機昭晰，志業兼賅，博習羣經，多所通悟，皆蒙别敕，通赴法筵。……三藏既善宣法要，妙盡幽深；泰法師等，是以各録所聞，爲之'義疏'。詮表既定，方擬流通。"見《慈恩傳》卷8"永徽六年"。按：神泰法師時任"正義"。此《序》揭示了《因明論》譯場之"正義"，須擬"義疏"提供奘師。

② 《續高僧傳》卷15《靈潤傳》。

中，二位相繼著文，批判呂才，名噪一時①。"綴文"第五人選靖邁法師，在奘師的弘福寺譯場、慈恩寺翻經院、玉華宮譯場參譯多年，"皆推適變，故得經心"②。"字學"唯一人選玄應法師，"明唐梵異語，識古今奇字"，撰《大唐衆經音》（又名《一切經音義》）二五卷，《新唐書・藝文志》著錄，流傳至今，是現存最早的文字學專著。全書含 425 部經、律、論、傳，設字、詞數千條，以漢語詞彙爲主體，兼收音譯外來語詞。玄應先後在弘福寺、玉華宮、慈恩寺譯場司職"證字"和"證文"，參譯十一年，深受奘師倚重③。顯慶元年（656）正月，唐高宗敕曰：

> 慈恩翻譯，文義須精。宜令左僕射于志寧、中書令來濟、禮部（尚書）許敬宗、黃門（侍）郎薛元超、中書（侍）郎李義府等，有不安穩，隨時潤色。④

應敕令到奘師譯場任職"潤色"諸官，于志寧、來濟是當朝宰相；尚書、侍郎亦俱是高品。綜觀奘師譯場主要參譯人員，堪稱一流學者組成的豪華陣容。這是譯典質量的可靠保障。[日] 池田温《中國古代寫本識語集錄》共集得九件玄奘譯場的列位寫本。其中，貞觀二十年（646）五月《大乘五蘊論》譯場，僅奘師職名"譯主"，靈潤等 35 名譯人職名都是"翻經沙門"；其餘八處譯場參譯人的職名共有"證義""綴文""正（證）字""正（證）梵文梵語""正（證）文""筆受""書手"等七職。如貞觀二十二年（648）八月十九日《佛地經》譯場列位（法藏敦煌寫本 P.3709 號），依序是："書手□□□""裝潢手輔文閣""辯機筆受""行友證文""玄賾證文""玄應正（證）字""靈閏（潤）證義""靈範證義""惠明證義""僧勝證義""玄奘譯

---

① 慧立《致左僕射于公（志寧）書》贊奘師稱："竊見大慈恩寺翻譯法師，慧基早樹，智力夙成，行潔珪璋，操逾松杞。遂能躬游聖域，詢裏微言。總三藏於胸懷，包四含於掌握；嗣清徽於曩哲，扇遺範於當今。實季宿之舟航，信緇林之龜鏡者也。"明浚《還述》盛贊奘師譯經偉業稱："惟今三藏法師，悲去聖之愈遠，憫來教之多闕。緬思圓義，許道以身。……稽疑梵宇，探幽洞微。旋化神州，揚真殄謬。遺詮闕典，大備茲辰。方等圓宗，彌廣前烈。"見《慈恩傳》卷 8。
② 《宋高僧傳》卷 4《靖邁傳》。
③ 景審：《〈一切經音義〉序》，見《大正藏》卷 54。
④ 《續高僧傳》卷 4《玄奘傳》。

（主）"。據唐代官文書具名格式，低階者在前，高階者在後。《佛地經》譯場位序自"書手"至"譯主"，祇是大致反映高下位序；其中，自"筆受"至"證義"之位序，主要反映譯事程序先後（後做在前，先做在後）。"書手"位階高於"裝潢手"，因書手是經卷書寫人，故署名於前，以示負責。

奘師譯場運作流程之執行，并非一成不變，而是具有一定的靈活性。敦煌出土的《玄奘譯場列位》寫本顯示，每部佛典的列位具名都有不同，反映了諸典翻譯運作的實況各不相同。奘師所譯 75 部佛典之長短、義理之深淺各有不同；奘師自然會爲之安排適宜的翻譯流程。《譯經年表》反映的翻譯進度顯示，奘師在安排一部大典翻譯（須時長達幾月甚至數年）時，往往還會安排一部或幾部小典，乘間穿插譯出。《譯經年表》又顯示，在奘師全部譯典中，祇有一卷的小典多達 37 部；每部之譯出，奘師大都祇用一天！宋釋贊寧有一段文字，形容奘師譯場運作情景，經常被當作奘師譯場運作的場景引用："今所翻傳，都由奘旨，意思獨斷，出語成章，詞人隨寫，即可披玩。"①其實在奘師譯場裏，這樣的翻譯運作情景，祇可能是小典之譯；像翻譯一百卷的《瑜伽師地論》、二百卷的《阿毗達磨大毗婆沙論》、六百卷的《大般若波羅蜜多經》，奘師之譯就不會是這樣，而肯定會實行嚴格的運作流程。

（三）提出了準確而周到的梵譯漢方法

中古各時期，隨著佛典翻譯經驗的積累，不斷總結出一些同譯事相關的忠言告誡或方法原則。"古譯"時期，釋道安提出"五失本、三不易"。"五失本"是指譯經時有五種情況，須改變原經本的表達方式：（1）梵式倒裝句宜改爲漢文句式；（2）梵文質樸，漢譯須修飾；（3）刪繁爲簡；（4）刈去梵經中類似漢賦"亂辭"的"義說"；（5）刪去梵經中重復前文的部分。"三不易"是指，爲適合今世而由未解脫的"凡俗"修改"古聖"的三種情況，不容易做得好，須有所警惕②。"舊譯"時期，釋彥琮提出"八備"和"十條"。"八備"是譯人應當具備的八項素質和條件：（1）誠心愛法，志願益人，不憚久時；（2）將踐覺場，先牢戒足，不染譏惡；（3）筌曉三藏，義貫兩乘，不苦暗滯；（4）旁涉墳史，工綴典詞，不過魯拙；（5）襟抱平恕，器量虛融，不好專

---

① 《續高僧傳》卷 4《玄奘傳》。
② 《出三藏記集》卷 8《摩訶鉢羅若波羅蜜經抄序》。

執；（6）沉於道術，淡於名利，不欲高銜；（7）要識梵言，乃嫻正譯，不墜彼學；（8）薄閱蒼雅，粗諳篆隸，不昧此文。"十條"是譯人須具備的各種專業知識和素養：（1）句韻；（2）問答；（3）名義；（4）經論；（5）歌頌；（6）咒功；（7）品題；（8）專業；（9）字部；（10）字聲。①

"道安原則"和"彥琮原則"，産生於"古譯"末期和'舊譯"末期，可分別視之爲那兩個時期，佛典翻譯的學術總結。奘師對兩位前輩的寶貴箴言，無疑會給予極大重視；他也總結自己譯典多年的經驗，補充提出了新時期的翻譯原則——"五不翻"：

> 唐奘法師論五種不翻：一、秘密故。如"陀羅尼"；二、含多義故。如"薄伽梵"具六義；三、此無故。如閻浮樹，中夏實無此木；四、順古故。如"阿耨菩提"，非不可翻，而摩騰以來常存梵音；五、生善故。如："般若"，尊重；"智慧"，輕賤。而七迷之作，乃謂"釋迦牟尼"，此名"能仁"；"能仁"之義，位卑周、孔。"阿耨菩提"，名"正掩知"；此土老子之教，先有"無上證真之道"，無以爲異。"菩提薩埵"，名"大道心衆生"，其名下劣。皆掩而不翻。②

從字面看，奘師的"五種不翻"，主張對原典中五類具有特殊義涵的梵文祇做音譯，似乎是對道安"五失本"原則的"反義補充"。實際上，奘師的"五不翻"含有更爲豐富的學術內容。如果結合奘師之譯事做邏輯考察，筆者以爲至少可以解析出如下涵義：

1."五不翻"之本義：對五類具特殊義涵的原文祇做音譯，以求完整地保存佛典義涵，不使流失。

2."五不翻"之引申義：佛典之原文，凡"五種不翻"以外的內容，都應當忠實地譯爲漢語；奘師所用基本翻譯方法有兩種：直譯和意譯。

釋贊寧曾經指摘早期譯梵爲漢的弊病稱："自前代以來，所譯經教：初從梵語，倒寫本文；此乃回之，順同此俗；然後筆人，亂理文句。中間增損，

---

① 《翻譯名義集》卷1，見《大正藏》卷54。
② 《翻譯名義集》卷1，見《大正藏》卷54。

多墜全言。"① 先由譯人依照梵語的文理結構順序將原典直譯爲漢文；再依照漢語文法調整文句内部順序；最後由筆人（文筆好的人）統理文句。須經三步運作，方可完成翻譯，當然不是直譯，姑且稱之爲"曲譯"。譯主不嫻梵漢雙語，祇能"曲譯"。"曲譯"的最大弊病，是筆人爲求文句美，對譯文妄做增删，造成經典原義闕失。譯文力求準確，是翻譯工作第一要義。迻譯而致原義闕失或致原義扭曲，是譯業的最大忌諱。

奘師於梵漢雙語"兩全通達"，祇是做好翻譯的有利條件。要真正做到完整、準確地表達梵典原義，還必須方法正確。《大唐三藏聖教序》稱：

> 凝心内境，悲正法之凌遲；栖慮元（玄）門，慨深文之訛謬。思欲分條析理，廣彼前聞；截僞續真，開兹後學。

唐太宗爲奘師所譯佛典寫的這篇《序》，稱許奘師"截僞續真"、弘揚正法，當可反映當時僧俗朝野，對奘師翻譯方法和翻譯質量的普遍認同。在奘師的譯典中，上述"直譯""意譯"兩種方式交相採用。兹結合奘師譯典實例，略予申説。

（1）直譯

《慈恩傳》卷十記載：

> 顯慶五年（660）春正月一日，起首翻《大般若經》。《經》梵本總有二十萬頌。文既廣大，學徒每請删略。法師將順衆意，如羅什所翻，除繁去重。作此念已，於夜夢中，即有極怖畏事，以相警誡。……覺已，驚懼。向諸衆説，還依廣翻，……不敢更删，一如梵本。佛説此《經》，凡在四處：一王舍城鷲峰山，二給孤獨園，三他化自在天宫，四王舍城竹林精舍。總一十六會，合爲一部。然法師於西域得三本。到此翻譯之日，文有疑錯，即校三本以定之，殷勤省覆，方乃著文。審慎之心，方來無比。或文乖旨奧，意有踟蹰，必覺異境似若有人授以明决（訣），情即豁然，若披雲睹日。自云："如此悟處，豈奘淺懷所通，併是諸佛菩薩所冥加耳！"

---

① 《續高僧傳》卷4《玄奘傳》。

羅什譯經"除繁去重",是"節譯"法。《大般若波羅蜜多經》六百卷,是奘師所譯部頭最大的佛典。奘師起初曾因其頌多,想效羅什取"節譯"法,復因"驚夢"放棄初衷,決心"還依廣翻","一如梵本"。所謂"廣翻",就是"秉梵直譯"。"夜夢"故事表明,對奘師而言,《大般若經》譯法的抉擇,同他"截偽續真""弘宣正法"的大願直接相關。他終於不辭大苦,慎重地"向諸眾說",選擇"廣譯"。在以後的三年十個月當中,奘師帶領眾師,以臨深履薄、"無比審慎"的虔敬之心,省覆梵本,析疑解奧,"若有佛菩薩冥持",艱難而順利地畢其譯功;"廣譯"漢文《大般若經》寶藏,也從此幸運地長留人間。

又《慈恩傳》卷七記載:

（帝問《金剛般若經》）法師對曰:"……今觀舊經,亦微有遺漏。據梵本,俱云《能斷金剛般若》,舊經直云《金剛般若》。爲欲明菩薩以'分別'爲煩惱,而'分別'之惑,堅類金剛,唯此《經》所詮'無分別慧',能除斷。故曰《能斷金剛般若》。故知舊《經》失上二字。又如下文,三問闕一,二頌闕一,九喻闕三,如是等。什法師所翻,舍衛國本也;留支所翻婆伽婆（本）者,少可。"帝曰:"師既有梵本,可更委翻,使眾生聞之具足。然《經》本貴理,不必虛飾文而乖義也。"故今新翻《能斷金剛般若》,委依梵本奏之。

羅什舊譯舍衛國本《金剛般若經》,用"金剛"之堅比喻"般若"。奘師攜歸的梵本名《能斷金剛般若》,其義說菩薩以"分別"爲煩惱,而"分別"之惑,堅似金剛,唯此《經》所詮"無分別慧"能除斷,故名《能斷金剛般若》。奘師指出,舍衛國本之經名失二字,羅什"意譯"經名,以"金剛"喻"般若",致其義全乖;舍衛國本經文亦不全,如"三問闕一,二頌闕一,九喻闕三"。三個版本相比較,奘師強調全本直譯之重要,得到唐太宗認可。

據《開元釋教錄》,鳩摩羅什舊譯《阿彌陀經》與玄奘新譯《稱贊淨土佛攝受經》,爲同源同本異譯①。謹選取兩個譯本中對同一段經文的翻譯,以

---

① 見《大正藏》卷55,第512~515頁。

見"意譯"與"直譯"之區別。

鳩摩羅什譯《阿彌陀經》[①]:

> 又舍利弗，極樂國土有七寶池，八功德水充滿其中，池底純以金沙佈地，四邊階道，金、銀、琉璃、玻璃、硨磲、赤珠、瑪瑙而嚴飾之。池中蓮葉，大如車輪，青色青光，黃色黃光，赤色赤光，白色白光，微妙香潔。

玄奘譯《稱讚淨土佛攝受經》[②]:

> 又舍利子，極樂世界淨佛土中，處處皆有七寶妙池，八功德水彌滿其中。何等名八功德水？一者澄淨，二者清冷，三者甘美，四者輕軟，五者潤澤，六者安和，七者飲時除飢渴等無量過患，八者飲已能定，長養諸根四大。是諸寶池底佈金沙，四面周匝有四階道，四寶莊嚴，甚可愛樂。諸池周匝有妙寶樹，間飾行列，七寶莊嚴，甚可愛樂。言七寶者，一金、二銀、三吠琉璃、四頗胝迦、五赤真珠、六阿濕摩揭拉寶、七牟娑落揭拉婆寶。是諸池中，常有種種雜色蓮花，量如車輪，青形青顯青光青影，黃形黃顯黃光黃影，赤形赤顯赤光赤影，白形白顯白光白影。

奘師譯文中方框內的文字，不見於羅什譯文；其餘文詞句式、內蘊義涵，也多有差別。大致説來，羅什譯文簡潔明快，玄奘譯文真確近本。

（2）意譯

"經"爲佛説，奘師多取"直譯"方法，求其完整、準確；"論"爲佛弟子、後哲所著，奘師有時採取"意譯"方法，以利攝其精華。

如貞觀十九年（645）十月："又復旁翻《顯揚聖教論》二十卷，智證等更疊錄文，沙門行友詳理文句；奘公於《論》，重加陶練。"[③] 所謂"重加陶

---

① 《大正藏》卷12，第346~347頁。
② 《大正藏》卷12，第348~349頁。
③ 《續高僧傳·玄奘傳》。

練”，即反復提煉、舉要鈎玄、擷其精華，即“意譯”。顯慶四年（659）閏十月，奘師譯出《成唯識論》十卷。黃家樹指出：“《成唯識論》乃安慧、護法、親勝、德慧、難陀、淨月、火辨、勝友、最勝子、智月等十位印度學者所共述，乃唯識學一大結集。玄奘於此《論》名爲‘翻譯’，實則由他消化後，總其全部學說精義撰寫出來的。”[1] 孫勁松指出，奘師譯《成唯識論》，“以護法註疏爲基礎，以難陀、安慧等學說爲對照，不同之處以‘有義’字樣將諸家異説存立其前，將護法的正確結論放後面，示正宗所在，最後再加上些自己的心得體會”[2]。貞觀二十三年（649）十二月十五日，奘師譯出《因明入正理論》一卷。有學者將梵、漢本《因明入正理論》對勘，指出奘師所譯“因三相”之“定有性”和“遍無性”，其“定”“遍”二字，在梵文本裏没有對應字或對應詞義，“它們是奘師在譯文中補充進去的，是創造性的翻譯”[3]。顯慶二年（657）十二月二十九日，奘師譯出《因明入正理論》一卷。吕澂將奘師此論譯本同真諦、義淨、西藏諸譯本對勘後指出：“奘師譯文與其謂爲忠實之直譯，無寧謂爲暢達之意譯”；“奘師意譯與其謂爲信於原本，無寧謂爲信於所學”；“奘師所宗與其謂爲護法之學，無寧謂爲晚起變本之説”。又説：“印度的佛學從漢末傳來中國，直到唐初的幾百年間，真正能够傳譯印度學説本來面目的，還要算玄奘這一家。”[4] 奘師多樣的“意譯”方法，略刈各家之繁蕪，擷取諸《論》之精華，比“直譯”方法更得精髓，“真正能够傳譯印度學説本來面目”。

（四）創造了華梵結合的新漢文表述形式

關於奘師釋經，吕澂説：“論翻譯，都要它能做到達意的地步，玄奘譯文對於這一層是成功了的。他還運用六代以來那種偶正奇變的文體，參酌梵文鈎鎖連環方式，創成一種精嚴凝重的風格。”[5] “偶正奇變的文體”，指六

---

① 黃家樹：《玄奘法師之翻譯佛教經典》，見張曼濤主編《玄奘大師研究》（下），大乘文化出版社，1977。
② 孫勁松：《玄奘——翻譯家中第一人》，轉引自“玄奘之路”網站。
③ 參見王亞榮《從波頗到玄奘翻譯集團——唐代第一次佛經翻譯高潮》，載《佛學研究》，1993。
④ 高振農：《淺談吕澂對玄奘翻譯的評價》，《香港佛教月刊》2000 年第 487 期。
⑤ 吕澂：《中國佛教源流略講》，上海人民出版社，1979。

朝時期盛行的駢儷體（四六文）。將講求聲韻之抑揚頓挫、節律之起伏有致（即所謂"偶正奇變"）的中國傳統句式，同以"鉤鎖連環"爲特徵的梵文句式相結合，一種嶄新的漢文表述形式於是産生了。這種中國傳統文本中從未有過的新句式，既可如吕澂所説是一種文章風格，又不妨視之爲一種華梵結合的新式漢文句式。

這種華梵結合的新漢文表述形式多種多樣，大致可舉出三種句式。

1. 連環句式。如《般若波羅蜜多心經》之連環句 ① ：

觀自在菩薩行深般若波羅蜜多時，照見五蘊皆空，度一切苦厄。（起首三句：由"行深般若"致"五蘊皆空"）舍利子！色不異空，空不異色，色即是空，空即是色；受、想、行、識，亦復如是。（六句承上：解析"五蘊皆空"）舍利子！是諸法空相，不生不滅，不垢不淨，不增不減，（四句承上："五蘊法空相"即"諸法空相"，當無生滅、垢淨、增減）是故空中無色，無受、想、行、識。（二句承上：既是"諸法空相"，空中當無"五蘊"）無眼、耳、鼻、舌、身、意，無色、聲、香、味、觸、法，無眼界乃至無意識界。（三句承上：空中無"五蘊"，十八界亦空）無無明，亦無無明盡，乃至無老死，亦無老死盡。（四句承上：破緣覺所執十二因緣法）無苦、集、滅、道。（一句承上：四諦法亦空）無智亦無得。（一句承上：破藏教菩薩所執之事六度法）以無所得故，菩提薩埵，依般若波羅蜜多故，心無罣礙。（四句承上："以無所得故"，爲《心經》宗旨；"心無罣礙"，爲破除三障之報障）無罣礙故，無有恐怖。（二句承上：破除三障之業障）遠離顛倒夢想。（一句承上：破除三障之煩惱障）究竟涅槃。（一句承上：三障既除，澈證大般涅槃）（下略）

這樣的句式，如一長鏈，環環相續；亦如帶鉤，節節相扣。《心經》之精義，隨著鏈帶的延伸，而展開，而深化，步步遞進，一氣呵成。

---

① 倓虛大師:《心經講録》，原泉出版社，2004。

2.梵語化句式。如玄奘譯《俱舍論》^① 之梵語化句 ^②：

> 剎那滅心，於曾所受久相似境，何能憶知？如是憶知，從相續內念境，想類心差別生。且初憶念，爲從何等心差別無間生？從有緣彼作意，相似相屬想等，不爲依止差別愁憂散亂等緣，損壞功德心差別起。

再引真諦譯《俱舍論》^③ 之同一段譯文：

> 若無我庶能憶？能憶是何義？由念能取境。此取境爲異念，不異此念？能作取故，是我前所說，因緣能生此念，謂想類差別心。

將兩位大師的譯文相對照，可以看出，奘師之梵語化句式，不同於傳統的漢語表達方式，且似近乎晦奧；若就譯文之準確性而言，其於《俱舍論》義理之揭示，似乎更爲"近真"。諦師的譯文則較簡明，並且符合漢語的閱讀習慣；所述義理之準確性則較奘師稍遜。

3.倒裝句式。如玄奘譯《俱舍論》^④ 之倒裝句：

> 謂若離縷異色、類、業，衣色等三不可得故，若錦衣上色等屬衣，則應許實從異類起。

亦引真諦譯《俱舍論》^⑤ 之同一段譯文：

> 若縷有別色類事，衣無色等故，則衣不可得。若衣有種種色等別類，不生別類，此義不成。

---

① 《大正藏》卷29，第156頁。
② 《大正藏》卷29，第308頁。
③ 參見釋廣淨《從〈俱舍論〉看玄奘法師翻譯之用語》，載《玄奘學研討會會議論文》，玄奘人文社會學院（新竹），1999。
④ 《大正藏》卷29，第166頁。
⑤ 《大正藏》卷29，第224頁。

　　這一段文字的大意是：“如果錦繡衣服上之顏色、種類、製法，都是衣服的屬性，就應當允許實事求是地從區分它的顏色、種類、製法做起；這就是說，如果把絲縷同它的顏色、種類、製法分開，衣服的顏色、種類、製法還哪裏去找。”奘師譯文後面的“若錦衣上色等屬衣，則應許實從異類起”，屬假言肯定，是立義；前面的“若離縷異色、類、業，衣色等三不可得”，屬假言否定，是釋義。所以說它是倒裝句。諦師譯文雖然也是倒裝句，但是前面“假言否定”的釋義性質，未能予以充分顯示，致其同後面“假言肯定”的邏輯關係不明。同諦師譯文相比較，奘師的倒裝式譯文，更忠實於梵文原本，更爲準確近真。

　　關於漢譯佛典，日本中村元曾經指出：“在同樣是漢譯的佛典中，從後漢至東晉的翻譯，經過儒教思想的修改十分多，但是到了唐代的翻譯，這種痕迹就十分淺薄，較忠實地照原文翻譯。”如果將這句話裏的“儒教思想”四字，改爲“漢語表述方式”六字，這一評論同樣適用於奘師的佛典翻譯。中村元還說：“唐以後的漢譯是印度的直譯，舊時代的譯文，中國色彩甚濃。”[①]這句話肯定唐代譯典優於前代，是對的。不過，奘師根據擬譯佛典的具體情況，採取適宜的翻譯方法，不能簡單地說“是印度的直譯”。關於奘師佛典之譯，歐陽竟無說：“一語之要，緊如磐石；一義之出，燦若星辰。”[②] 既是恰當的讚美，又是很好的總評。

三　結語

　　最早赴弘福寺追隨奘師的 23 位大德之一——釋道宣，在《續高僧傳·玄奘傳》結尾，述其親接親瞻親歷，表達對奘師的敬仰懷念之情：

　　余以闇昧，濫沾斯席。與之對晤，屢展炎涼；聽言觀行，名實相守。精属晨昏，計時分業；虔虔不懈，專思法務。言無名利，行絕虛浮；曲識機緣，善通物性。不倨不諂，行藏適時；吐味幽深，辯開疑議。寔季代之英賢，乃佛宗之法匠。

---

① 中村元：《儒教思想對佛典漢譯帶來的影響》，《世界宗教研究》1982 年第 2 期。
② 轉引自孫勁松《玄奘——翻譯家中第一人》。

這是得自直接觀察的對奘師人品學問、道德風範之最真實的描述。"與之對晤，屢展炎涼"八字值得注意。它表明奘師在譯場對待合作參譯之人，據其工作表現，或表揚（"炎"）或批評（"涼"），是有原則的；唯其無私敬業，更令人懷念。《奘傳》最後，道宣又以佛典翻譯大業的視野，表示深沉的遺憾：

> 前後《僧傳》往天竺者，……取其通言華梵，妙達文筌，揚導國風，開悟邪正，莫高於奘師矣。恨其《經》部不翻，猶涉過半！年未遲暮，足得出之，無常奄及。惜哉！

奘師共自天竺携歸 657 部佛典，二十年間譯出經律論 75 部。其中譯經 32 部，"不翻，猶涉過半"。大半經部原本尚未來得及翻譯，道宣甚以爲憾。然而，對奘師的全部譯典細做分析，仍可以看出他二十年譯事的三階段擘劃：①

> （1）貞觀十九年—二十三年（645~649）：以發心赴印求取的《十七地論》（即《瑜伽師地論》）翻譯爲中心。
> （2）永徽元年—顯慶四年（650~659）：以代表小乘毗曇最後結論的《俱舍論》翻譯爲中心。
> （3）顯慶五年—麟德元年（660~664）：以編譯《大般若經》爲中心。

有人分析奘師譯典之部類稱："所譯包括經、律、論三藏，涉及大、小二乘，顯、密兩教，而以大乘瑜伽唯識派經論，及與之相關的小乘部派論著爲主，兼及般若空宗。其中，經藏三十二部，律藏《菩薩戒本》《菩薩羯磨文》等，論藏四十部，密教經典九部，另譯勝論經《勝宗十句義論》一部。"② 當初奘師赴印，"搜揚三藏，盡龍宮之所儲；研究一乘，窮鷲嶺之遺旨"③。最後雖沒有完全實現"總將三藏要文，凡六百五十七部，譯佈中夏"④ 的大願，但其全部譯作的巨大規模，畢竟爲漢傳佛典大藏之營造，奠定了堅實的基礎。

---

① 參見游俠《玄奘法師的譯經事業》，見張曼濤主編《玄奘大師研究》（下）。
② 《玄奘的佛經翻譯》，參見黃夏年《百年玄奘》。
③ 玄奘：《爲太宗皇帝賜〈聖教序〉謝表》，見《慈恩傳》卷 6。
④ 唐太宗：《大唐三藏聖教序》，見《慈恩傳》卷 6。

唐代譯場的儒臣參譯

中古時期的佛經翻譯，至唐代臻於成熟。其標誌主要是在由梵譯華的異質文化轉換上，如玄奘和義淨那樣，已進入“唐梵俱瞻”（唐太宗語）、“兩全通達”（道宣語）的境界，即唐代的佛經漢譯，在忠於原義與漢語規範兩個方面，已經基本克服前代譯經“華梵扞格”的缺點，大致做到了“兩全其美”。對此，學術界已有共識。但是還有一個被忽視的因素，那就是，唐朝皇帝曾經詔令許多熟諳傳統文化的儒臣，到國家譯場中參與高僧們的譯事。這些參譯大臣，不僅對漢文經藏的形成，而且對古代中印兩大文化體系的溝通，對借鑒外域以豐富發展中華傳統文化，同樣做出了重要的貢獻。本文意在揭示有關朝臣參譯的基本史實，并試做初步分析。

關於唐代朝臣受詔參譯，正史衹有《舊唐書·孟簡傳》一條記載：

> 簡明於內典，（元和）六年（811），詔與給事中劉伯芻、工部侍郎歸登、右補闕蕭俛等，同就醴泉佛寺翻譯《大乘本生心地觀經》，簡最擅其理。[1]

元和間的長安醴泉寺，是罽賓高僧般若的譯場。此時，唐代的佛經譯事已經進入尾聲。據《續高僧傳》和《宋高僧傳》，唐代朝臣參與譯事的事迹遠不止此。此外如：貞觀初天竺高僧波頗的大興善寺譯場，貞觀至龍朔間玄奘的弘福寺、玉華宮、大慈恩寺、玉華寺譯場，聖曆長安間于闐高僧實叉難陀的東都大內大遍空寺譯場，久視景龍間義淨的西明寺、薦福寺、洛州大福先

---

① 《舊唐書》卷163《孟簡傳》；卷149《歸登傳》略同。

寺譯場，神龍間天竺高僧菩提流志的大内福先殿譯場，永泰間不空的大興善寺譯場等，都有朝臣奉詔入内參與譯事。關於朝臣參譯的具體情況，《僧傳》記載較簡。所幸敦煌保留下來的唐代寫經及傳世古經藏，記載著一些唐代譯場譯經運作時，主譯高僧、參譯沙門、參譯朝臣名錄及其位序，也爲揭示儒臣參與譯事，留下了珍貴的資料。

謹依各譯場的序次錄其參譯朝臣，附帶介紹《僧傳》和位序未載的有關這些儒臣的家世、起家，以及參譯前後的任官經歷等，并探究唐朝選派的參譯者，在文化素質方面究竟有哪些共同的特點。

（一）波頗譯場

貞觀三年（629）三月，唐太宗詔令"搜揚碩德備經三教者"19 人，以波頗爲首，在大興善寺"開創傳譯"；命尚書左僕射房玄齡、太子詹事杜正倫"參助勘定"，太府卿蕭璟"總知監護"；又命太子庶子李百藥、秘書監虞世南爲譯經製序。[①]

房玄齡（579~648），李世民元從重臣之一，"博覽經史"，"善屬文"，曾任秦王府記室、文學館學士，"每軍疏表奏，駐馬立成"，定社稷"功居第一"，太宗喻之爲漢蕭何。杜正倫（?~658），隋代僅有的十餘名秀才之一，"善屬文，深明釋典"，亦被延入秦府文學館。蕭璟是《昭明文選》編纂者蕭統的四世孫，唐初任秘書監。李百藥（565~648），隋開皇東宫學士，貞觀初命撰《五禮》和律令。虞世南（558~638）與兄世基，俱善文，隋人"方之二陸（機、雲）"，亦秦王府記室、弘文館學士，與房玄齡對掌文翰，"太宗重其博識"[②]。這幾位唐初儒臣，成爲唐譯場最早的參譯者。

（二）玄奘譯場

貞觀十九年（645）五月玄奘在長安弘福寺"創開翻譯"時，曾請求唐太宗"搜擢賢明"參譯。唐太宗説："法師唐梵俱瞻，詞理通敏。將恐徒揚仄陋，終虧聖典。"擔心不諳佛學的人會妨事。玄奘又以姚秦時的鳩摩羅什譯

---

① 《續高僧傳》卷 3《波頗傳》。
② 《舊唐書》卷 66《房玄齡傳》、卷 70《杜正倫傳》、卷 63《蕭璟傳》、卷 75《李百藥傳》、卷 72《虞世南傳》。

場爲訓，解釋説："昔者二秦之譯，門徒三千，雖復翻傳，尤恐後代無聞，懷疑乖信。若不搜舉，同奉玄規，豈以偏能，妄參朝委。"認爲外學參譯可防偏頗。唐太宗以爲有理，命譯場"所須人物、吏力，并與玄齡商量，務令優給。"要房玄齡安排參譯人事。顯慶元年（656）正月，玄奘譯場移至大慈恩寺翻經院。唐高宗敕曰：

> 慈恩翻譯，文義須精。宜令左僕射于志寧、中書令來濟、禮部（尚書）許敬宗、黃門（侍）郎薛元超、中書（侍）郎李義府等，有不安穩，隨事潤色。若須學士，任追三兩人。[1]

敦煌出土寫經（3件）和傳世經本（4件），分別記載弘福寺、玉華宮、玉華殿玄奘譯場位序。參譯朝臣如下（衹出位序所見實官、兼官；散官、勛官、食封，略。下同）。[2]

（1）長安弘福寺翻經院·大乘五蘊論譯場〔貞觀二十年（646）五月十日〕：

> 監譯　行太子右庶子許敬宗[3]

（2）長安弘福寺翻經院·瑜伽師地論譯場〔貞觀二十二年（648）五月十五日〕：

> 監譯行　太子右庶子許敬宗[4]

（3）雍州宜君縣玉華宮弘法臺·能斷金剛般若經譯場〔貞觀二十二年（648）十月一日〕：

> 筆受直　中書長安杜行顗[5]

---

[1] 《續高僧傳》卷4《玄奘傳》。
[2] 以下參譯朝臣位序，均引自池田温《中國古代寫本識語集録》，大藏出版株式會社，1990。引文衹出敦煌文書編號、所在經藏名及録文見於池田氏書中的頁碼。
[3] 《石山寺一切經》，見第188頁。
[4] 《武州古經藏》，見第189頁。另，北〇七六〇《大菩薩藏經》譯場（第190頁），P.3709《佛地經》譯場（第191頁），位序同此。
[5] 北一四四三，見第192頁。

（4）玉華寺玉華殿·大般若波羅蜜多經譯場〔龍朔元年（661）十月二十日〕：

專當官經判官　司禮主事陳德詮

檢校寫經使　司禮大夫崔無譽

潤色監閲　太子少師、弘文館學士、監修國史許敬宗等 [①]

貞觀時玄奘譯場的參譯朝臣，始終以許敬宗爲主角。許敬宗（592~672）曾是秦府最年輕的學士，還做過著作郎，太子（治）右庶子，太子（弘）賓客，貞觀以後所修《五代史》《晉書》《文思博要》《文館詞林》《姓氏録》等，"皆總知其事" [②]。他在玄奘譯場主要是"監譯"或"監閲"，"潤色"譯文者另有其人，可惜未録姓名。"筆受"杜行顗，以及管譯場事務的"專當官"陳德詮、"檢校使"崔無譽，均無考。同後來譯場的朝官參譯人數比較，貞觀時玄奘譯場的參譯者不算多。這可能是出於玄奘的巨大聲望，也顯示唐太宗對他"華梵俱瞻"的信任。擇人少而精，房玄齡是認真揣摩了皇帝旨意的。

唐高宗好學，對佛教義理有興趣。顯慶譯場雖以玄奘爲譯主，他仍然指派以宰相于志寧、來濟爲首的幾位大臣參譯，并叮囑説"有不安穩，隨事潤色"，可見對佛經譯事和譯文準確性的重視。

于志寧（588~665），周太師于謹曾孫，李世民元帥府記室參軍、秦王府文學館學士，太子（治）左庶子，太宗的元從重臣之一，永徽二年（651）受命監修國史。 [③]

來濟（610~662），隋大將軍來護之子，貞觀舉進士，崇賢館直學士，預撰《晉書》；高宗時兼弘文館學士，監修國史。 [④]

薛元超（624或626~683），隋大文學家薛道衡孫，妻巢王李元吉女和靜公主，太宗時做過太子（治）舍人，預撰《晉書》；高宗時做弘文館學士，兼修國史，太子（弘）左庶子。 [⑤]

---

① 小川爲二郎藏，見第 204 頁。另，龍朔二年·玉華寺《大般若波羅蜜多經》譯場（太平寺藏，第 205 頁），位序同此。

② 《舊唐書》卷 82《許敬宗傳》。

③ 《舊唐書》卷 78《于志寧傳》。

④ 《舊唐書》卷 80《來濟傳》。

⑤ 《舊唐書》卷 73《薛元超傳》。

李義府（614~666），貞觀時爲晉王（治）侍讀，太子（治）舍人，崇賢館直學士，預撰《晉書》；高宗初年弘文館學士，監修國史，太子（弘）右庶子。[①]

這些參譯者，是貞觀顯慶之際儒臣的代表人物。

（三）實叉難陀譯場

武后崇重大乘，發使于闐求請《華嚴》舊經和譯人，實叉難陀遂與經夾一起東來。從證聖元年（695）開譯東都大遍空寺，至長安四年（704）終譯東都佛授記寺，前後譯經19部，"太子中舍人賈膺福監護"[②]。傳世《大方廣如來不思議境界經》譯場［聖曆二年（699）十月八日］位序，僅載譯場事務官二人：

> 判官　守左玉鈐衛録事參軍于師逸
> 使　守太子中舍人賈膺福[③]

"判官""使"，即玄奘譯場位序之"專當官經判官""檢校寫經使"。檢校使，《僧傳》又稱"監護"。于師逸，無考。賈膺福，先天（712）時任昭文館學士，可見是位儒臣。[④]

（四）義淨譯場

義淨證聖元年（695）携經卷回到東都，"久視（700）之後乃自專譯"。義淨諸譯場及參譯朝臣如下。

（1）長安西明寺：金光明最勝王經譯場［久視元年—長安三年（700~703）］

> 監護　成均太學助教許觀[⑤]

---

① 《舊唐書》卷82《李義府傳》。

② 《宋高僧傳》卷2《實叉難陀傳》。

③ 《南山寺藏高麗初版》，見第247頁。

④ 《新唐書》卷83《諸帝公主·太平公主》；參《舊唐書》卷185《賈敦實傳附膺福傳》。

⑤ 《宋高僧傳》卷1《義淨傳》。日本西大寺藏《金光明最勝王經》譯場位序（長安三年十月四日）稱"大學助教許觀監護繕寫"，見第263頁。

"成均"是光宅（684）時的國子監名稱。助教許觀，生平無考，亦儒臣無疑。由實叉譯場賈膺福例，知"監護"即譯場事務官。

（2）東都大福先寺：一切法功德莊嚴經譯場〔神龍元年（705）七月十五日〕：

> 潤文　檢校兵部侍郎崔湜
> 　　　宗正寺少卿沈務本
> 潤文正字　行給事中盧粲潤
> 正字　前吉州刺史李元敬
> 判官　朝議郎、著作郎臣劉令植
> 使　秘書監、駙馬都尉楊慎交 [①]

"潤文""正字"4人，是直接參譯者。崔湜（671~713），祖父仁師，唐初預修《梁書》《魏書》；父挹，神龍初爲國子祭酒。湜生於儒學世家，"少以文辭知名，舉進士"，武周時預修《三教珠英》，睿宗時拜太子（隆基）詹事 [②]。盧粲"博覽經史，弱冠舉進士" [③]。沈務本、李元敬，無考。兩位譯場官員：判官劉令植，開元六年（718）受命參與刪定律令格式 [④]，是儒臣；檢校寫經使楊慎交，乃隋觀王楊雄的五世孫，唐中宗女長寧公主駙馬 [⑤]，是貴戚。

（3）薦福寺：一切有部苾芻尼毗奈耶譯場〔景龍四年（710）〕：

> 監譯　守尚書左僕射、同中書門下三品、〔監修國〕史韋巨源
> 　　　尚書右僕射、同中書門下三品蘇瓌
> 　　　行太子少師、同中書門下三品唐休璟
> 　　　太子少保、兼揚州大都督、同中書門下三品、監修國史韋溫

---

① 《高野山藏元祐六年版經》，見第266頁。《義淨傳》作："兵部侍郎崔湜、給事中盧粲潤文、監護，秘書監駙馬都尉楊慎交監護。"

② 《舊唐書》卷74《崔仁師傳附湜傳》。

③ 《舊唐書》卷189下《盧粲傳》。

④ 《舊唐書》卷50《刑法志》："開元六年，敕吏部侍郎兼侍中宋璟、中書侍郎蘇頲、中書舍人劉令植等九人，刪定律令格式。"

⑤ 《新唐書》卷100《楊恭仁傳》。

　　　　侍中、監修國史韋安石

　　　　侍中、監修國史紀處訥

　　　　行中書令、修文館大學士、監修國史宗楚客

　　　　中書令、監修國史蕭至忠

筆受兼潤文　同中書門下三品、修文館大學士、監修國史李嶠

翻經學士　守兵部尚書、門下三品、修文館大學士韋嗣立

　　　　守中書侍郎、同中書門下三品、修文館學士趙彥昭

　　　　守祕書監、修國史、修文館學士劉憲

　　　　行中書侍郎、修文館學士、兼修國史岑羲

　　　　守吏部侍郎、修文館學士、兼修國史崔湜

　　　　守兵部侍郎、修文館學士、兼修國史張說

　　　　檢校兵部侍郎、修文館學士崔日用

　　　　守中書舍人、兼檢校吏部侍郎、修文館學士盧藏用

　　　　行禮部侍郎、修文館學士、兼修國史徐堅

　　　　行國子司業、修文館學士郭山惲

　　　　禮部郎中、修文館直學士薛稷

　　　　前蒲州刺史、修文館學士徐彥伯

　　　　行中書舍人、修文館〔直〕學士李乂

　　　　中書舍人、修文館〔直〕學士韋元旦

　　　　行中書舍人、修文館直學士馬懷素

　　　　守給事中、修文館〔直〕學士李適

　　　　中書舍人、修文館〔直〕學士蘇頲（頲）

　　　　守著作郎、修文館〔直〕學士、兼修國史鄭愔

　　　　行起居郎、修文館〔直〕學士沈佺期

　　　　行考功員外郎、修文館〔直〕學士武平一

　　　　著作佐郎、修文館〔直〕學士閻朝隱

　　　　修文館學士符鳳

書手　祕書省楷書令史趙希令

孔目官　少府監掌冶署令殷庭龜

判官　行相州安陽縣令潘嘉寂

　　　行著作佐郎劉令植

　　使　行秘書監、檢校殿中監、兼知內外閑厩隴右三使嗣虢王邕 ①

　　這是一個頗大的朝臣羣體。36 人的職任也可分爲兩類：直接參譯者和譯場事務官。"監譯" 8 人，"筆受兼潤文" 1 人，"翻經學士" 22 人，"書手" 1 人，是直接參譯人員；"孔目官" 1 人，"判官" 2 人，檢校使 1 人，是譯場事務官員。

　　直接參譯者大都世代冠冕，幼承家學，早歲登科，以學問著稱，是一流學者。譯場位序列其散官、本官、食封較詳。位序未及者，再略補說。

　　蘇瓌（639~710），隋相蘇威曾孫，貞觀臺州刺史蘇寶之子，弱冠舉進士，"以明習法律，多識臺閣故事"，特命刪定律令格式，與唐休璟並加監修國史。②

　　唐休璟（627~712），周驃騎大將軍唐規曾孫，少以明經擢第，先做太子（顯）賓客，後做太子（重潤）少師。③

　　韋巨源（631~710），周京兆尹韋總曾孫，太子（顯）賓客。

　　韋安石（651~714），周大司空韋孝寬曾孫，巨源堂叔，明經擢第，做過太子（顯）左庶子，帝室侍讀，太子（隆基）少保。④

　　韋溫（?~710），韋皇后堂兄，太子（重潤）少保。⑤

　　李嶠（約 645~ 約 714），弱冠舉進士，武周朝"大手筆"，有文集 50 卷。⑥

　　韋嗣立（654~719），垂拱朝宰相韋思謙子，少舉進士。⑦

　　趙彥昭，少以文辭知名，監修國史。⑧

　　劉憲，弱冠舉進士，武則天命吏部糊名考選人判，憲入第二等，做過太

---

① 《高野山藏元祐六年版經》，開元十三年（725）四月抄本，見第 276 頁。
② 《舊唐書》卷 88《蘇瓌傳》。
③ 《舊唐書》卷 93《唐休璟傳》。
④ 《舊唐書》卷 92《韋安石傳》。
⑤ 《舊唐書》卷 183《韋溫傳》。
⑥ 《舊唐書》卷 94《李嶠傳》。
⑦ 《舊唐書》卷 88《韋嗣立傳》。
⑧ 《舊唐書》卷 92《趙彥昭傳》。

子（隆基）詹事。①

張説（667~731），弱冠應詔舉，對策乙第，預修《三教珠英》，是武周末至開元初的“朝廷大手筆”，“掌文學之任凡三十年”，做過太子（隆基）侍讀。②

崔日用（673~722），舉進士。③

盧藏用（約 660~ 約 713），少以辭學著稱，舉進士。④

徐堅（?~729），少好學，遍覽經史，舉進士，做過太子（顯）文學。⑤

郭山惲，少通三禮，“業優經史，識通古今”。⑥

薛稷（649~713），隋大儒薛道衡曾孫，史學家薛收侄孫，名相魏徵外孫，文學世家，舉進士。⑦

徐彥伯（?~714），以文章擅名，對策擢第。⑧

李乂，以文章見稱，舉進士。⑨

韋元旦，擢進士第。⑩

馬懷素（656~718），《文選》名家李善弟子，舉進士，又應制舉，登文學優贍科。⑪

李適，文辭甚美，有《白雲記》頗傳之。⑫

蘇頲（670~727），蘇瓌子，弱冠舉進士，開元初與李乂對掌文誥，玄宗以“前朝李（嶠）蘇（味道）”喻之。⑬

沈佺期（656~714），舉進士，預修《三教珠英》，善屬文，尤長七言詩，與宋之問齊名，時人稱爲“沈宋”。⑭

---

① 《舊唐書》卷 190 中《文苑·劉憲傳》。
② 《舊唐書》卷 97《張説傳》。
③ 《舊唐書》卷 99《崔日用傳》。
④ 《舊唐書》卷 94《盧藏用傳》。
⑤ 《舊唐書》卷 102《徐堅傳》。
⑥ 《舊唐書》卷 189 下《儒學·郭山惲傳》。
⑦ 《舊唐書》卷 73《薛收傳附稷傳》。
⑧ 《舊唐書》卷 94《徐彥伯傳》。
⑨ 《舊唐書》卷 101《李乂傳》。
⑩ 《新唐書》卷 202《文藝·韋元旦傳》。
⑪ 《舊唐書》卷 102《馬懷素傳》。
⑫ 《舊唐書》卷 190 中《文苑·李適傳》。
⑬ 《舊唐書》卷 102《蘇頲傳》。
⑭ 《舊唐書》卷 140 中《文苑·沈佺期傳》。

武平一，博學，通《春秋》，工文辭。①

閻朝隱，文章善構奇，爲時人所賞，預修《三教珠英》。②

檢校判官潘嘉寂，無考；劉令植，律學家，見前引。檢校使嗣虢王李邕，是唐高祖第十五子虢王李鳳嫡孫，妻唐中宗韋皇后妹。③

從以上參譯者的家世、起家和任官看，中宗朝前後的儒學重臣大致薈萃其中了。

（五）菩提流志譯場

菩提流志永淳二年（683）到洛陽。他的譯場主要在大內福先殿（寺），後在京兆崇福寺、北苑白蓮池甘露亭④。傳世經本記載的福先寺譯場參譯朝臣如下。

東都佛（福）先殿:《大寶積經》譯場［神龍二年（706）］

```
        潤色    太子詹事徐堅
                邠王傅盧粲
                尚書右丞盧藏用
                中書舍人蘇瑨
                禮部郎中彭景直
                左補闕王繻
                太府丞顏溫之
                太常博士賀知章
        監譯    中書侍郎陸象先
                侍中魏知古
        監護    前太常卿薛崇胤
                通事舍人楊仲嗣 ⑤
```

---

① 《新唐書》卷 119《武平一傳》。
② 《舊唐書》卷 190 中《文苑·閻朝隱傳》。
③ 《舊唐書》卷 64《高祖二十二子·虢王鳳傳》。
④ 《宋高僧傳》卷 3《菩提流志傳》。
⑤ 《高麗藏經》。

"潤色" 8 人，"監譯" 2 人，是直接參譯者。徐堅、盧粲、盧藏用，已見義淨譯場。蘇瑨，弱冠舉進士，又應大禮舉，皆居上第，崇文館學士①。彭景直，精通五禮，後做太常博士，入《儒學傳》②。王縉（700~781），與兄王維以文翰著名，連應 "草澤" 及 "文辭清麗" 舉，天寶間拜國子祭酒③。賀知章（659~774），少以文辭知名，舉進士，做過國子四門博士，太常博士，集賢院學士，太子（亨）侍讀，開元間隨張説撰《六典》④。陸象先（665~736），應制舉起家⑤。魏知古（647~715），弱冠舉進士，做過著作郎，兼修國史，相王（旦）府司馬，太子（隆基）左庶子。⑥

兩位監護官：薛崇胤是太平公主與薛紹長子⑦；楊仲嗣是定計誅張、匡復唐室的功臣楊元琰之子。⑧

唐睿宗初年，《大寶積經》譯場移至北苑白蓮池甘露亭，參譯朝臣有 "潤文官：盧粲、學士徐堅、中書舍人蘇瑨、給事中崔璩、中書門下三品陸象先、尚書郭元振、中書令張説、侍中魏知古"⑨。其中，崔璩、郭元振未見福先譯場。崔璩，"頗以文學知名"⑩；郭元振，"舉進士" 起家，有文集二十卷。⑪

（六）不空譯場

不空（705~774）自天寶十五載至大曆六年（756~770），在大興善寺開譯場，譯經 77 部。傳世經本所載參譯朝臣如下。

大興善寺：仁王護國般若波羅蜜多經譯場［永泰元年（765）四月二日］

判官　行內侍省掖庭局宮教博士楊利全

副使　右驍衛大將軍駱奉仙

① 《舊唐書》卷 100《蘇珦傳附瑨傳》。
② 《新唐書》卷 199《儒學·彭景直傳》。
③ 《舊唐書》卷 118《王縉傳》。
④ 《舊唐書》卷 190 中《賀知章傳》。
⑤ 《舊唐書》卷 88《陸象先傳》。
⑥ 《舊唐書》卷 98《魏知古傳》。
⑦ 《新唐書》卷 73 下《宰相世系三》。
⑧ 《舊唐書》卷 185 下《良吏·楊元琰傳附仲嗣傳》。
⑨ 《宋高僧傳》卷 3《菩提流志傳》。
⑩ 《舊唐書》卷 91《崔璩傳》。
⑪ 《舊唐書》卷 97《郭元振傳》。

  使 開府儀同三司、兼左監門衛大將軍、仍兼知處置神策軍兵馬

    事、知內侍省事內飛龍厩弓箭等仗魚朝恩

  翻譯 翰林學士常袞、柳枕（伉）等 ①

  三個譯場官員，副使駱奉先、使魚朝恩，都是代宗朝的權宦 ②；判官楊利全，無考。兩位直接參譯者：常袞（729~783），天寶末進士，做過太子（亨）正字，代宗朝翰林學士，集賢院學士，"文章俊拔，當時推重"，是朝廷大手筆 ③；柳伉亦文士，代宗朝的太常博士、翰林待詔。 ④

（七）般若譯場

  元和五年（810），朝廷"詔工部侍郎歸登、孟簡、劉伯芻、蕭俛等，就醴泉寺譯出經八卷，號《本生心地觀經》" ⑤，見前引《孟簡傳》。傳世經本所載參譯朝臣略如下。

  長安醴泉寺・大乘本生心地觀經譯場（元和五年七月三日—六年三月八日）：

  都勾當譯經押衙 散兵馬使兼正將、前行隴州司功參軍李霸

  奉敕詳定 守右補闕蕭俛

      行尚書工部侍郎、充皇太子及諸王侍讀歸登

      守給事中、充集賢殿御書院學士判院事劉伯芻

      守諫議大夫、知匭使孟簡

  〔使〕 右神策軍護軍中尉、兼右街功德使、行右武衛大將軍、知內

    侍省第五從直 ⑥

  兩個譯場官員：押衙李霸是唐太宗第十四子曹恭王李明的十一世孫 ⑦；

---

① 《高麗藏經》，見第 308 頁。

② 《新唐書》卷 207《宦者・駱奉先、魚朝恩傳》。

③ 《舊唐書》卷 119《常袞傳》。

④ 《新唐書》卷 207《宦者・程元振傳》。

⑤ 《宋高僧傳》卷 3《般若傳》。

⑥ 日本石山寺藏，見第 335 頁。

⑦ 《新唐書》卷 70 下《宗室世系下》。

譯經使第五從直是元和初年的權宦 ① 。權宦出現在不空譯場和般若譯場，是唐後期朝廷政治情勢的反映。四人 "奉敕詳定"，是直接參譯者。蕭俛（?~842），開元宰相蕭嵩曾孫，貞元七年（791）進士擢第，元和初年登 "賢良方正" 制科 ② 。歸登，大曆七年（772）舉孝廉，貞元初復登 "賢良" 科，任國子司業，翰林學士，太子（誦）侍讀，史館修撰 ③ 。劉伯芻（755~815），貞元間登進士第，集賢院學士 ④ 。孟簡（?~824），"工詩有名，擢進士第，登宏辭科" ⑤ 。

上列唐朝七家譯場，共著錄參譯朝臣 71 人，其中儒臣六十餘人。綜觀參譯儒臣的起家與任官，特點是 "五多"。

1. 應舉登第多，計 30 人（再舉者分計之）：

秀才 1 人：杜正倫；

進士 22 人：來濟、崔湜、盧粲、蘇瓌、李嶠、韋嗣立、劉憲、崔日用、李乂、馬懷素、蘇頲、韋元旦、沈佺期、徐堅、盧藏用、蘇瑨、賀知章、魏知古、常袞、蕭俛、劉伯芻、孟簡；

明經 2 人：唐休璟、韋安石；

詔舉 2 人：張説、徐彥伯；

制舉 7 人：馬懷素、蘇瑨、王縉、陸象先、蕭俛、歸登、孟簡。

2. 文館學士多，計 29 人（兼館者分計之）：

秦王府文學館 ⑥ 5 人：房玄齡、杜正倫、虞世南、于志寧、許敬宗；

崇賢（崇文）館 ⑦ 4 人：杜正倫、來濟、李義府、蘇瑨；

弘文館 ⑧ 6 人：杜正倫、虞世南、許敬宗、來濟、薛元超、李義府；

---

① 《舊唐書》卷 14《憲宗上》"元和五年十一月"。

② 《舊唐書》卷 172《蕭俛傳》。

③ 《舊唐書》卷 149《歸登傳》。

④ 《舊唐書》卷 153《劉伯芻傳》。

⑤ 《舊唐書》卷 163《孟簡傳》。

⑥ 《唐會要》卷 64《文學館》："武德四年（621）十月，秦王既平天下，乃銳意經籍。於宮城之西，開文學館，以待四方之士。……諸學士食五品珍膳，分爲三番，更直宿閣下，每日引見，討論文典。得入館者，時人謂之 '登瀛洲'。" 又，《舊唐書》卷 43《職官二·集賢殿書院》條："太宗在藩府時，有秦府學士十八人。"

⑦ 《唐會要》卷 64《崇文館》："顯慶元年（656）三月十六日，皇太子宏，請於崇賢館置學士，並置生徒。詔許之。……上元二年（675）八月二十七日，改崇賢館爲崇文館（避諱懷太子諱也）。"

⑧ 《舊唐書》卷 43《職官二·弘文館》註："武德初置修文館，後改爲弘文館。後避太子諱，改曰昭文館。" 正文："弘文館學士掌詳正圖籍，教授生徒。凡朝廷有制度沿革，禮儀輕重，得參議焉。"

昭（修）文館 14 人：賈膺福、李嶠、韋嗣立、趙彥昭、劉憲、張說、崔日用、薛稷、徐彥伯、馬懷素、蘇頲、沈佺期、武平一、盧藏用；

集賢院 ① 4 人：張說、徐堅、常袞、劉伯芻；

翰林院 ② 4 人：常袞、柳伉、蕭俛、歸登。

3. 東宮官屬 ③ 多，計 22 人（屢任者分計之）：

太子三師（太師、太傅、太保）1 人：于志寧；

太子三少（少師、少傅、少保）7 人：許敬宗、于志寧、蘇瓌、唐休璟、韋溫、韋安石、陸象先；

太子賓客 3 人：杜正倫、許敬宗、韋巨源；

太子詹事 5 人：房玄齡、崔湜、劉憲、徐堅、陸象先；

太子左庶子 5 人：杜正倫、于志寧、薛元超、韋安石、魏知古；

太子右庶子 7 人：杜正倫、李伯藥、虞世南、許敬宗、李義府、賈膺福、唐休璟；

太子舍人 5 人：李伯藥、虞世南、薛元超、李義府、賈膺福；

太子侍讀 3 人：韋安石、張說、歸登；

---

① 《唐會要》卷 64《集賢院》："西京在光順門大衢之西、命婦院北。本命婦院之地，開元十一年（723）分置。"又，《舊唐書》卷 43《職官二·集賢殿書院》條 "集賢學士" 註："初定制以五品已上官爲學士，六品已下爲直學士。每宰相爲學士者，爲知院事，常侍一人，爲副知院事。"

② 《唐會要》卷 57《翰林院》："開元初置。……其院置在右銀臺門內；駕在興慶宮，院在金明門內；駕在大內，院在明福門內。""學士院者，開元二十六年（738）之所置。在翰林院之南，別戶東向。"又，《舊唐書》卷 43《職官二·翰林院》註："若在東都、華清宮，皆有待詔之所。其待詔者，有詞學、經術、合煉、僧道、卜祝、術藝、書弈，各別院以稟之，日晚而退。"

③ 《舊唐書》卷 44《職官三·東宮官屬》：
太子太師、太傅、太保各一員（註：並從一品）。
太子少師、少傅、少保各一員（註：並正二品）。
三師三少之職，掌教諭太子。
太子賓客四員（註：正三品）。掌侍從規諫，贊相禮儀。
太子詹事一員（註：正三品）。少詹事一員（註：正四品上）。詹事統東宮三寺十率府之政令。少詹事爲之貳。
太子左春坊：左庶子二人（註：正四品上），掌侍從贊相，駁正啓奏。
司經局：太子文學三人（註：正六品），校書四人（註：正九品），正字二人（從九品上），文學掌侍奉文章。校書、正字掌典校四庫書籍。
太子右春坊：右庶子二人（註：正四品下），中舍人二人（註：正五品上），舍人四人（註：正六品上）。〔右庶子之職，掌侍從左右、獻納、啓奏、宣傳令言。——據《唐六典》卷 26 補〕舍人掌行令書令旨及表啓之事。

太子校書 1 人：張説；

太子正字 1 人：常袞。

4. 參修國史多，計 18 人（屢任者分計之）：

監修國史 14 人：房玄齡、許敬宗、于志寧、來濟、李義府、韋巨源、蘇瓌、唐休璟、李嶠、韋安石、蕭至忠、劉憲、岑羲、陸象先；

兼修國史 6 人：薛元超、李義府、李嶠、趙彥昭、徐彥伯、魏知古。

5. 官至宰相多，計 22 人：

房玄齡、杜正倫、許敬宗、于志寧、來濟、李義府、崔湜、韋巨源、蘇瓌、唐休璟、韋温、李嶠、韋安石、紀處訥、宗楚客、蕭至忠、韋嗣立、岑羲、蘇頲、陸象先、魏知古、薛崇胤。

唐朝譯場中，以"五多"爲特徵的儒臣，都是時人艷羨的"清流"①，是上層文化界的代表人物。唐朝諸帝無一例外地選派第一流儒臣參譯，目的是求得"儒釋二家，構成全美"，保證漢譯佛經的高質量②。唐代譯場嚴格選派參譯儒臣，充分顯示出唐王朝對譯經所要完成的華梵文化轉換工程，態度是極其認真和鄭重的。這一事實，既體現了中華文明古國對異質文化的重視和寬容，也體現了唐朝皇室的文化高品位。

---

① 《宋高僧傳》卷 4《慧沼傳》："中書侍郎崔湜，因行香至翻經院，嘆曰：'清流盡在此矣！'"《宋高僧傳》卷 5《良賁傳》："（唐代宗）敕賁造疏通經，賁上表曰：'學孤先哲，有玷清流；叨接翻傳，謬膺筆受。'"

② 《宋高僧傳》卷 3《菩提流志傳》。

唐代的釋門散文

唐以前釋門散文的回顧

散文作爲中國文學的一個門類，歷史悠久。它的淵源至少可以上溯至兩周金文刻辭；戰國諸子百家爲它寫下初始的輝煌。由於文學主體的自覺那時還没有充分發育，文學與經學、哲學、史學、法學、兵學以至自然科學都還融爲一體，所以早期古文的輝煌，還洋溢著一派童年般的爛漫與真率，噴礴著永恒的文學魅力。

中古前期（指兩晉南北朝）的散文包含多種文體，當時人把散文泛歸於"筆"或"雜文"的類列。黄季剛《〈文心雕龍〉札記》曰：

> 六朝人分文、筆，大概有二途：其一，以有韻者爲文，無韻者爲筆；其一，以有文彩者爲文，無文彩者爲筆。[①]
> 劉勰《文心雕龍·上篇》論列二十多種文體，歸爲三大類：文類、文筆雜類、筆類。文類皆韻文，含九種文體，即：騷、詩、樂府、詮賦、頌贊、祝盟、銘箴、誄、哀吊。文筆雜類含雜文、諧隱二體，因它的特點是"筆、文雜用，故列在文、筆二類之間"。筆類亦含九種文體，即：史傳、論説、詔策、檄移、封禪、章表、奏啓、議對、書記。[②]

散文謀篇没有一定的格式，造句遣辭不講對偶、用典和押韻。筆類諸文

---

① 劉勰著、范文瀾註《文心雕龍註》卷10《序志》註18引，第743頁，人民文學出版社，1978。

② 同上書卷1《原道》註2。

體正是如此，所以應屬於散文。

那麼“雜文”所指爲何呢？

《文心雕龍·雜文》解釋説：

> 詳夫漢來雜文，名號多品：或“典”“誥”“誓”“問”，或“覽”“略”“篇”“章”，或“曲”“操”“弄”“引”，或“吟”“諷”“謡”“咏”。總括其名，并歸雜文之區。

漢代以來的這十六種文體，劉勰認爲均屬雜文。對此，范文瀾又註稱：

> 凡此十六名，雖總稱雜文，然“典”可入《封禪篇》，“誥”可入《詔册篇》，“誓”可入《祝盟篇》，“問”可入《議對篇》，“曲”“操”“弄”“引”“吟”“諷”“謡”“咏”可入《樂府篇》，“章”可入《章表篇》。①

其中《封禪篇》《詔册篇》《章表篇》屬“筆”類；《樂府篇》《祝盟篇》屬“文”類。包含“覽”“略”“篇”諸體的《諸子篇》亦當屬“筆”類。可見漢魏六朝的散文範圍，在劉勰的《文心雕龍》中，除包括筆類九體之外，還包括雜文類的典、誥、問、覽、略、篇諸體。

釋門散文作爲古代散文的一脈支流，濫觴甚遲，大約在漢譯佛經出現、官方許可漢人信佛以後。釋門散文的發展，同世俗文壇之散文發展，既相關聯，又有不同。一方面，釋門散文用漢文作爲表述工具，在文體形式上，必會天然顯示著它同中華文筆傳統間，血胤所自的親緣關係；另一方面，作爲佛門釋子表達思想的一種形式，它的文學内涵又必會受到信仰的制約，發散著出離傳統以至頡頏傳統的氣質。在文體形式上對傳統認同，在觀念形態上向傳統標異。這種聚力與張力在釋門散文樣式中的對峙與碰撞，也會賦予釋門散文以别樣姿采，使之得在中古文壇領異標新。

釋門散文確立爲佛教文學的一種文體恰在東晉南北朝時期，標誌是梁

---

① 《文心雕龍註》卷3《雜文》並註31，見上書第256、269頁。

僧佑《弘明集》編纂完成。那是來自外域的佛教義理、倫理和風習，同中國傳統的禮儀、倫理和風俗，發生激烈沖突與論爭的時代。"守文曲儒，則拒爲異教；巧言左道，則引爲同法。拒有拔本之迷，引有朱紫之亂。遂令詭論稍繁，訛辭孔熾"，"將令弱植之徒隨僞辯而長迷，倒置之倫逐邪說而永溺"①。這不僅是僧佑一人對當時佛教艱危境遇的感嘆，也是釋子們共有的困惑。在此情勢之下，高僧們放言著文，起而護教。有志"弘道明教"的僧佑，"總道俗之雅論"，"制無大小，莫不畢採"，編成《弘明集》。《弘明集》共收文 57 篇，内含僧文 23 篇。僅從標題來看，僧文可大別爲三體，即論、書和文，大都是高僧們投身於儒釋論爭和佛道論爭寫下的。當時釋門同官方論爭的焦點主要有三：不敬王者，袒服，踞食。此外，釋門對朝廷的料簡沙門政策和索録沙門名籍的措施，也有異議。這些焦點問題成爲僧文所論的主題。

唐釋道宣《廣弘明集》的《辯惑》《佛德》《僧行》《戒功》《統歸》諸篇，收入若干東晉南北朝僧文，爲《弘明集》未載。如支道林《阿彌陀佛像贊序》、元魏懿法師《破魔露布文》《平魔赦文》、周釋曇積《諫周太祖沙汰僧表》等，是研究中古散文史的重要文獻，可補《弘明集》之闕。

《弘明集》中僧文的大標題，多爲結集時所加。如慧遠的《沙門不敬王者論》内含五篇文章，均寫於晉安帝時。當時太尉桓玄繼成康之世的庾冰之後，再次責難僧侶"不敬王者"違背禮教；王公大臣也競撰檄文聲討釋門。身處逆境的慧遠"深懼大法之將淪"，遂"著論五篇"以"申其罔極"。以後慧遠雖集五論爲一併加序，但"五論"的寫法有所不同：《論在家》《論出家》是議論體寫法；《論求宗不順化》《論體極不兼應》《論形盡神不滅》是問答體寫法。② 更引人注目的是慧遠另一文《沙門袒服論》。此文前一半是問答體文，後一半却是慧遠同何鎮南就"袒服"問題往還答難之書函的録存。③

又如宋釋玄光的《辯惑論》内含 11 篇文章，每篇一百餘字，責斥道家經醮儀法俗習之"惑"。前五篇責斥道家"五逆"，爲一組；後六篇分別指斥道家"非法""欺巧""不仁""虛妄""頑痴""凶佞"，又爲一組。寫法各不相

---

① 僧佑：《弘明集·序》，見《大正藏》卷 52。
② 慧遠：《沙門不敬王者論》，見《弘明集》卷 5。
③ 慧遠：《沙門袒服論》，見同上書卷 5。

同，像是 11 篇隨筆的結集①。另如宋釋道高、法明《答李淼難佛不見形事》，實爲二僧與李淼六封答難書函的合抄；後秦釋道恒、道標《答僞秦主姚略勸罷道書》也是六封書函的合抄，"僞主"之稱斷非原題，當是後人所加。②

如上所揭，《弘明集》僧文的大標題内包容著若干篇小文；小文寫法不盡一致；甚至小文的文體也不統一；有的僧文實爲隨筆、書函合抄。凡此種種，在釋門散文的胎動時期——晉宋之際，乃是必然會出現的現象。它昭示的事實是：釋門散文那時還没有形成比較穩定的文體形式，其時正在積極地探尋這種形式；蕭梁僧佑的《弘明集》，爲釋門散文的文體初步確定了三種基本形式：論、書、文。它雖不如同一時期劉勰論述的世俗散文那樣文體繁多，但它是釋門散文作爲佛教文學之一門類，開始進入主體自覺時代的曙光。

既然兩晉南北朝時期可視爲釋門散文的"童年期"，那麽這時期的作品也理應具有某種"童稚式"的魅力。然而時移事易，中古釋門散文的"稚味"，已大不同於戰國諸子無忌無拘的真率與爛漫，它已不可能重現先秦古文的輝煌。這主要是由於，無論何種文體的釋門散文，文僧們遣詞造句的思維意識，已不可能遥隔數十代再去遠效戰國秦漢的古文作家；恰恰相反，這些中古文僧大德們書面語言的思維意識，已無可逃避地被風靡當時的駢儷文體所浸潤、規範了。或者毋寧説，正是由於中古前期的文僧大德，敢於利用和改造駢體範式去做新式寫作的探索與嘗試，纔得以創造了澤傳久遠的釋門散文特有的韻味。《弘明集》《廣弘明集》中的中古前期僧文，品其文筆韻味之異同，可大別爲四類：運駢如散；駢散互彰；散含偶韻；醇散出新。下面分別録引文例，俾便品評。

先説運駢如散。劉勰論文甚重"情采"："情者，文之經；辭者，理之緯。經正而後緯成，理定而後辭暢，此立文之本源也。"他把"情文"視爲"立文之道"，強調作品要"文、質附乎性情"③。中古駢文之所以漸趨僵化，正在於駢體寫作太重雕鑿，失忽真情。中古文僧不棄駢體的節奏、韻律之美，同時強調寫作主體的真情注入，這樣寫出的駢文居然獲得了出離駢儷的韻味。公元五世紀兩位釋門寓言大師——宋建康龍光寺僧寶林（號游玄生，託名竺道

---

① 玄光：《辯惑論》，見《弘明集》卷 8。
② 道高、法明：《答李交州淼難佛不見形事》，見同上書卷 11。
③ 《文心雕龍註》卷 7《情采》，第 537 頁。

爽、智静①）的《檄魔文》，和元魏懿法師的《破魔露布文》，是這類作品的代表。

用檄文的形式寫寓言，爲信衆導滯釋迷，大約創自道安，繼由寶林、僧懿完善之。寶林的《檄魔文》② 以真慧爲"法王"、愚執爲"天魔"，神、魔交戰比喻慧、執互攪，通篇傾注著信仰的虔誠與執著。試舉文例於下。

如，指控"天魔"爲害的文句：

> 故令蛇蟻煩興，梟鏡（註文作獍）競起，醫染真徒，塵惑清衆，虐被蒼生，毒流萬劫。懷道有清（註文作情），異心同愍。

又，昭示"法王"討魔的氣魄：

> 我法王體運，應期理物。上籍高貴，下託羣心。秉玄機以籠三千，握聖徒而隆大業。雲起四宮，鶩翔天竺；降神迦夷，爲法城塹。……嚴慧柯於胸中，被神甲於身外。

又，渲染"八部神兵"的威勢：

> 勇士之徒，充盈大千，金剛之士，彌塞八極。……跨六通之良馬，捉虛宗之神鸞。彎四禪之良弓，放權慧之利箭。鳴驥桓桓，輕步矯矯。撫劍飛戈，長吟命敵。

又，正勸魔王勿持愚惑，迷途知返：

> 仍執愚守惑，偷安邪位，……建憍慢之高幢，列無明之凶陣，闊步

---

① 《全宋文》卷64《寶林小傳》及"竺道爽"註，見清光緒二十年王毓藻刊《全上古三代秦漢三國六朝文》第六函第八册。

② 《大正藏》卷52《弘明集》（版本下同）卷14《檄魔文》，署撰人爲釋智静（即釋寶林）。另，同書《廣弘明集》（版本下同）卷29《檄魔文》，無撰人名氏，文句與前略同，當爲寶林《檄魔文》的後世另一傳本。本篇引文據此。"假託"說與"敷演"說，據《大正藏》卷50《高僧傳》（版本下同）卷7《竺道生傳附寶林傳》。

長途，輕弄神器，盜篡天宮，抗拒日月，恐不異舉手欲障三光，培土擬填於四海。……可改往修來，翻然歸順，……家國並存，君臣俱顯，……眷屬晏然，可不美歟！

檄文首尾均署"釋道安頓首"，可能是假託，也可能是以道安檄文爲藍本敷演而來。此文的特色，不僅在於它用駢體而能寫出檄文宏大的氣魄，尤在其往往給某些抽象的佛教語彙以具象：禪弓、慧箭，憍慢爲幢，無明爲陣，率皆此類。這一獨特的修辭方法，後被懿法師的《破魔露布文》《平魔赦文》繼承。①

次述駢散間行。亦駢亦散爲文，同樣需要作者真情的貫注。如極富人文品格的東晉高僧支遁，對神佛所居的西方天界，心懷瑰麗的奇想。"余遊大方，心倦無垠，因以靜暇，夫申諸奇麗"，他懷著理想的熱情，寫下了亦駢亦散的釋門"天國頌"——《阿彌陀佛像讚序》：

西方有國，國名"安養"。迥遼迥邈，路逾恒沙。非無待者不能遊其疆，非不疾者焉能致其速。……國無王制班爵之序，以佛爲君，三乘爲教。男女各化育於蓮花之中，無有胎孕之穢也。

館宇宮殿，悉以七寶。皆自然懸構，製非人匠。苑圃池沼，蔚有奇榮。飛沉天逸於淵藪，逝寓羣獸而率真。閶闔無扇於瓊林，玉響自諧於蕭管。冥霄隕華，以閫境神風拂故而納新；甘露徵化，以禮被蕙風導德而芳流。聖音應感而雷響，慧澤雲垂而沛清。②

"仰瞻高儀"，"馳心神國"，支遁靈感如泉。行文不由地疏放，駢而間散，互融互攝，渾然一體。這種駢散間行的文風，亦見於宋釋慧琳的《均善論》。③

駢散間行向自由體方向再跨前一步，便成爲尚含駢四儷六、對仗用韻之儷味的散文。此類文多見於中古書函。仍以支遁爲例。如他隆安三年（399）

---

① 懿法師：《破魔露布文》《平魔赦文》，見《廣弘明集》卷29。
② 支道林：《阿彌陀佛像讚並序》，見《廣弘明集》卷16。
③ 慧琳：《均善論》，見《全宋文》卷63。

寫給太尉桓玄的《論州符求沙門名籍書》：

> 沙門之於世也，猶虛舟之寄大壑耳。其來不以事，退亦乘間。四海之內，竟自無宅。……將振宏綱於季世，展誠心於百代。而頃頻被州符求抄名籍，煎切甚急。未悟高旨，野人易懼，抱憂實深。遂使禪人失静，勤士廢行，喪精絶氣，達旦不寐。索然不知何以自安。①

出於對官府強索沙門名籍的不滿，支遁憤激著文。此文的駢儷之韻已不再是刻意追求，而是文心之泉的自然流淌。同是致桓玄書函，慧遠的《答桓玄勸罷道書》則寫道：

> 貧道出家，便是方外之賓。雖未踐古賢之德，取其一往之志。……故莊周悲慨，人生天地之間，如白駒之過隙。以此而尋，孰得久停。豈可不爲將來作資！……一世之榮，劇若電光，聚則致離，何足貪哉！②

出於對人生的徹悟而婉拒出山之邀，文韻體式，散中含偶，同支遁文相似。

基本上解脱了駢偶束縛的釋門散文，大約始見於齊梁之際。蕭梁僧順的《析〈三破論〉》已大致是自由體式。此文駁斥道士張融反佛的《三破論》，批判他十九個論點。如第一斥其"泥洹是死"，僧順引用古寓言諷刺之：

> 或有三盲摸象。得象耳者，爭云："象如簸箕。"得象鼻者，爭云："象如春杵。"雖獲象一方，終不得全象之實。子説"泥洹是死"，真摸象之一盲矣！

第十二斥其"入身破身"，僧順又取譬駁之：

---

① 支道林：《與桓玄論州符求沙門名籍書》，見《弘明集》卷12。
② 慧遠：《答桓玄勸罷道書》，見《弘明集》卷11。

近代有好名道士，自云神術過人。克期輕舉，白日登天。曾未數丈，橫墜於地。迫而察之，正大鳥之雙翼耳。真所謂不能奮飛者也。[①]

誦其辭文，品其內蘊，不期然頗有漢散古意迴光返照的韻味，但它并非上古散體的直接脫胎。回顧中古文僧謀篇造語之思維發展的邏輯過程，在散體思維之前，先經歷了一個駢散間行的階段：或運駢如散，或駢散相彰，或散中遺偶。儘管如僧順這樣的散文同當時風行的駢文，兩者謀篇造語的思維已毫無共同之處，但從中古文筆嬗變的歷程看，這散體的出現，是由駢儷獨盛而經駢散間行之後，邏輯發展的必然結果。從這個意義上說，中古駢文可稱之爲孕育化生釋門散文的母體；而這新散體天然具有的漢散古韻，好似文體"返祖"的現象，正是它血胤所自的鮮明標識。誠然，釋門散體出現並不意味著駢體和駢散間行的絕迹，它們之間的嬗變畢竟祇是邏輯過程。釋門文中三種文筆的共存，在散盛駢衰的總趨勢下，以後貫穿著整個唐朝。

初唐：駢散間行與運駢如散

駢體過於雕琢，束縛思想，隋初曾受到開皇君臣詬病。治書侍御史李諤上書說駢體使人"唯務吟咏"，以致"文筆日繁，其政日亂"，斥責駢儷文風亂政，當然有其理由。但他一概反對"文詞"，否定一切"緣情"之文，則是片面的。開皇四年（584），隋文帝以泗州刺史司馬幼之"文表華艷"，將他"付所司治罪"；李諤更主張"勒諸司普加搜訪，有如此者，具狀送臺"[②]，居然要用司法手段查禁某種文風。此類舉措均屬失之偏激。

貞觀諸臣對南北朝文風也有批評，但不是全盤否定，而是理智分析的態度。魏徵等所撰《隋書》卷七六《文學傳序》寫道：

永明（483~493）、天監（502~519）之際，太和（477~499）、天保（550~559）之間，洛陽、江左，文雅尤盛。……然彼此好尚互有異同：

---

① 僧順：《釋〈三破論〉》，見《弘明集》卷8，第51頁。按，"鼻"當爲"足"之誤；還應有"得象鼻者爭云"一句，闕。

② 《隋書》卷66《李諤傳》。

江左宮商發越，貴於清綺；河朔詞義貞剛，重乎氣質。氣質則理勝其詞，清綺則文過其意。理深者便於時用，文華者便於咏歌。此其南北詞人得失之大較也。若能掇彼清音，簡茲累句，各去所短，合其所長，則文質斌斌，盡善盡美矣。

肯定齊梁、魏齊之際江左與洛陽詞人的創作實踐，總結出南朝貴清綺北朝重氣質的文風特點，簡潔地指明了文體文風改良的方向："掇彼清音，簡茲累句。"令狐德棻也非難庾信之文："其體以淫放爲本，其詞以輕險爲宗"，斥子山爲"詞賦之罪人"，但他同時又強調：

　　原夫文章之作，本乎情性。覃思則變化無方，形言則條流遂廣。雖詩賦與奏議異軫，銘誄與書論殊途，而撮其旨要，舉其大抵，莫若以氣爲主，以文傳意。……其調也尚遠，其旨也在深，其理也貴當，其辭也欲巧。然後瑩金璧，播芝蘭，文質因其宜，繁約適其變。①

情爲文章之本，氣爲文之主旨；調遠，旨深，理當，辭巧；文與質併重，繁與約適中。貞觀諸臣對前代文學思潮的總結，顯然比較客觀公允；他們對文體文風的見解，同開皇君臣相比，也更符合文體自身演變的規律。這樣就爲初唐文壇沿承先唐傳統而繼進指明了路徑。後來歐陽修等人在《新唐書·文藝傳序》中回顧初唐文風的基本狀況說："高祖、太宗，大難始夷，沿江左餘風，綺句繪章，揣合低仰。"大致屬實。既然世俗文風如此，影響所及，釋門當不例外。

從文論與寫作的實踐來看，唐初文僧對前代文學的見解與貞觀諸臣略同。《法苑珠林·敬法篇·謗罪部》有貞觀元年的報應故事一則，說庾信在地獄中化爲多頭龜，借閻羅王之口指責"庾信是大罪人"；又使其自責："我是庾信，乃爲生時好作文章，……今受罪報龜身苦也。"② 這一則故事對前代文豪庾子山的貶損，從側面反映了以《法苑珠林》編者釋道世爲代表的初唐文僧，對

---

① 《周書》卷41《王褒庾信傳》"史臣曰"。
② 《法苑珠林》卷18《敬法篇·謗罪部》，見《大正藏》卷53。

前代綺靡文風的非議。而釋道宣的《廣弘明集序》標張“顏（延之）謝（鎮之）風規”：“極情理之幽求”，“誠智者之高致”；稱贊沈約《究竟慈悲篇》和顏之推《歸心篇》“詞采卓然，回張物表”。則道宣對南北大家篇什之“情理”與“詞采”的揄揚，不僅是對前代文學精華的肯定，而且是對它的認同。在唐初的釋門文壇，駢儷之筆漸向散筆貼近，而駢散間行遠未到消亡之時，它依然是釋門文風的主流，也就在情理之中了。

這一文風的主要代表人是玄奘、道宣、慧立、義淨、懷信等。試看玄奘的《請入少林寺翻譯表》摹寫嵩高宜於譯事的一段文字：

> 竊承此州嵩高少室，嶺嶂重疊，峰澗多奇。含孕風雲，包蘊仁智。果藥豐茂，蘿薜清虛。海內之名山，域中之神岳。其間復有少林伽藍、閒居寺等，皆跨枕巖壑，縈帶林泉，佛事尊嚴，房宇閑邃，即後魏三藏菩提留支譯經之處也。實可歸依，以修禪觀。[①]

由於通篇駢四如行雲流水，那首尾皆散的轉折句（“其間復有……譯經處也”）穿插其中，便渾然一體，毫無窒礙了。他的《答摩訶菩提寺慧天法師書》寫他與天竺高僧慧天的諍友之情：

> 昔因遊方在彼，遇矚光儀。曲女城會，又親交論當。對諸王及百千徒眾，定其深淺。此立大乘之旨，彼豎半教之宗，往復之間，詞氣不無高下。務存正理，靡護人情，以此則生凌觸。會罷之後，尋已豁然。今來使尤傳法師寄申謝悔，何懷固之甚也。[②]

在曲女城的無遮大會上，兩人論戰不講情面；會後即豁然相待。未料慧天法師對論諍常懷慚悔，若干年後仍要託來華使者轉達歉意。駢散交融的文字，使得兩位高僧的濃濃深情愈見真摯。《答中印度僧智光書》訴説玄奘得知一位天竺友僧逝世，悲不自勝云：“奉問摧割，不能已矣。嗚呼！可謂苦海舟

① 玄奘：《請入少林寺翻譯表》，見《全唐文》卷 906。
② 玄奘：《答摩訶菩提寺慧天法師書》，見《全唐文》卷 907。

沉，天人眼滅，遷奪之痛，何期（其？）速歟！"① 無論情愫之真，或論抒情之筆，兩函堪稱異曲同工。

唐高宗初年釋道宣的《賓主序》，是講解釋門道德觀的文字：

> 求蝸角之虛名，閉人天之坦路；取龜毛之小利，穿地獄之深坑。……縱使滿堂金玉，牽纏自己愚身。直饒羅綺盈箱，悶亂子孫業重。……切莫口行慈善，肚裏刀槍；面帶笑容，心藏劍戟。②

鏗鏘的駢儷音律，同生動形象的口語，在道宣的心海中，已然渾茫莫辨了。

唐高宗初年的另一位文僧、洛陽天宮寺釋元則作《禪林妙記前集序》，敘述悉達多太子食牧女乳糜、入河洗浴之後，坐菩提樹下，被惡魔發現：

> 惡魔見已，生瞋惱心。云："此人者，欲空我界。"即率官屬十八億萬，持諸苦來怖菩薩。……又遣妙意天女三人，來惑菩薩。爾時入勝意慈定，生憐愍心。魔軍自然墮落退散，三妙天女化為瘦鬼。③

高宗、武周之際終南山藍谷僧懷信，是當地一位僧侶大地主。他的《釋門自鏡錄序》自述閑適生涯，駢散交融，文筆精彩：

> 余九歲出家，於今六十矣。至於逍遙廣廈，顧步芳蔭，體安輕軟，身居閒逸。星光未旦，十利之精饌已陳；日彩方中，三德之珍羞總萃。不知耕獲之頓弊，不適鼎飪之辛勞。……余且約計五十之年，朝中飲食，蓋費三百餘碩矣；寒暑醫藥，蓋費二十餘萬矣！爾其高門邃宇，碧砌丹楹，軒乘僕豎之流，几案牀褥之類，所費又無涯矣！或復無明暗起，邪見橫生，非法棄用，非時飲啖，所費又難量矣！此皆出自他力，資成我用，與夫汲汲之位，豈得同年而較其苦樂哉？……向使不遇佛法，不遇

---

① 玄奘：《答中印度僧智光書》，見《全唐文》卷907。
② 道宣：《賓主序》，見《全唐文》卷910。
③ 元則：《禪林妙記前集序》，見《全唐文》卷908。

出家，方將曉夕犯霜露，晨昏勤墾畝，馳騁萬端，逼迫千計，弊襦塵絮，或不足以蓋形，藿茹餐食，或不能以充口。何暇盱衡廣殿，策杖閒庭，曳履清談，披襟閒謔，避寒暑，擇甘辛，呵斥童稚，證求捧汲，縱意馬之害羣，任情猿之矯樹耶！①

元則、懷信這兩篇生動的序文，可以説已基本出離駢體範式；唯有駢四整齊的節律，還閃爍著文心牢籠的罅影。

唐初文僧的長篇史傳著作，純用駢體文筆已不多見，唯彥琮《法琳別傳》近似駢體，大多是在不同程度上運用駢散間行的文筆②。道宣的多部著作均用散筆，同時還留存著鮮明的駢儷遺意。如《續高僧傳》卷一九《智周傳》寫智周德行和藝能：

> 惟周風情閒澹，識悟淹遠。容止可觀，進退可度。量包山海，調逸烟霞。……窮通不易其慮，喜慍不形於色。崇尚先達，提獎後進。道俗聞望，咸取則焉。加以篤愛蟲篆，尤工草隸，旁觀圖史，大善篇什。與兄寶愛，俱沐法流。③

玄奘、辯機的《大唐西域記》，散含駢四的文筆與道宣略同。如該書卷八記載摩揭陀國波吒釐子城由來的傳説：

> 初有婆羅門，高才博學，門人數千，傳以授業。諸學徒相從遊觀，有一書生徘徊悵望，同儕謂曰："夫何憂乎？"曰："盛色方剛，羈遊履影，歲月已積，藝業無成。顧此爲言，憂心彌劇！"於是學徒戲言之曰："今將爲子求聘婚親。"乃假立二人爲男父母，二人爲女父母，遂坐波吒釐樹，……陳婚姻之緒，請好合之期。……俄見老翁策杖來慰，復有一嫗來引少女，……翁乃指少女曰："此，君之弱室也。"酣歌樂宴，經七日焉。……

---

① 懷信：《釋門自鏡録序》，見《大正藏》卷 51。
② 彥琮：《唐護法沙門法琳別傳》，見《大正藏》卷 50。
③ 道宣：《續高僧傳》卷 19《智周傳》，見《大正藏》卷 50。

期歲之後，生一子男，謂其妻曰："吾今欲歸，未忍離阻。適復留止，棲寄飄露。"其妻既聞，俱以白父。翁謂書生曰："人生行樂，詎必故鄉？今將築室，宜無異志。"於是役使靈徒，……由彼子故，神爲築城，自爾之後，因名波吒釐子城焉。①

慧立的《大慈恩寺三藏法師傳》是長達十萬字的玄奘傳記。傳文皆本自奘師行事，運筆不滯，注重細節，雖亦有駢四遺意，却寫來流暢生動。如卷五描寫玄奘自天竺回國，過大雪山：

行七日至大山頂。其山疊嶂危峰，參差多狀。或平或聳，勢非一儀。登陟艱辛，難爲備叙。自是不得乘馬，策杖而前。復經七日，至一高嶺。嶺下有村，可百餘家。養羊畜，羊大如驢。其日宿於此村。至夜半發，仍令村人乘山駞引路。其地多雪潤凌溪。若不憑鄉人引導，交恐淪墜。至明盡日，方度陵險。時唯七僧並雇人等，有二十餘，象一頭，騾十頭，馬四匹。明日，到嶺底，尋盤道，復登一嶺。望之如雪，及至，皆白石也。此嶺最高，雖雲結雪飛，莫至其表。是日將昏，方到山頂。而寒風淒凛，徒侣之中無能正立者。又山無卉木，唯積石攢峰，岌岌然如林笋矣。其處既山高風急，鳥將度者皆不得飛。自嶺南嶺北各行數百步外，方得舒其六翮矣。②

由道宣、玄奘、辯機、慧立的含駢之散，再向散體方向前進一步，便是基本出離駢儷、句式更加自由的散筆了。試看義淨的《大唐西域求法高僧傳》卷下，對咸亨四年（673）他自羯荼北上沿途所見的記載：

至十二月，舉帆還乘王舶，漸向東天矣。從羯荼北行十日餘，至裸人國。向東望，岸可一二里許。但見椰子樹、檳榔林，森然可愛。彼見舶至，爭乘小艇，有盈百數。皆將椰子、芭蕉及藤竹器，來求市易。其所愛

① 季羨林等：《大唐西域記校註》，第 625 頁，中華書局，1985。
② 慧立本、彥悰箋《大唐大慈恩寺三藏法師傳》，見《大正藏》卷 50，第 249 頁。

者，但唯鐵焉。大如兩指，得椰子或五或十。丈夫悉皆露體，婦女以片葉遮形。商人戲授其衣，即便搖手不用。傳聞斯國當蜀川西南界矣。^①

此書的文筆，應視之爲含駢之散向純散過渡的類型。駢四儷六的句式，在此書中雖還時有痕迹，但在一部書裏（不是單篇序文），出現大段散筆，表明義淨對發展釋門散體的貢獻，已超過了大致同時代的玄奘、道宣、慧立等人。

唐初釋門的長篇論議著作，同樣鮮見純用駢體文筆。像唐太宗時，僧法琳同傅奕等論戰寫下的《破邪論》《辯正論》，是用駢散相間的文筆^②。唐高宗時僧復禮的《十門辯惑論》、僧玄嶷的《甄正論》，都是用“僞立客主，假相酬答”^③的答難體寫的説理文。《辯惑論》僞立“太子文學權無二稽疑”，復禮辯惑，反映一場儒釋之辨;《甄正論》僞立“滯俗公子問於甄正先生”，反映一場道釋之辨。這兩部著作的文筆也大致都是活潑的駢散相間。^④

盛唐：尚質的風習與散筆的生機

盛唐時代，文物昌明，文人輩出，文思勃湧。六朝那種過於雕琢的文體，同它所要反映的生動現實之間産生矛盾。它過於僵化，不適應人與人之間述事、説理、抒情的需要。揚棄駢偶創尋新體的時代要求已經出現。但由於駢偶風行日久，挾制文心，揮而不去;同時，駢偶之於官方文誥“軌物範衆，經邦叙政”^⑤的宗旨，也還適宜。所以，文壇新體盛唐時尚處在積變於漸的過程中。鑒於駢儷文往往溺於偶對失於氣格，開天間的“文章之道”特別強調作者的道德修養，強調“器識”^⑥，看重“氣調”，而以詞采爲第二位。天寶年間，尚衡編《文道元龜》，分文章爲三等。其序文曰：

① 義淨：《大唐西域求法高僧傳》卷下，見《大正藏》卷51。
② 法琳：《破邪論》《辯正論》，見《大正藏》卷52。
③ 劉知幾撰、趙呂甫校註《史通新校註·雜説下》，第987頁，重慶出版社，1990。
④ 復禮《十門辯惑論》、玄嶷《甄正論》，見《大正藏》卷52。
⑤ 尚衡：《文道元龜序》，見《全唐文》卷394。
⑥ 武則天時，吏部侍郎裴行儉評論“初唐四杰”説：“士之致遠，先器識而後文藝。”已經提出了先“道”後“藝”的標準。見《舊唐書》卷190上《王勃傳》。

文章之間，大抵不出乎三等。……君子之文爲上等，其德全；志士之文爲中等，其義全；詞士之文爲下等，其思全。其思也可以綱物，義也可以動衆，德也可以經化。化人之作，其唯君子乎。君子之作先乎行，行爲之質；後乎言，言爲之文。行不出乎言，言不出乎行，質文相半。斯乃化成之道焉。志士之作，介然以立誠，憤然有所述，言必有所諷，志必有所之。詞寡而意懇，氣高而調苦。斯乃感激之道焉。詞士之作，學古以攄情，屬詞以及物。及物勝則詞麗，攄情逸則氣高。高者求清，麗者求婉。耻乎質，貴乎情，而忘其志。斯乃頹靡之道焉。①

尚衡推崇的上等文章，是"可以經化"的"君子之作"。它的標準是"先質後文""質文相半"。這裏的"質"指德行，"文"指言詞，不同於唐初"質文併重"之"質"爲"樸質"。這標準有點"功夫在文章之外"的意味，不易企及，所以上等文罕見。憤然有所諷述的"志士之作"，是中等文章；攄情狀物的"詞士之作"是下等文章。"志士之作"詞寡意懇、氣調高苦，質勝於文；"詞士之作"屬詞婉麗、貴情忘志，文勝於質。由此看來，尚衡品評文章高下的標準——"文質相半"，實則爲"質重於文"，即德行重於詞采。

開元年間，張説與徐堅"論近世文章"，張説認爲李嶠、崔融等人的廟堂華章"如良金美玉"；富嘉謨之文"如孤峰絶岸，壁立萬仞，濃雲鬱興，震雷俱發，誠可畏也，若施於廊廟，駭矣"；閻朝隱之文"如麗服靚妝，燕歌趙舞，觀者忘疲，若類之《風》《雅》，則罪人矣"②。張説所列的三類文章，同稍後尚衡所論三等文的品類特徵"化成""感激""頹靡"，恰相對應。如果詢諸唐朝文壇，則當時人更爲推崇"中等"文章，即富嘉謨式的"志士之作"：

天下文章尚徐、庾，浮俚不競，獨嘉謨、（吳）少微本經術，雅厚雄邁，人爭慕之，號"吳富體"。③

① 尚衡：《文道元龜序》，見《全唐文》卷394。
② 《新唐書》卷201《文藝上》四傑傳後。
③ 《新唐書》卷202《文藝中·富嘉謨傳》。

（蕭穎士）所許可當世者，陳子昂、富嘉謨、盧藏用之文詞。①

大抵這一類文章都是有感而發，"率情而書，語無雕刻"②，容易引起讀者共鳴而被推重。歐陽修綜論盛唐文風説：

玄宗好經術，羣臣稍厭雕琢，索理致，崇雅黜浮，氣益雄渾。③

這一評論乃是對盛唐"質文相半""質重於文"之文風的概括。世俗文風流被所及，必然會影響盛唐釋門文風。這影響的主要體現是，盛唐釋門文勿論駢散，皆崇質尚簡。

盛唐文僧喜用駢偶，同世俗文壇的濡染相關。那時的廟堂大手筆，如張説、蘇頲等，都是駢體大家，對文筆時尚影響甚巨。文僧之駢固然不乏宏篇，而短駢亦可別備一格。如京師招福寺道氤的《上元宗遺表》④，是一篇辭世文，長僅百字，筆意平和達觀。清泰寺元朗的《招元覺大師山居書》⑤，祇有八十字，純用駢四而運駢如散：

自到靈溪，泰然心意。高低峰頂，振錫常遊。石室巖龕，拂手宴坐。青松碧沼，明月自生。風掃白雲，縱目千里。名華香果，蜂鳥銜將。猿嘯長吟，遠近皆聽。鋤頭當枕，細草爲氈。世上崢嶸，競争人我。心地未達，方乃如斯。倘有寸陰，願垂相訪。

下筆如行雲流水，信手拈來，何其散淡自然！

京師興唐寺的開元名僧一行和崇福寺的智昇，擅用散筆敘事説理。如一行的《請與星官考校黃道遊儀疏》，自《舜典》"璇樞玉衡"説起，概述張蒼、司馬遷、唐都、洛下閎、賈逵等造曆觀天的歷史，指明"近史官壹以赤道度

---

① 《新唐書》卷 202《文藝中·蕭穎士傳》。
② 《舊唐書》卷 190 下《文苑下·元德秀傳》。
③ 《新唐書》卷 201《文藝傳序》。
④ 道氤：《上玄宗遺表》，見《全唐文》卷 914。
⑤ 元朗：《招元覺大師山居書》，見《全唐文》卷 915。

之，不與天合，至差一日以上"的誤差，特疏請將日月星簿給星官考校。散筆直書，條理明晰，全文祇有二百五十字①。智昇的《開元釋教録序》叙述釋教目録學的興起、功用，先代目録在流傳過程中的遭際，新編開元録的緣由，祇用了一百五十六字。②

開天之際揚州法慎寺僧法海的《六祖大師法寶壇經略序》，是用散筆記載有關禪宗六祖慧能傳説的記叙文佳作。如記載曹溪寶林寺由來及寺殿前之龍潭的兩則傳説：

> 兹寶林道場，亦先是西國智藥三藏，自南海經曹溪口，掬水而飲，香美異之，謂其徒曰："此水與西天之水無别，溪源上必有勝地，堪爲蘭若。"隨流至源上，四顧山水迴環，峰巒奇秀。嘆曰："宛如西天寶林山也。"乃謂曹溪村居民曰："可於此山建一梵刹，一百七十年後，當有無上法寶，於此演化，得道者如林，宜號寶林。"時，韶州牧侯敬中以其言具表聞奏。上可其請，賜"寶林"爲額。遂成梵宫，落成於梁天監三年。
>
> 寺殿前有潭一所，龍常出没其間，觸撓林木。一日，現形甚巨，波浪汹湧，雲霧陰翳。徒衆皆懼。師叱之曰："爾祇能現大身，不能現小身。若爲神龍，當能變化：以小現大，以大現小也。"其龍忽没。俄頃，復現小身，躍出潭面。師展鉢試之，曰："爾且不敢入老僧鉢盂裏！"龍乃游揚至前。師以鉢舀之，龍不能動。師持鉢堂上，與龍説法。龍遂蜕骨而去。其骨長可七寸，首尾角足皆具，留傳寺門。師後以土石堙其潭。今殿前左側有鐵塔處是也。③

有師僧和龍的形象，有對話，有故事情節，像是生動的傳奇，又像一篇地道的散文。此文以"序"爲名，而其叙事之流利，文筆之酣暢，比之七八十年前義淨《求法高僧傳》中的叙事散筆，又向著自由無拘的方向邁進了一步。

---

① 一行:《請與星官考校黄道遊儀疏》，見《全唐文》卷914。
② 智昇:《開元釋教録序》，見《全唐文》卷914。
③ 法海:《六祖大師法寶壇經略序》，見《全唐文》卷915。

　　盛唐時期釋門的長篇史傳著作，推重"詞質而俚"①，即遣詞造語力求質實、通俗、活潑。這同樣反映了盛唐文壇"崇質尚簡"的一代文風。大約睿、玄之際，銳意弘揚《法華經》的僧祥，著《法華傳記》十卷，備載法華靈驗故事②。試看此書卷八《北齊仕人》：

　　　北齊時，有仕人，姓梁，甚豪富。將死，謂其妻子曰："吾平生愛奴及馬，皆使乘日久，稱人意。吾死，可以爲殉；不然，無所使乘也。"及其死，家人以囊盛土，壓奴殺之；馬則未殺。奴死四日而蘇，説云：當不覺去，忽至官府門，門人因留止。在門所經一夜。明旦，見其亡主，被鎖，嚴兵守衛，將入官所。見奴，謂："且我謂：'死得使奴婢。'遺言喚汝。今各自受，全不相關。今當白官放汝。"言畢而入。奴從屏外窺之，見官問守衛人曰："昨日押，取脂多少乎？"對曰："得八升。"官曰："更將去押，取一斛六升。"主即被牽出。竟不得言。明旦，又來，有喜色，謂奴曰："今爲汝白也。"乃入。官問："脂乎？"對曰："不得。"官問所以。主司曰："此人死三日，家人爲請僧設齋。每聞經唄聲，鐵梁則折。故不得也。"官曰："且將去。"主司因白官，請放奴。官即喚放。

　　簡潔的語言，生動的情節，刻畫了主、奴、官、主司等四個形象鮮明的人物；尤其對那個公然榨取罪人脂膏的貪官，揭露得更是入木三分。這地獄的黑暗與罪惡，無疑是人間現實的反映。方外之人僧祥，用這種曲筆形式，實踐著盛唐文壇"質文相半"即道、藝并重的標準。

　　慧超的《往五天竺國傳》用"實録"式文筆，記載他的西域求法見聞。"事竅而實"③ 是慧超著作的特點，也從一個新的角度反映著"崇質尚簡"的盛唐文風。請看他對波斯大食以東諸國風俗的描述：

　　　又從大食國已東，並是胡國，即是安國、曹國、史國、石騾國、米

---

①　僧祥：《法華傳記》卷 1，見《大正藏》卷 51。
②　僧祥生卒不詳。《法華傳記》卷 6《齊州三總山釋清慧》載有神龍元年事（見第 75 頁上欄），據此估計僧祥著書大約在睿宗、玄宗之際。
③　僧祥：《法華傳記》卷 1，見《大正藏》卷 51。

國、康國等。雖各有王，並屬大食所管。爲國狹小，兵馬不多，不能自護。土地出駝騾、羊馬、氍布之類。衣著氍衫褲等及皮裘。言音不同諸國。又此六國總事火祆，不識佛法。唯康國有一寺，有一僧，又不解敬也。此等胡國，併剪鬚髮，愛著白氍帽子。極惡風俗，婚姻交雜，納母及姊妹爲妻。波斯國亦納母爲妻。其吐火羅國，乃至罽賓國、犯引國、謝䫻國等，兄弟十人五人三人兩人，共娶一妻，不許各娶一婦，恐破家計。①

慧超至西域的視野所及，舉凡其國名、方位、轄治、物產、衣著、信仰、婚姻、習俗等，均得細緻的觀察和翔實的記錄。慧超西行本爲求法。他卻以卓越的識見和簡潔的文筆，爲後人留下這份有關中古時期中亞、南亞諸國國情的寶貴文獻。良史、佳文，洵爲雙美。

中唐：散筆的振起與雙峰并峙

貞元、元和之世，韓愈爲文"務反近體，抒意立言，自成一家新語"。②"近體"是相對於"古文"而言，指駢體；"反近體"即不拘偶對，率意直書。韓愈等人倡起"古文運動"，創成"一家新語"，是自唐初以來，文體演進積變於漸的結晶。"唐之文完然爲一王法"，它成爲唐文散體發育成熟的標誌。這一新的筆體"排逐百家，法度森嚴，抵軼晉魏，上軋漢周"③，繼秦漢古文之後，散筆發展達到又一座高峰。由於新體適乎時代要求，便於更充分地表達思想，有强大的生命力，被人"取爲師法"，風靡中唐文壇。

安史之亂以後，禪宗、淨土宗普傳民間，釋與儒融合漸深，僧侶與文人的交往越發頻繁。這些因素，都刺激推動了釋門的筆體改新歷程。在中唐釋門文壇，文僧們運用散筆寫各種體裁的文章，舉凡序、表、書、記、傳、帖、碑文、疏奏等，無不涉足。駢體還在用，已不佔主要地位；散體則取駢而代之，成爲風行中唐文壇的主要筆體。在唐前期釋門文中相當盛行的駢散間行，

---

① 慧超：《往五天竺國傳》，見《大正藏》卷51。
② 《舊唐書》卷160《韓愈傳》。
③ 《新唐書》卷201《文藝傳序》。

中唐時已更多地趨近散體、漸失駢韻了。

中唐釋門散筆的并峙雙峰是兩大文僧——吳會的釋皎然和東蜀的釋神清。

釋皎然（？—804?），名清晝，湖州長城（今浙江長興）人，俗姓謝氏，爲謝靈運十世孫。早歲於杭州靈隱寺登戒後，大約出於家學因素，於"聽毗尼（律藏）"之外，"兼攻併進，子史經書各臻其極"；"特所留心於篇什中，吟咏情性，所謂造其微矣。文章俊麗，當時號稱'釋門偉器'"。中年以後，廣結儒臣文士，"以陸鴻漸爲莫逆之交"，"常與韋應物、盧幼平、吳季德、李萼、皇甫曾、梁肅、崔子向、薛逢、吕渭、楊逵，或簪組，或布衣，與之交結，必高吟樂道。……故著《儒釋交遊傳》"[1]。他能成長爲一代文僧，無疑得益於自己這種獨特的經歷。

皎然的文學創作活動，同他廣交文友的生涯大致同時，主要在大曆（766~779）至貞元初年（785~）。皎然的散筆寫作多用書、序、傳三體。如《答權從事德輿書》寫自己文心之性及對權德輿的傾慕：

> 權三從事足下：傳吏至，辱書，謬蒙發揚，殊增悚恧。觀其立言典麗，文明意精，實耳目所未接也。幸甚幸甚！貧道驟名之人，萬慮都盡，強留詩道，以樂性情，蓋繇瞥起餘塵未泯，豈有健羨於其間哉！
>
> 初，貧道聞足下盛名，未睹製述，因問越僧靈澈、（闕）古豆盧次方，僉曰楊、馬、崔、蔡之流。貧道以二子之言，心期足下，日已久矣，但未識長卿、子雲之面，所恨耳！[2]

《贈李舍人使君書》用高逸散淡的文筆，抒發著同樣的文心與傾慕：

> 自湖上一辭，十有餘載。公貴爲方伯，晝迹在空林。出處殊疏，音塵不接，蓋理然也。晝從辭後，自謂年多志固，名疏道親，唯慕空門。若有所詣，然未曾遇知己……昔謝太傅每賞支公善標宗要，若九方堙之相馬，略其元黃而取其俊逸。晝今日於公，即道林逢太傅之秋也。又晝

---

① 《宋高僧傳》卷29《皎然傳》，見《大正藏》卷50。
② 清晝：《答權從事德輿書》，見《全唐文》卷917。

於文章，理心之外，或有所作，意在適情性，樂雲泉。亦何能苦僆美於其間哉。頃者目疾相嬰，濛濛如隔烟霧；兼患脚氣，行李不進。昨承至止，病中不獲躬詣門闌，披叙離闊，形礙神往，有所恨也。謹馳狀兼簡雜文。畫性野，思拙機淺，忽若偶中風律，終期匠者賞鑒不遺。①

《〈詩式〉中序》記述在東溪草堂與"二三子"、在湖州與李洪的兩次對話，其中穿插同"筆硯"的風趣"笑言"，述説他寫作的艱辛，及編撰《詩式》的緣起，是另一種散筆風格：

> 貞元初，余與二三子居東溪草堂，每相謂曰，世事喧喧，非禪者之意。假使有宣尼之博識，胥臣之多聞，終朝目前，聆道倆義，適足以擾我真性。豈若孤松片雲，禪坐相對，無言而道合，至静而性同哉！吾將深入杼峰，與松雲爲侣。所著《詩式》及諸文字，併寢而不紀。因顧筆硯而笑言曰："我疲爾役，爾困我愚。數十年間，了無所得。況爾是外物，何累乎我哉！住既無心，去亦無我。今將放爾，各原其性，使物自物，不關於余。豈不樂乎！"遂命弟子黜焉。
>
> 壬申（792）夏五月，會前御使李公洪自河北負譴，遇恩再移爲湖州長史。初與相見，未交一言，恍若神合。……他日，言及《詩式》。余倶陳夙昔之志。公曰不然。因命門人簡出草本，一覽而嘆曰："早歲曾見沈約品藻，惠休翰林，庚信詩箴。三子之論，殊不及此。奈何學小乘偏見，以夙昔爲詞耶！"再三顧余，敢不唯命。②

《强居士傳》爲一位民間醫生立傳，却衹有短短二百字，僅引用强居士一句話揮灑成文。讀來精警雋永，勝過長篇大論：

> 客有强君，隱士之儔也。理照湮俗，寄於和扁之伎，而時人無能知者。予嘗問君以醫之術。君對曰："夫妙有統於心，而通於物理。其静爲

---

① 清晝：《贈李舍人使君書》，見《全唐文》卷 917。
② 清晝：《〈詩式〉中序》，見《全唐文》卷 917。

性，其照爲覺。覺也者，日月之謂乎；性也者，太虛之謂乎。故理世爲儒，可以敷五典；理性爲釋，可以越四荒；理病爲醫，可以空六腑。使定命可逭，業疾可亡，而世教罕能迨之。故醫王未悉辨也。"予曰："至哉，斯言！"命小子志之。①

宋釋贊寧評皎然文筆風格曰：

觀其文也，疊疊而不厭，合律乎清壯，亦一代偉才焉。②

"疊疊不厭"説他寫作勤奮；"合律"指他的文筆符合當時文壇通行的律範；"清"與"壯"是對他的文章風格的概括。當時的諺語稱："雪之晝，能清秀。"③也意在強調皎然文筆散淡俊逸的風格。

神清（756?~814），俗姓章氏，綿州昌明（今四川江油）人。大曆（766~779）中，受戒於綿州（今四川綿陽）開元寺。貞元（785~805）年間"詣上都，後以贍學，入内應奉"。晚年回梓州（治在今四川三臺）住持慧義寺④。生活在三教融合日深的時代，神清與遥居東南的皎然一樣，飽受儒釋道文化熏陶；如論對三教經籍之熟稔，神清則勝過皎然。散筆寫書序是皎然之長；援用三教典籍綜釋故實義理則爲神清之長。以散筆撰寫的《北山參玄語録》（又名《北山録》）是神清的代表作。全書十卷，約十萬字，分列《天地始》《聖人生》《法籍興》《綜名理》《論業理》等十六篇。此書以"出入諸經"⑤"博該三教"⑥爲特色，論説新穎自成體系，曾轟動當時學林，"最爲南北鴻儒名僧高士所披玩"。⑦

首篇"天地始"綜叙儒釋兩家的宇宙觀、進化論和社會觀。神清運用問對體，假立"艾儒""予小子"各爲主、賓，借"艾儒"（即長儒）之口，首

---

① 清晝：《强居士傳》，見《全唐文》卷918。
② 《宋高僧傳》卷29《皎然傳》。
③ 《宋高僧傳》卷29《皎然傳》。
④ 《宋高僧傳》卷6《梓州慧義寺神清傳》。
⑤ 沈遼：《〈北山録〉序》，見《大正藏》卷52。
⑥ 《宋高僧傳》卷6《梓州慧義寺神清傳》。
⑦ 《宋高僧傳》卷6《梓州慧義寺神清傳》。

先闡述易學太極說的宇宙觀及盤古神話：

> 艾儒為儒，奮於休聲，羣儒即而慕教焉。予小子或以宇宙權輿，再拜致懷者。艾儒曰："富哉，問之也。吾知夫天地溟涬之人也，旦旦乎。居，吾語汝。

> "易有太極，是生兩儀。厥初未兆，馮馮翼翼，頩頩洞洞，清濁一理，混沌無象。殆元氣鴻蒙，萌芽資始。粵若盤古，生乎其中。萬八千歲，天地開闢。天日高一丈，地日厚一丈。盤古日長一丈：頭極東，足極西，左手極南，右手極北；開目為曙，閉目為夜；呼為暑，吸為寒；吹氣成風雲，吐聲成雷霆。四時行焉，萬物生焉。"

再則援用《禮記·禮運》，描述初民社會：

> 太古之時，燔黍擗豚，污樽抔飲，蕢桴土鼓。冬則居營窟，夏則居橧巢。未有火化食，草木之實，鳥獸之肉，飲其血，茹其毛。未有絲麻，衣以羽皮。後聖有作，然後修火化之利。範金合土，以為臺榭宮室戶牖。以炮以燔，以烹以炙，以為醴酪。治其絲麻，以為布帛。以養生送死，以事鬼神焉。

> 自太古至於今，年世不可勝紀。伏犧之後，凡四十餘萬年。變化財成，為君為臣，為人為民。害益興亡，前儒志之，後儒承之。浩浩紛紛，未可一日而殫論也已矣。

繼則神清自敘其始學儒言、終業釋氏的經歷，闡述釋教之成、住、壞、空各二十劫的世界觀：

> 涪水之濱，北山野夫，背華離俗，為日久矣。尚志於古，而所知不博；率躬由道，而至方是礙。爰在始學，篹於鄉塾之末，聆儒風而悅之，曰："大哉，儒言！"暨更業乎釋氏，涉其涯涘，怖若河漢，斷斷然無敢慊乎！若患聞之不早聞也，曰何！其曰：

> 乾竺聖人云：前劫既壞，天地已空，空而復成，此劫方始。是時，

空有微風，風漸乎烈，居此界之下，實爲風輪。大雲升空，降雨如軸，積彼風輪之上，結爲水輪。水輪最上，堅凝爲金，如乳停膜，是爲金輪。三輪既成，雨自空飛，注金輪上，既廣且厚。風擊此水，清濁異質：爲梵世，爲空居；爲寶石，爲山海；爲土地，爲宮室。品物唯錯，區域肇成。

上界諸天，死者下生。體有飛光，足若御雲，不飲不食，年期無數。洎乎地味如飴，地皮孔甘，林藤流芳，香稻發滋。食此四者，災乎其身：其體堅重，其光隱没，日月星辰，從兹見矣。蠲穢導氣，人道成焉。忿忞既萌，愛慾是興。有父子焉，有君臣焉。畫野分邦，列國興焉。我疆我里，貨殖阜焉。閑邪討罪，刑辟立焉。自此閻浮提，至於百億閻浮提；自此四天下，至於百億四天下。距大鐵圍山，皆同此時成，爲一大聖之寰宇也。

神清又援《莊子》，闡發時空無盡、古今無定、小大無定，世界、宇宙不可知的相對主義觀念：

哀余生乎此中，爲醯鷄乎？爲螻蛄乎？夫何能知宇宙之遼廓，年劫之悠永！但諒誠於聖人也。夫積年以爲億，安得億年不爲劫乎？積土以爲邦域，安得邦域不爲世界乎？

湯問革曰："上下八方有極乎？"革曰："無極之外，復無極也。"冉有問仲尼曰："未有天地，可知乎？"仲尼曰："古猶今也。"是知古先哲王洎先儒，非不知有者，但默昭而已矣。夫登蒙山而小魯，登太山而小天下，況有高於太山者乎！誠不虛矣。

關於黃帝夢遊華胥國的傳說，神清將華胥比附爲《立世阿毗曇經》所説四大洲之北俱盧洲：

古者黃帝晝寢，夢遊華胥氏之國，不知斯齊國幾千萬里，蓋非舟車足力之所及。其國無師長，自然而智，無惡死，無夭殤。不知親己，不知疏物，故無愛憎。不知背逆，不知向順，故無利害。都無所愛惜，都無所畏忌。洎黃帝寢寤，怡然有得。

吾考思其國，若北鬱（即北俱盧洲）之天下也。居九圍之外，在瀛海之中，非天老、力牧、太山稽所知也。帝鴻氏齊心服形，求養身理物之道，故神所遊焉。非北洲則不如所夢也。

第十五篇《異學》中，神清提出"習外學"的思想，主張釋僧不拘內典，博採外道諸家學問。這一思想誠然是三教融合思潮的產物，但鮮有神清講得如此明確：

> 器弘者以虛受爲美，心遠者以贍聞爲優。故我大聖暨古先哲王，嘉贊博能，高稱上智，使圓顱方趾，賢愚於焉別矣。薩波多師，十二時中，許一時學外，故於其宗悉能區別內外典籍，善解論義。……
>
> 夫欲絢美玄黃，先潔其素；欲涉道德，先履仁義。故大聖遺法二千年，而中華之人，以先有孔老虛無仁智，而後識精真之教，迴向崇奉者，門門如日教之矣。四夷之人，非二教所罩，於今猶不能齋戒，而況能神遊八解之理乎。故釋教藉二教以爲前驅也。……
>
> 守本教者，模則有餘；兼異學者，競則有餘。非君子罔以謹其極矣。故前哲云，學之於身，如餌如樂。夫餌以醯醢鹽梅，齊之使和，濟其不及，泄其所過，而後享之，五臟平矣。樂以金石絲竹，韻之使諧，節其將遺，剪其所淫，而後聽之，五氣正矣。若專夫一味一音，則於焉何取！①

北宋熙寧元年（1068），丘濬寫《〈北山錄〉後序》，首先回顧元和年間的文壇大勢，而後論及神清：

> 於時文章彬鬱，類麟鷟虯虎、蘭桂珠貝，騰精露芒，溢區宇間。若韓退之、柳子厚、元微之、白居易、劉禹錫、李觀，悉以才刃侔造化，譬孫吳起、翦，當戰國際，爭武勇權術之勝也。……
>
> 考其（指《北山錄》——筆者）大概，以兀立空寂爲本，欲天下派歸於巨壑焉。會粹老子、孔子經術，莊、列、荀、孟、管、晏、楊、墨、

---

① 神清：《北山錄》，見《大正藏》卷52。

班、馬之説，馳騖其間，約萬歧而趨一正。峙之則如山，渟之則如淵；
變之則風霆，平之則權衡。其恢宏辯博如是之甚矣。嗟夫！元和丙戌
（806），至聖宋熙寧元年戊申（1068），二百六十三歲，而昔之大儒蔑一
句稱謂以襃貶乎神清。何也？蓋專其所守，不敢以徑隧生疵詬，非嫉其
才能而然。①

　　丘濬將《北山録》比喻爲薈粹百家之册府，天下文林之巨壑，説二百年
間無一大儒能加疵詬。他以爲元和間東蜀梓州慧義寺文僧神清，實類於釋門
韓退之。宋人對神清其人其書的推崇，於此可見。

　　元和、太和年間，南北文僧多有散筆序、傳、銘、記、文諸體佳作，或
揭理統事，或緣事見情，筆法精熟，頗有特色。

　　福琳的《唐湖州杼山皎然傳》是一篇千字文。有鬼物赴皎然所設冥齋的
兩個故事，雖涉荒誕，却能生動體現文僧皎然詼諧散淡的個性，頗含機趣：

　　　又興冥齋，蓋循燋面然故事，施鬼神食也。晝舊居州興國寺，起意
　　自捐衣囊施之。嘗有軍吏沈釗，本德清人也。夕從州出，乘馬到駱駝橋。
　　月色皎如，見數人盛飾衣冠。釗怪問之：“如何到此？”曰：“項王祠東興
　　國寺，然公修冥齋。在此伺耳。”釗翌日往覆，果是鬼物矣。

　　　又長城（今浙江長興）赴胥錢沛行役，泊舟呂山南。見數十百人行，
　　并提食器，負束帛，怡然笑語而過。問其故，云：“赴然師齋來。”②

　　師用的《爐峰院鐘記》，記述宣州南陵（今安徽南陵）爐峰院置鐘，借
申佛寺法鐘之義：

　　　聖人立法製器，以利濟於時，其義遠矣。釋氏教，有以鐘，號法鼓。
　　鏗以致信，信以警時，時以集事，其用勤矣。故凡緇侶住處，必懸以簨
　　簴，立以臺閣，蓋取斯也。……

────────────

① 丘濬：《〈北山録〉後序》，見《大正藏》卷 52。
② 福琳：《唐湖州杼山皎然傳》，見《全唐文》卷 919。

　　夫中人之務學於道者，或勤而不息，或惰而不勵。唯鐘能節之，使知時合宜，得進退之度。警告昏曙，發幽暢遠，聆其響者，肅然起慈敬之念，況拯危拔苦之感，彰乎前傳哉！①

　　白居易曾自編文集七十卷，繕寫三部，分別贈予東都聖善寺、蘇州南禪寺、廬山東林寺珍藏。東林寺所藏後毀於兵火。太和初年，江州刺使李景信襄助重抄一部，仍藏東林寺。江州管內僧正匡白撰《東林寺白氏文集記》，回憶該寺初藏《白氏文集》的經過，兼申傳藏諍文、規諫有政之義：

　　文其規諫者，乃有國之龜鏡也。其於哲后真事，未嘗不討論之，聽納之，將欲俾雄圖令嗣，延百千世之奕業，何止於萬歲哉。苟無鑒裁，不偶其時，則秦之坑焚，衛之篡伐，何所存焉。
　　皇唐白傅之有文勳鈎私乃惟，曰：“此必補之，蓋不銷吾之力也。”及旋旆於府，即命翰墨者繕之。不期月，操染畢。函而藏之於辨覺大師堂之座左。誡其掌執事者：嚴以鎖鑰開閉，準白侯《文集》，無令出寺，勿借外人。又圖白侯真於其壁，使人敬憚之，不敢苟違也。……其間表箋、制誥、文賦、歌詩、讚頌、碑銘、議論、箴誅，無不以諷諫為旨，黜陟為事，使讒諛奸詭所不能隱匿矣；而流於搢紳，莫不滋味之以為藥石也。②

　　華嚴五祖、終南山草堂寺宗密的《答溫尚書書》，用明快流暢的文字，闡述眾生皆有佛性，而被情業所蔽，是一篇散筆小品佳作：

　　一切眾生，無不具覺靈空寂，與佛無殊。但以無始劫來，未曾了悟，妄執身為我相，故生愛惡等情。隨情造業，隨業受報。生老病死，長劫輪迴。然身中覺性，未曾生死。如夢被驅使，身本安閒；如水作冰，溫性不異。若能悟此意，即是法身。③

---

① 師用：《爐峰院鐘記》，見《全唐文》卷919。
② 匡白：《江州德化東林寺白氏文集記》，見《全唐文》卷919。
③ 宗密：《答溫尚書書》，見《全唐文》卷920。

宗密的另一篇散筆小品佳作《示學徒文》，祇有一百五十字，設以修心四問，示以頓教二十四字修心法，讀來親切明白：

> 一從別後，相憶是常。未審朝暮用心，在何境界？得背塵合覺否？外境內心，覺了不相關否？定慧輕安適悅否？修行若忘失菩提心，知之總是魔業否？數數覺察，勤勤觀照；習氣若起，當處即休；輒莫隨之，亦莫滅之。何以故？陽焰之水，不應趁故，不應滅故。不應趁故，免落凡夫縱情；不應滅故，免墮二乘調伏。圓宗頓教，畢竟如斯。但與本性相應，覺智自然無間。長時之事，難可具書。略標大分，自須努力。不多述也。①

從以上文僧住寺的地域分佈看，兩位大手筆杼山皎然與北山神清，一位在吳會的湖州，一位在東蜀的梓州；湖州福琳，宣州師用，江州匡白，都是江南大德；祇有終南山宗密是京師高僧，居處西北。由此看來，隨中唐古文運動而振起的釋門散筆大波，屢見激蕩於江南、巴蜀、京畿地區；其餘廣大地域，尤其大河南北的釋門文壇，却鮮睹其漣漪。這釋門散筆空間發展的不足，須待北漸東拂的散風，到晚唐時代吹來，更開釋門文壇新生面，纔能得以改觀。

晚唐五代：散筆北漸與尚簡的文風

晚唐的釋門文壇上承中唐餘緒，依然保持著散筆的主導地位；同時在空間上，向著北方的淨地文林浸潤推進。晚唐與五代十國時期的釋門文僧，散筆為文而留下了較好傳世作品的人物，主要有：長安安國寺正言，長安西明寺高閑，鎮州（治在今河北正定）保壽寺延昭，薊州（治在今天津薊縣）興禪寺文貞，籍在洛陽的沙門亞栖，以及江夏（今武昌）沙門元楚，前蜀成都的曇域。七人之中，五人是北方寺院的文僧。晚唐時期的散筆之作，出自京

---

① 宗密：《示學徒文》，《全唐文》卷920。

師、江南、西蜀文僧之外，還能出自河北州寺的文僧之手，一個重要的因素，是由於唐末河北藩鎮割據，同朝廷分庭抗禮，波及全國僧寺的會昌毀佛之令，在這一地區未能真正實行，河北諸州的佛寺與僧侶因而得免一場浩劫。

幾位北方文僧的散筆傳世之作，多是短章小品。由於唐朝國勢衰落，時值亂世，淨地不靜，雖爲方外之人，文僧們也大多失落了高逸恬淡的文心，簡慢了出世脫俗的情懷。北方自漢魏以來，即受樸質滯重的經學傳統學風的影響。唐前期的釋門散筆，則有尚質的風習。晚唐五代社會亂離的氛圍，恰爲漢儒久遠傳統的復歸，以及釋門尚質文風的重現，提供了適宜的溫牀。不難看出，北方文僧的這些小品短章，無論形式還是內容，都在刻意追求簡賅質實的風格。讀之雖乏皎然式的清逸散淡、神清式的恢宏氣概，但其質簡之風鮮明；間有較精巧的構思，較精緻的文筆。

正言，大中（847~860）時爲京師安國寺沙門。他的《病中上寺主疏》，是一篇死後永捨私財（含"弟子"即奴僕）入寺的遺囑：

> 正言自小入道，謬列緇倫，陪行伍。今緣身嬰風疾，恐僧務多有。……有少許贏利充衆僧外，請將自出錢買得廢安所在萬年縣滻川鄉並先莊，並院內家具什物，兼莊內若外、若輕若重，并囑授內供奉報聖寺……大德兼當寺主。有手下弟子李自還併付。莊悉是自出錢物買得，盡不併諸同學等事，並皆無分。今法師爲主，一捨永捨。[①]

高閑，湖州烏程人，先後住京師薦福、西明等寺，大中時加號十望大德。他的《此齋帖》實爲一張便條，系晚年歸里後所寫。雖仍是漢魏以來的傳統帖式，却極簡，僅三十餘字：

> 此齋破除京中所得物猶未盡，豈得更受相助錢物。勞送此意，便令却還，本請檢納。六日，高閑白。[②]

---

① 正言：《病中上寺主疏》，《全唐文》卷 920。
② 高閑：《此齋帖》，《全唐文》卷 920。

　　延昭，俗姓劉氏，餘杭人，咸通（860~874）中住持鎮州保壽寺。他的《臨濟慧照禪師塔記》，用實錄式筆法，兼採神異，寫慧照生平，兼及臨濟宗祖庭故實，全文不足三百字：

　　　　師諱義元，曹州南華人也，俗姓邢氏。幼而穎異，長以孝聞。及落髮受具，居於講肆。精究《毗尼》，博賾經論。俄而嘆曰："此濟世之醫方也，非教外別傳之旨。"即更衣遊方，首參黃檗，次謁大愚。其機緣語句，載於《行錄》。既受黃檗印可，尋抵河北鎮州城東南隅，臨滹沱河側小院住持。其"臨濟"因地得名。時，普化先在彼，佯狂混眾，聖凡莫測。師至，即佐之師正旺化。普化全身脫去，乃得符山小釋迦之懸記也。適丁兵革，師即棄去。太尉默君和，於城中捨宅為寺，亦以"臨濟"為額，迎師居焉。後拂衣南邁，至河府。府主王常侍延以師禮。住未幾，即來大名府興化寺，居於東堂。師無疾。忽一日攝衣據坐，與三聖問答畢，寂然而逝。①

　　文貞，中和（881~885）時任薊州興禪寺上座。他的《善化寺記》寫卜地立寺緣起，惜墨如金，祇有六十餘字：

　　　　大德以唐宣宗大中十二年春來燕。選名寺以憩留，嚮德者盈途。青松節峻，白雲志高。侍中張公崇敬，別卜禪居於遵化坊吉地，鬮開梵宇，儼似蓮宮。奉請賜額為"善化"。②

　　亞棲，洛陽人，住寺不詳，光化（898~901）中賜紫，善書。他的《論書》倡書法貴變之理，是一篇法書論文，要言不煩，開門見山，論據堅確有力，也祇有八十餘字：

　　　　凡書通即變。王變白雲體，歐變右軍體，柳變歐陽體。永禪師、褚

---

① 延昭：《臨濟慧照禪師答記》，《全唐文》卷 920。
② 文貞：《善化寺記》，《全唐文》卷 920。

遂良、顏真卿、李邕、虞世南等，併得書中法，後皆自變其體，以傳後世，俱得垂名。若執法不變，縱能入石三分，亦被號爲書奴，終非自立之體。是書家之大要。①

唐末大詩僧貫休弟子曇域的《〈禪月集〉後序》，不同於以上北方文僧的散筆小品。這是一篇構思巧妙的散筆短章。錄文於下：

> 有唐翰林學士兵部侍郎吳融請爲叙。先師長謂吾門人曰："吳公文藻贍逸，學海淵深。或以揖讓周旋（闕一字）待矣，或以文害辭，或以辭害志，或以誕飾饒借，則殊不解我意也。子可於余所著之末，仰重序之。"曇域乃稽顙而言曰："《語》云：'子疾病。子路欲使門人爲臣。子曰："欺天乎！"'曇域小子，何敢叙焉！"師曰："子不知。皆孔子弟子記諸善言，以成其書。况吾常酷於兹。心剚形瘵，訪奇稽古，慰以大道，眷然皓首，豈爲賈其聲耶？且吾昔在吳越間，靡所濟集。聊欲係志於翰墨，得以亂思，不慁遺老矣。子無辭焉，但當吾意而言之。然又不可以過之。樂天、長吉似之矣。吾若與騷人同時，即知殊不相屈耳。直言之，無相辱也。"曇域遜讓不暇，力而叙之。②

這是曇域爲其師詩集《禪月集》作的後序。弟子爲師作序，文壇鮮見，也不易寫：既不可諛，又不能貶，其難可知。曇域此文的寫法却極高明。他開篇先説這是吳融請他寫的（并非自己要出風頭）；接下去幾乎全部篇幅都是記述貫休生前同他的對話。對話的要點是：先師贊揚吳融的文章學問；先師也曾命曇域作後序，曇域不敢應命；先師自叙生活與創作生涯，囑曇域不可推辭；先師囑曇域評師"不可以過"，自謂文學成就可比白居易、李賀而不讓"騷人"，命曇域據此"直言"作序；曇域辭不獲免，祇好從命序之。這樣，既恭維了吳融，贊美了先師，又可不蒙諛師之譏。真可謂殫精竭慮、絞盡腦汁。然而衰世文僧的文思，瞻前顧後，自棄機心，一致於斯，豈是文壇之福？

---

① 亞棲：《論書》，《全唐文》卷 920。
② 曇域：《〈禪月集〉後序》，《全唐文》卷 922。

中古釋門史學

釋門撰述是漢傳佛教文化的重要內容。其中，中古時期的高僧傳記、求法行記、寺記、釋山記等，既屬佛教典籍，又是歷史學、歷史地理學著述。這些中古釋門史學著述，在學術理念、結撰體例、研究方法、叙述範式等方面，致力於繼承和借鑒中國古代史學的優良傳統，發展成爲中國傳統史學的一個分支。

一　僧傳

自從佛教傳入中夏，佛教自身的歷史，便引起漢地釋門的興趣。起初是翻譯天竺的史傳。東漢安世高譯《迦葉結經》、失名譯《撰集三藏及雜藏傳》等，反映着漢地釋門早期探索的實踐。魏晉以後，記述僧人弘法歷史的僧傳出現。先有"別傳"，或述"求法"，或述"高逸"，或專述某地之僧，爲同類僧人結集；又有"總傳"彙述一個歷史時期的中外各類高僧。

（一）撰史初潮

東晉義熙十二年（416），法顯在建康道場寺撰《法顯傳》一卷，是現存最早的一部自述性"別傳"。它記載法顯西行求法的見聞，又是一部"行記"（見下文）。

南朝時期，佛教在中國傳播的歷史，成爲人們關注的熱點。當時佛教來華已數百年。其間"西域名僧往往而至，或傳度經法，或教授禪道，或以異迹化人，或以神力救物"；尤其"此土桑門，含章秀起，羣英間出，迭有其人"。建康的僧俗學者注意及此，競相撰述各類史傳。宋齊僧人法進撰《江東名德傳》，琅琊王巾撰《法師傳》；法濟、法安、僧寶等，亦分剙撰《僧傳》或《僧史》。齊梁間有陶弘景的《草堂法師傳》。梁有裴子野的《眾僧傳》，郗景興的《東山僧傳》，張孝秀的《廬山僧傳》，陸明霞的《沙門傳》，寶唱的《名僧傳》《比丘尼傳》等。南朝僧俗學者，以僧傳爲切入點，掀起史傳研究的初潮。[①]

梁天監十三年（514），寶唱在建康完成的《名僧傳》，是撰史初潮中的重要成果，《隋書·經籍志》《新唐書·藝文志》均著録。寶唱曾任著名義林——新安寺主，後因得罪，擯徙廣州。在將徙荒裔的逆境中，寶唱"晝則伏懺，夜便續録"，完成《名僧傳》31卷，得免擯徙。爲撰此《傳》，寶唱"遍尋經論，使無遺失，搜括列代《僧録》，剙區別之"；而後辨真偽，芟繁冗，歷時四年方纔刊定。此書已佚，今存公元1235年日僧宗性的摘抄本。全書分列七科，科名是：法師、律師、禪師、神力、苦節、導師、經師。分科記述東漢、吳、晉、後秦、北魏、劉宋、蕭齊七代名僧425人。在僧傳史上，《名僧傳》首剙"分科總傳"體例的先河。寶唱治學嚴謹，其《自序》宣稱："豈敢謂僧之董狐，庶無曲筆耳。"明示以春秋史家董狐爲楷模，遵奉先代的"良史"傳統。[②]

前期史傳著作，視點各異，優劣互見。梁末的佛教史學者慧皎，系統地總結了前期史傳的得失。他指出，法濟《僧傳》"偏叙高逸一迹"，法安《僧傳》"但列志節一行"，僧寶《僧傳》"止命遊方一科"，都是"類傳"；法進《僧傳》"通撰傳論，而辭事闕略"；王巾《僧史》"意似該綜，而文體未足"；僧祐《三藏記》"止有三十餘僧，所無甚眾"；寶唱《名僧傳》取"名"入傳，傳主"頗多浮沉"，擇例失當，"文勝其質"；郗景興、張孝秀、陸明霞所撰，"各競舉一方，不通今古，務存一善，不及餘行"[③]，也帶有"類傳"局限性。慧皎由此繼進，新撰《高僧傳》，爲史傳研究與撰述，拓出嶄新的境界。

（二）慧皎《高僧傳》

慧皎（497~554），上虞人，常住會稽嘉祥寺，深受吳會濃鬱的人文風習薰陶。所撰《高僧傳》，《隋書·經籍志》《新唐書·藝文志》亦著録。全書約

---

① 《隋書》卷33《經籍二》；《新唐書》卷59《釋氏》；慧皎：《〈高僧傳〉序》，見《大正藏》卷50。下引《高僧傳》《續高僧傳》版本同。
② 《續高僧傳》卷1《寶唱傳》；《中國大百科全書·宗教卷》"名僧傳"條。
③ 同注①、注②；並見《續高僧傳》卷6《慧皎傳》。

15 萬字, 收入高僧 257 人, 附見二百餘人; 時間跨度, 自東漢永平十年至梁天監十八年 (67~519), 長達 453 年。慧皎爲撰寫此書, 先期做了艱辛的資料準備。《〈高僧傳〉序》自述稱:

> 嘗以暇日, 遇覽羣作, 輒搜檢《雜録》四十餘家, 及晉、宋、齊、梁春秋書史, 秦、趙、燕、涼荒朝偽曆, 地理雜篇, 孤文片記。並博諮故老, 廣訪先達, 校其有無, 取其同異。

可以看出, 慧皎同寶唱一樣, 嚴承中華史學傳統, 尤奉太史公司馬遷 "畢集天下遺聞古事" "網羅天下放失舊聞"[1] 的宗範爲圭臬, 將傳統史學的嚴謹學風移入釋門史學, 對後世釋史研究有深遠的影響。

《高僧傳》借鑒《名僧傳》七科體例, 重新確立釋門 "德業" 爲十科: 一曰譯經, 二曰義解, 三曰神異, 四曰習禪, 五曰明律, 六曰遺身, 七曰誦經, 八曰興福, 九曰經師, 十曰唱導。傳主分別繫入諸科, 創爲僧傳 "十科" 體例。其中的 "譯經" 科即爲佛經翻譯學, "義解" 科即爲義理學, "習禪" 科即爲禪學, "明律" 科即爲律學, "經師" 科與 "唱導" 科並爲音聲學。中古釋門的學術六科, 由此得以確立。

慧皎的僧傳寫作, 遵承傳統正史的 "傳體"。每篇僧傳, 先寫傳主的法名、俗姓名、籍貫、出家時間地點等; 次寫他的釋門人生歷程、主要行事與貢獻 (依次包括: 住寺、師從、習業、遊方行迹、弘法業迹、卒年及享齡)。表叙傳主的釋門生涯, 誠爲僧傳的宗旨。從一般歷史學的眼光來看, 《高僧傳》也具有重要的學術價值。慧皎僧傳不同於以前僧傳的一大特點, 在於他不拘囿傳主的釋門行迹, 而是同時關注他身處的世俗社會背景。一些不見於正史的社會經濟、政治、軍事、文化史實, 得以在僧傳中記載下來。應該説, 慧皎不僅是佛教史家, 也是頗具史識的歷史學家。

慧皎還首創《科論》體例, 即在每科僧傳之後附《論》。《高僧傳》的學術六科[2]《論》, 提示諸學科的基本學術内涵及其初步發展, 對漢地釋門學術,

---

① 《史記》卷 130《太史公自序》。
② "學術六科" 指: 譯經、義解、習禪、明律、經師、唱導。

給予最初的專科界定。《科論》的出現，昭示中古釋門各項學術領域，已經初步形成。

王曼穎《與沙門慧皎書》，這樣評論慧皎《高僧傳》：

> 法師此製，始所謂不刊之筆：綿亘古今，包括内外；屬辭比事，不文不質；謂繁難省，元約豈加；以"高"爲名，既使弗逮者耻；開例成廣，足使有善者勸。同之二三諸子，前後撰述，豈得絜長量短、同年共日而語之哉！①

"古今""内外"指内容，"文質"得宜指文筆，文約字省指剪裁，以"高"爲準指精擇傳主，"開例"指開創"十科"及《科論》體例。認爲前期諸僧傳同這部不刊之作，不能同日而語。唐初，道宣評論此書説：

> 會稽釋慧皎撰《高僧傳》，創發異部，品藻恒流，詳賅可觀，華質有據。而緝裒吳越，叙略魏燕，良以博觀未周，故得隨文成彩。加以有梁之盛，明德云繁，薄傳五三，數非通敏，斯則同世相侮，事積由來。中原隱括，未傳簡録，時無雅贍，誰爲譜之。致使歷代高風，颯焉終古。②

道宣也是佛教史家。他肯定慧皎開創體例（"創發異部"）之功，傳文"詳賅""有據"。認爲主要缺點是詳略不均：南方吳越詳，北方魏燕略；梁代高僧入傳少。南詳北略的原因，既緣慧皎"博觀未周"，也由於中原未傳僧録，譜寫無據；當朝僧傳單薄，道宣説是由於作者個人心存芥蒂（"同世相侮"），致有揄揚。他只是從釋史的角度評論《高僧傳》的。

（三）道宣《續高僧傳》

盛於南朝的僧傳撰述，慧皎之後繼業乏人，却有靈裕在北方承其餘緒。靈裕，齊定州曲陽人。心儀慧光之學而來鄴下，光師去世已七日，遂從其弟

---

① 王曼穎：《與沙門慧皎書》，見《全梁文》卷67。
② 《〈續高僧傳〉序》。

子道憑問學。以後創講鄴京，"遐邇馳譽"，號爲"裕菩薩"。靈裕是位學者型的高僧，鄙棄虛名，潛心撰述。隋初，相州刺史薦爲都統，文帝舉爲國統，均被婉拒。平生撰筆廣及內外典，包括經疏、論疏、義記、戒本註、受戒法、譯經體式、僧制、寺誥、諸《頌》、《〈莊〉記》、《〈老〉綱》、詩評、雜集等；還有《勝迹記》《佛法東行記》《舍利目連傳》《齊世三寶記》《滅法記》《十德記》等多部史傳著作。靈裕著作都已不傳。他的《十德記》專敘曾任僧統、帝師的慧光的十弟子，道宣批評此書"偏敘昭玄師保，未奧廣嗣通宗"，專敘僧官一脈，未能廣泛記述衆多派系，學術視野偏狹。靈裕之外，釋門亦有史傳著作，多屬"孤起支文，薄言行狀"，"未馳高觀"。①

真正繼承並發展慧皎僧傳例法的，是道宣《續高僧傳》。道宣自稱"青襟之歲"即學慧皎《僧傳》，以爲"祖習乃存，經緯攸闕"。爲"接前緒"，他將慧皎疏略的史實"即事編韋"，考酌故實"刪節先聞"，撰《續高僧傳》二十卷、《後集續高僧傳》十卷。這兩部僧傳，《新唐書・藝文志》均著錄。其中《續高僧傳》，"起爲梁初，盡貞觀十九年"。《藝文志》另著錄道宣《續高僧傳》三十二卷，大約是兩部《續高僧傳》最初的合成本。②

今本《續高僧傳》三十卷，約 46 萬字，正傳 468 人，附見 229 人；時間跨度，自梁初至唐麟德二年（502~665），共 164 年，兼收南北高僧。關於資料準備及撰述宗旨，《〈續高僧傳〉序》自述稱：

> 或博諮先達，或取訊行人，或即目舒之，或討讎集傳。南北國史，附見徽音；郊郭碑碣，旌其懿德。皆撮其志行，舉其器略，言約繁簡，事通野素。足使紹胤前良，允師後聽。

博採口碑、集傳、國史、碑碣，參以親身所見；運筆立意，不避野素微行，惟以彰揚傳主的志行、器略爲宗旨；要使自己的撰述，能無愧前賢，垂範後昆。無論宗旨與實踐，道宣都自豎起了高標。

道宣說，"自前傳所敘，通例已頒"，肯定慧皎創例之功。《續傳》沿承

----

① 《〈續高僧傳〉序》。
② 《新唐書》卷 59《藝文三・子部・道家類・釋氏》。

"十科"，對前傳的科目，或保留，或更名，或合併，或增删，略有變通。"譯經""義解""習禪""明律"等四科，道宣認爲慧皎的界定準確，無須更改；原聲業的"經師""唱導"二科，合併爲"雜科聲德"；增"護法"科；"神異"易名"感通"；"遺身""誦經""興福"諸科名，亦承《梁傳》。《續傳》十科的調整，既尊重前傳的創例，又考慮到釋門"德業"學科（如聲業）新的發展，體現了道宣嚴謹求實的學風。

《續傳》的時間跨度祇近《梁傳》的四分之一，全書的篇幅却是《梁傳》的三倍。同慧皎一樣，道宣也採用傳統的"傳體"。但對傳主生涯之社會背景的觀照，《續傳》的視野更開闊，史實更豐富。舉凡僧人同君王、官員、士人的往還，釋門與朝廷的政治經濟關係，寺院經濟狀況，社會政治事件，以至世情風俗、民謠時諺等，大量散見於諸僧傳。其中許多記載不見於正史，成爲中古史研究的珍貴資料。這得益於道宣搜羅之勤，尤受惠於他卓越的史家眼光。

《續傳》亦沿承《梁傳·科論》體例。道宣的學術五科 ① 《科論》接續慧皎《科論》，辨明諸科的學術内涵，縷述學問僧的德業成就，評議他們在釋門學術史和藝術史上的貢獻，從而對五百多年釋門學術的發展，做出全面回顧與總結。《續傳》五科《科論》，實際是釋門學術史論。道宣的史論，全面展現釋門學術華梵融通的人文特點，謹嚴精審的文化品位，提示漢地釋門文化，同中夏傳統文化的内在同一性。這意味著漢地釋門學術，已然納入華夏學術體系，成爲它重要的組成部分。遵承傳統，師法良史，踐行執著，南山史家道宣之於嘉祥史家慧皎，可以説是出於藍而勝藍。

隋唐之際，釋門還盛行撰述"別傳""類傳"之風。灌頂的《天臺智者大師別傳》，詳細記述天臺開山祖師智顗的家世、弘法生涯、與皇室交往。彥琮的《唐護法沙門法琳別傳》，詳述法琳的護法行事，實際是一部唐初佛道鬥爭的編年史。慧立、彥悰的《大唐大慈恩寺三藏法師傳》十卷，詳細記述玄奘法師的生平事迹。前五卷記玄奘出家與天竺求法，基本依據《大唐西域記》；後五卷記回國以後的情況。作者曾在玄奘譯場共事。有關玄奘譯經、交往帝室、長安釋門情況等，記載甚詳，玄奘的表啓亦收錄甚多，是研究唐初佛教文化的珍貴資料。義淨的《大唐西域求法高僧傳》，記述唐初赴印求法高僧

① "學術五科"指：譯經、義解、習禪、明律、聲德。

60 人^① 的事迹，是"類傳"，又是一部著名的"行記"（詳下文）。

《新唐書·藝文志》的僧傳著録，還有行友《已知沙門傳》（原註："序僧海順事"），失名《高僧懶殘傳》（原註：天寶人），辛崇《僧伽行狀》，李吉甫《一行傳》等，均已亡佚。

二　行記

自《尚書·禹貢篇》後，《史記》有《河渠書》，《漢書》有《地理志》，傳統史學的地理學研究和"地記"撰述，成爲專門的學術領域。張騫鑿空，甘英西使，是華夏交通西域的開篇。走出國門，用學者而非使臣的眼光，觀察諦聽外域，通過外域史地"行記"撰述，記載親身聞見，把異方世界的社會與人民，生動翔實地説給國人，又是求法高僧們首創的學術事業。

這是一頁跨越數世紀的撰述史。自晉至唐數百年，求法僧撰成的行記有十多部。其中的名著，有五世紀初葉法顯的《佛國記》，六世紀初葉的《惠生使西域記》，七世紀初葉玄奘的《大唐西域記》，七世紀末葉義淨的《南海寄歸内法傳》和《大唐西域求法高僧傳》^②。這些行記的學術特點，是滲透著"行知"與"實録"精神。舉凡異域的大漠山川、季候氣象、物産交通、村邑城郭，以及社會制度、經濟生活、宗教信仰、聖迹傳説、民情風俗、語言文字等，都在親歷者實録行迹的筆下得到翔實記載，悠遠，真實，親切，生動。

（一）法顯《佛國記》

東晉隆安三年（399），法顯偕法侣慧景、道整、慧應、慧嵬等，從長安西行，遊學西域天竺近三十國，於義熙八年（412）返抵青州。《佛國記》又稱《高僧法顯傳》《歷遊天竺紀傳》《法顯行傳》，是這次西行的實録。《隋書·經籍志》著録《法顯傳》二卷、《法顯行傳》一卷，當是同書異本。它是

① 立傳 60 人中，有睹貨羅（在今南疆）、高昌（今吐魯番）、吐蕃（今西藏）人，交州和愛州（今越南北部）、新羅（今韓國）人；包括隨義淨同行 4 人。
② 據向達《漢唐間西域及海南諸國古地理書叙録》，已佚行記還有：支僧載《外國事》，智猛《遊行外國傳》，曇景《外國傳》，竺法雅《佛國記》，法盛《歷國傳》，竺枝《扶南記》等，見《唐代長安與西域文明》，生活·讀書·新知三聯書店，1957。

現存最早的高僧行記。全文雖然只有一萬六千餘字，内容却翔實而生動。

如寫自敦煌西行：

> 太守李浩供給度沙河。沙河中多有惡鬼熱風，遇則皆死，無一全者。上無飛鳥，下無走獸。遍望極目，欲求度處，則莫知所擬，惟以死人枯骨爲標幟耳。

寫鄯善國：

> 其地崎嶇薄瘠。俗人衣服，粗與漢地同，但以氈褐爲異。其國王奉法，可有四千餘僧，悉小乘學。……從此西行，所經諸國，類皆如是。唯國國胡語不同。然出家人皆習天竺書、天竺語。

寫于闐國：

> 其國豐樂，人民殷盛。盡皆奉法，以法樂相娛。衆僧乃數萬人，多大乘學，皆有衆食。彼國人民星居，家家門前皆起小塔，最小者可高二丈許。作四方僧房供給客僧；及余所須，國王安頓供給。

寫雪山遇險：

> 法顯等三人，南度小雪山。雪山冬夏積雪。（自）山北陰中過，寒風暴起，人皆噤戰。慧景一人，不堪復進，口出白沫，語法顯云："我亦不復活，便可時去，勿得俱死。"於是遂終。法顯撫之悲號："本圖不果，命也，奈何！"

寫中天竺某國：

> 寒暑調和，無霜雪。人民殷樂，無户籍官法。唯耕王地者，乃輸地利。欲去便去，欲住便住。王治不用刑斬。有罪者，但罰其錢，隨事輕重。雖復謀爲惡逆，不過截右手而已。王之侍衞左右，皆有供禄。舉國人民，悉

不殺生、不飲酒、不食蔥蒜。惟除旃荼羅。旃荼羅，名爲惡人，與人別居；若入城市，則擊木以自異，人則識而避之，不相唐突。國中不養豬雞，不賣生口。市無屠店及沽酒者。貨易，則用貝齒。惟旃荼羅、漁獵師賣肉耳。

寫至師子國（今斯里蘭卡）：

（南天竺）摩梨帝國，即是海口。……載商人大舶，泛海西南行，得冬初信風，晝夜十四日，到師子國。……其國本在洲上，東西五十由延，南北三十由延。左右小洲，乃有百數。其間相去，或十里二十里，或二百里，皆統屬大洲。多出珍寶珠璣。有出摩尼珠地，方可十里，王使人守護。若有採者，十分取三。……諸國商人共市易。市易時，鬼神不自現身，但出寶物，自題其價值；商人則依價雇直取物。……其國和適，無冬夏之異。草木常茂，田種隨人，無有時節。

寫自師子國乘船回國，海上遇險：

載商人大舶上，可有二百餘人。後繫一小舶，海行艱險，以備大舶毀壞。得好信風東下，三日便值大風，舶漏水入。商人欲趣小舶。小舶上恐人來多，即斫絚斷。商人大怖，命在須臾。恐舶水滿，即取粗財貨，擲著水中。法顯亦以君墀及澡罐並餘物，棄擲海中。……如是大風，晝夜十三日，到一島邊。潮退之後，見船漏處，即補塞之。於是復前。海中多有抄賊，遇則無全。大海彌漫無邊，不識東西，惟望日月星宿而進。若陰雨時，爲逐風去，亦無所準。當夜暗時，但見大浪相搏，晃若火色黿鼈、水性怪異之屬。商人惶懼，不知那向，海深無底，又無下石住處。至天晴已，乃知東西，還複望正而進。若值伏石，則無活路。如是九十許日，乃到一國。

寫自耶婆提返航廣州，却誤抵青州：

於時天多連陰，海師相望避誤，遂經七十餘日。糧食水漿欲盡，取海鹹水作食。分好水，人可得二升，遂便欲盡。商人議言："當行時，正可五十日便到廣州。今已過期多日，將無辟（庇）耶？"即便西北行，求岸。晝夜十二日，到長廣郡界牢山南岸。便得好水菜。但經涉險難，憂懼積日，忽得至此岸，見藜藿依然，知是漢地，然不見人民及行迹，未知是何許。或言未至廣州，或言已過，莫知所定。即乘小舶，入浦覓人，欲問其處。得兩獵人即將歸，令法顯譯語問之。法顯先安慰之，徐問："汝是何人？"答言："我是佛弟子。"又問："汝入山何所求？"其便詭言："明當七月十五日，欲取桃臘佛。"又問："此是何國？"答言："此青州長廣郡界，統屬晉家。"①

開闊的史家視野，敏銳的現場觀察，簡潔的文筆，清晰的過程，生動的形象，再現一個個生動活潑的歷史場面，展示了行記體的歷史與文學魅力。

大致與法顯同時，後秦僧智猛，弘始六年（404）自長安赴天竺，元嘉初（424~）返國；高昌僧法盛亦西行求法。智猛撰《遊行外國傳》一卷，法盛撰《歷國傳》二卷，《隋書·經籍志》《新唐書·藝文志》均著録，已佚。

（二）《北魏惠生使西域記》與《大隋西國傳》

北魏神龜元年至正光二年（518~521），洛陽崇立寺僧惠生與敦煌人宋雲，奉胡太后之命赴西域取經。《隋書·經籍志》著録《惠生行傳》一卷，《新唐書·藝文志》著録宋雲撰《魏國以西十一國事》一卷，當是同書異名。今本《惠生使西域記》記述十餘國見聞，文筆簡潔平實，只有1100字。如寫蔥嶺行途聞見：

自發蔥嶺，步步漸高。如此四日，乃至嶺。依約中下，實天半矣。渴盤陀國，正在山頂。自蔥嶺已西，水皆西流，入西海。世人云，是天地之中。九月中旬，入缽和國。高山深谷，險道如常。因山爲城，氈服窟居。人畜相依，風雪勁切。有大雪山，望若玉峰。

寫烏場國：

北接蔥嶺，南連天竺。土氣和暖，原田臙臙，民物殷阜。國王菜食

---

① 《高僧法顯傳》，見《大正藏》卷51。下引行記，版本、卷數同此，祇出頁碼。

長齋，晨夜禮佛；日中以後，始治國事。鐘聲遍界，異花供養。[①]

南印度高僧達摩笈多（法密），早年遍遊天竺諸國，後越蔥嶺，經高昌，開皇十年（590）抵京師，入大興善寺譯場。譯經之餘，笈多陳述見聞，弟子彥琮助撰，著《大隋西國傳》。此書分類立篇，體例獨特。全書凡十篇：一本傳，二方物，三時候，四居處，五國政，六學教，七禮儀，八飲食，九服章，十寶貨。詳述諸國山川、城邑、物產、風俗、人物、制度。道宣稱它是"五天之良史"[②]。

（三）玄奘、辯機《大唐西域記》

貞觀末年，玄奘在開闢弘福寺譯場之初，同辯機合作，撰成《大唐西域記》。此書的緣起，本出自唐廷經營西陲的政治需要。但它那不朽的學術生命力，却超乎太宗命奘師撰書的初衷。《大唐西域記》不是一般意義的求法"行記"，而是關於蔥嶺東西地區和古代印度的地理和歷史著作。全書 12 卷，約 13 萬字，共記述玄奘西行親歷或得自傳聞的將近 130 個[③]城邦、地區和國家的概況。每處所述，雖有詳有略，却有大致固定的記述程式，不外該地的方位、建置、幅員、山川、氣候、宗教、聖迹、傳說、風俗、國王、農商、貨幣、語言、文字等項，是嚴謹的史地實錄。如卷二的"印度總述"，立十七目分述。目次及正文舉要如下，以觀概貌。

（1）釋名。

詳夫天竺之稱，異議糾紛。舊云身毒，或曰賢豆，今從正音，宜云印度。……

（2）疆域。

如其封疆之域，可得而言。五印度之境，周九萬餘里，三垂大海，北背雪山。北廣南狹，形如半月，畫野區分，七十餘國。時特暑熱，地

---

① 《北魏僧惠生使西域記》，第 866 頁。
② 《續高僧傳》卷 2《達摩笈多傳》。
③ 所述近 130 個城邦、地區和國家中，近 110 個是玄奘親歷，20 餘個得自傳聞。

多泉濕。北乃山阜隱軫，丘陵舃鹵；東則川野沃潤，疇壟膏腴；南方草木榮茂；西方土地磽确。斯大概也，可略言焉。

（3）數量。

夫數量是稱，謂逾繕那。逾繕那者，自古聖王一日軍程也。……

（4）歲時。

……如來聖教，歲爲三時。正月十六日至五月十五日，熱時也；五月十六日至九月十五日，雨時也；九月十六日至正月十五日，寒時也。……

（5）邑居。

如夫邑里閭閻，方城廣峙；街衢巷陌，曲徑盤迂，闤闠當途，旗亭夾路。屠、釣、倡、優、魁膾、除糞，旌厥宅居，斥之邑外；行李外來，僻於路左。至於宅居之制，垣郭之作，地勢卑濕，城多壘甎，暨諸牆壁，或編竹木。室宇臺觀，板屋平頭，泥以石灰，覆以瓦墼。諸異崇構，制同華夏。……

（6）衣飾。

衣裳服玩，無所裁製，貴鮮白，輕雜彩。男則繞腰絡腋，橫巾右袒。女乃襜衣下垂，通肩總覆。頂爲小髻，餘髮垂下。……其北印度風土寒烈，短製褊衣，頗同胡服。……

（7）饌食。

凡有饌食，必先盥洗。殘宿不再，食器不傳。瓦木之器，經用必棄。……饌食既訖，嚼楊枝而爲淨。洗漱未終，無相執觸。……

（8）文字。

　　詳其文字，梵天所製，原始垂則，四十七言。遇物合成，隨事轉用，流演枝派，其源浸廣。因地隨人，微有改變，語其大較，未異本源。而中印度特爲詳正，辭調和雅，與（梵）天同音，氣韻清亮，爲人軌則。……

（9）教育。

　　開蒙誘進，先導十二章。七歲之後，漸授"五明""大論"。……

（10）佛教。

　　部執峰峙，諍論波濤，異學專門，殊途同致。十有八部，各擅鋒銳。大小二乘，居止區別。……

（11）族姓。

　　若夫族姓殊者，有四流焉：一曰婆羅門，淨行也，……二曰刹帝利，王種也，……三曰吠奢，商賈也，……四曰戌陀羅，農人也，肆力農疇，勤身稼穡。凡兹四姓，清濁殊流，婚娶通親，飛伏異路，內外宗枝，姻媾不雜。婦人一嫁，終無再醮。……

（12）兵術。

　　國之戰士，驍雄畢選，子父傳業，遂窮兵術。……凡有四兵，布馬車象。……

（13）刑法。

　　凶悖羣小，時虧國憲，謀危軍上，事迹彰明，則常幽图圄，無所刑戮，任其生死，不齒人倫；犯傷禮義，悖逆忠孝，則劓、截耳、斷手、削足，或驅出國，或放荒裔。自餘咎犯，輸財贖罪。……

（14）敬儀。

致敬之式，其儀九等：一發言慰問，二俯首示敬，三舉手高揖，四合掌平拱，五屈膝，六長跪，七手膝距地，八五輪俱屈，九五體投地。凡斯九等，極唯一拜。……

（15）病死。

凡遭疾病，絕粒七日，期限之中，多有痊癒。必未瘳差，方乃餌藥。……

送終殯葬，其儀有三：一曰火葬，集薪焚燎；二曰水葬，沉流飄散；三曰野葬，棄林飼獸。……

（16）賦稅。

政教既寬，機務亦簡。户不籍書，人無徭課。王田之内，大分為四……所以賦斂輕薄，徭稅減省，各安世業，俱佃口分。假種王田，六稅其一。……

（17）物產。

土宜所出，稻麥尤多。……蔬菜則有薑、芥、瓜、瓠、葷陁菜等。蔥蒜雖少，啖食亦稀，家有食者，驅令出郭。……

至於乳酪、膏酥、沙糖、石蜜、芥子油、諸餅麨，常所膳也。……

雖釜鍋斯用，而炊甑莫知，多器坯土，少用赤銅。始以一器，衆味相調，手指斟酌，略無匙箸，……

奇珍雜寶，異類殊名，出自海隅，易以求貿。然其貨用，交遷有無，金錢、銀錢、貝珠、小珠。[①]

玄奘的傳奇式閱歷，深厚的學養，寬闊的學術視野，出色的語言才能，一絲不苟的嚴謹學風，鍛造了這部"稀世奇書"。[②]

印度民族是一個偉大的民族。但是，誠如季羨林先生所說："印度民族性格中却有一個特點：不大重視歷史的記述，對時間和空間這兩方面都難免有幻想過多、誇張過甚的傾向，因此馬克思纔有'印度没有歷史'之嘆。"季先生又說：《大唐西域記》這一部書，早已經成了研究印度歷史、哲學史、宗教史、文學史等等的瑰寶。我們幾乎找不到一本講印度古代問題而不引用玄奘《大唐西域記》的書。"[③] 印度著名的那爛陀寺和王舍城，鹿野苑古刹和阿旃陀石窟等古代文化遺迹，都是參考了《大唐西域記》的記載，纔得以確定的。

（四）義淨《南海寄歸内法傳》與《大唐西域求法高僧傳》

天授二年（691），自天竺返國滯留室利佛逝（今印度尼西亞蘇門答臘）的義淨，將新撰《南海寄歸内法傳》（簡稱《内法傳》）四卷、《大唐西域求法高僧傳》（簡稱《求法傳》）兩卷，託僧大津送往長安，獻給初稱皇帝的武則天。《内法傳》不同於行記體的《佛國記》和《西域記》。所謂"内法"指的是"佛律"。《内法傳》是一部記述天竺與南海諸國釋門内部情況、並同中夏釋門做相應比照的書。由於它寫自求法途中，又從南海寄歸，姑且歸入"行記"一類。關於當時印度佛教寺院的情況，是《内法傳》提供的重要歷史信息之一。王邦維先生依據此書記載，對印度寺院的内部組織、經濟活動、宗教生活和寺院教育等，分別做了研究[④]。《内法傳》講的印度寺院情況，對瞭解當時漢地佛寺以至中古釋門社會，具有重要的參考價值。

如卷二《衣食所須》，記述印度寺田實行"淨人租種"方式，"僧但給牛與地"，"並六分抽一"；僧人"自使奴婢，躬檢營農"，被視作違戒。有一寺院，"家人取菜，分爲三份，與僧一份，自取兩歸"，就是"租地與他，分苗

---

① 引文據季羨林等《大唐西域記校註》，中華書局，1985。
② 同上書，第128頁。
③ 同上書，第123、135頁。
④ 王邦維：《南海寄歸内法傳校註》第三章《論義淨時代的印度佛教寺院》，中華書局，1995。

而食"的租種制。此制可使僧人"無其耕墾溉灌殺生之罪"。又記述印度僧人"名掛僧籍","名字不干王籍，衆僧自有部書"。同卷《便利之事》，記述印度寺院的淨廁："凡是僧坊，先須淨治廁處。""理須大槽，可受一兩石，貯土令滿，置在圍邊。""若卒無水瓶，許用瓷瓦等缽，盛水將入，安在一邊，右手澆洗。"又評論當時漢地的佛寺淨廁説：

> 江淮，地下甕廁者多，不可於斯即爲洗淨，宜應別作洗處，水流通出爲善。且如汾州抱腹（寺）、岱嶽靈巖（寺）、荆府玉泉（寺）、揚州白塔（寺），圍廁之所，頗傳其法。然而安置水土，片有闕如，向使早有人教行，法亦不殊王舍（寺）。①

釋道宣《新教誡比丘戒本》表明，唐初關中佛寺已有淨廁。可見天竺伽藍淨廁文化，當時已推廣到中夏各地的寺院中。《内法傳》還記述天竺佛寺的"對尊之儀""食罷去穢""著衣法式""洗浴隨時""卧息方法""進藥方法"等。其中許多規定，提倡健康文明的生活方式，對推動漢地僧伽文化的建設，起了有益的作用。

《求法傳》作爲"行記"，記述了西赴天竺的水路兩條路綫，名寺那爛陀的規模制度，行經南亞、東南亞諸國的民情風俗等，也都是珍貴的歷史地理資料，具有很高的學術價值。在《〈求法傳〉序》中，義淨寫道：

> 觀夫自古，神州之地，輕生殉法之賓，顯法師則創闢荒途，奘法師乃中開正路。其間，或西越紫塞而孤征，或南渡滄溟以單逝。……茫茫象磧，長川吐赫日之光；浩浩鯨波，巨壑起淘天之浪。獨步鐵門之外，亘萬嶺而投身；孤標銅柱之前，跨千江而遺命（原註：跋南國有千江口）。或亡飧幾日，輟飲數晨。可謂思慮銷精神，憂勞排正色。致使去者數盈半百，留者僅有幾人。設令得到西國者，以大唐無寺，飄寄栖然；爲客遑遑，停托無所。遂使流離蓬轉，牢居一處。……嗚呼！實可嘉其美誠，冀傳芳於來葉。②

---

① 引文據王邦維《南海寄歸内法傳校註》。
② 義淨：《〈大唐西域求法高僧傳〉序》，見《大正藏》卷51。

這段充滿感情的文字，有西行歷史的回顧，有九死一生的感慨，有棲遑無地的艱辛，有對殉身法侶們深情的懷念。它道出義淨爲同侶立傳的初衷。魯迅說過一段話：

> 我們從古以來，就有埋頭苦幹的人，有拚命硬幹的人，有爲民請命的人，有捨身求法的人，……雖是等於爲帝王將相作家譜的所謂"正史"，也往往掩不住他們的光耀，這就是中國的脊樑。[①]

中古時代，以法顯、玄奘、義淨爲代表的那些捨身求法高僧的動人事迹，以及他們留下的行記，正是爲理想獻身者的不屈精神的頌歌。

（五）慧超《往五天竺國傳》

隨著漢傳佛教發育成熟，漢地西行求法者漸少。大約八世紀初，新羅高僧慧超入唐，經海路赴天竺。開元十五年（727），復由陸路經西域抵長安，後在弘福寺譯場充筆受。近世敦煌出土文書中，有慧超撰《往五天竺國傳》殘篇，記述諸國聖迹及風土人情。他的一段回程，曾到達大勃律、小勃律（俱屬今西喀什米爾），揚同、娑播慈（俱在今西藏西部），以及吐蕃。這一段行迹爲前代高賢罕至，對這些地方的記述尤其珍貴：

> 迦葉彌羅國（在今伊斯蘭馬巴德東北）東北，隔山十五日程，即是大勃律國、揚同國、娑播慈國。此三國並屬吐蕃所管。衣著、言音、人風並別。著皮裘、氈衫、靴袴等也。地狹小，山川極險。亦有寺僧，敬信三寶。……
> 已東吐蕃國，純住冰山、雪山、川谷之間。以氈帳而居，無有城郭屋舍。處所與突厥相似，隨逐水草。其王雖在一處，亦無城，但依氈帳以爲居業。土地出羊馬、犛牛、毯褐之類。衣著毛褐皮裘，女人亦爾。土地極寒，不同餘國。家常食麨，少有餅飯。國王百姓等，總不識佛法，無有寺舍。國人悉皆穿地作坑而臥，無有牀席。人民極黑，白者全布（？）。

[①] 魯迅：《中國人失掉自信力了嗎！》，見《魯迅全集》卷6《且介亭雜文》，人民文學出版社，2005。

言音與諸國不同。……

　　迦葉彌羅國西北，隔山七日程，至小勃律國。此屬漢國所管。衣著、人風、飲食、言音，與大勃律相似。……貧多富少，山川狹小，田種不多。其山憔杌，元無樹木，及無諸草。……①

據慧超所見，八世紀初葉，吐蕃還没有信奉佛教；但在吐蕃領屬的揚同，即今西藏西部地區，佛教已經傳入了。

三　寺記與名山記

“寺記”與“名山記”，是中古釋門史地撰述的又一個切入點。晉唐是初撰時期。傳世撰著雖不多，却爲宋以後“寺記”“名山記”的大量湧現創開先河。尤其釋門“名山記”，唐朝開其端，後來演爲佛教名山爲主體的“釋山人文”撰述系列，蔚成中夏佛文化頗有特色之一章。

“寺記”撰述的出現，比“僧傳”“行記”稍晚。蕭齊陸澄的《地理書》，集合《山海經》以後160家地理學撰述，蕭梁任昉的《地記》又增補84家，似乎都没有著録釋門“寺記”②。《隋書·經籍志·地理書》，首見著録劉宋曇宗《京師寺塔記》，劉璆《京師寺塔記》，東魏楊衒之《洛陽伽藍記》，還有劉俊的《益部寺記》③。《新唐書·藝文三》，新録唐彥悰《大唐京寺録傳》，清澈《金陵塔寺記》，靈湍《攝山棲霞寺記》，失名《大唐京師寺録》，段成式《酉陽雜俎》（《寺塔記》兩卷在内）等。“寺記”已然躋入史部地理書之列。可惜除楊書與段書傳世之外，餘書均佚。

（一）楊衒之《洛陽伽藍記》　段成式《寺塔記》

《洛陽伽藍記》是現存最早的“寺記”名著。作者自序回顧洛都寺羣由晉初42所，到魏末“千餘寺”的300年巨變。全書“先定綱目，次臚細目；以地志爲經，以史事爲緯；正文簡要，註筆詳密”。按照先城内後城外，由東、

---

① 慧超：《往五天竺國傳》，見《大正藏》卷51。
② 見《隋書·經籍志》著録陸澄《地理書》註，任昉《地記》註。
③ 《〈高僧傳〉序》。

南，而西、北的順序，諸大伽藍，一寺一條，依次纏述。"凡言寺之由來，坊里所在，及人物名勝建置者爲正文；而考訂該寺所在，坊里人物之文獻則爲子註；時人言行，以及詭幻怪異之事，亦繫於其間。命意幽微，出辭蘊藉"，"旁徵博況，引人入勝"；而"言多妙喻，意存殷鑒"，"衡斷隱曲，頗有左氏遺風"①。此書既稱良史，文筆亦美，歷來與《水經註》《世說新語》並稱中古著述名篇。

楊衒之是在武定五年（547），即北魏遷鄴十餘年後，重返洛陽的。他目睹永熙（532~534）亂離之後，"寺觀灰燼，廟塔丘墟"②的淒涼景象，心懷《黍離》《麥秀》之痛，追憶往昔舊京伽藍之盛，"恐後世無傳"而撰此書。是繁華不再的悵惘，與淨園失落的憂思，鑄就了這部《伽藍記》。

段成式的《寺塔記》晚於《洛陽伽藍記》300年。它同樣是一部追懷之撰。會昌三年（843）即唐武宗毁佛前夜，作者"初知官將並寺，僧衆草草"，便邀約好友二人"尋兩街寺"，對譽滿天下的京寺人文，做最後的瞻禮。大中七年（853），段成式重返長安，目睹劫後景象，痛憶"與二亡友遊寺"的"造適樂事，邈不可追"，"瀝血淚交"，遂"次成兩卷，傳諸釋子"③。《寺塔記》用"實錄"的筆法，記述在長安16坊、17所佛寺、五十餘處院、塔、堂、殿，巡行瞻禮的所見與所聞。內容以壁畫和雕塑爲主，兼記寺院的歷史沿革、風物形勝、人文故實，具爲中古佛寺文化史的珍貴文獻。

關於"沿革"。如大興善寺天王閣，"長慶中造，本在春明門内，與南内（即興慶宮——引者）連墻，其形大爲天下之最。太和二年（828），敕移就此寺"。安國寺佛殿，"玄宗拆寢室施之"。奉慈寺，"開元中，虢國夫人宅。安禄山僞署百官，以田乾真爲京兆尹，取此宅爲府，後爲郭曖駙馬宅"。光宅寺普賢堂，"本天后梳洗堂，葡萄垂實，則幸此堂"。保壽寺，"本高力士宅，天寶九載捨爲寺"。招福寺，"本曰'正覺'，國初毁之，以其地立第賜諸王，睿宗在藩居之"；景龍二年（708），"又賜真容坐像，詔寺中別建聖容院，是玄宗在春宮真容也"。

關於風物形勝。如大興善寺，"不空三藏塔前多老松，歲旱則官伐其枝

---

① 楊勇：《〈洛陽伽藍記校箋〉自序》，正文書局，1982。
② 楊衒之：《〈洛陽伽藍記〉自序》。
③ 段成式：《〈酉陽雜俎〉序》，中華書局，1981。下引文版本同。

爲龍骨以祈雨”；東廊南之素和尚院，“庭有青桐四株，素之手植，元和中，卿相多遊此院”。安國寺山庭院，“古木崇阜，幽若山谷”；璘公院，“有穗柏一株，衢柯偃覆，下坐十餘人”。玄法寺觀音院盧舍那堂内，屏風上有虞世南書；西北角院内有懷素書，顏魯公序，張渭、錢起贊。寺之制度，鐘樓在東，惟菩薩寺“緣李右座林甫宅在東，故建鐘樓於西”。保壽寺庫的破甕中藏張萱《石橋圖》，唐玄宗賜高力士，唐武宗“命張於盧韶院”。崇濟寺，“有天后織成蛟龍披襖子及織繡衣六事”。楚國寺，“寺墙西朱泚宅”；“寺内有楚哀王等身金銅像。哀王半袖猶在。長慶中，賜織成雙鳳夾黃襖子，鎮在寺中”。

關於人文故實。如安國寺紅樓，是睿宗在藩時的舞榭。光宅寺曼殊院塔，“丞相韋處厚，自居内廷至相位，每歸，輒至此塔，焚香瞻禮”。静域寺，“佛殿内西座，蕃神甚古實，貞元以前，西蕃兩度盟，皆載此神立於壇而誓”；佛殿東廊古佛堂，“相傳云，隋恭帝終此堂”；天寶初，“附馬獨孤明宅與寺相近，獨孤有婢名懷春，稚齒俊俏，嘗悅西鄰一士人，因宵期於寺門”。長安二年（702），賜招福寺等身金銅像、九部樂、南北兩門額，命太子“與岐、薛二王親送至寺”。慈恩寺，玄奘於此譯《因明》，“譯經僧棲玄，以論示尚藥奉御吕才，才遂張之廣衢，指其長短，著《破義圖》，立難四十餘條，詔吕才與玄奘“就寺對論”。

《寺塔記》雖只關京寺，但在中古佛文化史的意義上，它可算是追懷華夏佛寺輝煌文化的一篇誄文。因爲公元 845 年武宗毀佛，對中古佛文化的浩劫是萬劫不復的，猶如公元 1860 年英法聯軍之毀圓明園。

（二）慧遠《廬山記》　慧祥《古清涼傳》　徐靈府《天臺山記》

“山水記”是《禹貢》而下的地理學專題。唐·劉夢得説：“佛法在九州間，隨其方而化，因名山以爲莊嚴國界。”[①]中古道俗倡揚“釋山文化”，故借地理學傳統，特爲中夏“佛化”名山立傳，構成人文地理學之“釋山”新系。晉唐間的釋門名山記多佚。晉慧遠的《廬山記》，唐慧祥的《古清涼傳》，

---

① ［金］姚孝錫：《重雕〈清涼傳〉序》引，見《大正藏》卷51。下文引述《古清涼傳》《天臺山記》，均見同卷，不另註。

唐徐靈府的《天臺山記》，是現存的早期三篇釋山記傳。

慧遠《廬山記》是釋山記傳的名篇。它以不滿千字的篇幅，引述《山海經》《水經》關於廬山的記載；稱道"鳥獸草木之美，靈藥萬物之奇"；叙述古史及道家的人文傳説，司馬遷登眺廬峰，古仙人隱居重巖，董奉居山爲人治病，"病癒者令栽杏五株，數年之間，蔚然成林"等；並將釋門有關廬山的傳説增益其間。如關於安世高及"沙彌昇仙"：

> 嶺南臨宮亭湖，下有神廟，即以宮亭爲號，其神，安侯也。……七嶺同會於東，共成峰鍔，其巖窮絶，莫有昇之者。昔野夫見人，著沙彌服，凌雲直上；即至，則踞其峰，良久，乃與雲氣俱滅。此似得道者。當時能文之士，咸以爲異。①

《廬山記》彙載儒釋道三家人文，反映中夏名山人文，往往多元薈萃的事實，也爲釋門"名山記"體例創備一格。趙宋時，陳舜俞新撰《廬山記》，繼承了遠公《記》的體例。

慧祥是唐高宗時的藍谷山寺沙門。《古清涼傳》二卷，共一萬三千餘字，記五臺之成爲佛教名山，大致有五項内容：（1）立名"清涼山"、成爲文殊菩薩示現道場的由來；（2）地理形勝；（3）靈通傳説；（4）名花藥草；（5）僧尼事迹。

據此書記載，五臺早期佛寺——中臺大孚圖寺和南臺佛光寺，均魏文帝創立。北齊有王子，到大孚寺北面育王古塔處，求文殊師利而不得見，"乃於塔前燒身供養"。唐初，"山上有清涼寺，下有五臺縣清涼府"。書中的僧俗法緣事迹，亦多屬齊隋唐初之際。由這些記載判斷，釋門附會《華嚴經·菩薩住處品》，視五臺爲文殊示現的清涼山，大約在北魏時期；以法緣、形勝、佛寺、聖迹、靈通傳説等爲基本内容的五臺"釋山人文"，形成於隋唐之際。這也是修撰《古清涼傳》的背景。《古清涼傳》對中古"釋山文化"的價值在於，它是五臺"釋山人文"内涵的最初整合，並爲釋門名山撰述的體例新創一格。後來，宋延一的《廣清涼傳》，張學商的《續清涼傳》，遵循《古傳》

---

① 慧遠：《廬山記》，見《全晉文》卷162，中華書局影印本，第3册。

範式，增益"清涼山"人文内涵，使之更形豐富多彩。

天臺山宗教人文的發育歷程，與廬山相似。當東晉名僧支遁初登天臺時，道家已爲它撰造了"道仙人文"。古《仙經》揭舉仙人所居、可製仙藥的仙山，"大小天臺山"已赫然在列。《抱樸子·内篇》歷數正神居住的"中國名山"也有"大小天臺山"①。支遁的《天臺山銘》，可稱天臺"釋山人文"的開篇（惜其文不傳），但其序文徵引的《内經·山記》，似亦是道家書②。與支遁同時代的孫興公（314~371），寫《遊天臺山賦》，既説"散以象外"，又説"暢以無生"，用道釋雜糅的感悟，去品味天臺③。可見天臺宗教人文與廬山一樣，自東晉時已具有道釋交融的特徵。

迨至陳隋，智顗入山，天臺始以釋家名山彰顯於世。唐灌頂的《智者大師別傳》《國清百録》雖不是"山記"，但所載智者之夢：巍巖萬重、側有滄海、澄泓在下，神僧引導登山，以及智者言行、神通感應等，已然營造了天臺的釋山氛圍。唐道士徐靈府，元和入山隱居，寶曆初（825~）撰《天臺山記》。此文 6000 字，寫天臺山勢，述名道人文，兼載諸寺形勝、釋門傳説、法緣行事等。道仙與僧釋雜糅，洞天與佛窟併峙，反映兩教人文在天臺的融合。兹引其記述國清、禪林二寺的文字，看其佛釋人文：

> 國清寺在縣北十里，皆長松夾道至於寺。……爲智顗禪師所創也。寺有五峰：一八桂峰，二映霞峰，三靈芝峰，四靈禽峰，五祥雲峰。雙澗回抱。天下四絶寺，國清第一絶也。寺上方有兜率臺，臺東有石壇，中有泉，昔普明禪師將錫杖琢開，名錫杖泉。
>
> 自國清寺東北一十五里，有禪林寺。寺本智顗禪師修禪於此也。以貞元四年使牒，移黃巖縣廢禪林寺額，来易於道場之名。……有宴坐峰，其峰可高百餘丈，是智者大師降魔峰。後有神人送石屏峰（風）於大師背後，至今存焉。④

---

① 葛洪：《抱樸子·内篇》"金丹卷第四"引，見《諸子集成》第 12 册，河北人民出版社，1986。
② 孫綽：《〈天臺山賦〉序》引，見《文選》卷 11，中華書局，1977。
③ 同上。
④ 徐靈府：《天臺山記》，見《大正藏》卷 51。

關於衡山的宗教人文勝迹，晉唐亦有撰述而後佚。宋人陳田夫的《南嶽總勝集》中，散見一些早期撰述的片斷。《南嶽集》的内容體例，同《廬山記》《天臺山記》一樣，道仙與僧釋雜糅，洞天與佛窟並峙。或存或佚的名山記顯示，漢傳佛教在唐代已形成"釋山文化"系列。它的主體，除廬山、五臺、天臺、衡山之外，還有峨嵋山、九華山等。峨嵋與九華的宗教人文，同樣具有兩教共融的特點。

中古釋門聲業述略
——從經導到俗講

漢地釋門聲業，源始於天竺西域釋門的唄誦。東漢三國時代，唄誦隨外域僧侶傳入中華，漢地釋門聲學萌芽；晉宋之際，聲業兩科——經師和唱導師在佛寺中已然出現，釋門聲業形成，簡稱經、導二技。

在六朝京師建康（今江蘇南京），有不少寺僧持經、導聲業，稱經師、唱導師。聲業技藝分聲、文二部。"聲""唄"爲聲部技。"聲"指轉讀，是一種囀咏聲法；"唄"指梵唄，是歌唱的聲曲。經、導二師聲部相同，文部却劃然有別：經師祇囀咏佛經經文；導師則唱誦非經文的事緣和法理。經與非經內容都爲法集齋會所需要。梁釋慧皎著《高僧傳》，初稿將釋門的藝業事功列爲八科，再將先宿高僧分科入傳。定稿時他又增添了"經師"和"唱導"兩科。新科之設確有眼光，因爲釋門聲業的出現，對我國中古文藝發展確有重要的意義。

二十世紀初葉，敦煌石室發現一批講經文、變文、押座文等唐五代寫本。學界前賢發千載之覆，指出這些文本正是史籍記載的唐代俗講的本子。其實，這些既含講經文又含非經事緣的文本，祇是俗講的文部；文本同時又顯示俗講的聲部既有宣講的聲法，又有歌唱的聲曲。這批寶貴寫本因而給我們以重大啓示：唐代俗講的源頭，在於中古釋門的聲業；經、導兩科的文部和聲部，共匯爲俗講的初源。由此又可看出，六朝經、導出現和聲業的形成，實在是中國文藝史上的大事，因爲它包孕著説唱文藝的胎動。曾經風靡於中古法集齋會的梵唄、轉讀、唱導、唱讀和俗講，正是我國説唱文藝的胎動期，交錯相承的幾種説唱形式。

謹略述中古釋門聲業的演進軌迹，借窺説唱文藝之早期胎動。

一 梵唄：唄匿的漢化衍變

佛經有三種文體：闡述義理的散文稱"長行"（即契經）；復述契經的詩歌稱"重頌"（即應頌）；不依長行獨叙事義的詩歌稱"伽陀"（即偈頌）。天竺釋門宣經，長行以囀咏出之，重頌和偈頌都要歌唱。天竺的囀咏與歌唱，用的是一種與天竺世俗的"歌音"不同的"梵音"。《長阿含經》概括梵音樂調的特點稱：

> 其有音聲五種清静，乃名梵聲。何等爲五？一者其音正直；二者其音和雅；三者其音清澈；四者其音深滿；五者周遍遠聞。具此五者，乃名梵音。①

這種專供咏經唱頌的清静梵聲，稱"唄匿"（pathaka），意爲"静"，簡稱"唄"。《大宋僧史略》卷中《讚唄之由》以爲"《十誦律》中俱胝耳作三契聲以讚佛"，是讚唄之始。

唄匿歌唱梵文經，而梵文是拼音文字，與象形的漢文不同。所以佛經漢譯以後，重頌偈頌就不能按唄匿樂聲咏唱了。如果勉强去唱，猶如鳩摩羅什所説，"有似嚼飯與人，非徒失味，乃令嘔穢也"。對此，梁釋慧皎深入分析説：

> 自大教東流，乃譯文者衆，而傳聲蓋寡。良由梵音重複，漢語單奇。若用梵音以詠漢語，則聲繁而偈迫；若用漢曲以詠梵文，則韻短而辭長。是故金言有譯，梵響無授。

唄匿不傳於中國，主要由於華梵語言特點的不同。然而唱唄爲宣經不可缺，在中國也不例外，因爲唱唄對弘教有特殊的功用：

> 如聽唄，亦其利有五：身體不疲；不忘所憶；心不懈倦；音聲不壞；

---

① 參見周叔迦《漫談變文的起源》，《現代佛學》1954 年 2 月號。

諸天歡喜。……如億耳細聽於宵夜，提婆揚響於梵宮。或令無相之旨奏
於篪笛之上；或使本行之音宣乎琴瑟之下。併皆抑揚通感，佛所稱讚。
故咸池、韶武，無以匹其工；激楚、梁塵，無以較其妙。①

再則中國的禮治社會向來重視制樂，認爲制樂乃是"感天地、通神明、
安萬民、成性類"的大事。所以自佛經漢譯之後，經唄的漢化也就提上了日
程。是爲釋門聲業之聲部的緣起。

公元三世紀初葉，魏國的曹植（192~232）和吳國的支謙、康僧會，或在
北方或在南方，各自做了創制新唄的嘗試。這種新唄音聲，將漢式音樂旋律
同天竺梵聲蘊含的五種清靜融攝在一起，成爲中國氣派的法曲，稱"梵唄"。
慧皎認爲陳思王曹植創唄早於支、康。他說：

　　原夫梵唄之起，亦兆自陳思。始著《太子頌》及《睒頌》等，因爲
之制聲。吐納抑揚，併法神授。②

關於曹植創梵的情景，元·念常《佛祖歷代通載》卷五記述：

　　植每讀佛經，留連嗟玩，以爲至道之宗極。轉讀七聲、升降曲折之
響，世皆諷而則之。遊魚山（在今山東東阿），聞有聲特異，清揚哀婉，
因仿其聲爲梵讚。（原注：《魚山梵》始此）今法事中有《魚山梵》，即其
遺奏也。

《魚山梵》又稱《魚山唄》，是曹植刪治《瑞應本起經》時，將他對自然
天籟之感悟，流淌爲華夏宮商旋律而創製的。《魚山唄》元代尚存，今已絕
響。據說它"傳聲則三千有餘，在契則四十有二"，是一部具有四十二種曲
調、三千多個音節、規制恢宏的大聯唱。

內附的大月氏人第三代後裔支謙，華梵兼通。他在漢獻帝末年避亂來吳，

① 《高僧傳》卷13《經師·論曰》。
② 《高僧傳》卷13《經師·論曰》。

"依《無量壽經》及《中本起經》，製《菩薩連句梵唄》三契聲"。到三四百年後的隋唐時期，支謙此種梵唄仍然在江淮地區流行。

康僧會是移居交趾的康居人後裔，先拜漢僧爲師，後於赤烏十年（247）自交趾至建業（今南京）。他創建了江東第一寺——建初寺，并製《泥洹梵唄》。二百多年以後仍在建康佛寺唱頌的《敬謁》一契，便出自《泥洹梵唄》。此唄"聲甚清靡，哀亮囀韻"，以致隋代人作梵唄，仍要以《泥洹》情韻爲高標。[1]

梁釋僧佑的《法苑雜緣原始集目録》卷六《經唄導師集》，著録有《陳思王感漁山梵聲製唄記》《支謙製連句梵唄記》《康僧會傳泥洹唄記》的輯文[2]。這些著録昭示後人：在齊梁時代人們的心目中，曹植、支謙、僧會，作爲創製梵唄的三大名家而共享盛譽。

六朝時期，伴隨中國式梵唄的創成，湧現了許多專擅唱唄的經師；而康僧會創建的京師建初寺，則引人矚目地變成了滋育梵唄苗長、培育唱唄經師的國內第一中心。如月支入華高僧支曇龠"特稟妙聲"，於東晉寧康（373~375）間，自虎丘山特請移居建初寺。他夢見"天神授其聲法"，醒來即"裁製新聲"。他的作品"梵響清靡四飛，却轉反折，還喉疊弄。雖復東阿先變，康會後造，始終循環，未有如龠之妙"。也就是説，曇龠作唄，以音韻清越、旋律環復爲特點，音聲之美妙，超過了曹植、康僧會的作品。他的六言梵唄《大慈哀愍》一契，音律動人，五衆喜愛，在建康寺院間流傳一百多年，以至蕭梁時代仍有人據其旋律製頌。曇龠的弟子覓歷，得其師授，擅長製作"高聲梵唄"。[3]

西距曹植作唄之魚山不遠的泰山朗公寺（即神通寺），是另一處梵唄發衍的重鎮。元魏時（約六世紀初），僧意住持朗公寺，香火繁盛，有一位都講專唱梵唄[4]。僧意死後，都講移住兖州，"香火、唄匿散在他邑"，朗公寺一度衰落[5]。隋初興佛，開皇三年（583）新賜寺額"神通"，委任法贊來寺住持。法贊擅梵唄。當他唱唄之時，寺裏的一對白鵝"恒來輿前，立聽梵讚"[6]。神

① ［隋］費長房：《歷代三寶記》卷5；《高僧傳·經師·論曰》。
② 僧佑：《出三藏記集·雜録》卷12，見《磧沙藏》第29冊。
③ 《高僧傳》卷13《支曇龠傳》；同卷《經師·論曰》。
④ 中古佛寺裏的經師又分二職：法師司轉讀，都講司唱唄。
⑤ 《續高僧傳》卷25《僧意傳》。
⑥ 《續高僧傳》卷10《法贊傳》。

通寺畢竟距離大都會稍遠，梵唄在這裏雖能得長期流傳，終究不如江東建初寺的經唄薪傳那樣興旺。

晉宋之際，河西地區有《西涼州唄》東傳關右。其中讚頌如來法相的《面如滿月》等曲，又北傳晉陽（今山西太原）。"凡此諸曲，併製出名師"，河西這些梵唄大師的法名雖已無聞，他們爲唄曲中國化做出的貢獻却功垂史册。①

南朝後期，經師、唱導師合流（詳見下文），頌經唱唄已經普及於中華南北佛寺。隋仁壽元年（601），文帝命令國內三十州興建舍利塔，并令諸州於十月十五日午時，同時做起塔大法事。梵音讚唄爲這次法事的必備之儀。而所列三十州涵蓋著北自并州（今山西太原）無量壽寺、東至牟州（今山東牟平）巨神山寺、西至瓜州（今甘肅安西）崇敬寺、南達交州（今越南河內）禪衆寺、西南抵益州（今四川成都）法聚寺的廣大地域②。可見唱唄之儀盛行之廣。

到了唐代，梵唄成爲在淨殿禪房隨處可聞的法音，每每見諸詩人的篇什。但它已不再是獨立的聲業了。如盛唐李頎《宿瑩公禪房聞梵》：

> 花宮仙梵遠微微，月隱高墙鐘漏稀。
> 夜動霜林驚落葉，曉聞天籟發清機。
> 蕭條已入寒空淨，颯沓仍隨秋雨飛。
> 始覺浮生無住著，頓令心地欲皈依。

詩人靜臥禪房，高墙將月色隱去。但聞遠處的梵唄仙音輕輕飄來，溶入霜林，蕩入寒空，沁入詩人心中。拂曉時分下雨了。清婉的仙梵旋律，隨著雨絲飄飛。浮生百無聊賴。仙音化悟了詩人的心扉，啓知他人生的歸宿。

中唐劉長卿《秋夜北山精舍觀體如禪師梵》：

> 焚香奏仙唄，向夕遍空山。清切兼秋遠，威儀對月閒。
> 靜分巖響答，散逐海潮還。幸得風吹去，隨人到世間。③

---

① 《高僧傳》卷 13《經師·論曰》。
② 隋文帝：《隋國立佛舍利塔詔》；王邵：《舍利感應記》。
③ 《全唐詩》卷 134，卷 147。

梵唄仙音隨香篆氤氳升入秋空，山巖傳來它的迴聲；這迴聲散入遠去的海潮，却被秋風又送回人間，宛然一幅《清秋梵樂圖》！

唐文宗開成三年（838）十一月二十四日，滯留揚州的日僧圓仁，隨開元寺僧衆共作法事，親睹了五衆的作梵儀式：

> ……次第列坐。有人行水。施主僧等於堂前立。衆僧之中有一僧打槌，更有一僧作梵。梵頌云："云何於此經，究竟到彼岸。願佛開微密，廣爲衆生說。"音韻絶妙。作梵之間有人分經。梵音之後，衆共念經，各二枚許。即打槌，轉經畢。次有一僧唱"敬禮常住三寶"，衆僧皆下牀而立，即先梵音師作梵"如來色無盡"等一行文也。作梵之間，綱維令請益僧等入裏行香，盡衆僧數矣。①

梵唄亦深得崇佛帝王的喜愛。咸通十二年（871），唐懿宗李漼在宮中設萬僧齋，懿宗親自"升座爲讚唄"②。可説是華式法音感化了中華帝王。

由唄匿演化來的梵唄，自晉至唐，經歷了由聲業到法音的角色轉換，始終植根於華夏沃壤中。宋釋贊寧稱梵唄爲"宮商佛法，金石天音"，即用管弦奏出的佛法、金石迸發的天音。贊寧還把梵唄的"聲德"情蘊概括爲八個字："哀而不傷，樂而不佚。"③這正是中華禮治社會"中和之美"的審美觀見之於音樂的極致！

二 轉讀："以聲糅文，聲文兩得"

釋慧皎説："此土咏經，則稱爲轉讀；歌讚，則號爲梵唄。"④在釋門聲業之聲部中，"轉讀"是與"梵唄"並行的第二聲系。"轉讀"用一定的聲法囀經、導達，唐釋道宣稱之爲"以聲糅文"，説它的功用可"使聽者神開，因聲

---

① 《入唐求法巡禮行記校註》卷 1。
② 《佛祖統紀》卷 42。
③ 《宋高僧傳》卷 30《雜科聲德·論曰》。
④ 《高僧傳》卷 13《經師·論曰》。

以從迴向"①。作爲聲部的兩大聲系,"轉讀"和"梵唄"都講究聲法與音調。它們的區別是:梵唄音聲是歌,可入曲被之管弦;轉讀聲法是誦法,祗能和以金石,不能入曲。

漢地早期的經文轉讀,已然展示出漢語特有的聲調節律之美。據説曹植擅長讀經,"轉讀七聲,升降曲折之句,世皆諷而則之",折射著早期轉讀的韻味②。魏晉文人好尚清談,講究言語的風調聲韻。有的清談大家,還往往在齋會法事上親自唱經。如四世紀中葉,擅"清言"的名士許詢,會同名僧支道林,共赴會稽王司馬昱的齋會,支道林充當講經法師,許詢充當唱經的"都講","支通一義,四座莫不厭心;許送一難,衆人莫不忭舞。但共嗟咏二家之美"。許詢轉讀佛經(唱經)博得清衆的嗟嘆,大約同他擅長"清言"有關③。士人的清談技巧,逐漸融進經文的囀咏之中,使法言的轉讀愈趨工緻多樣,推動了釋門聲業之聲部的漢化發展。

東晉、宋齊時代,用轉讀咏經,用梵唄唱讀,是每位經師兼備的藝能。唱唄名師往往又是轉讀高手。如晉孝武帝(372~396在位)時的建初寺高僧支曇龠,既是創製六言梵唄的大師,又"特禀妙聲,善於轉讀"。同梵唄的興起一樣,轉讀發衍基地亦主要在建康諸寺。除建初寺外,白馬、安樂二寺尤爲轉讀重鎮;謝寺、祇洹、東安、多寶,以及道場、瓦官、龍光、新安、天寶、中興等寺,也每每湧現出擅長轉讀的著名經師。④

劉宋武文之世(420~453),白馬寺僧饒"以音聲著稱","響調優遊,和雅哀亮"。他常常繞著寺裏的般若臺,"梵(唄)、轉(讀)以擬供養"。聽到他咏唱音聲的過路人,"莫不息駕踟蹰,彈指稱佛"。與僧饒同時,白馬寺還有超明、明慧二僧。他們少時唱梵唄,長大以後,"齋時轉讀",也有名當世。

饒、明、慧以後,白馬寺又有法平、法等兄弟。他們二人都是曇龠的弟子,長於轉讀。法平"聲韻清雅,運轉無方"("運轉無方"指轉讀運聲變化多端);法等"貌小醜,而聲逾於兄"。有一日,法等往赴大將軍府齋。大將

---

① 《續高僧傳》卷30《雜科聲德·論曰》。
② 《佛祖歷代通載》卷5。
③ 見徐震堮《世説新語校箋》卷上《文學》第40條;《言語》第73條引《晉中興士人書》。中華書局,1984。
④ 《高僧傳》卷13《經師》。下引傳文出處同此。

軍看他貌醜，先有所怠慢；待聆得法等轉讀"披卷三契"之後，大將軍不禁
"扼腕嘆服"。又一日，東安嚴公發講，請法等先予轉讀三契經。法等咏畢，
嚴公"徐動麈尾，曰：'如此讀經，亦不減發講。'遂散席"。嚴公以爲法等妙
聲囀經，已經收得講經之效，他没有必要再發講了。

　　大約在蕭齊之世，有釋曇憑從南安（今四川樂山）跋涉而來，投白馬寺
學轉讀。曇憑"音調甚工"即發聲好，但是過於自負，"時人未之推"。他於
是"專精規矩，更加研習，晚遂出羣"；"誦三《本起經》，尤善其聲"。曇憑
後來回到蜀地，任龍淵寺經師，"每梵音一吐，輒象馬悲鳴，行途駐足"，"巴
漢懷音者，皆崇其聲範"。劉宋初年，安樂寺的轉讀大師是道慧。他來自廬
山寺。道慧"博涉經典，特稟自然之聲，故偏好轉讀"。他囀經"發響含奇，
制無定準，條章折句，綺麗分明"，"轉讀之名，大盛京邑"。安樂寺的另一
位轉讀名師，是蕭齊初年的僧辯。僧辯囀經，"哀婉折中，獨步齊初"，"聲震
天下，遠近知名"。與僧辯同時的京師"善聲沙門"，還有龍光寺普智、新安
寺道興、多寶寺慧忍、天保寺超勝。其中慧忍受業於僧辯，"備得其法，而哀
婉細妙，特欲過之"。以後京師諸寺有四十餘僧又從慧忍受學，傳他的囀經
法於蕭梁之世。

　　另有謝寺智宗，"博學多聞，尤長轉讀，聲至清而爽快"。在八關齋長
夜"中宵之後，四衆低昂，睡蛇交至"，人人倦怠。智宗"升座一轉，梵響
干雲，莫不開神暢體，塞然醒悟"。祇洹寺曇遷，"巧於轉讀，有無窮聲韻"。
道場寺法暢、瓦官寺道琰，"并富聲哀婉"。東安寺曇智，"有高亮之聲，雅
好轉讀"，"高調清澈，寫送有餘"。與曇智同一時期，還有道朗、法忍、智
欣、慧光，"薄能轉讀"。道朗"捉（促？）調小緩"，法忍"好存擊切"，智
欣"善能側調"，慧光"喜騁飛聲"。蕭齊時代，建康還有一批各懷特技的轉
讀名師。如法鄰"平調牒（疊？）句，殊有宮商"；慧念"少於氣調，殊有細
美"；曇幹"爽快碎磕，傳寫有法"；慧超"善於三契"；曇調"寫送清雅"。

　　分析宋齊之際建康諸寺經師們的轉讀風格與情韻，可大別之爲高亮、哀
婉、清爽三大類。有的大師多種風格兼備；也有專擅平、側、促之一調；或
擅飛聲，特長突出。不論何種風格或特長，都能增強囀經的藝術感染力，適
應"悟俗動衆"的需要。

　　建康寺羣是南北朝時期最大的甚至也是唯一的囀經之學的中心。那時期，

浙左、江西、荊陝、巴蜀等地區"亦頗有轉讀",但衹是臨時咏歌,"乃無高譽",不成學林。轉讀之學獨盛於江左,原因主要有三:都城建康既是政治文化中心,又是大寺高僧薈萃之地,此其一;衆多熟諳唄聲唱經的西域高僧(如月氏裔曇龠、曇遷,康居裔法平兄弟)避亂居此,利於轉讀發榮,此其二;江南人語調輕柔婉轉,適宜咏唱轉讀(如僧饒、智宗、曇智、僧辯、慧忍都是建康人),此其三。建康於是成了南朝前期囀經繁榮的大都會。

咏經轉讀的技藝,在宋齊時代發育成熟,推動了對轉讀藝術的研究。梁·釋慧皎《高僧傳·經師》篇的傳文和傳論,是最早對轉讀藝術做綜合探討的重要作品。關於評判轉讀優劣的標準,慧皎首先提出"聲文兩得"說:

> 轉讀之爲懿,貴在聲、文兩得。若唯聲而不文,則道心無以得生;若唯文而不聲,則俗情無以得入。

好的轉讀,聲調要美,經文要讀得準確。衹是聲調美而讀字不準,不能啓悟信向;經文雖準確,聲調不美,也不能感動大衆。慧皎批評當時囀經的不良風氣與弊病說:

> 頃世學者,裁得首尾餘聲,便言擅名當世。經文起、盡,曾不措懷。或破句以全聲,或分文以足韻。豈唯聲之不足,亦及文不成詮。聽者唯增恍惚,聞之但益睡眠。……哀哉!

或以得其聲而自矜;或囀咏却不顧經文起迄;攙易經句以遷就音聲;割裂經文以凑聲韻。凡此種種,不僅咏聲不美,誦文也不可詮解。衹能使聽者糊里糊塗、昏昏欲睡。

做一個優秀的經師,慧皎認爲應當具備兩個條件:"精達經旨,洞曉音律"。他將轉讀用聲之法,概括爲八種技法,并創造性地提出囀經二十四字訣:

> 若能精達經旨,洞曉音律,三位七聲,次而不亂,五言四句,契而莫爽。其間:起擲,蕩擧,平折,放殺,游飛,却轉,反疊,嬌弄。動韻則流靡弗窮,張喉則變態無盡。故能炳發八音,光揚七善:壯而不猛,

凝而不滯，弱而不野，剛而不銳，清而不擾，濁而不蔽。……若然，可謂梵音深妙，令人樂聞者也。

這二十四字訣所界定的轉讀的本旨，近似於梵唄的八字訣："哀而不傷，樂而不佚。"它又是"中和之美"的韻緻。這要訣使得中古齋會上的轉讀與梵唄，得以雍容和鳴，諧適相融，營造著虔敬莊重的淨園氛圍。

梁陳以後，經師咏經與非經的唱導合流，轉讀之學的發展便同唱唄互攝，進到一個嶄新的境界。

三　唱導："宣唱法理開導衆心"

中古釋門兩大聲科之一——唱導，其文部不是經文，而是咏唱非經的事緣，這同法集齋會上必不可少的祈願之儀有關。《大宋僧史略》說及唱導緣起稱：

> 唱導者，始則西域上座凡赴請，祝願曰："二足（指衆人）常安，四足（指動物生靈）亦安，一切時中皆吉祥。"等，以悅可檀越之心也。（卷中《行香唱導》）

法師應檀越邀請主持齋集，他的祝願辭自然要符合檀越設齋的祈願，並要以美妙的音聲唱說。內地齋會的唱導儀式或即傳自西域。西晉末年來到洛陽大市寺的西域高僧帛尸黎密多羅（吉友），擅唱唄匿，與僕射周顗友善。周顗被害，吉友赴周宅爲他追福，"對其靈座，作胡祝數千言，音聲高暢，既而揮涕收淚" [1]。這種由吉友臨場編撰、用唄匿曲調來唱的"胡祝數千言"，大約是漢地最早的唱導詞。

漢地唱導的形式、內容和功能，是在東晉、南朝之際確立的。廣大出家未出家信衆的實際狀況，對漢地唱導的定型起了決定作用。這些人沒有文化、不懂佛經，却對佛祖虔敬崇信，對釋門懷著巨大的人生期待。在有這些信衆參加的法集齋會上，爲了不使他們營懂疲憊，法師除了誦經、念佛、發願之外，還

---

① 徐震堮：《世說新語校箋・言語第二》第 39 條；並參見《高僧傳》卷 1 本傳。

要穿插説唱一些通俗易懂的事緣，以警醒和啓悟信衆。釋慧皎對此論述曰：

> 唱導者，蓋以宣唱法理，開導衆心也。昔佛法初傳，與時齋集，止宣唱佛名，依文致禮。至中宵疲極，事資啓悟，乃別請宿德，升座説法：或雜序因緣，或旁引譬喻。其後，廬山釋慧遠，……每至齋集，輒自升高座，躬爲導首，先命三世因緣，却辯一齋大意。後代傳授，遂成永則。①

可知晉宋齋集的唱導師要另請宿德充當。他坐於高座之上，"雜序因緣"，"旁引譬喻"，穿插講説，題材相當廣泛。東晉慧遠"自升高座"，説三世因緣，講齋集大意，被後世奉爲圭臬，堪稱中華唱導第一人。

慧皎根據藝業需要，提出唱導師四大條件——聲、辯、才、博：

> 夫唱導所貴，其事四焉，謂：聲、辯、才、博。非聲則無以警衆；非辯則無以適時；非才則言無可採；非博則語無依據。至若響韻鐘鼓則四衆驚心，聲之爲用也；辭吐俊發，適會無差，辯之爲用也；綺製雕華，文藻橫逸，才之爲用也；商榷經論，採撮書史，博之爲用也。

慧皎認爲，一個優秀的唱導師，不僅要具備聲辯才博，還要"知時知衆""與事而興"，即唱導要看事緣對象，要因人而異、因時因事制宜：

> 若能善茲四事（指聲辯才博），而適以人時：如爲出家五衆，則須切語無常，苦陳懺悔；若爲君王長者，則須兼引俗典，綺綜成辭；若爲悠悠凡庶，則須指事造形，直談聞見；若爲山民野處，則須近局言辭，陳斥罪目。凡此變態，與事而興，可謂知時知衆，又能善説。雖然，故以懇切感人，傾誠動物。此其上也。

"聲、辯、才、博""與事而興"，遂成爲評判導師優劣的標準。

慧皎還用生動形象的文字，描繪了宋梁時代的唱導師主持八關齋會的

---

① 《高僧傳》卷13《唱導·論曰》。下面引文同出此卷。

場面：

> 至如八關初夕，旋繞周行。烟蓋停氛，燈帷靖耀；四眾專心，叉指緘默。爾時，導師則擎爐慷慨，含吐抑揚；辯出不窮，言應無盡。談無常，則令心形戰慄；語地獄，則使怖淚交零；徵昔因，則如見往業；核當果，則已示來報；談怡樂，則情抱暢悅；叙哀戚，則灑淚含酸。於是闔眾傾心，舉堂惻愴。爰及中宵後夜，鐘漏將罷，則言"星河易轉，勝集難留"。又使遑迫懷抱，載盈戀慕。當爾之時，導師之爲用也。

隨著唱導的盛行，漸漸暴露出若干弊端。慧皎揭露説：

> 才非己出，製自他成，吐納、宮商，動見紕謬。其中傳寫訛誤，亦皆依而宣唱。致使魚魯淆亂，鼠璞相疑。或時禮拜中間，懺疏忽至。既無宿蓄，耻欲出頭；前言既久，後語未就；抽衣謦咳，示延時節。列席寒心，觀徒啓齒。施主失應時之福，眾僧乖古佛之教。

一則套用現成的舊本，傳錯聲調，抄錯導文，却仍然照本宣唱，以訛傳訛；再則是不做準備，倉促上陣，捉襟見肘，進退失據。時人譏諷這種庸劣的唱導，稱之爲"濫吹"。

南北朝前期，唱導業同經師之業一樣，唯一的重鎮是南朝的京師建康。元魏以後，洛陽、長安出現聲業，唱導纔在北方的城鄉逐漸興起。西魏大統年間（535~551），長安的天竺高僧菩提流支擅唱導，北國"香火梵音、禮拜唱導，咸承其則"，"雖山東、江表，乃稱學海，儀表有歸，未能逾矣"[1]。東魏時期（534~550），青州益都（今山東益都）有"鄉邑大集，盛興齋講"的風俗。鄉民鄭某洞曉唱導音曲，"棄其家務，專將赴講"。以後出家，法號真玉，"修整前業，攬卷便講，無所疑滯"。[2]

《高僧傳·唱導篇》記載宋齊的唱導業基地，主要有建康祇洹、長干、瓦

① 《續高僧傳》卷1《菩提流支傳》。
② 《續高僧傳》卷6《真玉傳》。

官、靈味、白馬、建初、閑心、新安、湘宮、齊隆、彭城、耆闍等十二寺，
其靈味寺角色尤重；京外唱導基地有江陵長沙寺、穀熟（今安徽和縣）常山
寺。江陵、穀熟皆濱臨長江，顯示南朝初期唱導的傳播路綫，像是從建康溯
江而上。

宋齊之際建康諸寺的唱導大師們，聲、辯、才、博，各有所長，因人因
事制宜，各騁其技。如祇洹寺釋道明"宣唱爲業"，"音吐寥亮，指事適時"；
長干寺釋曇穎"屬意宣唱，天然獨絶"，有邀請者，"貴賤均赴，貧富一揆"；
瓦官寺釋慧璩"讀覽經論，涉獵書史"，"尤善唱導，出語成章"，"臨時採博，
罄無不妙"；靈味寺釋曇綜"博通衆典"，"唱說之功，獨步當世，辯口適時，
應變無盡"；靈味寺釋僧意"善唱說"，創製梵唄"哀亮有序"；建初寺釋道
儒"凡所之造，皆勸人改惡修善"，"言無預撰，發響成製"；新安寺釋慧重
"專當唱說"，"言不經營，應時若泄"；湘宮寺釋法願能樂舞，會雜技，"又
善唱導"，"依經說法，率自心抱"，"唯以適機爲要"。在宣唱導衆的長期實
踐中，有的唱導大師形成了自己的流派風格。齊明帝時期（494~498）齊隆寺
釋法鏡，"研習唱導，有邁終古"，"道俗交知，莫不愛悦"。他的弟子道親、
寶興、道登三人，後來分別在瓦官、彭城、耆闍三寺"祖述宣唱"。

南北朝後期經、導合流，爲聲業的發展開拓了更廣闊的天地。

四　唱讀：經、導兩聲的融合

六朝的經師、唱導兩聲科，陳隋之際合流爲一，名曰"唱讀"①。所謂
"唱讀"，意爲"唱導"和"轉讀"。南北朝後期有兩個因素促進了經導兩師
的合流。一是佛教信仰普傳，民間齋事漸多，對經師和導師的邀約隨之增多；
二是南北方佛寺和僧尼日衆，寺院産業則營殖未廣，寺院經濟根柢尚薄，也
迫使僧衆多赴齋請，以爲生計。由於導師宣唱事緣，多爲信衆所熟習，故比
經師誦唱經文更生動誘人，更適應民間需要，也更能獲得信衆。所以經導合
流的趨勢，基本是導師兼做經師、轉經合向唱導。"唱讀"一詞，先唱導後轉
讀，正是這一客觀趨勢的反映。

---

① "唱讀"之稱，見《續高僧傳》卷30《智果傳》。

　　陳隋之際在經導合流的大勢下，一批唱讀兼通、適合社會需要的新式的聲業大師，相繼湧現。他們的分佈及於南北，改變了宋齊時代聲師主要集中於建康一地的狀況。他們的聲業特點是密切參與著民間的法事實踐。

　　高齊天保（550~559）年間，鄴都（在今河北磁縣南）沙門釋道紀，擅講《成實論》，又力行"開化士俗"。他偕六僧至鄴都郊外，召集方圓七里的士女，唱讀講誦，"七日一遍，往必荷擔，不恥微行"。又勸人"奉持八戒，行法社齋"。持續行化數年，鄴都四郊"奉其教者，十室而九"。①

　　陳末釋法稱，"通諸經聲，清響動衆"，"又善披導，即務標奇"，是位兼通囀經、唱導的聲科大師。他隋初北上大興，住興善寺。同法稱齊名的釋智雲，"亦善經唄"，每誦經"響震如雷，時慘哀囀"；"又善席上，談吐驚奇，子史丘索，都皆諳曉，對時引挽，如宿構焉"。"席上"乃"唱導"的代稱。"對時引挽如宿構"，是説他出口成章，似有腹稿。

　　陳隋之際的建康棲霞寺釋法韻，"偏工席上"，又善轉讀，"通經聲七百餘契"。民間"每有宿齋，經、導兩務，并委於韻"。法韻集經導於一身，是兩科合流的明證。

　　隋朝開國，"時弘唱讀"；大業初，"聲唱猶重"。"聲"指轉讀聲法，"聲唱"即"唱讀"。煬帝注重保護聲業流派，"至於梵導讚叙，各重家風"。朝廷還在"西京興善（寺）官供尋常唱導之士"。楊隋皇室的扶掖提倡，促進了釋門聲業的融合發展。隋代的唱讀陣地主要有京師的興善、日嚴二寺。

　　隋代聲科高僧大都精唱導而能轉讀。如金陵釋立身，每遇江左文士法會或名僧法集，"導達（即唱導）之務，偏所牽心"，"談述業緣，佈列當果，冷然若面"。晚年北來西京，駐慧日寺，以"聲辯之功"獲隋煬帝賞賜。揚都寶田寺釋善權有才術，煬帝召入京師駐日嚴寺。在爲獻太后行道追福的法會上，善權和立身受命"分番禮導"，即輪流主持經導之禮，得以各展所長。

　　唱讀大師釋法琰（546?~636），原駐建康願力寺，後應晉王楊廣之召，駐京師日嚴寺。法琰"每聞經聲唄讚，如舊所經，充滿胸臆"。他依聲唱讀《瑞應本起經》，使用了舉擲、旁迸、囀態、驚馳等聲法，聽者"無不訝之"。他善自攝護，晚年"雖追期頤，而聲喉不敗"。京兆釋慧常，"以梵唄之工，住

　　① 《續高僧傳》卷30《道紀傳》。下引傳文同出此卷。

日嚴寺"。他長於却囀、弄響、飛揚等聲法；尤擅《長引》，如"滔滔清流不竭"。"聲發喉中，唇口不動"，是慧常發聲的絕招。慧常唱梵唄，聽者"颯然傾耳，皆推心喪膽，如饑渴焉"，勸誘力極強，"衆雖效學，皆不及矣"。

大業間，日嚴寺還有兩位唱讀高手——道英、神爽。道英"喉顙偉壯，詞氣雄遠"，"聲調棱棱，高超衆外"，以音聲高遠知名；神爽"唱梵，彌工《長引》，游囀聯綿，周流內外"，以連綿往復的咏誦見長。

導師兼做經師，轉經融向唱導，音聲重於文辭。聲業在隋代的嬗變，從上述京都聲師羣體的技藝特色中，尤其得到鮮明展示。這種聲勝於文的趨勢，曾使唐初終南山豐德寺的釋道宣憂心忡忡。他説爲貪圖物利而媚俗，聲唄相淆，以唄亂文，猶如孔教所斥"鄭聲之亂雅樂"，背離了經師之德：

> 爰始經師爲德，本實以聲糅文，將使聽者神開，因聲以從迴向。頃世皆捐其旨，鄭魏彌流，以哀婉爲入神，用騰擲爲清舉。致使淫音婉孌，嬌弄頻繁，世重同迷，鮮宗爲得。故聲唄相涉，雅正全乖；縱有刪治，而爲時廢。物希貪附，利涉便行。……昔演三千，今無一契。

道宣指斥説，"俗利"的追求還使得聲師們學問荒疏，導文也寫得鄙俚不經了：

> 但爲世接五昏，人纏九惱，俗利日隆而導引頗躓。所以坐列朝宰，或面對文人，學構荒疏，時陳鄙俚；褒獎帝德，乃類阿衡；贊美寒微，翻同疏昃；如陳滿月，則曰聖子歸門；……若叙閨室，則誦《窈窕》《從容》。能令子女奔逃，尊卑動色，僧倫爲其掩耳，士俗莫不寒心。

把君王寫如俗客，寒門寫如貴人，嬰孩皆是聖子，女兒均爲國色。釋門聲業的一味媚俗，必然招致一些聲師人格的淪落：

> 又有逞炫唇吻，搖鼓無慚，艷飾園庭，潤光犬馬。斯并學非師授，詞假他傳。勇果前聞，無思箴艾。遂即重輕同迹，真誤混流。顏厚既增，

彌深痴滯。①

道宣痛斥那些搖唇鼓舌、私蓄財利、住邃宇、養犬馬的僞僧，簡直是厚顏無恥！

如果不是從人事功利，而是從文學與藝術發展的角度，去觀察陳隋之際釋門聲業的變化，又會有不同的結論。我們看到，由於這時期衆多的聲科大師，廣泛參與社會各階層的法集和齋事，導致釋門聲業出現了兩大變化：一是唱讀文辭更加貼近各類大衆的日常生活，更加通俗和生動；二是唱讀的音聲與文藻，在華夏各地形成了不同的區域特色。道宣首先注意到這兩大變化，並且做了寶貴的考察與概述。

《續高僧傳·雜科聲德·論曰》，綜述隋唐之際唱讀聲法與辭法的地域特色，不啻一篇精彩的學術論文：

> 唄匿之作，沿世相驅，轉革舊章，多弘新式。……東川諸梵，聲唱猶多。其中高者，則新聲助哀，《般遮》《屈勢》之類也。地分鄭魏，聲亦參差，然共大途，不爽常習。江表、關中，巨細天隔。豈非吳越志揚，俗好浮綺，致使音頌所尚，唯以纖婉爲工；秦壞雍梁，音詞雄遠，至於詠歌所被，皆用深高爲勝。
>
> 然則處事難常，未可相奪。若都集道俗，或傾郭大齋，行香長梵，則秦聲爲得；五衆常禮，七貴恆興，開發經講，則吳音抑在其次。豈不以清夜良辰，昏漠相阻，故以清聲雅調，駭發沉情。京輔常傳，則有大小兩梵；金陵音弄，亦傳長短兩引。……劍南隴右，其風體秦，雖或盈虧，不足論評。故知神州一境，聲類既各不同。

"東川"泛指中華。道宣按照聲韻風格的地區差異，把中華唱讀的聲梵大體分爲三大"聲區"：鄭魏、江表（吳越）、關中（含雍梁、劍南、隴右）。秦聲雄遠，宜於大齋長梵；吳音纖婉，宜於常禮發情。諸聲區各有特色，並存不悖，相得益彰。

---

① 《續高僧傳》卷30《雜科聲德·論曰》。

隋唐之際的唱讀，題材通俗化，文辭俚俗化，聲梵地域化。這些重要的變化，表明唱讀不僅是法事儀式，而且成爲一種名副其實的文藝樣式了。唱讀的這些特點，直接影響並規定了唐代俗講的内容與形式的基本面貌。

五　俗講：釋門聲業成熟

隋唐之際，唱讀活躍於南北民間，俗化漸深，有時又被稱爲"唱叙"①。"唱讀"和"唱叙"雖然衹有一字之别，却意味著聲科囀經和唱導各自傳續下來的文辭與聲法，隨時代和環境的變化，也陸續發生了某些適應性改變。

自楊隋統一全國以後，民間的語言由於南北交往頻繁而有種種變易。漢譯佛經的經文對隋唐民衆已變得不那麼容易理解，使得高僧們衹好編撰種種字書、音書，來幫助年輕的僧人學經。隋東都慧日寺沙門智騫編《衆經音》及《蒼雅字苑》，"家藏一本，以爲珍璧"；精通字學的唐京師沙門玄應，編《經音》(即《一切經音義》)，爲"皁素所推"②。他們這些撰著都反映了時代的要求。

在這種時代背景下，唱讀的文辭和聲法出現了新的變化。在民間的法集齋會上，如果仍然像以前那樣，用轉讀聲法吟誦佛經長行、用梵唄歌唱經中的偈讚，鄉里信衆同樣不易理解。爲了克服這個弘法中遇到的難題，於是有文僧將佛經改寫成通俗的散文或韻文，稱爲"講經文"；有聲師融合梵唄與民歌創製新聲曲。法集齋會上開始用新的聲曲頌唱韻體講經文和韻體事緣，用説話的方式講叙散體講經文和散體事緣。這種通俗的講説(散體)或講唱(韻文)，被稱爲"唱叙"，也就是"俗講"。由於俗講更適應社會的需要，遂逐漸取代了傳統的轉讀和唱唄。唐代尤其中唐以後，用轉讀梵唄聲法囀經、導達，鮮見於民間齋會，衹是在某些釋門法集或官方法會上或有行用；轉經、唱導也不再是獨立的聲業了。在中晚唐佛門史傳中，鮮見"轉讀""梵唄""唱導"諸詞，原因也在這裏。

---

① "唱叙"之稱見《續高僧傳》卷30《智凱傳》。
② 《續高僧傳》卷30《智果傳附智騫、玄應傳》。

宋釋贊寧編撰《宋高僧傳》，公開聲稱“變唱導成聲德”，并傲法《續高僧傳》，改“經師”“唱導”兩科爲“雜科聲德”一科。此書第二九、三〇兩卷《雜科聲德》的正傳和附見，共收入 57 位聲科高僧。細檢傳文，祇有晚唐文宗時代杭州靈隱寺釋智一，因“善長嘯，嘯終乃牽曳其聲，杳入雲際”，而稱之爲“哀松之梵”；唐懿宗時代靈州（今宁夏銀川）廣福寺釋無迹，被稱作是“言行相高，復能唱導”。除此而外，傳文中再不見“梵唄”“唱導”諸詞；而 57 篇傳文中，“轉讀”一詞竟無一見。這一事實，同樣反映著在唐代法集齋會上，新唱與講説式的俗講，已經取代了六朝聲科、陳隋“唱讀”的現實。

“俗講”一詞，最早見於《續高僧傳》卷二六《釋善伏傳》：

> （善伏）姓蔣，常州義興（今江蘇宜興）人。……貞觀三年（629），實刺使（德明）聞其聰敏，追充州學。因而日聽俗講，夕思佛義。博士責之。

唐太宗初年，“俗講”初見於聲科發源的江左地區，合情合理。刺史寶德明聽俗講而思佛義，可知善伏所講涉及佛經大義。博士反對在官學裏開俗講，根源固然在於唐太宗的崇儒抑佛，善伏的俗講有内容鄙俚的一面，也招致士人不恥。

整個唐朝前期，史籍與釋典中甚少俗講的記載，大約也是由於官方對它的禁斷、俗界士林對它的鄙視，以至傳統文籍難有它的一席之地。然而俗講并未被禁絶。它不僅活躍於佛寺法事和民間齋會，而且由於廣大信衆的需要，它還不斷地得到發展。開元十九年（731）四月，唐玄宗下詔稱：

> 説兹因果，廣樹筌蹄，事涉虛玄，渺同何漢。……近日僧尼，此風猶甚。因緣講説，眩惑閭閻；溪壑無厭，唯財是斂。津梁自壞，其教安施；無益於人，有蠹於俗。或出入州縣，假託威權；或巡歷鄉村，恣行教化。因其聚會，便有宿宵；左道不常，異端斯起。自今以後，僧尼除講律之外，一切禁斷；六時祀懺，須依律儀。[1]

---

[1] 《唐大詔令集》卷 113《唐玄宗開元十九年四月癸未詔》。

此詔所要禁斷的"因緣講說"就是"俗講"。所謂說因果、樹筌蹄、講因緣，正是俗講的基本內容；出入州縣、巡歷鄉村，道出了俗講師們活躍的行迹；依托官府，斂財無厭，揭示著釋門聲業追求財勢的一面；聚會教化，風靡閭閻，顯示出這一通俗的宗教文藝形式，對各階層信眾都有巨大的藝術魅力。所謂"近日此風猶甚"，正表明了釋門俗講之風，習習吹拂、於今爲盛的綿長歷程。

儘管盛唐朝廷視俗講爲"異端左道"，力圖制約它在民間發展，却不可能把它完全禁斷。"因緣講說"繼續在京師和地方的法集齋會上進行著。證據是到興元元年（784）九月一日，即玄宗下"禁斷講說詔"五十三年以後，唐德宗又頒佈允許京城寺觀講說的敕文。這個舉措并非對俗講的主動開禁，而是對傳承不絕、難以禁斷的俗講聲業的被動承認；却又以退爲進，企圖把俗講活動限制在京師一地。又過了三十一年即元和十年（815）五月，唐憲宗再下詔書：

> 京城寺觀（俗）講，宜準興元元年九月一日敕處分；諸畿縣（俗）講，宜勒停；其觀察使節度州，每三長齋月，任一寺一觀置（俗）講，餘州悉停。惡其聚衆，且慮變也。①

此詔勒停東都地區各縣以及各州的俗講，證明到了元和年間，俗講不僅沒有被限制於京師，而且已遍及畿縣和各州；允許每年正、五、九三長齋月，駐有中央所派觀察使的州治可有一寺俗講，雖也是以退爲進，却比三十年前把俗講禁限於京師的決定放寬了。唐文宗太和年間（827~835），"京城及諸州府，三長齋月置（俗）講，集衆戒懺"成爲風氣②，可知朝廷"悉停"各州俗講的企圖也失敗了。

唐武宗會昌元年（841）正月，"又敕於左、右街七寺開俗講"：釋海岸在資聖寺講《華嚴經》；釋體虛在保壽寺講《法花經》；釋齊高在菩提寺講《涅槃經》；釋光影在景公寺講；釋文叙在會昌寺講《法花經》；惠日、崇福

---

① 《册府元龜》卷52《帝王部·崇釋氏二》。
② 《全唐文》卷74《條流僧尼敕》。

二寺亦開講 [①] 。這是俗講最爲興盛的時期。

唐代俗講的藝術構成是二元復合型。所謂"二元"指"唱"與"説"（一次俗講則可有説有唱，也可有説無唱）。上溯這唱、説的源頭，正是南朝前期的經師與唱導，因爲經、導聲科藝術就是"唱""讀"二元構成。從南朝的"唱""讀"，到唐朝的"唱""説"，居然經歷了四五百年的融攝揚棄與滌新置換過程。唄匿漢化而成梵唄；梵唄與民歌相融爲俗講曲聲。梵音與漢語兩聲相諧而成轉讀；轉讀與唐音相攝而成俗講的講聲。長行經文與經中偈頌，轉化爲散韻相間的講經文；非經的唱導文，衍化爲種種散韻相間的變文、因緣、押座文，以及有韻的曲辭。這是俗講之二元"唱"與"説"的"聲"部和"文"部，幾百年發展的大致歷程。

歷經穆、敬、文、武四宗，事迹屢見記載的長安興福寺（或會昌寺）釋文叙，是一位登上了聲業藝術高峰的俗講大師。日僧圓仁稱他是"城中俗講第一"。文叙繼承六朝聲科傳統，"聲辯才博"俱佳，而"講聲"尤卓越。宮廷教坊往往"效其聲調，以爲歌曲" [②] 。唐穆宗長慶（821~824）中，樂工黄米飯模仿他念誦"觀世音菩薩"之四聲，撰曲子《文叙子》[③]。文叙俗講的聽衆遍及各階層。不僅"愚夫冶婦樂聞其説"[④]，也被皇帝所喜愛。唐敬宗曾親赴興福寺聆聽講説 [⑤] 。雅俗共賞是聲業的高境界。文叙的俗講達到了這個境界。他是中古聲業藝術的杰出代表。

---

① 《入唐求法巡禮行記校註》卷 3。
② 《因話録》卷 4，上海古籍出版社，1979。
③ 段安節：《樂府雜録·文叙子》，《古今説海》本。
④ 《因話録》卷 4。
⑤ 《資治通鑑》卷 243 "寶曆二年六月"。

瑞典藏唐紙本水墨淡彩《仕女圖》初探

　　2001 年 5 月，筆者訪問瑞典斯德哥爾摩國家人種學博物館，得見該館收藏的一幅唐紙本水墨淡彩《仕女圖》[①]。該館斯文·赫定研究專家霍肯·瓦爾奎斯特先生説，斯文·赫定曾兩次去吐魯番，一次在 1927 年冬至 1928 年初，一次在 1934 年。這幀《仕女圖》是其中一次購自吐魯番商人之手。斯文·赫定起初把它當作一件私人藏品，後來捐贈給該館，館藏編號爲：1935·50·1950。該館館刊《思潮》於 1950 年發表 G.孟泰爾的文章《一幅唐朝的素描》，此文比照一幅唐代仕女圖及吐魯番阿斯塔那唐墓出土的一幅絹畫，推定這幅《仕女圖》爲唐代作品。霍肯先生説，半個多世紀以來，這幅圖畫一直收藏在該管檔案室裏，未曾公之於世，也再没有人去做研究。承蒙霍肯先生和該館資料管理員阿尼妲·烏特女士、散娜·特訥曼女士厚意，以《仕女圖》彩照一幀相贈。鑒於此圖尚不爲國人所知，而它又頗具藝術和歷史價值，兹特不揣淺陋，撰此小文，對這幅圖畫的時代特徵、藝術風格以及繪畫者的身份等，略作考察。

　　據實物觀測，《仕女圖》用紙是一幅小麻紙，長 40 釐米，寬 23.5 釐米，較薄，紙色白。比照翟理斯的敦煌寫本紙張顏色分類，《仕女圖》的紙色接近於敦煌寫本的"白色"一類；比照杜乃昂夫人的敦煌寫本紙張顏色分類，則接近於"灰褐色""很淡"一類[②]。圖中仕女爲頭部向右側半轉的立像，身高

---

① 見彩色影版插圖（見扉頁後）。

② 戴仁《敦煌寫本紙張顏色的分類》一文稱："翟理斯先生根據四、五種類別而對大部分寫本的顏色作了分類，其中每一類都帶有表示其色調差别的形容詞：黄色、褐色、淡黄色、灰色、白色。"又稱："伯希和敦煌漢文寫本的編者們使用了杜乃昂（Gui Llard）夫人在巴黎國立圖書館根據寫本本身制定的標準。他們所描述的顏色名字是：灰褐色、淡黄色、淡褐色或赭色。其中每種顏色又以其色調而做了説明：很淡、淺淺或淺、相當深和深等。"見法·謝和耐等著、耿昇譯《法國學者敦煌學論文選萃》，第 590~591 頁，中華書局，1993。

30.7釐米，肘部身寬10釐米，頭部長5.1釐米，面部寬5.5釐米。胸部有殘缺，下身殘甚，但整體形象尚完整。畫面右側墨筆豎寫"題識"十六字："九娘語：四姊兒初學畫。四姊憶念兒，即看。"

一　關於仕女形象的藝術特色

近距離細觀可見，圖中仕女上眼瞼部的眼影、面頰部的腮紅與唇紅，均爲朱砂紅，當是初、盛唐時代風行的"紅妝"或稱"曉霞妝"[1]。仕女雙眉彎而細長，當是盛唐上層婦女風行的時妝之一——"娥眉"或稱"却月眉"[2]。仕女的髮式：兩鬢抱面，束於額上，縮以絹面爲淡綠、後結爲朱紅的撮暈纈，耳配金飾，沒有其他花釵，顯得十分樸素，是"素縮烏雲髻"的典型形象，或屬盛唐風行的"抛家髻"的一種樣式。[3]

因爲是一幅寫意畫，仕女的著裝層次看不大清楚，但可大致辨其如下裝束：（1）內著橘紅小袖衫裙；（2）外套綠錦荷葉緣邊半臂（即半袖）；（3）肩覆白色帔巾（即圍巾）；（4）右手挽一桃紅色綵帶。衫裙爲交領，袖口寬不盈尺，下裾曳地，是典型的交領小袖衫裙。段文傑指出，"窄衫小袖由來已久"，"在敦煌壁畫中是始於隋而見於唐"[4]。套在衫裙外的半臂，緣邊甚寬，著色醒目。半臂又稱半袖，是由魏晉以後的上襦發展出來的一種短外衣。半臂的特

---

① 段文傑《莫高窟唐代藝術中的服飾》："初、盛唐時代的'紅妝'主要有兩種。一種以朱紅暈染兩額（腮之誤——引者）及上眼瞼，大約就是《妝樓記》中所謂的'曉霞妝'。"又稱："朱紅點染嘴唇，形式各不一樣，有所謂石榴紅、大紅春、小紅春、露珠兒……等名目。"見《向達先生紀念論文集》，第236頁，新疆人民出版社，1986。
② 段文傑《莫高窟唐代藝術中的服飾》："壁畫中的眉弓有兩類。一類是長眉，以黑或黑與石綠畫成，……通稱娥眉。這種細長的娥眉，大概就是《十眉圖》中的却月眉、月棱眉之類。"見同上書，第237頁。
③ 《新唐書·五行一》："唐末，京都婦人梳髮以兩鬢抱面，狀如椎髻，時謂之'抛家髻'。"見中華書局點校本第三册，第879頁。"唐末"，誤，沈從文稱："應說盛唐末"，甚是，見氏編著《中國古代服飾研究》，第215頁，商務印書館香港分館，1981。另，段文傑《莫高窟唐代藝術中的服飾》稱："'抛家髻'是開元天寶時代的新妝，兩鬢抱面，餘髮束於頭頂，作各式朵子。"又稱："這種不著或少著花釵的頭飾，大約就是敦煌曲子中所謂的'素縮烏雲髻'。"《仕女圖》大髻束髮額上，不在頭頂做朵子，與《新唐書》和段文傑文所述略不同。由大量盛唐彩陶女俑的髮式判斷，它或是抛家髻的一種樣式。盛唐女俑抛家髻諸髮式，見陝西歷史博物館編《盛唐氣象》第60頁《唐人女妝》圖版，浙江人民美術出版社，1999。
④ 段文傑《莫高窟唐代藝術中的服飾》，第229頁。

徵是短袖齊肘、身長及腰 ① 。沈從文説，初唐婦女 "平居一般多小袖、長裙，裙上束至乳部以上，外著半臂" ② 。段文傑則稱： "半臂、衫、裙，是盛唐流行的服飾。" ③ 仕女肩部的一襲帔巾依稀可辨， "初、盛唐時期婦女凡著衫裙者均服帔帛" ④ 。總之，《仕女圖》的服飾裝束是在初、盛唐時期上層婦女中盛行的樣式。與《仕女圖》服飾相似的仕女形象，每見於唐代壁畫、出土女俑及紙本水墨畫。如武周後期永泰公主李仙蕙墓石椁上的綫刻畫，幾位婦女著小袖衫裙、半臂、帔帛，與《仕女圖》的服飾相似。西安鮮于庭誨墓出土的三彩女立俑，西安中堡村唐墓出土的三彩女立俑等，均爲烏雲大髻，綰以小梳或撮暈纈，著交領小袖衫裙、半臂、帔帛，面相豐腴，體態嫻雅，從仕女形象到服飾與神態，都和《仕女圖》爲同一類型。

　　仔細觀賞《仕女圖》，可以看到它在藝術方面非常出色。鄙意以爲，它至少兼有盛唐 "吳家樣" 的某些技法特徵，和中唐 "周家樣" 的某些風格特徵。

　　《仕女圖》對 "吳樣" 傳統的繼承，首先表現在筆法上，其次表現在設色上。吳道子的畫已不見原作傳世，但唐宋畫籍中關於吳道子用筆和設色的記載，可資《仕女圖》比照研究。關於用筆，《歷代名畫記》從歷來的 "疏密二體" 立論，説顧愷之、陸探微 "筆迹周密"，是 "密體" 的代表；張僧繇、吳道子則是 "疏體" 的典型，用筆 "不謹於象似"， "筆才一二，像已應焉"， "離披點劃，時見闕落"，具有 "筆不周而意周" 的特點。還説吳生作畫， "意存筆先"， "運思揮毫，意不在於畫，故得於畫"，更見用筆之神妙 ⑤ 。《圖畫聞見誌》概括吳生用筆特色説： "吳之筆，其勢圓轉，而衣服飄舉。" ⑥ 《圖繪寶鑒》指出吳道子一生用筆的變化： "早年行筆差細，中年行筆磊落，如蓴菜條。" 細味有關吳道子用筆的這些論述，我們再來看《仕女圖》的筆法。圖裏仕女的長裙（尤其是裙的下部）、左袖（尤其是袖口）、半臂（尤其是荷葉緣邊）、帔帛（尤其是垂在身後的部分），那些綫條，縱橫圓轉，剛柔相濟，或如鐵綫，或如遊絲，行筆疾徐有度，瀟灑磊落而不失差細，焦墨濃淡得益，

---

① 沈從文：《中國古代服飾研究》，第 206 頁。
② 同上書，第 214 頁。
③ 段文傑：《莫高窟唐代藝術中的服飾》，第 231 頁。
④ 段文傑：《莫高窟唐代藝術中的服飾》，第 238 頁。
⑤ 張彥遠：《歷代名畫記》卷 2《論顧陸張吳用筆》，人民美術出版社，1963。
⑥ 郭若虛：《圖畫見聞誌》卷 1《論曹吳體法》，人民美術出版社，1963。

點畫離披，似斷還續，簡潔明快，流利生動，全似不經意間一揮而就，衣裙帔帛的層次和立體感，絲料柔軟的質感，當風輕飄的動感，都表現得淋灘盡致、渾然天成。仕女的右臂似畫得短了些，左袖則過長，比例稍有失當。這些小疵，顯然是由於作者效用吳生筆法，"意在筆先"，"意不在於畫"，"不假界筆直尺"而信手揮墨，却尚未臻於精熟所致。雖然有此不足，但整體觀之，"真畫一劃，見其生氣"，《仕女圖》可稱已甚得吳生三昧了。關於吳道子的設色特點，《圖繪寶鑒》謂："其敷彩，於焦墨痕中，略施微染，自然超出縑素，世謂之'吳妝'。"《圖畫見聞誌》則概括爲四個字："輕拂丹青"[1]。"輕拂丹青"和"略施微染"是一個意思，都是説吳道子畫衣服用淡彩。我們看《仕女圖》的設色，小袖衫裙的橘紅，半臂緣邊的石綠，繆帶的桃紅，以及面妝的腮紅、唇紅和眼影，無不是薄彩略施，丹青輕拂。觀賞者透過那淡淡的敷彩，仿佛可以覷得掩翳在淡彩下面的縑素和肌膚！由於仕女的臉頰、前額、脖頸、帔巾等處，均不設色，這些無色（即紙的本色）的部位，反而被畫面上的各色淡彩所映襯與烘托，越發透出仕女肌膚的白皙和帔帛的素雅。可以説，這幅《仕女圖》是世所稀見的吳式水墨淡彩的樣本。把它同《搗練圖》《簪花仕女圖》等傳世名畫的重彩相比照，世未曾見的"吳妝淡彩"，由此可以知其仿佛了。

我們知道，仕女題材并非吳道子所長。唐宋畫籍中幾乎沒有吳道子畫仕女的記載。宋《宣和畫譜》著錄吳道子畫品93幀，都是道釋人物[2]。他的佛畫裏雖有天女，但"吳生畫天女頸領粗促，行步跛側"[3]。我們還知道，仕女題材正是中唐畫家周昉所長。宋代御府藏周昉畫72幀，有11幀是仕女圖[4]。畫籍説周昉"畫士女爲古今冠絕"[5]。至今有傳爲周昉所作《簪花仕女圖》《紈扇仕女圖》《調琴啜茗圖》等佳作傳世。周昉又妙創佛畫"水月之體"，"彩色柔麗，菩薩端嚴"[6]的各式"周樣"觀音，於敦煌壁畫及傳世畫品中可以見到。周昉仕女的特點，在於她獨有的神態和風韻。《宣和畫譜》説周昉畫仕女"以豐厚爲體"，"意穠態遠"，《圖繪寶鑒》説周昉"作仕女多豐肥之態"，"又

---

① 《圖畫見聞誌》卷1《論吳生設色》："至今畫家有輕拂丹青者，謂之'吳妝'。"
② 《宣和畫譜》卷2《道釋二》，津逮秘書本。
③ 劉道醇：《聖朝名畫評》卷1《人物門》，畫品叢書本，上海人民美術出版社，1982。
④ 《宣和畫譜》卷6《人物二》。
⑤ 朱景玄：《唐朝名畫錄》，畫品叢書本，上海人民美術出版社，1982。
⑥ 《歷代名畫記》卷10《唐朝下》。

善寫真，兼移其神氣"。即所畫仕女，外似"豐肥"，內得"神氣"，故其相"意穠"而"態遠"。據陳高華《隋唐畫家史料》^①所輯，宋朝文士尚多藏周昉畫，評論也多。宋人畫評尤其贊賞周昉畫的仕女眼睛。如董逌評周昉《按箏圖》："人物豐穠，肌勝於骨"，"媚色艷態，明目善睞"（《廣川畫跋》卷六《書伯時藏周昉畫》）；蔡戡評周昉《雙陸圖》："眉目生動，意態閑遠"（《定齋集》）；黃庭堅爲周昉《美人琴阮圖》題詩："周昉富貴女，衣飾新舊兼。鬢重髮根急，薄妝無意添。"（《黃文節公文集》別集卷一）比照宋人評論，《仕女圖》對"周樣"傳統的攝取，鮮明地體現爲仕女神態風韻的刻畫。我們看這位仕女，"豐厚爲體"，薄妝初成，手挽縧帶，當風佇立，眼睛凝視著遠處，"眉目生動，意態閑遠"。明亮的雙眸，用墨洗練、準確，恰是點睛之筆，顯示作者對"阿堵傳神"（顧愷之語）的妙諦，領悟深刻，訓練有素。鬢際的髮根，大髻初縮，顯得緊綳，髮絲縷縷清晰，亦合黃庭堅"鬢重髮根急"的詩意。

　　觀賞一件藝術品，第一感覺有時頗重要。在瑞典人種學博物館，當阿尼姐女士手捧《仕女圖》走來時，並沒有引起我特別的注意；一旦伏身看去，頓時眼前一亮，即刻被這幅佳作的藝術魅力所征服。《仕女圖》給我的最初震撼來自兩方面：一是圖畫的綫條和著色，二是仕女的眼睛和神態。鄙意以爲這兩個藝術的"亮點"，集中地顯示了作者的獨運匠心。我們可以從中看到《仕女圖》的繪者，把盛唐"吳家樣"和中唐"周家樣"兩派藝術元素的精華，出色地融攝在一起，進而又推陳出新，創造了水墨淡彩的新生面。可以說這一幅《仕女圖》，是在流派紛呈、互攝互融的唐代畫苑沃土中，吸吮諸家滋養而綻放的一朵奇花。

　　如上所述，《仕女圖》的服飾與妝飾風行於初、盛唐時期，用筆與設色承自盛唐"吳家樣"，人物神態與風韻又多承中唐"周家樣"。這裏出現一個問題：出自不同時代的這些藝術元素，是如何融溶在同一幅畫作中的呢？鄙意以爲，合理的答案可能是這樣的：這幅《仕女圖》，乃是作畫者臨摹粉本（即樣本）的一幅習作；作畫者所用粉本的初本，應形成於初盛唐，嗣後各代畫人一邊臨摹，一邊羼入畫苑時尚因素，導致粉本變異，由初本再陸續衍生出

---

　　① 陳高華：《隋唐畫家史料》，文物出版社，1987。

各時期的通行樣本,後來形成"四姊之子"習用的仕女圖粉本(關於粉本,下面還會提到)。這幅仕女圖粉本,已兼有初、盛唐的妝、服樣式,盛唐"吳樣"的筆法設色,中唐"周樣"的仕女風韻。由粉本的這些特徵,進而可以判斷,《仕女圖》的創作年代大約應在中唐以後。《仕女圖》的這種摹本性質,並不會降低《仕女圖》已然達到的藝術高度,也不會削弱它豐富深刻的審美價值。因為任何繪畫作品,都是作者文化品格的展示,是作者個體心靈的傾訴。"四姊之子"的精心創作,賦予這位仕女以嫻雅淡遠的情愫,和盛唐特有的人文精神,令人至今觀之,依舊回味無窮!

二 關於"題識"的學術價值

"九娘語:四姊兒初學畫。四姊憶念兒,即看。"這十六字"題識"從另一方面體現著《仕女圖》的重要學術價值。"九娘"是一位婦女的稱謂。唐代婦女不分老幼,往往不稱名氏,而是在姐妹行第後面附以"娘"或"娘子"做稱謂,也有行第前面冠姓氏的。在敦煌文獻的各類正式文書和敦煌石窟供養人題記中,這樣的婦女稱謂很多 ①。"語"在這裏有"識語"之意。"九娘語"即九娘說的關於這幅《仕女圖》的"識語"。"四姊"是另一位婦女(即《仕女圖》繪者的母親)。在敦煌文獻各類文書及石窟供養人題記中還有一個現象,即沒有見到單在姊妹行第後附"姊(姐)"字用作婦女稱謂之例。相反,如前註所見"姊二娘子""阿姊二娘子""姊六娘子""亡妹四娘子"諸例表明,在正式場合,即使姊妹之間,一般也是以"某娘""某娘子"相稱,不逕稱"某姊(姐)"。可知《仕女圖》題識中的"四姊",不是該婦女的社會通行稱謂,而祇是反映四姊、九娘兩位姊妹之間的行第關係,即"四姊"

---

① "户主宋二娘柒拾貳歲"、"户主李大娘肆拾肆歲"〔S.514《大曆四年(749)沙州敦煌縣懸泉鄉宜禾里手實》〕;"外甥十二娘"〔S.2119《唐咸通六年(865)尼靈惠唯書》〕;"姊什二娘"(P.3744《僧張月光張日興兄弟分書》);"阿姊二娘子"(S.6417《孔員信女三子爲遺産事訴狀》);"張三娘"(北殷四一背《癸未年平康鄉百姓彭順子便麥契》)。又如:"亡母五娘"(第116窟題記,盛唐);"女十一娘""女十二娘"(第130窟題記,盛唐);"姊六娘子"(第83窟題記,盛唐);"孫新婦三娘子"(第39窟題記,盛唐);"亡妹行四娘子"(第12窟題記,晚唐);等等。題記見敦煌研究院編《敦煌莫高窟供養人題記》,文物出版社,1986。

是九娘的四姊，四姊喚九娘應喚"九妹"；四姊的正式稱謂應是"四娘"或"四娘子"。九娘識語向《仕女圖》觀賞者傳達了這樣的信息：此圖是四姊的兒子初學繪畫時的作品，四姊將此圖珍藏身邊，每當想念兒子時，就取出兒子這幅畫來看。墨書十六字是敦煌文書中常見的書法，字雖一般，但間架規整，運筆老到，像是一位具有一定文化程度的人所寫。九娘題識的背景如何？九娘題識之時，她的四姊是否尚健在？等等，如今都已成爲莫解之謎。

我們知道，敦煌壁畫上寫有題識，或詳或簡，大致分爲兩大類："（1）詮釋性題識，它們解釋了畫面的意義；（2）供養人題識，具體解釋了這些洞子是爲什麼、什麼時候、由誰和爲誰而開鑿、修復和裝飾這些壁畫的。"[①] 唐代以前的紙本畫有時人題識者，似未曾見。紙本畫題識似出現在宋代文人畫興起以後。《仕女圖》的一行題識，是否可以看作是紙本畫題識之濫觴呢？《仕女圖》上這一行題識的含義，完全不同於敦煌壁畫上詮釋畫面內容的題識，也不同於千篇一律的供養人題識。"四姊兒初學畫。四姊憶念兒，即看。"既說明這幅畫乃四姊之子初學習作，又說明它後來成爲兒子留給母親的紀念品。一行題識將一幅普通習作變成親人的念物。畫品作者與收藏者之間濃濃的母子親情，被題識附麗在畫品上面了。觀畫者品賞這一題識，將會很自然地關注畫家母子的生存狀態與牽念苦情，從中感受人生的況味，生發出無量意緒。由於題識的存在，畫作的品格陡然升華，審美價值大爲提高：它不再僅僅是一幅畫品，更是社會，是人生。在中國畫史上，這位九娘，也許是畫本題識的最早署名者吧。

三 繪者的身份是畫業生徒

關於《仕女圖》的繪者，孟太爾《一幅唐朝的素描》一文評論道："四姊之子的藝術造詣在當時是先進的，他的畫生動、感性，的確入流。"進而推測："它也許是當時某位大藝術家不爲人知的早期作品。"[②] 然而《仕女圖》當初系由親屬珍藏，以後流傳民間，已歷千餘年之久。"四姊之子"如果當真是

---

① 蘇遠鳴:《敦煌寫本中的某些壁畫題識》，見《法國學者敦煌論文選萃》，第229頁。
② G.Montell:A Sretch from the Tang Period,Reprinted From Ethnos,1950:3~4。摘自張亦訥中文譯稿。

某位知名大畫家，那麼在他成名之後，其母所藏的這幅《仕女圖》，理應見於
著録。既然它從未見於著録，那麼它的繪者更可能是一位不知名的民間畫家。
唐代繪畫業高度繁榮，不僅名家輩出，長期興盛的佛窟壁畫、雕塑等宗教美
術事業，更在民間造就了無數傑出畫家。大量傳世壁畫、雕塑、絹紙本畫表
明，許多不知名的民間畫家達到的藝術水平，往往不在名垂畫史的大畫家之
下。這位"四姊之子"，也許更可能是當時衆多民間畫家當中的一位；他在這
個民間畫家羣體裏，大都會在佛窟寺的壁畫、雕塑創作中，默默度過一生。

　　《仕女圖》在吐魯番出現亦非偶然。在斯文·赫定購得此畫之前，斯坦因
和大谷光瑞，已先後在吐魯番墓地竊得若干唐代圖畫。斯坦因所竊是絹本畫，
出自吐魯番阿斯塔那墓地第三區第四號墓。其中一幅畫，畫著一羣上層婦人，
身著紅衣，頭帶花釵，敷以面飾，携阮咸、琵琶等樂器，出遊郊野，在樹下
奏樂，斯坦因名之爲《春天的樂祭》。另一幅畫著一位盛裝婦人，站在樹下，
一婢女隨侍身後，被稱爲《樹下美人圖》。岡崎敬根據同墓出土文書的紀年，
判斷這兩幅絹本畫是盛唐時代的作品[1]。大谷所竊是紙本畫，出自吐魯番哈拉
和卓墓地。其中也有一幅《樹下美人圖》，構圖與斯坦因的同名圖相似。另有
一幅現藏東京國立博物館的紙本《樹下人物圖》，畫一男子身著胡服，站在樹
下，身後一僮僕隨侍。羽田亨認爲這幅《樹下人物圖》與大谷所竊《樹下美
人圖》，原是兩相對應的組畫。把兩幅畫合起來看，右面男子的目光，注視
左邊那位婦人；左邊的婦人右手撫帔巾，左手置於腰部，似在輕啓朱唇，呼
喚右面的男子。羽田亨説，"它生動地描繪了情人約會的緊張場面"，是"反
映墓主人在世時的情事"，納此組畫於墓壙内，"藉以表達對墓主人的懷念"。
羽田認爲這幅組畫繪於中唐時代，"它用簡練的綫條、簡潔的色彩，圓滿地畫
出新的情致"，"如實反映了中唐以後世態丕變的社會思潮"[2]。上野アキ綜合
研究吐魯番出土的這批絹本和紙本彩畫，認爲它們可能是八世紀中葉在吐魯
番當地繪製的，根據是：(1)畫面人物著胡服，爲當地衣著風尚。(2)吐魯番
文書中有顏料貿易的記載，反映當地繪畫業的需要，顏料名稱有朱砂、石綠、

---

① 岡崎敬：《東西交往之考古學》之"阿斯塔那古墓羣研究·阿斯塔那後期的墳墓·盛唐時
　代"，平凡社，1973。
② 羽田亨：《關於樹下人物圖》，見《羽田亨博士史學論文集》下卷"言語·宗教篇"，東洋
　史研究會，1958。該文作於1951。

空青、銅綠、紫粉等。①

　　將《仕女圖》同吐魯番出土的兩幅《樹下美人圖》加以比照，會看出它們的相似之處：（1）婦女立像均施妝綰髻、著小袖衫裙、向左（或向右）半側面、雙臂一直一屈（絹本圖雙臂殘缺）、面相豐腴、凝視側前方。（2）凡紙本畫，均用遊絲描，施淡彩。總之，《仕女圖》與《美人圖》有著十分相似的構圖、形象和技法。這表明幾幅圖畫的繪製者們，可能是按照相似的畫樣作畫的，至少接受過同類畫樣的臨摹訓練。也就是説，《仕女圖》的繪者同兩幅《美人圖》的繪者，接受過相似的美術教育，他們是在相似的技藝養成環境中成長的。《仕女圖》的繪者"四姊之子"可能和吐魯番所出《美人圖》的繪者一樣，同是中唐時代生活在西陲的民間畫家。

　　《仕女圖》的十六字題識，還爲進一步探討"四姊之子"的社會身份提供了綫索。既然"四姊之子"曾經"學畫"，《仕女圖》是他留給母親的念物，那麼，情況就可能是這樣的：長於西陲的"四姊之子"，起初做畫業生徒去"學畫"，後來靠畫技謀生，成爲一位長年離家在外的畫匠。我們知道，隋唐時代的河西與西陲地區，巨大的石窟壁畫和造像工程，長期刺激著繪畫雕塑業的興盛，而敦煌、吐魯番正處在這一條帶狀石窟羣的中樞位置，東西通達，匠人雲集，是繪畫雕塑業的重心。敦煌、吐魯番出土文獻及敦煌石窟題記中，有不少關於"畫師""畫匠"和"畫行"的記載。如吐魯番阿斯塔那一五三號墓出土文書《高昌入作人、畫師、主膠人等名籍》記載，六世紀時，高昌有畫師羣體，身份類同農奴（作人），按日上值，爲官府服役②。另件阿

---

① 上野アキ：《吐魯番出土的彩畫殘片》，見美術研究所編《美術研究》第230號，1963年9月。此文第122頁註[21]引龍谷大學藏記載顏料名稱的吐魯番文書三〇三六號："朱砂壹兩，上直錢壹佰伍拾文，次壹佰……""石碌壹兩，上直錢拾文，次捌文……""空青壹兩，上直錢捌拾文，次柒拾……""銅碌壹兩，上直……"三〇八一號："空青壹兩，上直錢捌拾文，次柒拾文，下陸拾文。""銅碌壹兩，上直錢叁拾伍文，……下貳拾伍文。"三四一四號："紫粉壹兩……"

② 《名籍》第7~21行："五月廿九日入作人：劉胡奴、渾善相（中略）。次畫師：將寶歡、石相虎、王辰虎、（中缺）胡、張養子、廉善熹、黃僧保、馬（中缺）合卅五人。六月二日入作人畫師：將寶（后缺）。"見《吐魯番出土文書》第二册，第333~335頁，文物出版社，1981。題記稱，本墓所出紀年文書爲高昌延昌三十六、三十七年（596、597）。《名籍》中，將寶歡其人，先稱"畫師"，后稱"作人畫師"，知"畫師"即"作人"。姜伯勤釋曰："本件中，'入作人'之'作'指官府作場。畫師編制中的頭領稱爲'將'。"見氏著《敦煌藝術宗教與禮樂文明》，第27頁，中國社會科學出版社，1996。

斯塔那二一〇號墓出土文書《唐西州都督府諸司、廳、倉庫等配役名籍》記載，唐初西州的畫匠等工匠，仍由官府配役作務[①]。這兩件吐魯番文書揭示，隋與唐初的畫匠，身份爲農奴性質的"工樂雜户"，屬"百工"之流，身繫官府匠籍，定期服役，没有人身自由。中唐以后，工匠的封建人身依附關係漸趨鬆弛，包括畫匠在内的"百工"的身份，由農奴大量轉化爲平民。在公元九、十世紀敦煌寺院的《入破歷》和敦煌石窟題記中，有關不同身份的"畫人"的記載多起來。據馬德《敦煌工匠史料》[②]彙録，中晚唐敦煌的畫人既有"畫師"[③]"畫漆器先生"[④]"畫窟先生""畫牀先生"[⑤]，又有"畫匠"[⑥]"畫人"[⑦]"畫博士"[⑧]等。歸義軍曹氏時期（914~1002）的著名文稿《節度押衙知畫行都料董保德建造蘭若功德頌》（S.3929）揭示，至遲在公元十世紀，敦煌已有繪畫業的同業組織——"畫行"；"畫行"裏的同仁稱"行侣"，"行侣"之間有"上下""尊卑"的等級之分，位尊者當是"畫師""先生"，位卑者當是"畫匠""畫人""博士"等；"畫行"裏應有行首；擔任"畫行都料"者，應是繪藝高超的畫師。由這篇文稿可知，公元十世紀的敦煌"畫行"，有許多"行侣"來自外地，他們以畫技謀生，在敦煌"住宿多時，居停日久"。"畫行"的畫人受召雇去爲寺院、官府或個人畫佛鋪，畫邈真像，雇主給付雇價（稱"盤纏"）或給"賞賜"[⑨]。畫人們作畫，均持有"畫樣"（即粉本）以爲依據。據統計，敦煌卷子中含有一百多件繪畫用的粉本[⑩]，可能就是當年的畫人所用之物。敦煌畫行都料董保德的繪藝甚佳，《功德頌》贊美他"手迹及於僧瑤（繇），筆勢鄰於曹氏（仲達）"，表明董保德的繪藝乃師法"張家樣"和

---

① 《名籍》（二）："（前缺）□塞子銅匠，以上並配本司。□□海惠弓匠，□□□海畫匠，以上□見定。"見《吐魯番出土文書》第六册，第89頁，文物出版社，1985。題記曰："此墓當在唐初。"

② 《敦煌工匠史料》，甘肅人民出版社，1997。

③ "畫師"，見 S.4120、S.4906、P.2049 背、P.2032 背。

④ "畫漆器先生"，見 P.2049 背。

⑤ "畫窟先生""畫牀先生"，見 P.2032 背。

⑥ "畫匠"，見 P.2629、S.2474、S.1366（"畫鼓畫匠""畫扇畫匠"）、P.2049 背、P.2032 背、P.3763 背、P.3165 背、P.2846、P.2641（"抽金扇畫匠"）、榆林窟 32 窟等。

⑦ "畫人"，見 P.2838、P.3234 背、P.2032 背等。

⑧ "畫博士"，見 P.2838（"畫神脚博士"）等。

⑨ 姜伯勤：《敦煌的"畫行"與"畫院"》，見《敦煌藝術宗教與禮樂文明》，第13頁。

⑩ 胡素馨：《敦煌的粉本和敦煌壁畫之間的關係》，見前引姜伯勤書，第39頁。

“曹家樣”。公元十世紀敦煌畫行的有關事實啓示我們，中晚唐時代的這位卓越畫家“四姊之子”，有可能是在類似敦煌畫行的背景中成長起來的：他“初學畫”是跟隨“畫師”“先生”學習各式粉本、畫樣，做等級卑下的“畫工”；以後在給雇主畫佛鋪、畫邈真像的實踐中，可能成爲董保德一類的優秀畫師。將他的這幅《仕女圖》同吐魯番出土的那兩幅《美人圖》相比較，我們不能不説，儘管《美人圖》的繪者們可能同“四姊之子”有過相似的學藝、從藝經歷，但是無論從技法運用看，還是從仕女形象與神韻刻畫看，《美人圖》比之《仕女圖》弗如遠甚。以唐人喜用的藝評品級作譬，如果《美人圖》可稱“妙品”，那麼《仕女圖》就堪稱“神品”了。他們的藝術品級不在同一個檔次。

附　記

　　散娜女士給筆者寄贈《仕女圖》彩照時，附函申明，瑞典國家人種學博物館擁有此圖的版權，未經允許不得發表。筆者委托女兒張亦訥向霍肯先生提出詢請。蒙霍肯先生口頭答復，同意所贈《仕女圖》彩照隨本文發表。這裏特向瑞典國家人種學博物館、霍肯先生、阿尼姐女士和散娜女士表示誠摯的感謝。

　　岡崎敬、羽田亨、上野アキ等有關吐魯番出土畫品的圖像（未能隨文刊出）、論文和評論，蒙王素教授提供，一併致謝。

淺談中國式佛陀之美的創造

在佛教造像藝術中，各種形象的佛陀永遠是主角。佛陀造像的功用，首先是供衆瞻拜，以喚起信衆的信向；它同時又是藝術品，給人以審美的愉悦。這就是所謂佛教藝術"兩重性"的體現，即宗教性和世俗性。對造像藝術創作來説，所謂"宗教性"，要求佛陀形象滲透"神性"，高標"彼岸性"，倡揚出世、無欲，以教化信衆；所謂"世俗性"又要求佛陀形象具有"人性"即"此岸性"，具有入世和有情的品格，以求得信衆的親和與認同。這似乎互相矛盾。但是在創作實踐中，正是"神性"和"人性"兩種因素的互動互融，推動著中國式佛陀之美的探索和創造。

概括地説，這個探索過程，是在"聖化"的創作理念指導下，致力於創造佛陀的莊嚴静穆之美。

我國佛教藝術中，早期的佛陀形象還比較"樸質"。例如東漢陶座上的坐佛（四川彭山出土），蜀漢墓門楣上的坐佛（四川樂山麻浩），東吳銅帶鈎上的立佛（湖北武昌出土），都是常人的樣子，面相還相當模糊，帶有概念化特點。新疆依循米蘭 III 號寺址出土的壁畫《釋迦與六弟子》（大約創作於公元三、四世紀之交）中，佛與弟子都是西域青年的形象。這樣的佛陀形象，既缺乏"神性"，又缺乏人情味，有待於藝術創作的加工，提升其"兩重性"品格。

自東晉十六國至隋唐，中國式佛陀的創造，固然遵循了像教關於佛相行、住、坐、卧"四威儀"的程序規定，并且借鑒犍陀羅藝術中佛陀的造型與技法，但其哲學和美學内藴，仍然以中國傳統文化爲魂魄。在這一時期的佛寺造像中，凡畫面構圖、窟内佈局、佛的面相造型，尤其是對佛的精神世界的刻畫，都可以從中品味出傳統政治哲學理念和傳統美學觀念的滲透。

一 尚“中”觀念和“執中”理念的滲透

在中古時代政治生活和社會領域，中位最尊。它發源於“唯精唯一，允執厥中”“戒以精一，信執其中”（《尚書·大禹謨》孔穎達疏）的傳統政治理念，即傳統的尚“中”觀念和“執中”理念。在中國的佛窟寺羣塑中，同佛陀形象有關的向心對稱式佈局和構圖，正是尚“中”“執中”理念在佛教藝術領域的衍射。這種向心對稱的構思，無論是直線的、平面的或立體的，它的整體結構都以“中”爲核心。這個“中”，至尊至貴，至精至妙，唯佛陀得以居之。

我們看炳靈寺 169 號窟北壁圖畫“西方三聖”，無量壽佛居中，大勢至和觀世音分立左右脅侍。廣元皇澤寺大佛窟的“七尊像”式（一佛、二弟子、二菩薩、二力士），龍門奉先寺的“九尊像”式（一佛、二弟子、二菩薩、二天王、二力士），都是佛陀居中，向心對稱。在各種“淨土變相”畫面中，總是阿彌陀佛（西方淨土），或彌勒佛（兜率淨土），或藥師佛（東方淨土）端坐中央。佛陀“執中”，威嚴，莊重，靜謐，穩定，是各式向心對稱美的基本內涵。

二 “以動見静”的藝術手法

爲突破“四威儀”呆板程式對佛陀形象的束縛，巧妙地運用“以動見静”的反襯手法，即在佛的周圍創作各式動態形象，烘托佛的莊嚴與静穆。這些動態形象包括威武的天王，憤怒的金剛，歌舞歡騰的伎樂，御風遨遊的飛天，歡樂啼唱的仙鳥，飛捲流動的雲團，雲中飄浮的香花和不鼓自鳴的天樂，以及號哭的弟子，悲慟的諸天，等等。

莊嚴天國，有情皆歡樂，是各種《淨土變》的基調。如敦煌第 220 窟南壁一鋪貞觀十六年（公元 642 年）畫的《阿彌陀經變》中，阿彌陀佛端坐在寶池中央的蓮臺上，池中碧波蕩漾，蓮花盛開，化生童子自蓮中出；寶池前的平臺上，兩部樂伎奏樂，一對舞伎揮動長巾翩翩起舞；數不清的仙禽瑞鳥，鼓動雙翼，高下翻飛；團團彩雲，種種樂器，浮遊天際。生動多姿的動態圖像，越發襯托出佛的莊嚴。安岳臥佛院、敦煌石窟等處《涅槃變相》，弟子們哀絕自毀的種種動作表情，襯托著右脅而臥、恬靜安詳的圓寂佛陀，使得佛陀完美的神格和永恒的真性，對人們心靈的震撼更其強烈。

三 "托體山阿"，倚山造佛

偉岸神秘、靜默深邃、寥廓永恒，是人們在"自然崇拜"時期就已經產生的對大山品格的感悟。而人間普遍認知的佛的神格美，同他們固有的對大山品格的感悟，有相通之處。於是，人們移情巉巖，托體山阿，摩崖刻佛。如大約在公元 2~3 世紀刻成的連雲港孔望山摩崖佛像；雄居武州山之陽的北魏五尊大佛；濬縣大伾山東麓北齊雕造的 27 米彌勒大佛，背靠崖壁，俯瞰黃河；甘肅武山 40 米高的北魏大佛，屹立於秦嶺北麓峭壁間；武則天造 17 米盧舍那大佛，倚龍門而瞰清流，俯視中原大地；盛唐所造 33 米和 26 米兩尊敦煌的彌勒大像，端坐（臥）鳴沙山東麓，面對茫茫戈壁；70 多米高的樂山彌勒大佛，與凌雲山融爲一體，雄視三江激流，靜觀人世變幻。這些與大山同體的千年大佛，融攝大山的品格，增益佛陀的偉岸壯美，永遠與祖國的青山綠水同在。

四 "中和美"的追求

佛的面相描繪與刻劃，是營造佛陀莊敬美的創作重心。"四威儀"須嚴謹有度，平添了刻畫佛陀神態與精神世界的難度。唯其如此，古代藝術家在這方面展示的智慧，尤其令人讚嘆，這就是"中和"觀念的引進和"中和之美"的追求。

《禮記·中庸》云："喜怒哀樂之未發謂之'中'，發而皆中節謂之'和'"；人的道德修養如能達到"致中和"的境界，則"天地位焉，萬物育焉"。"致中和"是人君道德修養的最高境界。使佛陀形象也具有"中和之美"，遂成爲藝術家們孜孜以求的佛陀美的至境。"中和"本是一種抽象的道德理念，它是指心性修養所達致的崇高精神境界。要將"中和"理念準確地轉化爲可視的佛陀形象，談何容易！這是一個發現、累積、升華的漫長的創造過程。

中國式佛陀美的創造完成於唐代。"中和美"佛之典型就是洛陽龍門那尊大盧舍那。他面對伊水，倚崖端坐，面相莊靜典雅，慈和親切。微微下視的目光，淺淺的一絲笑意，仿佛已然洞徹三界，圓融諸諦。一襲通肩袈裟，簡樸無華，同心圓式的衣紋，如漣漪乍起，襯托著清麗的面容，顯得無比聖潔。大佛的雙手已經殘毀。手印的缺失，使得原作表現的大佛在特定情景下的特定心緒也隨之隱去；殘像反而成為一幅意蘊無窮的莊嚴美的定格，憑人去瞻仰、體悟、詮釋。大佛完成在盛唐時代熹光初露時分。盛唐人們寬廣的視野，闊大的胸襟，雄渾的氣魄，以及他們企盼光明正義，藐視黑暗邪惡、高歌行進的時代精神，在這尊大像中得到完美的凝聚與展示。端坐中原大地的盧舍那寶像，很好地體現了古代華夏崇高"中和"的審美意緒。大佛那無涯的襟懷，無限的慈愛，無窮的睿智，以及他那永恒的微笑，永存的溫情，曾經給多少顆不幸的心靈以撫慰，又曾使多少人得到美的啟示和愉悅！

志磐《佛祖統紀》的學術特色

　　重視歷史撰述，富於史學傳統，是具有中國氣派之天臺宗的學術特徵之一。由天臺學問僧或天臺宗學者編撰、見於歷代著錄的天臺史傳著作，如果按體例區分，大致可爲四類。（一）實錄。唐・灌頂《國清百錄》，南宋・張南軒《智者禪師實錄》屬之。（二）傳記。灌頂《智者大師別傳》，唐・乾淑《道邃和尚行迹》等，爲別傳；南宋・士衡《天臺九祖傳》、景遷《宗源錄》等，爲類傳；明・如惺《大明高僧傳》爲總傳。（三）圖表。北宋・元穎《宗元錄》屬之。（四）紀傳。南宋・吳克己《釋門正統》、宗鑒《釋門正統》、志磐《佛祖統紀》等屬之。

　　《佛祖統紀》[①] 是天臺史學集大成之巨著，全書共五十四卷，約六十一萬字。作者志磐，生平不詳。《佛祖統紀序》稱：“自寶祐戊午（1258），首事筆削，十閱流年，五謄成稿。”尾題：“宋咸淳五年（1269），……四明福泉沙門志磐”（頁129）。可知志磐爲四明（今浙江鄞縣）福泉寺僧，大約生活於南宋寧宗至度宗時代（1195~1274），寶祐六年至咸淳五年（1258~1269）撰《統紀》。《統紀》傳世已歷七百餘年，早期不大被重視。近世隨著中國佛教史研究的深入，隨著釋門史學史的開拓，《統紀》新穎的體例、開闊的視野、豐富的內容，方漸顯示出重要的學術價值。

一　整合傳統史法，創新史傳體例

　　《佛祖統紀通例・叙古制》記述天臺史傳撰著之演進稱：

---

① 收錄於《大正藏》卷49。（以下簡稱《統紀》，隨引文出頁碼，版本同）

徽宗政和（1111~1117）間，吳興元穎師始撰《宗元錄》，述天臺一宗授受之事，自北齊至本朝元祐，爲之圖，以繫道統。於是教門宗祖，始粲然有所考矣。寧宗慶元（1195~1200）中，鎧菴吳克己①因《錄》增廣之，名曰《釋門正統》，未及行而亡。嘉定（1208~1224）間，鏡菴（景）遷法師復取穎本及鎧菴新圖，重加詮次，增廣新傳六十餘人，名《宗源錄》。理宗嘉熙（1237~1240）初②，錢塘良渚（宗）鑒法師取吳（克己）本，放（仿）史法，爲本紀、世家、列傳、載記、諸志，仍舊名曰《釋門正統》。（頁130~131，下文簡稱《通例》）

據此可知最早繫述天臺教統之史籍爲北宋·元穎《宗元錄（圖）》。嗣後，南宋諸天臺史家，先有鎧菴（吳克己）、鏡菴（景遷法師），相次增益《宗元錄（圖）》，編纂鎧菴《正統》（未竣）、《宗源錄》；後有宗鑒法師賡續鎧菴志業，完成宗鑒《正統》之撰。《佛祖統紀序》評騭宗鑒、景遷得失，自述《統紀》淵源稱：

惟昔良渚（宗鑒）之著《正統》，雖粗立體法，而義乖文滅。鏡菴（景遷）之撰《宗源》，但列文傳，而辭陋事疏。至於遺逸而不收者，則舉皆此失。於是並取二家，且刪且補，依放（仿）史法，用成一家之書。③（頁129）

所謂"粗立體法"，即指宗鑒《正統》"放（仿）史法，爲本紀、世家、列傳、載記、諸志"，是對宗鑒初步確立天臺史傳之紀傳體例給予肯定。志磐《統紀》之撰，"並取"宗鑒、景遷二家，當然包含借鑒宗鑒《正統》之體例。既然宗鑒《正統》系承續鎧菴《正統》而作，它的體例也不免會同鎧菴《正統》之體例有一定關聯。鎧菴《正統》已佚。宗鑒《正統》之《吳克己傳》關於鎧菴《正統》之體例略稱："曰'紀運'，曰'列傳'，曰'總論'。"

---

① 據宗鑒《釋門統紀》卷7《吳克己傳》，克己字復之，號鎧菴，爲唐建安節度使後裔，生於紹興十年（1140），卒於嘉定七年（1214）。見《卍續藏經》第130冊。下文簡稱宗鑒《正統》，版本同；吳克己《釋門正統》簡稱鎧菴《正統》。

② 據宗鑒《正統》卷8《後序》："紹定癸巳（六年，1233），刊《釋門正統》畢。"是知此書刊於嘉熙之前，可信從。"嘉熙初"，或誤。

③ 《佛祖統紀通例·敘古制》亦批評景遷、宗鑒曰："鏡菴則有不立體統之失，良渚則有名位顛倒之謬。至於文繁語鄙，事緩義乖，則皆有之。而題稱《釋門》，尤爲疏闊。"

按之正史紀傳體諸門，所謂"紀運"或即"本紀"，所謂"總論"或即"本紀""列傳"之後"論"的綜合。鎧菴《正統》含"紀""傳""論"三門，雖然不甚規範，卻顯示其書已粗具"紀傳體"之雛形。這是鎧菴（吳克己）對天臺史學發展的貢獻，亦應給予肯定。宗鑒自稱其《正統》較鎧菴《正統》增益甚多①，包含對"三門"體例的改造。爲便於考察天臺宗三部紀傳體著作——鎧菴《正統》、宗鑒《正統》、志磐《統紀》之間的因革情狀，兹將宗鑒《正統》目錄顯示的體例結構錄於下。

（一）本紀二

1. 娑婆教主釋迦牟尼世尊
2. 天臺高祖龍樹菩薩

（二）世家七

1. 天臺祖父北齊（慧文）、南岳（慧思）二尊者
2. 天臺教主智者靈慧大師　（以上卷一）
3. 山門結集祖師章安（灌頂）尊者
4. 山門傳持教觀法華（智威）、天宮（慧威）、左溪（玄朗）三尊者
5. 山門記主荆溪（湛然）尊者
6. 山門授受（道）邃、（廣）修、（物）外、（元）琇、（清）竦、（義）寂、（義）通七祖師
7. 中興教觀法智（知禮）大師　（以上卷二）

（三）志八

1. 身土　2. 弟子　3. 塔廟　4. 護法　（以上卷三）
5. 利生　6. 順俗　7. 興衰　8. 斥僞　（以上卷四）

（四）傳十二

1. 荷負扶持傳〔含山外派之晤恩、智圓、慶昭（附）、繼齊（附）等——

---

① 宗鑒《正統》卷7《吳克己傳》："今兹（指宗鑒《正統》——筆者）所集，資彼（指鎧菴《正統》——筆者）爲多。"

筆者〕

2. 本支輝映傳

3. 扣擊宗途傳 （以上卷五）

4. 中興一世傳 （含山家派之本如等——筆者）

5. 中興二世傳

6. 中興三世傳 （以上卷六）

7. 中興四世傳

8. 中興五世傳

9. 中興六世傳

10. 中興七世傳

11. 護法內傳 （含王安石、吳克己等——筆者。以上卷七）

12. 護法外傳 （含曇鸞、延壽、贊寧等——筆者）

（五）載記五

1. 禪宗相涉

2. 賢首相涉

3. 慈恩相涉

4. 律定相涉

5. 密宗思復 （以上卷八）

同鎧菴《正統》之三門相比照，宗鑒《正統》體例更爲完備，不啻創新建構。對此，宗鑒《正統序》有說：

> 編年者，先聖舊章（指孔子手訂《春秋》經——筆者）也。……司馬君實掌握時英，以局自隨，半生僅成一書（指《資治通鑑》——筆者），非（司馬）遷、（班）固所能及。釋氏巖居穴處，身屈者名愈高，位下者道愈肅，四海萬里，孤身雲特，烏論所謂編年者。其（指宗鑒《正統》——筆者）用遷、固法，誠有不獲已者。法雖遷、固，而顯微志晦、懲惡勸善，未當不窮取舊章（指宗鑒《正統》之撰，於紀傳體內寓編年法——筆者）。

又曰：

> 此《正統》之作也，《本紀》以嚴創制；《世家》以顯守成；《志》
> 詳所行之法，以崇能行之侶；諸《傳》派別而川流；《載記》嶽立而
> 山峙。

作爲史學家，宗鑒推崇編年體之《春秋》《資治通鑑》，貶抑紀傳體之
《史記》《漢書》。然而釋門本屬方外，傳人紀事，編年體有所不便，採紀傳
體撰《正統》，誠爲不得已也。但宗鑒《正統》於《本紀》《世家》《列傳》
《志》《載記》諸門傳述中，皆注重人事之繫年，寓編年法於其間。不過細檢
宗鑒《正統》例目，仍不乏失當之處。如《傳》目之"負荷扶持""扣擊宗
途"等義涵不明；《護法傳》中或收與護法不甚相關之俗士；《載記》門首見於
《晉書》，特爲被視作"僭僞"之胡人政權而設，《正統》之《載記》卻專述天
臺宗以外諸宗，將它們視同"僭僞"，等等。志磐批評宗鑒《正統》有"義乖
文濊""名位顛倒"之失，幷非無據。
再來看《佛祖統紀》之體例。

（一）本紀四

1. 釋迦牟尼佛本紀（卷 1~4）

2. 西土二十四祖紀（卷 5）

3. 東土九祖紀（卷 6、卷 7）

4. 興道下八祖紀（卷 8）

（二）世家一

諸祖旁出世家（卷 9、卷 10）

（三）列傳三

1. 諸師列傳（卷 11~20）

2. 諸師雜傳（卷 21）

3. 未詳承嗣傳（卷 22）

（四）表二

1. 歷代傳教表（卷 23）
2. 佛祖世系表（卷 24）

（五）志九

1. 山家教典志（卷 25）
2. 淨土立教志（卷 26~28）
3. 諸宗立教志（卷 29）
4. 三世出興志（卷 30）
5. 世界名體志（卷 31、卷 32）
6. 法門光顯志（卷 33）
7. 法運通塞志（卷 34~48）
8. 名文光教志（卷 49~50）
9. 歷代會要志（卷 51~54）

關於《統紀》體例，《統紀序》亦有説：“‘紀’‘傳’‘世家’，法太史公；‘通塞志’，法司馬公。”《通例·釋志》又説：“法運通塞，事變紛紜，繫於編年，莫明始末。爲通古練今，欲求類知者，作歷代會要志。”所謂“會要”，即“開張衆目，會其事要”（頁 450）。天臺史家志磐熟諳傳統史法。他這兩段話，揭示《佛祖統紀》龐大的體例建構，乃是對三種傳統體例進行創造性整合而形成：一是司馬遷的紀傳體，二是司馬光的編年體，三是會要體。《統紀》對傳統體例所做的整合，尤其是諸門內容的取捨安排，盡顯出匠心運用之妙。如紀傳體之“傳人”諸門，《統紀》“本紀”以傳佛與諸祖，“世家”以傳“諸祖旁出”，“列傳”以傳“諸師”（詳見下節）；宗鑒《正統》所立“載記”一門，義含乖謬，《統紀》棄而不用，天臺以外佛教諸宗，改立“志”門（《淨土立教志》與《諸宗立教志》，詳見下節）。紀傳體之“紀事”諸門，正史所立大抵爲國家政經文教重要事項，如《宰相表》《河渠書》《食貨志》《經籍志》之類。《統紀》則以“表”紀“歷代傳教”“佛祖世系”，以“志”紀佛門、天臺教門諸重要事項。又如“編年”史法，被志磐視爲最基本的學術原則，貫徹在全書撰述之中；其中，《諸祖紀》《佛祖世系表》《法運通塞志》等篇，是採用同《資治通鑑》相似的編年方法編纂的。再如四卷《歷代會要志》，運用"開張衆目，會其事要"之會要體，將散見於漫長歲月之中的各類事相，纂集爲五十餘目，如"試經度僧""僧職師號""放生禁殺""立壇受戒""西天求法""三教談論""僧籍免丁""君臣慢法"等，舉要鉤沉，會通本末，同編年撰述相得益彰。

"十閱流年，五謄成稿，夜以繼晝"，志磐爲編撰《佛祖統紀》，殫精竭慮，嘔心瀝血。《通例·釋引文》列出《佛祖統紀》引用書目，計"大藏經典"73種，"天臺教文"21種，"釋門諸書"24種，"儒宗諸書"41種，"道門諸書"20種，共五類179種。一則紹繼前賢，後來居上，再則出入"三教"，會通諸家，三則整合傳統，勇於創新。是爲志磐《統紀》得以成功的三大因緣。《統紀》撰成於志磐的晚年。"至（咸淳）六年庚午（1270）冬，忽感喘嗽之疾"，"是時尚有《會要志》四卷未能刊，於是乘病寫本，俾刊人畢其功。"（《刊板後記》，頁475）《歷代會要志》所舉五十一目未盡精當，有不當舉而舉者，亦有應舉未舉者。《志》門所立九類，或畸輕畸重（如九《志》，共三十卷，《法運通塞》一志即十五卷，佔其一半）；或義涵不明（如《法門光顯志》）；或選材隨意（如《名文光教志》）；等等。凡此種種，有欠謹嚴，大抵爲"急就章"所致；然相較新創體例之功，終不以小眚掩大德。

二　傳叙天臺宗"山家"派之系譜

北宋真宗（998~1022）時，天臺宗內部因爭論智顗撰《金光明經玄義》廣本的真僞而出現分裂。晤恩否定廣本爲智顗所作，知禮反駁之。知禮弟子尚賢、本如、梵臻傳承師説，合稱"四明三家"，自號爲"山家"派；晤恩一系被貶爲"山外"派。志磐是尚賢十世法孫。《統紀》之《本紀》《世家》《列傳》三門（共二十二卷），以"山家"派爲正統，詳叙歷世"授受淵源，支分派別"，原委在此。

《統紀》第一至第八卷，以佛陀和西土二十四祖、東土九祖、興道下八祖，"通爲'本紀'，以繫正統，如世（俗）帝王，正寶位而傳大業"（《通例·釋本紀》），明示《統紀》仿效正史之王朝史觀，以世俗帝王比仿佛門諸祖。"西土二十四祖"自大迦葉至師子尊者，系沿承《付法藏因緣傳》之"金口祖承，依付法藏"序列，沒有天臺宗派色彩。"東土九祖"依次祖述龍樹、慧文、慧思、智顗、灌頂、智威、慧威、玄朗、湛然生平行事，或是以《九祖略傳》爲依據（《二祖慧文傳》註，頁178）。《略傳》原書已佚，不詳撰人，《通例》列之於《天臺教文》引用書之一。另，杭州雲間寺沙門士衡，於寧宗嘉定元年（1208）撰《天臺九祖傳》①，所傳龍樹至湛然，位序與《統紀》相同，所載生平行事則詳於《統紀》。士衡《序》自稱"山家末裔"②，可知他亦屬"山家"派，其書完成則比《統紀》早六十年。志磐引用的《九祖略傳》是否即士衡《九祖傳》略本，不能遽斷；但在天臺史傳著作中出現兩部《九祖傳》，表明最晚在十三世紀初年，自龍樹至湛然的天臺宗九祖序位已然成形。《統紀》的"九祖本紀"採用天臺宗乃至"山家"派成説，具有明顯的宗派色彩。

"本紀"第八卷增叙道邃、廣修、物外、元琇、清竦、義寂、義通、知禮（即第十祖至十七祖）行事，名曰《興道下八祖紀》，續之於"東土九祖"之後。十祖道邃"於大曆（766~779）中來依荊溪於佛隴"（《十祖道邃傳》，頁190），時當唐代宗朝；十七祖知禮（960~1208）時當宋真宗朝，八祖跨越中晚唐五代宋初。《通例》闡述增叙八祖紀緣起曰：

> 自邃法師嗣荊溪（湛然）之業，師師相承，歷晚唐五代暨我本朝，教法散而復合；仰惟四明法智（知禮），用能中興天臺一家教觀之道，同功列祖。

《興道下八祖紀·引言》又曰：

> 傳聖人之道者，其要在乎明教觀而已。……至於邃、修二師，相繼講演，不墜素業。會昌之厄，教卷散亡，外、琇、竦三師，唯傳《止觀》

---

① 《大正藏》卷50收入。下引此《傳》版本同，祇出頁碼。
② 《天臺九祖傳序》，第97頁。

之道。螺溪（義寂）之世，賴吳越王求遺書於海東，而諦觀自高麗持教卷用還於我，於是祖道復大振①。四明（知禮）中興，實有以致之也。是諸師者，或顯或隱，述而不作，稱之曰"祖"，蓋傳授有所繼、正統有所繫也。

自述緣起顯示，志磐是從中晚唐至北宋初的二百餘年間，天臺教觀"散而復興"的"傳授正統"著眼，增叙邃師下八祖本紀的。諸師傳承之功"顯""隱"不同，志磐特別彰顯其中兩位祖師，一位是十五祖義寂（917~979），他自海東求回天臺教典，致"祖道復振"；另一位是十七祖知禮，他"著書立言，開明祖道，觚排山外，紹隆道統"，"中興天臺一家教觀"（《十七祖知禮傳》，頁191）。《知禮傳》且引慈雲（遵式）稱頌師弟知禮之《讚》文曰：

> 章安既往，荆溪亦亡。誕此人師，紹彼耿光。一家大教，鍾此三良。②

志磐喜用"一家"："一家教觀""一家教學""一家大教"，均指"山家"派教觀之學。《統紀》極力彰顯"家教"，推重祖師知禮乃是應有之義。

《統紀》之《本紀》與宗鑑《正統》之《本紀》《世家》，同爲傳述佛陀、諸祖。兩相比較，可以看出志磐關於天臺宗祖統系之理念與宗鑑已有不同：

（一）宗鑑《正統》將天臺諸世祖分爲兩個層級，分別繫於"本紀"和"世家"；《統紀》則將諸世宗祖分爲三個層級，全部繫入"本紀"。

（二）宗鑑《正統》之"本紀"衹含佛陀、龍樹二人，不含"西土二十四祖"；慧文至知禮共十六世中國僧祖繫於"世家"。《統紀》之"本紀"則在佛陀之後增"西土二十四祖"，爲第一層級；龍樹至湛然稱"東土九祖"，爲

---

① 卷8《十五祖義寂傳》："自唐末喪亂，教籍散毀，故此諸文，多在海外。於是吳越王（錢俶）遣使十人，往日本國求取教典。既回，王爲建寺螺溪。……一家教學，鬱而復興，師之力也。"（原註："案二師口義云：吳越王遣使，以五十種寶，往高麗求教文。其國令諦觀來奉諸部。……據此則知，海外兩國皆曾遣使。若論教文復還中國之實，則必以高麗諦觀來奉教卷爲正。"），第191頁。
② "三良"指章安大師灌頂、荆溪大師湛然、法智大師知禮。

第二層級；新增"興道下八祖"（道邃至知禮）爲第三層級。

兩個系統的主體，即龍樹至知禮之"東土"十七世，位序完全相同。不同之處在於"宗祖系統"的理念。志磐關於天臺宗祖統系的理念顯得比宗鑒更爲成熟：佛陀後面增入"西土祖"系，組成第一層級，體現"宗源悠遠"；龍樹後面至湛然爲界，分作上"九祖"、下"八祖"兩個層級，顯示"宗脈綿長"。如此增益分合，其實無關宏旨。要旨在於：《統紀》與《正統》共奉之龍樹至知禮十七世祖位序，乃爲"山家"派固守之正統法脈。

《統紀》第九、十卷將東土三祖慧思至十六祖義通，共十四世之旁出法嗣立爲"世家"。《通例·釋世家》曰："傳教明宗，分燈照世，與正統諸祖，相爲輝映。"大抵與俗世以封土四方、輔翼中朝的藩王爲"世家"同義。值得注意的是《統紀·世家》所收，止於十六祖義通之旁出法嗣遵式，未及東土最後一祖——十七祖知禮之旁出。這是什麼緣故呢？原來，在《統紀》的體例結構中，知禮之法嗣，從第二世"四明三家"直至第十世，作爲"山家"派一系，不分"嫡系"與"旁出"，已全部依世代繫入《諸師列傳》門，一世闢爲一卷，專門給予詳敘了。《世家》兩卷紀敘三祖至十六祖之旁出法嗣，均僅及下二世一代而已，其後諸世不論。《列傳》則以九卷之重（自第十二卷至第二十卷），詳敘十七祖知禮諸世法嗣：由下二世至十世共九代。薄彼而厚此，誠不可同日而語！《通例·釋列傳》曰："四明法智（知禮）諸嗣，最顯著者十餘師，子孫有繼者唯廣智（尚賢）、神照（本如）、南屏（梵臻）三家（案：即"四明三家"）爲先：盛守家法，御外侮，人能弘道。作《諸師列傳》。"《列傳·引言》則曰：

> 四明法智之作興也，天下學士靡然向風。嗣其業而大其家者，則廣智、神照、南屏三家爲有傳：明佛意，示家法，用廣垂裕無窮之謀。中興教觀，逮今爲有賴。此《諸師列傳》之所由作也。（頁 209~210）

《諸師列傳》在傳敘知禮法嗣"四明三家"一系之前，先以第十一卷傳敘知禮師兄"慈雲（遵式）一家"。志磐如此按排，用意在於："先慈雲之派者，將以順其承襲，而不使紊雜乎四明三家之孫也。"（頁 210）先兄後弟，"順其承襲"，是爲表面；"山家"子孫不容紊雜，纔是真正用意。特爲"四明三家"

子孫設置《諸師列傳》，不涉知禮其餘法嗣，尤其將"山外"一系摒除在外，強烈地昭示志磐的"山家"情結。

《統紀》"表""志"二體，沿承"本紀""世家""列傳"諸體意緒，依然牽挂於"山家"情結。《歷代傳教表》（卷二三）編年表列二祖慧文至十七祖知禮近五百年間（約550~1033），諸祖傳授天臺教觀之行事，借以表"述（山家）正統之有來"（《通例·釋表》）。《山家教典志》（卷二五）臚列自三祖慧思（515~577）《大乘止觀》（二卷）至景遷《宗源録》（撰於1208~1224年間），計225種著作，併稱"山家教典"。其中，"四明三家"并諸世法嗣（即"山家"派）的著作103種，幾佔其半 ①。《歷代會要志·僧職師號》條，特録知禮、本如師徒分獲朝廷賜予"法智大師""神照大師"榮號（頁454）；《放生禁殺》條特録知禮"每歲佛生日，放魚鳥，祝聖壽"（頁455）；《天臺傳教》條傳述天臺教學史，起慧文為慧思"説三觀口訣"，迄知禮所著二百卷《記》《鈔》入大藏經（頁465~466）。諸條目記事，均以凸顯"山家"為宗旨。《名文光教志序》稱："自唐迄今，黼黻大教，碑、論、序何其多乎，今録其尤著者。"兩卷《名文志》（第四九、五〇卷）於唐宋間無數天臺遺文中，僅録存二十四篇，可見挑選之嚴。其中有關諸祖生平者更少，祇有四篇；却有兩篇記十七祖知禮：一篇是趙抃《行業碑》，一篇是史浩《南湖法智大師像讚》②。趙抃《行業碑》有一段文字叙述知禮、本如師徒與"山外"諸師論辯：

當與奉先清源、梵天慶昭、孤山智圓，為收書設問，往復辨析；又遣門下神照本如與之講論，卒能取勝。（頁441）

史浩《像讚》有句：

靈山一席（喻智顗——筆者），儼在天臺。後十三葉，復生奇才（喻知禮——筆者）。唱道四明，講肆宏開。……章聖在御，中使鼎來。……

---

① 據該《志》所列，計：三祖慧思8種，四祖智顗46種，五祖灌頂8種，九祖湛然9種，九祖以下旁出諸法嗣35種，十六祖義通3種，十七祖知禮13種，遵式併諸法嗣40種，"四明三家"併諸法嗣103種，共計225種。
② 另兩文是梁肅《智者大師傳論》、晁説之《明智法師碑論》。

賜號"法智",宸章昭回。抵今後學,咸仰崔嵬。蘭馨菊芳,本一根荄。
嗚呼!是爲法宇之柱石,教鼎之鹽梅。(頁 445)

《碑》文、《像讚》之所以獲選録存,是由於兩文具體生動地表達了對
"山家"祖師的敬重與景仰,可以替代志磐淋灕抒發他的"山家"情懷。

《名文光教志》收有志磐的《宗門尊祖議》,《議》文在縷述龍樹至知禮
諸祖傳法之後,曰:

> 當是時,有爲異説者如(慶)昭、(智)圓諸師,世方指爲"山外"。
> 而法智(知禮)獨擅中興教觀之名。自興道(道邃)至四明(知禮),
> 凡八世,所以紹隆正統而顯揚大教者,有在於是。是宜等而上者,用陪
> 位於九祖(龍樹至湛然——筆者),以尊大其道爲可爾。(頁 449~450)

此《議》爲《佛祖統紀》爲何增入"興道下八祖",爲何特尊知禮爲天
臺宗末祖,做了簡明的詮釋。

德山楊鶴於《佛祖統紀叙》中稱:

> 志磐法師《佛祖統紀》一書,歷序(叙)從上諸祖授受淵源,支分派
> 别,亦如一花五葉,傳衣受記,歷歷分明,自是天臺一家眷屬。(頁 129)

所謂"天臺一家"不够準確,應改爲"天臺山家派一家"。藉由《本紀》
《世家》《列傳》各卷並《世系表》,傳叙天臺宗"山家"派之系譜;藉由《歷
代傳教表》祖述"山家"派之"正統有來";藉由《山家教典志》張揚"祖
業",並陳"山家"派義章;藉由《歷代會要志》記録"山家"祖師行事。凡
此,乃是志磐《統紀》之核心要義。

三 統觀"禪、教、律",會述"儒、釋、道"

《佛祖統紀》之學術趣向具有"偏狹"和"包容"兩重性。所謂"偏狹",
表現爲志磐過於執著"山家"立場。如前所述,他一方面熱烈地張揚"山

家"派：頌讚祖師，弘宣教觀，著録教典，傳叙法脈；另一方面又不屑地貶抑反對派。"山外"諸師在《統紀》中没有地位，祇在必須提及時，纔見到他們的名字①，對於他們對天臺宗的貢獻，《統紀》幾乎不置一詞。所謂"包容"，主要表現於《統紀》對天臺以外佛教諸宗及對儒學、道教的認知、評述與著録（詳下文）。"偏狹"與"包容"兩種趣向共存於《統紀》中，似乎矛盾，實相融攝，共同合成爲《佛祖統紀》學術旨趣的多面樣貌，也決定了它的學術品位。之所以會如此，緣由頗單純：因爲志磐不僅是一位"山家"法嗣，更是一位宗教史家。當傳述宗史之時，也許會引發他强烈的"山家"情愫；一旦思緒轉換，進入更大的學術時空，他有時又會跳脱門派界圍，釋放出學者的恢宏眼光。畢竟佛教諸宗、儒道學説，同"山家"派一般没有直接的利害衝突。《統紀序》稱："儒、釋、道之立法，禪、教、律之開宗，統而會之。"便坦示著一種廓大的胸襟和眼光。

前文説到宗鑒《正統》將天臺以外諸宗視作"僭僞"，繫於"載記"門，以示鄙夷。志磐抛棄了這類宗派偏見與學術淺薄。《統紀》爲淨土宗設《淨土立教志》（第26~28卷），爲禪宗、賢首（華嚴）宗、慈恩（法相）宗、律宗共設《諸宗立教志》（第二九卷）。天臺以外諸宗突出淨土，是因爲祖師知禮與"山家"派特重"念佛三昧"。《通例·釋志》曰："人理教行，具足成就，由五濁②以登九品③者，唯念佛三昧之道爲能爾。"④透出個中消息。《淨土立教志》不叙"宗系"唯傳"師法"："悠悠末代，憑願行而生安養（即安樂淨土——筆者），自廬山而來，傳往生者纔三百人。"（頁261）《淨土志》三卷即叙此三百往生道俗之願行。志磐以爲"末代機宜，始自廬阜"（頁130），

---

① 如《佛祖世系表》卷24，祇在"山家"派十四祖高論（清竦）諸法嗣之外，另列晤恩、源清、慶昭、智圓諸師之名（第252頁）。

② 五濁，又作"五滓"，指減劫（人類壽命次第減短之時代）中所起之五種滓濁。"五濁"之一説：（1）劫濁，（2）見濁，（3）煩惱濁，（4）衆生濁，（5）命濁。（參見《佛光大辭典》"五濁"條，第1201頁）

③ 九品，即九種等級。又作"三三之品"：上上、上中、上下；中上、中中、中下；下上、下中、下下等九品位。有"九品往生""九品淨土"等。（參見《佛光大辭典》之"九品"條，頁135）

④ 《淨土志·引言》亦曰："在凡具惑，而能用三觀智顯本性佛。如四明師（知禮）言曰：'心境叵得故，染可觀淨；不礙緣生故，想成相起；唯色唯心故，當處顯現。'斯觀佛三昧之正訣。"（第260頁）

即末法之世的往生之道興自廬山慧遠；"山家"派法師石芝曉又曾選不同時代"同修淨業"之"功德高盛者""立爲七祖"[①]。《淨土志》因而設《蓮社七祖》爲首卷，"以爲淨土教之師法"[②]；《往生高僧傳》爲次卷[③]；《往生高尼》《往生公卿》《往生士庶》等爲末卷。

卷二九《諸宗立教志》設"達摩禪宗""賢首宗教""慈恩宗教""瑜伽密教""南山律學"等五項，分述五宗。其間傳述可注意者，一是對五宗"教""學"（即學説）的基本評價，二是五宗評議中之天臺教觀印記。

《統紀》"志"門雖將五宗並於一卷合述，似不如淨土教門之被推重。但志磐對五宗祖師之地位、對諸宗"教""學"之價值，都給予了積極、肯定的評價。《通例·釋志》稱：

> 達磨、賢首（法藏）、慈恩（玄奘）、灌頂（金剛智）、南山（道宣）諸師，皆一代之偉，特雖共明此道，而各專一門，區別羣宗。

昭告五宗各位開宗祖師都是一代偉人，他們共同弘倡佛法大業，而又各自創發新説，獨樹一幟。這樣的總評，高屋建瓴，氣度恢宏，又客觀平允，合乎實際，展示出一位史學家應當具備的歷史感與大局觀，誠爲難能可貴。

《禪宗志》末尾，對曹洞、雲門、法眼、臨濟、潙仰五家總"述"曰：

> 五家宗派，道一而已。而言五其宗者，由人世心病益多，故治法屢爲之變。一棒一喝，一唱一和，機用縱橫，殆不可以一律齊，猶應"病與藥"之義。（頁292）

一面指出五家禪道爲同一宗源，一面詮以"病與藥"之義：世人心病多變，治療方法亦應有變，由世道人心入手探尋五家分派的根源。從研究方法

---

① 見卷26《蓮社七祖》：始祖［晉］慧遠，二祖［唐］善導，三祖［唐］承遠，四祖［唐］法照，五祖［唐］少康，六祖［吳越］延壽，七祖［南宋］省常。第260頁。
② 《蓮社七祖·引言》，第261頁。首卷並見《蓮社僧俗傳》《十八賢傳》等。
③ 見卷27。共133人，其中有淨土宗初祖曇鸞，二祖道綽；天臺宗三祖慧思，四祖智顗，五祖灌頂，十六祖義通；"山家"派祖師知禮、弟子本如，"山下"派祖師晤恩等。

上看，這比尋常祇從機鋒運用等表面差異，區分五家，強爲之說，要更高明，更有說服力。

《南山律學・序》稱：

> 維南山師，遠受佛寄，專典毘尼，盛述條章，深明持犯，所以正爲末代之機宜也。入道之士，何莫由斯，三學相仍，茲爲初步。（頁 296）

其《道宣傳》詳錄南山師二十四種著作之名稱。一則盛讚道宣洞察"末代機宜"弘揚毘尼、創立宗派的功績，繼則開示入道者：戒、定、慧三學相續，應以習律持戒爲初階。此番對律宗的考察與評議，亦是從漢傳佛教發展之宏觀背景著眼立論的。

然而在具體評鑒諸宗種種學說時，志磐又往往秉持天臺教觀以審視諸宗，甚至以天臺是非爲標準量裁衆說。如《禪宗志・序》曰：

> 直指人心，見性成佛，至矣哉！斯吾宗觀心之妙旨也。謂之"教外別傳"者，豈果外此爲教哉？誠由此道以心爲宗、難言說相故，強爲此"方便之談"。（頁 291）

將"禪宗要旨"解讀爲天臺宗"觀心妙旨"，本無不可；復將禪宗之"教外別傳"說，詮釋作"強爲方便之談"，就不無貶義了。又如華嚴宗四祖澄觀曾判華嚴爲"頓頓"，說《華嚴經》是菩薩請，超勝於《法華經》；五祖宗密曾註"法界觀"。對此，《賢首宗志・序》責澄觀："教之與觀，進退兩失"，斥澄觀之說爲"浪言""徒張虛文"；斥宗密之釋修門爲"妄談止觀"，"自餘著作，矛盾尤多"（第 292 頁）。如果此類批評尚可以各守宗說、見仁見智解釋，那麼，志磐對慈恩宗的批評就顯得嚴屬了。《慈恩宗志・序》責玄奘之師戒賢"三時之教"[1]"立義疏闊，豈足以收一代之經"；責玄奘《法華玄讚》"觀心虧闕，豈足以通一實之典"[2]；進而宣稱："當天臺之興，

---

[1] 三时之教：有教、空教、中道教。

[2] 《慈恩志》末尾亦責曰："慈恩《玄讚》之釋《法華》也，都無立行攝法入心成觀等義，專用《唯識論》定性滅種，以通此經。茲乃徒援權文，用證實教。"

南三北七爲之掃迹矣，豈容慈恩崛起於四海永清之後！"（第 294 頁）頗得志磐推重的道宣律師，亦未能免於指摘。《道宣傳》末尾引鎧菴評語曰："又立三種懺法，不依方等普賢，乃取'唯識'別教，以爲末世初心懺重觀法，判位太高，不無可議。"（第 297 頁）對道宣此一批評，依然反映著"山家"派對慈恩判教之不屑。

關於儒、釋、道，志磐秉持中古以來的傳統觀念，曰："世稱'三教'，謂皆足以教世。"（《法運通塞志序》，第 325 頁）認爲儒、釋、道皆爲教世化人之教。他又説，佛教東傳既久，或興或廢，"此蓋世事無常之變"引致之佛教成、虧；而"儒宗、道流，世間之教"，亦"隨時而抑、揚"，其間"事迹，莫不昭然"。《統紀》爲此設《法運通塞志》，"考古及今，具列行事"，以爲"訓戒"（《通例釋志》，第 130 頁）。《通塞志》一五卷採用編年法，將上起周昭王二十六年（約公元前 975）、下迄宋理宗端平三年（1236），共兩千二百多年之釋、儒、道行事，以"三教"相融的形式具列成篇，不時插入撰者的"述評"。《通塞志》之"述評"，評歷史，評時政，評人物，評典籍，囊括古今，廣涉"三教"，是些或長或短的小論文。其中一些"述評"適足展露出志磐的史識與見解。謹舉數條志磐紀事及"述評"，加筆者按語説明之。

（一）"（秦始皇）三十四年（公元前 213），丞相李斯，請史官非秦記皆燒之；非博士所職，天下敢有藏詩、書、百家語者，悉詣守尉雜燒之；有敢偶語詩、書者，棄市。制曰：'可'。"

述評：

> 李斯勸秦焚書坑儒，其爲逆天道、絶人理爲甚矣。崔浩勸太武廢佛、焚其經、坑其徒，此用秦舊法也。韓愈之言曰："人其人，火其書。"此用崔浩遺法，特不遇其君耳。雖空言無禍，使後世有人師，用其語，豈不爲盛德之累。戒之哉！（頁 328）

按：志磐認爲儒家有益治世，人君倡儒，上合天道，下符人理，故痛斥李斯焚坑之策。復又聯類而及，揭發六百五十九年以後崔浩廢佛之策、一千零三十二年以後韓愈廢佛之議，皆援李斯惡例，遞相仿效。韓愈之議未逞，幸在唐憲宗不是秦始皇、魏太武。謀事者臣，決事者君，警示人君舉策，應爲深戒。

（二）"（漢高祖）十二年（公元前 195），上過魯，祠孔子，封九代孫騰爲奉嗣君。"

述評：

> 周秦以來，爲儒者尊孔子爲宗師，而在上之君曾未知所以褒稱而尊事之。高皇帝當干戈甫定之日，過魯祠之，且封其後人以奉嗣焉，所以教人以"武定文守"之義。後代人主尊稱"先聖"，通祀天下，爲萬世師儒之法者，自漢家始。豈不盛哉！（頁 334）

按：帝王祠孔，本爲國史所常見。志磐敏鋭地抓住歷史上的"第一次"，抉發其重大意義：（1）劉邦祠孔，乃以"武定文守"之方略啓悟後世百代君主；（2）劉邦祠孔，開創兩千年"尊孔崇儒"之先河。

（三）"（唐太宗貞觀）十四年（640），上幸國子監觀釋奠，命祭酒孔穎達（原註：孔子之後）講《孝經》。大徵名儒爲學官……學生至三千二百六十員。……於是四方學者高麗、吐蕃皆遣子弟入學。"

述評：

> 漢明帝幸辟雍，諸儒執經問難，搢紳之人圜橋門而觀，聽者以億萬計。唐太宗幸國子監，命祭酒講經，增學舍，召名儒爲學官，四方來學，升講筵者八千人。大哉，漢唐文治之盛，唯二君有焉。（頁 371）

按：漢明帝、唐太宗對待佛教之態度原本不同。明帝以"感夢求法"而號稱中夏興佛第一帝。太宗則一面敬佛：爲譯經製序，爲生母建寺等；一面又説："佛法幽玄，非意所遵。"可知并非真信佛。志磐不以此爲意，並舉兩帝興儒事迹，讚其"文治之盛"冠於漢唐之世，可謂超越佛門界囿之史家眼光。

（四）"（隋文帝仁壽）三年（603），洛陽龍門王通詣闕獻十二策，上不能用。歸而教授河汾之間，續《六經》以見志，世稱《王氏六經》。朝廷三徵皆不至，卒於家。門人謚曰'文中子'。……文中子曰：'詩、書盛而秦世滅，非仲尼之罪也；虛玄長而晉室亂，非老莊之罪也；齋戒修而梁國亡，非釋迦之罪也。'或問佛，（文中）子曰：'聖人也。'曰：'其教如何？'曰：'西方之教也，守國則泥。'（文中）子讀《讜議》，曰：'三教於是乎可一矣。'（原註：子之祖獻公，述《皇極讜議》。《皇極》文貴中道，人位天地之中。）"（頁361）

"（宋仁宗慶曆）五年（1045），諫議歐陽修遊廬山，入東林圓通（寺），謁祖印禪師居訥，與之論道。……師曰：'文中子，醇儒也。其得佐太宗，當不愧三代之治；其職居修史，必能列佛、老於聖人。文中子之門人，能仁義之道輔成唐家，以致治平。若（揚）子雲、（韓）退之，徒立空言，不聞其徒有佐漢興唐之效者。然則文中子之道，豈不愈於荀、楊、韓子，而後世學者顧不之知耶！'"

述評：

孔子、文中子，皆謂佛爲聖人。韓氏則曰："佛者，夷狄。"歐陽作《本論》曰："佛法爲中國患。"二子不知佛爲聖，不知天地之廣大，不知奚爲夷、奚爲中國，不知佛法之妙故，不知奚爲本、奚爲患。儒宗有欲排佛者，倘未能覽其典籍、質諸學者、熟復（覆）其義理之所歸，則吾恐輕肆慢易，如韓、歐一時之失言也。（頁410~411）

按：孔子稱佛爲聖人，於史無據。隋代王通（文中子）乃是稱佛爲聖、提倡"三教合一"之中古大儒，惜爲其弟王績得罪權臣長孫無忌所累。貞觀名臣房玄齡、杜如晦、魏徵、李靖等皆從王通受學。《統紀》"仁壽三年"條用七百餘字詳介其人其說；"慶曆五年"條藉居訥論道再讚王通。其意不僅在彰揚大儒王通之卓識，尤在藉其卓識批評唐·韓愈、宋·歐陽修排佛之論。志磐稱韓、歐排佛爲"一時失言"，"失言"根由僅在於未能詳覽佛典、未肯同熟諸佛學者共究佛法義理。志磐之批評有理有節，頗具大家風範，同韓氏《諫佛表》之偏激滅裂，適成鮮明對照。

（五）"（宋孝宗乾道）四年（1168）九月，上謂禮部尚書李燾曰：'科舉之文，不可用佛、老語。若自修之山林，於道無害；倘用之科場，恐妨政事。'"

述評:

> 儒家用老莊語,其來已久,故不可一旦絕去。至若窮理之妙,盡性
> 之奧,高出世表而無所不容者,則無越乎釋氏之書。然儒家欲明理於天
> 人之際,《易》《洪範》《中庸》《大學》《語》《孟》,求之自足。倘涉乎
> 佛經語意,則自違其宗,而放肆無歸矣。(頁 427~428)

按:在中古學術史上,儒與老、儒與釋、釋與老之間,藉他家經典之
言説,爲闡發自家義理之筌蹄,每見不鮮。志磐熟稔於此,又有真知灼見:
(1)儒與老莊併列華夏諸家,相互依存既久,不可遽然斷其相攝。(2)佛法
爲"窮理盡性"之出世學問,儒學爲探究"天人之際"的入世學問,兩學宗
旨相異。若援佛詮儒,將放佚不得底止,茫然不知端緒。不同科門之間,應
當知守分際,亦爲近代學術規範之一。

(六)"(宋太宗端拱)元年(988),翰林通慧大師贊寧上表進《高僧傳》
三十卷,璽書褒美,令遍(編)入《大藏》。"

述評:

> 洪覺範謂:"寧僧統雖博學,然其識暗。聚衆碼爲傳,非一體。"覺
> 範之論,何其至耶!昔魯直見《僧傳》文鄙意淺,欲刪修之,而不果。
> 惜哉!如有用我者,吾其能成魯直志乎!(頁 400)

按:贊寧《宋高僧傳》與慧皎《高僧傳》、道宣《續高僧傳》併稱三
大"僧傳"。贊寧《傳》雖有種種不足,但並不乏創新之見,可以諸篇
"科論"爲例。志磐引洪覺範、黄庭堅之説詞,批評贊寧及《僧傳》,雖然
頗顯尖鋭,亦屬就書論書。細讀《法運通塞志》,還可以發現,志磐對贊
寧的僧官生平、撰述活動等,編年記載頗詳;對贊寧的學術論著亦著録甚
詳。這些編年實録,反映出志磐對這位前輩的關注與敬重。訾議《宋高僧
傳》,指摘"識暗""意淺",不以盛德掩微瑕,反而體現著史家志磐的學
術高標。

四　結語

　　《佛祖統紀》自南宋咸淳七年（1271）正式刊板至今，已有七百四十餘年了。站在當代學術之高度，回顧中國史學發展的歷程，越發感到須對志磐及其《統紀》做進一步研究。本文可謂一次嘗試。此外，如《統紀》學術內涵剖析、《統紀》在釋門史學中的地位、史家志磐歷史觀考察等，均可作爲研究的專題。個人相信，經過深入研究，《統紀》在釋門史學界乃至中國史學發展中的地位，將會有更爲清晰的呈示；在司馬君實《資治通鑑》、歐陽永叔《新唐書》等史學名著之後，將釋志磐之《佛祖統紀》亦視爲宋代史學的代表作之一，應屬實至名歸。

《嘉興藏》與明清之際佛教文化研究
——讀《嘉興藏總目録》

《嘉興藏》首次以重輯足本的形式隆重面世，在中國佛典大藏的千年流佈史上，是具有標誌性意義的大事。閱讀整理出版委員會所編《嘉興藏總目録》（尚未得緣閱讀大藏文本），給個人的感受是，如果用《嘉興藏》之前及之後編纂的佛典大藏做參照，可知《嘉興藏》文本所含佛文化的内涵，更完整更真實地反映著已然成熟的明清之際中國佛教的多彩樣貌；大力發掘、開展《嘉興藏》文化研究，將至少會在有關明清之際的禪宗思想、佛教歷史、佛教文學等三個領域，增進對成熟期中國佛文化的認識。下面分別略作説明。

一　關於明清之際禪宗思想研究

在禪宗史上，禪師們往往將自己的禪悟或開示，結集爲"語録體"文本。纂集中古禪師語録的《古尊宿語録》就是早期的名著，《嘉興藏·正藏》（下文簡稱《正藏》或《續藏》《又續藏》《拾遺》）亦著録。《古尊宿語録》收多人，屬"合録"體；《正藏》另收《密雲禪師語録》《大覺普濟禪師語録》《報恩善發禪師語録》，是一人語録，屬"別録"體。

及至明清之際的四方禪林，前輩禪師所創"語録體"文本續獲大發展。《嘉興藏》大量收入"語録"揭示著此一情景。據統計，《嘉興藏》的《續藏》《又續藏》《拾遺》所收"禪師語録"文本，分別爲95部、143部、48部，共計286部。文本名稱多稱"禪師語録"；也出現不少新名稱，如"法句"（《朗目和尚浮山法句》）、"警策句"（《潙山警策句釋記》）、"疏語"

（《三山來禪師疏語》）、"復問"（《黃檗無念禪師復問》）、"要語"（《天真毒蜂善禪師要語》）、"剩語"（《天寧法舟濟禪師剩語》）等，或逕稱"文字禪"（《石門文字禪》），大致均屬一人"別錄"本；又有《古尊宿禪師語錄》六卷、《五家語錄》三卷等，當屬"合錄"本。多樣化的名稱，固然反映了明清之際"語錄"文本的興盛，但它更是揭示了明清各叢林禪學思想之開展與活躍。在《嘉興藏》中，除了近三百部"禪師語錄"，還有不少禪學著作，如《續藏》之《頓悟入道要門論》《石雨禪師法壇》《古瓶山牧道者究心錄》《禪林寶訓合註》等，《又續藏》之《禪林寶訓順（石朱）》《傳佛心印記註》《錦江傳燈》《三山禪師五家宗旨纂要》等，都是明清之際禪學思潮的產物，同"禪師語錄"一樣，是明清禪宗思想研究的第一手寶貴文獻。

在《嘉興藏》的三百餘部禪學著作中，大約有七十餘部的文本名稱，或明確或隱約地透露出該禪師駐錫地望之信息。按照我國當今的行政區劃，經個人查知，有七十餘位語錄作者之駐錫地望，竟然分佈於 17 個省、直轄市。依多少爲序：浙江省 18 處，江西省 11 處，江蘇省 6 處，湖南省 6 處，河北省 6 處，湖北省 5 處，四川省 5 處，福建省 3 處，貴州省 3 處，遼寧省 3 處，廣東省 2 處，雲南省 2 處，安徽省 1 處，河南省 1 處，北京市 1 處，山西省 1 處，甘肅省 1 處（恕未將地望逐一列出）。浙江是大藏刻印地，江西多禪宗重鎮又鄰浙江，故兩省入藏著作明顯多於他處；統觀有禪師著作入藏之地望，顯示爲幾乎覆蓋大半中國的廣大地域。應當説明：這僅是對個人查知之地望的統計；大藏全部作者之地域分佈無疑更爲廣大。由此可以得出兩點結論：《嘉興藏》設計者（或編纂者）學術視野比較開闊，選書頗具當朝全局觀；南方（尤其是東南）著作入選明顯多於北方，又顯示身處一隅的大藏編纂者，亦不免聞見所限，選書或有遺珠之憾。

總體看來，如果以《嘉興藏》之禪藏爲依託，再廣爲哀集藏外禪著，那麼爲明清之際的禪宗思想研究，建構相對完整的文獻庫，應可預期。

二　關於明清之際佛教史研究

中國歷史悠久，又有優秀的史學傳統。佛教傳入後，中國傳統史學之大樹上，即衍生出釋門史學的新枝。《嘉興藏·正藏》承續前代大藏，釋門史籍著録豐富。《正藏》所見釋門史籍大致可分爲六大類，舉例列如下。

（一）傳記類

1. 總傳。如《高僧傳》《續高僧傳》《宋高僧傳》等。

2. 合傳。如《比丘尼傳》《神僧傳》等。

3. 別傳。如《阿育王傳》《馬鳴傳》《龍樹傳》《法顯傳》《天臺智者大師別傳》《大慈恩寺三藏法師傳》等。

（二）統紀類。如《佛祖歷代通載》《佛祖統紀》等。

（三）燈録類。如《宗鏡録》《景德傳燈録》等。

（四）譜牒類。如《釋迦譜》《釋迦氏譜》等。

（五）行記類。如《大唐西域記》等。

（六）方志類。如《釋迦方志》等。

《正藏》所見釋門史籍是晉唐宋時代的釋門著作，尚未涉及明清。關於明清之際佛教史研究，前述有關明清之際禪宗思想的探討，誠然是應有之義；同時亦當包括明清之際佛教的廣泛領域。《嘉興藏》之《續藏》《又續藏》《拾遺》諸藏，有關明清之際佛教歷史的文獻，品類亦相當豐富，分類舉例列如下。

（一）佛傳類：1 部

《佛祖正傳古今捷録》，見《又續藏》。

（二）僧傳類：11 部

1. 總傳 1 部:《大明高僧傳》，見《續藏》。

2. 合傳 4 部:《禪林僧寶傳》《高僧摘要》《五葉弘傳》，以上見《又續藏》;《古音王傳》，見《拾遺》。

3. 別傳 6 部:《布袋和尚傳》《寂音尊者智證傳》，以上見《續藏》;《雪溪烺亭挺禪師別傳》《南海寶象林慧弓炯禪師傳》《建昌廩山忠公傳》，以上又續藏;《一貫別傳》，見《拾遺》。

（三）燈録類：11 部

《居士分燈録》《五燈會元》，以上見《續藏》;《增集續傳燈録》《錦江禪燈》《續燈正統》《普陀別庵禪師同門録》《侶巖遵本録》《黔南會燈録》，以上見《又續藏》；《南岳傳燈》《洞宗續燈》《續燈存稿》，以上見《拾遺》。

（四）宗譜類：7 部

《佛祖宗派世譜》《祖庭嫡傳指南》，以上見《續藏》；《南岳單傳記》《終南山天龍會集緇門世譜》《普陀別庵禪師同門録》，以上見《又續藏》；《宗門拈古彙集》《列祖提綱録》，以上見《拾遺》。

（五）年譜類：4 部

《破山禪師年譜》《治平鐵壁機禪師年譜》，以上見《續藏》；《三峰和尚年譜》《華嚴聖可禪師年譜》，以上見《又續藏》。

（六）實録類：9 部

《宋文憲公護法録》《憨山老人年譜自叙實録》《永覺和尚廣録》，以上見《續藏》；《益州嵩山野竹禪師後録》《壽昌見如謐禪師行實》《文穆念禪師行實》《終南蟠龍子蕭禪師行實》《鶴林天樹植禪師行實》《參同一揆禪師行實》，以上見《又續藏》；《棄楳義禪師行實》，見《拾遺》。

（七）行狀類：25 部

《趙州真寂禪師行狀》《天寧法舟濟禪師行狀》《笑隱昕禪師行道記》，以上見《續藏》；《行善南明廣禪師行狀》《朝宗禪師行狀》《天臺國清大庾韜和尚行略》《不厭樂禪師行由》等 22 部，以上見《又續藏》。

（八）塔銘類：32 部

《破峰重禪師塔銘》《奇然智禪師塔銘》《汝州風穴延沼禪師塔銘》《丹霞澹歸釋禪師塔銘》《鶴林天樹植禪師塔銘》《玉泉其白富禪師塔銘》等 32 部，以上見《又續藏》。

（九）訪記類：1 部

《初晤洗心禪師訪記》，見《又續藏》。

（十）方志類：1 部

《經（徑）山志》，見《拾遺》。

在中國佛教通史的總課題中，同兩晉南北朝佛教史、隋唐佛教史研究相比，兩宋佛教史尤其是明清佛教史研究，相對地不大容易把握，蓋因明清佛教歷史資料太多：文獻資料浩如烟海，相關文物則遍佈全國。《嘉興藏》有關明清之際佛教的歷史文獻固然豐富，若與同時期佛教存世資料、傳世文物相比，則不啻九牛一毛。上列各類文獻，或竟挂一漏百，望而可知。既要充分珍視《嘉興藏》這批寶貴的歷史文獻，又須廣爲袤集藏外相關文獻和文物，纔能對明清之際佛教歷史做出有意義的研究。

三 關於明清之際佛教文學研究

中國佛典大藏所收典籍，向以經、律、論、傳爲主體，罕及釋門文學作品；即使有收釋門詩文頌讚等，也多著眼於它的佛學義涵而非文學。晉唐高僧的詩文多見於《弘明集》、《廣弘明集》（此兩書《嘉興藏》有著録）、《文苑英華》等；唐五代釋門講唱文學作品，則系藉敦煌文書方始問世。近代的文學研究，除以高僧的詩文詞賦爲研究對象，進而又將傳統佛教典籍之某些經、論、傳，當作文學作品給予觀照、解讀，爲佛教文學研究開拓新生面。這在文學理論方面，可謂一種"泛文學"觀念。

如果從文學研究的角度觀照《嘉興藏》典籍，同樣可以採用兩種觀念：傳統的文學觀念，或"泛文學"觀念。所持觀念不同，會對同一典籍的涵義有不同的認知：或當作佛學典籍，或當作文學典籍。這裏不妨取傳統文學觀念（即"狹義文學"觀念），並借鑒"泛文學"觀念，試來觀照《嘉興藏》。於是可以看到，《嘉興藏》之《續藏》《又續藏》《拾遺》中，屬於明清之際的佛教文學，既有傳統文學作品——高僧的詩文頌讚，又包括可以做文學解讀的佛學文籍和各種實用釋門文本。可將其暫分作八類，舉例列如下。

（一）總集類：2 部

《龍舒增廣淨土文》《天臺三聖詩集合韻》，以上見《續藏》。

（二）別集類：29部

《法界觀披雲集》《蕅益三頌》《天樂鳴空集》《寒山子詩集》《佛果圓悟碧嚴集》《紫柏老人集》《紫柏尊者別集》《憨山老人夢遊集》《憨山老人夢遊全集》《密藏道開遺稿》《大巍禪師竹室集》《徹庸和尚谷響集》《弘覺忞禪師北遊集》《鄂州龍光達夫禪師鷄肋集》，以上見《續藏》。

《虛舟省禪師詩集》《靈樹遠禪師靈嚴集》《覺浪盛禪師杖門隨集》《鼎湖山木人居在參禪師剩稿》《靈瑞尼祖揆符禪師妙湛録》《靈瑞禪師巖華集》《錦屏破石卓禪師雜著》《恒秀林禪師續集録》《百愚禪師蔓堂集》《憨休和尚敲空遺響》《正覺潤光澤禪師澡雪集》，以上見《又續藏》。

《南岳履玄義關主遺集》《鶴山禪空執帚集》《天界覺浪禪師嘉禾録》《牧雲和尚懶別離集》，以上見《拾遺》。

（三）筆記類：20部

《淨信堂初集》《見聞録》《闢邪集》《醒世録》《千松筆記》《林間録》《羅湖野録》《雲山夢語摘要》《梵室偶談》《頌古閣響集》《絕餘編》《頌古鈎鉅》，以上見《續藏》。

《竹窗隨筆》《竹窗二筆》《竹窗三筆》《隨説》《南岳勒古》，以上見《又續藏》。

《禪林寶訓筆記》《指月録》《布水臺集》，以上見《拾遺》。

（四）詩賦類：8部

《注心賦》，見《續藏》;《擬寒山詩》《國清翼庵和尚和寒山詩》《天然是禪師梅花詩》，以上見《又續藏》;《永嘉大師證道歌》《天然居士懷淨土詩》《牧雲和尚病遊和草》《牧雲和尚病遊後草》，以上見《拾遺》。

（五）頌讚類：15部

《普明禪師牧牛圖頌》《牧牛圖頌》《禪林寶訓拈頌》《介庵進禪師源流頌》，以上見《續藏》。

《八十八祖傳讚》《靈樹遠禪師靈巖頌古》《内紹禪師得閒堂頌古》《禮舍

利塔供齋讚》《華嚴聖可禪師百頌録》《佛祖正印源流道影讚》《萬峰童真和尚湘山頌古》《吳興蕭山尼天一元具禪師頌古》，以上見《又續藏》。

《野雲映禪師宗統頌》《金明介庵進禪師源流頌》《牧雲和尚宗本授機頌》，以上見《拾遺》。

（六）曲詞類：2 部

《船子曲》《運瓮詞》，以上見《拾遺》。

（七）感應記類：5 部

《金剛經感應録》《歷朝華嚴經持驗記》《歷朝法華持驗記》《歷朝金剛持驗記》《觀世音持驗記》，以上見《續藏》。

（八）因緣類：1 部

《曹溪中興憨山肉祖後事因緣》，見《續藏》。

以上分類，大致爲之，自知不够嚴謹，"總集""別集"之外，又按體裁分類，內容不免重疊。"筆記類"所收典籍，含文章也含詩作。本意祇在揭示大藏中相關的文學典籍而已。放眼明清之際釋門文壇若干代表性人物：憨山、蕅益、紫柏、蓮池等四位禪師以及普明、蓮隱禪師等，他們的主要代表作，在大藏中頗見著録，亦可顯示《嘉興藏》對於明清之際文學研究之重要文獻價值。

智顗的天臺制法和釋曉雲的"覺教"理念

——釋曉雲教育思想宗源管窺

　　回顧釋曉雲法師（1911~2004）辦學興教的行迹，温習她作育人才的思想學説，會想起一千四百年前的天臺智顗大師和他的佛壟學佛園。草蛇灰綫，尋本追源，會發現釋曉雲創發秉持的教育理念與實踐，同隋代智顗頗有相通之處。誠然，歷史由中古演進至現代，時代與社會已然大變，智顗與曉雲二賢，畢竟祇標領其時，不宜强爲比照。但作一點歷史的考察，有時會使認識更加深刻。爝火日月，汀澄江海。按前賢之學脈，發潛德之幽光。將天臺宗古今二賢做一合論，或有助於領悟釋曉雲教育思想與教育實踐的巨大價值——如果稱它是在華（儒）梵（佛）傳統文明和合相融基壤中，昂然綻放的一株中華教育奇葩，當不爲過。

一

　　智顗大師（538~597）一生，跨越陳、隋兩朝，時值華夏歷史上之一大亂世——近三百年南北分治之尾聲，及隋朝一統天下之開篇。他遍閲人間苦難，備嘗人生況味，弘法教世的思想與實踐由此萌生。其間，師慧思的禪學思想予智顗之啓悟要在兩端。其一，慧思禪學重般若、由定發慧，倡由心法觀諸法實相。智顗由此創發"定慧雙弘""一念三千"觀，謂人皆有佛性，然佛性連人性，人性有善惡，一念現前，善惡立判：一念善可成就三千功德；一念惡可造作三千罪業。其二，慧思禪學注重日常行事應用，提倡實踐功德。智顗以此特重行持，創"出世兼入世，佛法運世法"之大乘宏旨，三十年間，法履遍及西楚之蘇、浙、荆、湘，化俗導衆未嘗懈怠。

智顗教化所及，既沾溉釋子，亦澤被俗衆。受教俗弟子有皇帝（陳宣帝）、親王（陳之始興王、永陽王，隋之晉王）、貴臣（如號稱“學統儒釋”的陳朝僕射徐靈、尚書毛喜）、守令（如天臺縣令袁子雄、荆州總管王積），更多的是地方百姓。他五十六歲那年（593）在荆州弘法，“道俗延頸，老幼相携，戒場講坐，衆將及萬”。一生親手度僧四千餘人，“五十餘州道俗受菩薩戒者不可稱記，傳業學士三十二人，習禪學士散流江漢，莫限其數”。俗弟子陳永陽王伯智躬著《願文》讚曰：“仰維天臺闍黎，……紹像法之墜緒，以救昏蒙；顯慧日之重光，用拯澆俗。”釋道宣讚稱智者大師：“東西垂範，化通萬里，警訓迷途，爲世津導”，是導正世人心靈迷津的導師（《續高僧傳·智顗傳》，同書《智晞傳》）。釋淨梵則由衷讚嘆智者：“昭昭乎廣大之化，粲如日星，所謂光宅天下者也。”（《題〈百録〉後序》）

智顗法教廣被道俗的行迹，已顯示“出世法教”（僧伽教育）與“世間法教”（社會教育）二部並行的雛形。釋曉雲創發當代釋門教育“二部並進”制，當有智者前賢“並化道俗”風範的啓示與感召。雲門學員就此回顧道：“（曉雲）導師最初對教育發生興趣，就是景仰追慕前人的風範”，“導師的教育思想融宗教道德、人文思想、藝術薰修，進而發展佛教叢林教化與社會（教育）二部制”（雲門學員整理《曉雲導師從事文教事業的心路歷程》）。

智顗化俗導衆之法筵，太建七年（575）自陳朝都城金陵移到天臺山，緣自“清幽勝境裨益教化”之思想。他傳禪金陵時，“語默之際，每思林澤”。以後夢見一地，“巖崖萬重，雲日半垂；其側滄海無畔，泓澄在於其下”，乃南下逐夢“卜居勝地”，尋得天臺佛壟山南之螺溪水源處。經周詳考察，智顗認爲此處“瞻望顯博”，“地平泉清”，“閒敞易得尋真”，遂“聿創草庵”於此，聚徒傳法。（《續高僧傳》之《智顗傳》《灌頂傳》）

智者的天臺佛壟學佛園經歷了前期和後期。前期學園自太建七年智顗初入天臺起，到至德二年（585）奉詔下山赴金陵止，歷時十年。後期學園自隋開皇十六年（596）智顗再還天臺，至次年圓寂，親炙僅一年光景。天臺學佛園的兩個時期，前後遙隔十一年，而且已然是兩個不同的王朝和時代。前期學園跨越陳、隋兩朝——智顗開筵之際，楊隋建於關中（581）而江南陳祚尚在（589年隋師方渡江滅陳）。其時陳都金陵朝野惶據，人心浮動。匯聚智顗前期法筵的生徒，多是憂世傷時、切願尋真的四方法侶。如智晞自潁川"遠泛滄波"而來，惶惶"如救頭然"（《續高僧傳‧智晞傳》）；智璪自臨海"泛軻豐流"，"直指臺岫"（《續高僧傳‧智璪傳》）；普明自會稽"逾山越澗，來入天臺，頂禮歸依，願盡此生，以爲弟子"，"曉夕左右，服膺無懈，專求禪法"（《續高僧傳‧普明傳》）。後期學園景象與前期已大不相同。佛弟子隋文帝楊堅，自開皇初即大興佛法。滅陳之後，晉王楊廣於開皇十一年（591）禮請智顗至揚州爲他授菩薩戒，敬上"智者"尊號；請爲其妃蕭氏建齋行懺救疾。開皇十六年（596）當智者自金陵再還天臺時，他的道行譽望已朝野競頌，慕名湧向天臺學園的四方徒侶，"譬若羣流歸乎大海"。這後一批徒衆，根機良莠不齊，與前期法徒之整飭迥乎不同。智者爲整肅這批"晚學內衆"，遂訂立《寺制》十條。他的《立制法序》訓示緣起曰：

> 夫新衣無孔，不可補之以縷；宿植渾善，不可加之以罰。……（吾）前入天臺，諸來法徒，各集道業，尚不須軟語勸進，况立制肅之。後入天臺，觀乎晚學，如新猿馬，若不控鎖，日甚月增。爲成就故，失二治一。蒲鞭示恥，非吾苦之。今訓諸學者，略示十條。後若妨起，應須增損，衆共裁之。（灌頂《國清百錄》卷一）

《寺制》十條於是成爲天臺學園生徒共奉之最早儀規。體味《序》文可知，用《寺制》爲學園生徒確立思想和行爲規範，是智者的初衷。他實行制法的動機，不是損辱生徒，而是要幫助"晚學""控鎖心猿"，修持有成。其中的"示恥"法大堪玩味。所謂"失二治一，蒲鞭示恥"，意思是生徒如果違犯《寺制》並依制受罰兩次以後，再對其"示恥"一次：取蒲鞭懸掛在他的寮舍門前以示儆誡，促其自省、悔過。"蒲鞭"用蒲草編成，其性柔軟，名爲"鞭"實爲繩。"蒲鞭示恥"與"皮鞭笞人"，一平和一暴戾，體現著兩種迥異教育觀。智者所創"示恥"法，既含納古天竺《毗尼》（戒律）"戒以防非止惡"的精神，又軟化它原有的重於懲罰的意涵。此八字制法，對有過犯者，既嚴肅鄭重，又平和委婉，立法頗高明。此法將"自覺、覺他"的佛陀理念與中華儒統的"慎獨""省身"圓融一味，用啓法侶之內省覺性，呼喚"晚學"生徒的道德自覺。此八字制法不啻爲釋曉雲千餘年後創發"覺之教育"

理念的逗機之先。

在漢傳佛教諸開宗大師中，隋·智顗又是一位具有科學理性精神的古賢。他是一位建築家，精通籌算之學。他親自設計身後的國清寺藍圖："標杙山下，處擬殿堂；又畫作寺圖，以爲寺樣。"在此前法履經行之匡廬、當陽等地，他曾先後"造大寺三十五所"（灌頂《智者大師別傳》）。建築設計與籌算測量屬於天竺文化"五明"系列之"工巧明"。孔子所倡"六藝"之"數"藝，内涵近似天竺"工巧"。但中華中古王朝，鄙視"奇技淫巧"，正士不爲工技。智者摒棄官貴偏見，倡揚中華先聖"遊藝"之教，天臺教團獨重"工巧"。直到智者身後百年，在唐玄宗開元時代，國清寺僧衆仍然堅持在修持之間，每每聚集在國清寺的庭院中，佈列算籌，"其聲簌簌"，研討算學。開元名僧釋一行，遥聞天臺算學名聲，自嵩山遠赴浙東，登門"求演算法"（鄭處誨《明皇雜録補遺》）。後來，一行創制當時最精確的《大衍曆》，成爲中古世界偉大的天文曆象學家，其間亦有天臺算學給予的助益。智者開創的天臺算學傳統，在唐代佛教諸宗中，獨自樹起一面科學理性之旗幟。釋曉雲千年後創建世界佛教史上第一所工巧門社會大學——臺灣華梵工學院，以後發展爲綜合性的華梵大學，追索她的科學理性精神之慧火薪傳，當本源自古竺之"五明"、古華之"六藝"，拈燃自天臺智者的初炬。

二

創發僧伽（叢林）教育和社會教育"二部並進"制，是釋曉雲對現代釋門教育的一大貢獻。她早年即以弘揚東方五千年中華文化和二千年佛教思想爲願景，發心開創"二部並進"教育。她回憶自己三年"寰宇周行"，考察各國大學，諮述文教機構，説：

> 目的是爲了將來結束寰宇周行後剃脱易服，抱定既不爲一己建寺院叢林，也決不任當住持領衆，而專誠一念，抱著爲佛教文教工作拓荒，獻盡畢生精力，鞠躬盡瘁，至最後一口氣而後已的願心。……理想抱定，是没有再徘徊再選擇的餘地。二部並進的佛教教育，即仿叢林制與社會教育的一並發展。（《一肩行李兩枝筆，西南、東南、寰宇之行》）

1967 年，釋曉雲應張曉峰（其昀）先生誠聘，自香港赴臺灣，任文化學院佛教文化研究所所長。後來接受友人提議，復承陽明山永明寺提供園地，於 1970 年創辦蓮花學佛園，招收青年尼眾及發心學佛的在家女眾，啓動“二部並進”制之第一步——僧伽（叢林）教育。爲再提升大專及佛學院畢業生的佛學修養，曉雲於 1980 年在光明山創建華梵佛學研究所，僧伽教育制更爲完備。1986 年 9 月，曉雲提報申請開辦華梵工學院計劃，邁出“二部並進”制的關鍵性步驟——創辦社會大學。經她精心擘畫經營，1990 年華梵工學院成立，1993 年發展爲華梵人文科技學院，1997 年更名爲華梵大學，全校擁有工學院、文學院、藝術設計學院，含十一學系、十研究所，成爲中國佛教界有史以來第一座現代綜合性高等學府。陽明山—光明山—大崙山；學佛園—佛研所——華梵大學。釋曉雲近四十年嘔心瀝血的大願大行，終於將“二部並進”教育體制和她的社會教育理想，展現在臺灣新北市石碇鄉大崙山上！

三

倡發華梵“覺之教育”創校理念，是釋曉雲對現代教育事業又一大貢獻。如果説智者的“蒲鞭示恥”粗具“覺性教育”原始形態，那麼釋曉雲的“覺之教育”理念已然具有現代教育學説的完備體系。

釋曉雲倡發“覺之教育”，因緣於現代文明衍生的人類心靈困頓。她的《覺之教育·序》自叙緣起説：

> 時代飛騰，知識猛進，科技昌明，教育普及；然而，人心的問題卻愈形困頓，物質愈富裕，人心愈窮困，此乃緣於現世之教育，偏倚於“教書”，著重於知識的傳授，而未思及要“教人”。

現代人心之病患，誠然同現代教育宗旨之偏頗相關。曉雲又説：“感格人心，淨化思想，悲智精神之培養，有益於今日社會人心安寧，減少貪欲和殘殺暴戾之惡行。”（《覺之教育·慧命開拓論》）由此可知，“覺之教育”學説，源自釋曉雲法師悲天憫人的淑世情懷。

釋曉雲的相關論著爲人們明示：佛陀的“自覺，覺他，覺行圓滿”境界，孔孟的仁義忠恕思想，是她的 "覺之教育" 學說的理論基石。曉雲認爲，佛陀是人類心靈的導師，佛學爲治心之學，佛法亦即治心之法。她說，"世間之苦痛與種種煩惱滋生的因素，原因是執於有我，而我之大患，老學則所謂患在有身，佛則言患在 '心' 法之未明"。故佛之教化，旨在 "明心見性"："明心可釋心，釋心即獲自在，所謂見自本心，明自本性。"（《一肩行李兩枝筆，西南、東南、環宇之行》）"明心見性" 即是 "覺"；"覺" 之要法端在 "自牧"（《佛化教育自牧說》）；"覺" 之境界在達於自性圓融。蓮花學佛園有禪堂，大崙山上有 "牧牛地"，有露天課堂。曉雲常說，到禪堂、牧牛地來，是 "牧心牛"，"耕心田"，讓 "心田不長無明草，覺苑常開智慧花"（釋仁隱《蓮花學佛園二十周年紀念感言》）。

在曉雲教育理論中，"境教" 爲 "覺教" 的重要條件。她爲選擇華梵大學校址，歷時十七年，踏勘二十餘處，最後擇定新北縣大崙山。此山峰巒疊翠，地勢閎敞，曉晴嵐霧，落日雲海，遠離塵囂，且水源豐沛，交通方便，是實行 "覺教" 的理想之地。如今登上大崙山，俯瞰美麗的校園，益見藝術大師釋曉雲慧眼獨具。釋曉雲的華梵校址之選，與千餘年前智顗大師的天臺佛壟園之選相似，都經歷一番勘察評量過程。如果說當初智者卜選佛壟螺溪置學佛園，還多是出於對 "守靜通禪" "自然教化" 的感性追尋；曉雲之華梵擇址則建立在 "覺之教育" 理論上。曉雲以爲，置學子於天然佳勝之地，天人合一，宜於 "自牧"，可以涵養性情，保育覺性，俾其 "體悟人與萬物是相生而非分生"，"使人能從自己的世界通會到他人的世界"（《覺之教育》）。釋曉雲的 "境教" 理論，同她寰宇周行所見印度泰戈爾大學露天講壇、京都圓山公園附近的吉水學園、巴黎大學郊外素食城、倫敦佛教會之暑假山中學校等處 "園林益教" 之啓迪相關；更是她對中華文人田園文化及禪宗叢林文化之圓融出新（見釋曉雲所著《禪林教化與園林思想》《叢林文化與叢林思想》）。

環顧當今世界，釋曉雲揭示之物質與心靈的時代矛盾，以及由 "無明" "我執" 之心患導致的惡行暴行，不僅未見改觀甚至變本加厲。益見曉雲針砭時弊所開 "覺教" 良方，尤其符合中華 "心教" 傳統及佛陀 "自覺覺他" 之教，仍然爲當下匡時救世所必需必行。"衆生有病我有病"，釋曉雲的悲情何其深摯，智慧又何其明睿。

四

　　"人文與科技融匯，慈悲與智慧相生"，這十四字華梵大學創校宗旨，可以説是釋曉雲教育思想之集大成，是她教育理念最準確、最深刻的概括。十四字宗旨涵括了華梵大學的教育目的、教育内容和教育方法。曉雲的《覺之教育·序》寫道：

> 我們希望不祇教書傳授科技，更希望教人善導行爲，以正常的心理去承受科技知識，期能用明覺而具悲情的人去發展更高的科技知識，以求宇宙、自然、人世間的相安共處，而不是征服對方。

　　關於華梵工學院五系（機械、電子、建築、工業管理、工業設計）課程設置之設想，曉雲又説："科技課程之外，藉通識課程施以學生人文教育，教以智慧與慈悲，期使學生兼具人文素養。"對此，她特意提到一位美國大學校長説的一句話："我們教育的成功，祇是培養出一批技藝高超的野蠻人。"將美國教育的畸形惡果引爲警訓。

　　培養學生掌握科技知識，是爲他們日後開物致用；提升學生的人文素養，是善導學生拓慧安命。十四字中的"人文"與"科技"的關係，是"體"與"用"的關係，即"本"與"末"關係；"慈悲"與"智慧"，則指學生心靈在攝受華夏文風、佛陀法雨的熏陶沾漑之後，蘊具的德性修爲：對人"慈悲"，對事"智慧"。在一次開學典禮上，釋曉雲親自爲學生詮釋"悲智"二字，她説："慈悲是對人，智慧是對事。"十四字中的"人文"與"科技"兩端，大致屬於"知識"範疇，須學生不懈學習以求得；"慈悲"與"智慧"兩端屬於"精神"範疇，須學生在學習與修持實踐中不斷地觀省攝受以求得。"人文"與"科技"，追求其"融匯"；"慈悲"與"智慧"，追求其"相生"。"守其兩端而執其中"，以求達致天人之際人理、事理的最高境界——"致中和"（《大學·中庸》）。"人文"與"科技"，"慈悲"與"智慧"，唯其"融匯""相生"，在儒則得達"致中和"，在"佛理"亦妙現圓融。所以説十四字"華梵宗旨"最準確、最深刻地概括了曉公全部教育理念，道理即在於此。

　　爲倡揚華梵人文精神陶冶學子，在建校之初，釋曉雲即悉心擘畫，用建築命名方式，爲大崙校園營造華梵人文氛圍——山名"天臺"；路名"大學之道"（"大學之道，在明明德，在親民，在止於至善"）、"菩提之道"（菩提正覺）、"三友"（歲寒三友松竹梅）；堂名"華梵"；樓名"五明"、"覺照"、"明月"、"薈萃"（"人文薈萃"，爲文學院樓）；館名"而時"（"學而時習之"）、"之安"（"居之安"，建築系所在）、"於藝"（"游於藝"）；碣名"法雨人華"（《法華經·藥草品》："法雨潤人華"）；池名"藏六"；等等。在華風梵雨濡染浸潤的氛圍中，一批又一批青年學子，在大崙山學到有用的知識技能，也得到人文品格的陶冶熔鑄，爲自己的一生安置下厚重的精神基石。

　　曉雲的華梵人文理念，亦體現在她的學術觀念中。華梵大學文學院專設東方人思想研究所，曉雲親自制訂東研所的教學與研究方針：以儒學思想和佛學思想爲中心，從文學、歷史、藝術諸視角，圍繞中心展開教學與研究。曉雲又倡導"儒佛會通"研究。華梵哲學系舉辦"儒佛會通"國際學術研討會已十餘屆。將東方人文思想研究視作特定學術範疇，將"儒佛會通"即華梵人文之融匯視作特定學術命題，在世界學術界與教育界是絕無僅有的。它是釋曉雲人文理念的鮮明體現。可以説，"華梵人文"是釋曉雲法師的精神家園。

　　釋曉雲手訂華梵大學"人文與科技融匯，慈悲與智慧相生"教育宗旨的哲學架構，脱胎自千餘年前隋代智顗所創"教觀並重，悲智雙運"之"天臺教旨"。在"教旨"八字中，"教"爲佛法修習，"觀"爲禪悦自悟；"悲"與"智"即"慈悲"與"智慧"。釋曉雲有兩篇文章，題爲《教觀並重之理想教育》《禪教並重、悲智雙運的教化》，闡發智者的"教旨"。千年之前，當智顗"教觀並重，悲智雙運"之旨一出，南朝北朝各執一偏、沿襲已久的學風頓遭破斥。此旨富蘊般若禪慧，寓有"出世兼入世，佛法運世法"的天臺宗理念，一度振聾發聵，照徹道俗人心。曉雲服膺"天臺教旨"，早在皈依之初，即謹遵倓虛師教，拒絕"看空一切，自渡生死"之斷滅式"頑空"，誓願"修在小乘，行在大乘"。她曾經回憶説："且向有人行處行，再没有什麼的選擇。'一乘門'之道通，是經過'教海同登岸，觀瀾悟性空（蕅益大師句）的聖決過程"（《一肩行李兩枝筆，西南、東南、寰宇之行》）。時值21世紀之今世，釋曉雲法師將天臺宗振衰起弊、淑世化人的情懷發揚光大，創發並倡揚華梵理念，爲當代教育豁然拈亮一盞慧燈，同樣振聾發聵、照徹人心。

儒佛互化　華梵相彰
——釋曉雲教育思想之 CHINDIA 式建構試析

　　釋曉雲法師是一位杰出的現代教育家。她創設的教育思想體系，明顯地具有中華儒文化與印度佛文化相融相攝、互化互彰，即華梵和合之二元結構特徵。此一華梵和合的教育思想體系，不啻爲古老東方人文苑囿裏，一枝昂然新綻的馥鬱之花。

　　1937 年，印度詩聖泰戈爾在孟加拉邦和平鄉創辦國際大學中國學院。該學院的宗旨是："研究中印學術，溝通中印文化，融洽中印感情，聯合中印民族，創造人類和平，促進世界大同。"2005 年，印度商務國務部長蘭齋拉姆·拉姆什，運用中國的英文名稱 CHINA 和印度的英文名稱 INDIA，創造了一個英文新詞——CHINDIA。印度華裔譚中教授認爲，CHINDIA 一詞，生動地表達了泰戈爾生前的殷切期盼，期盼中印兩大文明親密交流，期盼中印兩大民族携手合作，創造東方和平，促進世界大同。譚中教授把 CHINDIA 的中文意思詮釋爲 "中印大同"（譚中：《實現 "中印大同" 理想，建設和諧亞洲》，載新加坡《聯合早報》2006 年 7 月 24 日）。個人認爲，CHINDIA 的中文含義也不妨詮釋爲 "華梵和合"。CHINDIA "華梵和合"，它同樣可以生動準確地詮釋曉雲法師教育思想之二元和合結構。

一　CHINDIA 式之人文品格

　　宗教家、教育家曉雲法師的人文品格，已然自具 CHINDIA 式儒佛互化、華梵和合的特質。

　　她出生在佛教家庭，"自小就能禮佛誦經"（魏斯綺《創造人間淨土的宗教家》）；1937年秋“開始聞法，參閱佛經”（釋碧峰筆錄《海外錄音話清涼》）。1942年皈依青城靈巖山昌圓老和尚、1958年依止天臺宗倓虛大師以後，曉雲一秉“佛法運世法，出世兼入世”的天臺教旨，致力於大乘佛教哲學研究。自1966年初登臺北陽明山華岡教席以後數十年間，她以般若思想、空宗與義學、禪教並宏、教觀並重、淨化與悲智等為專題，為僧俗弟子講授不輟。曉雲法師曾經這樣概述她的“佛教哲學”觀念：

> 佛教為一特殊之宗教哲學性質，且曾被有識之士說明，“佛教非純宗教，而是宗教中之哲學”（歐陽竟無先生）。這意義是說佛教是一重視學術之宗教，而佛教不是“棄智任情”的迷信宗教。
>
> 《佛教於時代之重要性》

她一邊講授佛教哲學，同時常年修持般若禪，成為解行雙修、道俗共仰的大德法師、佛教哲學教授。

曉公又曾經自述早年“受儒家教育培養出來的心靈”：

> 早期，我們讀比較古老的學校，都是詩詞歌賦。八九歲就朗朗上口，回來要唸，要誦，要唱。……我會把唐詩唸得像唱歌一樣。四書（《論語》《大學》《中庸》《孟子》）五經（《周易》《詩經》《尚書》《禮記》《左傳》），我也把它背得非常流暢灌水一般。
>
> 蓮園弟子訪錄《曉雲導師的心靈堂奧》

仔細尋繹釋曉雲CHINDIA式文化學養增長及人文品格孕育的歷程，出現一個有趣的問題：在她早年心海中，究竟是佛先進入，還是儒先進入呢？仁隱法師回憶道：“曾有人問導師：‘你的國學造詣這麼深，為何還要研究佛學？’導師答：‘一個燈光，兩個燈更光。’”（《蓮華學佛園廿周年紀念感言》）對於這個問題，正確的回答也許應該這樣說：同輝並耀的中華儒學之光與印度佛學之光，從一開始，即融合為一盞東方慧燈——CHINDIA，交光互影，相激相融，皎然朗然，照徹釋曉雲一生。

在釋曉雲的哲學心靈中，儒與佛、佛與儒，你中有我，我中有你，互存互化，互融互通。在她看來，儒佛相通的哲學旨歸，在於儒佛兩家有相似的"心性之學"，儒佛都講"心物相通"。曉雲説：

> 若論東方儒佛思想，是以擇千年中印文化思想，無不旨歸心性之學，對宇宙萬物森羅萬象，皆以心物互存而互彰；心物非兩離而互即，而互化，而互體，而互用。

曉雲更藉儒經及佛經申述其説：

> 東方哲理（筆者按，即中印哲學）名言，旨在心物融通，不即不離。佛家稱物質世界爲器世界，就"色""空"二界中而論，此屬"色界"。……此"色"相，森羅萬類，衆象紛紜，……處處使人可見可觸，故稱器世界。……《金剛經》云："凡所有相，皆是虛妄。"何以稱爲虛妄？虛者不實，無永恒存在之義，故稱爲虛；妄者不真，現在有將來没有，故現在之有稱爲假有，非真實義。是故智者心不爲物役，而心能役物。儒曰："居之安，則左右逢其源。"（筆者按，語見《孟子·離婁下》："君子深造之以道，欲其自得之也。自得之，則居之安；居之安，則資之深；資之深，則取之左右逢其源。故君子欲其自得之也。"）居之安，是"心法"，心法無形無見，無物可觸，然而心法非無。佛陀悟道時説，"一切衆生皆有佛性"，此佛性即心性，無形無名，無相可見，故云"性空"。
> 　　　　　　　　　　　　　　《略論現代離心思想與心物對立之危機》

曉雲指導在家弟子研究佛教宇宙觀（成住壞空等）和佛教人身觀（生老病死等），解説道："中國人論佛教宇宙觀（和人身觀），不能不論及儒家的宇宙觀（和人生觀）。"（《現代佛教學術研究——與在家弟子函討〈中論〉》）她特意作此解説，是由於儒學宇宙觀認爲"天行有常，不爲堯存，不爲桀亡"（《荀子集解·天論篇》），儒家人生觀則認爲"死生有命，富貴在天"（《論語·顏淵》）。儒學和佛學都認定宇宙運行過程和有情生命過程，均具有心志不可移易的内在客觀性。所以曉雲認爲儒和佛的宇宙觀、人生觀，也是相通的。

儒與佛在曉公心田的互依互化，釀就她的 CHINDIA 式人文品格。

二　CHINDIA 式之教育理念

（一）發心緣起

曉公幼年在舊式學校讀書時，便萌生做教師志向。她回憶説：

> 關於我本人對於從事教育的興趣，可以回説到我做孩子的時候，我常常都記得，小時我很喜歡讀書。由於我很喜歡讀書，我很尊敬老師。每每看到老師，我就要望好久。
>
> 《曉雲導師的心靈堂奧》

這是儒學啓蒙老師給幼年曉雲的感召。曉雲又回憶出家前後，受佛陀思想感召立下大願，決心終身研究和發揚佛教教育：

> 我未出家前，我已在佛學院教有關許多教育理論的課程。等到我確定意志要出家的時候，我自己告訴自己，以後，我不會做住持，我也不會建大廟，我想終身研究佛教教育，盡力量發揚佛教教育。因爲我愈研究佛學、愈讀佛經、愈修禪定功夫，我愈感到釋迦牟尼佛的確是人類教育的大導師、人類心靈的大導師。
>
> 《曉雲導師的心靈堂奧》

然而曉雲真正將大願化爲大行，終生致力於佛教教育事業，則是出自她對現世衆生精神危機的深沉憂慮，以及她對當代人類如晦前景的沉重悲懷。如果説梁寒操先生爲釋曉雲的“清涼藝展”題詞“斯世於今亂象多，人心多已失中和”（筆者按，“中和”出自《禮記·中庸》“喜怒哀樂之未發，謂之中，發而皆中節，謂之和”），是用儒者的眼睛觀察世相，那麼曉雲則是用一顆儒佛浸潤的哲心，一再對當代世相做犀利的剖析。她説：

> 現在人性不莊嚴，好多人毀滅自己人性的莊嚴。……佛法都説：“衆生有病我有病”，爲什麼原來好好的環境、宇宙大自然、好好的人生，人類應該要好好走上一條光明路，就是佛陀所謂自利利他、自度度人，

可是衆生却是自己不度，也不度人，糟蹋了自己的生命，也傷害了他人的生命。……從這一點，我更加想到佛教教育的重要。

《曉雲導師的心靈堂奧》

又説：

現代人類……渺茫不安，繼續迷惘之心理現狀，而産生彷徨不安的情緒。由於失却此信心，所以對自我之人生茫然無知，對過往之聖哲人物（筆者按，當指孔子、孟子、釋迦牟尼等），無從連接得上心思上所傾慕進思的信仰（筆者按，當指仁德忠恕、慈悲喜捨等），對時代社會更談不上前途與信心。於是盲目般的（地）度過日子，“知得多，而信得少”，因其所知離心逐物，故知而不起深入研求以令心歸旨，祇是物貌之相認，故心物兩離，心神不契。人類之處境堪虞。

《佛教對時代之啓示》

“離心逐物”“心物兩離，心神不契”，是用哲學語言對現世衆生心靈情狀之解析。“旨”，覺性也。“令心歸旨”，即教化衆生，自覺覺他。對此情狀，曉雲另有一段哲學剖析：

舉世唯知物之爲物，而追求競爭相剋，事實已不知心之爲心。所謂居心何在之今日世界，衆生茫然，不知所趣，離心之危，世之大患！

《略論現代離心思想與心物對立之危機》

所謂“離心之危”，蓋指吾華世代人心所蘊之仁德忠恕等傳統觀念淪喪之危機。宋儒張載“爲天地立心，爲生民立命”的呼喚，曉雲“夢對先賢吐隱憂”的嘆息，其道德重建的期盼不謀而合。

現代社會爲什麼會出現心物對立的危機？曉雲敏鋭地揭露了西方社會達爾文主義思想對世道人心的消極影響。她説：

西洋的文化、教育、哲學、思想及其社會之發展，多受進化論思想的影響，以天然淘汰、競生爭存之功利觀念，而自然影響仁道之觀念存在。此主義之發展，是達爾文肇始後，而爲西方各國所崇奉，亦幾爲舉世所仿效。

《略論現代離心思想與心物對立之危機》

英國博物學家查理·達爾文（1809~1882）創立的進化論學說，科學地揭示了自然生命（動物植物）"優勝劣汰"之演化規律。然而西方人將達爾文"物競天擇，適者生存"的理論，從自然領域引入社會領域，否定公理、正義等社會道德價值，踐踏人道觀念，鼓吹侵略戰爭有理、掠奪殺戮有理，爲弱肉強食的強盜政治辯護。這樣一來，科學被導向荒謬。曉雲指斥西方以社會進化論之"功利觀念"排斥東方道德觀念，揭示了現代社會"心物對立危機"之根源。"舉世唯知物之爲物"，"追求競爭相剋"，使得"衆生茫然，不知所趣"，病根就在這裏。而救之之道、救之之藥，祇有"無不旨歸心性之學"的東方儒佛思想："皆以心物互存而互彰；心物非兩離而互即，而互化，而互休，而互用。"

二十世紀五十年代，曉雲在香港寫了一首《病中吟》詩：

病體強支憑藥石，勤勤猶爲樹人忙。

採薇有路吾將隱，淑世牽懷德育荒。

《清哦集》

"採薇"典出《史記·伯夷列傳》，稱殷末伯夷、叔齊"義不食周粟"，隱於首陽山，採薇蕨而食。"採薇"即"歸隱"之意。詩人用此典，示有歸隱出世之心，却又強支病體，爲教育事業忙碌，生動表述曉雲爲德育荒疏而憂心的淑世悲懷。

（二）教育要旨

在第四屆國際佛教教育研討會上，曉雲説："佛陀教化的基本原理以人爲出發點。"她認爲："教育工作不僅是教書，更要教人；人首重開導心境。一旦學生心靈明悟，洞悉人生意義，纔是究竟的學問。"（陳仁眷《推廣佛教社會教育的菩薩行者》）她所闡釋的教育要旨，可歸爲二端：一曰"以人爲本"，二曰"啓心爲要"，又是建立在大乘佛教與傳統儒教基本教旨之上。所以曉雲又説：

> 佛教普度眾生，利樂人羣，而爲宗旨。在佛教之教義上是主張從個人做起，因爲東方文化思想無論宗教、教育，都是要從人的自身最基本的做起。例如中國儒家的教化，"身修而後家齊，家齊而後國治，國治而後天下平。"依此原則，便可知道要想獲致天下太平、家庭幸福，也必須從個人修養之工夫做起。
>
> 《佛教之社會對家庭計劃提供之意見》

在曉雲看來，"以人爲本"和"啓心爲要"，不僅是一切教育工作的要旨，更是現世社會得能存亡絕續的"基本要素"。她爲此更做儒佛和合式之申論：

> 若論倫理社會方面，齊家治國，以孝爲萬善之本（筆者按，即"百善孝爲先"），以仁政爲治本，以智慧爲人生之本。倡導復興佛教文化思想及其悲智精神，簡直是現世虛空苦難中人類社會之基本要素。因爲佛教主張從個人做起，而個人必須從自己的心做起。
>
> 《佛教對時代的啓示》

儒家倡導之修身（仁德）、齊家（仁孝）、治國（仁政），和佛陀倡導之慈悲（對人）、智慧（對事），都深深浸潤著"人爲本""心爲要"之大旨。"人本""心要"兩端，誠爲釋曉雲揭示之 CHINDIA 式東方教育的要旨，亦爲 CHINDIA 式東方人文之精義。CHINDIA 之"人本""心要"是對社會達爾文主義的根本否定。

（三）教育理論

基於"人爲本""心爲要"之要旨，釋曉雲在數十年實踐中，嘔心瀝血，精研覃思，獨創一系列教育理論，總稱"覺之教育"。茲就其開發覺性、教觀並重、境教、藝教等四大學説之 CHINDIA 式東方人文建構，略做分析。

面對當今"時代飛騰，知識猛進，科技昌明，教育普及，然而人心的問題却愈形困頓，物質愈富裕，人心愈窮困"(《覺之教育·序》)的現實，釋曉雲將衆生覺性之開發，即悲、智精神之培養，確定爲人間教化的高端目標。她説：

> 感格人心，淨化思想，悲智精神，有益於今日社會人心安寧，減少貪欲和殘殺暴戾之惡行。
> 　　　　　　　　　　　　　　　《覺之教育·慧命開拓論》

而釋曉雲覺性學説之思想基石，蓋爲佛陀"自覺，覺他，覺行圓滿"之教，和儒家"仁德忠恕""自省""慎獨""明心見性"之教。曉雲説：

> 世間之苦痛與種種煩惱滋生的因素，原因是執於有我，而我之大患，老學則所謂"患在有身"，佛則言患在"心"法未明。
> 　　　　　　　　《一肩行李兩枝筆，西南、東南、環宇之行》

過往頗有種種教育學説，因爲輕忽"人爲本""心爲要"之大旨，往往難以奏功，甚或引發教育亂象以致社會災難。權衡比較中外各方之教育理論，佛陀的"自覺覺他"之教，孔孟的"自省慎獨"之教，不啻是祛"無明"之良藥，破"我執"之利刀。唯倡自省以祛"無明"，啓大覺以破"我執"，纔有可能達致宋明諸儒盛誦之"明心見性"：

> 明心可釋心，釋心即獲自在，所謂見自本心，明自本性。
> 　　　　　　　　《一肩行李兩支筆，西南、東南、環宇之行》

儒家"明心見性"，即是佛家"自性圓融"，即是"覺"，亦即倓虛法師所説"放下，解脱，自在"的人生境界。

"教觀並重，悲智雙運"，是千餘年前智顗大師手創之"天臺教旨"。曉雲法師於二十世紀繼承之，并將此教旨光大爲現代佛教教育基本理論之一。"教觀並重"，即"理論學習"與"反觀自照"並重，亦即"知識"與"精神"二領域兼顧相融。"教觀並重"之修爲實踐，"心""物"相彰，符合"人爲本""心爲要"之大旨，宜於全面提升人之覺性。孔子曰："學而不思，則罔；思而不學，則殆"（《論語·爲政》），强調"求知"過程中"學"與"思"兩層面的辯證關係。釋曉雲緣孔教而展其義，謂："有教無觀，則罔；有觀無教，則殆。"（李孟翰《非行非坐三昧的教育實踐者》）釋曉雲這一解説，講"求知"（教）與"内覺"（觀）、即"知識"與"精神"二領域之辯證關係，意思是：祇灌輸知識不修爲覺性會迷失方向，修爲覺性並孜孜求知方可人生不敗。釋曉雲此説，善導人倫，轉識成智，涵蓋了整個人生教化領域；孔子專論"學"與"思"，特指求知領域。曉雲仿孔子之思維方式，而兩者視野之廣狹、意旨之遐邇，不無異趣。

面對重"教"輕"觀"、重"物"輕"心"、忽略心靈教化的社會風氣，和彌漫衆生的心靈危機，釋曉雲在教育實踐中做"教觀並重"之倡導，往往講"觀"多一些。如 1976 年在韓國舉辦的世界佛教學術會議上，她做《禪林教化對現代教育之啓示》演説，演繹道：

> 現代教育太重知識，而忽略了心靈培養。禪林教化則是"教觀並重"。所謂"觀"者，就是禪的静慮功夫。聞而後能思，思而後能修，這"聞·思·修"，纔是教育的理想途徑。
>
> 梁玉明《曉雲導師旅韓歸來繼續追尋無限禪觀》

"聞"即"聽"，即"學習"（如"聞法"即"聽法""學法"）；"聞（學）而後能思"，即孔子所倡"學而能思"；在孔云"學"與"思"之後，再加"觀修"（聞·思·修）。孔子原初開示的"求知之道"，於是提昇爲教化人倫的理想途徑。

釋曉雲的教育理論特重"境教"對於陶冶性情、感化心靈的重要作用。她説：

> 真正的教育，在我們儒家的傳統時代，乃至佛陀苦行六年、參訪六年，都是有一個環境來培養。我感覺現在教育欠缺環境培養。……我認爲一花一草、疏星皎月、青山白雲，都令我們在不自覺中啓發了心靈的感受。……我們教育理想認爲，師資當然最重要，就是所謂身教、言教。

但是環境教育亦不可忽視：一切大自然環境，……都對我們心靈有好大好大的影響。

（《曉雲導師的心靈堂奧》）

釋曉雲這一段議論，明確説到她關於“環境教養心靈”的理念，和“境教”理論之提出，得自孔子杏壇教學的傳統（筆者按，《莊子·漁父》：“孔子遊乎緇帷之林，休坐乎杏壇之上。弟子讀書，孔子絃歌鼓琴。”）和佛陀山林行修的啓示。她在寰宇周行歷程中，參訪印度泰戈爾大學露天講壇、京都圓山公園附近的吉水學園、巴黎大學郊外的素食城、倫敦佛教會的暑假山林學校，亦曾獲得“園林益教”的啓發。

熟稔傳統文學的曉雲，又從歷代文人學士的山林生活和傳統園林文學中得到啓示，提出“園林思想”。所謂“園林思想”之精髓，即“天人合一”思想：提倡人們回歸自然，感受自然，愛護自然，與大自然和諧相處。她説：

現在重提園林文學，不祇是文學家和學者們始能發揮和研究的，而是青年們應有的追慕與昇華，興起思國懷鄉的款款之情，因而堅固自己的人生思想，認定自己本有的文化精華，自己的河山土地。……園林文學或園林思想，是一種性情教化的學問，也是心理調劑的一種自然感格的培育。

（魏斯綺《創造人間淨土的宗教家》）

釋曉雲之“性情教化”的内核，乃是遠紹陶淵明、李白、王維諸先賢，藉中華園林人文的歷史滋養，在青年人的内心深處，培育思國懷鄉之繾綣情結，深植中華人本文化之根。曉雲倡導的“園林思想”，使她的“境教”理論具有了更爲豐富的華梵和合之人文内涵。

作爲傑出的畫家，釋曉雲亦十分重視佛教藝術尤其佛教美術教化人心、塑造心靈的作用。二十世紀六十年代，在華岡中華學術院佛教文化研究所，她講授“佛教藝術”課程，曾特設“儒佛思想之相彰所形成中國佛教藝術之偉大創作”專題。她的“藝教”思想源頭之一，便是來自孔子“遊於藝”之教。她説：

宗教徒要完成其活動和諧的心的寄托宗教的表現，他們亦必走進美術遊藝中。孔子云"遊於藝"（筆者按，《論語·述而》："子曰：志於道，據於德，依於仁，遊於藝。"），以便更易於實現其理想的神聖性。

又説：

經典因美的文句而使人心悦誠服，佛像因美的雕塑而使人頂禮膜拜。……高等宗教的信仰多由美的途徑而構成。……我們需要美的宗教。

她還引用哲學式語言，描繪宗教藝術感化心靈的感應過程：

藝術是欣賞當前刹那之景象而歌頌之，嘆息之

宗教是要看見那刹那之現象的後面，沖淡之，判決之

終於，它們倆在互訴之中，便能説出宇宙間那深微的什麼了

（《今日之宗教與藝術》）

藝術與宗教的"互訴"，即是心靈的自語、自證、自悟。釋曉雲（遊雲山女士）一生幾乎每一幅畫品中，都浸潤著深刻的證悟，并藉以感格人心。早年，她"集儒道佛三家的思想而貫融於畫中"（蕭師毅《中國惠贈西方的禮物》）。如體現儒家思想的畫品，有《三人行必有我師焉》《君子之交》《古之孝道》《看竹思格物》《心不可不虛》等；體現道家思想的畫品有《飄風不終朝》《江海爲百谷王》等。而滲透"般若思想菩薩精神"的禪畫作品更多，如《早禱》《要從冰雪驗人生》《且向有人行處行》《慧炬》《度過危崖知力健》《我佛終宵有淚痕》《苦行圖》《成等正覺》等。通過歷屆"清涼藝展"，已馳名海内外；至今永久陳列在華梵大學文物館，將會感格著、淨化著、提昇著一代又一代學子的心靈。

三　CHINDIA 式教育理念大實踐
——華梵大學及創校宗旨

創辦華梵大學（前身爲華梵工學院），是釋曉雲獻身佛教教育事業最後

大實踐。1986 年 9 月，在提報當局申請創辦社會大學的計劃書中，曉雲將未來學校命名爲 "華梵工學院"。關於 "華梵"，釋曉雲曾在 2002 年 6 月 6 日向筆者解析：

> "華梵" 的 "華" 字，指 "華夏"："華" 又是仁德，"夏" 是禮樂；"梵" 字是 "如來慈" "常樂我淨"。唯有華夏的文德禮樂，方便攝受如來慈慧。"華梵" 二字的意思，可以很淺，也可以很深。

她將親手創辦的中國佛教界第一所社會大學取名 "華梵"，其中寓意，程明琤教授做過很好的詮釋：

> 華、梵二字合併的理念，即是以中華人文儒道精神中的仁德，結合佛家梵思中的悲智，以科技開物致用，藉人文拓慧安命，期莘莘學子成仁成智，將日益顛倒迷亂的人間，扭轉淨化，重爲福土。
>
> （程明琤《雲山拓慧命》）

華、梵相合，正是 CHINDIA！釋曉雲最後之大手筆，終於將她儒佛互化、華梵相彰的教育理念修成正果。這一 CHINDIA 式創校理念，又被精闢而精確地體現在她手訂的十四字辦學宗旨中。那一方高懸於 "五明樓" 正廳的匾額上寫著：

> 人文與科技融匯，慈悲與智慧相生。

"人文" 與 "科技" 二端，爲 "知本" 領域，歸於知性範疇。人文知識包含文學、藝術、哲學、歷史等學科；科技知識包含理、工、農、醫等學科。在中華傳統文化中，"人文" 類統稱 "國學"，"科技" 類統稱 "技巧"。在印度傳統文化中，"人文" 類大致涵蓋 "五明" 中之因明、聲明、內明，"科技" 類含工巧明、醫方明。華梵工學院初置機械、電子、建築、工業管理、工業設計等五個系，均是現代社會所需的科技門類。又設通識課程，授學生以各類人文知識。釋曉雲道其初衷說："科技課程之外，藉通識課程施以學生人文教育，教以智慧與慈悲，期使學生兼具人文素養"。（陳仁眷《推廣佛教社會教育的菩薩行者》）近二十年來，"華梵"在創辦人釋曉雲的關懷下，不斷發展壯大。校名"華梵工學院"（1990 年），一改爲"華梵人文科技學院"（1993 年），再改爲"華梵大學"（1997 年）。工科五系之外，又增設哲學系、中文系、外文系、美術系，還有主攻儒佛研究的東方人文思想研究所。在專業設置方面比較完整地體現了"人文與科技融匯"的理念。

"慈悲"與"智慧"二端，爲"人本"領域，歸於覺性範疇。"慈悲與智慧相生"，凸顯此"宗旨"前半句所含"人文"教育之精神主題——"慈悲"與"智慧"，即曉雲一再申述之"悲智精神"。這後半句，如畫龍點睛。它首先爲華梵大學學子們應當具備的人文品格豎起高標——須人人兼富悲智情懷；其次，它明示：慈悲（對人）與智慧（對事），乃"覺"之二舍、"心"之雙翼，彼此亦是相濟相生的關係，不可偏廢。

創校之初，釋曉雲高瞻遠矚，還預將華梵和合之 CHINDIA 式教育理念，體現在她爲校園山林、道路、樓館的系列命名之中。

校門內兩條大道，一名"大學之道"，取"大學之道，在明明德，在親民，在止於至善"之意；一名"菩提之道"，倡揚"忍辱""精進""成等正覺"之菩提精神。路旁碣名"法雨人華"，取《法華經》義，喻法乳潤人。

"五明"爲行政大樓名，寓華梵大學以象徵人文學科之内明、因明、聲明，和象徵科技學科之工巧明、醫方明相融匯爲理念。"薈萃"爲哲學系、文學系、外文系、東方人文思想研究所等人文各科之樓名，狀其"人文薈萃"之盛。"於藝"爲美術系之樓名，取"志於道，據於德，依於仁，游於藝"之意。"之安"爲建築等系之樓名，既喻"得居則安"，更寓"心明則安"。"而時"之館，勉諸學子踐行先聖"學而時習"之教。

東麓青山，名"天臺"，彰揚"教觀並宏，悲智雙運"之旨。山間幽徑名"三友"，"歲寒三友"松竹梅，以其凌霜之精神，傲雪之氣節，爲中國園林思想之魂魄，傳統文學與國畫之永恒主題。山頂樓名"覺照"，寓意"覺燈遍照"；山下堂名"華梵"，寓意儒佛互化；山頂"牧牛地"，山後"藏六池"，倡揚修攝身心。西麓林間空曠處，石凳駢列，再現佛陀行修之山林和孔子杏壇所在之緇帷之林。華梵華梵，美輪美奐，是釋曉雲

CHINDIA 理念的人間實現。

　　曉公創作的《華梵校歌》，將"華梵和合"宗旨做了詩意抒發，更將其 CHINDIA 式內涵附以朗聲高唱：

> 華夏文風被萬世，梵宇巍峨雲端聳。
> 慈雲法雨悉沾灑，良師益友，建起華梵好學風。
> 東土慧日照，儒佛聯心，崇善去惡，共濟和衷。
> 淑世造人才，爲國培梁棟。
> 人文科技詮體用，德學相彰樂融融。

　　仁德禮樂，鬱鬱乎文，華夏文風，永拂大嵩。阿育王柱，慈悲智慧，佛陀精神，常伴華梵。一儒一佛，東方慧日，和煦普照，哺育英才。人文爲體，科技爲用。知本人本，融匯相生。知性愈高深，覺性愈圓融。淑世造人才，國家有梁棟。

　　一位旅美教授曾經致函釋曉雲寫道，"科技結合人文，乃是世界教育應走的路徑"，"華梵宗旨應爲社會借鑒和重視"（陳仁眷《推廣佛教社會教育的菩薩行者》）。釋曉雲創設的 CHINDIA 式"華梵和合"教育理念和實踐，爲新世紀教育燃亮一炬慧光。

般若禪心　化生妙境
——釋曉雲禪詩“妙境”説試析

曉雲法師是杰出的畫家、佛學教育家，又是一位詩人兼禪詩學者。《禪詩禪師》一書是她吟誦、研究禪詩的代表作。此書選録梁朝志公、傅（弘）大士，唐朝寒山、修雅、夢東、貫休，宋朝永明、普明，明朝楚石、憨山、蕅益、蓮池、紫柏，清朝蓮隱等，共 19 位歷代禪師（大士）創作的 127 首禪詩，給予精心研究。在《他們去了》一文中，釋曉雲深情説道：

> （古代）禪師的禪詩，大約二三十年來都經常携帶在我的身邊。禪師的禪詩，在我的心中，簡直是視爲一套大學問、大才華、大行徑、大家當。不！無疑是大心語，大光明的映照而垂後！①

中國傳統的詩學研究，一向重視詩歌品格評鑒。梁·鍾嶸《詩品》考察前人的五言詩，從“辨彰清濁，揹摭病利”著眼，確定“三品升降”，初創評詩的等級標準。鍾嶸顯然祇是依據詩作音聲之清濁、遣詞之功拙，評斷詩品高下的。因此之故，鍾嶸頗不自專，又謙虛地説：“差非定制，方申變裁，請寄知者爾。”② 中國詩學研究，又甚重詩歌所營造的藝術境界和氛圍：蘊藉與直白，空靈與質實，各擅勝場。作爲中華釋門禪詩研究的重要開拓者，釋曉雲繼承中國詩學上述兩大傳統，將中華禪詩作品之“境界”考察，同鍾嶸所創“品格”説結合運用，創造性地提出“上品”禪詩之“妙境”説。她認爲：唯有營造“般若妙境”的禪詩，方膺“上乘詩品”，方爲詩之“極品”。她自

---

① 曉雲法師編著《禪詩禪師》，第 30 頁，原泉出版社，1988 年 4 月初版。下文引此書版本同，祇在引文後括出頁碼，不另出註。

② 鍾嶸：《詩品》卷二，《四庫全書》本。

述編著《禪詩禪師》一書的初衷："本書祇是第一輯,希將來能多向禪師禪詩探討其中妙境,以愉晚年,并酬宿願。"(第26頁)可知釋曉雲一生誦詩、論詩,確是以詩"妙境"之品評與探討爲本旨的。

本文試就釋曉雲禪詩"妙境"說、禪詩"妙境"與"般若禪心"、禪詩"妙境"與中國詩歌傳統等諸端,略抒淺見。

一　關於中華禪詩"妙境"說

釋曉雲中華禪詩"妙境"說的完整論述,見於《禪詩禪師·引言》評憨山《夢游集》的一段文字:

> 憨山上人以上乘之詩品纔是真正透上禪境。蓋以虛中之實,而實中不虛,此般若妙境之不落言詮(筌)。雖然詩境不至如"語言道斷,心行處滅"的實相,可是語中不著,話裏不粘。詩到極品時,都是烘雲托月的意境。(第1頁)

按,"妙境"一詞,自唐人始盛用,每見於詩文碑碣。初唐·盧照鄰《相樂夫人檀龕讚》有句"一窺妙境,高謝塵蒙"[1];《唐梓州郪縣兜率寺浮圖碑》有句"信光造化之奇模,盡登臨之妙境"[2];中唐·李嶠《宣州大雲寺碑》有句"瓊林幽其妙境,珍衛嚴其像設"[3]。這三處"妙境"的共同意涵,均爲摹寫佛像、佛龕、佛寺莊嚴清静之象,屬"具象妙境"。

中唐·梁肅《天臺法門議·止觀統例》一文所用"妙境"一詞,則意涵迥異。此文系轉述湛然大師親授之天臺"中興之道";《統例》篇專門開示"止觀"要義:"正性順理"可"至妙境";"性迷理失"則滯於"凡境"[4]。湛

---

① 盧照鄰:《相樂夫人檀龕讚》,見《文苑英華》卷781《佛像上》。
② 《唐梓州郪縣兜率寺浮圖碑》,見《文苑英華》卷851《釋二》。
③ 李嶠:《宣州大雲寺碑》,見《文苑英華》卷855《釋六》。
④ 梁肅:《天臺法門議·止觀統例》:"今止觀之說,文字萬數,廣尋果地,無益初學,豈如暗然自修,功自至,何必以旱計爲事乎?是大不然!凡所謂上聖之域,豈隔闊遼迴,與凡境杳絕歟?是惟一性而已。得之爲悟,失之爲迷,一理而已。迷而爲凡,悟而爲聖。迷者自隔,理不隔也;失者自失,性不失也。止觀之作,所以離異同而究聖神,使羣生正性而順理者也。正性順理,所以行覺路而至妙境也。"見《唐文粹》卷61《碑十三》。

然所示"妙""凡"二境,屬"意象妙境"。釋曉雲作爲天臺宗第四十五代法嗣,對此文誠然無比熟稔。我們因而甚信,釋曉雲論禪詩"妙境"命題,當得自先代宗師的開示。

再回到正題。釋曉雲前段論述,主要涉及中華禪詩"般若妙境"的語言特點及意象特徵。關於禪詩"妙境"之語言特點,曉雲用"不落言詮(筌)"四個字概括。所謂"不落言詮(筌)",即詩人敞開本自懷具的禪悅慧心,任其流淌於詩箋筆端,以營造彼岸"妙境"之意象;由形上之慧心建構的彼岸"妙境",自非形下之文字話語可以牢籠。釋曉雲還説"語中不著,話裏不粘","却又於字裏行間透露消息",同樣是指禪詩"妙境"不可以話語言説、不可以文字執著的語言特點。那麼,詩"妙境"之意象又呈現何等特徵呢?曉公用"烘雲托月"四字描摹之。此四字可矍然開發吾人想象:晴空浩渺,祥雲曖曃,一輪皓月,浮動其中,遼闊,深邃,光明,寧静——那不正是禪悅詩心所要造設的"妙境"意象麼?

如前引那段論述所示,在哲人釋曉雲之詩心中,禪詩"妙境"之語言和意象本不可分:禪詩"妙境"之形上意象,端賴非爲"言筌"之"文字般若"以營造。爲求説明禪詩語言和禪詩意象之同一性,試以數首釋曉雲所選禪詩及曉雲自己的禪詩爲例。

唐《寒山詩》

千年石上古人蹤,萬丈巖前一點空。明月照時常皎潔,不勞尋討問西東。

"石上古人蹤"出於想象,所以是"空"。"萬丈巖前",也是"空"。當空"明月",照徹玉宇,空無纖塵,皎潔静謐,還是"空"。"四大皆空","色(石·巖·月)即是空"!這叫"虛中之實"。如此禪悅"妙境",何勞再去"尋問西東"?這叫"實中不虛"。

明·憨山《雪山苦行佛》

心似冰雪骨似柴,六年凍餓口難開。誰知忽睹明星上,落得盈盈笑滿腮。

　　悉達多在修道六年間，備極困頓，形銷骨立，而痴心不搖。一朝忽睹浩瀚晴空，妙相莊嚴，明星朗照。憨山此詩對佛本傳此段之"修道"與"得道"要義，未著一字，即"不落言筌"；他祇用白描手法，通俗語言，描繪出兩幅圖畫。這兩幅圖畫隱喻：太子自"修道""凡境"，躍升至"得道""聖境"；兩境合蘊，則爲禪詩"妙境"。但在詩文字面上，却於"修道""得道"不著一字。

曉雲《返璞》

　　返璞文無用，果成花已空。更見漫天雪，湛然寂妙中。[①]
　　詩尾"題記"："丙申 (1956) 秋客紐城近郊，晨興趺坐有感。"

　　"文""璞"相對，"花""果"相承。其字面意是：既然已經返璞歸真，此前一切雕琢與文飾皆成多餘；花朵結成了果實，花朵也就不存在了。其隱喻意是：既然已經悟道皈依，從前的俗世拘牽也就割棄了。此隱喻意在字面上同樣未著一字——"不落言筌"。後句"漫天大雪""湛然寂妙"，那已是隱喻"皈依"者的心海，悄然湧現的"禪悅妙境"了。

　　在釋曉雲傾盡一生心智，誦讀、體味、創作、研究之後，關於禪詩之語言和意境特徵，她寫下如下一段文字：

　　　　是那麽的天真，又是那麽的凌厲，是那麽的灑落，又是那麽的認真。沉寂到無聲響之時，忽然也發振聾發聵之雷音；像浮雲的自在去來，竟會像虎嘯龍吟那麽隆重。（第 30 頁）

　　"天真""凌厲""灑落""認真"，那是用字詞建構的"文字般若"的語彙特徵；"無聲"發"雷音"，"浮雲"生"虎嘯"，那是"文字般若"建構的禪詩"妙境"。在這裏，曉雲用具象手法，鋪排詩一般美麗的文字，揭示出漢傳佛文化大系之禪詩類創作，從非爲"言筌"的"文字般若"，到藉此"文字般若"營造之"般若妙境"間，了無聲息、了無痕迹，却又生龍活虎、驚天動地的轉換過程！這種表述何其高明！又何等深刻而生動！

---

　　① 曉雲法師著《清哦集》第 8 頁，原泉出版社，1998。

二 禪詩 "妙境" 與 "般若禪心"

唐宋之間的禪詩, 曉雲喜宋詩, 盛贊 "宋詩如醇"。然而她又説, "第宋詩之醇, 也不若禪之妙", "宋詩之得禪境之熏陶, 但仍不如禪人之簡中之味也"。這句話的含意是:禪人 "禪心" 的哲學層次, 高於禪詩的 "禪境"。她接著説:

> 余從小好詩文繪事, 但不敢多言詩。憶昔避日寇侵華, 滯於川蜀及桂江之間, 閒來習靜。然每跏趺之際, 便悠然詩興, 滾滾而來, 終於罵道, 怕被詩魔障禪理, 文章擾道家心。(第 2 頁)

釋迦牟尼因禪説教, 故不可以 "詩魔" 妨 "禪理", 不可以 "詩心" 擾 "道心"。釋尊説一切法即是禪法, 佛經又稱 "經藏禪"。釋曉雲更從 "經藏禪" 的本體層面申論其説:"佛法, 是浩然, 自然, 大自然之境, 是美妙不可思議之境"(第 14 頁);"佛經中竟已超越藝術意境而不祇於欣賞怡情, 直接契合宇宙萬殊原歸一性。"(第 10 頁) 因此之故, 曉公認爲, 就哲學品格而論, 佛説 "禪理" 的層次高於 "禪詩", "經藏禪" 高於 "詩禪"。

佛學家釋曉雲畢竟同爲詩家。她對禪詩的文學品格及社會功用, 同樣給予深刻論證和高度肯定。如前所示, 她將禪詩 "妙境" 稱作 "文字般若"。她認爲, 包括文藝(含詩歌)、哲學、宗教、音樂在內的一切佛文化形式, 都是佛陀 "從禪定中啓發心靈智慧開展" 之花朵, "是最高的人文思想"(第 1 頁)。她以高屋建瓴的詩人氣魄綜論道:

> 禪詩、禪師, 皆是來自同一淵源, 江河大海之水, 乃至溪河、溪澗之水, 必有其崖涘, 必有其源泉, 尋源匯流, 流放無邊, 心源妙境一如。……詩與藝術雖不能直接令人明心見性, 了脱生死, 可是文字般若, 藝術三昧, 具有助道因緣, 啓發微心, 開拓慧命。(第 27 頁)

禪詩 "妙境" 之 "江河", 禪師 "禪機" 之 "大海", 本是 "同一淵源", 即都是源出自禪人那一顆 "般若禪心" —— "心源妙境一如"。

　　既然禪詩"妙境"源出自"禪心"，那麼，詩人欲求禪詩"妙境"，先須修習佛禪，曉禪理，懂禪機。關於習禪，曉雲一本天臺"禪教雙修"宗旨，提倡"般若禪"，弘揚《金剛》旨要，敦教誡，品行踐，"悟旨玄微，徹了止觀圓頓是真'禪'門至境"（第 7 頁）。曉雲指斥五代禪門誤入"唾佛焚經"之歧途，教訓弟子以荒疏學養的"啞羊之嘲"爲誡。她説：

　　　　（般若）禪的悲智是觀照消溶和發大悲心。在自然界中，是培養消溶心胸，也是培養"處處見謙光"（泰戈爾詩句—筆者）的、自然無爭一樣的生機活潑，人方能了解自然活潑生機，也就真的懂得佛法的妙法了，也就是懂禪機了。（第 17 頁）

　　詩人一旦習得"真禪"，觀照消溶，轉識成智，讓"真禪"的自然活潑生機，及"真禪人"的悲智情懷，充盈心海，那麼他也爲自己的禪詩"妙境"之追求，開掘了不竭的源泉。

　　釋曉雲頗欣賞蘇東坡詩《贈江州景德長老》："白足高僧解達觀，安排春事滿幽欄。不須天女來相試，總把空花眼裏看。"所謂"幽欄春滿"，本是百花盛開景象，長老眼中却視之爲"空花"。曉雲盛贊此詩生動刻畫出長老"既解脱又生機無限的活計"。坡公此一妙思，誠然蘊自"真禪"，亦營得詩"妙境"，故曉雲又評曰："此中妙境，唯般若慧解得與語之。"（第 2 頁）

　　曉雲稱道明季憨山、藕益、蓮池、紫柏諸師："不止通禪，而且通教，不止慕禪，而且學教，化度衆生，皆方便多門，力踐行門，德學並重。"（第 32 頁）她尤其激賞憨山詩，推崇憨詩爲"千古心燈"，特選憨詩 32 首之多，佔全書選詩總數三分之一。曉雲評憨詩曰：

　　　　"憨山禪師爲明季四僧之文字般若翹楚，詩偈之濃文藝者，以憨老爲最牽人思索，其味無窮。"（第 19 頁）
　　　　"而憨山山居詩，又禪味濃鬱，芬芳四溢，四十餘年不敢説手不釋卷，但晨昏晤對，如晤故人，……深感前人慧照，真是千古心燈。"（第 20 頁）

　　謹録憨詩三首，試參詩中"妙境"——

山居詩之一

　　寒雨瀟瀟風滿林，蓮花漏永夜沉沉。誰知舉世難醒夢，盡是光明般若心。（第 60 頁）

　　前句寫蓮院冬夜風雨蕭瑟情景，爲山居詩習見，乍讀似無新奇。接讀後句"舉世難醒夢"，初亦未明何人之"夢"。待讀至"盡是光明般若心"，頓時方明白，這是憨公自攄心曲之作：那顆"光明般若心"，正是憨公"悲智澄懷"之心；那場"舉世難醒（省）夢"，正是憨公淑世度人之夢！讀至末句，"妙境"方出！

山居詩之二

　　天地存吾道，山林老更親。閒時開碧眼，一望盡黃塵。喜得無生意，消磨有漏身。幾多隨幻影，都是去來人。（第 60 頁）

　　首聯寫詩人與大自然：一個"存"字可悟佛理和天道契合之深；"老"字和"親"字，可知憨老和大自然融溶之深。頷聯寫詩人與社會："碧眼"同"黃塵"相對，隱然可感詩人面對濁世之無奈。頸聯一個"喜"字，則可感知詩人修道一生、終悟禪機的欣悅。全詩境界又是待尾聯而頓出：天下攘攘，利來利往，皆"夢幻泡影"啊。

軍中寄懷黄羽李侍御之一

　　大海長江一脈通，烟波浩渺總如空。萬山縱使能相隔，恰似空花落鏡中。（第 80 頁）

　　江海烟波雖氣象浩渺，却尤"如空"幻；萬重雲山，縱使能隔斷神州大千，也不過是偶然墜落鏡中的一朵"空花"。前句和後句遞進，將"色不異空""色即是空"之"妙境"，推至極致。

三　禪詩"妙境"與傳統文學

　　禪詩作爲漢傳佛文化之一品類，乃由中國傳統詩和佛文化之因緣和合化生。故禪詩自身，不唯外在的語言形式、音韻格律，且其深層之形象思維、意境營造等文學內涵，亦同中國傳統詩歌血脈相連。總體看來，禪詩祖示之中華詩文化血胤，主要見於佛文化向傳統詩歌的肌裏，注入了禪語、禪機、禪理營造之禪境；再具體說來，禪詩的中華血胤，亦見於禪詩意象對中國園林文學傳統的繼承，以及禪詩創作對賦比興詩法的運用。茲就此兩個方面再予申說。

前文已經說到，禪詩與佛禪，"心源妙境一如"——都是緣起"浩然，自然，大自然之境"，"美妙不可思議之境"。關於禪宗思想產生、叢林禪師培養、佛教文學發育，同自然園林之間的關係，釋曉雲進而論曰：

> 我佛世尊，修道於山林，成道於樹下，講道於園林，禪宗思想，原本是印度的園林思想。……人是有賴於自然而深化而玄想的。(第13頁)
> 中國佛教叢林的禪師，多賴山林培養，山林修行，培養智慧應追溯到佛教的原始生活園林思想。(第15頁)
> 這種自然文學意境，超越文學，超越哲學，因此佛經之文藝意識，更含深化了的自然思想。(第16頁)

中國原始儒家文化和自然園林環境，同樣存在密切關係。傳說孔子授徒，"遊乎緇帷之林，休坐乎杏壇之上"，同樣是園林教學。兩晉以後，民間私學也多設置在山林鄉野間；而身處亂世的文人，或退隱鄉里，或隱逸山林，於是有園林文學誕生。東晉·陶淵明號稱"古今隱逸詩人之宗"(《詩品》卷二)，是中國文學史上第一位園林詩人。陶詩《飲酒》，被公認是園林詩之代表作，但却不是禪詩。憨山禪師評論此詩稱：

> "陶靖節云，'採菊東籬下，悠然見南山''山氣日夕佳，飛鳥相與還''此中有真意，欲辯已忘言'。此等語句，把作詩看，猶乎童蒙讀'上大人''丘乙己'也。"[①]

---

① 憨山：《夢遊集》卷39《雜說》，轉引自《禪詩禪師》第19頁。

憨山禪師認爲同禪詩相比，陶詩太過直白，像兒童詩。在憨公眼中，陶詩何以如此不堪呢?這是由於大凡禪詩之作，必含禪意、見禪境、透禪機。而陶公在"採菊東籬"、心情"悠然"之餘，雖覺"真意"縈懷，却不知究爲何"意"（"欲辯忘言"），當然可釋爲無關"禪意"了。故憨公貶稱"兒童詩"。曉雲亦認爲陶詩不屬"文字禪"，《禪詩禪師》之《禪詩》篇亦不收陶詩。

憨公用禪師的眼光品評陶詩，自有他的標準。其實陶潛筆下的自然萬象與人物心態，明朗，祥和，悠然，寧静，充滿生命律動，洋溢天然機趣。就此而言，陶詩之"自然氣象"同禪詩之"天然禪趣"，實爲血脈相連、經絡相通。曉雲《禪詩禪師》之《詩人禪詩　詩人之詩》篇，雖亦不收陶詩，却收入唐宋名家詩二十四首，大致爲遊寺訪僧、歌咏自然、抒發禪意之作，既有"禪詩"，又有頗近陶詩意趣的非禪"詩"，但并没有區分哪些是"禪詩"，哪些是不屬"文字禪"的"詩"。吾人或問：釋曉雲爲什麼在研究禪詩的專著中，除選錄"禪詩"之外，還要選錄不屬"文字禪"之名家"詩"呢。對此祇能有一種解釋：曉公詩心認爲，此類名家"禪詩"及非禪"詩"之間，是血脈相連、經絡相通的；兩種詩（"禪詩"及"詩"）同時選錄，是要藉此顯示"禪詩"及非禪"詩"之間的血緣關係；將二十四首混編不做分類，則是因爲兩種詩頗近似，不宜斷然區分，倒不如不做區分，留給讀者去咏味、自做判斷好。下文試引錄其中四首。

唐·白居易《白雲泉》

太平山上白雲泉，雲自無心水自間。何必奔沖山下去，更添波浪向人間?

唐·陳子昂《感遇》(之一)

蘭若自春夏，芊蔚何青青。幽獨空林色，朱蕤昌紫莖。遲遲白日晚，裊裊秋風生。歲華盡摇落，芳意竟何成。

唐·張繼《楓橋夜泊》

月落烏啼霜满天，江楓漁火對愁眠。姑蘇城外寒山寺，夜半鐘聲到客船。

宋·林逋《咏梅花》

衆芳搖落獨暄妍，佔斷風情向小園。疏影橫斜水清淺，暗香浮動月黃昏。霜禽欲下先偷眼，粉蝶如知合斷魂。幸有微吟可相狎，不須檀板共金樽。

反復吟誦之間，試問：這些名作究竟屬於"禪詩"，還是非禪"詩"，的確難以遽做判斷。曉公選錄此類詩入書，無非爲揭示並引導讀者認知：那些浸潤著自然天籟的詩作，無論是否"禪悦"，其內蘊之昂然機趣，都袒然呈示著連結禪詩和田園詩的那條血脈。

關於傳統詩歌的創作手法，《詩品》有段著名概括：

詩有三義焉：一曰興，二曰比，三曰賦。文已盡而意有餘，興也；因物喻志，比也；直書其事，寓言寫物，興也。宏斯三義，酌而用之，幹之以風力，潤之以丹彩，使味之者無極，聞之者動心，是詩之至也。（卷一）

鍾嶸在此分論賦、比、興。其實在詩人的創作過程中，三種手法是混用莫分的。禪詩同傳統詩歌之血脈聯結，體現於禪詩創作手法的標誌，即賦比興的廣被運用；在禪詩創作中，運用此法愈是醇熟老到，則詩之禪理愈深，禪機愈透，禪悅愈見清和，禪境愈顯高妙。茲再引出數首曉雲選錄詩，試看其間賦比興之活用。

宋·永明禪師《山居詩》（之一）

碧嶠經年常寂寂，更無閒事可相於。超倫每效高僧行，得力難忘古佛書。落葉亂渠憑水蕩，浮雲翳月倩風除。方知嬾與真空合，一衲閒披憩舊廬。

首聯、頷聯直陳情事：靜居山中，追效高僧，讀經修禪，以爲日課。頸聯"落葉亂渠""浮雲翳月"，用喻三毒（貪瞋痴）之"心魔"障蔽正覺，"水蕩""風除"，則喻佛說正法，掃蕩"心魔"。尾聯一旦"放下""解脫"，則"一衲閒披"，心空太虛——禪悅"妙境"，盡在不言中了。

憨山禪師《山居詩》（之六）

生理原無住，流光不可攀。誰將新日月，換卻舊容顏？獨坐惟聽鳥，開門但見山。幻緣消歇盡，何必更求閒。

在居山修禪之尋常日，忽見山花爛漫、聽山鳥歡唱，愈發驚覺時光流轉，感念生命無常。既然一切皆是幻，何須刻意更求閒？一個"原"字把"天道"說透；一個"盡"字把禪理說透；一個"誰"字明知故問，禪趣躍然紙上。

雪峰禪師《山居詩》（之二）

蒼崖孤峻與誰臨，眼底雲霞日日新。地迥不來朝市客，天寒還有採樵人。足音空谷聞堪喜，笑語移時意更真。莫謂道人多泛愛，齊觀物我無非親。

首聯、頷聯於情境鋪陳之中，略抒山居心緒；頸聯、尾聯更進一層，或藉"孔"攄情（"泛愛"），或援《莊》喻己（"齊物"），暢叙自心之"禪觀"和"禪悅"："人天妙境一如"，"物我妙境一如"。

代後記

—— ［臺版］《漢傳佛文化演生史稿·緒言》

　　我的故鄉河南省，是佛教自天竺東來華夏的早期"落脚地"。那裏有建自東漢初年的"中華第一寺"——洛陽白馬寺，傳説用白馬馱經、最早來華的兩位印度高僧——攝摩騰和竺法蘭，至今安息在寺院山門裏面那兩座圓圓的盧墓裏。中原大地又是漢傳佛教由發育而成熟、而臻於鼎盛的廣闊舞臺。自東漢、經曹魏、至西晉的洛陽白馬寺，曹魏時期的許昌寺，西晉時期的倉垣（在今開封北）水南寺和水北寺等，曾經是佛經漢譯的早期譯場。曾有多少位中外高僧薈萃其中，日日夜夜共同思索著，商討著，争論著，爲將印度智慧的梵文表述轉换爲漢文表述，尋找最好的詞語與句式。座落在少室山麓的少林寺，最初是北魏孝文帝爲西域高僧跋陀營建的一方伽藍；隨後，"禪宗初祖"達摩渡江北來，在少林造庵"面壁"；再後來，隋唐之際，少林僧衆身處天下擾攘的多事之秋，爲守護自家淨地而研習擊技，世代相傳，使少林寺成爲中華武術文化一大策源地。北魏靈太后于公元 516 年在洛陽北郊建造的永寧寺，中心樓塔"去地千尺"（相當於 147 米），曾經是當時世界上最高的木構建築，近世發掘它的方形塔址，面積將近 10000 平方米。開鑿在洛南伊水兩岸龍門山崖壁上的千百尊佛教造像，是中國石窟藝術寶庫之一，如今成爲全人類共同的文化遺産。西山大龕中那一尊盧舍那大佛，背倚巉岩，俯瞰清流，曾經見證漢傳佛教鼎盛期（盛唐時代）的輝煌；一千三百多年以來，他那無涯的襟懷、無窮的睿智、無限的慈愛，以及那永恒的微笑、永存的温情，又曾經給予多少顆不幸的心靈以撫慰，給多少行旅以美的啓示和愉悦。還有，建於五代時期的開封大相國寺裏，那一尊木雕千手千眼佛，開封城東北隅、河南大學北墻外那座北宋佑國寺塔（俗稱鐵塔），都曾是我少年時代經常遊賞玩耍的去處。我細述這些古迹往事是想說明，後來在個人學術生涯中對佛教文化的强烈關注，正是緣起自早年這些似不經意的耳濡目染。

起初對佛教的學術興趣大抵同社會史相關。古代的南亞社會同古代的東亞社會差異甚大，佛教自南亞"移植"而來，在情境迥異的華夏社會"土壤"中，何以不僅未遭"排異"扼殺，還居然得能生根開花、枝脈廣佈、傳衍至今？它在華夏大地經歷了怎樣艱難的傳佈過程？同歷代朝廷與社會有過怎樣的互動？中古時代那些僧團與僧衆的生存狀況怎樣？諸如此類。拙著《漢傳佛教與中古社會》一書（臺北五南出版公司，2005 年版），算是此類學術探索一得之見的結集。

後來，對佛教學術的興趣又延伸到同漢傳佛文化相關的領域；對漢傳佛文化之形成，尤其懷有興趣。學術懸疑大致同前相似：自印度古文明之林綻放的佛文化之花，遠途"嫁接"於華夏古文明之樹，何以得能孕育出如此新異的花朵，流光溢彩、燦然至今？如今，佛文化的天竺原生形態早已湮没無聞，幸而賴有他的漢傳次生形態（以及藏傳佛文化、南傳佛文化），依然輝耀於世。在兩千餘年的長時空裏，佛文化從南亞、經中亞、到東亞升沉興廢的獨特際遇，又爲後人傳遞著關於人類文明多元共生、和同共榮的何樣真諦呢？在此番學術行旅中，個人曾先後嘗試涉足諸如佛教寺院主體建築型制之漢化演變，中華佛寺景觀文化系列與寺名文化系列之蔚成，漢地僧團道德文化之重建，三藏（經律論）漢譯與中華翻譯學之創生，釋門聲業由天竺"唄匿"到中華"梵唄"、由"唱導"到"俗講"之出新，漢地佛教美術之中華美韻的創造，漢地之釋門史學、釋門文學、釋門書法藝術、經音義學、源自佛教之節俗的漢化衍變，以及興辦寺學、充做逆旅、悲田養病、營林護化，等等，同"利養有情"相關之"輔世文化"形式。這些佛文化課題，有的做得細緻些，有的甚爲粗淺，不能令人滿意。拙著《漢唐佛寺文化史》（中國社會科學出版社，1997 年版），大致反映著此番學術跋涉的駁雜行迹。

1991 年，初爲這一課題申請國家社科基金，曾將題目設定爲"漢唐佛教文化史"。隨後思忖題目不妥：就漢傳佛文化整體而言，偌大之漢譯佛藏，號稱佛學"智慧海"；如若論及佛文化，佛藏蘊含之佛教哲學體系，無疑應爲其主體和精髓。然而不才是哲學"門外漢"，對佛教哲學所知甚少，學涯之中罕有涉足；課題所擬各項子目，也基本限於佛寺爲載體之具象佛文化諸形式。

最後改定以"漢唐佛寺文化史"為題申報。

　　2002 年 2 月至 2004 年 1 月，謬蒙臺灣華梵大學邀聘，越海承乏該校東方人文思想研究所客座，囑以講授"漢唐佛寺文化史"科目。第一學年，即以拙著《漢唐佛寺文化史》為基本教材。第二學年，授課科目名稱變動，"漢唐佛寺文化史"更改為"漢傳佛文化演生史"。個人主動呈報東研所做此更改，緣於新科目的名稱，突出漢傳佛文化的"演生"義，接近於申報課題時的最初思路。既然自知昧於佛教哲學，為何又來侈言"漢傳佛文化"呢？個中緣起，出自華梵東研所同學的啓迪與鼓勵。第一學期選修這門課的七八位研究生，都以佛學為研究方向，學術角度各有不同：有從哲學角度，有從文學角度，有從歷史角度，有從藝術角度。在各自選定的研究領域，他們或多或少已經頗有學術積累。在教學互動過程中，我强烈感受到同學們頻頻傳遞予我的學術認知與心聲：漢傳佛文化的內涵極其豐富，研究與講授不必求全，也難以求全；無論何種漢傳佛文化之具象形式，都不要泛論，要突出考察它在中古時代的"演生"過程。在同學們給予的啓迪鼓勵之下，本著突出漢傳佛文化各形式"演生"過程之宗旨，我利用在臺度寒暑假的閑暇，對《漢唐佛寺文化史》一書加以精簡與修訂，形成此書初稿。

　　這裏要特別説到同此書不無關係的一件事情。那是在 2002 年 6 月 8 日下午，華梵大學創辦人、佛學教育家、佛教藝術家釋曉雲法師約我談了一次話，地點在華梵慈蓮園會客廳。當陳仁眷老師引領我進得廳門，便望見九十一歲高齡的釋曉雲法師，在悟觀法師陪伴下，正靜靜地等候我的到來。茶几上一盆蝴蝶蘭，漾出縷縷清香。曉雲法師一口廣東話，仁眷老師逐句為我翻譯。談話從拙著《漢唐佛寺文化史》開始。書的《自序》題曰"華梵文明的遇合與化新"，其中"華梵"二字，恰同曉雲法師親命的校名相合。老人家對此甚感興趣，親切垂詢"研究華梵"的緣起與經過；又引導話題圍繞著中華文明與印度文明，自然展開。在交談中，老人家語重心長地説："華夏有文德禮樂，印度有如來慈慧。只有中華的禮樂文化，方便攝受如來的慈悲和智慧。"曉雲法師擔心我沒有聽明白，又拿出備好的便箋，在上面寫出其中幾個關鍵字，遞給我看。我向曉雲法師請益道："是否可以這樣理解：唯有中國的禮樂文明，纔是接受印度佛教文化的最好'土壤'呢？"老人家緩緩點頭，示意認可。下得山來，我反復回味曉雲法師一席話，領悟到老人家這次約談，有備而來，是欲將她研修一生的深刻體悟，開示予我！又聯想到剛讀過的一篇學生期末作業——越南留學僧釋禪忍的《越南早期佛教的歷史》。這篇文章綜述法國和越南學者的研究成果指出，早在公元以前，佛教已經來到越南，但是沒有扎根傳下來，只留下幾處同阿育王有關的遺迹。公元五六世紀，佛教以漢傳形態再度進入越南，得以流傳至今。這篇作業沒有提到佛教兩度入越的因緣、背景。曉雲法師的談話使我懂得了其中緣由：公元以前佛教第一次進入越南的時候，越南文明尚未開化，住民不能領受佛教的高深智慧；公元五六世紀佛教改由漢傳入越時，越南已經進入漢文化圈、接受了中華傳統文化，其住民也就能夠理解並領受由漢文漢語轉述的佛教義理了。這一事例印證了曉雲法師的論斷："只有中華禮樂文化，方便攝受如來的慈悲和智慧。"或者說："中國的禮樂文明是接受印度佛教文化的最佳基壤。"環顧兩千年前之東方世界，只有古老的印度文明同古老的中華文明共處於人類文明之巔；也唯有中印兩大文明可以彼此相通。佛教漢化能夠完成，深刻的因緣正在這裏。遂將這一點得自曉雲法師開示和釋禪忍作業的心得，講給釋禪忍聽。他對有關佛教兩次入越原因的看法，高興地表示贊同。凡此陸續獲致的對佛文化為媒介的華梵古文明交往的新認識，也使新得校正的"演生歷程"之學術目標越發明確。

在臺執教兩年間，有機會廣泛接觸臺灣學者研究漢傳佛教文化的論著，如格義佛學研究、梵唄研究、佛經文學研究、佛經翻譯史研究等，受益的同時也深感自己的不足。去年夏季在北京最後定稿時，爲書名增一"稿"字——名曰《漢傳佛文化演生史稿》。雖仍然不免"名不副實"之憾，却是要藉此給自己也給同好一個明確的宣示：漢傳佛文化演生研究，任重道遠，來路方長。

二〇〇五年四月·韓國高麗大學國際公寓

圖書在版編目(CIP)數據

漢傳佛文化演生史叢稿 / 張厭弓著. -- 北京：社
會科學文獻出版社，2016.8
（中國社會科學院老年學者文庫）
ISBN 978-7-5097-8352-8

Ⅰ. ①漢…　Ⅱ. ①張…　Ⅲ. ①佛教史 – 研究 – 中國
Ⅳ. ①B949.2

中國版本圖書館CIP數據核字（2015）第268874號

·中國社會科學院老年學者文庫·
漢傳佛文化演生史叢稿

著　　者 /	張厭弓
出 版 人 /	謝壽光
項目統籌 /	宋月華
責任編輯 /	李建廷

出　　版　社會科學文獻出版社·人文分社（010）59367215
　　　　　　地址：北京市北三環中路甲29號院華龍大廈　郵編：100029
　　　　　　網址：www.ssap.com.cn
發　　行　市場營銷中心（010）59367081　59367018
印　　裝　三河市尚藝印裝有限公司

規　　格　開　本：787mm×1092mm 1/16
　　　　　　印　張：30　字　數：490千字
版　　次 / 2016年8月第1版　2016年8月第1次印刷
書　　號 / ISBN 978-7-5097-8352-8
定　　價 / 138.00圓

本書如有印裝質量問題，請與讀者服務中心（010-59367028）聯繫